福建企业年鉴 2011

FUJIAN ENTERPRISE YEARBOOK

国家统计局福建调查总队　　福建省经济贸易委员会
福建省环境保护厅　　中国人民银行福州中心支行　编
福建省国家税务局　　福建省地方税务局
福建省企业信息中心

中国统计出版社
China Statistics Press

（京）新登字 041 号

图书在版编目（CIP）数据

福建企业年鉴. 2011 / 国家统计局福建调查总队编
--北京：中国统计出版社，2011.10
ISBN 978-7-5037-6373-1

Ⅰ.①福… Ⅱ. ①国… Ⅲ. ①企业经济-福建省-2011-年鉴 Ⅳ. ①F279.275.7-54

中国版本图书馆 CIP 数据核字（2011）第 194068 号

福建企业年鉴-2011

作　　者 / 国家统计局福建调查总队 等
责任编辑 / 佘竞雄
责任校对 / 郑　芳
封面设计 / 陈连钦
出版发行 / 中国统计出版社
通信地址 / 北京市西城区月坛南街 57 号　邮编　100826
办公地址/ 北京市丰台区西三环南路甲 6 号
电　　话 / （010）63376907
E-mail / yearbook@gj.stats.cn
印　　刷 / 福州闽伟印务有限公司
经　　销 / 新华书店
开　　本 / 890×1240 毫米 1/16
字　　数 / 1670 千字
印　　张 / 30.5
版　　别 / 2011 年 10 月第 1 版
版　　次 / 2011 年 10 月第 1 次印刷
书　　号 / ISBN 978-7-5037-6373-1/F・3051
定　　价 / 380.00 元

《福建企业年鉴—2011》
编委会组成人员

编辑说明

一、《福建企业年鉴—2011》是一本以图文表并茂方式宣传福建省企业发展成就、多角度展示各类典型企业及优秀企业家风采、详实介绍与企业运行密切相关的政策法规、宣传海西效应的大型资料性年刊。对于社会各界全面了解福建省企业改革与发展的进程和现状，研究探索福建省企业发展环境、企业科学发展战略，促进海峡西岸两个先行区建设，将发挥应有的作用；对于福建企业了解宏观经济发展态势、研究市场动向、深入贯彻落实科学发展观，制订可持续发展战略，亦将有所裨益。

二、《福建企业年鉴—2011》的主要内容包括闽企总览、行业概况、区域概况、民营企业、专题研究、企业风采、附录等7篇章。

三、《福建企业年鉴—2011》引用的统计数字，均按国家统一规定，做到全面、准确、统一、可比。年鉴表中的符号使用说明："空格"表示数据不足本指标最小单位数、数据不详或无该项指标数据；"#"表示其中的主要项。

四、本书仅供查询参考。书中的一些论述仅代表本编辑部观点，统计数据由有关部门提供，少量数据系推算数。数据及相关资料若有其他用途请读者向相关单位查证，以相关单位提供的数据和资料为准，否则责任由读者自负。书中单位宣传资料均由认刊单位提供，若有不实之处，责任由认刊单位负责。

五、本书由国家统计局福建调查总队、省经贸委、省环保厅、人行福州中心支行、省国税局、省地税局、省企业信息中心牵头，有关政府部门及企事业参与联系编辑。

六、本书编辑过程中，得到省直有关部门、省统计系统、企事业单位、有关机构及有关著作者的大力支持与帮助，参与编撰、审定的同志付出了辛勤劳动，在此一并致以诚挚的感谢。本文有关篇章在编撰过程中，参考、引用了一些专著及资料，受联系渠道的制约，我们无法与这些著作者一一取得联系，请有关作者看到本书后与我们联系，我们将赠送本书作为稿酬，并再次表示谢意。

七、《年鉴》编辑范围广、工作量大、时间短，编辑工作疏漏和错误在所难免，敬请广大读者批评指正。

目 录

一、闽企总览

二、行业概况

三、区域概况

四、民营企业

五、专题研究

六、企业风采

七、附　录

闽企总览

一

2010年福建企业发展概述

2010年，在福建省委、省政府的正确领导下，全省认真实施《国务院关于支持福建省加快建设海峡西岸经济区的若干意见》，全力打好“五大战役”，全力推进福建科学发展、跨越发展，经济社会发展取得明显成效。

一、经济保持增长，产业结构继续调整

初步核算，全年福建省实现地区生产总值14357.12亿元，比上年增长13.8%。其中，第一产业增加值1363.67亿元，增长3.3%；第二产业增加值7365.46亿元，增长18.5%；第三产业增加值5627.99亿元，增长13.0%。与上年比，第一产业比重略降，第二产业比重上升，第三产业比重下降。三大产业比例由上年的9.7∶49.1∶41.2调整为9.5∶51.3∶39.2。

二、工业生产高位发展

2010年，福建省规模以上工业企业完成增加值6053.123亿元，比上年增长20.5%，增幅比上年提高7.5个百分点。从国内市场看，2010年规模以上工业内销产值为16707.03亿元，增长33.9%，占规模以上工业销售产值的78.2%，比上年提升1.1个百分点，对规模以上工业销售产值增长的贡献率达82.8%。从出口市场看，全年规模以上工业出口交货值为4656.18亿元，增长23.2%，增幅比上年提升27.3个百分点，比2008年增长18.1%，增幅分别比2006年、2007年高7.4个百分点和4.7个百分点，全省规模以上工业出口交货值总量超过国际金融危机前水平。

三、固定资产投资总量显著扩大，增速持续提升

2010年，福建省全社会固定资产投资总量首次突破8000亿元，达到8273.42亿元，增速创3年以来的新高，比上年增长30.0%，增速比2008年和2009年分别提高7.3个百分点、10.0个百分点。分三大产业看，2010年福建省三大产业投资结构不断优化，第一产业投资继续保持较快增长，第二和第三产业投资明显加速提升。全年全省城镇第一产业投资68.48亿元，增长37.6%，超过全省平均增长水平6.2个百分点；第二产业投资2657.24亿元，增长28.1%，增幅比上年提高11.4个百分点；第三产业投资4734.35亿元，增长33.2%，增幅提高10.1个百分点。三大产业投资的比重由上年的0.9∶36.5∶62.6调整为0.9∶35.6∶63.5。

四、对外贸易取得跨越发展

2010年，福建省进出口总额突破千亿美元大关，达1087.82亿美元，比上年增长36.6%，进出口总额不仅创历史新高，也比金融危机前的2008年增长28.2%。其中，进口372.86亿美元，出口714.97亿元，分别增长41.6%和34.1%。进出口、进口和出口增幅分别比全国平均水平高出1.9个百分点、2.9个百分点和2.8个百分点。从贸易方式看，2010年，全省一般贸易进出口630.80亿美元，比上年增长37.6%，占全省进出口总值的58.0%；全省加工贸易进出口380.01亿美元，增长34.0%。从出口市场看，2010年，闽台双边贸易突破百亿美元大关，达103.88亿美元，比上年增长48.7%，居福建省第四大贸易伙伴地位；对欧盟、东盟、美国、香港和日本五大传统市场出口累计达477.34亿美元，增长29.9%；对南非、俄罗斯联邦、阿根廷、巴西、智利、墨西哥等新兴市场累计出口52.93亿美元，比上年增长68.6%，对新兴市场出口增幅比传统市场高38.7个百分点。

注：本文数据均为快报数。

1-1 各类企业经济活动总量所占比重

（2009-2010 年）

项　目	2009	2010
一、总产出（亿元）	32436.81	38915.25
第二产业	**22110.23**	**26616.53**
工业	19115.57	23152.34
建筑业	2994.66	3464.19
第三产业	**8325.34**	**9991.67**
＃批发和零售业	1443.96	1835.11
二、总产出构成（%）	68.2	68.4
第二产业	**58.9**	**59.5**
工业	9.2	8.9
建筑业	25.7	25.7
第三产业	**4.5**	**4.7**
＃批发和零售业	68.2	68.4
三、增加值（亿元）	12236.53	14737.12
第二产业	**6005.30**	**7522.83**
工业	5106.38	6397.71
建筑业	898.92	1125.12
第三产业	**5048.49**	**5850.62**
＃交通运输、仓储和邮政业	751.42	871.16
批发和零售业	1043.42	1310.94
金融保险业	612.20	767.58
房地产业	656.61	679.03
四、增加值构成（%）	100.0	100.0
第二产业	**49.1**	**51.0**
工业	41.7	43.4
建筑业	7.4	7.6
第三产业	**41.3**	**39.7**
＃交通运输、仓储和邮政业	6.1	5.9
批发和零售业	8.5	8.9
金融保险业	5.0	5.2
房地产业	5.4	4.6

1-2 各类企业单位数

（2008-2010 年）　　单位：个

项　目	2008	2009	2010
一、规模以上工业	**17212**	**18154**	**19227**
按注册类型分			
内资企业	11381	12402	13524
国有企业	236	235	226
集体企业	404	353	333
股份合作企业	268	245	244
联营企业	66	51	42
有限责任公司	1882	2118	2476
股份有限公司	160	154	170
私营企业	8332	9198	9985
其他企业	33	48	48
港、澳、台商投资企业	3712	3711	3705
外商投资企业	2119	2041	1998
按轻重工业分			
轻工业	9471	10038	10654
以农产品为原料	6366	6748	7153
以非农产品为原料	3105	3290	3501
重工业	7741	8116	8573
采掘工业	644	648	658
原料工业	2737	2748	2844
加工企业	4360	4720	5071
二、建筑业	**2398**	**2479**	**2606**
按经济类型分			
国有经济	101	93	93
集体经济	90	75	73
联营经济	8	6	
股份制经济	102	107	

1-2 续表 1　　（2008-2010 年）　　单位：个

项　目	2008	2009	2010
外商经济	8	6	7
港澳台经济	36	30	32
其他经济	2053	2162	2401
按资质等级分			
＃总承包	1084	1156	1200
一级及以上企业	107	125	136
二级企业	447	471	486
三级企业	530	560	578
专业承包	1014	979	1021
一级企业	112	120	125
二级企业	436	407	419
三级及不分等级	466	452	477
按行业分			
房屋和土木工程建筑业	1254	1313	1381
＃房屋建筑业	924	964	996
建筑安装业	376	374	380
建筑装饰业	491	466	463
其他建筑业	277	326	382
三、限额以上批发和零售贸易、餐饮业	**3509**	**3347**	**3924**
（一）批发业	**2236**	**1905**	**2181**
1. 按注册类型分			
内资企业	2155	1839	2104
国有企业	221	184	179
集体企业	29	23	31
股份合作企业	12	7	9
联营企业	18	12	10
有限责任公司	600	627	809
股份有限公司	42	39	43
私营企业	1220	909	990

1-2 续表 2　　（2008-2010 年）　　单位：个

项　目	2008	2009	2010
其他企业	13	38	33
港、澳、台商投资企业	38	29	43
外商投资企业	43	37	34
2. 按行业分			
农畜产品批发业	37	43	50
食品、饮料、烟草批发业	216	178	209
纺织、服装及日用品批发业	370	353	370
文化、体育用品及器材批发业	55	40	47
医药及医疗器械批发业	90	83	98
矿产品、建材及化工产品批发业	929	747	866
机械设备五金交电及电子产品批发业			
贸易经纪与代理	39	42	49
其他类未包括的批发业	176	124	149
（二）零售业	1273	1442	1743
1. 按注册类型分			
内资企业	1224	1387	1671
国有企业	70	65	69
集体企业	51	50	64
股份合作企业	11	3	4
联营企业	10	10	11
有限责任公司	309	402	505
股份有限公司	36	40	44
私营企业	722	795	944
其他企业	15	22	30
港、澳、台商投资企业	13	17	25
外商投资企业	36	38	47
2. 按行业分			

1-2 续表 3　　（2008-2010 年）　　单位：个

项　目	2008	2009	2010
综合零售业	299	299	358
食品饮料及烟草制品专门零售业	56	85	109
纺织品、服装及日用品零售业	54	65	91
文化、体育用品及器材零售业	31	41	41
医药及医疗器材机械零售业	50	67	70
汽车摩托车燃料及零配件零售业	517	579	671
家用电器及电子产品零售业	152	197	254
五金家具及室内装修材料零售业	52	49	73
无店铺及其他零售业	62	60	76
（三）餐饮业	505	542	552
1. 按注册类型分			
内资企业	448	483	496
#国有企业	21	22	25
集体企业	10	9	8
有限责任公司	54	54	82
股份有限公司	4	5	4
私营企业	339	375	351
其他企业	17	17	25
港、澳、台商投资企业	29	35	32
外商投资企业	28	24	24
2. 按行业分			
正餐服务业	469	506	512
快餐服务业	17	19	20
饮料及冷饮服务业	3	4	5
其他餐饮服务业	16	13	15

1-3 规模以上工业分行业企业数

（2008-2010 年）　　　　单位：个

项　目	2008	2009	2010
总　计	17212	18154	19227
煤炭开采和洗选业	208	208	204
黑色金属矿采选业	89	88	92
有色金属矿采选业	105	94	99
非金属矿采选业	182	201	207
农副食品加工业	881	974	1045
食品制造业	429	480	525
饮料制造业	364	431	522
烟草制品业	5	6	6
纺织业	1004	1029	1084
纺织服装、鞋、帽制造业	1248	1313	1352
皮革、毛皮、羽毛（绒）及其制品业	1136	1161	1182
木材加工及木、竹、藤、棕、草制品业	989	991	1025
家具制造业	287	291	333
造纸及纸制品业	610	627	657
印刷业和记录媒介的复制	234	254	254
文教体育用品制造业	228	237	230
石油加工、炼焦及核燃料加工业	23	23	30
化学原料及化学制品制造业	726	757	796
医药制造业	111	119	119
化学纤维制造业	88	84	83
橡胶制品业	232	243	252
塑料制品业	931	980	1020
非金属矿物制品业	1924	1992	2079
黑色金属冶炼及压延加工业	187	178	186
有色金属冶炼及压延加工业	139	137	144
金属制品业	525	603	645
通用设备制造业	701	757	824
专用设备制造业	395	473	501
交通运输设备制造业	559	567	642
电气机械及器材制造业	571	630	719
通信设备、计算机及其他电子设备制造业	467	495	528
仪器仪表及文化、办公用机械制造业	218	227	234
工艺品及其他制造业	936	1009	1087
废弃资源和废旧材料回收加工业	17	22	29
电力、热力的生产和供应业	370	379	397
燃气生产和供应业	12	11	14
水的生产和供应业	81	83	81

1-4 各类企业业务总量

（2008-2010 年） 单位：亿元

项 目	2008	2009	2010
一、规模以上工业总产值	15212.81	16762.82	21901.23
按注册类型分			
内资企业	7277.49	8443.61	11243.66
国有企业	740.26	908.68	1092.57
集体企业	174.96	190.23	219.84
股份合作企业	217.89	224.15	325.32
联营企业	95.68	91.45	109.67
有限责任公司	1716.76	1866.84	2526.45
股份有限公司	488.65	510.44	708.79
私营企业	3827.97	4633.22	6205.94
其他企业	15.32	18.60	55.05
港、澳、台商投资企业	4140.59	4449.17	5613.55
外商投资企业	3794.73	3870.04	5044.02
按轻重工业分			
轻工业	6901.09	7768.75	9919.11
以农产品为原料	4834.48	5578.99	7121.12
以非农产品为原料	2066.61	2189.77	2798.00
重工业	8311.72	8994.06	11982.12
采掘工业	368.70	392.58	574.83
原料工业	3552.99	3927.33	5281.17
加工工业	4390.03	4674.15	6126.12
二、建筑业总产值	1921.26	2302.37	3062.17
按经济类型分			
国有经济	282.88	361.57	448.16
集体经济	85.13	60.09	61.44
联营经济	10.34	1.12	0.78
股份制经济	105.48	139.95	194.05
外商经济	5.18	2.04	2.54

1-4 续表 1　　（2008-2010 年）　　单位：亿元

项　目	2008	2009	2010
港澳台经济	28.59	22.01	33.16
其他经济	1403.65	1715.58	2516.87
按资质等级分			
＃总承包	1596.23	1941.58	2597.38
一级及以上企业	861.17	1148.92	1576.44
二级企业	569.64	606.56	773.99
三级企业	165.42	186.11	246.95
专业承包	256.51	262.54	338.56
一级企业	101.89	109.07	145.95
二级企业	99.74	96.59	104.68
三级及不分等级	54.88	56.88	87.93
按行业分			
房屋和土木工程建筑业	1623.41	1987.61	2677.20
＃房屋建筑业	1318.57	1553.19	2055.33
建筑安装业	137.14	128.44	149.79
建筑装饰业	70.90	80.16	98.92
其他建筑业	89.81	106.16	136.27
三、限额以上批发和零售贸易、餐饮业			
（一）批发和零售贸易业销售总额	**5743.39**	**5961.43**	**8304.12**
1. 按注册类型分			
内资企业	5083.78	4321.44	7562.51
国有企业	808.08	966.16	1283.61
集体企业	54.70	21.70	46.51
股份合作企业	18.27	3.64	8.14
联营企业	59.27	19.76	32.41
有限责任公司	1527.61	1174.23	2552.73
股份有限公司	738.58	764.51	1403.77
私营企业	1852.66	1325.11	2163.49

1-4 续表 2　　　　（2008-2010 年）　　　　单位：亿元

项　目	2008	2009	2010
其他企业	24.62	46.34	71.85
港、澳、台商投资企业	236.58	175.76	278.89
外商投资企业	423.03	119.87	462.71
2. 按行业分			
批发业			
农畜产品批发业	44.48	54.79	97.57
食品、饮料、烟草批发业	600.39	806.72	987.57
纺织、服装及日用品批发业	775.91	816.65	973.45
文化、体育用品及器材批发业	73.54	26.34	44.51
医药及医疗器械批发业	125.10	186.42	175.63
矿产品、建材及化工产品批发业	2122.84	1908.02	2968.19
机械设备五金交电及电子产品批发业	415.27	437.99	539.60
贸易经纪与代理	88.72	116.21	166.26
其他类未包括的批发业	270.11	263.93	421.92
零售业			
食品饮料及烟草制品专门零售业	27.45	54.21	72.61
纺织品、服装及日用品零售业	17.77	28.29	50.06
文化、体育用品及器材零售业	11.08	45.60	51.44
医药及医疗器械零售业	44.73	28.30	48.12
汽车摩托车燃料及零配件零售业	742.44	722.97	1121.03
家用电器及电子产品零售业	105.07	126.86	153.63
五金家具及室内装修材料零售业	27.23	32.16	46.22
无店铺及其他零售业	31.16	20.37	33.92
（二）餐饮业营业收入			
限额以上餐饮业	67.28	80.52	103.48
正餐服务业	50.65	63.21	81.16
快餐服务业	14.38	15.35	20.12
饮料及冷饮服务业	0.07	0.32	0.30
其他餐饮服务业	2.19	1.65	1.89

1-5　规模以上工业分行业工业总产值

（2008-2010 年）　　　　单位：亿元

项　目	2008	2009	2010
总　计	15212.07	16762.82	21901.23
煤炭开采和洗选业	114.94	127.60	149.82
黑色金属矿采选业	124.43	124.09	234.64
有色金属矿采选业	52.03	47.08	67.64
非金属矿采选业	60.15	74.83	95.38
农副食品加工业	775.27	927.16	1247.77
#饲料加工	121.87	168.44	203.31
水产品加工	216.74	275.27	386.77
食品制造业	348.10	412.96	555.35
#焙烤食品制造	69.54	89.30	101.96
罐头制造	103.25	107.68	149.02
饮料制造业	243.72	297.43	377.42
#酒的制造	59.77	64.23	67.19
软饮料制造	112.05	128.61	150.28
精制茶加工	71.55	104.03	159.31
烟草制品业	144.15	153.43	170.60
纺织业	795.99	889.23	1120.26
纺织服装、鞋、帽制造业	862.03	979.45	1154.99
#纺织服装制造	807.71	913.57	1071.24
纺织面料鞋的制造	53.64	65.15	82.29
皮革、毛皮、羽毛（绒）及其制品业	1052.61	1216.82	1564.46
#皮革制品制造	972.43	1130.51	147.62
木材加工及木、竹、藤、棕、草制品业	279.59	361.49	459.97
#人造板制造	167.64	214.39	268.58
家具制造业	160.65	168.50	220.26
造纸及纸制品业	363.73	400.31	534.65
#造纸	142.83	158.04	215.55
印刷业和记录媒介的复制	77.06	83.01	98.30
#印刷	71.33	76.82	97.24
文教体育用品制造业	131.35	131.01	149.86
#体育用品制造	89.11	84.36	98.37
玩具制造	19.69	23.38	24.32
石油加工、炼焦及核燃料加工业	209.43	339.81	641.47

1-5 续表　　（2008-2010 年）　　单位：亿元

项　目	2008	2009	2010
化学原料及化学制品制造业	542.27	566.59	780.09
#基础化学原料制造	99.58	101.23	132.73
肥料制造	50.10	39.80	50.01
专用化学产品制造	102.66	114.96	196.49
医药制造业	108.33	121.67	148.44
化学纤维制造业	237.32	250.70	327.80
橡胶制品业	229.38	254.30	293.78
塑料制品业	541.52	610.14	762.16
非金属矿物制品业	975.89	1089.93	1334.78
#水泥、石灰和石膏的制造	154.39	179.42	214.97
砖瓦、石材及其他建筑材料制造	554.21	620.30	726.16
陶瓷制品制造	85.65	94.60	117.27
黑色金属冶炼及压延加工业	757.26	734.77	947.93
有色金属冶炼及压延加工业	333.45	327.16	482.56
金属制品业	360.62	356.66	449.28
#集装箱及金属包装容器制造	85.51	71.03	92.70
通用设备制造业	429.89	480.56	621.94
专用设备制造业	318.47	371.89	480.46
交通运输设备制造业	647.15	729.04	1037.43
#汽车制造	406.78	489.75	764.89
电气机械及器材制造业	706.89	710.86	963.89
#输配电及控制设备制造	149.41	164.57	208.66
电线、电缆、光缆及电工器材制造	80.08	68.00	101.67
家用电力器具制造	80.63	64.84	94.13
通信设备、计算机及其他电子设备制造业	1717.86	1713.20	2311.50
#电子计算机制造	906.00	778.84	909.09
电子元件制造	192.75	193.03	315.04
家用视听设备制造	177.54	160.21	223.03
仪器仪表及文化、办公用机械制造业	145.84	140.04	215.43
#钟表与计时仪器制造	35.56	40.46	51.13
工艺品及其他制造业	376.79	429.72	534.70
#工艺美术品制造	249.05	287.28	359.28
废弃资源和废旧材料回收加工业	4.52	9.93	18.79
电力、热力的生产和供应业	942.39	1068.50	1249.74
燃气生产和供应业	13.33	33.60	65.50
水的生产和供应业	28.43	29.36	32.21

1-6 各类企业从业人员

（2008-2010 年） 单位：万人

项　目	2008	2009	2010
一、规模以上工业	380.06	379.47	411.75
1. 按轻重工业分			
轻工业	238.49	238.75	255.96
以农产品为原料	163.68	168.28	178.82
以非农产品为原料	74.81	70.47	77.13
重工业	141.57	140.72	155.80
采掘工业	10.16	10.32	11.46
原料工业	49.84	48.44	51.61
加工工业	81.58	81.97	92.72
2. 按规模分			
大型企业	40.89	41.85	51.12
中型企业	143.08	145.27	162.26
小型企业	196.09	192.36	198.37
二、建筑业	171.60	182.97	229.57
按经济类型分			
国有经济	25.33	27.25	29.32
集体经济	8.96	5.62	4.21
联营经济	0.67	0.30	0.07
股份制经济	7.68	12.10	14.07
外商经济	0.40	0.12	0.11
港澳台经济	1.97	1.34	1.71
其他经济	126.59	147.37	194.23
按资质等级分			
#总承包	123.03	138.36	165.54
一级及以上企业	66.23	80.33	100.56
二级企业	43.38	43.47	48.34

1-6 续表 1　　　　（2008-2010 年）　　　　单位：万人

项　目	2008	2009	2010
三级企业	13.42	14.56	16.64
专业承包	19.15	17.60	19.50
一级企业	6.76	6.47	7.36
二级企业	8.04	6.86	6.60
三级及不分等级企业	4.35	4.27	5.54
按行业分			
房屋和土木工程建筑业	131.16	149.98	174.71
#房屋建筑业	111.73	122.87	142.26
建筑安装业	8.59	8.11	9.53
建筑装饰业	5.65	5.68	7.41
其他建筑业	26.19	30.33	37.91
三、限额以上批发和零售贸易、餐饮业	**57.23**	**26.03**	**28.13**
（一）批发业	**10.57**	**11.19**	**12.30**
1.按注册类型分			
内资企业	9.37	9.00	10.95
国有企业	2.31	2.55	2.75
集体企业	0.21	0.08	0.21
股份合作企业	0.05	0.02	0.03
联营企业	0.05	0.03	0.03
有限责任公司	2.40	2.45	3.19
股份有限公司	0.95	0.98	0.93
私营企业	3.34	2.78	3.71
其他企业	0.05	0.13	0.10
港澳台商投资企业	0.75	0.68	0.80
外商投资企业	0.45	1.51	0.55
2.按行业分			

1-6 续表 2　　（2008-2010 年）　　单位：万人

项　目	2008	2009	2010
农畜产品批发业	0.16	0.14	0.17
食品、饮料、烟草批发业	2.56	2.51	3.18
纺织、服装及日用品批发业	1.75	1.82	2.23
文化、体育用品及器材批发业	0.58	0.18	0.20
医药及医疗器械批发业	0.67	0.76	0.73
矿产品、建材及化工产品批发业	2.56	3.42	3.24
机械设备五金交电及电子产品批发业	1.51	1.57	1.83
贸易经纪与代理	0.11	0.23	0.24
其他类未包括的批发业	0.66	0.56	0.46
（二）零售业	**10.62**	**14.85**	**15.82**
1. 按注册类型分			
内资企业	8.63	11.51	13.01
国有企业	0.64	0.55	0.62
集体企业	0.23	0.23	0.30
股份合作企业	0.06	0.01	0.01
联营企业	0.03	0.03	0.05
有限责任公司	2.63	5.01	5.20
股份有限公司	0.46	0.66	1.07
私营企业	4.50	4.91	5.59
其他企业	0.08	0.11	0.16
港、澳、台商投资企业	0.21	1.89	1.19
外商投资企业	1.86	1.45	1.62
2. 按行业分			
综合零售业	4.62	6.17	6.43

1-6 续表 3　　（2008-2010 年）　　单位：万人

项　目	2008	2009	2010
食品饮料及烟草制品专门零售业	0.41	1.86	1.03
纺织品、服装及日用品零售业	0.43	0.55	0.70
文化、体育用品及器材零售业	0.17	0.63	0.59
医药及医疗器械零售业	0.42	0.58	0.61
汽车摩托车燃料及零配件零售业	2.77	3.16	4.33
家用电器及电子产品零售业	1.38	1.40	1.47
五金家具及室内装修材料零售业	0.17	0.18	0.31
无店铺及其他零售业	0.34	0.32	0.37
（三）餐饮企业	**4.64**	**6.28**	**7.02**
1. 按注册类型分			
内资企业	3.33	4.82	5.21
国有企业	0.25	0.31	0.31
集体企业	0.07	0.05	0.06
有限责任公司	0.57	0.62	0.93
股份有限公司	0.06	0.04	0.04
私营企业	2.27	3.65	3.71
其他企业	0.10	0.14	0.14
港、澳、台商投资企业	0.56	0.70	0.73
外商投资企业	0.85	0.76	1.08
2. 按行业分			
正餐服务业	3.68	5.20	5.53
快餐服务业	0.89	0.97	1.37
饮料及冷饮服务业	0.01	0.01	0.01
其他餐饮业服务业	0.16	0.09	0.10

注：工业、建筑业从业人员为从业人员年平均人数；批发、零售贸易、餐饮业从业人员为年末从业人员数。

1-7 规模以上工业分行业从业人员

（2008-2010 年）　　单位：万人

项　目	2008	2009	2010
总　计	**380.06**	**379.47**	**411.75**
煤炭开采和洗选业	5.47	5.78	6.28
黑色金属矿采选业	1.35	1.37	1.78
有色金属矿采选业	0.94	0.93	1.02
非金属矿采选业	2.07	2.09	2.02
农副食品加工业	12.25	13.59	15.24
食品制造业	8.97	9.37	10.90
饮料制造业	5.22	6.15	7.01
烟草制品业	0.41	0.47	0.42
纺织业	23.97	24.28	25.68
纺织服装、鞋、帽制造业	39.65	40.93	41.58
皮革、毛皮、羽毛（绒）及其制品业	54.40	54.39	57.36
木材加工及木、竹、藤、棕、草制品业	10.61	10.46	10.92
家具制造业	6.22	5.75	6.19
造纸及纸制品业	9.16	9.09	10.05
印刷业和记录媒介的复制	2.79	2.97	2.80
文教体育用品制造业	7.04	6.71	6.92
石油加工、炼焦及核燃料加工业	0.55	0.55	0.62
化学原料及化学制品制造业	8.25	8.27	8.78
医药制造业	2.12	2.16	2.32
化学纤维制造业	2.09	2.19	2.11
橡胶制品业	7.13	6.95	7.31
塑料制品业	16.82	17.00	19.38
非金属矿物制品业	32.20	31.03	34.31
黑色金属冶炼及压延加工业	5.39	5.72	6.12
有色金属冶炼及压延加工业	3.09	3.06	3.63
金属制品业	8.64	8.73	8.81
通用设备制造业	9.68	9.80	11.02
专用设备制造业	6.10	6.74	7.31
交通运输设备制造业	12.21	12.23	14.57
电气机械及器材制造业	16.08	15.05	17.82
通信设备、计算机及其他电子设备制造业	23.12	21.55	26.13
仪器仪表及文化、办公用机械制造业	6.10	5.36	6.05
工艺品及其他制造业	21.53	20.16	20.53
废弃资源和废旧材料回收加工业	0.08	0.19	0.21
电力、热力的生产和供应业	7.05	7.05	7.09
燃气生产和供应业	0.17	0.15	0.22
水的生产和供应业	1.15	1.21	1.22

注：从业人员为从业人员年平均人数。

1-8 内资企业工商登记注册情况

（2010年）　　单位：个

项　目	年末企业单位合　计	#企业法人			
		年末户数	年末注册资金（亿元）	本　年开业数	本　年注销数
总　计	51418	23741	3814.36	651	1087
农、林、牧、渔业	**1911**	**1293**	**56.04**	**19**	**56**
农业	463	390	14.88	2	7
林业	480	414	24.36	15	8
畜牧业	95	81	2.15		4
渔业	190	180	10.27		3
农、林、牧、渔服务业	683	228	4.37	2	34
采矿业	**404**	**326**	**17.75**	**3**	**5**
煤炭开采和洗选业	101	90	5.29	1	1
石油和天然气开采业	1	1	0.14	1	
黑色金属矿采选业	46	27	5.20		
有色金属矿采选业	28	24	1.88		
非金属矿采选业	219	176	4.88	1	4
其他采矿业	9	8	0.36		
制造业	**6418**	**5796**	**521.06**	**58**	**167**
农副食品加工业	358	288	9.75	2	9
食品制造业	207	167	10.28	2	4
饮料制造业	188	174	13.26		7
烟草制品业	12	10	15.29		
纺织业	182	173	13.87	1	3
纺织服装、鞋、帽制造业	468	450	10.91	4	20
皮革、毛皮、羽毛（绒）及其制品业	103	100	1.59	3	2
木材加工及木、竹、藤、棕、草制品业	375	339	10.79	4	12
家具制造业	101	94	1.28		7
造纸及纸制品业	277	265	45.20	2	13

1-8续表1　　　　　　　　　　（2010年）　　　　　　　　　　单位：个

项　目	年末企业单位合　计	#企业法人			
		年末户数	年末注册资金（亿元）	本　年开业数	本　年注销数
印刷业和记录媒介的复制	372	344	4.98	3	6
文教体育用品制造业	50	46	0.50	1	
石油加工、炼焦及核燃料加工业	12	11	108.04		1
化学原料及化学制品制造业	239	221	29.19	2	6
医药制造业	40	34	7.24	1	
化学纤维制造业	8	8	2.51	1	
橡胶制品业	60	53	1.44		
塑料制品业	269	257	6.82	2	2
非金属矿物制品业	1002	946	52.25	5	26
黑色金属冶炼及压延加工业	33	31	7.42	1	
有色金属冶炼及压延加工业	43	39	8.40	1	1
金属制品业	247	223	19.72	1	7
通用设备制造业	352	317	24.94	2	6
专用设备制造业	214	186	16.77	6	4
交通运输设备制造业	307	242	25.55	2	5
电气机械及器材制造业	187	172	21.60	5	6
通信设备、计算机及其他电子设备制造业	127	118	40.77	4	6
仪器仪表及文化、办公用机械制造业	53	51	1.14	1	3
工艺品及其他制造业	406	383	8.92	2	11
废弃资源和废旧材料回收加工业	126	54	0.63		
电力、燃气及水的生产和供应业	**1862**	**1341**	**250.59**	**19**	**21**
电力、热力的生产和供应业	1383	1002	186.54	10	19
燃气生产和供应业	119	13	3.70		
水的生产和供应业	360	326	60.35	9	2
建筑业	**2506**	**1033**	**311.07**	**50**	**54**
房屋和土木工程建筑业	1642	668	263.66	33	6
建筑安装业	200	97	12.91	2	4
建筑装饰业	152	73	3.17		42

1-8续表2　　　　　　　　（2010年）　　　　　　　　单位：个

项　目	年末企业单位合　计	#企业法人			
		年末户数	年末注册资金（亿元）	本　年开业数	本　年注销数
其他建筑业	512	195	31.34	15	2
交通运输、仓储和邮政业	**2751**	**1042**	**317.14**	**37**	**36**
铁路运输业	71	21	77.20	1	
道路运输业	805	439	36.52	14	24
城市公共交通业	79	50	38.48		2
水上运输业	177	148	45.10	9	
航空运输业	86	20	40.44		
管道运输业	2	2	0.34		
装卸搬运和其他运输服务业	346	207	35.35	8	5
仓储业	220	147	20.88	3	3
邮政业	965	8	22.82	2	2
信息传输、计算机服务和软件业	**831**	**193**	**64.20**	**6**	**26**
电信和其他信息传输服务业	623	54	30.53	1	4
计算机服务业	136	80	15.46	2	11
软件业	72	59	18.21	3	11
批发和零售业	**18874**	**6335**	**440.38**	**152**	**396**
批发业	9612	5049	413.81	93	292
零售业	9262	1286	26.57	59	104
住宿和餐饮业	**859**	**508**	**20.11**	**7**	**29**
住宿业	585	374	17.86	5	16
餐饮业	274	134	2.24	2	13
金融业	**6594**	**174**	**218.88**	**68**	**19**
银行业	3917	84	115.21	27	6
证券业	184	4	36.54	1	3
保险业	2043	5	4.72	1	10
其他金融活动	450	81	62.41	39	
房地产业	**1425**	**1166**	**451.59**	**39**	**35**
房地产业	1425	1166	451.59	39	35

1-8续表3 （2010年） 单位：个

项目	年末企业单位合计	#企业法人			
		年末户数	年末注册资金（亿元）	本年开业数	本年注销数
租赁和商务服务业	**3397**	**2372**	**877.41**	**117**	**125**
租赁业	187	152	7.61	1	47
商务服务业	3210	2220	869.80	116	78
科学研究、技术服务和地质勘查业	**1368**	**746**	**88.55**	**19**	**30**
研究与试验发展	244	75	9.59	7	12
专业技术服务业	730	437	51.46	8	8
科技交流和推广服务业	237	145	4.85	3	7
地质勘查业	157	89	22.65	1	3
水利、环境和公共设施管理业	**324**	**273**	**37.13**	**16**	**10**
水利管理业	64	55	8.05	3	3
环境管理业	75	65	10.29	6	3
公共设施管理业	185	153	18.79	7	4
居民服务和其他服务业	**1424**	**773**	**59.91**	**22**	**65**
居民服务业	471	264	11.68	8	48
其他服务业	953	509	48.23	14	17
教育	**76**	**60**	**2.27**	**2**	
教育	76	60	2.27	2	
卫生、社会保障和社会福利业	**66**	**48**	**0.38**	**1**	**2**
卫生	25	17	0.29		2
社会保障业	21	12	0.03	1	
社会福利业	20	19	0.05		
文化、体育和娱乐业	**300**	**242**	**36.26**	**15**	**6**
新闻出版业	28	23	20.73	4	
广播、电视、电影和音像业	117	96	3.23	5	1
文化艺术业	53	49	2.28	3	1
体育	23	17	2.39	1	
娱乐业	79	57	7.64	2	4
其他	**28**	**20**	**43.65**	**1**	**5**

1-9 内资企业工商登记注册变化情况

（2009-2010 年） 单位：个

项　目	2009		2010		2010 年比上年增长（%）
	绝对数	比重（%）	绝对数	比重（%）	
总　计					
年末企业单位数	54228	100.0	51418	100.0	-5.2
#企业法人	25457	100.0	23741	100.0	-6.7
年末注册资金（亿元）	3485.51	100.0	3814.36	100.0	9.4
本年开业数	3113	100.0	2125	100.0	-31.7
本年注销数	5585	100.0	4227	100.0	-24.3
一、国有企业					
年末企业单位数	11153	20.6	10466	20.3	-6.2
#企业法人	5460	21.5	5179	21.8	-5.1
年末注册资金（亿元）	429.77	12.3	437.63	11.5	1.8
本年开业数	380	12.2	260	12.2	-31.6
本年注销数	741	13.3	473	11.2	-36.2
二、集体企业					
年末企业单位数	19110	35.2	17472	34.0	-8.6
#企业法人	9777	38.4	8882	37.4	-9.2
年末注册资金（亿元）	126.03	3.6	118.84	3.1	-5.7
本年开业数	541	17.4	353	16.6	-34.8
本年注销数	1124	20.1	787	18.6	-30.0
三、股份合作企业					
年末企业单位数	3570	6.6	3148	6.1	-11.8
#企业法人	2771	10.9	2328	9.8	-16.0
年末注册资金（亿元）	113.76	3.3	119.66	3.1	5.2
本年开业数	71	2.3	67	3.2	-5.6
本年注销数	78	1.4	76	1.8	-2.6
四、公司					
年末企业单位数	18965	35.0	19064	37.1	0.5
#企业法人	7227	28.4	7161	30.2	-0.9
年末注册资金（亿元）	2711.29	77.8	3067.60	80.4	13.1
本年开业数	2071	66.5	1420	66.8	-31.4
本年注销数	1105	19.8	752	17.8	-31.9
五、其他企业					
年末企业单位数	1430	2.6	1268	2.5	-11.3
#企业法人	222	0.9	191	0.8	-14.0
年末注册资金（亿元）	104.66	3.0	70.62	1.9	-32.5
本年开业数	50	1.6	25	1.2	-50.0
本年注销数	2537	45.4	2139	50.6	-15.7

1-10 私营企业工商登记注册情况

（2010 年）

项 目	户 数 （户）	投资者人数 （人）	雇工人数 （人）	出资金额 （亿元）
总 计	**266693**	**610753**	**2404334**	**10300.00**
#本期开业	55047	80054	380874	2328.69
#城镇	218755	325665	1558660	8152.08
按注册类型分				
#独资企业	34698	34243	285041	136.81
合伙企业	6102	25588	64697	84.41
有限责任公司	224902	545967	2042570	9683.64
股份有限公司	991	4955	12026	395.14
按行业分				
农、林、牧、渔业	7965	17754	72089	205.32
采矿业	1444	3486	14489	38.88
制造业	66530	148083	886919	2738.34
电力、燃气及水的生产和供应业	4196	19119	33218	299.58
建筑业	12280	26822	99459	669.92
交通运输、仓储和邮政业	6520	15723	50138	281.21
信息传输、计算机服务和软件业	9411	19672	66073	165.93
批发和零售业	92196	203290	678427	2263.61
住宿和餐饮业	4451	7502	43253	68.72
金融业	1880	4590	8895	387.83
房地产业	8400	20796	65978	1020.78
租赁和商务服务业	29139	74293	217657	1680.54
科学研究、技术服务和地质勘查业	7735	20028	58118	218.99
水利、环境和公共设施管理业	1147	2934	9125	82.02
居民服务和其他服务业	10304	20966	73199	120.74
教育	372	929	3197	3.37
卫生、社会保障和社会福利业	684	912	6034	8.70
文化、体育和娱乐业	1927	3619	17402	38.28
其他	112	235	664	7.23

注：合伙企业的出资金额为认缴出资金额，有限责任公司和股份有限公司的出资金额为注册资本。

1-11　个体户工商登记注册情况

（2010年）

项　目	户　数（户）	从业人员（人）	资金数额（亿元）
总　计	755961	1832909	322.22
#本期开业	189717	449720	97.40
#城镇	462694	899465	186.74
按行业分			
农、林、牧、渔业	7273	26923	16.16
采矿业	1076	4599	2.23
制造业	41349	150951	32.48
电力、燃气及水的生产和供应业	859	2653	3.93
建筑业	424	1369	0.39
交通运输、仓储和邮政业	4452	11458	3.40
信息传输、计算机服务和软件业	4544	7682	0.77
批发和零售业	540083	1183642	201.90
住宿和餐饮业	63934	202156	25.01
金融业	3	10	
房地产业	2080	5847	0.66
租赁和商务服务业	7117	15653	4.62
科学研究、技术服务和地质勘查业	248	957	0.19
水利、环境和公共设施管理业	71	231	0.05
居民服务和其他服务业	74576	200427	24.92
教育	59	139	0.02
卫生、社会保障和社会福利业	946	2259	0.54
文化、体育和娱乐业	6860	15916	4.96
其他	7	37	

1-12 外资企业工商登记注册情况

（2010年）

项　目	年末企业数（个）	注册资本（亿美元）	投资总额（亿美元）
总　计	**23463**	**693.58**	**1248.31**
农、林、牧、渔业	**620**	**12.07**	**20.86**
农业	394	6.10	10.45
林业	56	2.41	4.23
畜牧业	55	0.76	1.18
渔业	85	1.46	2.34
农、林、牧、渔服务业	30	1.34	2.67
采矿业	**51**	**1.15**	**2.22**
石油和天然气开采业	1	0.30	0.60
黑色金属矿采选业	4	0.02	0.03
有色金属矿采选业	8	0.17	0.63
非金属矿采选业	36	0.43	0.68
其他采矿业	2	0.22	0.29
制造业	**13631**	**468.11**	**835.09**
农副食品加工业	528	15.88	27.67
食品制造业	340	8.30	15.10
饮料制造业	157	5.62	11.70
纺织业	715	33.37	50.31
纺织服装、鞋、帽制造业	3301	73.23	100.98
皮革、毛皮、羽毛（绒）及其制品业	486	10.08	17.92
木材加工及木、竹、藤、棕、草制品业	330	5.36	9.46
家具制造业	243	5.47	9.12
造纸及纸制品业	267	11.65	23.14
印刷业和记录媒介的复制	109	2.26	3.16
文教体育用品制造业	349	8.89	15.06
石油加工、炼焦及核燃料加工业	33	26.54	76.51

1-12 续表 1　　　　　　　　（2010 年）

项　目	年末企业数（个）	注册资本（亿美元）	投资总额（亿美元）
化学原料及化学制品制造业	478	21.98	33.80
医药制造业	94	3.71	6.72
化学纤维制造业	66	9.17	14.35
橡胶制品业	134	7.17	16.62
塑料制品业	634	16.41	29.38
非金属矿物制品业	780	27.11	49.45
黑色金属冶炼及压延加工业	37	10.21	15.59
有色金属冶炼及压延加工业	61	6.94	15.08
金属制品业	546	18.81	36.39
通用设备制造业	390	10.89	20.44
专用设备制造业	493	13.57	25.14
交通运输设备制造业	399	22.61	42.63
电气机械及器材制造业	631	28.62	53.13
通信设备、计算机及其他电子设备制造业	671	38.30	72.59
仪器仪表及文化、办公用机械制造业	375	8.63	16.86
工艺品及其他制造业	963	16.90	25.72
废弃资源和废旧材料回收加工业	21	0.45	1.06
电力、燃气及水的生产和供应业	**201**	**20.11**	**61.73**
电力、热力的生产和供应业	121	15.27	53.10
燃气生产和供应业	52	2.89	5.11
水的生产和供应业	28	1.95	3.52
建筑业	**176**	**6.64**	**13.39**
房屋和土木工程建筑业	55	4.89	10.73
建筑安装业	20	0.22	0.27
建筑装饰业	85	0.79	0.91
其他建筑业	16	0.75	1.48

1-12 续表 2　　　　　　　　　（2010 年）

项　目	年末企业数（个）	注册资本（亿美元）	投资总额（亿美元）
交通运输、仓储和邮政业	**463**	**20.56**	**35.69**
铁路运输业	4	0.06	0.07
道路运输业	37	0.83	1.25
城市公共交通业	14	0.84	1.55
水上运输业	89	10.86	17.58
航空运输业	23	0.28	0.28
管道运输业	1	0.02	0.02
装卸搬运和其他运输服务业	181	2.31	3.91
仓储业	107	5.33	11.00
邮政业	7	0.03	0.03
信息传输、计算机服务和软件业	**1549**	**13.28**	**16.75**
电信和其他信息传输服务业	1164	7.08	7.59
计算机服务业	81	1.81	2.96
软件业	304	4.39	6.20
批发和零售业	**2843**	**19.61**	**33.06**
批发业	1773	16.78	29.34
零售业	1070	2.83	3.72
住宿和餐饮业	**548**	**11.63**	**21.27**
住宿业	134	8.88	16.75
餐饮业	414	2.75	4.52
金融业	**182**	**9.41**	**9.86**
银行业	30	1.70	1.70
证券业	8	0.13	0.13
保险业	121	0.94	0.94
其他金融活动	23	6.64	7.09
房地产业	**1106**	**79.31**	**143.01**

1-12 续表 3　　　　　　　　　　（2010 年）

项　目	年末企业数（个）	注册资本（亿美元）	投资总额（亿美元）
房地产业	1106	79.31	143.01
租赁和商务服务业	**1597**	**15.30**	**24.77**
租赁业	32	1.00	1.28
商务服务业	1565	14.31	23.49
科学研究、技术服务和地质勘查业	**188**	**4.26**	**7.25**
研究与试验发展	91	2.69	4.51
专业技术服务业	73	1.10	2.18
科技交流和推广服务业	22	0.22	0.26
地质勘查业	2	0.25	0.30
水利、环境和公共设施管理业	**63**	**5.21**	**8.54**
水利管理业	5	1.41	1.45
环境管理业	28	2.14	3.87
公共设施管理业	30	1.66	3.22
居民服务和其他服务业	**207**	**4.01**	**9.20**
居民服务业	77	0.31	0.39
其他服务业	130	3.71	8.81
教育	**3**	**0.01**	**0.02**
教育	3	0.01	0.02
卫生、社会保障和社会福利业	**3**	**0.52**	**1.49**
卫生	3	0.52	1.49
文化、体育和娱乐业	**32**	**2.38**	**4.09**
广播、电视、电影和音像业	1	0.27	0.50
文化艺术业	4	0.01	0.01
体育	8	0.58	1.19
娱乐业	19	1.52	2.39

福建企业年鉴

行业概况

二

2-1　2010年福建省经济金融运行分析报告

一、宏观经济环境分析

2010年，世界经济继续缓慢复苏但步调不一，国际市场主要股指震荡走高，黄金价格大幅上涨，部分大宗商品价格创历史新高。同时，中国经济企稳回升，二季度后增速有所放缓；下半年以来物价逐月上涨，通胀压力成为当前国内经济运行的主要矛盾。

（一）全球经济复苏缓慢且不均衡，国际金融市场剧烈动荡

大多数发达经济体复苏势头偏弱，就业市场形势严峻，部分经济体的财政可持续性问题令人担忧，其中央银行普遍继续维持极度宽松的货币政策，美联储还启动了第二轮量化宽松货币政策。新兴市场经济体继续引领世界经济复苏，但同时也面临资本流入和通胀压力，其中央银行普遍采取调高基准利率等手段以抑制通胀。

主要股指震荡走高，美元走势震荡加剧。上半年美股先涨后跌，但下半年尤其9月份后持续上涨，道指收于两年来高位，分别较上年末和当年6月末上涨11.0%和18.5%。德国、英国、法国股指因受欧洲主权债务危机蔓延等影响，表现逊于美股。美元走势先强后弱，年中受美联储重启量化宽松措施影响显著，年末美元对日元较上年末贬值约13%。

黄金价格屡创历史新高，下半年大宗商品价格大幅上涨。受欧洲主权债务危机、部分央行启动新一轮宽松货币政策、美元走弱等影响，黄金价格持续走高，当年末纽约商品交易所黄金期货价格较上年末上涨29.8%。下半年国际期货市场原油、金属铜、农产品价格明显上涨，当年末，纽约商业交易所原油期货价格分别较上年末和当年6月末上涨18.2%和20.8%，伦敦金属交易所期铜价格分别较上年末和当年6月末上涨30.2%和47.6%，芝加哥期货交易所小麦价格分别较上年末和当年6月末上涨46.7%和70.9%。

（二）中国经济平稳较快增长，物价上涨压力增大

2010年，中国经济总体向好，经济平稳较快发展的势头得到进一步巩固。全年GDP增长10.3%，增速比上年加快1.1个百分点。分季度来看，一至四季度分别增长11.9%、10.3%、9.6%和9.8%，前三季度增速逐季回落，四季度略有回升。同时，全社会用电量和工业用电量较快增长，制造业采购经理指数持续运行在50%上方。

内需保持较快增长，对外贸易复苏超预期。随着经济刺激计划的逐步实施，2010年固定资产投资增速高位企稳，全年全社会固定资产投资增速较上年回落6.2个百分点，民间投资活跃。消费平稳较快增长，全年社会消费品零售总额增长18.4%，扣除价格因素实际增长14.8%。进、出口增速保持高位运行，单月贸易额屡创新高，全年进、出口增速较上年分别提高49.9个百分点和47.3个百分点。

各类商品价格上涨明显，房屋销售价格涨势趋缓。全年居民消费价格指数（CPI）上涨3.3%，其中，食品类价格上涨7.2%，拉动CPI上涨2.4个百分点，是物价上涨的主要因素。全年原材料、燃料、动力购进价格上涨9.6%，工业品出厂价格指数（PPI）上涨5.5%，工业生产价格“高进低出”态势日益凸显，给企业的生产经营带来一定困难。随着一系列针对房地产市场的严厉调控措施陆续出台，各地楼市相继出现调整迹象。2010年12月，70个大中城市房屋销售价格同比涨幅从4月的12.8%逐月回落至6.4%。

货币政策逐步回归常态，信贷增量有所减少。

全年人民银行共6次全面上调存款准备金率，两次实施差别存款准备金率，两次上调存贷款基准利率。全年人民币各项贷款增加 7.95 万亿元，比上年少增1.65万亿元，但仍远高于2008年的水平。全年货币市场利率波动上涨，人民币汇率弹性增强。

二、福建经济比较分析

2010年，福建经济高开稳走，增速保持较高水平，总体形势继续好于全国。从供给看，一产和三产持续平稳增长，二产增速较上年显著提升并保持高位运行。从需求看，固定资产投资增长持续加速，制造业和房地产投资增速显著回升；消费需求保持活跃，热点商品持续旺销；外需好于预期，出口保持快速增长。居民消费价格持续上涨，工业生产价格“高进低出”，房屋销售价格冲高回落。财政收入增长加快，工业经济效益持续改善，但城乡居民收入增速趋缓。

（一）经济持续较快增长，工业主导作用凸显

2010年，福建经济总体保持较快增长，增幅持续高于全国，但下半年以来地区生产总值增速高位有所回落。据初步统计，全年福建地区生产总值按可比价格计算增长13.8%，增幅比上年高出1.5个百分点，比全国平均水平高出3.5个百分点。全年福建工业对 GDP 的贡献率为 61.0%，比上年提高13.4个百分点。“十一五”期间，福建 GDP 实现 5 年翻番，增速持续领先全国。

第一产业保持增长。2010年福建一产增长3.3%，较上年回落1.4个百分点。为消除低温和洪涝灾害带来的不利影响，有关部门通过改种补种甘薯等旱粮、实施促进农民增收等措施，使全年粮食总产量达662万吨，仅略低于上年水平，林业、畜牧业和水产业保持稳定增长。

第二产业增长势头强劲。2010年福建二产增长18.5%，较上年提高4.8个百分点。随着全球金融危机的缓解和趋于消退，国内外需求普遍趋旺，带动了福建规模工业从年初开始总体快速增长，下半年虽有所放缓，但仍明显高于全国。全年福建规模工业增加值增长20.3%，高出全国平均增幅4.6个百分点，其幅差为10年来最大。

第三产业增速回落。2010年福建三产增长9.7%，较上年回落2.6个百分点。分行业看，运输邮电仓储业增长11.4%，较上年加快9.5个百分点；而批发零售、金融、房地产以及住宿餐饮等行业增速，较上年均有不同程度的回落，其中，房地产业负增长7.0%。

（二）内需增速有所加快，外需高位稳定增长

投资增长逐季加速，尤其是三季度以来，在省委、省政府“大干150天、全力实施好五大战役”的激励下，重点项目建设、新增长区域发展、城市建设等投资加快推进。全年福建全社会固定资产投资增长30.0%，增幅较上年和当年上半年分别提高10.0个百分点和4.1个百分点，并由上年低于全国10.1个百分点转为高于全国6.2个百分点。其中，城镇制造业投资增长37.8%，增幅比上年提升23.8个百分点。

消费市场保持活跃。2010年，全省社会消费品零售总额增长18.9%，增幅较上年提高2.4个百分点，比全国平均水平高0.5个百分点。其中，吃、穿、用商品零售额分别增长27.1%、30.5%和36.2%。分地市看，除三明消费增速略有回落外，其他地市均有不同程度提升，其中，厦门消费回升幅度较大。

外需保持快速增长势头。2010年，福建对外贸易形势持续好转，出口、进口分别增长 34.1%和41.6%，高于全国2.8个百分点和2.9个百分点。贸易顺差继续扩大，全年净出口额达 342.11 亿美元，增长26.7%。闽台贸易继续保持强劲增势，全年两地进出口总额增长48.6%。

（三）消费价格上涨明显，食品和居住类价格仍是主要推手

2010年，资金环境相对宽松、输入型通胀压力加大、自然灾害导致的供应减少以及节日等因素，

都对消费价格产生上涨压力，全年福建CPI上涨3.2%，其中，食品和居住类价格分别上涨7.8%和5.4%，拉动CPI上涨2.6个百分点和0.8个百分点。

农业生产价格由降转升，工业生产价格“高进低出”。2010年，福建农业生产资料价格上涨2.4%，其中，饲料、产品畜类价格分别上涨5.5%、7.8%，是拉动农资价格上涨的主要因素。全年原材料、燃料、动力购进价格上涨7.7%，工业品出厂价格上涨3.2%，工业生产价格“高进低出”态势有所加剧。

房地产市场波动较大，中心城市房屋售价冲高回落。2010年以来，房地产市场波动较大，一季度持续火爆，二季度日渐清淡，三季度再度回暖，四季度受调控影响明显。三大中心城市房屋销售价格在一季度持续上涨后，二季度尤其5月后有所趋缓，三季度趋稳后9月份有所上扬，四季度涨幅再度收窄。12月福州、厦门、泉州房屋销售价格指数同比分别上涨2.5%、1.5%和0.4%，涨幅比9月分别下降0.7个百分点、2.0个百分点和1.8个百分点。

（四）财政收入保持较快增长，工业经济效益明显改善

2010年，全省地方财政收入增长23.5%，增幅比上年提高11.6个百分点，在经济较快增长的有力支撑下，地方税收收入增幅比上年提高13.5个百分点。财政支出增长18.9%，在农林水事务、医疗卫生等方面增支较快。

工业经济效益持续改善。2010年，全省规模以上工业经济效益综合指数达220.0，比上年和上半年分别提高26.3个点和13.9个点；规模以上工业企业实现利润增长55.6%，增幅较上年提升35.4个百分点。

城乡居民收入增长仍显迟缓。2010年，全省城镇居民人均可支配收入扣除价格因素实际增长8.0%，增幅比上年回落2.9个百分点；农民人均纯收入扣除价格因素实际增长7.5%，增幅比上年回落0.3个百分点。

三、福建金融比较分析

2010年，福建金融运行相对平稳，银行存款保持较快增长，来源结构大幅调整，储蓄和企业存款占比明显下降。银行贷款继续多增，投放节奏更趋均匀，新增贷款进一步向生产流通等对公领域集中，个人住房贷款随房产新政出台明显缩减，小企业贷款增量占比继续提高。银行议价能力提高，利率持续小幅上行。货币市场交易活跃，人民币跨境结算业务发展态势良好；股票市场震荡调整，保险市场稳定发展。

（一）银行存款保持较快增长，结构短期化特征明显

2010年福建本外币存款增势较好，自6月末由年初的低于全国3.7个百分点转为高于全国1.6个百分点以来，幅差逐月扩大，至年末已高出全国4.4个百分点。全年福建新增存款3658.1亿元，比上年多增733.3亿元。

存款来源结构大幅调整。2010年，在中资机构本外币各项存款增量中，储蓄存款占比由上年的42.4%降至28.7%，企业存款占比由上年的39.9%降至29.5%，财政存款占比略高于上年，其他存款占比由上年的14.5%提升至38.2%。全年其他存款增加1341.9亿元，增量相当于上年的3.2倍，其中，四季度增加804.3亿元，比上年同期多增757亿元。

银行资金来源短期化特征明显。2010年，从储蓄存款和企业存款看，活期占比仍然偏高。全年活期储蓄（含通知存款）增量占储蓄存款增量的75.4%，企业活期存款（含通知存款）增量占企业存款增量的73.2%。

（二）银行贷款保持较快增长，各季度贷款投放更趋均匀

2010年，全省金融机构积极通过多种形式筹措资金，多渠道增加对实体经济的信贷投放。全年贷款保持平稳较快增长，在全国贷款少增的大背景下福建贷款实现多增。全年福建本外币贷款新增 3015 亿元，分季度看，四个季度贷款增量分别占 31.4%、27.0%、22.0%和 19.5%，总体分布较为均匀。年末，全省本外币贷款余额比年初增长 23.4%。

新增公司类贷款的行业投向结构调整明显。制造业和批发零售业贷款增量占比大幅上升，基础设施贷款因大量转至省外而增量减少。2010 年新增的企业贷款中，大、中、小型企业增量贷款占比分别为 8.9%、30.7%和 60.4%。全年福建省小型企业贷款增量达 1154.5 亿元，仅次于浙江、江苏、广东和山东四个省。

中长期和短期贷款稳步增长，票据融资继续减少。2010 年，中资机构中长期贷款新增 1651.2 亿元，比上年多增 131.5 亿元；短期贷款新增 1480 亿元，比上年多增 97.5 亿元。但票据融资延续上年末持续减少态势，全年减少 298.2 亿元。

（三）贷款利率小幅上行，货币市场利率震荡走高

2010 年，全省人民币贷款利率扭转上年持续走低的态势，逐季小幅上升。其中，1-3 年期和 3-5 年期贷款利率上升较为明显，而 5 年期以上贷款利率最低，表明各商业银行对长期限的大项目贷款议价能力较低。由于实体经济资金需求趋旺，而银行信贷供给因受规模控制和存贷比指标考核的影响而趋紧，2010 年全省银行间同业拆借和债券回购利率明显高于上年。

（四）金融市场活跃度提高，产品成交稳定较快增长

银行间市场交易活跃，净融入资金增加。2010 年，全省银行间市场同业拆借、债券回购、现券交易三项成交总额比上年增长 30.5%。短期融资券、中期票据发行加速。人民币跨境结算业务快速推进，发展态势良好。全年福建非金融企业国内外股票市场融资 243 亿元，省内投资者在沪深股市交易活跃。全年福建保险业实现保费收入比上年增长 28.1%，各项赔款与给付累计支出增长 8.6%。

四、热点关注

2011 年全球经济有望继续复苏，但经济增速可能低于上年，增长前景仍存在一些不确定性；中国经济将保持良好增势，经济结构进一步调整优化。随着“海西建设”尤其“五大战役”的继续推进，福建经济有望保持较快增长。随着国家宏观政策取向的调整变化，海西经济建设将面临更大的产业结构和融资结构调整压力，资金供需矛盾可能进一步加剧，因此亟须未雨绸缪，积极应对。

（一）关注“经济结构战略性调整”对福建产业结构调整的压力

2010 年，中央在“十二五”规划的建议中要求“未来五年经济结构战略性调整取得重大进展”，中央经济工作会议则要求 2011 年主攻方向为“经济结构战略性调整”，最近召开的中国人民银行工作会议提出“充分发挥好货币信贷政策对经济结构调整的引导作用”。可以预见，未来国家层面制定和出台的政策将主要围绕“促进经济结构战略性调整”这条主线展开，长期制约经济发展方式转变和经济结构调整的一些体制性障碍（诸如资源价格管制、财税体制、地方政府过度介入投融资领域等），也将在“十二五”期间得到进一步理顺，价格杠杆在经济结构调整中的作用将更加突出。同时节能减排是促进经济结构调整的重要抓手，中央提出“2020 年单位 GDP 二氧化碳排放较 2005 年下降 40%-45%”的目标，并将氨氮和氮氧化合物与化学需氧量、二氧化硫一道纳入节能减排考核目标，经济发展的资源环境压力将进一步加大。

国内上述结构调整政策取向与当前国际流动性泛滥、大宗商品价格大幅波动、粮食稳定增产基础不牢等造成的通胀预期相互交织影响，将对福建省产业结构调整造成较大压力，其突出表现在：一是资源环境约束对福建推进重化工业发展的压力。福建当前正处于工业化中期阶段。石化、钢铁、机械装备等重化工业向沿海转移和布局是国家大力倡导的方向，承接重化工业是福建工业发展的一项重要任务。重化工业发展虽然并不必然带来单位GDP能耗和排放的增加，但作为“生态省”的福建目前节能减排空间有限，如何处理好利用沿海区位优势发展重化工业与促进节能减排的关系，是福建产业结构调整优化面临的重大课题。二是要素价格上涨对福建传统产业调整升级带来的压力。福建是资源小省，长期以来加工业尤其是劳动密集型产业是福建工业的主体，但未来随着人民币实际汇率和劳动力成本趋升，传统产业的生存和发展空间将受到挤压，同时“两头在外”的传统经营模式也将遇到更严峻的挑战。由于传统产业是吸纳劳动就业的主渠道，政府需要密切关注并采取有效措施推动和帮助传统企业实现转型升级。

根据国家对经济结构战略性调整的要求，立足当前福建实际，切实采取有效措施主动推动经济结构进行适应性调整，是提升福建经济可持续发展能力的必由之路。一是强化经济发展的能耗和排放约束，同时探索采取工程减排、技术减排等措施，推进重化工业基地化集聚，发展专业化协作配套，通过集中治理和废水、废气、废料、余热就地循环利用，最大限度地实现重化工业清洁化生产，有效协调工业重化和环境约束的关系。二是推动制造业转型升级，着力实施工业技改，引导创新要素向企业集聚，支持传统工业企业大力拓展研发设计、营销服务等高端价值链，增强新产品开发和品牌创建能力，提升传统产业应对要素价格调整的能力。在加快存量结构调整的同时，还需注重以增量优化带动经济结构全盘升级，一是优化投资结构，加大对战略性新兴产业和服务业特别是现代服务业的投资力度，提高投资质量和效益；二是优化需求结构，提升居民消费能力，增强消费对经济的拉动力；三是优化区域结构，推进城镇化，深化山海联动和区域合作，增强区域发展协调性。

（二）关注国内金融政策变化对海西经济建设融资的压力

2011年我国货币政策从“适度宽松”转向“稳健”，这意味着以M2为主的货币供应总量增长应低于适度宽松时期，降至以往稳健货币政策阶段的一般水平。只有货币供给总量回归常态，才能实现中央经济工作会议提出的“把好流动性总闸门”的要求。同时基于近年来我国金融结构多元化趋势明显、金融市场向广度和深度发展、直接融资比例明显提高、商业银行表外业务对贷款表现出较大的替代作用的环境，人民银行工作会议提出要更加重视从社会融资总量角度来衡量金融对实体经济的支持力度，更加注重对包括银行贷款、各类债券、股票、信托贷款、委托贷款等在内的社会融资总量的管理，强调进一步发挥市场的资源配置功能，在引导信贷按照经济平稳健康发展的正常需要适度增长的同时，鼓励发展直接融资，改善社会融资结构并提高资金资源的配置效率。货币政策调整给出了强烈的政策信号，传统以银行贷款为主的融资结构将面临较大挑战，有关部门应尽快转变观念，未来对实体经济融资的引导应更加注重从“间接融资为主”向“间接融资与直接融资并举转变”。

鉴于长期以来福建经济发展的资金供给以银行贷款为主，间接融资比重高达95%左右，高于全国平均水平十几个百分点。加上福建金融机构存贷比高企（2010年末全省人民币余额存贷比高达83.2%），在货币政策转向的大背景下，2011年福建贷款继续保持2010年逆势多增的可能性减小。因此，我们认为，在国家层面已从关注信贷规模转向关注社会融资总量的环境下，福建经济发展的融资结构有必要顺应形势尽快调整，地方政府、金融机构、企业要主动作为，积极拓展各种筹资渠道。

1.积极拓展信贷增长空间。一是驻闽全国性银行业金融机构要积极争取各自总行将海西列为信贷支持的重点区域，促进信贷资源配置向福建省倾斜，积极争取更多信贷规模。积极向上推介福建重点项目。同时通过组织和参与银团贷款等方式加大对海西各项资金投入。二是省内各类银行业金融机构都要加强信贷运作，积极争取通过总行直贷、转让信贷资产、委托贷款、海外代付以及组织省外银团贷款等增加省内可用资金，通过承兑汇票、信用证、保函等表外业务增强实体经济的支付能力；同时要注重优化信贷资源配置，盘活存量贷款规模，对“两高一剩”行业的贷款收回资金优先用于满足“三农”、中小企业、民生、新兴战略性产业、节能减排等重点领域的信贷资金需求。三是在发挥现有银行机构服务功能的同时，建议各级政府出台鼓励金融业发展的优惠政策，吸引境内外金融机构在闽设立分支机构或地区性总部，增加信贷资金。

2. 大力扩大直接融资规模。一是大力推动企业上市融资和再融资。建议建立和完善对设区市企业上市工作的考核和激励制度，进一步扩充福建上市后备资源，采取针对性措施进行梯度培育，推动企业在境内外资本市场首发上市融资。鼓励省内上市公司通过增发、配股、发行公司债等形式实施再融资。二是大力推动企业发债融资。建议地方政府、金融机构、行业商会多方联动，加强各类债券融资优点和实现途径的宣传，鼓励符合债券发行条件的省内企业、重点建设项目业主发行短期融资券、超短期融资券、中期票据、企业债券、可转换债券等各类债券，筹集发展资金。积极协调省内有实力的企业和担保公司为中小企业捆绑发行集合票据和集合债券提供信用增级服务，促进中小企业扩大债券融资规模。三是有效统筹利用境内外资本市场。积极支持企业海外上市融资再融资，有效推动境外关联企业和与福建有经贸往来的境外企业在香港债券市场发行人民币债券，筹集资金投资福建，开辟债券发行新渠道。

3. 充分挖掘非银行金融机构的服务功能。推动资产管理公司积极创新，开展资产管理、投资等多元化金融服务试点，为企业和重点项目提供融资服务；鼓励证券公司和保险公司尝试直接投资业务，投资重大基础设施项目以及有发展潜力的企业；鼓励信托公司创新信托产品，为省内企业设计发行各类股权投资集合资金计划和受益权集合资金计划，筹集发展资金；鼓励金融租赁公司通过售后回租促进盘活企业各类资产，通过直接融资租赁为企业购置设备提供融资支持。

4. 积极吸引中央资金投入。建议各级地方政府大力实施央企对接战略，开发、储备、选拔一批重大项目，有针对性地和相关央企进行沟通和对接，定期组织优势企业、优秀项目到北京举办招商活动，争夺更多央企来闽投资。同时，积极争取中央预算内投资基金。“十二五”期间国家将着力支持战略性新兴产业发展，福建应积极组织与之相符的新一代信息技术、生物制药、新材料新能源及节能环保领域的重大项目，努力争取中央资金投入。

5. 有效引导民间资本。建议政府在工商登记、政府资金支持、税收、人才引进等方面扶持产业投资基金、创业投资基金、风险投资基金设立，并引导其依法开展资金募集和投资活动，实现将社会闲散资金转化为投资资本金。推行公平准入，探索采用 BOT、BT 等多种方式，鼓励集体、民营、外资等各类资本进入基础设施、公用事业及其他行业和领域。充分发挥异地商会、骨干企业在吸引闽商回归中的积极作用，大力实施闽商“回归工程”，为海西经济建设服务。鼓励民间资本组建小额贷款公司，参与组建村镇银行等，增加福建金融服务供给能力。同时，创造良好环境，从法律层面进一步明确界定正常民间资本筹集与民间非法集资，创造良好法律环境，激发民间资本活力。

（执 笔：杨长岩 李春玉 朱 敢
宋科进 宋 将 余 静 刘闽浙）

2-1-1 福建省金融机构本外币信贷收支情况

（2006-2010 年）　　单位：亿元

项　目	2006	2007	2008	2009	2010
各项存款	**9260.17**	**10372.29**	**12172.08**	**15095.13**	**18753.23**
企事业单位存款	2891.56	3344.20	3663.69	4834.55	5335.54
活期存款	2118.52	2446.84	2534.81	3344.19	3657.34
定期存款	773.03	897.36	1128.87	1490.36	1678.20
储蓄存款	4711.26	4865.90	6010.09	7245.92	8258.16
活期储蓄	2065.67	2398.83	2646.06	3340.29	4060.08
定期储蓄	2645.59	2467.07	3364.04	3905.63	4198.08
各项贷款	**6784.02**	**8522.56**	**9891.69**	**12905.84**	**15920.84**
短期贷款	3086.50	3723.67	3972.25	5360.45	6720.44
中长期贷款	3328.10	4484.48	5294.47	6815.19	8638.27

2-1-2 福建省金融机构人民币各项存款和贷款余额

（2006-2010 年）　　单位：亿元

项　目	2006	2007	2008	2009	2010
各项存款	**8836.26**	**10040.15**	**11804.40**	**14702.34**	**18309.45**
企业存款	2767.76	3222.76	3494.62	4659.67	5124.36
储蓄存款	4478.26	4711.23	5861.17	7078.81	8101.02
各项贷款	**6447.72**	**8065.67**	**9585.92**	**12360.32**	**15231.36**
#短期贷款	2956.98	3555.92	3895.16	5215.58	6594.50
中长期贷款	3203.04	4318.81	5146.37	6625.531	8372.64
票据融资	283.28	188.46	541.08	515.12	256.22

2-1-3 福建省金融机构现金收支情况

（2002-2010 年）　　　单位：万元

年份	现金收入合计	现金支出合计	投放（+）回笼（-）
2002	17009.54	17055.22	45.68
2003	19289.67	19340.97	322.61
2004	23037.42	23071.47	34.05
2005	23592.72	23655.89	63.17
2006	26856.83	26938.39	81.56
2007	29366.09	29430.36	64.27
2008	25464.27	25474.86	10.60
2009	24425.61	24432.62	7.01
2010	26474.79	26555.23	80.44

2-1-4 福建省金融机构存、贷款余额占全国比重

（2001-2010 年）　　　单位：%

年份	存款比重	贷款比重	年份	存款比重	贷款比重
2001	2.52	2.55	2006	2.66	2.85
2002	2.58	2.36	2007	2.59	3.07
2003	2.58	2.47	2008	2.54	3.08
2004	2.55	2.52	2009	2.47	3.03
2005	2.55	2.62	2010	2.56	3.13

2-1-5 福建省各金融机构存款余额

（2006-2010 年） 单位：亿元

名 称	2006	2007	2008	2009	2010
中国人民银行	173.94	310.40	323.90	442.16	624.13
中国工商银行	1306.81	1372.65	1707.09	1977.81	2206.84
中国农业银行	1476.40	1565.82	1760.33	2120.93	2569.00
中国银行	787.95	806.62	1001.12	1280.41	1583.18
中国建设银行	1699.63	1966.24	2246.09	2835.01	3214.83
国家开发银行	17.38	24.76	48.15	57.54	158.92
农业发展银行	11.78	21.96	30.52	150.93	45.77
交通银行	179.24	222.02	269.51	354.01	439.06
中信银行	186.13	259.28	257.41	367.78	525.97
中国光大银行	155.83	167.56	158.30	209.36	281.60
华夏银行	25.65	44.83	63.57	73.95	101.34
招商银行	175.59	188.95	244.60	316.97	455.80
浦发银行				55.91	116.32
兴业银行	802.53	929.06	1084.99	1464.97	1771.61
中国民生银行	152.30	205.27	231.74	304.45	397.25
恒丰银行					51.72
城市商业银行	378.56	494.04	469.18	685.22	1058.39
农村商业银行					98.33
农村合作银行	60.18	168.74	208.21	245.49	296.58
农村信用社	705.03	738.68	920.16	1110.15	1331.15
村镇银行				1.83	5.68
信托投资公司	0.93	0.35	0.35	0.39	0.37
邮政储蓄银行	494.03	458.13	549.28	671.50	808.30
中资财务公司				20.08	29.72

注：以上金融机构不含外资银行。

2-1-6 福建省各金融机构贷款余额

（2006-2010 年）　　　　单位：亿元

名　称	2006	2007	2008	2009	2010
中国工商银行	930.51	1224.13	1461.42	1922.95	2357.10
中国农业银行	1039.35	1252.10	1355.13	1718.92	2052.54
中国银行	517.65	614.57	775.95	1067.59	1319.32
中国建设银行	1284.60	1567.48	1742.96	2117.70	2472.00
国家开发银行	369.06	456.40	590.17	839.62	1044.87
农业发展银行	74.40	124.34	180.04	238.85	289.80
交通银行	133.43	165.72	196.70	281.01	342.64
中信银行	158.75	217.22	247.36	369.55	448.17
中国光大银行	148.62	187.00	206.16	253.84	306.18
华夏银行	27.96	44.95	55.90	62.13	75.98
招商银行	140.65	197.21	242.30	324.12	414.28
浦发银行				53.11	82.10
兴业银行	606.69	761.57	1051.73	1205.81	1422.14
中国民生银行	130.44	158.43	197.77	285.94	420.95
恒丰银行					28.16
城市商业银行	226.67	284.04	343.40	458.51	602.64
农村商业银行					60.56
农村合作银行	44.36	121.50	139.66	173.51	200.69
农村信用社	499.31	532.36	630.06	764.65	911.77
村镇银行				1.23	8.81
信托投资公司	6.14	3.01	3.52	4.82	4.40
邮政储蓄银行		1.33	9.80	48.68	120.02
中资财务公司				13.24	21.80

注：以上金融机构不含外资银行。

2-1-7 福建省部分银行发展概况

中国人民银行福州中心支行

根据福建省提出的实现海西跨越发展的目标和任务，对重点项目建设、新增长区域发展、城市建设、小城镇改革发展、民生工程等“五大战役”的实施，中国人民银行福州中心支行提出 30 条措施意见，着重协调解决金融资源有效配置问题。联合金融监管部门及省政府相关部门制定《2010 年金融服务海西建设工作要点》，从融通信贷资金、创新金融服务、扩大直接融资、拓展保险功能、促进闽台金融合作等 6 个方面，提出 26 条措施意见，并以任务分解的形式明确责任部门。强化信贷窗口指导，引导金融机构做好全省 14 项调整和振兴产业以及重点转型升级项目的配套资金供应；联合省经贸委、发改委、财政厅等部门制定《关于加大对循环经济发展的投融资政策支持的意见》，引导金融机构加大对“减量化、再利用、资源化”等循环经济项目的信贷支持力度；发布省内淘汰落后产能计划表并适时进行风险提示，引导金融机构有序压缩和收回对落后产能的授信，年末全省超额完成工业系统淘汰落后产能的目标任务。支持省内十大重点文化产业发展，提高旅游产业融资效率，培育内需新增长点；推动海域使用权抵押贷款等涉海信贷产品创新，支持海洋渔业和临港工业发展；深化林业金融创新，引导金融机构开办茶园资产抵押贷款业务，接受更为宽泛的林权作为抵押物，当年末各类林权抵押贷款余额占全国的三分之一；在省内推广专利权质押贷款，拓宽科技型中小企业融资渠道；制定融资性担保业务监督管理制度，重启融资性担保公司设立登记，完善中小企业信用担保体系。做好保障和改善民生金融服务，引导银行业落实差别化房地产信贷政策，加大对符合条件的普通商品住房和保障性住房建设的信贷支持力度；拓展促就业小额担保贷款业务，部分贴息资金被列入中央财政预算，当年省内累放各类促就业小额贷款相当于本省 2003-2009 年历年发放贷款的总和；在全省推广生源地信用助学贷款，构建助学贷款发展长效机制。推进人民币跨境业务，与省外经贸厅共同成立跨部门协调小组，联合拟定省内人民币跨境结算业务点面结合的宣传方案、试点货物贸易出口企业推荐原则和试点操作指引等一系列文件，推动人民币跨境结算试点的规范实施。

拓宽资金来源渠道。搭建项目融资对接平台，组织布设第八届“6·18”金融服务馆，促成 9 家融资机构与 48 家企业签订战略合作及融资协议，意向融资总金额达 124.6 亿元。积极推介企业发行债务融资工具，省内企业发行债务融资工具进展迅速，发行企业数、发行期数和发行金额均有大幅增长，发行结构渐趋合理。推动台资金融机构入闽设立机构取得新进展，台湾富邦金控旗下富邦银行（香港）股份有限公司参股的厦门银行开设福州分行；拓展闽台金融新的合作方式，促成首家海峡两岸合资的产业投资基金公司——海峡汇富产业投资基金管理有限公司正式落户福州，基金总体规模 200 亿元，首期募集 50 亿元，主要投向海峡西岸经济区重大基础设施项目、优势产业项目、高成长企业以及闽台产业对接项目。

维护金融体系稳定。突出“前瞻性、实效性、代表性”原则，持续开展具有地方特色的涉外企业风险、“三农”金融服务、金融理财产品、担保公司、典当业等 8 个项目定点监测；在省内全面实施金融风险案件事件快报制度，以“面上推动、点上突破”为原则，指导省内部分人民银行先行探索建立金融重大事项报告制度，及时将新型农村金融组织的风险监测结果，向当地政府、监管部门和金融机构通报，实现维护金融稳定关口前移；增强风险提示的前瞻性和针对性，关注打击非法证券活动的情况；向省内金融机构下发关于做好“世博、五一”期间金融服务与维护金融稳定工作的指导意见，确保了关键时期金融机构未出现重大风险事件和影响金融稳定的突发事件。

推动金融服务创新。参与人民银行总行金融统计标准化试点，进一步完善时序库指标体系，新增指标687项，并提供时序库数据查询；组织福建海峡银行和紫金矿业集团财务有限公司在全国率先完成按标准化机构编码报送金融统计数据。推进现代化支付系统建设，完成人行总行人民币银行结算账户综合改革和中央银行会计核算电子对账系统导入方式试点；在全国率先试点开办农村地区“小额现金支付业务”，全年非现金结算业务金额占全部结算额的79%，比上年提高8个百分点；个人跨行通存通兑业务量居全国首位，大、小额支付系统结算业务量分列全国第七位和第四位；独创“福建模式”推广金融IC卡，发卡量位居全国首位；联合省公安厅成功建设和运行“福建省公民身份信息核实系统”，在全国率先解决联网核查疑义信息再核实问题。征信系统建设顺利推进，已采集了电信、环保、社保、法院、质检、税务、公积金、企业欠薪、资质认证、低保资助等16项非银行信息，全省71.6%的企业、62.4%的自然人信息已进入系统，全省29.7%的农户已建立信用档案；与省经贸委、省银监局联合公布辖内首批信用等级A级以上融资性担保机构名单，并将担保机构信用评级结果录入企业征信系统，进一步规范管理征信评级市场。加快全国财税库银横向联网系统推广步伐，全省电子缴税笔数和金额均进入全国前十位；支持地方财政体制改革，成立福州市四城区国库；在省内实现批量办理出口退税业务，缓解了出口企业资金周转困难；组织全省各级国库稳步推广涉农资金、补助资金国库直接支付业务，使国库服务更加贴近政府和民生。加强人民币流通状况监测预警，旺季现金投放预测准确率达91.8%；在福州分库和中心支库试行以明确岗位职责、规范业务操作流程为重点的发行库标准化管理，实现发行基金调拨和摆布的科学、安全、高效；与16家省级金融机构签订人民币流通服务承诺书，实现金融机构主动履行社会责任的转变，成为全国首创；推进钞票处理中心标准化建设，现钞清分从以人民银行为主的模式，逐步向人民银行、商业银行和社会共同承担的社会化模式转变。提高反洗钱工作有效性，全省收集可疑交易线索数、报案数、立案数和判决数，比上年分别增长155%、172%、470%和650%；作为全国唯一覆盖银证保所有金融机构的试点单位，顺利完成人行总行反洗钱监管交互平台综合试点；建立健全以客户为单位的大额现金存取动态综合监测机制，初步完成打造“百名反洗钱现场检查主查人团队”任务。

（执笔：王勉）

国家开发银行福建省分行

在2010年银根日趋收紧、外部环境日益险峻的形势下，国家开发银行福建省分行抓住国家支持福建省加快海峡西岸经济区建设的有利时机，加快项目开发评审，加大贷款均衡投放力度，全力支持加快经济发展方式转变，服务和保障福建省科学发展、跨越发展。与此同时，强化信贷管理，完善信贷风险防范机制，贷款发放量、开发评审承诺额、资产规模和经营效益等各项主要指标均达到历史最好水平。

加大贷款均衡投放力度，满足海西重大重点项目融资需求。围绕2010年初胡锦涛总书记来闽考察、6月全省防汛抗灾形势急迫、7月开始实施“五大战役”等时机，共争取总行下达福建省人民币贷款余额新增205.21亿元，加大对海西的支持力度。全年发放贷款折合人民币 541.84 亿元，比上年增加 109.87 亿元，增长 25.4%，贷款发放量达到历年最好水平。优化资源配置，贷款主要投向公共基础设施（占 28.8%）、公路（占 27.3%）、电力（占 19.2%）、铁路（占 6.5%）、石油石化（2.4%）、煤炭（2.1%）、农林水利（占 1.9%）等关系海西发展全局的重大重点项目。年末分行贷款余额折合人民币 1102.35 亿元，比年初增加 234.09 亿元，增长27.0%；其中，人民币非个人中长期贷款余额964.09亿元，在全省占比 18.5%，跃居全省第一。

加快项目开发评审，支持福建省加快发展方式转变。围绕福建省转变经济发展方式和调整经济结构，评审承诺新一批高速公路、铁路、核电、风电等交通、能源类及石油化工等产业类重点建设项目，巩固和提升分行在重点行业的市场份额。全年新增项目开发额 841.80 亿元；承诺贷款项目 262个，金额963.91亿元，比上年增加321.42亿元，增长50.0%。坚持规划先行，建立省市县政府、重点行业和重大客户的规划合作机制，参与“十二五”规划编制，完成《福建省加快建设海峡西岸经济区系统性融资总体规划》并正式提交省政府，得到省委省政府主要领导的高度重视和充分肯定。

扎实推进基层金融和民生金融，致力于实现金融普惠。强化信用建设、市场建设和机制建设，探索“以批发方式解决零售问题”的模式，打通“三农”、中低收入住房、中小企业、环保、教育、医疗卫生等领域的融资瓶颈，推动富民惠民。全年共发放基层领域和社会瓶颈领域贷款 166.53 亿元，其中，发放节能减排贷款 150.17 亿元、新农村建设贷款86.92亿元、中小企业贷款31.93亿元、中低收入住房建设贷款 30.44 亿元、台资贷款 14.74亿元、科技贷款 8.20亿元、教育贷款6.64亿元、应急贷款2.90亿元。

积极稳妥地开展国际合作业务，支持“走出去”战略。配合国家外交发展战略，积极拓展国际合作业务，实现“贷款换能源资源”、“贷款换市场”，在印尼、巴布亚新几内亚等国以开发性和商业化方法，成功运作了一批液化天然气、煤炭等有利于我国进口的能源、资源紧缺项目，以及建设火力发电厂等转移我国发电设备产能过剩项目。全年新增外汇项目开发额38.86亿美元;实现评审承诺额18.56亿美元；发放外汇贷款 4.81 亿美元，比上年增加1.62 亿美元，增长 56.6%，极大促进了我国企业“走出去”承包工程和成套设备、技术的出口，缓解了我国经济社会发展的资源约束。

加强业务创新，提升金融服务水平。发挥“投贷债租”综合优势，推动中间业务和协同业务发展，提升综合服务能力。开发了第一笔协同融资租赁业务，通过国银租赁办理福宁高速公路租赁融资 80亿元，有效缓解福建省高速公路建设资本金出资压力；新开办保函业务、人民币贷款项下国际结算业务，银行功能进一步完善。加强账户管理和结算服务，大力推广网上银行系统，提高支付结算效率。年末各类存款余额折合人民币 114.77 亿元；全年日均存款 115.64 亿元，比上年增加 33.41 亿元，增长 40.6%。全年实现利润 22.78 亿元，比上年增加 7.36 亿元，增长 47.7%。

强化以信贷管理为重点的各项基础工作，不断提高风险防控能力。全面贯彻落实贷款新规，完善从项目开发评审、合同签订到贷款发放、支付审核和贷后管理各项规章制度，建立风险管控长效机制。扎实做好地方融资平台贷款风险清查工作，推进地方政府落实平台规范完善方案，促进平台公司发展成为具有充足有效资产和稳定经营性净现金流、自身具有偿债能力的市场化主体。组织开展贷款发放、资金支付等内部检查、“小金库”专项治理和“内控和案件制度执行年”活动，提高风险防控能力。全年共回收贷款本息 362.68 亿元，连续33个季度实现贷款本息回收率100%；年末不良贷款 1.74 亿元、不良贷款率 0.16%，不良贷款额和不良贷款率实现“双降”。

（执笔：兰发文）

中国工商银行股份有限公司福建省分行

2010年，中国工商银行股份有限公司福建省分公司认真贯彻落实国务院出台支持福建省加快建设海峡西岸经济区的《意见》，主动融入海峡西岸经济区建设，实现自身又好又快发展，发展成为最大公司信贷银行、最大信用卡发卡银行、网上银行、结算银行、投资银行、企业年金、资产托管银行和福建省最具盈利能力银行。

切实支持福建省各类经济实体的信贷资金需求，有力地配合了全省经济结构的调整和发展方式的转变。一是全年新增本外币各项贷款364亿元。其中，新增人民币项目贷款47.9亿元，积极支持铁路、石化、高速公路、电力、港口等海西基础设施建设。二是完善小企业信贷专业化经营管理模式。对45家小企业专营机构单独配置人力、财务资源，并充分转授权。大力推广小企业网络循环贷款（“网贷通”）新产品，小企业融资服务渠道有效拓宽。新增小企业贷款106.46亿元，比上年多增44亿元，比上年增长57.1%，高于各项贷款增幅32.0个百分点，实现银监会“两个不低于”的要求。三是推广以现金流、物流、单据流管理为基础的国内贸易融资业务，国内贸易融资比年初增加91.36亿元；国内信用证业务累计开证额127.87亿元，增加76.38亿元。同时，针对国际金融危机以来外经贸形势及客户需求变化，积极推介国际贸易融资业务。全年累计发放国际贸易融资21.61亿美元，增长42.0%。四是新增贷款30多亿元积极介入节能环保等新兴产业，支持节能贷款16.38亿元、减排贷款65.59亿元。五是个人信贷业务创新步伐加快，有力满足海西社会公众融资需求。大力推广个人经营性贷款、个人消费贷款、“年年赢”个人工资保障贷款、存贷通等特色个贷业务，实现全年新增个人贷款153.05亿元，排名同业第一。

积极开拓新产品、新业务、新渠道，努力满足各类客户的金融需求。在公司投行业务方面，率先在全国工商银行系统开办国内信用证项下委托代付业务，股权投资基金主理银行业务取得突破，与工银亚洲、工银国际、工银租赁等工商银行集团下属子公司的内保外贷、委托贷款、省内企业境外上市、设备融资租赁等业务长足发展。在国际业务方面，大力推广出口订单融资、预付款融资、对外担保、NRA、加工贸易保证金台账、短期出口信用保险项下贸易融资、跨境贸易人民币结算等业务，并创新推出出口应收账款融资业务。在电子银行业务方面，开发投产网上办卡、公积金贷款查询、话费加油站等新业务。在结算与现金管理业务方面，开办黄金积存、黄金递延、品牌银、账户银、白银递延等新产品和新业务；银商转账、黄金回购业务实现零的突破。在资产托管业务方面，新开首笔基金公司QDII专户理财、基金公司特定客户资产管理、大宗商品交易市场等托管业务，资产托管业务品种扩大到八大类24项。在机构业务方面，拓宽了同业合作渠道，与福建海峡银行、泉州银行以及19家信用社签订了银银平台业务合作协议。

认真贯彻宏观调控政策和金融监管要求，进一步提高信贷资产质量。不良贷款连续10年“双下降”。年末不良贷款余额较年初下降0.47亿元；不良率较年初下降0.2个百分点。一是合理把握贷款投放进度，平稳均衡实现贷款增量计划目标。二是严格落实贷款新规和总行信贷政策，科学把控信贷投向。全面落实银监会“三个办法一个指引”贷款新规，合理设定贷款前提条件及贷后管理措施。严格控制对“两高一剩”行业发放贷款，对达不到环保要求的客户和项目一律不予授信支持。三是着力防控政府融资平台贷款风险、房地产信贷风险、落后产能信贷风险。强化房地产开发企业名单制管理和房地产贷款全流程封闭管理，认真执行个人购房贷款差别化政策，严格执行二套房贷政策。四是强化不良贷款清收处置。建立风险监测重点联系支行制度。

坚持两手抓、两手硬，案防内控与业务经营协同推进。一是扎实开展党风廉政建设、案件防范工作。重新修订了党风廉政建设量化检查评价办法。大力推进廉洁从业专题培训、商业贿赂治理、主题教育活动，进一步筑牢思想防线。二是深入推进内控和案防制度执行年活动。重点开展了业务运营风险管理系统运行情况检查、存款风险滚动式检查、银行承兑汇票贴现业务检查、部分营业网点落实内控制度检查、职业操守教育深化案件防控检查、“六禁一公开”检查、信贷资金流入股市情况检查、政府融资平台贷款检查、信用卡业务检查等工作。积极配合做好内外部审计与监管部门检查工作，配合人行、公安机关开展反洗钱调查 43 次。三是加强技防物防和信息系统安全建设。实现全辖营业网点和自助设备安防监控主机联网。

推进品牌服务建设和企业文化建设，全面营造和谐发展氛围。以客户服务投诉专项治理工作为中心，服务价值提升“十大工程”全面推进，形成了客户投诉率持续降低、客户满意度逐步提升的良好局面。企业文化建设、创先争优、文明创建活动深入推进。在省级文明单位复查中，闽都支行营业室、南门支行营业室、福鼎支行、泉州分行营业部等 4 家单位荣获“中国银行业文明规范服务千家示范单位”。“工于至诚、行以致远”的工行企业文化正在加快形成，品牌影响力和社会美誉度日益提升，受到各级政府、监管部门及社会公众的高度认可和充分信赖。积极履行社会责任，向青海玉树地震灾区和闽西北遭受洪灾地区捐款 127 万元。积极开展“创新金融服务 支持经济发展”建功立业系列劳动竞赛等主题教育活动，和谐融洽、积极向上的发展氛围有效形成。

（执笔：陈思滔）

中国农业发展银行福建省分行

确立“坚持一个统揽、突出两个重点、实现三个转变、确保四个加强”的工作思路，中国农业发展银行福建省分行实现了持续、有效、稳健发展。2010 年累放支农贷款 166.31 亿元，比上年多投放 10.48 亿元，年末贷款余额 289.80 亿元，比上年增加 50.95 亿元，增长 21.3%；各项存款余额 67.44 亿元；实现账面利润 6.14 亿元，比上年增加 0.58 亿元，增长 10.4%；不良贷款余额 2540 万元，比年初减少 1394 万元，不良贷款率 0.09%，比年初下降 0.08 个百分点。

认真做好粮油购销储信贷业务。支持各级储备粮油轮换和贷款划转工作，支持本地粮食收购和“引粮入闽”，确保国家粮食安全，增加市场供应。

重点做好政策性中长期信贷业务。省市分行分别同 11 个市县政府签订合作备忘录，建立全方位合作机制，共同推进统筹城乡发展和新农村建设。对 67 个项目发放农村基础设施建设、农业综合开发和县域城镇建设贷款 39.96 亿元，年末三类贷款余额 117.56 亿元，占全部贷款余额的 40.6%。项目涵盖全省 7 个市、51 个县（区），区域覆盖率达 62.4%。

择优支持实体经济项目。支持具有地方特色的茶叶、花卉、水产等特色农业产业发展，支持产业链长、带动农户作用大的客户做强做大。发放产业化龙头企业贷款 48.01 亿元，支持产业化龙头企业 143 个，其中，上市公司达 7 家。农业小企业客户 171 个，比年初增加 10 个，贷款余额 7.14 亿元，增长 17.0%。落实国家农业产业化经营贴息贷款政策，推荐上报项目 54 个，贷款金额 9.2 亿元。

强化提升客户服务水平。实行高层营销、中层作业、基层服务的客户营销责任分工，改进信贷事项办理工作。推进中间业务发展，构建以省分行营业部、厦门市分行为平台的南北两片国际业务发展区域，全年中间业务收入 530.57 万元，比上年增加 27.72 万元。为 8 个市分行的客户办理国际业务 453 笔，结算金额 6059.71 万美元，实现中间业务收入 64.99 万元。

突出重点加强信贷风险防控。认真组织开展地方政府融资平台贷款自查和自纠整改工作，做好整改保全、分类处置和贷款维权。开展信贷管理综合大检查活动，切实提高信贷制度执行力。

强化信贷风险监测分析与评价。建立重点贷款信贷监测制度、贷款风险预警工作月报制度。利用 CM2006 系统、银监局非现场监管报表系统、人民银行征信系统等数据，定期监测分析信贷运行和风险管理情况。

落实风险防控措施，有效化解信贷风险。严格担保公司准入管理，探索建立再担保机制，协调再担保机构对担保公司的担保责任余额提供再担保服务。加强关注类贷款管理，加大商业性不良贷款清收处置力度。

加强法律事务工作。对 602 笔贷款担保事项、662 笔合同文本进行了法律审查，分别涉及贷款金额 141.24 亿元、合同金额 48.29 亿元。调整了差别转授权管理办法，强化转授权管理。完善合同文本管理。（执笔：邱沁华）

招商银行福州分行

2010 年，招商银行福州分行确立“抓住机遇、创新求变、二次转型、超越目标”的工作指导思想，积极抓住当前海西建设提速的重大机遇，兼顾资本约束和规模扩张的双重要求，以经营效益最大化为根本目的，做大资产业务客群，扩大负债业务规模，推动新兴业务增长，各项业务呈现加速发展态势，市场份额有效提升，业务结构、收入结构进一步优化。同时，风险防范机制不断健全，机构网点建设顺利推进。截至 2010 年底，福州分行全折人民币自营存款余额 322.90 亿元，较年初增长 102.18 亿元；全折人民币自营贷款余额为 261.17 亿元，较年初增加 55.42 亿元；不良贷款余额 5415.31 万元，较年初增加 2835.49 万元，不良贷款率 2.07‰，较年初上升 0.7‰；实现经济利润 4.75 亿元，比上年增加 1.30 亿元，增幅 37.8%；实现非息净收入 2.24 亿元，增加 6245 万元，增幅 38.8%。

“十一五”以来，招商银行福州分行积极抓住海西建设带来的重大发展机遇，加快在福建地区的网点铺设速度和力度，累计新增经营网点 11 家，自助银行 13 家。截至 2010 年，招商银行在福州及泉州两个中心城市共设有 18 家同城经营网点，在省内县域经济百强地区的福清、长乐、晋江、石狮、南安设有 5 家县域支行，共计 23 家经营网点。

服务海西建设。积极响应当地政府号召，与中央重点、省重点项目合作，给予必要的信贷支持。截至 2010 年底，支持中央投资计划项目 3 个，省重点项目 15 个，覆盖核电、大型道路工程、廉租房建设以及企业内部技术升级改造等项目，合计贷款余额逾 9 亿元。在贷款规模有限的情况下，通过招银租赁叙做融资租赁的方式等，拓宽本省企业融资的新渠道，支持东南汽车、东南造船厂、福州市公交集团、福州市自来水公司等一批大中型国有企业的发展。成立小企业信贷中心和中小企业金融部，加快创新力度，优化审批流程，结合中小企业客户的具体需求，配套特色产品和授信政策支持，切实推动中小企业业务的发展。针对 6·18 海峡项目成果交易会，精心设计了极具创新特色的“点金 618”系列融资产品，受到政府的高度肯定。

推进产品创新。公司业务方面，精心设计具有招行特色的中小企业融资新品牌——“助力贷”，重点拓展债券承销、现金管理、公司理财及融资租赁等新兴业务。国际业务方面，创新推出“联动购汇通+利率掉期”业务、“订单融资”、在香港分行单边操作NDF交易等。积极拓展黄金租赁、资金搭桥、同业代付、票据等同业业务，同业金融产品体系相对完善。个人贷款业务方面，推出个人消费信用贷款等新业务，加大个人经营贷款、住房贷款、商业用房贷款的拓展力度，个贷业务规模突破百亿大关。财富管理方面，大力发展代理保险业务，加强公、私募基金产品的筛选和推广力度，积极发展黄金业务。

加强客群建设。截至2010年底，招商银行福州分行对公基本客户数较上年新增32.2%，中小企业贷款客户数新增18.3%，金葵花卡客户新增30%，一卡通金卡客户新增15%，信用卡新户数新增3.6%。同时，以分行财富管理中心为平台，发挥零售高端客户产品体系优势，为高端客户提供专业性增值服务和产品投资渠道，高端客群增长迅猛，增幅为43%。

完善风险防控。严格执行“三个办法，一个指引”，针对监管部门关注的地方政府融资平台贷款、房地产贷款、信贷资金入股市等问题，认真做好自查及整改工作。持续实施全面合规管理，扎实开展各项内控和案件防控工作，强化内控督导工作，不断完善风险防控机制，促进合规稳健经营。

提升服务水平。通过完善服务考核体系、优化服务监测传导机制等方式，使员工服务行为更加规范，同时进一步统一和规范支行服务设施，不断提高全行服务水平，古田支行荣获全国“服务千佳示范单位”的称号。（执笔：李诗婷）

中国建设银行股份有限公司福建省分行

2010年，中国建设银行福建省分行以科学发展观为指导，秉承“与客户同发展、与海西共繁荣”的理念，坚持“巩固基础、加快转型、深化改革、确保平安”的工作思路，加大改革创新力度，加速壮大客户基础，加快转变业务发展方式，各项业务稳步健康发展，市场竞争能力和综合盈利能力持续增强。全年实现账面利润49.53亿元，比上年增加10.17亿元。实现中间业务净收入29.36亿元，比上年增长67.3%。全口径存款余额2419.17亿元，当年新增211.09亿元。一般性存款余额2345.32亿元，当年新增319.38亿元。其中，对公存款余额1020.53亿元，当年新增211.55亿元；储蓄存款余额1324.79亿元，当年新增107.83亿元。本外币各项贷款余额1882.66亿元，当年新增298.23亿元。其中，对公贷款余额1194.88亿元，当年新增160.77亿元；个人贷款余额687.78亿元，当年新增137.46亿元。

内部改革进一步深入。对晋江、石狮、福清、长乐、闽侯、平潭6个县级支行实施省分行直管，有效缩减管理层级，加大资源倾斜力度，提升服务质量与效率。深入整合对公经营职能，实施贷后管理分离；推行附行式自助设备集中管理，加快对公会计柜台从交易核算型向销售服务型转变。大力推进绩效考核和薪酬分配机制改革，优化人力资源结构配置，充实直接从事客户服务与产品营销的一线员工。

业务转型进一步加快。加大对“绿色信贷”、“三农”产业的支持力度，当年新增“绿色信贷”19.94亿元、新增“三农”贷款124.13亿元。大力发展小企业业务，按“信贷工厂”新建改建小企业经营中心10个，创新推出网络银行“e贷通”业务，与保险公司合作推出小企业贷款履约保险业务。按四部委统计口径计算，到年底，小企业贷款余额565亿元，当年新增230亿元。加强与政府机构、各行业龙头企业的联动配合，针对不同客户群体，推出龙卡通系列产品，全年新增借记卡 233.97 万张；信用卡净增客户 35.65 万户，总量达 120.67 万户，当年消费交易额 337.98 亿元。组建全国建行系统首家汽车分期付款中心，实现交易 17630 笔。高度重视发展国际业务，全年完成国际结算 184.04 亿美元，比上年增加 53.44 亿元；累计办理结售汇（含远期结售汇）127.50 亿美元，增加 44.89 亿美元。积极研发创新产品，在当地金融同业中率先推出中小企业集合理财信托计划，为省内 17 家中小企业募集资金 2 亿元；设计研发“乾元—旭（续）日升”理财产品；累计投放信托贷款 60.71 亿元；作为联席主承销商，成功发行福建高速第一期 5 年期中期票据 25 亿元。不断丰富电子银行服务功能，电子银行交易量与柜面交易量比达 198.6%。

管理基础进一步夯实。严格贯彻国家产业政策，加大对优质客户支持力度，大力支持优化区域产业结构和打造特色经济。全面落实银监会“三个办法、一个指引”，扎实推进“贷后管理年”活动，规范风险分类标准，强化风险分类基础管理。成立不良项目处置团队，完善专家诊断制度，逐户制定处置方案，对重大项目进行集中攻坚，全年共处置不良贷款 10.10 亿元。年末不良贷款余额 11.93 亿元，比年初减少 4.69 亿元；不良贷款率 0.6%，比年初下降 0.4 个百分点。加大违纪违规问题调查核实力度，加强工作规范性管理，抓住关键环节进行重点监督，进一步加强“权、钱、人”等重要部位的履职监督。开展“案件专项治理”、“内控和案防制度执行年”等活动，全行安全平稳运营，实现了“不发一案、不误一人”的目标。

文化建设进一步深化。加强服务文化机制建设，深入开展 “服务质量年”、“世博金融服务”、“学百佳、打造最受信赖的友好银行”等主题活动，对公客户满意度、对私客户满意度在全国建行系统内分别提高 22 位和 21 位。抓好文明行业和文明单位创建，认真履行社会责任，积极组织员工为西南旱灾、青海玉树震灾和闽西北地区洪灾开展献爱心活动，全省建行系统连续五届被省委、省政府授予“创文明行业先进行业”。

（执笔：罗长武）

福建海峡银行

2010年是福建海峡银行更名后的第一年。截止2010年末，福建海峡银行资产总额538.10亿元，比上年增加122.80亿元，增幅29.6%；存款余额377.80亿元，比上年增加94.80亿元，增幅33.5%；贷款余额241.60亿元，比上年增加45.70亿元，增幅23.3%；票据贴现余额26.80亿元，比上年减少6.50亿元，减幅19.5%；资本充足率为15.6%，核心资本充足率为15.9%，贷款损失拨备覆盖率达216.4%；实现账面利润7.20亿元，增加3.50亿元，增幅92.3%，累计实现净利润6.00亿元，增加2.77亿元，增幅85.6%。

公司治理效能取得新成效。一是董事会核心决策职能进一步加强。根据新出台的法律法规、部门规章和监管要求，对公司章程进行了部分修订，并于 2010 年 8 月获监管部门核准生效。二是激励约束机制进一步完善。实行面向关键技术岗位和业务骨干的特殊薪酬激励等相关制度，积极探索建立中高级管理人员和核心业务骨干的中长期激励约束机制和引进人才、培养人才、留住人才的工作机制。三是独立董事的功能进一步凸显。独立董事对本行经营管理、业务拓展提供了行之有效的建议和指导。四是引进战略投资者工作稳步推进。抓住难得的政策机遇和市场机遇，加强与台湾金融机构的交流沟通，成立了专门的工作小组，认真研究了与台湾金融机构在业务合作与资本合作上的先行先试工作，为下一步的全面合作奠定基础。

服务区域经济取得新发展。一是支持重点建设项目，服务区域经济发展，包括为海峡国际会展中心、海峡农副产品批发物流中心、福州鼓山大桥及连接线、闽西物流商贸中心、宁德霞浦廉租房建设项目等重点工程项目提供信贷支持。截止 2010 年末各项重点项目贷款余额 8.13 亿元，当年新增信贷投放 3.00 亿元。二是支持新兴产业发展，大力服务中小企业。加大“企明星”小企业贷款发展力度，推广房产抵押 100%、设备抵押超值贷、科技项目补助贷等特色产品，满足科技型等各类中小企业的融资需求。在贷款金额 500 万元以下小企业细分市场中，占有率全省领先，居福州市首位。三是支持新农村建设，服务城乡协调发展。2010 年末本行在县域、乡镇的 14 家支行各项存款总额 62.48 亿元，比年初增加 26.10 亿元，一般贷款合计 40.40 亿元，比年初增加 12.70 亿元，有力支持县域经济和“三农”的发展、壮大。四是支持消费扩大内需，贴心服务百姓民生。加大居民消费信贷支持力度，2010 年末个人贷款余额 72.80 亿元，比年初增加 12.50 亿元，增幅 20.7%；全年为福州市下岗失业人员提供贷款 267 万元，累计 3114.5 万元；积极落实“为民办实事”项目，全力推进福州市民卡项目建设。

经营网络取得新拓展。一是跨区域经营步伐加快，泉州分行开业，首家省外分行温州分行获准开业，莆田分行获批筹建；加速覆盖县域金融市场，设立了平潭、龙海、云霄、漳平支行；总行新大楼建设顺利推进，列入福州市重点建设项目之一。二是提升硬件服务水准，营销能力明显增强。全年共建设自助网点 30 个，分行及县域支行的自助网点建设数量占三分之二。网上银行业务快速发展，企业和个人网上银行客户数分别为 3981 户、14720 户。

风险管理进一步强化。一是抓信用风险，强化业务管理。优化信贷风险管控机制，以“三个办法一个指引”为导向强化信贷基础管理工作，信贷风险管理全流程影像平台系统上线运行，通过强化制度建设、开展 IT 系统革新，以精细化管理全面提升信贷风险防控水平。二是抓操作风险，提升案件防控能力。扎实开展银行案件防控执行年活动，开展操作风险排查工作。开展信息科技风险排查和应急演练，落实上海“世博会”和广州“亚运会”期间的信息系统安全保障任务和金融服务。三是编制出台《合规手册》，建立覆盖总行各部门、各分支机构、法律顾问的全面合规咨询渠道，多渠道传导合规文化，全行合规意识进一步提升。四是抓内控建设，提高风险管控能力。开展新设分支行机构后评估工作，提升管控能力；开展持续全年的内控审计评价工作，不断完善风险事前防范、事中控制以及事后监督评价与纠正的内控机制。

和谐银行建设成效显著。一是“学习型党组织”的构建成效显著，行党委获得“福州市直机关 2004-2009 年度学习型党组织活动先进单位”称号。二是加强基层支部管理，建立健全基层党组织。以规范“三会一课”制度为主线，全面加强党的基层组织建设，基层党支部的战斗堡垒作用得到更加充分的发挥。三是加强行党委与基层支部的联动，党委各成员坚持走群众路线，带头转变工作作风，主动深入基层调研服务，帮助基层解决工作中面临的困难和问题。四是实际深入开展群众性精神文明创建活动和“省市区文明单位、青年文明号、优质服务窗口、巾帼示范岗”等创先争优活动，获得“福建省模范职工之家”称号。五是热心开展公益事业，积极践行社会责任。组织开展了赈灾、助学、济困、帮老、扶幼等多方面的社会公益事业，构建和谐银行成效显著。

（执笔：刘新斌）

2-1-8 福建省证券业发展概况

2-1-8-1 福建辖区上市公司

（2010

上市公司简称	总股本（万股）	总市值（万元）
福耀玻璃	200298.63	2055063.98
东百集团	34322.26	402943.33
华映科技	70049.35	1702199.22
闽福发A	24484.63	345478.20
福建水泥	38187.37	302825.82
中福实业	65185.16	575584.93
实达集团	35155.84	194763.35
三木集团	46551.96	248587.45
永安林业	20276.03	203165.80
阳光城	53600.55	452924.69
冠城大通	73550.25	639887.21
漳州发展	31630.26	229319.40
青山纸业	106184.16	382262.98
福建三农	101717.80	650993.92
中国武夷	38945.24	237176.54
福建南纸	72142.00	350610.10
*ST福日	24054.41	198689.43
闽东电力	37300.00	431561.00
新大陆	51026.67	1006245.87
龙净环保	20790.00	703325.70
福建高速	274440.00	974262.00
龙溪股份	30000.00	355200.00
惠泉啤酒	25000.00	311500.00
片仔癀	14000.00	1019200.00

情况一览表

年）

每股收益（元）	每股净资产（元）	净资产收益率（%）	营业收入较上年增长（%）
0.89	2.92	35.0	40.0
0.29	2.02	15.7	21.4
0.51	3.37	27.4	4388.8
0.10	5.06	2.1	16.4
0.02	2.91	0.6	18.0
0.12	1.53	9.9	54.5
0.08	0.54	16.6	7.5
0.03	1.19	2.9	49.9
0.04	1.98	2.0	-16.3
1.05	3.02	45.2	43.4
0.70	2.96	26.8	91.7
0.20	1.81	11.7	33.7
0.05	1.64	3.1	54.3
0.33	1.63	38.2	776.7
0.19	3.02	6.5	-31.0
0.02	2.46	0.6	83.1
-0.29	1.63	-29.8	36.3
0.28	4.14	7.0	1.8
0.15	2.54	6.6	-28.0
1.10	9.86	11.4	-2.1
0.19	2.52	7.9	-3.5
0.31	3.86	9.5	45.6
0.21	4.47	4.8	-17.0
1.39	7.50	20.7	24.8

2-1-8-1 续表 （2010

上市公司简称	总股本（万股）	总市值（万元）
凤竹纺织	17000.00	150960.00
福建南纺	28848.37	215785.82
七匹狼	28290.00	934701.60
众和股份	28914.80	255028.54
国脉科技	40050.00	724104.00
浔兴股份	15500.00	248000.00
冠福家用	20463.00	204834.63
三钢闽光	53470.00	578545.40
兴业银行	599245.06	14411843.77
梅花伞	8293.99	130215.68
福晶科技	19000.00	349600.00
紫金矿业	1454130.91	11938414.77
鸿博股份	13600.00	252280.00
圣农发展	41000.00	1473950.00
太阳电缆	20100.00	407628.00
中能电气	7700.00	290906.00
三元达	12000.00	278160.00
星网锐捷	17553.00	740912.13
榕基软件	10370.00	513315.00
兴业证券	220000.00	3564000.00
青松股份	6700.00	238922.00
天广消防	10000.00	312500.00
泰亚股份	8840.00	236735.20
永辉超市	76790.00	2398919.60
海源机械	16000.00	343840.00

年）

每股收益（元）	每股净资产（元）	净资产收益率（%）	营业收入较上年增长（%）
0.55	3.72	15.8	34.4
0.09	2.52	3.5	18.2
1.00	5.65	19.1	10.6
0.33	3.71	10.3	15.5
0.26	2.23	14.0	15.6
0.34	3.77	9.4	33.1
-0.49	2.70	-18.4	-15.6
0.21	5.08	4.1	19.0
3.28	15.35	24.4	37.2
0.13	2.77	4.7	24.1
0.32	3.08	10.6	60.5
0.33	1.50	24.1	36.2
0.36	3.70	10.1	56.1
0.68	4.35	16.5	44.0
0.60	5.30	11.4	51.9
0.68	8.49	12.1	29.2
0.50	6.91	10.0	47.7
0.90	8.89	13.9	15.8
0.93	11.26	11.6	52.5
0.39	3.82	11.7	-11.3
0.80	7.88	13.1	65.2
0.54	6.47	10.6	30.0
0.56	6.64	10.4	8.5
0.46	4.97	12.6	45.3
0.52	6.37	9.3	32.1

2-1-8-2 福建辖区证券

（1990-

年份	证券公司			
	企业数（个）	交易量（笔）	交量金额（亿元）	开户数（户）
1990	2			
1991	2			
1992	2			
1993	2			
1994	3	579109	89.93	17645
1995	3	511853	73.27	27476
1996	3	2915385	2370.83	61126
1997	3	5023838	2052.47	115353
1998	3	6272101	2551.03	144438
1999	3	6403338	2551.30	284044
2000	3	7735686	3298.08	398233
2001	3	3846792	1472.50	500957
2002	3	3714922	1709.51	534845
2003	3	3832845	3337.75	719592
2004	3	4614592	2757.72	766414
2005	3	3943657	1465.43	812355
2006	2	10161965	4855.01	918744
2007	2	57629015	23554.77	1377553
2008	2	45616621	14167.39	1491895
2009	2		37004.93	2396600
2010	2		24166.49	2350000

2010年）

期货营业部			
企业数（个）	交易量（笔）	交量金额（亿元）	开户数（户）
11	1482953	684.81	
15	1626140	683.39	
18	3327133	1687.95	5915
23	8852688	4977.11	11085
34	20946613	11376.07	21478
40	36146256	21135.49	37600
46		54277.27	55100

2-1-8-3 福建辖区证券业发展概况

一、证券期货业概况

2010年，福建辖区（不含厦门，下同）资本市场运行平稳有序，上市公司整体质量稳步提高，证券期货经营机构综合实力持续增强。

截至2010年底，福建辖区共有上市公司49家，总市值5187.94亿元，总股本426.28亿股。全年新增上市公司10家，共募集资金103.92亿元；7家上市公司实现再融资，募集资金243.99亿元，5家上市公司通过发行短期融资券、次级债融资42.45亿元。5家上市公司再融资申请处于审核程序中，拟募集资金共计38.48亿元。

截至2010年底，福建辖区共有兴业证券股份有限公司、广发华福证券有限责任公司两家法人证券公司，2家证券分公司，2家基金分公司，151家证券营业部，全年新增23家证券营业部。两家法人证券公司资产总额408.18亿元、净资产103.96亿元、利润总额15.09亿元；151家证券营业部利润总额为17.57亿元，净利润16.06亿元，利润总额、净利润分别排名全国第十一位、第十位。共有兴业期货、金友期货两家法人期货公司，46家期货营业部（含2家筹建），全年新增6家期货营业部。两家法人期货公司资产总额16.93亿元、净资产3.48亿元、实现利润总额0.10亿元，46家期货营业部利润总额0.59亿元。全年证券交易量37610.46亿元、期货交易额54277.27亿元，较上年分别增长0.6%、156.8%。

此外，福建辖区共有拟上市公司29家，其中，已过会待发行公司2家，已申报首发7家，已辅导备案20家。投资咨询公司1家，具有从事证券、期货相关业务资格的会计师事务所1家，资产评估机构2家。

二、主要工作开展情况

2010年，福建证监局以科学发展观为指导，围绕加快多层次资本市场发展，加强基础性建设和市场组织力建设这一主线，认真履行监管职责，确保辖区资本市场持续健康稳定发展，提升了资本市场服务海西经济社会发展的能力和水平。

（一）以培育合规文化为重点，全面加强市场主体自我约束机制建设

强化合规管理，完善市场运行机制，努力探索构建行政监管、自律监管和市场约束为一体的优势互补、互相促进的监管约束机制。一是建立上市公司合规执行监事制度和持续督导合规监察员制度，加强对公司规范运作情况的监督检查、督促保荐机构落实持续督导责任，出台了上市公司董秘和独立董事履职评价办法。对辖区47家上市公司的280名董事、监事进行专题培训指导，上市公司自我约束机制建设取得新成效。二是探索建立保荐机构执业质量评价机制及问责机制，强化保荐责任。组建拟上市公司常规培训师资队伍，定期组织到各地市开展规范运作培训，中介机构综合监管体系建设取得新进展。三是通过在辖区所有证券期货营业部设立合规监察员，多形式开展从业人员教育活动，证券期货业合规管理长效机制建设取得新突破。四是深入开展“解决同业竞争、减少关联交易”专项活动，推动7家重点公司解决了同业竞争和关联交易等历史遗留问题，上市公司独立性显著增强。协助解决了5家股东股权规范问题及1家公司与其股东同业竞争的问题。

（二）以现场和非现场监管为重点，全面加强风险防控体系建设

通过细化常规监管任务，强化现场和非现场检查等方式，有效揭示和防控风险，促使监管对象切实提高规范运作水平，增强监管的有效性。一是通过督促上市公司制定并落实信息披露配套制度、强化年报审核和审计监管、提高对临时信息和股价异

动的快速反应能力。二是加大现场检查力度，全年对 25 家上市公司、2 家证券公司、28 家证券营业部、43 家期货营业部和 2 家银行类基金销售机构开展了不同形式的现场检查。三是通过督促证券公司完善风险监控系统，强化证券经纪业务监管、推行强制性客户回访制度等方式，加大常规监管力度，证券期货经营机构风险监测、预警和反馈机制进一步健全。

（三）扩大股权融资规模

积极推动优质企业进入资本市场，支持上市公司通过增发、配股等各种方式实现再融资，提高资产质量和市场竞争力。福建辖区全年共有兴业证券股份有限公司、永辉超市股份有限公司、福建星网锐捷通讯股份有限公司、福建三元达通讯股份有限公司、福建榕基软件股份有限公司、福建海源自动化机械股份有限公司、福建中能电气股份有限公司、福建青松股份有限公司、泰亚鞋业股份有限公司、福建天广消防科技股份有限公司等 10 家公司在 A 股市场发行上市，募集资金 103.92 亿元。福建中福实业股份有限公司、华映科技（集团）股份有限公司、福建新大陆电脑股份有限公司、兴业银行股份有限公司、福建三农集团股份有限公司、福建众和股份有限公司、福建冠福现代家用股份有限公司等 7 家上市公司通过定向增发、配股等方式实现再融资 243.99 亿元。兴业银行股份有限公司、福耀玻璃工业集团股份有限公司、福建冠福现代家用股份有限公司、福建圣农发展股份有限公司、福建凤竹纺织科技股份有限公司等 5 家上市公司通过发行短期融资券和各类债券融资 42.45 亿元。

（四）支持证券期货经营机构创新发展，提高综合竞争实力

通过风险处置、综合治理、实施合规管理等举措，证券期货经营机构提高了综合竞争实力和服务地方经济社会发展的能力。兴业期货有限公司、金友期货经纪有限责任公司将公司总部迁入福州，改写了辖区连续 7 年无法人期货公司的历史。兴业证券股份有限公司已发展成为集证券、基金、期货、直接投资、融资融券等业务为一体的较大规模的全国性证券公司，并于 2010 年 10 月成功上市融资 26.3 亿元。集合资产管理、期货 IB 业务、股指期货、融资融券等创新业务也在其它证券期货经营机构陆续开展。证券期货市场交投活跃，经营指标持续向好。

（五）以积极落实海西政策为重点，全面加强多层次资本市场体系建设

寓服务于监管，认真贯彻落实“国发[2009]24号”文，积极推进辖区多层次资本市场体系建设，争取先行先试，通过增量带动和存量优化，增强资本市场服务地方经济社会发展的能力。一是持续推动优质企业顺利发行上市。联合地方政府、部门举办 10 场企业改制上市培训班或座谈会，深入 50 多家企业开展面对面的政策指导，编发 5 期《企业改制上市动态》材料，对 32 家拟上市公司的辅导工作进行了跟踪监管，对 14 家公司开展了辅导验收现场检查。二是支持并购重组和再融资。组织开展上市公司并购重组或再融资经验交流。协同地方政府推动部分国有控股上市公司通过并购重组实现做大做强，推动部分绩差或高风险上市公司通过并购重组有效化解风险，提高资产质量和盈利能力。

（六）加大对违法违规行为的整肃力度，促进市场维稳体系建设

强化打非联席会议机制和打非维稳联络员的作用，现场打击非法机构 9 家，移送案件与犯罪线索 64 起，协调关闭非法网站 16 个，以“黑名单”形式公布不法机构及网站名称 180 个；配合公安机关成功破获“恒润雄方”等非法发行股票或非法证券投资咨询案，涉案金额 2 亿多元，抓获犯罪嫌疑人 30 多名，并对 120 多名非法经营人员进行教育。

（执笔：陈婷）

2-1-8-4 福建省部分证券公司发展概况

兴业证券股份有限公司

2010年，兴业证券股份有限公司抓住机遇，紧紧围绕年度工作目标，积极探索财富管理转型，加快产品营销和业务拓展，提升客户服务和运营管理，强化内部控制和队伍建设，基本实现了主要业务目标，公司竞争力稳中有升，进一步奠定了转型的基础。公司连续3年被评为A类A级。

顺利发行上市，公司发展迈上新台阶。公司历时1年零2个月实现上市，是全行业第5家通过IPO上市的券商，也是业内发行速度最快的上市券商。公司于2010年10月13日在上海证券交易所挂牌交易（证券代码：601377），上市募集资金25.70亿元。

各项业务有所增长，多元化业务模式初步建立。2010年，公司实现各项营业收入总额27.38亿元，其中，代理买卖证券业务净收入12.35亿元，证券承销净收入（含保荐收入）2.35亿元，受托客户资产管理业务净收入5593万元，利息净收入2.64亿元，投资收益和公允价值变动收益合计2.96亿元；实现各项营业支出15.44亿元，其中，营业税金及附加1.44亿元，业务及管理费14.02亿元；营业外收入4225万元，营业外支出1352万元，公司实现利润总额12.22亿元，净利润7.87亿元。实现总资产305.37亿元，净资产83.96亿元，行业排名分别是第十七位和第十八位。

一是经纪业务稳中有升。面对严峻的市场竞争，公司加快网点建设步伐，构建了全国网点战略布局。各地营业部积极应对佣金急剧下滑的挑战，加强营销和服务，全年累计实现股票基金交易份额达1.6%，行业排名第十九位，比去年上升1位，增长率在行业排名第十位。

二是投行业务快速恢复性增长。共完成主承销9家，其中，IPO5家，分别是：高新兴、赣锋锂业、锦富新材、先河环保、海源机械；增发3家，分别是：众合股份、海特高新、澳洋科技；联合主承销1家，是兴业银行配股。全年累计承销金额152.35亿元，行业排名第十七位，比上年提升12位。其中，完成福建省内主承销项目3家，融资额119.53亿元，占福建市场的30%。

三是固定收益与衍生产品业务持续稳定发展。完成蚌埠城投债、宁德国投债与阜新次级债等项目，市场份额增长率居于行业第三名。债券投资实现投资收益1.16亿元，比上年增长54.0%，投资回报率12.0%，好于基准水平，在可比基金产品中排在前列。现券交易实现交易量2534亿元，其中，撮合交易实现收入1859万元，增长326%。顺利获得股指期货套利业务资格。

四是客户资产管理业务品牌初步确立。成功发行“金麒麟3号”集合理财产品，募集资金22.35亿元，形成“阿尔法、金麒麟、玉麒麟”三个品牌、覆盖主要风险收益类型的产品线，产品投资管理能力较高，总体取得较好收益。其中，金麒麟1号产品累计净值增长率15%，在可比产品中居第一位。年底管理集合理财产品市值29.50亿元，行业排名第十三位。

五是证券投资业务在控制风险的前提下取得较好收益。权益类证券投资实现股票平均投资收益率5%，高于全部股票型开放式基金收益率中位水平。

六是融资融券业务试点资格获批。11月25日，公司顺利获得融资融券业务试点资格，并持续进行客户调查与培育工作，业务开局良好，截至2010年末，公司已完成30名客户的开户工作，客户平均融资额28.97万元。

七是各子公司有序经营，业绩较好。5月公司直投业务子公司——兴业创新资本管理有限公司正式成立，注册资本1亿元；12月完成增资1亿元，股本规模达到2亿元，并完成了2个项目的股权投资。控股子公司兴业期货注册地迁入福建省福州市，完成增资1.9亿元，增资完成后注册资本达到3亿元。2010年兴业期货客户保证金总额达到10.48亿元，比上年增长106%。兴业全球基金公司管理开放式基金9只，管理资产规模441亿元，行业排名第二十三位，较年初上升2位。公司及旗下产品屡获殊荣，连续三年蝉联“十大金牛基金公司”。

财富管理转型奠定了坚实基础。2010年，公司开始探索向财富管理业务转型，通过组织、队伍、业务模式等多方面进行改革创新，为公司的二次转型战略目标奠定了坚实基础。一是组织转型有效推进。坚持“以客户需求为导向、强化部门专业化分工、打造员工专业服务能力、提升公司专业服务水平”的原则，对总部组织架构进行调整，优化财富管理业务组织体系，成立零售、私人和机构客户等部门，在客户分类基础上，加强了客户服务的组织功能。整合运营管理职能，成立运营管理部，加强和改进营业部的管理。成立兴证财富管理学院，强化财富管理专业培训。二是队伍转型步伐加快。加强人才队伍建设，加快专业人才、成熟人才和基础后备人才的培育和引进，形成多层次专业化的人才梯队。全年招聘录用967人，年底员工总数2795人，比上年增长17%，本科以上占比80%。分步骤分层次改革薪酬绩效体系，增强市场竞争力。启动韬睿惠悦人力资源管理项目，对岗位职责、薪酬绩效、激励机制等进行改革。组织中加财富管理高级研修班、金狮、金鹰、金牛等各类重点面授培训11项、19场次、参训人数1213人次。三是业务模式转型基础工作稳步推进。拟定向财富管理转型的规划和基础方案；对客户进行初步分类，加强客户识别分析和适当性管理，为分类服务奠定了基础。梳理财富管理产品，构建“优典资讯”、“优智理财”等5个财富管理产品体系；投资顾问服务的范围有所扩大。四是初步构建证券研究的支撑。研究队伍、研究水平、研究报告的深度和广度都得到大幅提升，进一步提高对资本市场中上市公司的话语权和市场影响力。在年度新财富、金牛奖和水晶球奖等重大专业评选中取得较大突破，研究所进入年度“进步最快研究机构”序列，策略、宏观和化工等研究领域以及个人获得奖项，受到行业普遍关注。

内部控制和管理支持有了新进步。扎实开展7个合规指引的试点及全面推进工作，进一步健全制度体系。顺利完成内部控制咨询评价项目，进一步开展内控自我测评与梳理工作，梳理关键风险点并初步建立风险控制矩阵，推进了内部控制体系建设，全年无大的风险事件发生。广泛深入开展从业人员执业行为准则落实情况检查活动。深入开展反洗钱，健全反洗钱内控制度，被列为反洗钱现场检查免检单位。加强IT基础设施建设，积极推广“金盾计划”，有效保障安全稳定运行。存管结算保持“零差错”的同时，提高服务效率。

履行社会责任有了新成效。兴业慈善基金规模持续扩大，保质保量地捐赠了一批项目，特别是在公司上市后，压缩宣传费用，将节约的600万元捐助闽西北灾后建设，受到社会各界肯定，公司责任品牌、社会影响力得到了提升。

（执笔：郑福屏）

信达证券股份有限公司

信达证券股份有限公司（以下简称：信达证券）是经中国证监会批准，在收购原汉唐证券、辽宁证券的证券类资产基础上，由中国信达资产管理股份有限公司、中海信托股份有限公司、中国中材集团公司作为发起人，于2007年9月设立的证券公司。公司注册地在北京市，现注册资本为25.69亿元人民币，拥有68家营业部，全资控股信达期货有限公司。公司业务范围包括证券经纪；证券投资咨询；与证券交易、证券投资活动有关的财务顾问；证券承销与保荐；证券自营；证券资产管理等项业务资格。

公司的主要出资人及控股股东中国信达资产管理股份有限公司是经国务院和人民银行批准，由财政部出资于1999年4月设立的国有独资非银行金融机构，现注册资本金为251亿人民币（2010年6月29日新注资），是国内第一家金融资产管理公司。经过多年的发展，信达资产管理股份有限公司取得了良好的业绩，各项指标居行业领先水平。在完成不良资产处置的同时，信达资产管理股份有限公司依据国家相关政策积极探索商业化转型之路，陆续搭建了证券、基金、保险、信托等金融服务平台，综合服务金融集团的框架初步形成。

信达证券按照现代企业制度建设的要求，建立了完善的组织架构和精简高效、权责明晰的组织管理体系，在北京、上海、深圳、广州、沈阳、成都等30个城市设立了证券服务机构。随着业务的发展，信达证券将进一步完善网点布局，构建更加科学高效的机构网络，使得公司能够在多个层面及时、准确的了解资本市场信息，把握好市场发展的脉动，为投资者提供更加专业和针对性的服务，实现公司与客户的共同发展。

截至2010年底，公司共有员工3363人，其中，研究生以上学历298人，本科学历1927人，合计占比66.2%。

依托信达资产管理公司的良好业务平台，公司投资银行业务品种不断丰富，业务链条进一步延伸，通过强化内核和项目过程控制，保荐业务保持了较高的项目过会率。2010年承销保荐业务方面，先后完成了杭州齿轮主板 IPO、江海电容器中小板 IPO、山东阳谷华泰创业板 IPO 项目的主承销项目。与信达国际一起完成了中国大唐集团新能源公司 H 股上市项目。债券业务方面，全年共完成7个主承销项目的发行（含5个企业债、1个公司债、1个次级债），开拓新的承销品种，加入国开行和农发行的金融债。2010年第四届《新财富》中国最佳投行评选中乐普医疗 IPO 项目获得“最佳创业板 IPO 项目”殊荣。2010年《证券时报》主板的2010中国区优秀投行评选中乐普医疗 IPO 项目获得“最佳创新项目奖”。

公司经纪业务以技术领先的电子化交易为特色，拥有技术先进、安全高效的证券交易平台和完善的客户服务渠道。公司不断强化网上交易业务，整合投资咨询力量，加大新业务品种的开发力度，经纪业务竞争力进一步提高。公司坚持以客户需求为导向，按客户的不同服务需求重构客户服务体系，客户服务的专业化不断提高，个性化优势日渐突出。

公司研发中心是一支由经济学、管理学、理学、工学、法学等多学科博士、硕士组成的具有深厚的理论功底和丰富的实战经验的高素质专业研究团队，是中国证券研究行列中一支朝气蓬勃的生力军。研发中心每日推出的“信达看盘”、“组合专刊”、“股指早报”等日报产品，定期推出的月度、季度策略报告以其丰富的内容以及对市场的敏锐判断被多家媒体和相关报刊广泛采用，行业公司研究也受到广大投资者的一致好评。研发中心亦以自身雄厚的研究实力，为公司各方面业务的开展提供强大的智力支持。2010年，研发中心被《新财富》杂志评为最具潜力研究机构奖，显示信达证券研发中心正处于快速发展的轨道上，具备广阔的成长空间。

获奖情况：

——《新财富》中国最佳投行“最佳创业板 IPO 项目”

——《证券时报》2010 年中国区优秀投行“最佳创新项目奖”

——2010 年中国最佳证券分析师评选“明星分析师入围奖”

——2010 年证券、基金系统安全保卫工作集体三等功

——信达期货获得 2010 年大连商品交易所“市场服务成就奖”

公司的战略发展目标是着力打造以证券经纪为基础、以投资银行为龙头、以资产管理业务为特色的三大业务板块领先优势。力争在未来 5 年内，使公司发展成为具有高效的运营机制、先进的专业化管理、优秀的人才团队、良好的盈利能力、有效的风险管理体系、鲜明的业务特色和较强的核心竞争优势的大型证券公司。通过增资扩股和收购兼并等手段，实现规模扩张，使公司综合实力进入行业前 20 名。

（执笔：吴露生）

天源证券经纪有限公司

天源证券经纪有限公司（以下简称“天源证券”）成立于 2002 年 12 月，2006 年 10 月经中国证监会证监机构字[2006]262 号文件批复，中国南方航空集团公司成为天源证券的控股股东。天源证券具有国有大型中央企业经营管理背景和业务运作资源，自成立以来秉承“为客户提供优质的金融服务，为股东创造良好的投资回报”的宗旨，稳健经营，规范运作，保证了客户资产安全和公司资产优良。目前，天源证券正处于战略转型期和快速发展期。

天源证券注重“以人为本”的管理思想，建立并完善了科学的考核制度和奖惩分明的激励机制，汇聚了一批具有较高专业素质和经验丰富的证券专业人才和资深管理精英。天源证券的营业部主要分布在珠三角、渤海湾、东南、东北、西北等地，布局较为合理。

天源证券福州交通路营业部位于福建省福州市台江区交通路 1 号鸿运星城 2 层，于 2011 年 6 月 8 日开业。作为天源证券设在海峡西岸的唯一营业网点，福州营业部将借助天源证券总部特有的人才、资金、信息、研究力量等资源优势，立足福州面向海峡西岸，以“稳健、求实、高效”的经营作风，充分发挥证券市场的直接融资功能，开辟引进资金途径，以支持地方重点项目建设，推进企业经营机制的转换和改革的深入，并为大众提供更多的投资选择机会。尊重客户的服务理念，先进高效的交易系统，科学规范的管理手段，训练有素的员工队伍，为一个目的——实现客户资产的保值增值和理想的投资回报。

2011 年是“十二五”计划的开局之年，在充满希望的改革开放前沿——海峡西岸经济区，天源证券福州交通路营业部将依托大股东中国南方航空集团优势资源，以“顾客至上、尊重人才、追求卓越、持续创新、爱心回报”为核心价值观，与地处海峡西岸的南航集团成员单位南方航空福州营业部、厦门航空一同共创佳绩。

（执笔：周博文）

2-1-9 福建省保险业发展概况

2-1-9-1 福建省保险系统机构数

（2003-2010 年）

年份	财产保险公司			人寿保险公司		
	机构数（个）	职工人数（人）	营销人数（人）	机构数（个）	职工人数（人）	营销人数（人）
2003	137			141		
2004	397	4058	3407	1010	6377	43027
2005	505	5634	4001	971	6571	50306
2006	590	7093	5857	998	7188	47744
2007	783	8074	8566	1078	8717	53505
2008	1022	10183	14618	1218	11473	75945
2009	1022	9923	15059	1352	11257	91602
2010	891	10134	12924	1327	13044	83042

2-1-9-2 福建省保险公司业务经济技术指标

（2003-2010 年）

单位：亿元

年份	保险金额		保费		赔款及给付	
	财产保险	人寿保险	财产保险	人寿保险	财产保险	人寿保险
2003	13355.80	4718.62	31.36	92.30	16.01	11.32
2004	15318.19	9031.69	37.32	98.31	19.14	12.54
2005	19503.20	14043.86	41.37	107.72	27.23	13.32
2006	26623.37	14472.18	52.36	121.99	27.78	17.03
2007	33331.54	26183.30	69.44	147.92	37.02	31.89
2008	58799.91	37200.85	81.21	209.47	49.57	40.61
2009	77706.63	37163.26	96.19	234.46	56.00	38.73
2010	71367.89	43103.10	132.74	290.87	65.44	37.46

2-1-9-3 福建省部分保险公司发展概况

中国人寿保险股份有限公司福建省分公司

中国人寿保险股份有限公司福建省分公司是中国人寿下属一级分公司，是福建机构最全、人员最多、业务规模最大、资产实力最强的寿险公司。截至2010年底，全省共设有87个分支机构、3427个代理网点，544个营销服务部，共有员工3383人，拥有从业人员26507人。公司经营人寿保险、健康保险和意外伤害保险三大类业务，现行市场销售近100个险种，构筑了集储蓄、保障、年金、医疗、理财分红为一体的产品体系。2010年总保费收入102.25亿元，跃上100亿平台，占福建（不含厦门）寿险市场份额48.8%，在业务规模稳步增长的同时，业务结构持续优化，发展质量显著提升，公司经营效益不断提高。

近年来，中国人寿福建省分公司始终致力于改革创新，结合基层实际，重点加强了人才、机制、服务等方面的创新。2010年，公司立足发展的根本，强势实施“人才强司”战略，在积极做好引才的同时，努力营造人才的发展氛围，积极推动“制度用才、培训育才、环境留才”的机制，努力培育造就政策觉悟高、政策水平高、综合素质高、业务能力强的“三高一强”人才队伍。公司顺应发展要求，不断深化经营管理体系改革，对市县公司进行分类分级管理，理顺组织架构，建立绩效考核结果直接与渠道经营情况相挂钩的激励机制，实行分渠道预算、分渠道核算，渠道的经营管理、费用控制情况直接与本渠道的绩效相挂钩，实施展管分离，省、市公司直接管理客户服务中心，增强公司活力和发展动力。公司立足“服务强司”，推行标准化服务，启动省会城市保全、理赔“多对多”服务试点工作，在全国系统内率先推广上线股份8版免填单服务，累计完成70家标准化柜面建设，在总公司第三方满意度调查中综合得分列全国系统第一位，柜面服务满意度较上年提高29.0个百分点，“6·18”洪灾理赔服务工作受到福建保监局、总公司的高度认可。

在实现公司自身发展的同时，中国人寿福建省分公司主动融入海西建设，充分发挥保险保障功能，坚持服务发展大局。2010年，福建省分公司提供各种人身保险3750万人次，为客户提供保险保障金额21751.86亿元，共支付死伤医疗理赔金额4.99亿元，有力支持了地方经济发展。公司积极响应省委省政府建设海峡西岸社会主义新农村建设的号召，积极开拓农村市场，服务“三农”，努力构建完善的农村保障体系，在全国范围内率先开办村主干养老保险，积极探索被征地农民保险、烟农养老保险等保险模式，主动参加社会经济管理活动，2010年，本司10个县市参与新农合保险工作，参保人数达到226.27万人，为91703人次的农民提供了19677.44万元的医疗补偿服务。中国人寿福建省分公司始终热心于助学、扶贫、慈善捐助等公益活动，组织全省系统向玉树地震、西南旱情和闽西北洪灾捐款，开展“福建省捐书助学献爱心”和“情牵见义勇士子女”献爱心活动，为返乡外来工赠送交通意外保险组织，参加无偿献血活动，充分体现了公司社会责任感。

（执笔：陈成勇）

中国平安人寿保险股份有限公司福建分公司

秉承新司训“诚信守法，简单务实；团结进取，迎难而上；追求卓越，服务领先；创造价值，回馈社会”的指导理念，中国平安人寿保险股份有限公司福建分公司全体员工团结一致，奋勇拼搏，开拓创新，挑战新高。2010 年全年累计保费收入达到 55.75 亿元，较上年增长 26.9%。其中，个险业务总保费收入 49.33 亿元，增长 30.2%；银保业务总保费收入 5.42 亿元，增长 20.4%；其他业务渠道总保费收入共 1.02 亿元。现设有福建分公司本部以及泉州中心支公司、漳州中心支公司、龙岩中心支公司、三明中心支公司、南平中心支公司、宁德中心支公司、莆田中心支公司等 7 家三级机构，17 家支公司，1 家营业部及 98 家营销服务部，网点基本覆盖全省各县市。福建分公司共有内勤管理人员 1300 余人，保险代理人员 16000 余人；产品方面不断与时俱进，开拓创新，以积极响应国家号召，规范市场为出发点，对平安原有的产品进行了升级和改进。同时推出了金裕人生、世纪天骄、吉星送宝等新产品，针对各层次的客户对产品进行优化产品组合，为客户提供个性化的产品服务。

在推动业务发展的同时积极开展人员综合素质培养，以“人无德不立”、“百业诚为先”的精神，坚持“诚信第一”的原则，通过网络课程、现场答疑、知识竞赛等多种形式学习新保险法，不断提高代理人的保险法律意识。同时，不定期的通过早夕会宣导，提升内外勤员工合规意识。深入推行 P-STAR 五星服务理念，为客户提供主动、简单、及时、方便、可靠的服务。制定客服节、VIP 客户服务、客户关爱活动等丰富客户加值活动方案。全面推动公司 E 化服务水平，通过科技创新、网络集中，为客户提供更为便捷的在线保全服务，简化保全流程，提高服务效率。同时强化营销员服务技能，通过电子保单项目、移动展业（MIT），简化销售出单流程，使营销员在客户面前一次性完成数据录入、上传、后台审批、费用支付、结果反馈和确认等完整业务流程，不需多次往返。同时做好现场审计与交叉审计，使各项作业日益规范。公司举办了业务持续计划（BCP）演习，全体员工参与了本次演习，真实体验了灾难发生时的紧急疏散及后续的业务恢复程序，对大灾大难的灾后恢复重建有了深刻的认识与体会。

“回馈社会、全心奉献”是公司社会服务的宗旨，2010 年平安人寿福建分公司携手共青团台江区委、区志愿者协会探访、帮助台江义洲街道老人公寓；斥资 30 万援建南靖长教平安希望小学；为传播绿色环保理念，倡导低碳生活，主办“绿色承诺、平安中国”大型公益健步跑（福州站）活动；联合产险、养老险、物业与血液中心举行“绿色承诺、平安中国”无偿献血活动，献血总量近 80000 毫升。

（执笔：叶兴）

中英人寿保险有限公司福建分公司

中英人寿保险有限公司（以下简称“中英人寿”）由英国英杰华集团与中国中粮集团合资组建，于 2003 年 1 月 1 日正式开业，目前注册资本金达 23.46 亿元人民币。

中英人寿作为福建省首家外资寿险公司，将先进的外资管理文化引入市场，以 Care in Every Home（关爱万家）为企业愿景，以 C.A.R.E.（关爱）为企业文化的核心价值观（Core Value），演绎出团队情（Collaboration）、行动力（Action）、务实性（Result-oriented）、关怀心（Empathy）的中英文化，成为企业持续、高速发展的坚实基础和源动力。

中英人寿福建分公司自 2005 年 12 月正式运营以来，实行多元化的渠道策略，以渠道实现对市场、对客户的细分，以满足不同类别的客户、不同层面的需求。五年来，中英人寿的足迹踏遍了福州地区、厦门地区、泉州地区、漳州地区和南平地区，为全省上万个家庭和上千个企业提供了外资保险公司高品质的寿险产品和优质服务，并得到了社会各界和广大客户的一致好评。

2010 年，中英人寿福建分公司实现保费收入 4.38 亿元，比上年增长 26.5%。新单保费 2.95 亿元，增长 17.5%。分公司目前在福建省寿险市场排名第九，位列中英人寿内部系统第二梯队。2010 年，分公司退保金为 6686 万元，增长 30.6%。赔付支出 1585 万元，增长 8.4%。

基于公司“服务源自关怀”（Serve with C.A.R.E.）的客服理念，中英人寿提供的不仅是专业的保险产品，更是全方位的安全保障和贴心的客户服务。“健康天使”、C.A.R.E.会、中英 VIP 俱乐部、国际 SOS 援助服务等，让更多中英客户体验到中英人寿与众不同的优质关怀。

秉承“关爱万家”的企业愿景，中英人寿在让中国的千家万户体验到诚信与专业的保险服务同时，一直积极履行企业社会责任，以无私的关爱精神关注教育事业。从公司成立至今，由中英人寿员工及客户组成的志愿者组织——“真暖行动营”，已在广东、北京、四川、福建、山东、湖南、河北、江苏、辽宁、湖北等 10 个省市帮扶过数十家贫困学校、数万名贫困学生。

2010 年，中英人寿借鉴中英人寿英方股东英杰华集团（AVIVA）“Street To School”（从街道重返校园计划）的运作经验、体现中英人寿“关爱”的品牌内涵，2010 年 8 月，中英人寿携手《21 世纪经济报道》、中国青少年基金会在半年左右时间里，陆续在北京、四川、山东、湖南等 11 个地区启动“星星点灯·关爱留守儿童公益计划”的系列活动。

2010 年 11 月 25 日，正值感恩节，“星星点灯·关爱留守儿童公益计划”福建站的活动在福州市闽清县井后中心小学举办。此次“星星点灯·关爱留守儿童公益计划”活动中，中英人寿不但出资改造学校的硬件设施，改善学生的学习生活条件，还通过支教行动和志愿者服务等方式履行社会企业责任承诺。公司表示，计划用三年时间在全国实地建设 30 间标准化“星星点灯·关爱小屋”，辅助关爱周边 60 所以上学校，共计帮扶 10 万名留守儿童。

强强联手打造的中英人寿，秉承英方股东英杰华集团 300 多年专业保险经验，以高效的多元化行销体系，适合不同客户需求的优质保险产品及强大的服务支持系统，立足福建市场，致力于为广大客户提供优质的寿险服务和全面的财务保障。中英人寿福建分公司将进一步深耕机构发展、加强文化建设，提升服务品质，借助海西经济发展的有利形势，持续推进公司业务又好又快发展。

（执笔：许陈涛）

中国平安财产保险股份有限公司福建分公司

2010年，中国平安财产保险股份有限公司福建分公司在集团“品质优先、利润导向、遵纪守法、挑战新高”十六字经营方针的指引下，积极进取，努力提升业务技能和经营管理水平，狠抓服务品质，在实现公司价值的同时努力为客户创造和传递价值，在服务海峡西岸经济区和和谐社会建设中发挥了应有的作用。

2010年，分公司秉持“聪明经营、健康超越”的经营思路，紧抓市场机遇，认真规划，细分市场，科学投入，不断提升公司的经营管理水平和销售业绩。2010年分公司的重大承保项目包括：1月1日，独家承保中石化森美（福建）石油有限公司财产一揽子保险，总保额约200亿元；3月31日，签约福建电力系统财产一切险、机损险、供电责任险，保额逾224.57亿元；7月1日，与人保、太保、大地共同签订中海福建液化天然气站线项目物质损失一切险、综合第三者责任险和船舶险一揽子财产保险项目，总保额45亿元，其中，平安产险份额为40%；10月1日，承保福建联合石油化工有限公司财产一切险、机损险、产品责任险，保额逾108.70亿元。

2010年，中国平安产险福建分公司累计实现保费收入17.39亿元，比上年增长59.9%，三大险种五大渠道全面盈利，各项健康指标运行良好。全年承保利润首次破亿，达1.92亿元，监管口径综合成本率85.4%，市场份额由上年度的14.3%提升至16.8%，进一步巩固了平安产险在福建的第二大财产保险公司地位。

业绩高速发展的同时，中国平安产险福建分公司在客户服务上不断改革创新，致力加快服务时效、提升服务品质、改善服务质量。2月2日，平安产险正式施行“平安车险、万元以下、单证齐全、一天赔付”。福建分公司积极履诺，2-12月，分公司万元车险承诺件均结案时效为2小时，万元车险承诺达标率99.97%。同时，福建分公司还于11月1日在福州、泉州启动“零出险客户关怀回馈”服务试点，重点加强与优质客户的直接互动，进一步提升客户满意度，赢得客户高度好评。该项目将于2011年覆盖至省内其余中心城市。

同时，平安产险福建分公司更切实发挥保险救灾的基础功能，积极服务海峡西岸建设。6月中下旬，福建闽西北地区持续遭受特大暴雨袭击。福建分公司高度重视灾害理赔工作，仅6月27日当天，分公司即通过绿色通道，向暴雨重灾区南平市规模最大的连锁超市好当家支付100万元预赔款，并向泰宁县人民政府全额支付20万元人伤预赔款。针对此次洪灾，公司累计赔款1509.8万元，以实际行动有力支援受灾企业灾后的重建工作。2010年福建分公司累计支付已决赔款66209万元。其中，最大一笔已决赔款是为在2010年1月19日发生火灾事故的福建省福清友发实业有限公司支付赔款969.09万元。

此外，中国平安产险福建分公司积极践行“企业公民”职责，长期致力于社会公益活动，广受社会各界的赞誉。9月21日，福建分公司联合福建寿险、养老险、物业与福建血液中心联合举行“绿色承诺、平安中国”无偿献血活动。献血活动当日，近两百名员工参加了无偿献血，献血总量近80000毫升。10月14日，福建省红十字会公布2009年度福建省红十字人道勋章、奖章和人道荣誉奖评选结果，平安产险福建分公司荣膺“红十字人道荣誉奖”（奖牌）。

（执笔：王映薇）

中国太平洋财产保险股份有限公司福建分公司

保费突破10亿元。2010年，中国太平洋财产保险股份有限公司（以下简称“太保产险”）福建分公司全年保费收入达10.43亿元，比上年增长44.4%，在福建产险市场的份额为10.1%，比上年提高0.6个百分点。保费收入首次突破10亿元大关，市场份额首次突破10%，完成“双十”目标，实现历史性突破。太保产险福建分公司在集团、总公司的正确领导下，在保监局的科学指导下，以科学发展观为统领，紧紧围绕“内抓管理、外树形象、开源节流、提升素质、文化主导、合规经营”的二十四字总体工作要求开展工作。围绕全面完成总公司下达的全年预算目标为中心，积极推进销售管理体制改革和四级机构管理体制改革，实现了核保核赔、人力资源、财务的三集中管理，提升了车险精细化管理、非车险尤其是核心业务拓展、渠道拓展、客户服务四项能力的建设。在提高市场份额的同时，更致力于提升服务水平，在业内首推车险理赔移动视频查勘（3G）服务，强化企业形象，提高了市场的美誉度。

重大承保。2010年，太保产险福建分公司制定了一系列有效措施，完善了以客户为中心的项目管理体系，以客户需求为导向的战略转型，成功续保福建省电力有限公司下属南平电业局、水口电站、尤溪流域电站保险项目，翔鹭腾龙集团，大唐集团宁德电厂，福建LNG，中国农业银行福建分行等保险项目，新保中铁通信向莆铁路安工险、哈尔滨松花江大桥建工险、五星集团船舶险，统保了万达集团福建地区所有的保险业务，参与了渔平、宁武、永宁、建泰、金安、福永等高速百余个标段建工险项目的共保，并于下半年接连中标中水十六局、戴姆勒汽车、沪昆铁路、中石化森美等多个大型保险招标项目。全年共实现重大项目保费收入4135万元，充分发挥了保险经济补偿的职能作用，积极支持省内重点项目的建设，为地方经济发展保驾护航。

重大理赔。2010年，全年累计赔款47787万元，计提赔款未决准备金22397万元。福建省晋江市三郎鞋业有限公司因火灾出险，赔付192.35万元；福建省南平彩虹染整有限公司因暴雨灾害出险，赔付203.70万元；福建南纺股份有限公司因水灾出险，赔付3124.94万元；南平电力因水灾出险，赔付906.58万元；新世界（福州）农业开发有限公司因火灾出险，赔付246.14万元等等，充分发挥保险保障功能作用，坚持服务发展大局，受到省委省政府扩保监会领导的充分肯定和高度赞扬。

完善机构布局、提升服务质量。太保产险福建分公司进一步完善机构布局，晋江支公司、营业中心升格为中心支公司。公司全辖经营机构已达54个，包括省公司本部、9家中心支公司、44家支公司，已形成以福州为中心、辐射全省绝大部分县市的机构格局，为提升服务质量提供坚实的基础。

推进企业文化、勇担社会责任。2010年，太保产险福建分公司圆满完成“人力资源优化和改革”项目，构建起与市场状况相适应，与总公司要求相匹配的组织架构、职位体系和薪酬机制，员工薪酬福利待遇得到明显提升。先后组织参加了三场大型校园招聘活动、四场社会招聘会，出台了实习管理办法，为在校大学生提供了社会实践的机会，也为本司培养、发现了一批潜在的优秀员工，形成良性人力储备机制。同时，分公司注重培训工作，针对不同工作岗位开展了多场培训活动，提升了队伍素质。以做一家负责任的保险公司为使命，积极组织地震救灾捐款及慰问儿童福利院等社会公益慈善事业，回报社会，承担社会责任。

同时，福建分公司“以客户需求为导向”，通过新VI项目改造及柜面标准化建设的实施，实现了门头、司牌、柜面视觉形象的标准化；通过强化内部管理，提高员工服务意识，实现了服务形象的规范化，进一步提升了服务品牌。（执笔：朱健英）

2-2　2010年福建税收收入主要统计指标

2-2-1　福建省三大产业

（2010

项　目	合　计	国　内增值税	一般纳税人增值税	营业税	国　内消费税	企　业所得税
税收收入合计	21553576	5772392	5574761	3196997	1613265	4007547
一、第一产业	18064	2290	1861	1979		1763
二、第二产业	12055757	4599247	4539898	815930	1475563	1729999
（一）采矿业	372308	221046	210149	2823		88671
煤炭开采和洗选业	173536	147428	140478	1063		12981
石油和天然气开采业	20					
黑色金属矿采选业	39949	24624	24416	72		8314
有色金属矿采选业	108124	19510	19234	1119		61468
非金属矿采选业	45367	28227	25273	347		5616
其他采矿业	5312	1257	748	222		292
（二）制造业	9508943	3762252	3717427	42351	1475563	1196977
农副食品加工业	117211	54811	52983	1869		19611
食品制造业	125507	79985	79238	783		26327
饮料制造业	197868	98751	98132	981	49748	37712
#酒的制造	113001	43955	43902	403	49748	14040
烟草制品业	1066328	184397	184397	300	763083	44138
#卷烟制造	1057192	179385	179385	274	763083	42149
纺织业	213321	128709	127415	550		39143
纺织服装、鞋、帽制造业	616399	393876	390533	3141		121465
皮革、毛皮、羽毛（绒）及其制品业	402873	275836	274697	507		85316
木材加工及木、竹、藤、棕、草制品业	62641	35780	33763	452	89	10306
家具制造业	49064	30978	28511	338		8057
造纸及纸制品业	152616	97542	96926	1803		28294
印刷业和记录媒体的复制	60457	33451	32567	578		16968
文教体育用品制造业	34500	16970	16873	196		10147
石油加工、炼焦及核燃料加工业	703499	107129	107123	332	582231	1082
#成品油制造	696233	103366	103364	332	582231	390
化学原料及化学制品制造业	241364	166769	166380	1208	7	51533

税收收入情况

年）　　　　　　　　　　　　　　　　　　　　　　　　单位：万元

个人所得税	城市维护建设税	房产税	印花税	城镇土地使用税	土地增值税	车辆购置税	车船税	其他各税
1408441	431158	317360	171196	263343	628059	540797	59860	3143161
5073	322	1466	597	1017	76	3476	1	4
531785	223653	123161	70513	155398	11828	15977	144	2302559
18597	6201	708	799	1066		556		31841
5763	3029	160	137	427		198		2350
						20		
1166	1319	198	222	176		36		3822
9354	792	168	269	174		71		15199
1345	897	109	142	212		60		8412
969	164	73	29	77		171		2058
317606	143203	105728	51542	143043	6450	10520	1	2253707
4418	1515	3644	2353	5056	250	289		23395
6756	2332	3109	1053	4138	393	533		98
3640	1579	1753	550	2357	83	77		637
1596	1051	723	186	1254	45			
6558	64598	1518	843	805	1	81		6
5547	64192	1131	814	610	1			6
16525	4305	5960	2526	9079	106	581		5837
26912	6870	9719	4509	10642	432	2062		36771
18093	3707	5793	2679	7752	1180	290		1720
3668	2287	1677	688	4037	59	270		3328
3125	908	1874	654	2429	12	319		370
9442	2881	3255	1383	4664	592	430		2330
3386	1639	1502	401	2020	251	97		164
2733	356	1687	476	1766	18	112		39
4157	99	710	951	3012		114		3682
4147	90	708	945	3010				1014
6677	3596	2886	1922	5408	67	540		751

项　目	合　计	国　内 增值税	一般纳税人 增值税	营业税	国　内 消费税	企　业 所得税
医药制造业	62876	38565	38554	114		14722
化学纤维制造业	72042	34632	34612	217		8747
橡胶制品业	117370	63834	63656	428	10640	33226
塑料制品业	202484	135468	134184	726		35318
非金属矿物制品业	410163	263857	253413	2358		63928
黑色金属冶炼及压延加工业	110556	80201	79989	2689		12168
有色金属冶炼及压延加工业	67843	28343	28003	261		9566
金属制品业	202802	121442	118857	1731		50443
通用设备制造业	150285	86421	84769	1379		30662
专用设备制造业	151504	93621	92704	1415		34534
交通运输设备制造业	444737	212424	210553	3950	69716	79335
#汽车制造	303579	125923	125367	2774	68188	47166
摩托车制造	10482	5901	5749	97	1258	1602
电气机械及器材制造业	360281	201427	200832	2851		111930
通信设备、计算机及其他电子设备制造业	741537	477910	477497	8185		160340
仪表仪器及文化、办公用机械制造业	36279	16181	16091	504		8140
其他制造业	2334536	202942	194175	2505	49	43819
（三）电力、燃气及水的生产和供应业	**886156**	**615144**	**611733**	**10650**		**145803**
电力、热力的生产和供应业	823346	584151	580957	7859		128460
#电力生产和供应	807520	582211	577240	6924		126867
燃气生产和供应业	26950	13084	13054	1620		8703
水的生产和供应业	35860	17909	17722	1171		8640
（四）建筑业	**1288350**	**805**	**589**	**760106**		**298548**
房屋和土木工程建筑业	825707	52	26	493483		182646
建筑安装业	268757	335	259	152741		72770
建筑装饰业	46649	47	5	24057		16127
其他建筑业	147237	371	299	89825		27005
三、第三产业	**9479755**	**1170855**	**1033002**	**2379088**	**137702**	**2275785**
（一）交通运输、仓储及邮政业	**447026**	**1789**	**1585**	**189178**		**109731**
交通运输业	408791	1454	1276	173909		103444
仓储业	20096	276	269	6944		5319

年）　　　　单位：万元

个人所得税	城市维护建设税	房产税	印花税	城镇土地使用税	土地增值税	车辆购置税	车船税	其他各税
3724	1879	1684	275	1723	5	124		61
1706	149	1004	1102	1504		174		22807
3094	803	1990	882	2079	76	132		186
9065	3308	3999	1609	4974	142	435		7440
33558	9005	7743	2996	16478	163	516		9561
4458	2728	1821	2102	3307	11	69		1002
3280	650	1835	1186	2517	2	98		20105
10361	3496	4741	2150	6752	182	606		898
13760	3159	4168	1622	6375	95	313		2330
8120	3887	2905	1331	4165	490	465		571
23964	2919	6066	3055	7657	691	266		34694
12542	1082	3588	2009	4997	620			34690
648	281	203	93	399				
22448	4042	5061	3040	6667	268	608		1939
44835	3837	9372	6277	6097	562	188		23934
3183	909	1177	441	1256	5	106		4377
15960	5760	7075	2486	8327	314	625		2044674
56596	**29917**	**11625**	**5984**	**6876**	**362**	**1844**		**1355**
52477	28024	9792	5365	4027	359	1595		1237
47341	25676	8532	5048	3487	357			1077
1561	716	254	367	513		130		2
2558	1177	1579	252	2336	3	119		116
138986	**44332**	**5100**	**12188**	**4413**	**5016**	**3057**	**143**	**15656**
91388	29324	3136	7263	2510	4437	656	143	10669
26436	8217	834	2000	589	491	391		3953
3888	1440	266	421	125	30	55		193
17274	5351	864	2504	1189	58	1955		841
871583	**207183**	**192733**	**100086**	**106928**	**616155**	**521344**	**59715**	**840598**
61898	**11440**	**13898**	**6562**	**11587**	**2952**	**36866**	**1015**	**110**
55709	10377	9448	6093	8368	2244	36624	1011	110
2069	518	1409	380	2324	675	178	4	

项　目	合　计	国　内 增值税	一般纳税人 增值税	营业税	国　内 消费税	企　业 所得税
邮政业	18139	59	40	8325		968
（二）信息传输、计算机服务和软件业	**450801**	**10101**	**9779**	**128433**		**232880**
电信和其他信息传输服务业	367524	56	22	111135		212631
#电信	352257	46	16	102592		211140
计算机服务业	37895	409	318	11572		6054
软件业	45382	9636	9439	5726		14195
（三）批发和零售业	**2895996**	**1111953**	**992629**	**57343**	**137702**	**450128**
批发业	2154609	834979	817528	40216	132513	372364
#烟草制品批发	470039	152138	152125	861	132508	115171
煤炭及制品批发	25949	11841	11820	317		7492
石油及其制品批发	69845	35556	35548	1521		26735
汽车及零配件批发	35524	21774	21573	691		8411
零售业	741387	276974	175101	17127	5189	77764
（四）住宿和餐饮业	**202809**	**56**	**20**	**124430**		**22316**
住宿业	83452	40	20	49826		9527
餐饮业	119357	16		74604		12789
（五）金融业	**1355905**	**2271**	**1901**	**503886**		**525802**
银行业	1030694	2268	1900	402168		441464
证券业	98431			19189		40983
保险业	185140			73237		19610
其他金融	41640	3	1	9292		23745
#金融租赁	260			189		29
邮政储蓄	1098	1		907		7
（六）房地产业	**2404174**	**162**	**120**	**932680**		**672159**
（七）租赁和商务服务业	**303943**	**394**	**192**	**120352**		**78682**
租赁业	37745	17	13	15711		4277
商务服务业	266198	377	179	104641		74405
（八）居民服务和其他服务业	**377844**	**11097**	**4810**	**146437**		**83231**
（九）教育	**42484**	**13**		**5413**		**2707**
（十）卫生、社会保险和社会福利业	**30282**			**2025**		**537**
#卫生	21215			1800		471
（十一）文化、体育和娱乐业	**79971**	**3520**	**3455**	**33503**		**11758**
（十二）公共管理和社会组织	**110124**	**325**		**31394**		**8239**
（十三）其他行业	**778396**	**29174**	**18511**	**104014**		**77615**

年）　　　　　　　　　　　　　　　　　　　　　　　　　　　　　　　　　单位：万元

个人所得税	城市维护建设税	房产税	印花税	城镇土地使用税	土地增值税	车辆购置税	车船税	其他各税
4120	545	3041	89	895	33	64		
54134	**5923**	**11528**	**1714**	**3065**	**1464**	**1128**		**431**
28086	3175	8488	698	2349	48	857		1
25147	2591	7920	569	2205	47			
13635	1439	1989	638	537	1416	204		2
12413	1309	1051	378	179		67		428
131826	**72974**	**36820**	**35978**	**15498**	**4702**	**7681**	**52**	**833339**
82864	54761	22122	29197	10480	3696	4553	52	566812
11431	19775	2717	1897	641	4		1	32895
2569	2105	116	447	191				871
2253	1077	431	1178	848	245		1	
1543	1059	568	1052	377	49			
48962	18213	14698	6781	5018	1006	3128		266527
31725	**6144**	**13795**	**426**	**3060**	**356**	**481**		**20**
8419	2138	10549	248	2203	232	252		18
23306	4006	3246	178	857	124	229		2
198252	**33944**	**18852**	**12110**	**1959**	**3608**	**1869**	**53352**	
127654	27112	15781	9544	1685	2075	837	106	
34981	1330	568	156	21	1108	62	33	
31463	4908	1794	1302	198	367	145	52116	
4154	594	709	1108	55	58	825	1097	
20	12		10					
130	29	15	9					
93298	**45835**	**33571**	**23964**	**52230**	**545367**	**4820**		**88**
57552	**8024**	**18937**	**5360**	**6324**	**6734**	**1395**	**51**	**138**
6809	1010	5345	461	1358	2072	613		72
50743	7014	13592	4899	4966	4662	782	51	66
74442	**10684**	**19608**	**5788**	**5562**	**16857**	**2227**	**176**	**1735**
31338	329	1341	137	336	207	651		12
25640	141	787	93	102	125	829		3
17854	123	672	79	90	124			2
19529	**2127**	**2994**	**249**	**1630**	**4096**	**563**		**2**
33274	**2883**	**11975**	**4922**	**1303**	**6214**	**7979**	**252**	**1364**
58675	**6735**	**8627**	**2783**	**4272**	**23473**	**454855**	**4817**	**3356**

2-2-2 福建省分企业类型

（2010

项目	合计	内资					
		小计	国有企业	集体企业	股份合作企业	联营企业	#国有控股
一、税收收入合计	**21553576**	**13107471**	**2625280**	**261095**	**159459**	**77547**	**17754**
增值税收入	8804184	4213809	1127582	126029	27438	8150	2778
#一般纳税人	5574761	3093194	598439	50750	17122	7993	2778
小规模纳税人	197631	64934	4646	2711	450	74	
消费税收入	1627186	923085	602299	718	19		
营业税	3196997	2645649	304016	45366	38948	30809	2899
企业所得税	4007547	2557423	267482	45444	53643	20965	9696
个人所得税	1408441	1017901	110102	15753	25748	11012	1533
资源税	64554	59703	7494	2229	584	952	
固定资产投资方向调节税							
城市维护建设税	431158	416845	80693	5413	3930	2431	259
房产税	317360	206204	33942	7925	2700	1130	369
印花税	171196	128953	10195	1131	1320	836	20
城镇土地使用税	263343	166069	17975	3234	2502	378	148
土地增值税	628059	459179	19390	6111	1110	255	52
车船税	59860	55721	3035	159	147	48	
车辆购置税	540797	224036	8181	1583	1370	581	
烟叶税	32894	32894	32894				
二、耕地占用税	**171226**	**87138**	**2195**	**65**			
三、契税	**758536**	**444169**	**5428**	**308**	**13**		
四、其他收入合计	**2863357**	**2315161**	**371601**	**53338**	**12739**	**11379**	**1348**
教育费附加收入	208249	200600	36845	2912	1946	1123	117
文化事业建设费收入	18346	16502	956	44	20	20	10
税务部门罚没收入	2099	1608	146	53	59	4	
税务行政性事业收费收入	3461	2340	425	140	18	7	6
社会保险基金收入	2463740	1984384	322020	48154	9392	9665	1072
基本养老保险基金收入	1675692	1356390	258839	35075	5425	6332	666
失业保险基金收入	107816	86309	15431	1918	842	592	194
基本医疗保险基金收入	598771	479149	39589	9613	2844	2478	175
工伤保险基金收入	32660	22709	3143	792	151	147	28
生育保险基金收入	27041	18070	2523	461	122	116	9
其他社会保险基金收入	21760	21757	2495	295	8		
其他非税收入	167462	109727	11209	2035	1304	560	143
地方教育费附加收入	91746	51452	3946	964	658	360	37
地方水利建设基金收入	38931	30653	4076	641	314	75	46
残疾人就业保障基金收入	36771	27612	3173	430	330	125	60
其他存款利息收入	14	12					
其他收入		−2	14		2		
附列资料：工会经费收入	33752	21547	2433	522	443	27	17

税收收入情况

年）

单位：万元

企业									
股份公司	#国有控股	私营企业	其它企业	港澳台投资企业	#国有控股	外商投资企业	#国有控股	个体经营	附列资料：乡(镇)企业
6956274	1632600	2217805	810011	3296286	66204	4325464	740851	824355	1935681
1774149	313424	993739	156722	1928868	8485	2514208	119502	147299	385206
1486628	313424	923142	9120	1313716	8485	1148410	119502	19441	374114
17924		30362	8767	2760		2079		127858	11092
318333	778	1655	61	45706	3170	657842	586417	553	516
1684443	369176	359728	182339	202980	19791	201931	6809	146437	621030
1644794	606554	477087	48008	793223	10012	656901	19932		326775
560190	151225	137439	157657	99730	3756	136740	4490	154070	241996
34529	17178	7886	6029	1601	151	762	1	2488	24424
248919	64388	60727	14732					14313	76878
103964	30515	24687	31856	45164	1597	44237	1146	21755	45518
84049	16103	21485	9937	18472	563	21498	548	2273	27777
97527	17293	37883	6570	49608	6052	41523	1714	6143	65024
303256	32308	88824	40233	107451	12625	48286	292	13143	117889
50251	13658	448	1633	358	2	487		3294	2648
51870		6217	154234	3125		1049		312587	
8980	-870	2834	73064	3235	1298	258		80595	11810
80052	17927	17605	340763	21498	3030	9783		283086	11339
1011679	259547	228939	625486	233372	4487	282682	6029	32142	272234
120104	30322	31233	6437	470	156	229	7	6950	42109
6692	1234	2742	6028	466	4	383	50	995	1521
579	36	547	220	60		70	18	361	526
1070	327	303	377	134	8	243	4	744	433
819267	214189	171309	604577	210198	3633	249245	5308	19913	197007
576508	159666	121453	352758	139493	2428	163493	3116	16316	146517
43541	14320	7929	16056	9346	170	11723	311	438	9172
174968	35465	35737	213920	52724	907	64203	1689	2695	33452
12216	2551	3420	2840	4500	69	5174	101	277	3522
10863	2185	2720	1265	4135	59	4652	91	184	2567
1171	2	50	17738					3	1777
63967	13439	22805	7847	22044	686	32512	642	3179	30638
33234	7139	10445	1845	14225	573	23764	282	2305	18134
16703	2716	8248	596	3467	47	3998	180	813	8393
14010	3579	4109	5435	4350	66	4750	180	59	4111
			12					2	
20	5	3	-41	2					
11913	3076	5500	709	6380	49	5376	85	449	9806

2-2-3 福建省营业税分企业

（2010

项 目	合计	内资					
		小计	国 有 企 业	集 体 企 业	股份合 作企业	联 营 企 业	#国 有 控 股
一、建筑业	760106	736560	117818	18741	14335	3529	91
房屋和土木工程建筑业	493483	480965	77191	12429	11838	2977	78
建筑安装业	152741	148764	32626	3315	1624	187	13
建筑装饰业	24057	20614	592	228	118	299	
其他建筑业	89825	86217	7409	2769	755	66	
二、交通运输、仓储及邮政业	189178	165469	23854	2847	551	25864	2409
（一）交通运输业	173909	152550	17604	2828	551	25857	2406
铁路运输业	12474	12474	4415	187	1	7	
道路运输业	77593	73062	7356	1481	358	10	
#道路货物运输	47385	43410	735	914	38	3	
城市公共交通业	7937	7478	1166	371	68	59	58
水上运输业	17940	14884	3181	270	103	77	1
#内河货物运输	2443	2442	1080	63		76	
航空运输业	31142	29452	515			24295	2347
管道运输业	206	134					
装卸搬运和其他运输服务业	26617	15066	971	519	21	1409	
（二）仓储业	6944	5355	395	19		7	3
（三）邮政业	8325	7564	5855				
三、信息传输、计算机服务和软件业	128433	58662	9848	31	309	199	121
电信和其他信息传输服务业	111135	44564	9836	22	308	187	121
#电信	102592	36951	9516	13	307	65	
计算机服务业	11572	9156	11	5	1	12	
软件业	5726	4942	1	4			
四、住宿和餐饮业	124430	61770	7154	1174	624	61	45
住宿业	49826	29583	6442	656	307	10	6
餐饮业	74604	32187	712	518	317	51	39
五、金融业	503886	495012	59046	3232	20622	405	150
银行业	402168	394798	53334	3185	20014	150	150
证券业	19189	18972	496			108	
保险业	73237	72332	4863				
其他金融	9292	8910	353	47	608	147	
#金融租赁	189	-25					
邮政储蓄	907	907	447				
六、房地产业	932680	694451	38116	9132	1458	100	6
#房地产开发经营业	844771	642374	32440	7595	1436	99	5
七、租赁和商务服务业	120352	102208	6892	2348	187	154	18
（一）租赁业	15711	9006	460	373	22	3	2
（二）商务服务业	104641	93202	6432	1975	165	151	16
广告业	14533	14073	606	41	21		
知识产权服务	193	174	21	1			
旅行社	2327	2324	458	19	11	1	
其他商务服务	87588	76631	5347	1914	133	150	16
八、居民服务和其他服务业	146437	118477	14084	3085	95	211	
九、教育	5413	5173	179	54	31	3	
十、卫生、社会保险和社会福利业	2025	1680	5	13	13		
#卫生	1821	1480	3	12	13		
十一、文化、体育和娱乐业	33503	23748	992	90	6	5	3
十二、其他行业	250554	182439	26028	4619	717	278	56

类型税收收入情况

年）

单位：万元

企业								
股份公司	#国有控股	私营企业	其它企业	港澳台投资企业	#国有控股	外商投资企业	#国有控股	个体经营
440600	21271	114680	26857	6467	16	4669		12410
282344	12697	77586	16600	1458		1327		9733
89576	7971	16967	4469	1013	12	2003		961
13375	203	5796	206	2816	4	498		129
55305	400	14331	5582	1180		841		1587
83874	21107	23090	5389	9708	1696	11136	1315	2865
77999	19993	22383	5328	8846	1696	9707	1192	2806
7864	2715							
41690	9435	18485	3682	1161	30	1081	111	2289
23201	1375	16522	1997	906		873	110	2196
5314	2184	263	237	277		145		37
8578	877	1840	835	776	83	2274	9	6
1045		177	1					1
4642	2273			1191		499	252	
134	133			63		9		
9777	2376	1795	574	5378	1583	5699	820	474
4414	1096	485	35	615		947	123	27
1461	18	222	26	247		482		32
39269	13499	6107	2899	17953	39	50744	3228	1074
29191	12445	3572	1448	16489	39	49714	2761	368
26461	12109	544	45	16318	39	49126	2683	197
6188	185	1506	1433	1042		681		693
3890	869	1029	18	422		349	467	13
29795	4526	21510	1452	13439	1347	15927	286	33294
14077	2986	7042	1049	7417	1239	9781	286	3045
15718	1540	14468	403	6022	108	6146		30249
410918	228945	693	96	3600	331	5267	20	7
318115	202489			2296		5074		
18368	4898			208	171	9		
67469	19866			752		153	20	
6966	1692	693	96	344	160	31		7
11		-36		214	160			
460	17							
485927	50362	141610	18108	130022	15843	78432	774	29775
460372	48724	137891	2541	120620	9259	76619	774	5158
56828	7375	19181	16618	3851	17	3333	20	10960
3385	289	1907	2856	433		291	20	5981
53443	7086	17274	13762	3418	17	3042		4979
8064	1809	3386	1955	121		51		288
105		43	4					19
1390	460	346	99					3
43884	4817	13499	11704	3297	17	2991		4669
46107	4692	10903	43992	2447		1857	1	23656
846	21	491	3569	2		197	11	41
330		352	967			14		331
315		333	804			14		327
8977	134	6666	7012	1603	15	3683	373	4469
80972	17244	14445	55380	13888	487	26672	781	27555

2-2-4 福建省企业所得税分企业

（2010

项目	合计	内资					
		小计	国有企业	集体企业	股份合作企业	联营企业	#国有控股
合计	4007547	2557423	267482	45444	53643	20965	9696
一、采矿业	88671	87051	4088	2555	147	14	
煤炭开采和洗选业	12981	12981	521	1431		1	
黑色金属矿采选业	8314	8254	1357	262	85		
有色金属矿采选业	61468	60224	523	359	3		
非金属矿采选业	5616	5301	1597	434	58	2	
其他采矿业	292	291	90	69	1	11	
二、制造业	1196977	442865	31972	6539	5151	471	88
农副食品加工业	19611	9389	136	80	29		
食品制造业	26327	15207	74	152	15	3	2
饮料制造业	37712	6050	14	77	72		
酒的制造	14040	2816	5	1	1		
酒精制造							
软饮料制造	13616	1633		5	13		
精制茶加工	10056	1601	9	71	58		
烟草制品业	44138	44138	24068				
卷烟制造	42149	42149	24068				
烟叶复烤	1989	1989					
纺织业	39143	20153	33	97	134	221	
纺织服装、鞋、帽制造业	121465	45406	3	126	171		
#纺织服装制造	100481	36898	3	43	123		
皮革、毛皮、羽毛（绒）及其制品业	85316	20268	2	30	125	78	
#皮革、毛皮	84691	19734	2	29	125		
木材加工及木、竹、藤、棕、草制品业	10306	7669	14	141	54	2	
家具制造业	8057	2559	7	8	5		
造纸及纸制品业	28294	6641	2	127	239	22	
纸浆制造	66	10		1			
造纸	7316	1725	1	49	24	20	
#机制纸及纸板制造	6564	1102		38	24		

类型税收收入情况

年）

单位：万元

企业							
股份公司	#国有控股	私营企业	其它企业	港澳台投资企业	#国有控股	外商投资企业	#国有控股
1644794	606554	477087	48008	793223	10012	656901	19932
75574	65441	4643	30	959		661	
10082	8268	940	6				
5367	3122	1183		44		16	
57477	52895	1862		638		606	
2602	1156	584	24	277		38	
46		74				1	
232906	20719	163291	2535	383038	232	371074	1377
6540	28	2468	136	3820		6402	
7977	68	6985	1	7754		3366	
5136	2745	751		12768		18894	
2773	2745	36		607		10617	
1419		196		6731		5252	
944		519		5430		3025	
20070	537						
18081							
1989	537						
8328	152	11339	1	13751		5239	
12414	7	32688	4	55238		20821	
6961	7	29765	3	46647		16936	
11869	21	8149	15	52699		12349	
11694	21	7872	12	52621		12336	
3217	41	4162	79	2253		384	18
945		1594		2480		3018	
3034	108	3212	5	14769		6884	
6		3		25		31	
644	108	982	5	2286		3305	
347	108	693		2157		3305	

2-2-4 续表 1 （2010

项　目	合计	内资					
		小计	国有企业	集体企业	股份合作企业	联营企业	#国有控股
纸制品制造	20912	4906	1	77	215	2	
印刷业和记录媒介的复制	16968	10288	205	226	86		
文教体育用品制造业	10147	793	1	20			
石油加工、炼焦及核燃料加工业	1082	606					
原油加工及石油制品制造	1020	544					
#成品油	390	381					
炼焦	62	62					
化学原料及化学制品制造业	51533	24212	608	369	82		
肥料制造	2160	2125	11	1			
农药制造	626	487	37				
专用化学产品制造	12753	8341	323	247	29		
日用化学产品制造	3698	2379		22	16		
#化妆品制造	556	188					
其他	32296	10880	237	99	37		
医药制造业	14722	6860	26	4	4	70	70
化学纤维制造业	8747	1361		129			
橡胶制品业	33226	3181	7	22	103		
#轮胎制造	25641	191		1	35		
塑料制品业	35318	14230	-20	147	301		
非金属矿物制品业	63928	46988	137	509	2762	59	14
水泥、石灰和石膏的制造	6323	5499	45	203	233	23	14
#水泥制造	5798	4976	43	196	233	23	14
水泥及石膏制品制造	3926	2788	14	69	25	21	
玻璃及玻璃制品制造	12222	5378		3			
其他	41457	33323	78	234	2504	15	
黑色金属冶炼及压延加工业	12168	9870	27	3224	19		
#钢压延加工	9397	7694		3219			
有色金属冶炼及压延加工业	9566	3442	15	7	9		
金属制品业	50443	14147	29	83	95	1	
通用设备制造业	30662	12940	65	414	293	1	1
专用设备制造业	34534	17231	593	24	38	2	1

年）　　　　　　　　　　　　　　　　　　　　　　　　　　　　　　单位：万元

企业							
股份公司	#国有控股	私营企业	其它企业	港澳台投资企业	#国有控股	外商投资企业	#国有控股
2384		2227		12458		3548	
3527	9	6238	6	4648	-2	2032	
220		552		4471		4883	
514		92		64		412	250
452		92		64		412	250
295		86		9			
62							
18147	2178	5004	2	5406	50	21915	30
1983	1125	130		27		8	
228		222		44		95	
5207	199	2535		1072	50	3340	30
1939	815	400	2	721		598	
175	155	13		58		310	
8790	39	1717		3542		17874	
6455	2783	301		2983		4879	
111		1121		6360		1026	
1060		1989		15381		14664	
6		149		12973		12477	
6512		7286	4	12045		9043	
15334	255	27552	635	7749		9191	
3974	177	1016	5	456		368	
3504	177	972	5	454		368	
1449	60	1084	126	890		248	
360	15	4983	32	1576		5268	
9551	3	20469	472	4827		3307	
3763	1623	2837		1226		1072	
1803		2672		1214		489	
2850	1110	560	1	4952		1172	1079
8344	127	5514	81	16585	7	19711	
7754	472	4410	3	5643		12079	
13494	7399	3080		4684		12619	

2-2-4 续表 2 （2010

项　目	合计	内资					
		小计	国　有 企　业	集　体 企　业	股份合 作企业	联　营 企　业	#国　有 控　股
交通运输设备制造业	79335	31581	4972	143	320	4	
铁路运输设备制造	795	795	58	32		1	
汽车制造	47166	6280	25	76	253	2	
摩托车制造	1602	760			66		
航空航天器制造	2625						
#飞机制造及修理	2625						
其他	27147	23746	4889	35	1	1	
电气机械及器材制造业	111930	20016	263	92	101		
电机制造	11390	5933		6	2		
电线、电缆、光缆及电工器材制造	5513	2039	4	0	1		
家用电力器具制造	2448	1080	1	3			
其他	92579	10964	258	83	98		
通信设备、计算机及其他电子设备制造业	160340	21891	179	11	18	7	
通信设备制造	16620	3469	103	2	3	7	
广播电视设备制造	453	356					
电子计算机制造	52636	1567			3		
家用视听设备制造	22626	51					
其他	68005	16448	76	9	12		
仪表仪器及文化、办公用机械制造业	8140	2152		30	14		
工艺品及其他制造业	43819	23596	512	247	62	1	
三、电力、燃气及水的生产和供应业	**145803**	**106341**	**27278**	**4036**	**603**	**701**	**68**
电力、热力的生产和供应业	128460	95610	25616	3615	372	60	12
电力生产	93287	61152	11199	1230	372	60	12
电力供应	33629	32968	14417	2385			
热力生产和供应	1544	1490					
燃气生产和供应业	8703	2947	120	14	3	585	
水的生产和供应业	8640	7784	1542	407	228	56	56
四、建筑业	**298548**	**272242**	**18677**	**6217**	**9340**	**347**	**27**
房屋和土木工程建筑业	182646	182529	14266	3569	8432	68	5
建筑安装业	72770	49598	2288	1248	675	172	1
建筑装饰业	16127	13166	427	83	99	53	
其他建筑业	27005	26949	1696	1317	134	54	21

年）　　　　　　　　　　　　　　　　　　　　　　　　　　　　　　　单位：万元

企业							
股份公司	#国有控股	私营企业	其它企业	港澳台投资企业	#国有控股	外商投资企业	#国有控股
18929	679	7248	-35	15596	177	32158	
283		421					
2650	183	2854	420	13310	177	27576	
251		443		250		592	
				5		2620	
				5		2620	
15745	496	3530	-455	2031		1370	
13871	89	5689		52068		39846	
2984		2941		971		4486	
1902		132		239		3235	
880		196		910		458	
8105	89	2420		49948		31667	
19345	14	2331		40793		97656	
2910		444		2319		10832	
334		22		8		89	
1460		104		7228		43841	
42		9		7613		14962	
14599	14	1752		23625		27932	
1112	20	996		2887		3101	
12034	254	9143	1597	13965		6258	
70166	**43491**	**3403**	**154**	**30085**	**22**	**9377**	
63507	41075	2315	125	29182	22	3668	
45935	34440	2257	99	28471	22	3664	
16149	6327	7	10	657		4	
1423	308	51	16	54			
2048		177		643		5113	
4611	2416	911	29	260		596	
169441	**6357**	**61901**	**6319**	**24920**	**5**	**1386**	
111220	3649	40544	4430	90	5	27	
33394	2421	10861	960	22930		242	
8385	79	4052	67	1889		1072	
16442	208	6444	862	11		45	

项目	合计	内资					
		小计	国有企业	集体企业	股份合作企业	联营企业	#国有控股
五、交通运输、仓储及邮政业	109731	97299	6807	681	450	14490	9294
交通运输业	103444	93765	6632	679	450	14479	9294
仓储业	5319	2862	167	2		11	
邮政业	968	672	8				
六、信息传输、计算机服务和软件业	232880	29382	64	20		2	
电信和其他信息传输服务业	212631	14889	62	8			
#电信	211140	13405	61	7			
计算机服务业	6054	4995	2	9		2	
软件业	14195	9498		3			
七、批发和零售业	450128	370007	130481	2893	504	390	175
批发业	372364	313579	128809	1966	338	211	27
#烟草制品批发	115171	115171	115105	1			
煤炭及制品批发	7492	7492	2551	15	17		
石油及其制品批发	26735	5246	46	50	78	53	18
汽车、摩托车及零配件批发	8411	5823	68	2	66		
零售业	77764	56428	1672	927	166	179	148
八、住宿和餐饮业	22316	12180	1178	355	212	3	1
住宿业	9527	4922	1001	169	131	2	1
餐饮业	12789	7258	177	186	81	1	
九、金融业	525802	502729	6488	13217	35830		
银行业	441464	423834	2936	11922	34041		
证券业	40983	40636	819	10			
保险业	19610	19592	17				
其他金融	23745	18667	2716	1285	1789		
十、房地产业	672159	447838	19861	5637	1007	4319	
#房地产开发经营业	644956	425864	19432	5172	989	4318	
十一、租赁和商务服务业	78682	66578	5778	1578	94	90	7
租赁业	4277	3816	250	296	1	2	2
商务服务业	74405	62762	5528	1282	93	88	5
十二、居民服务和其他服务业	83231	58779	6527	1003	93	63	
十三、教育	2707	2593	85	28	35	19	
十四、卫生、社会保险和社会福利业	537	530	1	9	17	5	
#卫生	471	466	1	8	17		
十五、文化、体育和娱乐业	11758	6764	497	30	1	1	
十六、其他行业	87617	54245	7700	646	159	50	36

年）

单位：万元

企业				港澳台投资企业	#国有控股	外商投资企业	#国有控股
股份公司	#国有控股	私营企业	其它企业				
62968	31813	9456	2447	2960		9472	
60278	30122	8800	2447	2355		7324	
2458	1691	224		545		1912	
232		432		60		236	
24939	7912	3040	1317	124658	5593	78840	
13942	7640	417	460	123474	5538	74268	
13082	5948	255		123474	5538	74261	
3967	108	399	616	645		414	
7030	164	2224	241	539	55	4158	
175181	21334	58848	1710	22582		57539	3412
137508	13228	43544	1203	15709		43076	78
64		1					
3951	3265	958					
4361	549	613	45	10		21479	
4542	767	1145		2060		528	
37673	8106	15304	507	6873		14463	3334
7038	978	3236	158	4497	1	5639	
2493	734	1093	33	1546	1	3059	
4545	244	2143	125	2951		2580	
445971	371103	1101	122	5012	4	18061	4838
374935	332844			2157	4	15473	4829
39807	23624			333		14	9
19575	14258			1		17	
11654	377	1101	122	2521		2557	
267187	20120	147686	2141	161121	7	63200	4001
255133	18066	139311	1509	157439		61653	
45354	3636	10059	3625	9650		2454	
1745	26	629	893	375		86	
43609	3610	9430	2732	9275		2368	
39727	2116	5956	5410	12590		11862	
184		553	1689	10		104	
7		43	448			7	
4		32	404			5	
2770	208	641	2824	4197	3	797	5
25381	11326	3230	17079	6944	4145	26428	6299

2-3　2010年福建省环境状况公报

一、综述

2010年，省委常委会审议通过《福建生态环境功能区划》，省人大常委会审议通过《关于促进生态文明建设的决定》，省政府出台《福建省环境保护监督管理"一岗双责"暂行规定》，在省委、省政府坚强有力的领导下，全省各地围绕"科学发展、跨越发展"，凝心聚力、履职尽责，圆满完成了各项目标任务。全省二氧化硫、化学需氧量总量减排工作完成年度任务，并超额完成"十一五"目标任务。主要水系和集中式生活饮用水源地水质状况继续保持优良，23个城市空气质量均达到或优于二级标准。城市声环境和辐射环境质量基本保持稳定。森林覆盖率继续位居全国首位，生态环境状况指数继续保持在全国前列。全省环境继续保持了水、大气和生态环境质量均为优的良好态势，为海西发展提供了有力的生态环境支撑。

同时，我们也清醒地看到，由于环境问题点多面广、错综复杂，全省环境形势仍不容乐观。维护环境安全，促进人与自然和谐发展，任重而道远。

二、水环境

全省水环境质量保持良好。主要水系和集中式生活饮用水源地水质保持优良；城市内河和城市地下水水质有所改善；主要湖泊水库和近岸海域海水水质基本保持稳定。

十二条主要水系

全省12条主要水系共设置135个省控水质监测断面，其中，行政区间交界断面49个。按《地表水环境质量标准》（GB3838-2002）评价，水质状况为优。水域功能达标率为97.1%，较上年提高了1.2个百分点；I类-III类水质所占比例为95.6%，较上年提高了1.8个百分点。

◆闽江　闽江水质为优，水质保持稳定，水域功能达标率和Ⅰ类-III类水质比例分别为99.4%和99.1%，分别较上年提高了1.2个百分点和1.4个百分点。闽江各河段中，富屯溪、干流南平段和干流福州段的水域功能达标率均为100%，沙溪为98.9%，建溪为98.8%。

◆九龙江　九龙江水质为优，水域功能达标率为92.5%，较上年提高了0.8个百分点；I类-III类水质比例均为90.8%，与上年持平。九龙江各河段中，北溪龙岩段、北溪漳州段和西溪的水域功能达标率分别为91.7%、88.1%和97.6%，与上年相比，北溪龙岩段提高了2.8个百分点，北溪漳州段下降了4.8个百分点，西溪提高了4.7个百分点。

◆其他水系　交溪、霍童溪、敖江、晋江、漳江和东溪水域功能达标率均为100%，木兰溪和萩芦溪水域功能达标率较上年有所提高，分别为94.4%和87.5%，汀江水域功能达标率较上年下降了2.0个百分点，龙江水质有所改善。

城市内河

全省城市内河水域功能达标率为72.4%，较上年提高了5.7个百分点。泉州市、长乐市、龙海市和福安市内河水域功能达标率为100%。

集中式生活饮用水源地

9个设区市的34个集中式生活饮用水源地水质达标率为90.8%，较上年下降了4.4个百分点。14个县级市的22个集中式生活饮用水源地水质达标率为97.9%，较上年提高了1.7个百分点。44个县城的63个集中式生活饮用水源地水质达标率为98.8%，较上年提高了1.2个百分点。

主要湖泊水库

全省11个主要湖泊水库水域功能达标率为56.1%，较上年下降了0.4个百分点。

福州西湖水质为V类，达到相应的水域功能要求；厦门筼筜湖水质为劣四类海水，未能达到相应的水域功能要求。

宁德古田水库、莆田东圳水库和泰宁金湖水质达到相应的水域功能要求；三明安砂水库和龙岩棉花滩水库部分水质达到相应的水域功能要求；福州山仔水库、福州东张水库、泉州惠女水库和泉州山美水库水质未能达到相应的水域功能要求。

以湖泊水库综合营养状态指数评价，福州西湖和惠女水库为轻度富营养状态，古田水库为贫营养状态，其余湖库均为中营养状态。

近岸海域海水

按《海水水质标准》（GB3097-1997）评价，全省海域一类、二类水质占55.4%，三类水质占16.9%，四类和劣四类水质占27.7%。

全省近岸海域水域功能达标率为48.1%，与上年持平。莆田海域水域功能达标率较高；湄洲湾和围头湾水质达到相应的水域功能要求。

措施与行动

2010年，闽江、九龙江流域水环境综合整治与水源保护继续列为省委省政府“为民办实事”项目，完成重点整治任务240项，完成投资额约25亿元。

“十一五”期间，每个县（市）至少建成一座生活污水处理厂的目标如期实现，2010年，全省新（扩）建24座城市生活污水处理厂，新建成15座生活垃圾无害化处理场。

搬迁、关闭水源保护区周边排污单位3000多家，建设水源地截污工程18.7公里，规范47个饮用水源保护区建设，兴建围网等隔离设施43.2公里。

全省共拆除禁养区内养殖场1.1万家、存栏生猪约60万头，治理禁养区外规模化养殖场2500多家，共削减投饵类、施肥类网箱养殖1.3万箱。

完成近百家工业企业废水深度治理任务，5家省级工业园区完成污水集中处理任务，关闭1568家达不到要求的石材加工企业，取缔120多家石材矿山，对2000多家石材加工企业实施差别电价。

《福建省流域水环境保护条例》列入2010年立法计划，条例草案已提交省政府审议。

三、大气环境

全省城市环境空气质量保持优良水平。酸雨污染仍较普遍。

城市空气质量

全省23个城市共布设75个空气质量常规测点。全省9个设区城市和永安、福清、长乐、晋江、南安、龙海、漳平、福安和福鼎等9个县级市已建成空气自动监测站并按规范投入使用，每日监测空气质量。

全省城市环境空气质量仍保持优、良的水平，23个城市空气质量均达到或优于国家环境空气质量二级标准，较上年提高了4.3个百分点，其中，武夷山市环境空气质量为一级。影响福建省大气环境质量的主要污染因子为尘类。

根据全省9个设区城市发布的环境空气质量日报结果统计，各城市空气污染指数（API）年平均值范围为55-71，优、良天数比例为96.9%，较上年下降了0.6个百分点。宁德、莆田、泉州、南平、漳州、福州、厦门和龙岩的优、良天数比例均大于95%，三明优良天数比例为90.2%。

酸雨

全省降水pH年均值为4.9，较上年下降了0.1个pH单位；酸雨出现频率为43.0%，较上年提高了6.2个百分点。降水pH最低值为3.2，出现在南平市。

措施与行动

全面完成燃煤电力（热力）脱硫工程，基本完成重点非电锅炉及烧结机脱硫设施安装任务。

到2010年底，全省累计淘汰关闭199.45万KW小火电机组，超额淘汰86.04万KW。淘汰（转型）落后水泥产能2728.8万吨，超额完成“十一五”计划淘汰1668万吨的任务。

四、声环境　辐射环境　固体废物

城市声环境和辐射环境质量基本稳定，总体水平较好。

声环境

◆道路交通噪声

全省23个城市道路交通噪声平均等效A声级为

68.6分贝，其中，9个城市道路交通声环境质量属于“好”，13个城市道路交通声环境质量属于“较好”，1个城市道路交通声环境质量属于“轻度污染”。

◆区域环境噪声

全省23个城市区域环境噪声平均等效A声级为55.4分贝，12个城市区域声环境质量属于“较好”，其余11城市区域声环境质量属于“轻度污染”。

辐射环境

全省辐射环境质量总体保持良好。辐射环境自动监测站贯穿辐射剂量率未监测到异常升高；9个设区市陆地贯穿辐射剂量率测值范围为93.7nGy／h-132.4nGy／h,保持在天然本底水平涨落范围；水体的总α、总β放射性活度年平均浓度均远低于《生活饮用水卫生标准》（GB5749-2006）指导值；水体中天然放射性核素保持在本底水平；土壤放射性核素含量与往年相比无显著变化；电磁辐射环境国控监测点的综合场强测值均远低于《电磁辐射防护规定》（GB8702-88）中公众照射的电磁辐射防护参考导出限值。

固体废物

全省工业固体废物年产生量为8042.36万吨，综合利用率82.8%，排放量3.58万吨。

措施与行动

加强环保“110”社会联动工作规范化建设，及时查处噪声污染等环境扰民问题。组织开展中、高考期间噪声污染防治工作，全省出动环保执法人员4566人次，检查企业、各类场所和店面1616家。

做好核与辐射项目的环保审批工作。全年共发放辐射安全许可证244家，审批放射性同位素转让申请106件，办理放射源异地使用备案14件。

对全省311家放射源使用单位进行安全检查，其中，I类放射源使用单位25家。省放射性废物库扩建工程通过环保部验收。全年共收贮废旧放射源188枚，收贮放射性废物88公斤。共处理辐射环境问题咨询与投诉95件。

《福建省固体废物污染环境防治若干规定》正式施行。

在全省电镀和制革行业开展危险废物台帐管理工作检查；开展全省危险废物防治工作督查和2010年重点污染源检查，共出动执法人员6000多人次，检查企业483家。

开展福建省重金属污染防治规划、福建省持久性有机污染物（POPs）规划、福建省废弃电器电子产品处理发展规划等“十二五”规划的编制工作。

做好全省家电以旧换新定点拆解企业工作。制定印发了《福建省家电“以旧换新”拆解处理企业环境管理办法》。

五、生态环境

全省生态环境质量继续保持在优良水平，森林覆盖率继续位居全国首位，生态环境状况指数继续保持全国前列。但水土流失依然明显，生态环境仍较脆弱。

土地利用

全省耕地面积133.84万公顷。全年耕地补充面积超过实际建设占用面积140.24公顷，实现了耕地占补平衡。基本农田保护面积114.00万公顷，保护率为85.2%。

水土流失治理

全年新增节水灌溉面积42.72万亩，治理水土流失面积10.04万公顷。其中，封育治理面积6.62万公顷，水保林、经济林、种草等治理措施面积3.42万公顷。

森林

全省森林面积766.67万公顷，森林覆盖率为63.1%，活立木总蓄积量5.32亿立方米。划定生态公益林面积286.27万公顷。

全年共发生森林火灾131起，过火面积0.15万公顷，过火率、受害率和发生率分别为0.2‰、0.2‰和1.59次／10万公顷。

森林病虫害发生面积10.03万公顷，成灾面积0.32万公顷，成灾率0.35‰。

海洋

2010年，对全省海域的17个区域开展了牡蛎和缢蛏质量监测。结果表明，牡蛎和缢蛏质量状况总体良好，大部分牡蛎和缢蛏质量符合《无公害食品——水产品中有毒有害物质限量》（NY5073-2606）和《养殖生物质量安全性评估》标准值的有关规定，但沙埕港和围头湾个别站点的牡蛎中铜残留略有超限量。

自然保护

到2010年底，全省共建立自然保护区93个，其中，国家级13个，省级28个，自然保护区总面积达47.3万公顷。建成森林公园85个，其中，国家级28个，省级57个，森林公园总面积达15.4万公顷。建成国家湿地公园2处（长乐闽江河口国家湿地公园、宁德东湖国家湿地公园），面积905公顷。

到2010年底，福建省已经建立世界地质公园2个（福建泰宁世界地质公园、福建宁德世界地质公园），国家地质公园6个，省级地质公园2个。上述地质公园总面积42.97万公顷，其中，国家级以上地质公园面积40.41万公顷，省级地质公园面积2.56万公顷。

措施与行动

全面落实生态省建设，完成《福建生态省建设“十二五”规划（初稿）》的编制。到2010年底，全省共有27个市、县（市、区）编制了生态建设规划。制定《福建省省级生态乡镇申报及管理规定（试行）》，推进生态建设示范区创建验收工作。

开展全省650万亩大造林活动。省林业厅向各地派驻造林绿化工作指导组，推动全省保质保量完成造林绿化任务。

根据国家林业局的统一部署，积极做好全省湿地资源调查工作，基本上摸清了全省湿地资源情况。

全省森林公安机关开展专项打击行动，严厉打击盗砍滥伐林木、滥运木材、乱征滥占林地、乱捕滥猎野生动物等各种破坏森林资源的违法行为。

全面完成全省重要江河湖泊的水功能区划复核工作，启动了全省水功能区二级区划。开展了水库水源地水资源保护建设试点。2010年确定的尤溪大池水库、柘荣龙溪水库水源地保护建设试点工作基本完成，并确定了第二批建设试点。

全省节水型社会建设试点初显成效。莆田、泉州两个国家级节水型社会建设试点进展顺利，第一批省级节水型社会建设试点通过验收，并对第二批省级节水型社会建设试点单位进行部署培训。

省政府办公厅出台了《关于进一步贯彻落实（福建省河道采砂管理办法）的通知》，进一步促进河砂有序开采、强化资源有效保护、确保防洪安全。

加强野生动植物和湿地保护的宣传力度，开展2月2日“世界湿地日”、3月25日-31日“爱鸟周”和10月保护野生动物宣传月活动。

全省农业“三品一标”工作呈现出快速、健康的发展势头。全省新增无公害农产品产地227个，产品324个；绿色产品食品62个；有机食品认证产品16个；农产品地理标志6个。

农村户用沼气建设项目被列为省委省政府为民办实事项目。全省新建农村户用、联户、养殖小区集中供气沼气工程6万户，配套建设改厨、改圈、改厕1.5万户；新建大中型沼气工程项目62个，其中，中央新增投资50个，中央预算内投资12个；新建10县级沼气服务中心和317个乡村沼气服务网点。

六、气候变化、自然灾害

气候与水资源

2010年，全省平均气温19.6℃，较常年偏高0.35℃，属正常。与上年相比，偏低0.43℃，为自1998年以来连续第13个偏高年份。全省平均降水量1961.31毫米，与常年同期相比偏多349.23毫米，约2.1成，属正常，比上年偏多610.7毫米。全省平均日照时数1649.7小时，与常年同期相比偏少82.0小时，比上年偏少240小时，属正常。

2010年，全省地表水资源量1598.15亿m^3，比多年平均多35.5%，入海水量1426亿m^3。

自然灾害

全省陆地及近海地区共发生里氏3.0级及以上的地震共1次，为1月24日发生在金门的M_L3.3级地震。全省陆地及近海地区地震活动水平较2008、2009年度显著下降，在近几年中等地震活跃背景上进一步减弱。

全年发生溢油事件1起，影响面积约40平方公里。全省共发现赤潮17次，持续累积时间为120天，累计面积约2691.5平方公里。主要分布于霞浦近岸、黄岐半岛沿岸、长乐至平潭近岸海域以及莆田南日岛至石城海域。主要藻种为东海原甲藻、夜光藻和血哈卡藻等。

全省共遭受风暴潮4起，受灾人口达116.4万人，直接经济损失累计达33.1亿元，农业经济损失30亿元。

受6月13日-27日出现的长时间、高强度、大面积的持续性暴雨过程影响，闽江上游发生自1998年以来最严重的洪涝灾害。受12月14日的大范围寒潮过程影响，全省降雪和积雪范围之广为1961年以来历史同期少见。

年内有5个登陆台风，1个影响台风，具有登陆台风个数多（追平1990年登陆福建台风个数的纪录），登陆地段、时段集中，登陆时间晚的特点。其中，10月23日在漳浦县登陆的“鲇鱼”台风是1949年以来登陆福建省最晚的台风，也是登陆福建省强度最强的秋季台风。

据不完全统计，2010年全省因气象灾害直接经济损失236.1亿元，气象灾害损失属于偏重年。

措施与行动

2010年，福建省气象部门预报“凡亚比”、“鲇鱼”的登陆地点和强度，及时的减灾预报服务使这两个具有较重气象灾害强度的热带气旋造成的实际灾害减轻为中等偏轻。全年累计发送《专题气象服务》164期，发布《福建省灾害性天气气候评估报告》43期，其中，春季强对流灾害1期，暴雨灾害21期，热带气旋灾害18期，高温灾害1期，低温冻害2期。

6月16日，南平市遭到百年一遇的特大洪水袭击。按照省委、省政府的部署，市委、市政府及时启动抗洪预案，有计划、有目标的指挥抗洪救灾。各级防汛指挥部成员单位按照职能分工，组织力量投入防抗工作，建立起条块结合、上下联动、全民参与的工作运行机制，把灾害造成的损失降到最低。

七、专栏

城市环境综合整治

做好23个城市（包括9个设区市以及14个县级市）的环境综合整治定量考核工作，及时报送考核结果并通报存在的问题，有效督促各城市不断完善城市环保基础设施建设。

2009年度城市环境定量考核设区市前三名依次为福州市，厦门市和泉州市；县级市前五名依次为晋江市，南安市，永安市，长乐市和石狮市。

环保目标责任制

加强政府环保责任制考核，开展《市长环保目标责任书（2006-2010年）》届终考核，省政府对考核结果予以通报。其中，福州市考核成绩为第一名，厦门市、泉州市并列第二名，三明市为第三名。

生态省建设

到2010年底，全省已经建立国家级生态乡镇16个、国家级生态村3个、省级生态乡镇127个、省级生态村120个、市级生态乡镇31个、市级生态村271个。2010年经过省级预验收并已上报环保部参评的国家级生态乡镇18个、生态村17个，开展创建并经过设区市验收的省级生态乡镇112个、生态村219个。

农村环境连片整治

2010年4月，福建省被正式确定为全国农村环境连片整治示范工作8个示范省份之一，于2010-2012年期间投入15亿元，用于开展“水源清洁”，“家园清洁”和“田园清洁”示范工程。

2010年，首批确定31个项目，涉及9个设区市、30个县（市、区）、76个乡镇、581个村庄，受益人口近122万人；包括饮用水水源地保护、农村生活污水处理、农村生活垃圾收运（处理）、非规模化畜禽养殖污染治理和村容村貌整治等为重点的整治工作。

主要污染物减排

全省上下继续大力推进工程减排、结构减排、监管减排、政策减排、责任减排。2010年，全省化学需氧量（COD）比2009年减排0.8%，比2005年减排5.4%；二氧化硫（SO_2）比2009年减排2.5%，比2005年减排11.2%，超额完成了“十一五”化学需氧量减排4.8%、二氧化硫减排8%的目标任务。

行政执法

进一步将规范自由裁量权的范围扩大到环境行政许可、行政征收和行政确认，对省环保厅行政审批、行政评审、行政执法、资金分配等22项行政权力进行再次清理，修订和规范了行政权力运行流程图和行政职权目录。

加大执法力度，严肃查处上杭紫金山金铜矿“7·3”污染事件等环境违法行为，全省共立案查处环境违法案件3099件。

环境经济政策

创新环境经济政策，与人行福州支行、福建银监局联合将企业和个人环保信息纳入人民银行征信系统。至2010年底，全省环保系统已向中国人民银行福州中心支行报送800多件企业环境违法信息。

环保投入

全省安排环境监管能力建设资金10951万元，其中，争取中央资金3629万元、省级投入资金7322万元，环保自身基础能力得到了提升。

全省已建成污染源在线监控中心25个（其中，省级1个、市级9个、县级15个）；为全省各级环境监察机构配备执法车46辆，调查取证设备1000件；正在建设省级辐射连续自动监测数据汇总中心和4个标准型、基本型辐射连续自动监测子站。

清洁生产与循环经济

公布118家强制性清洁生产企业名单，要求开展审核工作。2010年度已通过清洁生产审核评估的87家企业，共提出3063个清洁生产方案，其中，中/高费方案331个；已经实施方案2991个，其中，中/高费方案310个，共节水356.44万吨、节电1.05亿度、节煤62.65万吨、节油1781吨、节蒸汽23957吨，获得经济效益3.92亿元，减排化学需氧量（COD）329.37吨、二氧化硫（SO_2）314.46吨。

环境监测

继续加强各级环境监测站能力建设，龙岩雁石桥等6座水质自动监测站通过了验收，全省已建成31个水质自动监测站和81套空气自动监测系统。联合省公务员局、省总工会组织选拔出福建省代表队参加第一届全国环境监测专业技术人员大比武活动，获团体三等奖和一名个人三等奖。永泰县等15个环境监测站通过了省级标准化验收。编写了《福建省环境状况公报》（中、英文版）、《福建省环境质量报告书》、《福建省环境质量概要》、《福建省近岸海域环境质量报告》、《福建省环境统计报告》、《福建省环境统计简明资料》等报告，定期公布全省及各辖区环境质量状况。开展了全省重点污染源监督性监测、减排专项监测、在线自动监测设备比对监测，加强执法专项监测和建设项目竣工环境保护验收监测。

环境科技

围绕环保中心工作和突出环境问题，组织开展环境科研攻关，筛选了全省大气环境容量研究、“十二五”主要污染物总量减排规划、“十二五”主要行业水污染物总量控制限值研究等11项课题为环保重点课题。

福州大学的“城市环境遥感监测的若干关键技术及其应用研究”获2010年度福建省自然科学一等奖；福建农林大学的“东南丘陵的地杉木人工林生态栽培关键技术研究”获2010年度福建省科技进步一等奖。

环境信息网络建设

实施《国家环境信息与统计能力建设项目》，完成省（10M）、市（2M）、县（1M）三级环保专网光纤布设工作。完善环保政府网站，突出网站公众参与和在线办事功能，增加环境信息空间发布平台。完成《福建省环保三维地理信息系统》、《福建省集中式饮用水水源地管理信息系统》、《福建省环保厅证照库系统》等开发和部署。

建设项目环境管理

全省共审批17492个建设项目的环评文件，对6207个建设项目开展了环保设施竣工验收。认真落实《环境影响评价法》和《规划环境影响评价条例》的要求，配合环保部完成了海峡西岸经济区重点产业发展战略环境评价工作，完成龙岩经济开发区等10个开发区以及莆田港总体规划东吴港区东吴作业区规划调整、海峡西岸经济区高速公路网布局规划（修编）（2008-2020年）和省道干线公路网规划等规划环评的审查工作。

环保产业

2010年，全省环保产业产值近400亿元。第八届“中国·海峡项目成果交易会”期间，设立了生态环保馆，共展示了55项污染治理技术成果和22项技术需求。全省共有10家企业完成了环境工程乙级以上设计资质的申报和换证工作，22家企业完成了环境保护设施运营资质申报工作。获得国家重点环保实用技术6项、国家重点环保实用技术示范工程5个、国家环保产品2个、绿色之星产品1个。

环境宣传与教育

围绕污染减排、重点流域水环境综合整治、海西生态优美之区建设等中心工作，重点开展《福建省环境保护监督管理“一岗双责”暂行规定》和《福建省同体废物污染环境防治若干规定》宣传报道，主流媒体宣传报道福建省环保工作达900多条，使公众及时了解环保工作的进展与成效，增强对环保工作的认知程度。围绕主题，统筹协调各地市组织开展“六·五”世界环境日主题宣教活动100余项；组织开展了首届“福建十大绿色人物”评选表彰和首届“海西环境大使”选聘活动；召开泛珠三角区域环保宣教专题工作第六次会议暨华东六省一市环保宣教经验交流会；积极动员和发挥公众的力量，推动公众参与环保宣传教育。

绿色创建活动

深化绿色创建内涵，丰富创建内容，通过举办“绿色学校”创建负责人培训班，加大对各地“绿色学校”创建的业务指导。2010年评选省级绿色社区（小区）7个，各县市绿色社区118个；评选4个省级环境教育基地；14个市级环境教育基地，新增绿色学校161所。

群众环境污染投诉

2010年，全省共受理群众环境投诉28510件，出动执法人员80266人次，办结数27943件，办结率98.0%，完成环保部、省政府、省人大等上级部门督办重点投诉污染案件90件。

对外合作与交流

进一步加强环保对外交流合作力度。与德国莱法州环境部举办第五届中国福建省——德国莱法州环境与发展学术研讨会。举办第四届福建省“绿色世界”少年儿童艺术创作大赛，选送优秀作品参加斯洛伐克“绿色世界”国际大赛。组团赴澳门参加国际环保合作发展论坛及展览，福建环保展示厅荣获“环保展台嘉许奖”。组团参加香港国际环保博览会及香港C40论坛，并与美国、英国、日本等环保机构、环保企业进行技术和信息交流。组团参加厦门“9·8”投洽会，举办2010年第五届环保项目洽谈会，推出对外招商项目30项，向国内外重点征集15项污染防治和废物循环利用技术。举行闽台友好生态乡镇对接活动和专场闽台生态乡镇交流会。认真履行环保国际公约，举办福建省消耗臭氧层物质淘汰能力建设培训会，推动福建省消耗臭氧层物质淘汰工作。

（资料来源：福建省环境保护厅）

2-3-1 福建省环境统计主要指标对比表

（2009-2010 年）

指标名称	计量单位	2009	2010
一、煤炭消费总量	**万吨**	**5963.58**	**6680.30**
#工业	万吨	5841.93	6551.03
生活	万吨	121.65	129.27
二、主要污染物排放总量控制			
1.二氧化硫排放量	万吨	41.97	40.91
#工业	万吨	39.92	39.12
生活	万吨	2.05	1.78
2.化学需氧量排放量	万吨	37.57	37.26
#工业	万吨	7.54	8.29
生活	万吨	30.03	28.97
3.烟尘排放量	万吨	11.33	13.87
#工业	万吨	7.07	10.00
生活	万吨	4.26	3.87
4.氨氮排放量	万吨	3.01	2.98
#工业	万吨	0.62	0.66
生活	万吨	2.39	2.32
5.工业粉尘排放量	万吨	15.66	14.01
6.工业固体废物排放量	万吨	2.43	3.52
三、工业“三废”排放及处理率			
1.工业废水排放量	亿吨	14.27	12.42
2.工业废水排放达标率	%	98.80	98.68
3.工业固体废物综合利用率	%	85.37	82.89
4.工业废气排放量	亿标立方米	10497.10	13507.13
四、城市环境基础设施建设情况			
1.污水处理厂	座	59	76
2.污水处理厂处理能力	万吨/日	286.24	309.69
3.污水处理量	亿吨	7.69	9.36
五、城市环境基础设施处理情况			
1.城镇生活污水处理率	%	60.16	69.61
六、建设项目环境影响评价			
1.当年设立的建设项目数	个		
2.执行环评制度的项目数	个	13886	17425
#编制报告书的项目	个	562	819
编制报告表的项目	个	7204	9000
填报登记的项目	个	6120	7606
七、建成项目“三同时”执行情况			
1.当年建投产项目数	个	2864	4118
2.应执行“三同时”项目数	个		
3.实际执行“三同时”项目数	个		

2-3-2 福建省工业污染治理项目建设情况

（2010 年）

指标名称	计量单位	本年实际
一、汇总工业企业数	个	527
二、本年施工项目总数	个	697
＃工业废水治理项目	个	375
燃料燃烧废气治理项目	个	177
工艺废气治理项目	个	59
工业固体废物治理项目	个	30
噪声治理项目	个	9
污染搬迁治理项目	个	1
其他治理项目	个	46
三、施工项目本年完成投资额	万元	153295.50
＃工业废水治理项目	万元	70938.90
燃料燃烧废气治理项目	万元	39103.10
工艺废气治理项目	万元	10741.10
工业固体废物治理项目	万元	7703.50
噪声治理项目	万元	611.00
污染搬迁治理项目	万元	30.00
其他治理项目	万元	24167.90
四、施工项目本年投资来源合计	万元	153295.50
＃排污费补助	万元	367.00
政府其他补助	万元	598.90
企业自筹	万元	152329.30
＃银行贷款	万元	70938.90
五、本年竣工项目数	个	628
＃工业废水治理项目	个	349
燃料燃烧废气治理项目	个	158
工艺废气治理项目	个	48
工业固体废物治理项目	个	24
噪声治理项目	个	8
污染搬迁治理项目	个	1
其他治理项目	个	40
六、本年竣工项目新增设计处理能力		
＃治理废水	吨/日	891546
治理废气	万标立方米/时	10740.55
治理固体废物	吨/日	1309

2-3-3 各行业重点调查工业污染排放及处理利用情况

（2010年）

指标名称	汇总工业企业数（个）	工业废水排放量（万吨）	工业废水排放达标量（万吨）	工业废气排放量（万标立方米）	工业粉尘排放量（吨）	工业粉尘排放达标量（吨）
总　计	6080	119128.73	2077.66	135071340	126020.45	124334.92
煤炭开采和洗选业	72	1549.72	1549.72	12075	1.10	1.10
黑色金属矿采选业	83	725.03	723.64	356372	1243.44	1219.44
有色金属矿采选业	123	1625.97	1621.68	5848	53.11	45.59
非金属矿采选业	56	281.71	271.72	30953	37.18	37.18
其他采矿业	2	5.00				
农副食品加工业	576	2219.59	2077.66	517619	98.70	93.27
食品制造业	317	2888.73	2742.45	732090	57.44	55.83
饮料制造业	128	1683.87	1652.80	291711		
烟草制品业	8	37.63	37.63	386809	46.75	46.75
纺织业	312	12693.04	12636.34	2284004	55.20	55.20
纺织服装、鞋、帽制造业	155	975.11	974.67	239656		
皮革、毛皮、羽毛（绒）及其制品业	146	833.53	822.62	258752	2.74	2.74
木材加工及木、竹、藤、棕、草制品业	399	354.12	330.47	3235916	5088.13	4760.62
家具制造业	49	75.12	73.71	160586	132.91	120.20
造纸及纸制品业	395	18780.49	18332.47	3375678	42.98	38.20
印刷业和记录媒介的复制	15	1.54	1.54	6525		
文教体育用品制造业	26	87.17	87.13	93006	24.11	23.75
石油加工、炼焦及核燃料加工业	11	1549.86	1549.78	3154312	216.20	216.20
化学原料及化学制品制造业	356	6720.29	6616.77	5719209	2651.57	2581.63
医药制造业	42	1732.13	1643.09	386141		
化学纤维制造业	14	1867.66	1867.66	504850	8.35	8.35
橡胶制品业	46	117.56	117.10	303498	27.60	27.60
塑料制品业	133	339.35	323.99	1922689	2.57	2.57
非金属矿物制品业	1449	1001.59	984.40	40080811	82100.74	81830.36
黑色金属冶炼及压延加工业	133	2016.96	2011.51	25366135	27747.89	27088.98
有色金属冶炼及压延加工业	62	476.58	470.17	6312364	1753.48	1728.53
金属制品业	274	940.03	931.11	876960	121.48	118.50
通用设备制造业	169	119.30	111.44	758503	3114.91	2943.28
专用设备制造业	32	64.07	62.05	37986	257.73	162.15
交通运输设备制造业	129	410.16	390.72	804691	971.63	964.62
电气机械及器材制造业	113	237.85	233.22	803046	103.82	103.82
通信设备、计算机及其他电子设备制造业	65	622.00	616.48	740456	48.78	48.55
仪器仪表及文化、办公用机械制造业	25	170.84	170.19	131157	0.94	0.94
工艺品及其他制造业	103	178.70	174.81	68150	6.53	6.53
废弃资源和废旧材料回收业	28	384.88	369.55	502	2.44	2.44
电力、热力的生产和供应业	33	55358.93	55358.93	35111247		
燃气生产和供应业	1	2.60	2.60	1033		

2-3-4 福建省环境科技建设情况

（2010 年）

指标名称	计量单位	本年实际
一、科研课题数	**项**	**89**
#国家科技项目	项	2
部门安排科技项目	项	28
地方科技项目	项	48
国际科技项目	项	1
其它科技项目	项	10
二、科研课题经费数	**万元**	**1259**
#国家科技项目拨款	万元	160
部门安排科技项目拨款	万元	336
地方科技项目拨款	万元	682
国际科技项目拨款	万元	
其它科技项目拨款	万元	81
三、授权专利数	**项**	**95**
四、获科学技术奖励数	**项**	**2**
#省（部）级三等	项	2
五、科研机构基本情况		
1. 从事科技工作人员数	人	433
#科技管理人员数	人	42
科技人员	人	266
科技辅助人员	人	73
外聘流动研究人员	人	52
2. 科研业务费支出	万元	3211.60
六、地方颁布的环境保护标准数	**项**	**4**
七、环保产业情况		
1. 环保产业单位数	个	497
2. 环保产业从业人员人数	人	22487
3. 环保产业年收入	万元	748197

2-4 工业和建筑业

2-4-1 煤炭行业

2010年，福建省煤炭行业总体平稳增长，利润有所增加。全年规模以上企业数比上年减少，规模以上煤炭开采和洗选业实现工业总产值149.82亿元，完成主营业务收入152.49亿元。全年规模以上企业的原煤产量达2442.73万吨，比上年下降2.9%。实现利润总额达16.77亿元。从销售区域看，福建省全部煤炭开采和洗选业销售收入销往省内市场和省外市场的比重分别为83.9%和16.1%，未出口。其中，销往省外市场比重比上年提高4.2个百分点。2007-2010年福建省规模以上煤炭开采和洗选业主要经济指标见下表。

2010年，中国煤炭工业协会公布了“中国煤炭企业100强”名单，福建省煤炭工业（集团）有限责任公司以营业收入110.98亿元入选，居行业第三十一位，比上年上升2位。

从全国看，2010年，随着一系列调控政策效果逐渐显现，火电、钢材、合成氨等主要高耗能产品产量同比增速快速下滑，煤炭需求旺盛势头逐步缓解，煤炭生产增幅有所下降。2010年，全国原煤产量32.40亿吨，比上年增长8.9%，增速比上年减缓3.8个百分点。

2010年，在各地加大节能减排工作力度等因素的作用下，电力、钢铁、建材、化工等主要行业煤炭消耗增幅减缓，火力发电量单月增速从2010年4月的25.6%逐渐回落，进入四季度后火力发电量回落到上年同期水平。全年粗钢、生铁、水泥分别增长9.3%、7.4%和15.5%，比上年回落4.2个百分点、8.5个百分点和2.4个百分点。随着主要耗煤产品产量增幅减缓，煤炭消耗增幅下降。

2010年，全国煤炭进口增长，出口下降。其中，煤炭进口1.65亿吨，比上年增长31.0%；出口0.19亿吨，下降15.0%；净进口1.46亿吨，比上年增加4237万吨。预计2011年国内煤炭净进口还将继续增长，2011年我国煤炭净进口量将超过两亿吨，主要原因为：国内煤炭产量难以满足旺盛的需求。我国能源消费的70%来自于煤炭，为了提高能源使用效率，减少污染，发改委将抑制煤炭总产量，并抑制国内的煤炭出口，煤炭出口量将仍在低位徘徊。

2010年，全国一些主要产煤省资源整合、兼并重组取得阶段性成效，一大批新建、改扩建现代化矿井陆续投产。晋陕蒙宁等主要产煤省区煤炭产能大幅提升，其中，内蒙古、山西产能分别达到9亿吨/年、8.5亿吨/年。

2010年，全国煤炭行业自主创新能力明显增强。全年共有煤矿冲击地压预测与防治成套技术、富含腐植酸的劣质煤梯级综合利用技术及其应用、大型矿山提升装备关键技术及应用、特厚煤层安全开采关键装备及自动化技术、大型露天矿开采新技术与应用研究、中国煤炭地质综合勘查关键技术与工程运用等6项技术获国家科学技术进步奖。煤矿装备国产化水平不断提高，具有世界先进水平和自主知识产权的煤炭直接液化和煤制烯烃技术取得突破，煤矿充填开采、矿区环境治理等绿色开采技术研发取得进展。神华集团有限责任公司的特大型矿区群资源与环境协调开发、晋城煤层气开发与关键技术产业化、大同塔山循环经济工业园区建设等重大工程项目取得成功。

（摘编：林晓霞）

福建省规模以上煤炭开采和洗选业主要经济指标

（2007-2010 年）　　　　单位：亿元

指　标	2007	2008	2009	2010
企业数（个）	201	208	208	204
工业总产值	74.57	114.94	127.60	149.82
工业增加值	46.26	72.97	83.35	99.60
主营业务收入	79.42	118.72	130.14	152.49
资产总额	53.73	72.79	81.76	85.45
利润总额	9.62	16.50	14.91	16.77
利税总额	20.48	31.18	29.96	30.40
应交增值税	7.38	8.11	9.82	10.27
主营业务税金及附加	3.49	3.93	5.23	3.36

2-4-2　水产品加工业

2010 年，福建省规模以上水产品加工业实现主营业务收入 378.15 亿元，出口交货值 177.95 亿元。2007-2010 年福建省规模以上水产品加工业主要经济指标见下表。

2010 年，福建省水产品进出口贸易总量达 89.23 万吨，总额 32.86 亿美元，与上年相比，分别下降 0.7%、增长 56.8%。其中，进口量 36.59 万吨，进口金额 6.04 亿美元，分别下降 43.0%、增长 9.0%；出口量 52.63 万吨，出口金额 26.82 亿美元，分别增长 39.8%、74.0%。全省水产品国际贸易增长不断创历史新高，主要呈现以下特点：

一是周边市场趋向活跃。2010 年中国—东盟自由贸易区（CAFTA）正式实施，以及两岸三通进一步扩大和两岸经济合作框架协议（ECFA）的签订实施，极大推动福建水产品出口贸易。福建水产品出口前 7 位国家（地区）分别是：日本、台湾、美国、马来西亚、韩国、香港和印度尼西亚。其中，出口台湾增幅最大，达 6.17 万吨、4.64 亿美元，比上年分别增长 48.0%和 87.9%。

二是优势产品出口强劲。鳗鱼、大黄鱼、虾类、蟹类、头足类、贝类等依然是出口主导产品。其中，鳗鱼出口 2.62 万吨，创汇 4.81 亿美元；虾类出口 3.34 万吨，创汇 3.37 亿美元；蟹类出口 1.71 万吨，创汇 2.66 亿美元；头足类出口 3.96 万吨，创汇 2.61 亿美元。

三是水产品附加值增高。精深加工产品占出口创汇 80%以上，全年出口水产品平均价格为每吨 5096 元，与上年 4094 元相比每吨价格上升 1002 元。如：烤鳗出口价格 18236 美元/吨，比上年上涨 52.5%；以海蟹为主的罐头制品增长迅猛，达 2.29

亿美元，增长106.3%。

“十一五”期间，福建省水产品质量安全水平明显提升。全省产地水产品抽检合格率连续三年保持在98%以上，高于省政府下达的97%治理目标和全国平均水平；2010年农业部市场水产品质量安全例行监测合格率，福建位居全国第一。

标准化建设全面推进。“十一五”期间，福建省海洋与渔业厅下达渔业地方标准制修订计划65项，发布实施65项，8项渔业标准获得省政府标准贡献奖；新建2个国家级鳗鲡标准化示范县、23个国家级渔业标准示范区和17个省级渔业标准化示范区；投入各类资金4.5亿元，完成10万亩标准化养殖池塘改造。

质检体系建设日趋完善。“十一五”期间，福建建成农业部渔业产品质量监督检测测试中心（厦门）和福建省海洋资源与渔业环境检测中心，初步形成部、省、市、县四级水产品质量安全检测网络。

从全国看，2010年我国水产品进出口总量716.06万吨，总额203.64亿美元，比上年分别增长6.8%和26.8%。其中，出口量333.88万吨，增长12.6%，出口额138.28亿美元，增长28.1%；进口量382.18万吨，进口额65.36亿美元，分别增长2.2%和24.2%。水产品进出口总额已超过美国，成为世界最大的水产品贸易国。水产品出口额继续位居大宗农产品出口首位。2010年全国水产品出口国家和地区达到170个，其中，日、美、欧、韩等发达国家依然是我国最重要的出口市场，2010年我国对上述四大出口市场均呈两位数增长，但对这四大市场出口额占全国水产品出口总额的比重呈逐年下降态势，2010年已降至66.9%，比2009年下降2.9个百分点，比“十五”末下降12.3个百分点。2010年我国大陆和台湾省签署经济合作框架协议，两岸贸易往来更加紧密，对台水产品出口额达到6.31亿美元，比上年增长64.0%。

（摘编：林晓霞）

福建省规模以上水产品加工业主要经济指标

（2007-2010年）

单位：亿元

指　标	2007	2008	2009	2010
企业数（个）	259	306	329	348
工业总产值	163.04	216.74	275.27	386.77
工业增加值	44.51	58.56	67.39	92.21
出口交货值	75.88	77.77	111.91	177.95
主营业务收入	157.43	207.53	266.71	378.15
资产总额	96.01	113.15	134.41	184.66
利润总额	6.99	8.27	13.73	23.96
利税总额	11.26	15.71	21.96	37.10
应交增值税	3.40	5.58	7.39	11.96
主营业务税金及附加	0.88	1.00	0.84	1.18

2-4-3 糖果、巧克力及蜜饯制造业

2010年，福建省共有糖果、巧克力及蜜饯制造业规模以上企业117个，较上年增加9个；完成工业总产值133.09亿元，出口交货值达14.77亿元。2007-2010年福建省规模以上糖果、巧克力及蜜饯制造业主要经济指标见下表。

从销售区域看，福建省糖果、巧克力及蜜饯制造业销售以省外市场为主，2010年，福建省全部糖果、巧克力及蜜饯制造业销往省外市场的收入占该行业全部销售收入的61.0%，比重比上年下降1.9个百分点。

从产品质量情况看，2010年，福建省质监局对福建省企业生产的蜜饯产品进行省级监督抽查显示，全省抽查蜜饯产品合格率96.5%。

从区域看，泉州是福建省休闲食品行业的重点产区。近几年，泉州的休闲食品在国内市场上快速发展，除了品牌营销上的成功之外，产品的创新也是其成功的另一大因素。如：福建雅客食品有限公司（以下简称“雅客”）一直在新产品研发上不断寻求突破，已形成了硬糖、软糖、奶糖、口香糖、巧克力五大系列产品。其中，“V9”是硬糖中的主打产品。“V9”维生素功能糖技术至今还没有企业能实现新的突破，该产品生产车间还获得药品车间标准认证，这在糖果界是很少见的。在大部分被外资品牌垄断的国内口香糖市场上，雅客的口香糖算得上是国内本土口香糖中突出重围的品牌之一。自2005年推出口香糖系列产品以来，2010年雅客再推出了“冰立方”口香糖，该款产品获得了10项专利，方形的外观、冰凉的口感，都跟传统的口香糖有很大的区别。另外，添加了五种营养元素、30%果酱夹心的“VQ”软糖，内含软糖夹心的奶糖等，都是雅客推出的特色产品，在中国糖果市场上树立起创新的标杆。为了保持在产品上不断推陈出新，目前雅客不仅在上海设有自己的研发中心，还与德国著名的食品研发机构进行长期紧密的合作。

近年，雅客、金冠、好邻居、久久王等泉州知名休闲食品企业，抓住国外食品业先进设备纷纷降价的机会大举引进国外设备。国内的休闲食品企业很少出口欧盟国家，晋江的休闲食品在质量上与欧洲的食品企业已经相差较小，但是在价格方面却有较大差距，这就意味着谁能首先攻破欧洲的技术壁垒，谁就能率先在欧洲市场赢得一定的市场份额。因此，近年来晋江休闲食品企业多次到欧洲市场考察，引进最先进的设备，开始为进军欧洲市场做准备。

2010年4月，福建省休闲食品行业（泉州）技术开发基地落户晋江。基地由晋江市食品行业协会牵头组建，主要为泉州地区的食品加工企业提供多项技术创新服务。该基地将利用依托单位和联合单位的现有技术力量和研发基础，通过对现有技术人员的持续培养、人才引进和对外合作，建立一个集休闲食品加工新技术新工艺的研发、技术咨询、技术培训和休闲食品安全检测为一体的技术创新公共服务平台。

从行业品牌建设情况看，2010年全行业共有4户企业的4个产品分别获得福建名牌产品称号，总数与上年持平，分别是：福建绿百合现代农业有限公司的“绿百合+LUBAIHE+图形牌鲜橄榄”、金冠（中国）食品有限公司的“金冠+图形牌糖果”、福建福马食品集团有限公司的“福马牌巧克力棒”和泉州市天线宝宝食品有限公司的“天线宝宝牌果冻”。

（摘编：林晓霞）

福建省规模以上糖果、巧克力及蜜饯制造业主要经济指标

（2007-2010 年） 单位：亿元

指　标	2007	2008	2009	2010
企业数（个）	74	94	108	117
工业总产值	54.45	67.93	83.74	133.09
工业增加值	14.28	17.70	23.29	36.90
出口交货值	6.75	10.19	10.66	14.77
主营业务收入	53.91	66.59	82.51	130.21
资产总额	31.20	40.20	45.83	66.87
利润总额	3.75	4.81	5.65	11.21
利税总额	5.86	7.40	8.46	15.28
应交增值税	1.53	1.50	2.21	3.40
主营业务税金及附加	0.59	0.47	0.06	0.67

2-4-4 罐头制造业

2010 年，全国罐头行业面临新的发展形势，由于新进入企业不断增多，上游原材料价格持续上涨，导致行业利润降低，因此我国罐头行业市场竞争也日趋激烈。

2010 年，福建省罐头行业成功克服金融危机，通过技术创新、产品创新、营销创新等转危为机，主要指标实现恢复性增长。2010 年，全行业规模以上企业实现主营业务收入 146.82 亿元，实现出口交货值 64.40 亿元。从销售区域看，福建省全部罐头制造业销往境外市场销售收入占全行业销售收入的比重达 60.3%，比上年下降 0.2 个百分点。从产品产量看，全省规模以上罐头产量 203.21 万吨，增长 24.8%；“十一五”期间全省规模以上罐头产量年平均增幅 20.9%。2007-2010 年福建省规模以上罐头制造业主要经济指标见下表。

全省罐头产品现已形成水果、蔬菜、肉类、水产等四大系列，蘑菇与芦笋罐头成为富有竞争力的优势产品，立兴、古龙、同发、紫山等成为全国同行业龙头企业。

2011 年，福建省轻工业联合会和福建省罐头行业协会对全省罐头行业企业技术提升进行诊断辅导。通过技术提升诊断辅导，借助专家的指导和帮助，有助于全省罐头行业提高工艺技术水平，改造生产设备，推进节能降耗，降低加工成本，完善环保处理措施，提高清洁化生产水平，强化食品安全管理，加大产品创新力度，提高附加值，全面提升

企业核心竞争力。

从产品质量情况看，2010 年 11 月，福建省质监局组织对全省企业生产的畜禽水产罐头、果蔬罐头等罐头产品进行了省级监督抽查，共抽查了 177 家企业生产的 184 批次罐头产品，合格 175 批次，产品抽样批次不合格率为 4.9%。从此次抽查情况来看，共有 9 批次果蔬罐头产品不合格，主要不合格项目为超范围使用山梨酸、甜蜜素、糖精钠、苯甲酸等食品添加剂，其主要原因是生产企业食品添加剂使用不规范。

从主要生产县（市）看，漳州是福建罐头的重点和优势产区，是全国蘑菇罐头生产、加工、出口最集中的区域，全市从蘑菇种植、生产、加工、出口、直至制罐，已形成一套完整的体系，其蘑菇罐头出口量占全国八成。为帮助出口企业克服金融危机的影响，2010 年以来，漳州检验检疫局在辖区罐头企业中全面推行分类管理，对诚信度高、产品质量稳定的企业，降低抽检比例和监管频次，提高出口通关效率，引导企业走以质取胜的科学发展道路。同时，继续加强信息和技术扶持，帮促企业开发新产品。除番茄酱罐头外，2010 年以来，漳州检验检疫局辖区还新增糖水桃罐头、猴头菇罐头等 10 多个品种，并进行试出口，一旦市场反应良好，将迅速组织批量生产及出口。

为进一步提升漳州罐头产品竞争力，2010 年 10 月，中国罐头工业协会科技中心落户漳州。该科技中心由中国罐头工业协会与漳州罐头食品商会联合创办，主要开展新产品研发，帮助企业进行产品结构、市场结构的调整，鼓励企业走差异化发展道路；开展节能减排项目改造推广；开展行业公益性技术服务和技术研究；与政府、企业、其他行业组织共同合作，切实解决产业发展过程中遇到的实际技术难题等。

（摘编：林晓霞）

福建省规模以上罐头制造业主要经济指标

（2007-2010 年）　　单位：亿元

指　标	2007	2008	2009	2010
企业数（个）	120	128	128	130
工业总产值	73.22	103.25	107.68	149.02
工业增加值	18.05	23.98	26.91	39.03
出口交货值	35.58	49.34	46.27	64.40
主营业务收入	67.67	97.51	103.11	146.82
资产总额	46.85	54.58	58.51	74.50
利润总额	2.34	4.82	5.68	8.55
利税总额	4.44	7.71	8.86	13.22
应交增值税	1.76	2.03	2.83	4.25
主营业务税金及附加	0.35	0.39	0.35	0.42

2-4-5 软饮料制造业

2010 年，福建省软饮料工业继续保持平稳增长，出口有所回升。全省规模以上软饮料制造业实现主营业务收入 146.57 亿元，实现出口交货值 2.31 亿元。2007-2010 年福建省规模以上软饮料制造业主要经济指标见下表。

从产品产量看，福建省全部规模以上软饮料产量达 386.96 万吨，增长 23.5%；“十一五”期间全省规模以上软饮料产量年均增长 28.3%。

从销售区域看，2010 年，福建省全部软饮料制造业销售收入销往省内市场的比重为 40.6%，比上年下降 11.6 个百分点；销往省外市场的比重为 55.3%，提高 9.0 个百分点；销往境外市场的比重为 4.1%，提高 2.6 个百分点。

纵观全国饮料市场，自 1993 年起步以来，茶饮料得到了飞速发展。2010 年，茶饮料已经占据了饮料市场的半壁江山，成为饮料市场的绝对主角，并且向“霸主”方向大步迈进。2010 年，一批新兴茶饮料品牌陆续出现在市场上。从茶饮料新品种看，原叶茶、普洱茶、安溪铁观音茶、凉茶、白茶等不同品种的茶饮料纷纷亮相。

近年，凉茶产业发展迅猛，年增速高达 30%，成为全国茶饮料行业发展中的佼佼者。2010 年，全国凉茶饮料年销量已经增至 2500 万吨，而且出口形势也非常喜人。

2010 年 3 月，卫生部发布公告，正式批准凉茶常用药材夏枯草、布渣叶、鸡蛋花可作为凉茶饮料原料使用。卫生部的“正名”为凉茶行业发展扫除了一大障碍，各路资本争相进军凉茶市场，部分药企、饮料巨头开始计划进入凉茶市场，凉茶产业将进入白热化竞争阶段。 （摘编：林晓霞）

福建省规模以上软饮料制造业主要经济指标

（2007-2010 年） 单位：亿元

指　标	2007	2008	2009	2010
企业数（个）	59	70	77	76
工业总产值	83.65	112.05	128.61	150.28
工业增加值	26.35	35.80	36.48	45.87
出口交货值	1.85	1.72	1.78	2.31
主营业务收入	81.49	110.62	125.58	146.57
资产总额	62.25	82.98	94.06	112.09
利润总额	8.96	12.49	13.36	14.85
利税总额	12.75	18.49	20.24	21.01
应缴增值税	3.46	5.04	6.49	5.76
主营业务税金及附加	0.33	0.27	0.39	0.41

2-4-6 精制茶加工业

2010年，福建省规模以上精制茶加工业实现主营业务收入154.43亿元，利润总额达20.27亿元。2010年茶叶产量26.9万吨，居全国第一。2007-2010年福建省规模以上精制茶加工业主要经济指标见下表。

2010年，福建省茶叶出口呈现量减价增态势。福建检验检疫局共检验检疫出口茶叶2432批、1.41万吨、6977.3万美元，分别比上年增长6.6%、-0.4%和16.3%。呈现这一态势的原因有二：一是2009年春季受寒潮影响，福建省较大面积的茶叶出现霜冻，导致春茶出现了一定幅度减产，茶叶总产量减少。同时，茶叶进口商控制茶叶采购量，将我国茶叶生产企业作为其原料茶叶储存仓库。二是2009年以来乌龙茶原料价格大幅上涨，加上企业开发高档乌龙茶国际市场，出口茶叶质量和单价均出现大幅度提升。

近年，海内外主要茶叶市场对进口茶叶农药残留标准越来越严格，欧盟有853个标准，日本有873个标准，美国与加拿大等国的茶叶进口标准也极为严苛。面对各国差异化的茶叶卫生要求，福建作为中国第一产茶大省，为提高自检自控能力，2010年投入的检测经费达4000多万元。国家茶叶检测中心也在福建落户，方便福建茶企就近检测产品质量。

从品牌建设看，截至2010年，福建省已拥有茶叶品牌1028个。2010年，福建省安溪铁观音、福鼎白茶、武夷大红袍品牌价值分别为50.28亿元、24.45亿元和20.31亿元，分别比上年增加6.27亿元、1.89亿元和0.99亿元，分别居全国第二、第五和第八位。品牌建设的推进与成效，促进了市场开拓，提高了市场份额。全省共有32户企业入选“2010年度中国茶叶行业百强企业”名单，比上年增加6个，入选企业数居全国第一位。

（摘编：官丽曼）

福建省规模以上精制茶加工业主要经济指标

（2007-2010年）　　　单位：亿元

指　标	2007	2008	2009	2010
企业数（个）	178	244	299	379
工业总产值	44.72	71.55	104.03	159.31
工业增加值	16.09	26.62	33.70	52.49
出口交货值	4.85	3.18	4.14	5.92
主营业务收入	44.07	69.54	101.09	154.43
资产总额	23.75	36.74	52.34	77.88
利润总额	5.05	8.69	10.52	20.27
利税总额	7.02	13.43	14.29	26.01
应交增值税	1.36	2.84	2.77	4.18
主营业务税金及附加	0.62	1.05	1.00	1.57

2-4-7 纺织及纺织服装、鞋、帽制造业

2010 年，福建省拥有规模以上纺织业企业数 1084 个，较上年增加 55 个；实现工业总产值 1120.26 亿元，出口交货值达 128.81 亿元。拥有规模以上纺织服装、鞋、帽制造企业数 1352 个，较上年增加 39 个；实现工业总产值 1154.99 亿元，出口交货值达 375.26 亿元。2007-2010 年福建省规模以上纺织业和纺织服装、鞋、帽制造业主要经济指标见下表。

从主要产品产量看，2010 年，福建省规模以上企业纱产量达 184.74 万吨，比上年增长 16.9%；布 31.20 亿米，增长 15.1%；印染布 39.12 亿米，增长 17.9%；毛线 5020 吨，增长 7.1%；服装 29.22 亿件，增长 22.9%。

从出口情况看，福建省作为全国第六大纺织服装出口省份，2010 年，福建省纺织服装出口保持逆势增长的良好态势，出口值 115.4 亿美元，比上年增长 22%，占全国的 5.6%。自中国—东盟自由贸易区启动后，我国和东盟中文莱、菲律宾、印度尼西亚、马来西亚、泰国、新加坡 6 个老成员国之间超过 90%的产品实行零关税。2010 年，福建省对东盟出口纺织品 15.4 亿美元，增长 33%。但出口面临的形势依然不乐观。一方面是全球经济危机的负面影响仍未消除，国际纺织服装需求市场前景不太明朗，长期订单与大单难以签订。另一方面是国内棉花价格上涨，也给纺织服装出口带来压力。

从全国情况看，2010 年，我国服装行业在成功应对全球金融危机冲击成效的基础上，积极调整产业结构，加快转变产业经济发展方式。在不断克服劳动力资源短缺，原材料成本高速上涨、汇率、利率调整导致成本上涨等的不利影响，服装产业全年保持平稳发展。2010 年，我国全社会完成服装总产量 436 亿件，比上年提高了 9.0%，其中，规模以上企业完成服装产量 285.23 亿件，比上年增长了 18.6%，增幅比上年提高了 11.7 个百分点。分产品看，全社会完成梭织服装 147 亿件，针织服装 289 亿件，分别比上年增长 6.5%和 10.3%，其中，规模以上企业完成梭织服装 121.06 亿件，针织服装 164.17 亿件，分别增长 18.9%和 21.3%。国内外市场稳步回升，新货补库需求增长明显，需求回暖有效地刺激了出口。2010 年，我国出口纺织服装 2065.3 亿美元，增长 23.6%，出口额首次突破 2000 亿大关。其中，出口服装 1294.8 亿美元，增长 20.9%；出口纺织纱线织物及制品 770.5 亿美元，增长 28.4%。

2010 年，工业和信息化部下达了纺织工业淘汰落后产能的目标任务：皮革淘汰 1200 万标张产能，印染产业淘汰 31.3 亿米产能，化纤淘汰 55.8 万吨产能。纺织业落后产能淘汰进入关键时期。“十一五”期间，纺织工业一系列节能减排新技术取得研发突破，并在行业推广应用，取得明显成效。据中国纺织工业协会公布的数据：“十一五”期间，按可比价计算，纺织工业单位增加值综合能耗累计下降约 40%，污水排放量累计下降幅度超过 40%。

（摘编：官丽曼）

福建省规模以上纺织业主要经济指标

（2007-2010 年）　　单位：亿元

指　标	2007	2008	2009	2010
企业数（个）	939	1004	1029	1084
工业总产值	709.49	795.99	889.23	1120.26
工业增加值	201.49	226.94	241.23	297.52
出口交货值	127.96	115.51	115.32	128.81
主营业务收入	677.54	765.58	866.58	1086.81
资产总额	564.90	250.56	693.51	831.88
利润总额	43.34	39.99	48.29	74.76
利税总额	60.27	61.63	68.38	99.76
应交增值税	13.50	14.10	16.80	20.52
主营业务税金及附加	3.43	3.74	3.29	4.48

福建省规模以上纺织服装、鞋、帽制造业主要经济指标

（2007-2010 年）　　单位：亿元

指　标	2007	2008	2009	2010
企业数（个）	1157	1248	1313	1352
工业总产值	701.41	862.03	979.45	1154.99
工业增加值	224.44	296.58	340.73	387.41
出口交货值	295.83	308.85	345.64	375.26
主营业务收入	687.03	844.20	960.04	1115.50
资产总额	371.71	486.02	522.25	619.68
利润总额	53.80	65.33	79.52	112.43
利税总额	80.60	102.94	114.96	150.48
应交增值税	22.20	25.29	30.64	33.38
主营业务税金及附加	4.60	5.62	4.80	4.67

2-4-8 人造板制造业

2010年，福建省人造板工业发展平稳，全年福建省规模以上人造板制造业共有企业516个，比上年增加3个；完成工业总产值268.58亿元，出口交货值达6.82亿元，实现主营业务收入260.90亿元，利润总额达12.59亿元。

从产品产量看，福建省人造板工业产量持续增长，但增幅有所下降。全年全省人造板产量达994.11万立方米，比上年增长14.7%，增幅下降1.7个百分点。

从销售区域看，2010年，福建省全部人造板制造业销售收入销往省内、省外及境外的比重分别为48.3%、46.6%和5.1%，销往省内及境外比重分别提高2.3个百分点和0.4个百分点。2007-2010年福建省规模以上人造板制造业主要经济指标见下表。

从具体企业看，作为福建省大型人造板生产企业之一的福建省永安林业（集团）股份有限公司，2010年被列入省重点项目的年产21万立方米中纤板林板一体化项目建设取得重大成效。该项目经过两年多的建设，于2010年9月13日开机生产出第一张板。该生产线是国内目前单机最先进的生产线之一。2011年1月，该项目被福建省政府授予重点项目优胜奖。

从全国看，2010年我国人造板产量是近5年来增长速度最快的一年，达到15360.83万立方米，比上年增长33.0%。在全部人造板产量中，胶合板7139.66万立方米，增长60.4%；纤维板4354.54万立方米，增长24.8%；其他人造板2602.43万立方米（细木工板占63.5%），增长19.6%；刨花板1264.20万立方米，减少11.7%。人造板生产主要集中在东、中部地区，山东、江苏、广西、河北、河南、广东、福建、安徽8省产量均超过700万立方米，8省总产量达1.19亿立方米，占全国人造板总产量的77.6%。

（摘编：张琛）

福建省规模以上人造板制造业主要经济指标

（2007-2010年）

单位：亿元

指标	2007	2008	2009	2010
企业数（个）	436	531	513	516
工业总产值	118.13	167.64	214.39	268.58
工业增加值	35.00	51.01	64.12	79.53
出口交货值	5.30	6.06	7.37	6.82
主营业务收入	113.92	160.05	209.71	260.90
资产总额	80.70	98.58	106.16	129.77
利润总额	7.00	7.46	8.05	12.59
利税总额	11.70	14.05	15.31	21.63
应交增值税	3.72	4.84	5.99	7.64
主营业务税金及附加	0.98	1.03	1.27	1.40

2-4-9 家具制造业

2010年，福建省拥有规模以上家具制造业企业数333个，实现工业总产值220.26亿元，主营业务收入216.86亿元，利润总额达12.69亿元。从具体指标看，规模以上家具制造业产品销售率为98.1%，高于福建省规模以上工业的平均水平（97.8%）。2007-2010年福建省规模以上家具制造业主要经济指标见下表。

随着经济的回暖，国际市场逐步复苏，欧美等国家和地区经济指标逐渐好转，国内家具企业的出口订单日益增多，福建省家具出口呈现出较大幅度增长。2010年，福建省出口家具及其零件（以下简称“家具”）25.28亿美元，比上年增长35.6%。然而，世界贸易保护主义浪潮仍未消褪，针对家具产品的绿色壁垒更是呈现日趋多样化、综合化和隐蔽化等特点，严重制约我国家具出口。主要表现在：一是环保门槛成为家具出口的主要障碍。世界上已经有包括欧盟、澳大利亚、加拿大等在内的50个国家和地区实施了绿色生态标签制度。越来越多的国家和地区将家具纳入了绿色生态标签制度的目标产品。如：欧盟委员会关于授予木制家具生态标签的标准的决议（2009/894/EC）自2009年11月30日实施，规定木制家具禁止含有有机卤化物粘合剂，氮丙环、聚氮丙环、含有重金属的染料和添加剂，以及添加阻燃剂；并就纤维板和刨花板中的甲醛排放限值进行了限制。虽然美国并未设置绿色生态标签，但对家具产品中类似的环保要求也同样日趋严格。美国的《复合木制品甲醛标准法案》，于2011年1月3日在美国全境实施，是世界上最严格的木质人造板甲醛释放量标准。二是木材合法性证明成为家具出口的新难点。近年来，欧美等地对林产品合法性和可持续性的要求越来越高，纷纷采取措施以限制非法采伐及木材贸易。从2010年4月1日起，美国《雷斯法案》修正案覆盖范围扩大至所有木制家具产品，要求进口商在每次船运进口植物或林产品时都要提供原料来源和树种的基本申报，包括选用木材种类的拉丁名、采伐的国家、数量、尺寸和价值等信息。三是检疫标准提升成为家具出口的额外要求。除了家具产品本身外，国外对于检疫通关方面的要求也日趋严格。美国农业部动植物检疫局于2009年公布了《建议法案——中国木制工艺品输美检疫要求》，并于2011年4月9日向WTO提交，法案明确提出了中国输美的所有木制品，都要求必须经熏蒸或热处理、出具植物检疫证书、贴可溯源标识等。该法案在货物通关的技术管理、在原有复杂的通关流程上增加了审核内容，必将加大生产企业的通关成本。

从全国看，2010年，我国家具行业工业销售产值比上年增长32.2%，新产品产值增长1.7%，产销率达97.2%。2010年，家具行业完成产量77032.70万件，增长27.8%。其中，木质家具完成产量26072.60万件，增长26.4%；金属家具完成产量42381.30万件，增长31.3%；软体家具完成产量4731.10万件，增长16.8%。

据海关统计，2010年1-12月，我国家具行业出口交货值为1187.63亿元，同比增长21.2%。其中，木质家具制造行业出口交货值为566.79亿元，增长20.9%；竹、藤家具制造行业出口交货值为17.75亿元，增长46.0%；金属家具制造行业出口交货值为357.73亿元，增长21.9%；塑料家具制造行业出口交货值为23.60亿元，增长57.4%；其他家具制造行业出口交货值为221.76亿元，增长16.2%。

（摘编：张琛）

福建省规模以上家具制造业主要经济指标

（2007-2010 年）　　单位：亿元

指　标	2007	2008	2009	2010
企业数（个）	238	287	291	333
工业总产值	120.60	160.65	168.50	220.26
出口交货值	67.46	80.34	72.89	100.03
主营业务收入	116.31	154.73	164.40	216.86
资产总额	85.73	103.35	110.29	139.88
利润总额	5.16	4.81	7.73	12.69
利税总额	8.11	9.30	12.02	18.96
应交增值税	2.41	3.37	3.65	5.44
主营业务税金及附加	0.54	0.43	0.64	0.83

2-4-10　造纸及纸制品业

随着国内经济逐步回升，福建省造纸行业总体运行良好。2010 年，福建省规模以上造纸及纸制品业企业数达 657 个，共完成工业总产值 534.65 亿元，主营业务收入达 525.77 亿元，实现出口交货值 22.31 亿元，利润总额达 45.58 亿元，机制纸及纸板产量 452.06 万吨，比上年增长 20.9%。2007-2010 年福建省规模以上造纸及纸制品业主要经济指标见下表。

从销售区域看，2010 年，福建省全部造纸及纸制品业销往省内、省外市场和境外市场的比重分别为 60.2%、35.1%和 4.7%，其中，省内市场销售比重比上年下降 9.4 个百分点，省外市场销售比重提高 9.4 个百分点，境外市场销售持平。

从具体企业看，2011 年上半年，福建恒安集团有限公司已经形成 18 万吨年产能，还有 2 条年产 6 万吨的生产线在建设中。福建恒利集团有限公司已经形成 3 万吨产能，1 条 6 万吨的生产线在建，厦门新阳纸业有限公司正在上马 1 条 6 万吨的生产线（另一条是特种纸）。福州歌芬纸品有限公司正在建设 2 条 6 万吨的生产线。这些年产 6 万吨的生产线都是进口当今世界最先进的工艺技术装备，抄宽 5.6 米，车速 2000 米/分，具有很强的国际竞争力。福建省青山纸业股份有限公司将 KP 浆生产线改造成年产 10 万吨的浆粕生产线；福建省南纸股份有限公司正在迁厂并改造成年产 15 万吨的浆粕生产线。

从全国的情况看，2010 年全国造纸行业供需基本平衡，总产能和总需求都略高于 1 亿吨。需求增长略低于 GDP 增长 1-2 个百分点，2010 年造纸行业固定资产增速为 8.2%，新增产能较少。

（摘编：张琛）

福建省规模以上造纸及纸制品业主要经济指标

（2007-2010 年）　　单位：亿元

指　标	2007	2008	2009	2010
企业数（个）	558	610	627	657
工业总产值	291.41	363.73	400.31	534.65
出口交货值	15.65	17.22	18.63	22.31
主营业务收入	281.225	349.43	385.51	525.77
资产总额	295.68	340.84	399.32	455.59
利润总额	21.14	22.70	23.79	45.58
利税总额	34.55	38.71	39.13	65.22
应交增值税	10.43	11.31	12.88	17.24
主营业务税金及附加	2.99	1.99	2.58	2.40

2-4-11　印刷业和记录媒介的复制

2010 年，福建省规模以上印刷业和记录媒介的复制共有企业 254 个，与上年持平；完成工业总产值 98.30 亿元，实现主营业务收入 97.93 亿元。2007-2010 年福建省规模以上印刷业和记录媒介的复制主要经济指标见下表。

从主要经济效益指标看，2010 年，福建省规模以上印刷业和记录媒介的复制企业经济效益综合指数为 192.7，比上年提高 30.2 个点。从具体指标看，规模以上印刷业和记录媒介的复制企业产品销售率为 99.5%，高于福建省规模以上工业的平均水平（97.8%）。从销售区域看，2010 年，福建省全部印刷业和记录媒介的复制销往省内、省外市场和境外市场的比重分别为 58.2%、29.2%和 12.6%，与上年相比，省内和境外市场销售比重略有下降，分别下降 0.2 个百分点和 2.6 个百分点，省外市场销售比重提高 2.8 个百分点。分地区看，全省印刷业主要集中在泉州、厦门、福州。其中，泉州市 2010 年规模以上企业达 55 个，实现工业总产值 35.57 亿元，分别占全省的 21.7%和 36.2%；厦门市规模以上企业达 73 个，实现工业总产值 24.04 亿元，分别占全省的 28.7%和 24.5%；福州市规模以上企业达 56 个，实现工业总产值 17.85 亿元，分别占全省的 22.0%和 18.2%。

福建省是台资印企的主要投资地之一，截止 2010 年，福建省有台资企业 78 家，占全省外资企业数量的 44.8%。台资企业大多数分布在福州和厦门一带，主要从事包装装潢印刷品印刷。为促进闽台印刷产业对接与合作，福建省政府出台了相关政策，鼓励台商在福建投资印刷业。在 2011 年 6 月举办的第三届海峡新闻出版业发展论坛上，新闻出版总署宣布了在福建先行先试的惠及台湾同胞的 5 条政策，其中两条涉及印刷业：一是对台湾服务提供者在福建省设立从事包装装潢印刷品的印刷企业的最低注册资本要求，比照内地企业实行；二是允许台湾服务提供者在福建省设立独资、合资或合作排校制作服务公司，从事图书的校对、设计、排版等印前工作。今后，福建省还将通过举办海峡印刷技术展览会，依托海峡两岸图书交易会、全国书市等展会和闽台两地出版印刷团体的各种交流活动，扩大闽台印刷品市场对接的规模。

以园区为代表的福建印刷产业集群也在逐步形成。龙岩市率先建成闽西印刷工业园，晋江磁灶印刷工业园被中国包装联合会命名为“中国包装印刷（晋江）基地”，漳州市在南靖县设立了海峡印刷工业园区，三明市启动了永安印刷工业园建设。

“十二五”期间，福建省将引进国外先进印刷技术和生产工艺，大力倡导自主创新，依托省内高校建立印刷业研发创新平台，积极研发核心技术，不断提高印刷产业技术水平。鼓励发展高档出版物和包装装潢印刷品，积极采用计算机直接制版、数字印刷等先进印刷技术和手段，发展快速、按需、高效、个性化的数字印刷。全面推广国际印刷业质量管理、环境管理以及职业安全卫生体系认证，推进全省印刷业标准化建设。鼓励发展绿色印刷，把绿色印刷作为结构调整的重要手段，积极发展符合环保要求、节约能源、资源回收利用率高的印刷企业，提倡使用环保原材料，最大限度地节能减排。还将鼓励规模大、实力强、技术设备先进、发展前景好、环保型印刷企业优先入园，引导印刷企业强强联合，分工协作，走“专、精、特、新”的集约化发展道路，提高印刷业配套能力，完善产业链，发展印刷产业集群。

（摘编：张琛）

福建省规模以上印刷业和记录媒介的复制主要经济指标

（2007-2010 年）　　　　单位：亿元

指　标	2007	2008	2009	2010
企业数（个）	205	234	254	254
工业总产值	64.58	77.06	83.01	98.30
出口交货值	7.74	8.77	6.85	6.08
主营业务收入	63.80	77.09	81.53	97.93
资产总额	58.74	72.74	76.17	84.16
利润总额	3.82	4.39	5.32	7.95
利税总额	6.38	8.25	8.53	11.70
应交增值税	2.08	2.66	2.69	3.19
主营业务税金及附加	0.48	0.45	0.52	0.56

2-4-12 体育用品制造业

2010 年，福建省规模以上体育用品制造业共有企业 119 家，完成工业总产值 98.37 亿元，完成工业增加值 27.25 亿元，实现主营业务收入 96.90 亿元，出口交货值 59.08 亿元，实现利润总额 5.70 亿元。从销售区域看，2010 年，福建省全部体育用品制造业销售收入中销往境外市场的比重最高，为 77.8%，较上年下降 10.2 个百分点，已连续两年下降；其次是省外市场，为 11.3%，提高 2.5 个百分点。2007-2010 年福建省规模以上体育用品制造业主要指标见下表。

国内体育用品生产有三大基地（即珠三角、长三角、闽南地区），其中，厦门市体育健身器材制造业的发展最为迅猛，已成为我国最大的健身器材出口基地，产品远销欧美 20 多个国家和地区。2010 年全市体育用品出口交货值 42.80 亿元，成为厦门重要的出口商品之一。

2011 年，福建省政府下发《关于加快发展体育产业的实施意见》。其中提出做大做强体育用品业。规范建设标准化体育用品工业园区，提高园区入驻率，加速产业整合，发展壮大产业集群。探索建立福建体育用品工业园区，逐步将福建省体育用品业生产加工的中间环节外移或外包，为福建省产业结构升级和城市发展转型释放出必要的发展空间。积极推动体育用品企业上市，加快企业股份制改造，引导、鼓励体育龙头企业开展产业并购，组建体育产业集团，提升企业品牌实力。与国内外相关研发机构合作，建立世界领先水平的体育用品质量测控中心和研发机构，推动技术革新、工艺优化和产品升级换代，提升产品技术含量和品牌附加值，使福建省成为集体育用品研发、设计、制造、贸易等为一体的有世界影响力的体育用品制造业中心。

（摘编：郑焰）

福建省规模以上体育用品制造业主要经济指标

（2007-2010 年）

单位：亿元

指　标	2007	2008	2009	2010
企业数（个）	94	114	117	119
工业总产值	71.94	89.11	84.36	98.37
工业增加值	17.76	21.69	22.15	27.25
出口交货值	50.55	59.14	48.11	59.08
主营业务收入	69.07	86.38	82.55	96.90
资产总额	50.76	58.64	63.97	65.38
利润总额	2.31	2.82	4.49	5.70
利税总额	3.18	4.19	6.25	7.67
应交增值税	0.69	0.90	1.55	1.48
主营业务税金及附加	0.18	0.11	0.22	0.49

2-4-13 玩具制造业

2010年，福建省规模以上玩具制造业共有企业55家，完成工业总产值24.32亿元，完成工业增加值8.25亿元，实现主营业务收入23.14亿元，出口交货值达16.27亿元，实现利润1.04亿元，完成利税1.87亿元。从销售区域看，2010年，福建省全部玩具制造业销售收入中销往境外市场的比重最高，为87.1%，较上年下降3.2个百分点；其次是省外市场，为8.2%，提高2.0个百分点。2007-2010年福建省规模以上玩具制造业主要经济指标见下表。

2010年，福建省玩具出口仍保持较高的增长幅度，主要原因是：福建省不少玩具企业逐步向创意动漫产业转型，玩具出口由传统代工生产（OEM）向产业链两端转型发展。这一转型有力消除了金融危机影响。玩具企业拥有自有品牌的设计、生产和销售能力，在提高产品附加值的同时，也增强了对外议价能力。但在出口方面仍遇到困难：一是玩具出口门槛不断抬高。2010年3月中旬，美国消费品安全委员（CPSC）通过了关于违反消费品安全法（CPSA）、联邦危险物质法案（FHSA）以及可燃纤维法案（FFA）的违规处罚最终规则。这一规则不仅大大提升了对美国出口玩具的安全标准，还大幅度提高了违规罚款，其中，单项违规最高增至10万美元，多项违规最高罚款额则从180万美元大幅提高到1500万美元。2010年7月1日，澳大利亚《消费者保护通报 No.5 含有磁铁的儿童玩具消费品安全标准》正式生效；同时颁布2010年第19号消费者保护公告，对含有珠子的可充气玩具、新奇物品和家具实施为期18个月的临时禁令；同一时间，在马来西亚销售的玩具需附带测试报告的规定正式实施，2010年8月1日起所有新进口的玩具必须取得检验报告并贴上安全标签（MC标贴）才能在市场出售。我国玩具出口面临日益繁多的贸易壁垒，出口门槛不断增高，出口风险加大。二是玩具质量安全问题较为突出，产品屡遭召回及通报。根据欧盟《通用产品安全指令》(GPSD)，2010年7月欧盟RAPEX发布的危险产品通报中，来自中国的产品99项，占56.9%，其中，玩具类被通报的最多，共36项，占比高达36.4%。此外，2010年4月15日，欧盟监督机构网络（Prosafe）公布了针对玩具进行的联合调查行动结果表明，35%的样品小型零部件不合格，41%的玩具小标签不合格，7.5%的测试玩具重金属不合格，而检测的大多数玩具产自中国内地。2010年7月13日，美国消费品安全委员会与Tween Brands公司联合宣布对中国产儿童饰品实施自愿性召回，此次被召回的商品数量约为13.7万件，召回原因为该儿童饰品表面涂料的镉含量超标。

但是面对欧美等发达国家出台的名目繁多的“标准”，2010年，石狮市玩具出口大幅增长，批次、数量、货值分别比上年增长57.0%、185.2%和57.9%，而且未发现不合格情况。这主要得益于近几年石狮市玩具公司及时跟踪国外技术性贸易措施的最新动态，在提前做足准备的同时，还加大了技术投入和科技创新力度，尤其是开发拥有自主知识产权的“核心技术”，加快了专利申请的步伐。

从全国看，据海关统计，2010年，我国玩具出口100.76亿美元，比上年增长29.1%。

2010年10月1日，我国首部《玩具用涂料中有害物质限量》强制性国家标准正式实施。该标准采纳了相关的国际标准，规定了玩具涂料和涂层的有害元素和有害化合物的最低限量，对我国玩具安全水平提升有很大的促进作用。

为了进一步提高玩具产品质量水平，切实做到质量就是最有效的出口“通行证”，企业应做到：一是应认真组织相关技术和品管检验人员学习各国相关玩具标准，主动达标生产；二是对新产品的型式试验应增加输出国标准要求的项目，确保出口玩具产品安全性能符合他国要求。（摘编：郑焰）

福建省规模以上玩具制造业主要经济指标

（2007-2010 年）　　单位：亿元

指　标	2007	2008	2009	2010
企业数（个）	56	59	60	55
工业总产值	17.79	19.69	23.38	24.32
工业增加值	5.60	6.98	7.20	8.25
出口交货值	14.09	13.87	16.25	16.27
主营业务收入	17.33	19.09	21.90	23.14
资产总额	15.42	14.55	16.28	16.58
利润总额	0.63	0.55	0.59	1.04
利税总额	1.10	1.31	1.15	1.87
应交增值税	0.33	0.60	0.47	0.70
主营业务税金及附加	0.14	0.16	0.09	0.12

2-4-14　涂料、油墨、颜料及类似产品制造业

2010 年，福建省规模以上涂料、油墨、颜料及类似产品制造业生产企业共有 156 家，完成工业总产值 119.94 亿元，完成工业增加值 32.63 亿元，完成主营业务收入 118.10 亿元，出口交货值 17.85 亿元，实现利润总额 12.17 亿元，完成利税总额 15.63 亿元。

从销售区域看，2010 年，福建省全部涂料、油墨、颜料及类似产品制造业销售收入中销往省内市场的比重最高，为 42.0%，较上年下降 16.7 个百分点；其次是省外市场，为 33.3%，增长 2.5 个百分点。2007-2010 年福建省规模以上涂料、油墨、颜料及类似产品制造业主要经济指标见下表。

从主要企业看，2010 年，泉州市信和涂料有限公司成为福建省第三批创新型试点企业。该公司拥有多项发明专利及实用新型专利技术，许多产品得到了广泛应用，多项产品技术达到国际先进水平。

2010 年 12 月，福建三棵树涂料有限公司（以下简称“三棵树”）技术中心被评为福建水性涂料企业工程技术研究中心，是海西涂料行业唯一一家获评的企业。三棵树技术中心已通过国家重点实验室评审，是国家博士后科研工作站、福建涂料行业唯一的省级技术中心，承担多项国家科研课题；技术中心拥有从美国、法国、日本、新加坡等地引进的 100 多台世界领先的实验检测设备，是国内实验检测设备最为齐全的涂料企业之一，确保了三棵树的科研技术水平一直居于行业前沿，并取得了多项具有国际先进水平的科研成果和国家发明专利。2010 年，三棵树积极创建 6000 平方米的国际级技术中心及国家认可实验室；正在建设的年产 50 万吨水

性涂料基地，建成后将是全球最大的水性涂料基地之一。

2010年10月，中国涂料工业协会发布了“2010年中国涂料行业排行榜”：福建三棵树涂料有限公司的产量与销量分别列第六位和第十一位；泉州市信和涂料有限公司的产量与销量分别列第二十二位和第二十五位；福建鑫展旺集团有限公司销量列第二十七位。

2010年，我国涂料仍保持较快发展速度，总产量达966.63万吨，比上年增长22.8%，增幅较上年提高8.7个百分点。其中，建筑涂料总产量达351.82万吨，增长23.7%，增幅提高2.5个百分点。2010年，建筑涂料产量占涂量总产量的36.4%。但与欧美日等发达国家还有很大的区别，欧美国家的建筑涂料在涂料工业中的占比都在50%以上，日本在40%左右。

据统计，2010年，我国人均涂料使用量7.2千克，人均建筑涂料使用量2.6千克，城镇人均建筑涂料使用量是5.5千克，分别是2001年的6.0倍、4.0倍、4.6倍。城镇人均建筑涂料使用量增速高于人均建筑涂料增速。

2011年，我国建筑涂料面临两大考验，一方面是节能减排，除降低生产中能耗外，还要特别将挥发性有机化合物降下来；另一方面是面对原材料价格的持续上涨，创新具有新型功效的涂料。

2011年1-6月，全国涂料（指油漆）产量达483.36万吨，涂料完成最大的地区是华东地区，产量为242.97万吨，占全国总产量的50.3%。完成涂料产量依次排序为：华东、中南、华北、东北、西南、西北。完成产量最大的省份是广东省，产量为100.11万吨。

2011年7月，全国涂料、油墨、颜料及类似产品制造业工业总产值为392.03亿元，统计企业数为2911家，工业销售产值为382.68亿元，其中，出口交货值为2.20亿元。

（摘编：郑焰）

福建省规模以上涂料、油墨、颜料及类似产品制造业主要经济指标

（2007-2010年） 单位： 亿元

指 标	2007	2008	2009	2010
企业数（个）	116	137	145	156
工业总产值	54.10	69.52	91.78	119.94
工业增加值	13.65	16.57	24.47	32.63
出口交货值	3.20	7.15	9.90	17.85
主营业务收入	52.77	67.32	88.33	118.10
资产总额	27.41	36.35	48.42	54.56
利润总额	4.66	5.44	8.48	12.17
利税总额	6.43	8.20	11.39	15.63
应交增值税	1.23	1.83	2.24	2.71
主营业务税金及附加	0.54	0.44	0.67	0.75

2-4-15 医药制造业

2010年，福建省规模以上医药制造业企业共有119家，与上年持平，完成工业总产值148.44亿元，完成工业增加值达54.55亿元，实现主营业务收入138.10亿元，出口交货值达19.43亿元，实现利润总额17.99亿元，完成利税26.00亿元。规模以上医药制造业产品销售率为93.1%，远低于福建省规模以上工业平均水平（97.8%）。从销售区域看，2010年福建省全部医药制造业销售收入中销往省外市场的比重最高，为60.9%，较上年下降1.0个百分点；其次是省内市场，为24.7%，较上年提高1.8个百分点。2007-2010年福建省规模以上医药制造业主要指标见下表。

2010年12月3日，由福建农林大学工业原料林研究所承担的福建省科技重大专项“福建中药材GAP技术平台及示范基地建设”专题“福建省中药材GAP示范基地建设”通过了省科技厅组织的专家验收。该项目取得了突出的成效：完成了11种中药材示范基地的建设，建立了规范化生产示范基地12191亩，累计辐射面积44143亩，带动面积81422亩；建立了中药材种子、种苗繁殖基地共计597亩；收集了省内外中药材种源285个，共建立资源圃116亩。完成了泽泻、太子参、南方红豆杉、短葶山麦冬、莲子、雷公藤、绿衣枳实、肿节风8种中药材GAP生产示范基地现场实验室的建设；完善了泽泻、太子参、南方红豆杉、短葶山麦冬、雷公藤、鱼腥草、莲子等中药材产前、产中、产后综合管理体系的建立。在泽泻、太子参中药材规范化适宜种植产地建立了泽泻、太子参初加工厂；对建立的11种中药材基地周围水、大气、土壤环境质量等生态小环境状况进行检测和监测，达到GAP生产规定的环境质量标准。培训了规范化栽培管理技术人员和药农1313人次。该项目研究成果：制定标准15个，申请相关专利获得授权6个，受理3个，获得相关知识产权认证5个，开发了3个应用性成果，获得部省（市）级奖项4个。专家一致认为，在福建道地中药材GAP示范基地建设及南方红豆杉、雷公藤、莲子、鱼腥草、马蓝、绿衣枳实等DNA指纹图谱研究方面具有创新，成果达到国内同类研究的领先水平。

2010年，福建省医药行业出口快速增长。1-11月，福建省出口医药品2.4亿美元，同比增长33.2%。其出口主要呈现以下特点：一是近九成为一般贸易方式出口，加工贸易快速增长。福建省以一般贸易方式出口医药品2.1亿美元，增长31.5%，占同期福建省医药品出口总值的85.0%；加工贸易出口0.3亿美元，增长37.9%，占11.8%。二是外商投资企业和私营企业为出口主力军。外商投资企业出口医药品1.0亿美元，增长56.3%，占同期福建医药品出口总值的40.0%；私营企业出口0.7亿美元，增长11.8%，占31.1%。三是主要出口欧盟、美国和印度。对欧盟出口医药品0.6亿美元，增长43.0%，占同期福建省医药品出口总值的23.0%；对美国出口0.3亿美元，增长32.1%，占13.9%；对印度出口0.3亿美元，增长7.0%，占11.9%。

欧盟《传统植物药指令》从2011年5月1日起全面实施。根据这份指令，我国中药由于无一例在规定期限内完成欧盟的注册程序，将暂时退出欧盟药品市场。主要是受15年欧盟药用史证明和高昂的注册成本两大因素影响。由于我国中药大多是以食品、保健品、膳食添加剂等名义进入欧盟，很难拿出15年欧盟药用史证明。另外，注册费用中最直接的一项就是植物药中各种化学成分的检测费用。检测费用高昂，一种复方药检测费用约40万欧元。

（摘编：郑焰）

福建省规模以上医药制造业主要经济指标

（2007-2010 年）　　单位：亿元

指　标	2007	2008	2009	2010
企业数（个）	95	111	119	119
工业总产值	93.02	108.33	121.67	148.44
工业增加值	33.64	39.65	43.00	54.55
出口交货值	13.27	17.36	15.51	19.43
主营业务收入	85.46	97.22	111.59	138.10
资产总额	103.64	118.09	130.81	143.78
利润总额	9.72	10.51	13.46	17.99
利税总额	13.61	17.29	19.83	26.00
应交增值税	3.39	4.68	4.37	5.38
主营业务税金及附加	0.49	0.45	1.99	2.62

2-4-16　橡胶制品业

2010 年，福建省规模以上橡胶制品业企业共有 252 家，比上年增加 9 家，完成工业总产值 293.78 亿元，完成工业增加值 88.22 亿元，完成主营业务收入 298.75 亿元，出口交货值 66.21 亿元，实现利润总额 29.44 亿元，完成利税 38.43 亿元。从销售区域看，2010 年，福建省全部橡胶制品业销售收入中销往省外市场的比重最高，为 41.9%，比上年下降 2.2 个百分点；其次为省内市场，达 30.0%，比上年提高 2.4 个百分点。分行业看，再生橡胶制造业主要销往省外市场，比重高达 75.6%，比上年提高 21.8 个百分点；日用及医用橡胶制品制造业主要销往境外市场，比重达 64.6%，比上年下降 12.2 个百分点；橡胶靴鞋制造业主要在省内市场销售，达 50.5%，比上年提高 11.5 个百分点。2007-2010 年福建省规模以上橡胶制品业主要经济指标见下表。

据海关统计，2011 年一季度福建省出口新的充气橡胶轮胎（以下简称“轮胎”）913.5 万条，比上年增长 14.3%；价值 1.5 亿美元，增长 51.0%，出口平均价格为 16.1 美元/条，上涨 32.2%。特点如下：一是加工贸易出口占绝对比重。一季度，福建省以加工贸易方式出口轮胎 892.3 万条，增长 13.5%，占同期福建省轮胎出口总量的 97.7%。二是欧盟、美国和日本是主要出口市场。一季度，福建省对欧盟、美国和日本分别出口轮胎 338.3 万条、136.2 万条和 81.5 万条，分别增加 21.9%、29.1% 和 7.4%；这三个市场合计占同期福建省轮胎出口总量的 60.9%。三是外商投资企业是出口绝对主力。一季度，福建省外商投资企业出口轮胎 898.5 万条，增加 13.6%，占同期福建省轮胎出口总量的 98.4%。

2011 年一季度福建省轮胎出口量价齐升的原

因：一是全球汽车销售持续增长刺激轮胎需求旺盛。在2011年2月的全球汽车市场中，美国作为成熟市场的代表，汽车销量增长幅度高达27%，新兴市场的巴西和印度市场销量增幅超过20%，而俄罗斯市场更出现了增长80%的销售井喷。二是天然橡胶涨价带动轮胎出口价格上涨。在轮胎的成本构成中，橡胶约占一半左右。原材料价格的上涨迫使轮胎企业纷纷调高轮胎价格，轮胎国际市场价格不断上涨。三是轮胎出口逐渐摆脱"特保案"的影响。国内轮胎企业通过开发非涉案新产品、大力开拓中东、非洲和拉美等新兴市场以及跨国轮胎企业与境外分厂交换订单等应对措施，逐渐摆脱"特保案"阴影，促进了出口增长。

尽管目前福建省轮胎出口形势良好，但仍面临着四大问题：一是天然橡胶价格飞涨导致半数轮胎企业亏损。据中国橡胶工业学会统计，轮胎全行业亏损面已近50%。此外，国际原油价格和国内劳动力成本的上涨也使轮胎企业的经营困境"雪上加霜"。二是产能过剩制约企业转嫁成本的能力。世界主要轮胎企业的2010年度投资预算已超过80亿美元，其中，大约有30亿美元流入我国市场用于新建和扩建轮胎项目，国内轮胎行业已出现产能总体过剩和产品结构性过剩的风险。产能过剩直接导致行业竞争加剧。三是贸易壁垒层出不穷加大轮胎出口阻力。国外对轮胎在技术、质量、安全等方面的要求越来越严格，如：欧盟出台的轮胎安全法规和标签法两个法规，美国和日本也出台了类似法规，对轮胎的燃油效率、湿地抓着性能以及外部滚动噪声等方面做了具体规定并陆续实施。此外，2011年3月，欧盟对其市场上轮胎的多环芳烃含量的抽查结果显示，11%的抽样轮胎不符合欧盟环保法规REACH的要求，警惕此次多环芳烃危机进一步演变成另一个"轮胎特保案"。四是锦湖轮胎"质量门"引发的问题不容忽视。中央电视台"3•15"晚会曝光了锦湖轮胎使用返炼胶制造轮胎的"质量门"事件，不利于我国轮胎的出口。

有关部门建议：一是加强橡胶市场的价格监控力度，适时投放橡胶储备以平抑市场价格，降低轮胎企业生产成本；二是完善轮胎产业发展规划，防止国内轮胎产能过度扩张，加强产业指导，促进企业良性竞争；三是加强轮胎出口检测，督促企业强化质量责任意识，提高自检自控能力，符合进口国新法规的要求；四是加大对外经贸交涉力度，积极应对贸易壁垒，争取减少和妥善解决贸易摩擦。

从全国看，我国现有轮胎企业440多家，从业人数28万多人。2010年，在调整和振兴规划等一系列政策措施推动下，轮胎行业成功应对了"特保案"对我轮胎行业的冲击，实现了持续稳定发展。一是产品产量快速增长。全年生产橡胶轮胎外胎77634万条，比上年增长19.8%，继续保持快速增长态势。二是对外贸易逐步放大。轮胎进出口总额114.5亿美元，增长34.8%；其中，出口轮胎36967.7万条，增长22.3%，高于轮胎产量增速。三是投资保持快速增长。全年行业完成投资354.4亿元，增长29.5%，增速高于全社会国定资产投资增幅5.0个百分点左右。

2010年10月，工业和信息化部出台《轮胎产业政策》（以下简称"政策"），鼓励轮胎企业通过兼并重组实现产品升级，严格设定我国新建、改扩建轮胎项目的门槛，遏制轮胎产业产能过剩。《政策》提出了未来轮胎产业的发展方向，即：鼓励企业发展安全、节能、环保的高性能子午线轮胎，巨型工程子午线轮胎，宽断面、扁平化的乘用子午线轮胎以及无内胎载重子午线轮胎。《政策》明确提出，2015年乘用车胎子午化率达到100%，轻型载重车胎子午化率达85%，载重车胎子午化率达到90%。

（摘编：郑焰）

福建省规模以上橡胶制品业主要经济指标

（2007-2010 年）　　单位：亿元

指　标	2007	2008	2009	2010
企业数（个）	201	232	243	252
工业总产值	192.89	229.38	254.30	293.78
工业增加值	57.90	66.84	84.05	88.22
出口交货值	53.86	60.58	54.58	66.21
主营业务收入	199.74	234.45	255.36	298.75
资产总额	162.76	191.97	202.82	246.53
利润总额	15.04	13.67	33.22	29.44
利税总额	22.76	22.77	42.48	38.43
应交增值税	6.11	6.17	7.11	7.15
主营业务税金及附加	1.61	1.82	2.15	1.84

2-4-17　塑料制品业

福建省是塑料制品生产大省，品种涉及广泛，包括塑料包装材料、塑料管材、降解材料、树脂原料及其再生料等。2010 年，福建省规模以上塑料制品生产企业共有 1020 家，比上年增加 40 家；完成工业总产值 762.16 亿元，完成工业增加值 200.72 亿元，实现主营业务收入 743.08 亿元，出口交货值达 192.93 亿元，实现利润总额 45.82 亿元，完成利税 65.13 亿元。从销售区域看，2010 年福建省全部塑料制品业销售收入中销往省外市场的比重最高，为 34.5%，比上年提高 8.4 个百分点；境外市场和省内市场销售比重相当，分别为 32.9%和 32.6%。分行业看，塑料薄膜制造业和塑料零件制造业主要销往境外市场，销售比重均在 50%以上；塑料板、管、型材的制造业，塑料人造革、合成革制造业主要销往省外市场，销售比重均在 50%以上。2007-2010 年福建省规模以上塑料制品业主要经济指标见下表。

2010 年，福建省塑料制品出口 15.74 万吨，比上年增长 40.1%，增幅比上年提高 50.5 个百分点。但是 2010 年福建省塑料制品出口依然面临六方面压力：一是产品结构亟待调整。目前我国塑料制品生产依然存在工艺技术落后、产品结构尚不合理等情况，如：编织袋、贴墙纸等中低档塑料产品严重过剩，而鞋用人造革、香烟包装用 BOPP 薄膜以及部分工程塑料制品等高档产品仍需大量进口。二是原材料和劳动力价格剧增的成本压力。塑料最主要原料聚丙烯和低密度聚乙烯的进口价格均高于同期塑料制品出口价格的上涨幅度，2000 年至 2010

年我国劳动力成本以年均 9.8%的速度增长。三是国际竞争压力加大。主要是新兴国家更低廉的价格和发达国家高新技术产品两面夹击。四是国际贸易技术壁垒压力增大。主要是发达国家纷纷出台与塑料有关的安全法律、法规及标准等。五是节能减排压力，2010 年下半年以来，部分塑料企业已被各地列入限电行列，处于停产或半停产状态。六是人民币升值压力。据中国塑料工业协会预测，人民币每升值 1%，塑料行业出口就会损失 12 亿元左右，利润降低近 3 亿元。

2011 年，福建省塑料及其制品标准化技术委员会作为福建省该专业领域的首个标准化组织机构在福建省产品质量检验研究院正式成立。

从区域看，根据福建省战略布局，福州塑胶产业集群将力争建成全国最大的塑料包装材料、塑胶管材生产基地及塑料鞋出口基地。2010 年，福州市塑胶产业总产值约 350 亿元，规模以上的塑料企业 200 多家，主要涉及的产业有塑料管材、包装材料、汽车塑料、电子电气材料等领域。

“十二五”期间，福建省塑料制品业预计将以 20%的年均增长率发展，达到规模以上工业产值 2000 亿、塑料制品产量 400 万吨的目标，力争建成全国最大的塑料包装材料、塑胶管材生产基地及塑料鞋出口基地。

从全国看，2010 年，我国塑料制品行业规模以上企业有 2 万多个，完成工业总产值 14242.51 亿元，比上年增长 31.1%。进出口总额为 614 亿美元，增长 36.9%。进入 2011 年，塑料制品行业的经济运行预计仍然延续上年末的走势，保持较高增长。

我国塑料制品业生产分布具有明显的地域性，主要生产地区集中在我国东南沿海。2010 年塑料制品产量地区分布如下：广东省塑料制品产量达 13318.8 吨，比上年增长 17.2%，仍居全国首位；浙江省为 9155.7 吨，增长 16.1%，居第二位；山东省为 5071.1 吨，增长 21.6%，居第三位；江苏省为 4395.0 吨，增长 13.2%，居第四位；辽宁为 3184.2 吨，增长 19.6%，居第五位；河南省为 3146.8 吨，增长 22.8%，居第六位。排在前六位的省市地区塑料制品产量合计为 38271.7 吨，占塑料制品总产量的 66.5%。其他如：四川、河北、上海、安徽、福建塑料制品产量介于 1500-2200 吨之间。

近几年来随着东部劳动力和用电、用工成本上升、土地资源逐步紧张，一些塑料制品加工企业逐步向中西部等经济欠发达地区转移，通过市场需求配置机制逐步实现产业结构调整。中西部塑料制品产量增速逐年大幅提升，显示了中西部塑料制品产业高速增长的态势。东部经济发达地区因配套工业强劲发展而逐步走向成熟，其塑料加工业从规模、经济技术水平乃至产品质量、应用领域均有很大提升。

“十一五”期间，东、中、西部塑料制品产量年均增幅呈梯级上升态势。东部塑料制品产量占全国比重呈下降态势，中部维持较低增长，而西部则增速较快。但是塑料加工行业绝大多数大中型企业仍集中在东部沿海，科技含量高的产品生产企业具有先进制造能力，主要分布在广东、浙江、山东、江苏、上海、辽宁等省市。

2010 年，我国出口塑料制品 742.67 万吨，价值 186.58 亿美元，分别比上年增长 13.2%和 25.9%；出口平均价格为每吨 2512.29 美元，上涨 14.4%。

2010 年我国塑料制品出口增长的主要原因：随着世界经济形势逐渐好转，各国的消费逐渐复苏，加之年底圣诞、新年等节日的临近，拉动我国塑料制品对欧美等市场出口有所恢复。与此同时，为缓解金融危机的影响，国家支持塑料制品行业健康发展，推出了一系列的扶持政策。如：多次提高出口退税率，将部分塑料制品的出口退税率由 5%提高到目前的 13%；同时，自 2009 年 2 月 1 日起，商务部和海关总署对加工贸易限制类目录进行调整，部分塑料原料、塑料制品的出口不再受限；此外，轻工业调整振兴规划也给塑料制品行业创造了良好的发展环境。

（摘编：郑焰）

福建省规模以上塑料制品业主要经济指标

（2007-2010 年）　　单位：亿元

指　标	2007	2008	2009	2010
企业数（个）	837	931	980	1020
工业总产值	432.66	541.52	610.14	762.16
工业增加值	119.89	166.96	172.06	200.72
出口交货值	177.41	189.03	171.27	192.93
主营业务收入	421.72	522.41	586.51	743.08
资产总额	270.91	325.62	359.67	449.36
利润总额	25.91	23.47	31.54	45.82
利税总额	36.87	38.93	46.01	65.13
应交增值税	8.85	10.23	12.07	15.91
主营业务税金及附加	2.12	1.97	2.40	3.40

2-4-18　水泥制造业

2010 年，福建省规模以上水泥、石灰和石膏的制造业拥有工业企业 184 家，完成工业总产值 214.97 亿元，实现主营业务收入 212.60 亿元。福建省规模以上水泥及石膏制品制造业拥有工业企业 172 家，完成工业总产值 125.99 亿元，主营业务收入达到 121.37 亿元。从销售区域看，福建省水泥、石灰和石膏的制造业与水泥及石膏制品制造业销售以省内市场为主，2010 年，福建省全部水泥、石灰和石膏的制造业主要销往省内市场，比重高达 93.3%，没有销往境外市场；水泥及石膏制品制造业销往省内市场的比重为 82.0%，销往省外市场的比重为 12.8%，销往境外市场的比重仅为 5.2%。2007-2010 年福建省规模以上水泥、石灰和石膏的制造业与水泥及石膏制品制造业主要经济指标见下表。

从重点企业看，拥有 50 年悠久历史的福建水泥股份有限公司近五年水泥业务没有大发展，“十一五”期间销量仅由 2006 年 354.18 万吨提升至 2010 年 437.35 万吨，复合增长率 4.3%。随着大股东福建能源集团入主福建水泥，公司生产线扩张规划也在逐步展开，2011 年一季度福建水泥股份有限公司建福厂安砂项目正式投产，是第一条规模 4500t/d 的生产线，随后又建了另一条 4500t/d 生产线技改项目，预计将在 2012 年投产，至 2012 年底公司水泥总产能达到 878.5 万吨。

2011 年 1 月，福建省建材工业协会公布 2010 年福建省新型干法企业水泥和熟料产量排名，红狮控股集团有限公司在福建的水泥产量达 465.9 万吨、熟料产量 361.4 万吨，均居福建省水泥企业第一位。“红狮”牌水泥被福建省人民政府评为“福建名牌产品”。自2005年正式落户福建以来，红狮实现了快速发展。其中，漳平红狮2条日产5000吨生产线分别于2007年5月、2009年5月建成投产，产能达400万吨，成为福建省单个规模最大的水泥企业。同时，随着大田红狮、龙海红狮水泥项目的实施及收购漳州紫金，目前在福建的水泥产能达950万吨，已初步形成了规模优势。

从全国看，2010年，我国出口水泥及水泥熟料（以下简称“水泥”）1616万吨，比上年增长3.5%；出口额7.2亿美元，增长5.2%；出口平均价格为每吨44.7美元，增长1.6%。主要特点如下：一是是近九成为一般贸易出口。2010年，我国以一般贸易方式出口水泥1445万吨，增长1.5%，占同期我国水泥出口总量的89.4%。二是主要出口非洲、台湾省和孟加拉，对欧盟和美国出口大幅下降。三是国有企业为出口主力，外商投资企业出口大幅下降。四是硅酸盐水泥出口大幅增长。硅酸盐水泥出口额973.1万吨，增长16.3%，占同期我国水泥出口总量的60.2%。五是上海和浙江出口合计占六成以上。2010年，上海、浙江分别出口水泥789.6万吨、230.3万吨，共占我国水泥出口总量的63.1%。

2010年影响我国水泥出口的主要原因：一是欧美需求疲软，水泥出口空间受限。二是国内价格攀升，企业更关注国内市场。截止2010年12月末，全国水泥平均价格为每吨413.7元，比10月末上涨15.7%，比上年上涨19.1%。受此影响，出口企业转而关注国内市场。

当前我国水泥行业值得关注的问题：一是国内水泥行业产能过剩压力依然较大。二是水泥行业节能减排工作依然任重道远。2010年年末工业和信息化部印发的《关于水泥工业节能减排的指导意见》，明确提出到“十二五”末，全国水泥生产综合能耗小于93千克标准煤/吨，水泥颗粒物排放在2009年基础上降低50%，氮氧化物排放在2009年基础上降低25%。

（摘编：郑焰）

福建省规模以上水泥、石灰和石膏的制造业主要经济指标

（2007-2010年）

单位：亿元

指　标	2007	2008	2009	2010
企业数（个）	248	247	218	184
工业总产值	122.54	154.39	179.42	214.97
工业增加值	39.03	50.34	34.64	66.15
出口交货值		0.12	0.14	
主营业务收入	118.81	151.6	175.19	212.60
资产总额	121.77	153.52	181.39	189.67
利润总额	9.83	4.59	2.41	11.70
利税总额	17.35	13.08	10.11	20.81
应交增值税	6.49	6.86	6.34	7.29
主营业务税金及附加	1.03	1.03	1.36	1.82

福建省规模以上水泥及石膏制品制造业主要经济指标

（2007-2010 年）　　单位：亿元

指　标	2007	2008	2009	2010
企业数（个）	98	124	142	172
工业总产值	92.71	87.97	90.42	125.99
工业增加值	26.76	28.29	21.37	34.42
出口交货值		0.20	0.36	0.34
主营业务收入	91.27	81.34	89.36	121.37
资产总额	87.91	64.57	71.10	104.12
利润总额	6.47	4.91	4.30	6.53
利税总额	11.80	9.77	8.40	13.72
应交增值税	4.80	3.83	3.20	4.39
主营业务税金及附加	0.52	0.54	0.91	2.80

2-4-19　砖瓦、石材及其他建筑材料制造业

2010 年，福建省规模以上砖瓦、石材及其他建筑材料制造业拥有企业 1313 家，比上年增加 69 家；完成工业总产值 726.16 亿元，实现出口交货值 119.56 亿元，主营业务收入达到 711.92 亿元。规模以上砖瓦、石材及其他建筑材料制造业产品销售率为 97.9%，略高于福建省规模以上工业平均水平（97.8%）。从销售区域看，福建省砖瓦、石材及其他建筑材料制造业销售以省外市场为主，但省内销售比重大幅提高。2010 年，福建省全部砖瓦、石材及其他建筑材料制造业销往省内市场的收入占该行业全部销售收入的 39.3%，比上年提高 15.3 个百分点；销往省外市场的比重为 47.0%，下降 3.1 个百分点；销往境外市场的比重为 13.7%，下降 12.2 个百分点。2007-2010 年福建省规模以上砖瓦、石材及其他建筑材料制造业主要经济指标见下表。

2010 年，经厦门检验检疫局检验的进口石材 612.95 万吨、货值 10.39 亿美元，分别占全国进口石材的 49.8%和 46.0%，比上年分别增长 54.7%和 47.6%。其中，大理石 365.26 万吨，占全国大理石同期进口总量的 43.5%；花岗岩 202.56 万吨，占比 59.0%，二者总量占厦门石材进口总量的 92.6%，其余为石灰石、板岩、砂岩等。从全国看，2010 年我国进口石材 1231 万吨、货值 22.6 亿美元，分别增长 51.8%和 55.5%，其中，主要进口品种大理石 840 万吨、花岗岩 344 万吨。

（摘编：张琛）

福建省规模以上砖瓦、石材及其他建筑材料制造业主要经济指标

（2007-2010 年）　　单位：亿元

指　标	2007	2008	2009	2010
企业数（个）	1115	1193	1244	1313
工业总产值	460.35	554.21	620.30	726.16
工业增加值	141.93	188.65	193.16	232.22
出口交货值	145.17	135.80	126.14	119.56
主营业务收入	457.04	541.47	610.04	711.92
资产总额	263.20	315.79	352.83	401.77
利润总额	38.58	51.12	58.92	73.09
利税总额	57.76	80.60	87.04	102.14
应交增值税	12.03	15.96	17.57	19.70
主营业务税金及附加	7.15	8.43	10.56	9.34

2-4-20　陶瓷制品业

2010 年，福建省拥有规模以上陶瓷制品业企业 255 家，完成工业总产值 117.27 亿元，实现出口交货值 74.18 亿元，主营业务收入达到 114.66 亿元，完成利润总额 7.19 亿元。从销售区域看，2010 年，福建省陶瓷制品业销售以境外市场为主，全部陶瓷制品业销往境外市场的比重为 58.1%，与上年基本持平。2007-2010 年福建省规模以上陶瓷制品业主要经济指标见下表。

自 2010 年 6 月 1 日起，部分陶瓷产品的出口退税率由原先的 9%提高至 13%，这在一定程度上提升了陶瓷产品出口利润。据统计，2010 年福建省陶瓷出口 9 亿美元，比上年增长 50.6%。从贸易方式看，一般贸易出口占据绝对地位。2010 年，福建省以一般贸易方式出口陶瓷 8.5 亿美元，增长 50.0%，占同期福建省陶瓷出口总值的 95.0%。从企业注册类型看，福建省私营企业出口陶瓷 6.5 亿美元，增长 68.2%，占同期福建省陶瓷出口总值的 72.4%。此外，外商投资企业出口 1.5 亿美元，增长 20.6%；国有企业出口 0.6 亿美元，增长 11.2%。从主要出口市场看，2010 年福建省陶瓷主要出口欧盟和美国。福建省对欧盟出口陶瓷 2.3 亿美元，增长 45.7%；对美国出口 2.1 亿美元，增长 52.4%。对上述 2 地出口值合计占同期福建省陶瓷出口总值的 49.7%。此外，对非洲出口 0.8 亿美元，增长 69.2%；对东盟出口 0.7 亿美元，增长 64.6%；对拉丁美洲出口 0.4 亿美元，增长 64.9%。

（摘编：张琛）

福建省规模以上陶瓷制品业主要经济指标

（2007-2010 年）　　单位：亿元

指　标	2007	2008	2009	2010
企业数（个）	218	222	239	255
工业总产值	74.82	85.65	94.60	117.27
工业增加值	28.62	34.15	31.37	47.43
出口交货值	53.24	55.87	62.38	74.18
主营业务收入	71.87	82.02	92.38	114.66
资产总额	35.22	39.95	40.96	58.46
利润总额	3.86	4.30	4.45	7.19
利税总额	7.06	8.11	7.94	11.09
应交增值税	2.43	2.29	2.49	2.95
主营业务税金及附加	0.77	0.80	1.00	0.95

2-4-21　黑色金属冶炼及压延加工业

2010 年，福建省拥有规模以上黑色金属冶炼及压延加工业企业 186 家，比上年增加 8 家；完成工业总产值 947.93 亿元，实现出口交货值 20.60 亿元，实现主营业务收入 954.55 亿元。从销售区域看，2010 年，福建省黑色金属冶炼及压延加工业销售以省内市场为主，全部黑色金属冶炼及压延加工业销往省内市场的收入占该行业全部销售收入的 73.4%，比上年提高 1.7 个百分点；销往省外市场的比重为 24.1%，下降 1.5 个百分点；销往境外市场的比重为 2.5%。2007-2010 年福建省规模以上黑色金属冶炼及压延加工业主要经济指标见下表。

从全国看，我国钢铁工业全年运行呈前高后低态势。2010 年全国生产粗钢 62665 万吨，比上年增加 5300 万吨，增长 9.3%，产能利用率 82%。从全年钢铁运行走势看，前 5 个月粗钢月度增幅均在两位数以上，6 月后增速明显放缓，产量连续 4 个月环比下降，8、9、10 三个月产量同比出现负增长。2010 年粗钢表观消费 59935 万吨，比上年增长 6.1%。分企业看，重点大中型钢铁企业占全国粗钢产量比重 86.2%，比上年提高 4.2 个百分点。年产钢 1000 万吨的企业集团达到 13 家。从钢材品种看，主要用于制造业的板带材产量增长 18.9%，高出以建筑用途为主的长材增幅 8.0 个百分点。

从企业盈利情况看，由于近几年大宗原料价格大幅度上涨，而钢材价格的上涨要低于原料价格的上涨，导致钢铁行业盈利水平不断下降。从重点大中型企业利润情况看，2007 年以来销售收入利润率逐年下降，2007 至 2009 年分别为 7.3%、3.2%、2.5%。2010 年小幅回升至 2.9%，仍远低于全国工业企业 6.2%的平均水平。

（摘编：张琛）

福建省规模以上黑色金属冶炼及压延加工业主要经济指标

（2007-2010 年）　　单位：亿元

指　标	2007	2008	2009	2010
企业数（个）	193	187	178	186
工业总产值	562.73	757.26	734.77	947.93
工业增加值	131.97	165.31	125.09	182.62
出口交货值	23.04	19.79	11.56	20.60
主营业务收入	556.68	734.17	731.09	954.55
资产总额	425.25	498.82	531.54	708.31
利润总额	34.24	23.70	27.95	39.34
利税总额	54.35	52.87	46.14	60.24
应交增值税	18.46	23.96	16.09	15.87
主营业务税金及附加	1.65	1.89	2.10	5.04

2-4-22　有色金属冶炼及压延加工业

2010 年，福建省拥有规模以上有色金属工业企业 144 家，完成工业总产值 482.56 亿元，实现出口交货值 65.86 亿元，主营业务收入达 468.14 亿元。从销售区域看，2010 年，福建省全部有色金属行业销往省内市场的收入占该行业全部销售收入的 26.5%，比上年提高 5.5 个百分点；销往省外市场的比重为 48.5%，下降 5.0 个百分点；销往境外市场的比重为 25.0%，下降 0.5 个百分点。2007-2010 年福建省规模以上有色金属冶炼及压延加工业主要经济指标见下表。

从全国看，2010 年，我国有色金属工业生产稳定增长，全年完成增加值按可比价格计算比上年增长 12.7%。“十一五”期间年均增长 16.2%，占 GDP 比重由 1.2%增加到 2.0%。2010 年我国铜、铝、铅、锌、镍、锡、锑、汞、镁、海绵钛十种有色金属产量为 3135 万吨，比上年增长 20.4%。“十一五”期间，我国十种有色金属产量年均增长 13.8%，其中，精炼铜、原铝、铅、锌分别增长 12.0%、15.7%、11.9%和 13.2%。2010 年我国铜材产量为 1009.3 万吨，增长 13.6%；铝材产量为 2026.0 万吨，增长 23.8%。“十一五”期间，我国铜材产量年均增长 15.0%，铝材产量年均增长 24.6%。

2010 年，我国有色金属工业完成固定资产投资 3627.9 亿元，比上年增长 33.5%，增幅回升 17.0 个百分点。其中，有色金属矿采选业完成固定资产投资 760.5 亿元，增长 34.2%；有色金属冶炼业完成固定资产投资1560.6亿元，增长24.0%；有色金属压延加工业完成固定资产投资1306.9亿元，增长46.6%。“十一五”期间，我国有色金属工业完成固定资产投资年均增长32.7%。河南、江西、内蒙古、湖南、广西等省区依然居我国有色金属工业完成固定资产投资前列。

2010年，我国有色金属工业经济效益显著改善，全年规模以上有色金属工业企业实现利润1145.5亿元，比上年增长89.2%；实现销售收入利润率为4.4%，增长了1.0个百分点。从注册类型看，国有控股企业实现利润288.40亿元，增长2.7倍；集体控股企业实现利润97.10亿元，增长50.3%；私人控股企业实现利润602.70亿元，增长68.1%。分具体行业看，有色金属独立矿山企业实现利润255.30亿元，增长94.9%；有色金属冶炼企业实现利润416.10亿元，增长1.5倍；有色金属加工企业实现利润474.00亿元，增长54.3%。

从进出口情况看，2010年，我国有色金属产品进出口贸易总额创出历史新高，达到1203.40亿美元，比上年增长43.7%。其中，进口额为920.80亿美元，增长38.5%；出口额282.60亿美元，增长63.7%。“十一五”期间，我国有色金属产品进出口贸易额年均增长20.8%。其中，进口额年均增长24.9%；出口额年均增长11.4%。2010年我国主要的有色金属出口产品依然是铜、铝加工产品。其中，铜材出口额38.70亿美元，增长42.4%，占当年我国有色金属产品出口额的13.7%；出口量为50.90万吨，增长11.8%。铝材出口额75.40亿美元，增长64.1%，占当年我国有色金属产品出口额的26.7%；出口量为217.70万吨，增长56.2%；净出口铝材158.60万吨，增长95.3%。

（摘编：张琛）

福建省规模以上有色金属冶炼及压延加工业主要经济指标

（2007-2010年）

单位：亿元

指　标	2007	2008	2009	2010
企业数（个）	128	139	137	144
工业总产值	275.16	333.45	327.16	482.56
工业增加值	79.85	96.89	93.85	120.24
出口交货值	59.85	59.06	35.98	65.86
主营业务收入	274.74	329.32	318.78	468.14
资产总额	257.07	357.78	452.56	559.59
利润总额	44.90	41.79	50.31	66.39
利税总额	50.94	56.57	57.54	74.48
应交增值税	4.37	5.69	4.15	5.76
主营业务税金及附加	1.67	2.23	3.08	2.32

2-4-23 通用设备制造业

2010年，福建省共有规模以上通用设备制造业企业数824个，较上年增加67个。其中，亏损企业数62户，亏损面为7.5%，略低于全省规模以上工业企业亏损面8.4%的平均水平。完成工业总产值621.94亿元，出口交货值达78.71亿元，实现主营业务收入609.70亿元，实现利税总额65.52亿元，利润总额达46.97亿元，全部从业人员年平均人数达11.02万人。2010年，福建省规模以上通用设备制造业企业经济效益综合指数为231.1，比全省平均水平高2.9个点。其中，规模以上通用设备制造业产品销售率为96.9%，比福建省规模以上工业平均水平（97.8%）低0.9个百分点。

从销售区域看，2010年，福建省全部通用设备制造业销售收入中销往省外市场的比重最高，为41.5%；其次是省内市场，为36.7%；境外市场所占比重最小，仅占21.8%。分行业看，通用零部件制造及机械修理和金属铸、锻加工业主要销往省内市场，比重分别达63.3%和55.1%；泵、阀门、压缩机及类似机械的制造业，金属加工机械制造业，风机、衡器、包装设备等通用设备，锅炉及原动机制造业主要销往省外市场，比重分别达52.3%、48.3%、45.0%、64.4%；轴承、齿轮、传动和驱动部件的制造业主要销往境外市场，比重达46.5%。2007-2010年福建省规模以上通用设备制造业主要经济指标见下表。

从地区看，全省通用设备制造业主要集中在泉州、福州、三明，其规模以上企业数占全省企业数的50.6%。

从主要生产企业看，龙溪轴承有限公司主营关节轴承等特种轴承、汽车配件等，拥有浪升牌关节轴承等知名品牌产品，企业已发展成国内关节轴承的最大供应商和最大出口商，在我国关节轴承领域处于主导地位，同时产品大量出口欧、美、亚等30多个工业发达国家和地区。公司研发能力强大，创立了全国唯一的关节轴承研究所和关节轴承检测实验中心，并成立了博士后科研工作站。截止2010年底，公司已研制开发2600多种关节轴承，其中多种产品被确认为国家级重点新产品或列入国家级火炬计划。从企业生产的关节轴承产品国内市场占有率看，其产品国内市场占有率稳定在65%-70%；产品出口占国内同类出口产品的70%-85%，国际市场占有率为13%左右；稳定的顾客群达到500多户。林德（中国）叉车有限公司（以下简称“林德叉车”）获得“2010年度十佳工业企业”誉称号。其生产的336系列全交流电动平衡重式叉车凭借领先的技术创新荣获“厦门市优秀新产品”以及“厦门市科技进步奖”荣誉称号。同时，林德叉车也获得“福建名牌产品”和“厦门优质品牌”荣誉称号。福建力佳股份有限公司在“十一五”期间销售值增长60%；柴油机总销量增长46%；二、三缸机在行业的市场占有率、覆盖率、保有量一直处于领先地位；全员劳动生产率增长156%；日单班产量达到470台。2010年，生产多缸柴油机75036台（折算总缸数为174451缸）；销售多缸柴油机75090台（折算总缸数为173094缸）。企业也从只生产单缸机为主，成功转型为年产多缸小柴油机。生产的二、三缸机已成为行业的领先产品，四缸机也有大的增长。

从全国看，2010年全国规模以上通用设备制造业工业增加值较上年增长21.7%（快报数），高于全国规模以上工业6.0个百分点。从主要产品产量看，发动机产量为131433.20万千瓦，较上年增长34.5%；金属切削机床产量为75.50万台，增长32.7%。

（摘编：魏滨）

福建省规模以上通用设备制造业主要经济指标

（2007-2010年）　　单位：亿元

指　标	2007	2008	2009	2010
企业数（个）	548	701	757	824
工业总产值	304.85	429.89	480.56	621.94
工业增加值	87.97	122.98	141.91	177.33
出口交货值	60.82	72.40	65.57	78.71
主营业务收入	301.34	423.12	471.58	609.70
资产总额	64.23	285.62	342.31	423.64
利润总额	23.37	25.57	31.40	46.97
利税总额	32.65	39.72	44.22	65.52
应交增值税	6.79	9.45	10.54	15.14
主营业务税金及附加	2.49	2.07	2.28	3.41

2-4-24　专用设备制造业

2010年，福建省拥有规模以上专用设备制造业企业501家，比上年增加28家；完成工业总产值480.46亿元，实现出口交货值42.94亿元，利税总额达59.93亿元。

从主要经济效益指标看，2010年，福建规模以上专用设备制造业企业经济效益综合指数为229.2，比上年提高30.8个点，略高于全省平均水平。从具体指标看，规模以上专用设备制造业产品销售率为97.6%，低于福建规模以上工业平均水平（97.8%）。

从销售区域看，2010年，福建全部专用设备制造业销售收入中销往省外市场的比重最高，为51.8%，比上年下降5.7个百分点；其次是省内市场，为31.5%。分行业看，农、林、牧、渔专用机械制造业，环保、社会公共安全及其他专用设备制造业主要销往省内市场和省外市场，省内市场、省外市场销售比重均在40%以上；矿山、冶金、建筑专用设备制造业，食品、饮料、烟草及饲料生产专用设备业，纺织、服装和皮革工业专用设备制造业主要销往省外市场，省外市场销售比重均在60%以上；印刷、制药、日化生产专用设备制造业，电子和电工机械专用设备制造业，医疗仪器设备及器械制造主要销往境外市场，境外市场销售比重在50%以上。

从地区看，全省专用设备制造业主要集中在福州、厦门、泉州，其规模以上企业数占全省总数的64.7%。2007-2010年福建省规模以上专用设备制造业主要经济指标见下表。

从主要企业看，中国龙工控股有限公司是国内三大轮式装载机制造商之一，2010年轮式装载机、挖掘机、叉车及路面机械的销量分别为4.01万台、4169台、1.05万台及1931台，较上年分别增长59%、106%、90%及43%。2010年厦门厦工机械股份有限公司加大技术创新和战略产品研发力度，通过产学研和技术合作，开发出了旋挖钻XGR220、混凝土泵车XG5390THB48、拖泵等新产品；挖掘机产品进入30吨机系列，开发了XG836MH抓钢机和XG836LC挖掘机，加快了装载机的技术改进和更新换代，实现装载机III型全品系切换，自主开发的天然气能源装载机在2010年3月的“中国工程机械年度产品TOP50”颁奖大会上，荣获“技术创新”金奖；2010年6月由世界品牌实验室发布的2010年《中国500最具价值品牌排行榜》上，厦工以110.83亿元品牌价值综合排名位列中国工程机械行业第一位。福建海源自动化机械设备公司的HF系列墙体材料全自动液压压砖机、HP系列陶瓷砖全自动液压压砖机、HC系列耐火材料全自动液压压砖机三大系列压机产品，国内行业排名分别为第一位、第三位和第一位。福建华橡自控技术有限公司是全国最大的轮胎硫化机生产企业，中国名牌产品“双轮牌”轮胎定型硫化机国内市场占有率40%。

2010年，全国规模以上专用设备制造业工业增加值较上年增长20.6%（快报数），高于全国规模以上工业4.9个百分点。从主要产品产量看，2010年，全国专用设备制造业产量增长较快的产品有包装专用设备、大气污染防治设备、水泥专用设备，增速分别为17.9%、28.1%、40.7%、产量分别达到90564台、80712台、1160814吨；而饲料生产专用设备、大气污染防治设备产量分别为221545、82087台，分别比上年下降4.3%、14.8%。

（摘编：郑芳）

福建省规模以上专用设备制造业主要经济指标

（2007-2010年）

单位：亿元

指标	2007	2008	2009	2010
企业数（个）	333	395	473	501
工业总产值	253.94	318.47	371.89	480.46
工业增加值	68.32	79.32	91.24	122.27
出口交货值	21.23	28.90	27.20	42.94
主营业务收入	245.47	314.90	362.30	492.30
资产总额	268.62	295.89	345.58	455.80
利润总额	20.52	23.07	28.17	45.38
利税总额	28.33	33.45	41.27	59.93
应交增值税	6.56	6.66	11.44	12.21
主营业务税金及附加	1.25	1.24	1.66	2.33

2-4-25 汽车制造业

2010年，福建省实现汽车生产19.50万辆，比上年增长44.3%；完成工业总产值764.89亿元；实现主营业务收入742.94亿元；上缴税金35.58亿元。

从销售区域看，福建省汽车制造业以省内市场和省外市场为主，2010年，福建省全部汽车制造业销往省内市场的销售收入占该行业全部销售收入的42.5%，销往省外市场的比重为44.9%，比上年下降6.4个百分点，销往境外市场的比重为12.6%，下降1.6个百分点。2007-2010年福建省规模以上汽车制造业主要经济指标见下表。

从主要生产企业看，2010年，厦门联合汽车工业有限公司轻客全年销量达9441辆，比上年增长超过130%。经过短短3年的发展，轻客产销量已经跻身国内前六，成为主流制造商之一。2010年，实现轻客外销5123辆，占中国轻客出口总量的20%，排名位居行业第二。其中，XMQ6800、XMQ6120C、XMQ6130Y、XMQ6900J和XMQ6127J等5款新车相继通过欧盟WVTA整车型式认证，并成功出口至英国、法国、德国、意大利等12个欧盟国家，全年向欧盟地区出口客车超过200辆。其中，出口意大利110辆客车，市场占有率已上升到第二位。

2010年，东南（福建）汽车工业有限公司共生产汽车12.07万辆，销售12.04万辆，分别比上年增长36.2%、41.0%；实现销售收入84.56亿元，增长45.0%。2010年，福建戴姆勒汽车公司生产汽车1.14万辆，销售1.07万辆，销售收入达34.11亿元。

从全国看，2010年，在国家扩内需、保增长、调结构等一系列政策措施的积极作用下，我国汽车工业延续上年发展态势，保持平稳较快发展。汽车产销快速增长，据中国汽车工业协会统计，我国全年生产汽车1826.47万辆，比上年增长32.4%；销售汽车1806.19万辆，增长32.4%。其中，乘用车产销1389.70万辆和1375.78万辆，分别增长33.8%和33.2%；商用车产销436.76万辆和430.41万辆，分别增长28.2%和29.9%。自主品牌市场份额提升，2010年，自主品牌乘用车销售627.30万辆，占乘用车销售市场的45.6%，市场份额比上年提高1.5个百分点；自主品牌轿车销售293.3万辆，占轿车市场的30.9%，市场份额提高1.0个百分点。汽车出口逐步恢复，2010年，我国汽车整车出口54.49万辆，增长63.9%，其中，乘用车出口28.29万辆，增长89.2%；商用车出口26.19万辆，增长43.3%。大企业集团产销规模整体提升，产业集中度进一步提高。2010年，4家汽车生产企业（集团）产销规模超过200万辆，其中，上汽集团汽车销量突破300万辆，达355.84万辆，东风汽车股份有限公司、中国第一汽集团公司和中国长安汽车集团分别达到272.48万辆、255.82万辆、237.88万辆。2010年上述4家企业（集团）共销售汽车1122.02万辆，占汽车销售总量的62.1%。汽车工业产业结构调整加快。截至2010年年底，国家发改委、工信部、财政部发布四批节能汽车推广目录，共37家企业272个车型纳入节能汽车推广目录。2010年下半年，纳入节能汽车推广目录车型共生产168.07万辆，占同期乘用车整体产量的24%，占有率较上年提高17.0个百分点。

“十二五”期间，福建省将以汽车、船舶、海洋工程装备、工程机械、电工电器和环保设备为重点，加快推进先进装备工业发展，力争“十二五”末产值达9000亿元。其中，到2015年全省汽车年生产能力达100万辆，实现销售收入超千亿元，自主品牌新能源客车销售占总销售量5%以上。

（摘编：郑芳）

福建省规模以上汽车制造业主要经济指标

（2007-2010 年）　　单位：亿元

指标	2007	2008	2009	2010
企业数（个）	314	382	381	420
工业总产值	372.27	406.78	489.75	764.89
工业增加值	90.38	109.10	128.46	192.16
出口交货值	61.67	60.39	49.88	74.17
主营业务收入	366.96	390.49	474.56	742.94
资产总额	280.53	309.78	385.79	517.18
利润总额	25.68	22.30	36.89	60.20
利税总额	40.86	41.37	58.40	95.78
应交增值税	9.56	13.23	15.13	21.68
主营业务税金及附加	5.62	3.76	6.38	13.91

2-4-26 船舶及浮动装置制造业

2010 年是我国实施“十一五”发展规划的收官之年，福建省造船业取得了令人不俗的佳绩，2010 年，全省规模以上船舶及浮动装置制造业完成工业总产值 177.18 亿元，实现增加值 55.85 亿元，完成出口交货值 65.90 亿元，实现主营业务收入 161.22 亿元；全省造船完工 342 艘/133.6 万载重吨，首次突破百万吨大关，分别增长6.0%和44.0%；实现利润总额 10.77 亿元，增长 54.1%。2007-2010 年福建省规模以上船舶及浮动装置制造业主要经济指标见下表。

2010 年福建省船舶工业经济运行中的主要特点：

一是工业产值结构发生变化。“十一五”初期福建省船舶工业集团公司权属企业工业总产值占全省的 44%，末期降为 36%，降幅达 8 个百分点；民营企业得到发展壮大，占全省船舶工业的半壁江山，目前发展势头迅猛。如：福建冠海造船股份有限公司和福州利亚船舶工程有限公司为代表的民营企业磨砺内功、蓄势而发取得了令人瞩目的成绩。2010 年，福建某造船公司工业总产值突破 15 亿元；福州某船舶工程公司与某造船公司开展全方位合作，带来了巨大变化，2010 年完成工业总产值 15.30 亿元，交船出厂 4 艘海工船、散货船；福安市某船舶修造公司为全球 50 强 AVIN internaionals. A 建造 3500T 化学品船；福安某造船公司建造多用途船；福安市某舶船公司建造 3600 立方液化气船。

二是修船、非标产值所占总产值的比例大幅上升。2010 年，全省修船 1715 艘、产值达 18.01 亿元，修船产值比上年增长20%，创“十一五”期间最高增幅。非标完成工业产值6.83亿元，增长65%。钢结构加工继续保持良好的发展势头，2010年厦门闽船钢结构公司承接香港港圳地铁的钢构工程，钢材用料达8000吨。

三是船舶配套业、游艇业同步发展。至2010年末，福建省游艇制造业和相关联企业已发展到30余家，年游艇出口额超过5000万美元。年创游艇产值15亿元。游艇业主要以厦漳为主体，泉州、福州、宁德同步发展。2010年，厦门五缘湾国际游艇展成交84艘帆艇，成交额达4.75亿元。目前福建省游艇业已步入国内先进行列，其出口额位居首位。船舶配套业也有长足进步，2010年末，福建省共有船舶配套企业和专业化协作厂25家，年工业总产值30亿元。泉州百源船舶重工机械有限公司已形成年生产100余台套甲板机械生产规模，填补了福建省乃至东南沿海甲板机械生产的空白。漳州一帆船舶重工有限公司、福建新胜海船业有限公司等一批专业分段协作厂初具规模，2010年加工船舶分段近10万吨。

四是投资收效为历年之最。2010年，全省船舶工业企业新建和改扩建共投入资金31.10亿元、比上年增长83%。如：龙海市投入9000万元，把8座老旧小吨位船坞改造为万吨级船坞；闽东中银船舶工程有限公司投入8000万元，把万吨船坞改建为3万吨船坞；福安市马头船业有限责任公司投入2000万元，把3万吨船坞改造为5万吨船坞。2010年共有12座船坞完成改扩建并投入使用，提高了福建省的修造船生产能力。

目前，造船成本上升的压力越来越大。2010年船市虽然回暖，但船价不见回升，造船业中劳动力成本支出、汇率、利率变化和原材料价格上涨，导致造船成本上升，已经成为造船业的一个普遍难题，尤其是汇率的变化，造成造船利润的空间越来越小。

（摘编：郑芳）

福建省规模以上船舶及浮动装置制造业主要经济指标

（2007-2010年）

单位：亿元

指标	2007	2008	2009	2010
企业数（个）	57	71	77	84
工业总产值	80.95	126.80	153.76	177.18
工业增加值	22.33	36.39	44.07	55.85
出口交货值	40.72	73.80	75.22	65.90
主营业务收入	67.57	112.52	127.56	161.22
资产总额	115.96	157.03	157.98	154.26
利润总额	2.40	5.83	6.99	10.77
利税总额	3.59	8.20	8.70	13.21
应交增值税	0.87	1.28	1.39	1.85
主营业务税金及附加	0.32	0.26	0.31	0.58

2-4-27 电机制造业

电机制造业被广泛应用于工业、农业、国防、公共设施、家用电器等各个领域，是国民经济的主要动力基础产品，其发展对国民经济建设、能源利用、环境保护和人民生活的提高起着重要的作用。

2010 年，福建电机制造业拥有规模以上工业企业 173 家，比上年增加 15 家；工业总产值达 239.36 亿元；实现出口交货值 105.72 亿元，主营业务收入达到 217.94 亿元，完成利润总额 14.91 亿元。规模以上电机制造业产品销售率为 93.2%，低于福建省规模以上工业平均水平（97.8%）。2007-2010 年福建省规模以上电机制造业主要经济指标见下表。

从地区看，全省电机制造业主要集中在宁德。2000 年，福安电机生产企业 180 多家，全行业实现工业总产值 22 亿元，出口交货值不到 13 亿元，生产企业自营出口 2340 万美元。十年来，福安电机经历了从家庭作坊向“福安制造”脱胎换骨的蜕变，我国每出口 3 台电机就有一台产自福安，福安电机名扬海内外。总产值平均年递增 22% 以上，出口年均递增 30% 以上，形成了集聚度高、规模优势明显、社会配套功能完善、技术创新能力强劲的区域主导产业。产品涵盖电动机、水泵、发电机、汽柴油发电机组、电子保健医疗器械等 10 多个种类、200 多个系列、1000 多个品种，电机电器企业 800 多家，从业人员 5 万多人。其中，企业集团 7 家，产值上亿元企业 40 多家，5000 万元以上企业 50 多家，1000 万元以上企业上百家。2004 年，福安电机电器产业列入省重点培育的产业集群；2008 年，获得“中国中小电机出口基地”、“中国百佳产业集群”称号；2009 年被授予“中国中小电机之都”称号。目前，已有 100 多家电机企业通过 IS09001、IS09002 质量管理体系认证，70 家通过欧共体国家 CE、GS、TUV 认证，8 家通过美国 UL 认证，企业规模与质量大幅提升。

科技创新、自有品牌建设成为“福安制造”的强大引擎。由政府牵头，采取以企业为主体、院校为依托、市场为导向运作模式的福安电机工程研究院成立，下设以安波、泰格、亚南等骨干企业为主体的六大电机研发中心，与中科院电工研究所签订科技合作协议，与清华大学、上海交大、福州大学等高校组成产学研战略联盟，并聘请中科院院士等知名专家组成专家委员会，成为科技自主创新的强大支撑，2010 年，有 3 家院士专家工作站落户福安，宁德首个博士后工作站正在申报中，国家中小型电机产品质量监督检验中心（福建）项目也落地福安。目前，福安电机已有“泰格”、“安波”、“亚南”3 枚中国驰名商标，14 家企业的 25 种产品获省级名牌产品称号，17 家企业获得福建省著名商标品牌，130 多家获得出口自营权和出口质量许可证，70% 的产品销往欧洲、美洲、非洲、东南亚、中东等 120 多个国家和地区。

金融危机之后，福安电机对欧盟高端市场出口全面增长，一举扭转为国外企业贴牌生产，始终处于行业价值链最末端的局面。2010 年，宁德检验检疫局共检验出口福安电机 375 万台、货值 3.32 亿美元，分别比上年增长 69.0%、68.0%，出口台数、货值再创新高。一是自营出口额大幅提升。2010 年福安电机企业自营出口额达 2.70 亿美元，增长 69.8%。二是新兴市场成倍增长。出口俄罗斯、越南等新兴市场的福安电机分别达 1415 万美元、1231 万美元、691 万美元，分别增长 3.5 倍、1.3 倍、1.5 倍。三是三大品种全面增长。出口的电动机、发电机、发电机组分别达 1.60 亿美元、1.10 亿美元、5798 万美元，增幅均超 60%。四是通过不断引进、开发高端产品，消化国际上先进技术，福安电机的高端市场占有量不断提升。2010 年经检验出口欧盟的福安电机 89.33 万台、货值 4267 万美元，分别增长 91.3%、61.6%。

（摘编：郑芳）

福建省规模以上电机制造业主要经济指标

（2007-2010 年）　　　　单位：亿元

指　标	2007	2008	2009	2010
企业数（个）	126	154	158	173
工业增加值	28.41	47.85	45.98	66.92
工业总产值	109.35	169.04	171.29	239.36
出口交货值	63.91	83.80	89.55	105.72
主营业务收入	109.95	154.62	163.39	217.94
资产总额	69.76	91.43	95.88	139.77
利润总额	5.70	9.42	7.12	14.91
利税总额	7.69	14.15	11.20	20.93
应交增值税	1.72	3.31	3.75	5.50
主营业务税金及附加	0.27	0.60	0.33	0.53

2-4-28　仪器仪表及文化、办公用机械制造业

仪器仪表是国民经济各个领域实现现代化的重要装备，广泛应用于工业、交通、科技、环保、国防、文教、卫生、人民生活等各个方面。

2010 年，福建省拥有规模以上仪器仪表及文化、办公用机械制造业企业 234 家，比上年增加 7 家；完成工业增加值 67.07 亿元，完成工业总产值 215.43 亿元。实现主营业务收入 213.24 亿元，利税总额达 18.88 亿元。从主要经济效益指标看，2010 年，福建省规模以上仪器仪表及文化、办公用机械制造业经济效益综合指数为 194.2，比全省平均水平低 34.0 个点。从具体指标看，规模以上仪器仪表及文化、办公用机械制造业产品销售率为 98.5%，略高于福建规模以上工业平均水平（97.8%）。从销售区域看，2010 年，福建全部仪器仪表及文化、办公用机械制造业销售收入中销往境外市场的比重最高，为 54.8%；其次是省外市场，为 32.3%。分行业看，通用仪器仪表制造业主要销往省外市场；专用仪器仪表制造业，钟表与计时仪器制造业，光学仪器及眼镜制造业，文化、办公用机械制造业，其他仪器仪表的制造及修理业主要销往境外市场。2007-2010 年福建省规模以上仪器仪表及文化、办公用机械制造业主要经济指标见下表。

从主要生产企业看，福建上润精密仪器有限公司专业从事仪表、自动化技术产品及多功能全塑石英表机芯的研发、设计与制造，产品销往国内 32 个省、市、自治区。先后通过 QAC、CQC、UKAS 的 ISO9001∶2000 国际质量管理体系认证，产品亦通过了欧盟 CE 认证、TUV 认证、RoHS 认证、ATEX 认

证以及独联体国家的 GOST-R 认证、GOST-K 认证。经过 20 年的发展，已成为国内仪器仪表行业研发制造的领先企业之一，产品出口欧美 50 多个国家。截止 2011 年 5 月，企业二期项目 2 座新厂房和研发中心已完成主体工程建设，部分数控设备已经投入生产，预计全部建成投产后年产量 8 万台，年产值可达到 20 亿元，年利润 4.8 亿元。

从全国看，与相对萎靡的 2009 年相比，2010 年仪器仪表行业的产销增幅进入历史高位区，年工业总产值和销售产值均首次超过 5000 亿元，利润增幅达 46.7%。出口呈恢复性增长，出口交货值率为 19.0%。增长较快的产品依次为：汽车仪器仪表、工业自动化仪表与控制系统和光学仪器，比上年增长 25%以上。

“十二五”期间，针对高端制造业、新兴产业、国家重大工程需求等，全国仪器仪表行业将重点发展先进自控系统、大型精密测试设备、新型仪器仪表及传感器，建立一个包括精密制造、精益管理和现代制造服务的产业体系；提高高端产品的市场占有率，扶植百亿元集团和特色企业。行业工业总产值、销售产值达到或接近万亿元，年均增幅为 15%；利润总额达到 713 亿元，年均增幅为 13%；主营收入利润率达到 8.5%-9%；总资产达到 8700 亿元；行业出口额超过 300 亿美元，且出口增幅大于进口增幅，其中，本土企业的出口比例将大于 50%，“十二五”末期或“十三五”初期逆差将出现拐点。届时，行业内产销超百亿元的企业将达到 3-5 家，超 10 亿元的企业将过百家，其市场集中度将达到 25%。

2010 年以后，我国的仪器仪表市场形势与前几年相比，将会有很大的转变。最主要的表现是随着节能降耗、减排以及低碳经济等国家政策的持续推进，我国仪器仪表行业的传统市场需求将有所减少，而风电、核电、智能电网、轨道交通等新型行业则对仪器仪表产品的新需求将大量增加。

（摘编：郑芳）

福建省规模以上仪器仪表及文化、办公用机械制造业主要经济指标

（2007-2010 年）

单位：亿元

指　标	2007	2008	2009	2010
企业数（个）	193	218	227	234
工业总产值	126.16	145.84	140.04	215.43
工业增加值	38.28	44.54	44.85	67.07
出口交货值	71.68	83.48	66.92	120.36
主营业务收入	123.71	143.12	136.81	213.24
资产总额	87.86	98.99	106.51	136.80
利润总额	8.86	5.95	9.35	15.23
利税总额	11.40	9.54	12.92	18.88
应交增值税	1.86	2.10	2.73	2.60
主营业务税金及附加	0.68	0.33	0.84	1.06

2-4-29 通信设备、计算机及其他电子设备制造业

通信设备、计算机及其他电子设备制造业是福建三大主导产业之一，2010年，福建省通信设备、计算机及其他电子设备制造业逐步摆脱国际金融危机、欧洲主权债务危机等不利因素的影响，实现强劲复苏，为全省经济增长做出积极贡献。

2010年，福建省拥有规模以上通信设备、计算机及其他电子设备制造业企业528家，比上年增加33家；完成增加值522.97亿元；全年实现主营业务收入2281.22亿元。2007-2010年福建省规模以上通信设备、电子计算机及其他电子设备制造业主要经济指标见下表。

受益国家扩内需、促增长等政策作用，全省通信设备、计算机及其他电子设备制造业逐步走出金融危机阴影，盈利能力显著增强。从主要经济效益指标看，2010年，福建省规模以上通信设备、计算机及其他电子设备制造业经济效益综合指数为255.5，比全省平均水平高27.1个点。从具体指标看，规模以上通信设备、计算机及其他电子设备制造业产品销售率为97.9%，略高于全省规模以上工业平均水平(97.8%)。实现利润总额167.40亿元，利税总额200.61亿元。企业亏损面为11.4%，比上年下降7.4个百分点。

从销售区域看，2010年，福建省全部通信设备、计算机及其他电子设备制造业销售收入中销往境外市场的比重最高，为64.3%；其次是省外市场，为26.3%。分行业看，通信设备制造业主要销往省外市场；电子计算机制造业、电子器件制造业、家用视听设备制造业、其他电子设备制造业主要销往境外市场；雷达及配套设备制造业全部销往省内市场。

从出口形势看，受益出口市场逐渐回暖，出口形势不断好转，2010年，全省规模以上通信设备、计算机及其他电子设备制造业实现出口交货值1397.51亿元，占全省出口交货值的29.7%。

2010年，全省通信设备、计算机及其他电子设备制造业主要呈现以下亮点：

一是平板显示行业景气高扬，产业链不断完善。随着液晶显示产品替代CRT产品速度的加快，以及几个项目的新增投产，平板显示产业总体规模继续壮大，2010年全省平板显示产业规模首次超过1000亿元，与平板显示产业链相关的企业大多实现快速增长。福清（融侨）显示器件产业园以台资企业捷联电子、华冠光电为龙头，2010年园区又新引进捷星显示科技、英冠达电子、亿冠晶电子等多个项目，在液晶显示产业中下游形成了较完整的产业链条。马尾（国家）显示器件产业园实行技术改造，加快产品转型升级，目前已成为全国重要的液晶显示模组与背光模组生产基地，其中，2010年重点企业华映光电、华映显示科技、华映视讯共完成产值100亿元左右。厦门火炬高新区与中国航空工业集团的下属企业达成协议，在火炬（翔安）产业区建设第5.5代低温多晶硅TFT-LCD及彩色滤光片生产线，这将有效填补福建省平板显示上游产业的空白，该项目建成投产后，年产值预计可达到60多亿元，将带动液晶材料等上游材料发展，并拉动下游消费电子产品、车载显示等行业的发展，完善产业链，形成产业聚集效应。

二是LED产业得益政策推动，呈现蓬勃发展势头。截至2010年年底，全省LED企业已超过250家，全年实现产值130亿元，比上年增长45%。据不完全统计，截至2010年全省已投产、在建、签约或意向在谈的MOCVD生产线超过220条，这将有力充实福建省LED产业链上游。从2011年开始，福建省政府同意增列LED产业专项扶持资金，用以推动福建省LED产业发展，这是福建省LED行业历史上首次获得省政府专项扶持产业发展的有力政

策支持。

三是太阳能光伏产业投资热情高涨，生产规模扩大。由于国际市场旺盛的需求以及国内相关产业政策的扶持，福建省太阳能光伏企业积极投建新的生产线，多个项目正在推进中。作为全球三大薄膜太阳能电池生产设备及整套生产线设备供应商之一的福建钧石能源有限公司引进先进的PECVD沉积工艺，专业生产非晶硅薄膜太阳能电池生产线将达30条，预计2011年公司总产能将扩大到2000MW，约占全球同类产品产能的40%。金保利（泉州）科技实业有限公司总投资8亿元建设200MW高效太阳能电池生产线工程，其中，第二、三条生产线已完成设备安装调试并开始试产，目前产能已达到100MW。世界前五大玻璃工业集团之一的台玻集团在漳州漳浦县成立台玻福建光伏玻璃有限公司，投产了一条日产量250吨的用以晶硅太阳能电池封盖玻璃生产线。旗滨集团为抢占硅产业制高点，正在漳州东山投资一条日产量600吨的用于薄膜太阳能电池的TCO玻璃生产线和一条日产量800吨的优质超白光伏玻璃生产线，总投资将达到25亿元，相关产品主要用于薄膜太阳能电池基片。

四是新兴的物联网产业发展加快，正成为经济新增长点。2010年，福建省政府办公厅出台了由省信息化局编写的《福建省加快物联网发展行动方案（2010-2012年）》，提出将重点实施“129工程”，力争福建省物联网示范应用和技术研发及产业发展部分领域走在全国前列。全省物联网产业2010年产值达到150亿元，比上年增长50%。马尾显示器件产业园区正在重点推进“物联网产业园区”建设，以新大陆二维码、上润智能传感器、冠林科技智能楼宇、国脉科技无线数据传输为技术核心，发展壮大与物联网应用直接相关的计算机、软件、集成电路、通信等相关产业。

五是科技水平显著提升，企业市场竞争力增强。厦门市三安光电科技有限公司完成的“用于TFT-LCD背光源的超高亮度LED芯片产业化”项目，获2010年第十届信息产业重大技术发明奖，此次重大技术发明仅有5个项目获奖，三安光电的获奖表明福建省在LED产业领域的企业创新和技术研发水平又跃上了一个新的台阶。欧浦登（福建）光学有限公司成功研发加工出全球最薄的LED液晶电视面板材料，厚度仅为0.7毫米。捷星显示科技（福建）有限公司的3条液晶显示模组与整机生产线全部投产，该公司推出的“刀锋”系列超薄LED液晶显示器，厚度仅为1.29厘米，为目前为止全球最薄的液晶显示器。

2011年上半年，全省信息产品制造业完成产值1607.90亿元，同比增长23.2%，产值规模继续位居全国第六位；完成出口交货值870.50亿元，增长21.4%。从单月增长情况来看，上半年全省信息产品制造业呈现前高后低走势，在经过了1至3月单月同比增长速度均超过30%的快速增长后，4、5、6月增长速度有所放缓，分别为18.1%、16.8%、12.4%。

从全国看，近年来，我国电子信息产业迅速成长，对经济增长的支撑和拉动作用愈发明显。据工信部统计数据显示，2010年全国规模以上电子信息制造业工业增加值比上年增长16.9%，比上年加快11.6个百分点，高出工业平均水平1.2个百分点；销售收入7.8万亿元，增长29.5%；实现利润2825亿元，增长57.7%，高于工业平均水平4.3个百分点；全行业500万元以上项目完成固定资产投资5993亿元，增长44.5%，增速提高27.0个百分点，比工业投资增速高21.7个百分点。电子信息产业出现恢复性增长，对国民经济贡献日益突出，不仅直接拉动经济增长，也有力地推动信息化发展，支柱性产业地位日趋凸显。

一是电子信息产业发展的成果渗透到国民经济各个领域，催生并推动了这些领域的信息化。截至2010年底，我国手机普及率达到64.4%，比上年提高 8.0 个百分点。

二是电子信息产业对国民经济的贡献还体现在促进就业等方面。工信部数据表明，2010 年，规模以上电子信息制造业从业人员 880 万人，比上年新增 102 万人，占全国城镇新增就业人口的 1／10。全国规模以上电子信息制造业从业人员占全国工业比重达 9.7%。

三是电子信息产业是我国自主创新的重要领域。据工信部数据，截至 2010 年底，全国信息技术领域专利申请总量超过 110 万件，比上年增长 10%以上。另据《2010 年工业经济运行报告》显示，2010 年，国家重大科技专项取得阶段性应用成果。我国具有自主知识产权的第三代移动通信 TD-SCDMA 得到大规模示范与推广应用，飞腾 1000 国产中央处理器成功应用于千万亿次计算机“天河一号”，高世代液晶显示面板等重大项目加快实施。

四是高技术制造业规模不断扩大，凸显我国电子制造大国地位。2010 年，我国生产彩电 1.18 亿台，手机 9.98 亿部，微型计算机 2.46 亿台，数码相机 9 千万台，均名列全球第一。另据国家统计局数据显示，2010 年我国规模以上高技术制造业增加值占全部规模以上工业的比重为 8.9%。重点电子通信产品中，手机、计算机、彩电、数码相机、激光视盘机 2009 年产量分别占全球的 49.9%、60.9%、48.3%、80.0%和 85.0%，电子通信产品贸易额占全球 15%以上。

目前我国电子信息百强企业的产品遍及世界五大洲 100 多个国家和地区，在海外建立的研发、生产基地超过 500 个。

（摘编：郑芳）

福建省规模以上通信设备、计算机及其他电子设备制造业主要经济指标

（2007-2010 年）

单位：亿元

指　标	2007	2008	2009	2010
企业数（个）	403	467	495	528
工业总产值	1580.62	1717.86	1713.20	2311.50
工业增加值	363.29	333.56	346.42	522.97
出口交货值	975.68	1110.81	1047.41	1397.51
主营业务收入	1509.04	1672.92	1702.41	2281.22
资产总额	925.83	889.16	983.85	1216.29
利润总额	94.24	88.10	89.96	167.40
利税总额	105.53	112.69	114.26	200.61
应交增值税	9.77	12.64	21.67	30.13
主营业务税金及附加	1.52	2.15	2.64	3.08

2-4-30 建筑业

建筑业是国民经济的重要产业，2010年，福建省完成建筑总产值3091亿元，比上年增长27.5%。总承包和专业承包企业完成建筑业总产值2852亿元，增长31.9%。全省建筑业实现增加值1123亿元，增长19.1%，占全省GDP的7.8%；上缴税收122亿元，增长34.6%，占全省税收总收入的15.9%。八个“建筑之乡”县市完成建筑业总产值711亿元，占全省产值23.0%。全省房屋建筑施工面积28406.86万平方米，增长31.0%；其中，新开工面积12754万平方米，增长33.3%。2010年全省新签工程施工合同额3435亿元，增长39.9%；施工合同额累计5180亿元，增长31.7%。福州、厦门、泉州等3个设区市共完成产值2011亿元，占全省建筑业总产值的65.1%。惠安、上杭等2个“建筑之乡”县市共完成288亿元，占八个“建筑之乡”完成产值的40.5%。2010年福建省建筑业企业主要经济指标见表2-4-30-1。

2010年，全省有工作量的总承包和专业承包企业2055家，产值排列前206名企业完成建筑业总产值1991亿元，占全省产值64.4%；每家平均产值9.66亿元，较上年增加2.64亿元。产值1亿元以上企业484家，增加93家，完成产值2415亿元，占全省产值78.1%。全省产值10亿元以上的企业有67家，比上年增加16家，产值1328.34亿元，占全省产值的43.0%。中建七局三公司、闽南建工、省六建、省建工集团等4家企业产值超过40亿元，中交一公局厦门公司、泷澄建设集团、中铁十七局六公司、九龙建设集团、中铁二十四局福建铁路建设公司5家企业产值超过30亿元，另有15家企业产值超过20亿元。重点骨干企业在拓展省外市场也取得良好业绩，全省完成省外产值超过5亿元的企业58家，较上年增加18家，完成省外产值696.27亿元，占全省省外产值的60.4%。

2010年，福建省施工企业在全国各省（直辖市）均有承接业务，完成省外产值1153亿元，增长40.4%；八个“建筑之乡”县市完成省外产值438亿元，比上年增长27.7%，占全省省外产值的38%。

2010年，福建省建设厅全面贯彻落实党的十七大精神，紧紧围绕中央扩大内需、促进经济平稳较快增长决策部署和《国务院关于支持福建省加快建设海峡西岸经济区的若干意见》的贯彻执行，认真总结近年来福建省在住房城乡建设系统规范权利运行、健全市场机制、完善中介组织等工作，力争通过两年左右的集中专项治理，在全省建立健全统一规范的工程建设有形市场，初步建立工程建设市场信用体系。

2010年6月，福建省建筑业协会、福建省工程建设质量安全协会公布了2010年福建省《闽江杯》优质工程奖（建筑装修工程）的名单，共有68个项目获奖，具体名单见表2-4-30-2。

从全国来看，2010年是“十一五”收官之年，在党中央、国务院有效应对国际金融危机、加快转变经济发展方式、调整经济结构、促进经济平稳较快发展等一系列政策作用下，全社会固定资产投资保持较快增长，建筑业在大规模投资拉动下，呈现平稳增长的态势。全国建筑业企业（指具有资质等级的总承包和专业承包建筑业企业，不含劳务分包建筑业企业，下同）完成建筑业总产值95206亿元，比上年增长24.0%；完成竣工产值52981亿元，增长12.1%；房屋建筑施工面积70.06亿平方米，增长19.0%；签订合同总额为169074亿元，增长26.6%；实现利润3422亿元，增长25.9%。到2010年底，共有建筑业企业70061个，比上年减少1.1%；从业人数为4043.37万人，增长10.1%；按建筑业总产值计算的劳动生产率为205883元/人，比上年增长11.2%。

注：本文数据均为快报数。

（摘编：朱翔）

2-4-30-1 福建省建筑业企业主要经济指标

（2007-2010 年）

项　目	2007	2008	2009	2010
一、企业单位数（个）	**2022**	**2398**	**2479**	**2606**
二、总产值（亿元）	**1596.69**	**1921.26**	**2302.37**	**3062.17**
增加值	440.45	632.77	756.18	969.86
竣工产值	980.70	1243.69	1387.78	1742.46
三、房屋施工面积（万平方米）	**17743.89**	**20028.29**	**21690.97**	**28406.86**
＃本年新开工	9142.47	8700.55	9704.00	14349.31
四、房屋竣工面积（万平方米）	**6010.26**	**7637.76**	**7435.06**	**9095.78**
＃住宅	3100.71	4370.06	4468.37	5474.72
五、年末从业人员（万人）	**124.97**	**153.90**	**182.97**	**229.57**
六、全员劳动生产率（元/人）				
按总产值计算	123490	111960	118616	134520
按增加值计算	34065	36874	38958	42605
七、工资总额（亿元）	**309.19**	**454.30**	**544.16**	**713.35**
八、财务指标（亿元）				
资本金合计	302.62	369.70	457.24	511.59
流动资产年末数	832.35	982.78	1136.30	1321.15
固定资产原值	198.70	262.82	285.95	327.21
固定资产净值	155.75	206.01	237.58	268.69
企业总收入	1500.17	1857.24	2235.59	2816.29
工程结算收入	1485.75	1839.69	2222.26	2801.82
工程结算成本	1332.66	1653.08	1992.95	2512.58
利润总额	37.91	52.40	66.05	87.91
工程结算利润	83.46	109.97	127.54	168.45
利税总额	95.42	124.16	160.87	195.61

2-4-30-2 福建省闽江杯优质工程奖（建筑装饰工程）项目名单

（2010年）

序号	承建单位	工程项目
1	厦门市港龙装修工程有限公司	天利仁和商务中心装修工程
2	厦门市港龙装修工程有限公司	五缘水乡工程B标B2标段（2号楼、游泳馆网球馆）装修工程
3	厦门东方设计装修工程有限公司	五缘水乡工程B标B3标段装修工程
4	厦门邮电纵横装饰工程有限公司	厦门软件园二期配套酒店装修工程II标段（佰翔酒店）
5	厦门龙安盛装修工程有限公司	厦门软件园二期配套酒店装修工程I标段（佰翔酒店）
6	深圳海外装饰工程有限公司	厦门海峡交流中心·国际会议中心室内装修工程
7	厦门辉煌装修工程有限公司	海悦山庄酒店二期装修工程
8	福建金帝装饰工程发展有限公司	兴业银行泉州分行一层至三层室内装修工程
9	福建金帝装饰工程发展有限公司	招商银行泉州石狮支行装修（含金库）改造工程
10	泉州粤港装饰工程有限公司	海联创业园区——管理中心精装修工程
11	泉州粤港装饰工程有限公司	中国光大银行泉州分行办公楼装修工程（二标段）
12	福建省中兴建设发展有限公司	达派（泉州）实业有限公司办公楼装修工程
13	泉州市美家装饰工程有限公司	泉州商务大厦二次装修工程
14	泉州恒利装饰设计工程有限公司	石狮宏基汽车城汽车展厅及办公楼装修工程
15	中太建设集团股份有限公司	西沙湾假日酒店客房部装修工程
16	福建隆恩建筑装饰工程有限公司	南安市地方税务局培训中心大楼及附属楼二次装修工程
17	泉州市隆港装饰工程有限公司	南安市孵化基地研发中心及配套设施办公楼室内装修工程
18	福建环世装饰工程发展有限公司	惠安县黄塘聚龙小镇体育中心、游泳馆装修工程
19	福建豪太装饰设计工程有限公司	南安永昌大酒店室内装修工程
20	福建新时代装饰工程有限公司	惠安五洲丽都娱乐城装饰室内装修工程
21	福建天正装修工程有限公司	福建南安农村合作银行办公大楼室内装修工程
22	厦门市金岳峰设计装修工程有限公司	厦门科华恒盛股份有限公司办公室装修工程

2-4-30-2 续表 1 （2010 年）

序号	承建单位	工程项目
23	厦门龙安盛装修工程有限公司	观音山营运中心启动区 A1 二次装修工程 II 标段
24	厦门建弘装修工程有限公司	厦门蓝湾国际幼儿园、样板房、地下室及交通设施装修工程
25	厦门市泉艺设计装饰工程有限公司	厦门世贸中心二期 B 幢五至七层室内二次装修工程
26	厦门众志达装修工程有限公司	厦门宜必思酒店二次装修工程
27	厦门华丽设计装修工程有限公司	招商银行厦门镇海支行装修工程
28	厦门全龙装饰工程有限公司	厦门市晶裕商务酒店装修工程
29	厦门邮电纵横装饰工程有限公司	同安文化中心文化馆二次装修工程
30	厦门东方设计装修工程有限公司	厦门银聚祥邸项目精装修工程
31	武夷装修工程（福州）有限公司	优达（中国）总部展厅装修工程
32	厦门辉煌装修工程有限公司	厦门农行财富中心室内装修工程
33	福建省豪庭装饰设计工程有限公司	龙文区实验幼儿园室内装修工程
34	福建鑫泰建筑集团有限公司	永鸿国际花园会所装修工程
35	福建恒盛建筑集团有限公司	漳州市中级人民法院审判综合楼二次装修工程
36	福建七建集团有限公司	仙游电力大厦室内装修工程
37	漳州市三盛装饰广告工程有限公司	漳州友利达纸业发展有限公司办公楼二次装修工程
38	福建丽发装饰工程有限公司	连氏大酒店室内装修工程
39	福建华星建筑装饰广告有限公司	云霄益恒大酒店室内装修工程
40	厦门华丽设计装修工程有限公司	龙岩博物馆室内装修工程
41	福州华居装饰装修工程有限公司	闽西宾馆 8#楼改造装修工程
42	厦门市泉艺设计装饰工程有限公司	鼓山一号会所装修工程
43	福建天工建筑装饰工程有限公司	德化县水口镇岱仙瀑布景区岱仙酒店室内装修工程
44	福建星美生态建筑装饰有限公司	古田县烟草专卖局综合大楼室内装修工程
45	福建星美生态建筑装饰有限公司	闽东宾馆贵宾楼室内装修工程

2-4-30-2 续表 2　　　　　　　　　（2010 年）

序号	承建单位	工程项目
46	福建省兴雅达装饰装修工程有限公司	福州市仓山区人民检察院检察侦查技术综合楼
47	福建省兴雅达装饰装修工程有限公司	长乐市金海岸大酒店装修工程
48	福建人文装修建筑工程有限公司	福州市晋安区新紫阳大酒店一至三层室内装修工程
49	福州星辉建筑装饰工程有限公司	建行罗源支行办公楼室内装修工程
50	福建永鼎设计装饰工程有限公司	乌山大厦客服系统新增台席机房改造装修工程
51	福建永鼎设计装饰工程有限公司	中国联通闽清综合楼内部装修工程
52	福建众信建筑装饰工程有限公司	福州荣誉大酒店（正大广场店）室内装修工程
53	福建众信建筑装饰工程有限公司	福州荣誉大酒店（梅峰店）室内装修工程
54	福州鹏程建筑装修设计工程有限公司	中国银行股份有限公司莆田分行办公楼室内装修工程
55	福州鹏程建筑装修设计工程有限公司	华厦银行福州分行办公楼室内装修工程
56	福建国广一叶建筑装饰设计工程有限公司	福建戴姆勒汽车工业有限公司办公楼精装修工程
57	福建建工集团总公司	福建省鲤鱼洲宾馆改造装修工程
58	福州华居装饰装修工程有限公司	将乐玉华洞天山庄室内装修工程
59	福建省闽武长成装饰工程有限公司	旗山文城文体中心室内二次装修工程
60	武夷装修工程（福州）有限公司	兴业银行鼓楼支行室内装修工程
61	中建七局第三建筑有限公司	福州市传染病院传染、艾滋病防治中心住院大楼室内装修工程
62	福建敦煌装饰工程有限公司	中信银行福州长乐支行室内装修工程
63	福建京华装饰装修有限公司	中石化森美办公楼室内装修工程
64	福建新康辉工程发展有限公司	阳光丹宁顿小镇综合楼室内装修工程
65	福建人文装修建筑工程有限公司	中庚城会所室内装修工程
66	福建省闽南建筑工程有限公司	鲤鱼洲宾馆游泳、网球馆装修工程
67	厦门金腾装饰集团有限公司	内蒙古大厦三标段精装修工程
68	福建省泉州宏星装璜有限公司	重庆汉国中心公共部分及四层办公室装修工程

2-5 服务业

2-5-1 软件业

近年来，福建省委、省政府高度重视软件产业的发展，先后出台了多项政策措施，为福建省软件产业发展创造了良好的政策环境。2010年软件业实现销售收入576亿元，增长40.5%；增速在收入前十位的省市中仅次于山东省，居第二位。全省软件业收入居全国第八位，比上年提高一位。

2010年，福建省有6家企业进入2010年全国软件业务收入前百家企业，分别是：福州福大自动化科技有限公司（第二十一位）、福建星网锐捷通讯股份有限公司（第四十位）、福建新大陆电脑股份有限公司（第五十位）、国脉科技股份有限公司（第六十三位）、福建富士通信息软件有限公司（第七十九位）、东南融通（中国）系统工程有限公司（第八十一位）。国脉科技股份有限公司2010年首次进入百强，其他5家企业均蝉联百强。有10家企业列入国家规划布局内重点软件企业，比上年新增4家，企业数居全国第六位。福建省入选企业中，福建新大陆电脑股份有限公司、福建榕基软件股份有限公司、福建富士通信息软件有限公司、东南融通（中国）系统工程有限公司、福建三元达通讯股份有限公司、福建邮科通信技术有限公司实现6家企业蝉联，厦门三五互联信息技术有限公司、厦门市美亚柏科信息股份有限公司、厦门吉比特网络技术股份有限公司、福建南威软件工程发展有限公司是4家新晋企业，福建省入选企业数创历史新高，既表明福建省骨干软件企业在全国的竞争实力进一步提升，更显示《福建省人民政府关于进一步加快软件产业发展的意见》（闽政文［2009］374号）的政策效应。

为鼓励福建省软件企业开发具有自主知识产权、技术水平领先、市场占有率高、经济效益好的软件产品，2010年12月，福建省信息化局授予网络游戏软件《征服》（福建天晴数码有限公司）、网络游戏软件《问道》（厦门吉比特网络技术股份有限公司）、移动通信业务运营支撑系统BOSS（福建新大陆软件工程有限公司）和基于PLC的控制系统设计与调试服务（福州福大自动化科技有限公司)4项产品“2010年福建省优秀软件产品”称号。此外，2011年1月，福建省信息化局公布24家2010年福建省软件骨干企业，其中，前10家将享受省政府财政奖励政策。这10家企业分别是：福州福大自动化科技有限公司、福建星网锐捷通讯股份有限公司、福建新大陆电脑股份有限公司、福建富士通信息软件有限公司、东南融通（中国）系统工程有限公司、厦门吉比特网络技术股份有限公司、福建三元达通讯股份有限公司、厦门市美亚柏科信息股份有限公司、福建顶点软件股份有限公司、福建亿榕信息技术有限公司。2011年1月，福建省政府发布了2010年福建名牌产品名单，其中，软件产品8项，软件业名牌产品名单见下表。

2010年是福建省动漫游戏产业全面繁荣发展的一年，全年福建省软件产业发展专项资金扶持奖励动漫产业经费达1200多万元，全省动漫游戏相关企业达到160多家，从业人员超过1.5万人，其中，网龙等4家企业收入超过亿元（新增2家），厦门新热力等7家企业收入超过千万元（新增5家）。全省共29部11057分钟动画片通过国家广电总局制作备案许可（比上年增加11部），12部4385分钟动画片获得国家广电总局颁发播出许可证，新增上线游戏46款（居全国前十位）。

从动漫行业获奖情况看，2010年，福建省动漫游戏作品参加全国各类比赛推优获奖项目明显增多。网龙公司《梦幻迪士尼》与掌上世界《霸业OL》双双三连冠年度游戏“金翎奖”；天狼星动漫《手机小子—金牛座》获“第七届金龙奖”中“最佳手机动漫奖”；网龙公司《天元》获“十大最受期待网游”；神画时代《逗逗虎》获第二届中国国际版博会“十大最具产业价值影视动画作品形象奖”；金豹动漫的 JONJON 囧囧珠宝系列获迎世博纪念品全球华人设计大赛最佳创意金奖；厦门青鸟动画《星星狐》、风云动画《城市空间》等 13 部动画作品分别获得上海电视节、厦门国际动漫节“金海豚奖”、广州“金龙奖”等相关奖项；《星星狐的体验》等 3 部动画片入选广电总局 2010 年优秀国产动画片。

为促进福建省动漫游戏产业对外的交流与合作，推动福建省动漫游戏产业的国际化进程，2010 年，福建省组织省内 23 家动漫骨干企业 70 余人参加了 2010 年第六届杭州国际动漫节，召开了唯一由省级单位组织的专场动画片交易会；组织省内 40 多家动漫企业 100 多人参加了第三届厦门文博会，招商签约动漫项目达 23 个，签约额达 6.29 亿元人民币，布展的“海西动漫馆”和“海西动漫衍生品展示区”再次成为该届文博会的亮点。

此外，福建省成功主办了中英动漫游戏产业合作研讨会和闽台动漫产业合作发展座谈会，英国驻广州总领事馆、英国贸易投资总署、英格兰东北经济发展署等六个地区代表及省内近 30 家动漫企业和园区负责人共 70 余人参加了中英研讨会，闽台双方动漫界代表 50 多人参加了闽台座谈会。2010 年以来，福建省有近 20 家动漫企业和院校与台湾动漫界进行了多种形式的交流合作；2010 年福建省还组织 15 家动漫企业赴日本参加了东京国际电玩展，推荐网龙、神话时代和五彩动漫等企业参加国家商务部赴英国文化创意服务贸易促进考察活动。网龙公司与全球知名的孩之宝公司签订了开发大型 MMORPG《变形金刚在线》协议，台湾数位点子公司已将《PP 熊》和《魔豆传奇》等作品在大陆的运营授权给灵动科技公司，福建育港公司《三七小福星》于 2010 年 11 月开始将在北美地区福克斯新闻频道、动物星球、探索儿童频道等 20 家频道陆续播出。

（摘编：张琛）

2010 年入选福建名牌产品的软件业企业名单

序号	商标及产品名称	企业名称
1	锐捷网络＋图形牌网络骨干产品管理软件	福建星网锐捷网络有限公司
2	apex＋图形牌客户关系管理系统（证券 CRM 应用套件）	福建顶点软件股份有限公司
3	亿榕信息＋YIRONG info＋图形牌协同办公系统	福建亿榕信息技术有限公司
4	LANDI＋图形牌 EFT-POS 应用管理软件	福建联迪商用设备有限公司
5	榕基+图形牌 iTASK 任务管理系统	福建榕基软件股份有限公司
6	榕基+图形牌 RMS 风险管理系统	福建榕基软件股份有限公司
7	东南融通、图形牌本外币一体化支付清算平台	东南融通（中国）系统工程有限公司
8	易联众牌医保医院金融一卡通平台	易联众信息技术股份有限公司

2-5-2 邮政业

2010年是"十一五"时期的最后一年，福建省邮政业总体运行状况稳步提升。全年累计完成邮政业务总量35.98亿元，比上年增长13.2%；业务收入34.23亿元，增长12.5%。2010年，全省邮政业共有邮电局数1423个，其中，邮政局68个，邮政支局910个，自办邮政所136个，代办所309个；邮政报刊图书销售点1268个；集邮品销售点123个；邮政储蓄点809个。从邮电通信条件看，福建省邮路单程长度为21.98万公里，比上年减少0.62万公里；农村投递路线8.94万公里，增加0.05万公里；长途电话业务电路达438.00万路，增长19.6%。2006-2010年福建省邮政业务基本情况见下表。

从快递业务运行情况看，2010年，福建省快递业务（含EMS）完成业务量10067.01万件，比上年增长44.6%，高于全国平均增幅18.7个百分点；实现业务收入25.97亿元，增长28.1%，高于全国平均增幅8.1个百分点；其中，EMS完成业务量2672.28万件，实现业务收入7.50亿元；非邮快递完成业务量7394.73万件，实现业务收入18.52亿元。全省快递日业务量突破27.58万件。分企业类型看，2010年，国有企业市场占有率比上年下降幅度较大，业务量下降8.0个百分点。民营企业市场占有率有所提高，业务量替代国有企业占据一半份额，打开了福建省快递行业新局面。以国际及港澳台业务为主的外资企业市场占有率较其他市场比上年降幅偏小。从细分市场看来，在同城快递市场上，民营企业替代国有企业占据一半的份额，比上年提高了15.1个百分点；在国内异地市场上，国有企业和民营企业仍占大部分市场，外资企业市场份额从2.0个百分点下降到0.7个百分点；在国际和港澳台市场上，民营企业涨幅明显，说明民营企业开始逐步进军国际市场，外资企业市场占有率略有下降，降幅为7.4个百分点。2011年，国家发改委初步认定的第七批物流税收试点企业中，福建省邮政速递物流有限公司和泉州顺丰运输有限公司两家企业入围。加上此前批次入围的福建中邮物流有限责任公司、厦门市顺丰速运有限公司和福州顺丰速运有限公司，全省已有5家快递企业列入国家税收试点企业名单。

2010年，福建省邮政速递物流公司加大软实力建设力度，实现硬实力与软实力的协调发展。2011年初，福建省邮政速递物流公司提出了"坚持以增强网络能力和提升网络质量为目标，紧密配合全国航空网、陆运网建设，优化完善省内网、揽投网布局，通过优化作业组织，实施日常监控、强化质量考核，建成布局合理、衔接紧密、高效灵活、时限稳定的基础网络平台，全力支撑业务发展"的网络构建目标。福建省邮政速递物流运行质量再次得到提升。2011年4月福建省邮政速递物流全程时限准时率、大范围及时投递率在全国速递物流排名第一，次日递隔日递率、大范围及时妥投率在全国速递物流排名第二。

福建省邮政速递物流注重加强处理中心基础能力建设，实现9个地市间散件运输和装卸、分拣过程一次同步作业到位。福建省邮政速递物流还以市场化的方式进行运力采购，加大与航空和陆运代理商的谈判力度。一方面，针对邮件量和市场存量较大的航空路向，试行包舱，扩大出口航空运能。另一方面，积极优化、完善省内网、揽投网布局，有针对性地扩大自营范围。省际网方面，定期全面分析比较省际标准件、经济件航空和陆运发运计划，选择最优发运渠道，实现批量邮件（指10个总包以上）按作业计划滚存不超过24小时的运行目标；省内网方面，注重提高沿海重点城市间专网自主运能比重，形成以专网邮路为主、普邮邮路为辅的组网模式；揽投网方面，2011年自营服务区域范围超越当地主要竞争对手，全省普邮代投邮件减少至10%以内。此外，福建省邮政速递物流努力完善信息系统开发，加强信息系统的运用。着手开发邮路准班准点的扫描统计功能，按“一车（人）一卡”对邮路和驾驶员分别配置对应的条形码，利用巴枪进行扫描，采集邮车到开时刻，重点对邮车的发车准点率、交接准点率、运行准点率、终点卸车及时率全过程进行监控，同时，制定各级邮路运行质量的考核奖励制度，规范揽收、封发、发运、投递全环节的信息操作。

硬实力的加强，需要软实力的支撑。在“软实力”建设中，福建省邮政速递物流稳步推进队伍建设，提高网控人员业务技能。持续推进县（市）分公司（营业部）、揽投部（站）经理以及各层级网控主管的业务培训工作，对县（市）分公司（营业部）、揽投部（站）经理，重点培训网络组织的基本规律和基本控制规则等理论知识以及识读作业计划表、编制发运计划、熟悉质量指标体系等操作技能；对网控主管，培训侧重点则放在运行质量指标考核体系的考核原理、查询途径、分析依据、整改措施以及奖罚办法等方面。

福建省邮政速递物流还切实推行人员交流计划，促进省内速递经验交流。

同时，福建省邮政速递物流积极完善监控体系。日常生产情况监控方面，针对县（市）分公司（营业部）、揽投部（站），以产品量报表、揽投员出归班时刻表、进出口趟车时刻表为主要工作，实时监控，并针对市分公司邮件处理中心，以产品量报表、进出口趟车时刻表为工具实施监控。在省速递物流公司层面，重点监控省内、省际干线车航次准班准点情况、市处理中心生产情况以及其他生产异常。运行质量指标监控方面，在省、市、县3个层级，福建省邮政速递物流分别按“日监控—周分析—周监控—月分析”的原则，建立监控分析制度，加强对时限水平和投递质量等关键指标的动态监控，并统一规范省、市、县3个层级监控数据的采集、分析、通报流程，推动业务运行质量稳步提升。

（摘编：张琛）

福建省邮政业务基本情况

（2006-2010年）

项　目	2006	2007	2008	2009	2010
邮电业务总量（亿元）	633.04	787.79	883.43	995.77	1194.20
函件（万件）	30463.50	25445.00	26671.00	25991.00	25198.60
邮政业务总量（亿元）	27.93	29.24	32.65	35.66	35.98
特快专递（万件）	1040.60	1250.00	1663.90	2063.00	2566.00
集邮业务（万枚）	4364.30	4379.70	4509.00	4196.80	3526.30

2-5-3 电信业

2010年，福建省通讯部门继续加大基础设施建设力度，不断扩大光缆、程控交换、通信基站、宽带网等的覆盖面，进一步完善农村基层信息网络，积极拓展无线宽带、在线游戏、移动视频博客等增值业务，努力扩展3G业务使用范围。全年全省完成电信业务总量1158.22亿元，除铁通公司外，电信、移动、联通等企业电信业务量增幅均超过10%，其中，中国电信福建分公司业务总量增速达到54.2%。全省完成业务收入349亿元，增长7.8%，其中，非话业务收入为191亿元，占全部业务收入的54.7%。2006-2010年福建省电信业务基本情况见下表。

2010年，福建省电信固定资产投资力度加大，全省电信固定资产投资完成额为105亿元。全省电信业务成本为164亿元，比上年增长4.7%；上缴税费总额30亿元，增长6.0%。截止12月底，福建省固定电话交换机容量为1807万门，减少7.0%；福建省移动电话交换机容量为6282万户，增长9.0%；互联网宽带接入端口达到747万个，增长60.0%；长途业务电路达到146万个2M，增长54.0%；光缆线路长度达到39万公里，增长30.0%。

从具体业务看，截止2010年12月底，全省电话用户总数达到4068万户，本年新增184万户，其中，固定电话用户1046万户，减少199万户；全省移动电话用户突破3000万户，达到3022万户，新增383万户，其中，3G电话达到150万户，新增108万户；福建省短消息中心容量达到1.5亿条/秒，增长66.0%。全省电话普及率112.1%，上升4.4个百分点，其中，固定电话普及率28.8%，下降5.7个百分点，移动电话普及率83.3%，上升10.1个百分点。全省互联网普及率达到65.8%，上升21.4个百分点；互联网用户为2388万户，新增748万户，其中，固定宽带用户为524万户，新增164万户；移动互联网用户为1843万户，新增591万户；固定互联网拨号用户20万户，减少8万户。

2011年以来，福建省通信行业加快实施城乡通信信息化提升工程，到7月底，三个子项目进展顺利。在"信息下乡入村"提升项目中，2011年以来新建5361个农村基站、2883个信息化示范乡镇和2530个信息化示范村；沿海建制村3G覆盖率达到100%，全省农村3G网络有效面积覆盖率达到95%；在"海西无线宽带城市"提升项目中，新增6213个基站和8921个AP；全省无线宽带城市用户数达到169万户，信息化应用用户数达到72.2万户。在"社区信息化"提升项目中，福建省新增光纤入户小区754个，建成三星级社区1227个、四星级社区245个、五星级社区67个。

（摘编：张琛）

福建省电信业务基本情况

（2006-2010年）

项　目	2006	2007	2008	2009	2010
电信业务总量（亿元）	605.11	758.55	850.78	960.11	1158.22
本地电话用户（万户）	1485.53	1482.00	1431.00	1245.00	1046.00
移动电话用户（万户）	1538.91	1809.00	2368.00	2639.00	3022.00
互联网用户（万户）	760.83	876.00	1240.00	1052.00	2388.00

2-5-4 批发零售贸易、餐饮业

2010年，福建省以加快转变、跨越发展为主线，促增长、调结构、统城乡、惠民生。全省消费品市场保持了平稳较快的增长势头。全年全省实现社会消费品零售总额再创新高，突破5000亿元大关，达5310.03亿元，比上年增长18.5%。“十一五”期间，社会消费品零售总额年均增长17.7%，增幅比“十五”期间提高5.6个百分点。

分城乡观察，城镇市场占据市场主力。2010年，城镇市场实现消费品零售额4725.87亿元，比上年增长19.6%；乡村市场实现零售额584.14亿元，增长10.2%。城镇消费品零售额增长幅度高于乡村9.4个百分点。城镇市场对社会消费品零售总额增长的贡献率达93.5%，拉动社会消费品零售总额增长17.3个百分点。

从具体的消费品看，2010年，高档家电、住房、汽车、成品油、电子产品等成为消费热点，一是住房及家居类商品成为消费新亮点。2010年，全省限额以上批发零售业家用电器类、家具类、建筑装潢材料类零售额分别比上年增长50.2%、65.3%和67.8%，“十一五”期间，相关产品零售额年均分别增长21.2%、67.1%和56.7%。二是汽车消费成为拉动消费增长的主要动力。在刚性需求和优惠政策的双重刺激下，汽车消费的快速增长成为2010年福建省消费品市场的一大亮点，同时也成为推动消费增长的主要动力。全年限额以上批发零售企业实现汽车类零售额535.01亿元，增长36.0%，拉动全省社会消费品零售总额增长3.2个百分点。“十一五”期间，汽车类零售额年均增长33.0%。三是石油及制品类呈现恢复性增长。在车市不断升温和国际原油价格不断回升的双重影响下，石油及制品类扭转上年负增长的态势，实现快速增长。2010年，石油及制品类实现零售额401.75亿元，比上年增长34.7%，拉动全省社会消费品零售总额增长2.4个百分点。四是健康消费、知识消费、娱乐消费成为消费时尚。2010年福建省限额以上批发和零售企业实现体育娱乐用品类零售额增长8.3%，书报杂志类增长34.4%，文化办公用品类增长40.5%。“十一五”期间，相关产品零售额年均分别增长28.5%、21.4%和51.3%。

从各种零售业态看，近年来，现代营销方式和新型流通业态蓬勃发展，随着商业经营形式发生巨大变革，多种零售业态遍地开花，大型购物中心、仓储式超市、超级市场、百货店、专业店、专卖店、便利店、网上商店等显示了强大的生命力。2010年，全省限额以上零售企业中，专业店实现零售额773.29亿元，比上年增长36.0%；专卖店实现零售额534.81亿元，增长37.2%；大型超市实现零售额180.31亿元，增长18.8%；百货商店实现零售额110.43亿元，增长24.7%；购物中心实现零售额29.67亿元，增长38.5%；便利店实现零售额3.85亿元，增长55.3%；网上商店实现零售额1.13亿元，增长3.2倍。

分地区看，沿海地区优势明显。2010年，全省各设区市社会消费品零售均保持两位数以上的增长速度。沿海的福州、厦门、泉州、漳州4个设区市2010年分别实现社会消费品零售总额1624.28亿元、685.02亿元、1234.43亿元和472.63亿元，分别比上年增长21.3%、21.0%、17.0%和18.1%，分别拉动全省社会消费品零售总额增长6.4个百分点、2.7个百分点、4.0个百分点和1.6个百分点，4个设区市零售额占全省的比重达75.6%。莆田、三明、南平、龙岩和宁德社会消费品零售总额分别为290.37亿元、245.58亿元、262.04亿元、312.17亿元和234.64亿元，分别增长18.0%、18.8%、16.3%、19.2%和16.1%。

（摘编：张琛）

福建省限额以上批发零售贸易、餐饮业企业基本情况

（2010年）

项　目	批发业			零售业			餐饮业		
	法人企业（个）	销售总额（万元）	从业人员（人）	法人企业（个）	销售总额（万元）	从业人员（人）	法人企业（个）	营业收入（万元）	从业人员（人）
合　计	2181	122996	63747147	1743	19294009	158242	552	1034760	70206
内资企业	2104	109479	60871896	1671	14753214	130117	496	736617	52092
#国有企业	179	27543	11822127	69	1013980	6172	25	37853	3113
集体企业	31	2078	331416	64	133739	3048	8	7020	555
有限责任公司	809	31876	19364491	505	6162845	51987	82	98440	9320
股份有限公司	43	9311	12003619	44	2034079	10740	4	4284	471
私营企业	990	37097	16529896	944	5104966	55946	351	567412	37087
其他企业	33	1024	505745	30	212774	1632	25	19729	1426
港澳台商投资企业	43	8029	1904006	25	884883	11891	32	131074	7292
外商投资企业	34	5488	971244	47	3655912	16234	24	167070	10822

2-5-5 旅行社业

2010年，福建省旅行社行业取得了较好的成绩。全省旅行社入境旅游业务收入为12.20亿元，比上年增长62.3%，占全省旅行社旅游业务营业收入总额的14.5%，比上年提高1.2个百分点；国内旅游业务收入56.71亿元，增长25.7%，占全省旅行社旅游业务营业收入总额的67.6%，下降6.4个百分点。入境旅游外联37.80万人次，增长18.9%；入境旅游外联165.30万人天，下降5.8%；入境旅游接待44.10万人次、103.50万人天，分别增长7.0%、1.7%。国内旅游组织245.25万人次，减少1.3%；国内旅游组织861.72万人天，增长18.2%；国内旅游接待458.44万人次，1041.31万人天，分别减少1.7%和26.6%。2006-2010年福建省旅游业发展情况见下表。

截止2010年底，福建省共有在册旅行社704家，其中，出境社41家，一般社663家。从地区分布看，厦门占19.7%，福州占18.3%，南平占16.1%，3个设区市旅行社数量占全省54.1%。

《旅行社条例》实施以来，极大鼓励了福建省旅行社从新整合、降低经营成本，推进网络化、集团化管理模式发展，做到统一采购、合理销售，提高集团企业的营业利润，增强市场竞争优势。2010年全省旅行社经营收入超亿元的企业有11家，分别为：厦门建发国际旅行社有限公司、福建省中国旅行社、福建省康辉国际旅行社股份有限公司、福建省旅游有限公司、福建春秋国际旅行社有限公司、厦门旅游集团国际旅行社有限公司、厦门航空国际旅行社有限公司、厦门春辉国际旅行社有限公司、福建省海外环球国际旅行社股份有限公司、福建省石狮市假日旅行社有限公司和厦门特茂国际旅行社有限公司。这11家旅行社的旅游收入占全省旅游业务总收入的52.5%。

从旅行社经营情况上看，2010年，福建省旅行社组织的入境游、国内游、出境游三项旅游业务中，国内旅游业务规模最大，营业收入56.71亿元，排在第一位；入境旅游业务规模次之，排在第二位；出境旅游业务排在第三位。入境游、出境游依然是福建省旅行社的主要增长点，特别是入境旅游收入达12.19亿元，比上年增长62.3%。

从旅行社体制上看，2010年，福建省旅行社中，有限责任公司数量最多，达450家，占总数的67.0%；私营企业83家，占总数的12.4%；国有企业75家，占总数的11.2%；集体所有制企业11家，股份有限公司企业36家，股份合作企业16家，联营企业1家。

2011年，国家旅游局公布了2010年度全国旅行社百强名单，福建共有7家入选，分别是：厦门建发国际旅行社有限公司（第二十九位）、福建省旅游有限公司（第三十三位）、福建省中国旅行社（第四十位）、福建省春秋国际旅行社有限公司（第五十三位）、厦门旅游集团国际旅行社有限公司（第五十七位）、福建省康辉国际旅行社股份有限公司（第七十一位）、厦门春辉国际旅行社有限公司（第八十一位）。

从全国情况看，截至2010年底，全国旅行社的总数为22784家，比上年增长了5.2%。东中部7个省的旅行社数量均超过1000家，其中，山东和江苏均超过1800家，增幅最大的为海南。2010年度旅行社数量排在前十位的地区依次为山东（1842家）、江苏（1805家）、浙江（1639家）、广东（1247家）、河北（1148家）、辽宁（1145家）、河南（1096家）、湖北（931家）、北京（905家）、安徽（904家），上述地区的旅行社总量占全国旅行社总量的55.6%。

从地区情况看，2010年，度旅行社组织国内旅游人次排名前十位的地区依次为广东、浙江、江苏、上海、四川、山东、湖北、湖南、辽宁、安徽。2010年度旅行社接待国内旅游人次排名前十位的地区依次为江苏、广东、四川、浙江、上海、山东、云南、湖北、湖南、辽宁。 （摘编：张琛）

福建省旅游业发展情况

（2006-2010 年）

项目	2006	2007	2008	2009	2010
国内旅游人数（万人次）	6779.60	8041.12	8562.19	9706.41	11417.07
#住宿设施接待人数	4333.13	4746.83	4678.00	5045.56	5902.00
居民家庭接待人数	429.47	430.44	447.57	519.79	599.81
一日游游客人数	2016.00	2863.85	3436.62	4141.06	4915.26
国内旅游收入（亿元）	693.50	838.17	851.62	955.18	1135.07
#外省游客消费	376.71	444.66	415.12	532.65	655.16
本省多日游游客消费	261.15	311.32	335.12	290.02	342.28
一日游游客消费	55.64	82.19	101.38	132.51	137.63
国内游客构成（%）					
一、按性别分					
男	58.9	56.0	55.9	55.7	57.0
女	41.1	44.0	44.1	44.3	43.0
二、按年龄分					
14 岁以下	1.4	2.3	1.3	1.4	0.9
15-24 岁	23.4	21.8	22.2	19.4	18.8
25-44 岁	50.0	46.7	48.3	52.4	54.9
45-59 岁	20.0	22.6	22.0	21.2	20.4
60 岁以上	5.2	6.6	6.1	5.5	5.0
国内游客消费构成（%）					
#交给旅行社	13.6	12.7	9.8	13.0	11.5
长途交通	19.3	17.8	17.6	17.2	24.0
住宿	14.8	12.8	12.3	12.9	17.1
餐饮	12.1	12.3	12.9	13.2	12.5
购物	15.4	17.5	18.3	17.4	17.0
游览	7.1	6.8	8.1	7.2	5.9
娱乐	4.6	5.3	5.7	6.0	5.1
市区交通	2.6	2.7	2.9	3.0	2.3
邮电通讯	1.6	1.8	2.4	1.9	1.2
其他	8.9	10.3	10.0	8.1	3.4

2-5-6 饭店业

截至2010年12月31日，福建省经评定批准的星级饭店共有417家，新评的星级饭店有34家，其中，五星级5家，四星级13家，三星级16家。客房总数为50835间（套），床位数为87434个。2010年被取消的星级饭店31家。2010年，全省五星级饭店营业收入为19.57亿元，比上年增长20.8%。2010年，营业收入超亿元的饭店有10家，增加2家，分别是：福州香格里拉酒店、福州世纪金源大饭店、厦门喜来登酒店、厦门京闽中心酒店、泉州酒店、厦门悦华酒店、福州西湖大酒店、漳州宾馆、福清融侨大酒店、厦门马哥孛罗东方大酒店。2010年福建省营业收入排名前十位四、五星级饭店见下表。

基础设施方面，2010年，福建省四星级饭店在维修改造方面的投入总计3.11亿元，平均每家饭店投入约350万元；五星级饭店在维修改造方面的投入总计1670.5万元，平均每家饭店投入约87.92万元。其中，福清兰天大酒店投资2300多万元完成附属设施和餐厅的改造；厦门京闽中心酒店、厦门日月谷酒泉度假村、石狮五洲大酒店和武夷山庄等都投入1000多万元用于设施设备更新改造。

培训方面，福建省各星级饭店加大规范化、专业化培训力度，服务技能和服务水平明显提长，宾客满意度增加。如：厦门悦华酒店采取多样化分层次递进培训方式，全年培训11959课时；福州世纪金源大饭店全年培训568人次，同时进行英语培训1024人次；武夷山风景高尔夫酒店培训1000余人次；福州阳光假日酒店全年培训达65场次等。

精神文明建设方面，2010年，福建省各星级饭店积极参与了各项评选活动，提升了企业凝聚力和向心力。如：福州西湖大酒店、厦门京闽中心酒店均荣获“中国饭店金星奖”和“福建省劳动关系和谐企业”；厦门京闽中心酒店、厦门日月谷温泉度假村分别荣获世界和亚洲酒店“金橄榄奖”、“五星钻石奖”、“中国饭店金马奖”和“中国饭店星光奖”。

从全国饭店业情况看，截至2010年12月，我国星级饭店有14587家，其中，四星、五星级酒店的比例由10年前的7.7%升至18.7%。国内高星级酒店年均增长速度也超过10%。

随着我国经济和旅游产业的持续快速发展，加上上海世博会和广州亚运会的成功举办，2010年的经济型酒店行业经历了前所未有的蓬勃，步入健康快速的发展轨道。2010年，我国经济型酒店市场规模达180亿元，比上年增长36.0%，其中，电子商务市场规模达155亿元，占行业总收入的86%。行业前四大品牌市场规模达81.2亿元，占45%的市场份额。主要是由于电子商务平台能最大程度优化订房模式，减轻前台及呼叫中心的压力，压缩销售成本，目前酒店电子商务包括：互联网、呼叫中心、短信和手机WAP。以7天连锁酒店为例，其85%的入住客人来自网站、手机等线上预订渠道，电子商务程度居中国经济型酒店之首。

作为国内经济型酒店排名前三位的如家快捷酒店、7天连锁酒店、汉庭快捷酒店，2010年均取得了较大的成绩，2010年，如家快捷酒店依然保持行业领先地位，全年净收入达31.7亿元人民币，较上年增长21.8%；汉庭快捷酒店为17.4亿元，增长38.0%；7天连锁酒店为14.9亿元，增长31.3%，门店扩张方面，2010年如家快捷酒店新开分店208家，截至2010年12月31日，共有818家酒店投入运营，2011年计划新开酒店260至280家。2010年，7天连锁酒店新开分店231家，等于2008年和2009年两年新开店数的总和，创下了行业单年新开分店纪录，截至2010年12月31日，拥有在营酒店568家和56410间客房，规模达到2009年上市前的两倍。2010年，汉庭快捷酒店增开202家达438家门店，增幅高达86.0%。

（摘编：张琛）

福建省营业收入排名前十位四、五星级饭店

（2010 年）

排 名	酒店名称	星 级
1	福州香格里拉酒店有限公司	五
2	福州世纪金源大饭店	五
3	厦门喜来登酒店	五
4	厦门京闽中心酒店	五
5	泉州酒店	五
6	厦门悦华酒店	五
7	福州西湖大酒店	五
8	漳州宾馆	五
9	福清融侨大酒店	四
10	厦门马哥孛罗东方大酒店	四

2-5-7 交通运输业

“十一五”期间，福建省货运量年平均增长 10.4%，客运量年平均增长 6.8%；分别比“十五”时期提高了 3.9 个百分点和 2.1 个百分点。货物周转量年平均增长 13.6%，旅客周转量年平均增长 6.3%。沿海港口吞吐量年平均增长 10.7%，集装箱吞吐量年平均增长 12.0%。

2010 年，福建省交通运输业全面推进“大港口、大通道、大物流”建设，加快构建对外开放、对台交流、对接两洲、拓展中西部四大通道，加快构建两大枢纽、三大港口、“两纵三横”五条综合通道组成的综合交通网总体布局，生产经营呈现出较好的运行态势，各项指标同比增幅均有不同程度的提高。全年各种运输方式实现旅客发送量 7.72 亿人，比上年增长 1.4%；旅客周转量 648.76 亿人公里，增长 8.5%。各种运输方式实现货运量 6.62 亿吨，增长 13.6%；货物周转量 2983.52 亿吨公里，增长 20.4%。港口货物吞吐量为 3.27 亿吨，增长 6.8%，其中，外贸吞吐量 1.28 亿吨，增长 21.9%；集装箱吞吐量 868.42 万标准箱，增长 21.3%。

一、旅客运输情况

从旅客运输方式看，公路仍是福建省居民出行的主要选择方式。2010 年，公路旅客发送量完成 7.07 亿人，占福建省旅客发送总量的 91.6%，居第一位；铁路旅客发送量 0.36 亿人，占 4.7%；水运旅客发送量 0.15 亿人，占 1.9%；民航旅客发送量 0.14 亿人，占 1.8%。

（一）铁路运输

铁路旅客运输大幅增长。2010年，福建省境内铁路里程进一步延伸，福温、福厦高速铁路开通营运，带动了福建省铁路旅客运输量快速增长，全省铁路完成客运量0.36亿人，比上年增长74.7%；旅客周转量137.70亿人公里，增长32.9%；均居各运输方式首位；增速分别比上年提高了73.9个百分点和37.3个百分点。

（二）公路运输

2010年，受福温、福厦高铁开通营运影响，公路旅客运输全面下降。全年完成客运量7.07亿人，比上年下降1.2%；旅客周转量346.68亿人公里，下降3.8%，增幅分别比上年回落了5.8个百分点和10.4个百分点。全省100%乡镇通客车，90%建制村通客车；农村客运线路达2113条；农村客运车辆达8070辆。

（三）水路运输

2010年，全省水路完成客运量0.14亿人，比上年增长7.7%，旅客周转量2.14亿人公里，增长17.2%，增速与上年相比，分别上升了5.0个百分点和7.8个百分点。

（四）民航运输

2010年，随着国内经济复苏，消费需求增长，人们出行意愿增长以及两岸之间旅游合作步伐日益加快，居民赴台旅游与日剧增，两岸空中直航班机班次的增加等因素作用，全省完成客运量1356.10万人，比上年增长21.9%；旅客周转量162.23亿人公里，增长22.8%。

二、货运情况

2010年，福建省货物运输形势较好，各运输方式均呈上升格局。其中，公路货运量完成4.56亿吨，比上年增长13.0%，占全省货物运输总量的68.9%；水路货运量1.68亿吨，增长17.7%，占25.4%；铁路货运量和民航货运量分别增长3.7%和24.8%，分别占5.7%和0.03%。

（一）铁路运输

铁路货物运输量增幅明显回升。2010年，铁路完成货运量0.38亿吨，货物周转量184.20亿吨公里；分别比上年增长3.7%和0.8%，分别提高了5.1个百分点和12.9个百分点。

（二）公路运输

2010年，公路完成货运量4.56亿吨，比上年增长13.0%；货物周转量578.32亿吨公里，增长14.0%，增速分别比上年提高了7.9个百分点和9.1个百分点。

福建省作为全国十个甩挂运输试点省份之一，2011年，福建省政府研究制定了《福建省促进甩挂运输工作实施意见》，盛辉物流集团有限公司、厦门鸿达物流有限公司列入全国甩挂运输首批试点单位。

（三）水路运输

全省水路运输完成货运量1.68亿吨，比上年增长17.7%；完成货物周转量2218.88亿吨公里，增长24.2%；增速与上年相比，分别上升了23.8个百分点和19.7个百分点。

2010年，随着全球经济贸易的逐渐回暖以及我国国民经济的持续升温，煤炭、原油、矿石等大宗货物以及集装箱运输需求稳步增长，给我国航运企业带来巨大的市场空间和发展机遇，进口煤炭零关税政策进一步刺激从国外进口煤炭的需求。航运公司纷纷调整经营策略，积极挖掘新的大宗货源，大力开辟远洋航线，促进远洋货运快速增长。全年福建省远洋运输完成货运量0.15亿吨，比上年增长85.6%；货物周转量449.86亿吨公里，增长48.2%。

（四）民航运输

航空运输完成货送量15.81万吨，比上年增长24.8%；货运周转量2.12亿吨公里，增长26.2%。

三、港口生产持续续发展

2010年，随着福建省国民经济稳定发展，货物需求量持续增加，外贸进出口进一步回升，推动了港口生产的持续发展，全省沿海港口完成货物吞吐量 3.26 亿吨，比上年增长 6.8%；集装箱吞吐量 868.42 万标准箱，增长 21.3%；港口枢纽作用进一步提升。受外贸出口利好的刺激，2010 年全省外贸货物吞吐量 1.28 亿吨，增长 21.9%，高出内贸货物吞吐量 23.0 个百分点。分设区市看，厦门港继续保持亿吨港口地位。2010 年，厦门港吞吐量达到 1.27 亿吨，增长 14.7%；泉州港居第二位，吞吐量为 0.85 亿吨，增长 10.3%；福州港货物吞吐量为 0.71 亿吨，位居全省第三，下降 12.0%。

四、“两岸”运输发展态势良好

2010 年，两岸旅游合作步伐日益加快，居民赴台旅游与日剧增，随着旅客赴台旅游基础设施环境进一步完善，“小三通”客运服务的层次和水平进一步提高，各种依托客滚船运输的旅游项目增加。2010 年，闽台三通客运平稳发展，比上年增长 4.8%。福建沿海地区与台湾金、马、澎地区海上客运直航共运营 15497 航次，运送旅客 144.24 万人次，分别比上年增长 15.6%和 4.8%。其中，厦金航线客运量 127.93 万人次，增长 6.9%；两马航线客运量 5.85 万人次，下降 35.5%；泉金航线客运量 10.07 万人次，增长 16.8%。福建沿海地区与台湾金、马、澎地区海上客运自 2001 年开通以来，共运载旅客 654.94 万人次。其中，厦金航线 583.18 万人次，两马航线 39.40 万人次，泉金航线 31.35 万人次，湄洲金门航线 0.13 万人次，湄洲马祖航线 0.05 万人次，马祖宁德航线 0.03 万人次，厦门澎湖航线 0.80 万人次。福建沿海地区与台湾本岛海上客运直航共运营 209 航次，运送旅客 2.58 万人次。货运方面，福建沿海与台湾本岛集装箱直航共运营 2670 航次，运输集装箱 61.99 万标准箱，分别增长 17.6%和 15.5%，其中，重箱 46.91 万标准箱，空箱 15.08 万标准箱。

五、运输能力大幅提升

2010 年全省完成交通运输投资 1206.35 亿元，比上年增长 34.7%；在交通运输投资中，公路、水路交通投资达到 670.69 亿元，增长 27.9%；其中，高速公路投资 458.32 亿元。列为省委、省政府为民办实事项目的农村公路改造工程，2010 年完成投资超 17 亿元，建成水泥路 2850 公里，超额完成下达任务 2400 公里。

2010 年，福建省交通路网进一步改善，全省公路通车里程达到 8.99 万公里，其中，海西网高速公路里程 2403 公里，新增高速公路 389 公里；铁路营业里程达到 2132 公里，其中，高速铁路里程为 504 公里。全省拥有生产性泊位达 443 个，比上年新增 19 个，其中，万吨以上深水泊位 122 个，10 万吨级以上深水泊位 19 个。港口吞吐能力达 3.22 亿吨，新增吞吐能力 3515 万吨；集装箱通过能力 1282 万标箱。疏港公铁建设加紧推进，宁德白马、湄洲湾南岸港口支线、罗源湾北岸、可门疏港铁路等一批直达港区的铁路专用线加快建设，构建厦门、福州、泉州、莆田等港口重点港区的疏港大道均与铁路网、高速公路网相连。

此外，2010 年福建省加快调整道路客运运力结构，逐步淘汰老旧运输车辆，提倡更新使用高档次、技术性能好、舒适性强、节能环保的客货运车辆；营运车辆逐步向大型化、专业化和高级化方向发展，客车平均座位、中高级客车比例稳步增加，高级客车占班线客车总数的比重达 73%。截至 2010 年 12 月底，全省 1832 辆省际客运车辆、2878 辆市际客运车辆、2868 辆市际旅游客运车辆已全部安装 GPS 车载终端；已有 4722 辆县际客运车辆安装 GPS 车载终端，占总数的 99.8%。

（摘编：张琛）

2-5-8 房地产业

2010年，在房地产宏观调控政策措施密集出台的背景下，福建省房地产市场总体保持较快增长，房价快速上涨势头得到初步遏制，保障性住房建设加快，调控效果初步显现。

一、开发投资保持较快增长

2010年，全省房地产开发投资1818.86亿元，比上年增长60.1%，增幅比上年提高59.5个百分点，占城镇投资的比重由2009年的20.0%提高到24.4%。"十一五"期间，全省房地产开发投资6004.15亿元，年平均增长27.5%。分类型看，商品住宅投资975.13亿元，增长31.2%，增幅提高30.2个百分点；办公楼投资49.67亿元，增长31.3%；商业营业用房投资162.33亿元，增长85.9%。分设区市看，投资增幅高于全省平均水平的有福州、宁德、南平、龙岩和漳州市，分别增长85.4%、80.1%、64.6%、62.8%和60.7%；莆田、泉州、厦门和三明市则分别增长38.8%、38.4%、34.5%和26.8%。

二、土地购置费大幅增加

2010年，福建省土地市场交易活跃，一些大型房地产企业如万科、保利、万达等全国知名企业出于战略储备、企业未来发展等因素考虑，纷纷进入福建市场，推动福建省土地购置较快增长。2010年，全省土地购置面积1532.47万平方米，比上年增长36.8%，增幅比上年提高32.7个百分点；土地成交价款849.92亿元，增长103.3%，增幅提高48.2个百分点；土地购置费支出764.99亿元，增长129.9%，增幅提高118.8个百分点，土地购置费形成的投资占全省房地产开发投资的比重达42.1%，提高12.8个百分点，对全省房地产开发投资的增长贡献率为63.3%，拉动房地产开发投资增长38.0个百分点。

三、新开工面积增势强劲

2010年，全省商品房施工面积14184.85万平方米，比上年增长21.6%，增幅比上年提高19.7个百分点，其中，住宅施工面积10570.84万平方米，增长19.5%。受土地管理政策尤其是对闲置土地处置力度的加大，已出让土地开发速度加快以及上年新开工基数较小的影响，2010年福建省新开工面积增势强劲，全省商品房新开工面积4679.56万平方米，增长93.1%，增幅提高106.7个百分点。"十一五"期间，全省商品房新开工面积16324.76万平方米，年平均增长16.3%。分类型看，住宅新开工面积3399.53万平方米，增长82.7%；办公楼新开工面积183.46万平方米，增长136.9%；商业营业用房新开工面积454.55万平方米，增长83.2%。分设区市看，厦门、福州和莆田市新开工面积增幅在1倍以上，分别增长189.8%、162.4%和152.9%；漳州、宁德、泉州、龙岩、三明和南平市分别增长73.5%、70.0%、63.8%、30.6%、21.5%和7.9%。

四、商品房销售下降

2010年，国家宏观调控政策的初步显现，全省商品房销售2575.65万平方米，由上年增长67.5%转为下降5.4%。其中，住宅销售2139.26万平方米，由上年增长93.7%转为下降11.6%，占全省商品房销售面积的83.1%，比上年回落5.8个百分点。调控政策在抑制投资性需求方面取得一定成效，但一些刚性需求也受影响。2010年一季度，住宅销售增长20.0%；二季度，国家调控政策的出台，特别是"信贷政策"调整，住宅销售出现负增长，下降20.5%；三季度，市场观望心理加强，住宅销售降幅扩大，下降38.9%；四季度，受通胀、人民币升值预期等因素的影响，市场成交再度回升，住宅销售增长速度由负转正，增长5.6%。

五、企业自筹资金比重上升

2010年，全省房地产开发企业本年到位资金2527.86亿元，比上年增长30.5%，增幅比上年回落5.2个百分点，比前三季度、上半年和一季度分别回落6.2个百分点、14.9个百分点和38.4个百分点，企业资金到位情况逐渐趋紧。其中，国内贷款436.09亿元，增长10.5%；利用外资18.17亿元，增长31.2%；自筹资金1016.44亿元，增长121.8%；其他资金来源1057.16亿元，下降1.3%。与2009年各资金来源的比重相比，自筹资金比重上升较快，提高了16.6个百分点，其中，自有资金比重上升14.3个百分点；利用外资比重持平；国内贷款比重下降3.1个百分点；其他资金来源比重下降13.5个百分点，其中，定金及预收款比重下降6.1个百分点，个人按揭贷款比重下降8.0个百分点。

（摘编：张琛）

福建省房地产开发投资完成情况

（2006-2010年）

项　目	2006	2007	2008	2009	2010
企业个数（个）	2755	2693	3268	3316	3634
完成投资额（亿元）	787.36	1132.49	1129.09	1136.35	1818.86
本年资金来源（亿元）	1465.59	2132.59	1890.40	2253.30	3093.69
#国内贷款	292.36	464.10	313.56	394.65	432.46
利用外资	14.47	22.77	41.02	13.86	18.17
自筹资金	311.88	476.00	425.50	458.17	1099.64
施工面积（万平方米）	6992.74	9651.58	11459.72	11668.17	14189.73
#新开工面积	2497.01	3927.10	2797.74	2423.35	4679.56
住宅	5393.09	7504.40	8647.71	1860.99	3399.53
本年竣工面积（万平方米）	1408.32	1711.33	1906.15	2240.26	2242.47
#住宅	1128.59	1344.42	1422.84	1690.85	1715.87
土地购置面积（万平方米）	1693.29	1653.85	1076.24	1120.61	1540.42
商品房屋销售额（亿元）	807.46	1134.52	712.61	1477.83	1611.32
#住宅（亿元）	637.34	938.32	562.26	1299.09	1300.13
商品房屋销保面积（万平方米）	2021.69	2421.97	1625.67	2723.23	2575.62
#住宅（万平方米）	1743.39	2096.39	1250.00	2420.83	2139.26

区域概况

三

3-1 各设区市金融机构人民币主要存贷款情况

3-1-1 各设区市金融机构人民币各项存款情况

（2006-2010 年）　　单位：亿元

地　区	2006	2007	2008	2009	2010
合　计	**8759.94**	**9922.25**	**11643.69**	**14522.24**	**17985.12**
省　级	63.80	-3.29	100.82	55.82	75.10
福州市	2896.25	3290.11	3858.76	4740.58	5909.42
厦门市	1830.70	2234.58	2430.42	3160.42	3961.84
莆田市	377.84	398.81	474.17	594.96	716.27
三明市	402.20	425.51	513.12	637.24	754.47
泉州市	1646.04	1851.28	2175.04	2685.74	3276.23
漳州市	519.21	603.15	707.94	856.47	1085.49
南平市	400.99	419.36	498.11	621.74	751.86
龙岩市	351.71	410.70	520.70	683.64	784.76
宁德市	271.21	292.03	364.61	485.63	669.68

注：以上数据不含外资银行。

3-1-2 各设区市金融机构人民币各项贷款情况

（2006-2010 年）　　单位：亿元

地　区	2006	2007	2008	2009	2010
合　计	**6338.56**	**7913.37**	**9430.03**	**9430.03**	**15006.91**
省　级	41.34	51.61	244.10	244.10	119.67
福州市	2179.59	2640.45	3078.22	3078.22	4953.91
厦门市	1369.58	1804.05	2101.73	2101.73	3165.14
莆田市	228.60	294.41	346.28	346.28	616.71
三明市	286.73	347.09	407.02	407.02	694.76
泉州市	1127.84	1373.27	1589.77	1589.77	2600.56
漳州市	325.71	413.56	481.91	481.91	798.97
南平市	267.23	328.64	389.35	389.35	615.25
龙岩市	269.31	343.43	393.73	393.73	723.39
宁德市	242.62	316.85	397.91	397.91	718.56

注：以上数据不含外资银行。

3-2 各设区市环境保护主要指标

3-2-1 各设区市工业“三废”排放及处理率情况

（2010年）

地区	工业废水		工业废气					
	排放达标率（%）	重复用水率（%）	二氧化硫去除率（%）	烟尘去除率（%）	工业粉去除率（%）	二氧化硫排放达标率（%）	烟尘排放达标率（%）	工业粉尘排放达标率（%）
合计	**98.68**	**64.65**	**50.86**	**98.67**	**97.60**	**98.00**	**95.21**	**98.23**
福州市	94.96	70.44	54.51	99.38	99.57	99.04	99.84	99.92
厦门市	99.97	90.43	25.30	99.64	95.66	100.00	100.00	100.00
莆田市	97.32	42.29	52.73	97.34	49.94	99.30	96.53	97.06
三明市	97.90	84.80	16.35	98.32	98.82	95.72	96.51	94.58
泉州市	99.84	83.00	59.79	97.78	95.73	99.95	100.00	99.98
漳州市	99.62	27.54	82.52	99.21	94.92	95.84	94.43	97.19
南平市	94.01	51.26	0.20	97.39	98.20	93.08	87.07	90.39
龙岩市	98.42	89.13	32.09	99.16	94.61	99.84	99.47	99.54
宁德市	92.13	37.22	76.29	99.23	29.93	95.27	85.48	94.67

3-2-1 续表

（2010年）

地区	工业固体废物							
	综合利用率（%）	贮存率（%）	处置率（%）	排放率（%）	工业锅炉烟尘排放达标率（%）	工业炉窑烟尘排放达标率（%）	工业锅炉 SO_2 排放达标率（%）	工业炉窑 SO_2 排放达标率（%）
合计	**82.89**	**1.44**	**15.78**	**0.05**	**89.81**	**76.42**	**82.77**	**74.45**
福州市	80.41	3.06	17.72	0.04	99.73	97.08	99.73	97.45
厦门市	87.27	5.51	7.23		100.00	100.00	100.00	100.00
莆田市	95.71	3.17	0.65	0.47	68.46	22.41	67.79	22.41
三明市	59.96	2.18	37.95	0.13	93.49	78.59	91.95	76.64
泉州市	95.64	1.64	2.75		99.89	95.28	99.66	96.31
漳州市	98.58	0.35	1.11		75.62	42.50	50.69	33.00
南平市	75.99	5.71	18.18	0.26	80.89	67.09	52.45	44.30
龙岩市	87.25	0.18	12.59	0.01	100.00	97.00	100.00	96.00
宁德市	89.05	6.06	4.81	0.08	58.15	42.80	55.43	46.50

3-2-2 各设区市工业污染排放及处理利用情况

（2010 年）

项 目	全省	福州市	厦门市	莆田市	三明市
汇总工业企业数（个）	6080	539	394	424	934
“三废”综合利用产品产值（万元）	375029	21566	4521	2393	109233
企业专职环保人员数（人）	5032	593	535	221	917
废水治理设施数（套）	3153	410	303	116	619
废水治理设施处理能力（万吨/日）	1135.44	142.85	27.10	11.87	314.02
废水治理设施运行费用（万元）	126817	21698	10768	6207	25274
工业废水处理量（万吨）	168250.28	20591.14	5517.32	1537.61	34407.21

3-2-2 续表

（2010 年）

项 目	泉州市	漳州市	南平市	龙岩市	宁德市
汇总工业企业数（个）	1475	779	562	300	673
“三废”综合利用产品产值（万元）	28969	6961	6691	194348	348
企业专职环保人员数（人）	1025	691	366	451	233
废水治理设施数（套）	662	398	252	243	150
废水治理设施处理能力（万吨/日）	117.88	401.39	39.32	71.59	9.43
废水治理设施运行费用（万元）	26098	16646	10622	7395	2110
工业废水处理量（万吨）	21068.18	67131.60	10109.82	6508.55	1378.85

3-3 各设区市内资企业

（2010

项 目	全省	福建省局	福州市	厦门市
总 计				
年末企业单位数	51418	1386	9055	8281
#法人企业	23741	1202	4239	4516
年末注册资金（亿元）	3814.36	847.78	318.55	1285.80
本年开业数	2125	30	338	468
本年注销数	4227	23	1016	689
一、国有企业				
年末企业单位数	10466	637	1892	1048
#法人企业	5179	605	861	532
注册资金（亿元）	437.63	131.98	56.15	91.80
本年开业数	260	2	61	31
本年注销数	473	14	106	111
二、集体企业				
年末企业单位数	17472	198	3826	939
#法人企业	8882	197	2467	774
注册资金（亿元）	118.84	8.57	31.43	12.96
本年开业数	353		72	2
本年注销数	787	3	144	200
三、股份合作企业				
年末企业单位数	3148	1	259	86
#法人企业	2328	1	129	86
注册资金（亿元）	119.66	0.30	13.07	5.52
本年开业数	67		2	4
本年注销数	76		4	15
四、公司				
年末企业单位数	19064	538	2780	5957
#法人企业	7161	387	711	3085
注册资金（亿元）	3067.60	705.85	205.76	1162.79
本年开业数	1420	28	203	423
本年注销数	752	6	104	330
五、其他企业				
年末企业单位数	1268	12	298	251
#法人企业	191	12	71	39
注册资金（亿元）	70.62	1.09	12.15	12.73
本年开业数	25			8
本年注销数	2139		658	33

工商登记注册情况

年）

单位：个

莆田市	三明市	泉州市	漳州市	南平市	龙岩市	宁德市
2532	3950	8300	6059	4438	4098	3319
1190	1789	3800	2579	2022	1290	1114
136.58	133.93	522.53	180.76	127.10	172.12	89.19
141	133	249	325	197	157	87
196	472	1019	281	333	123	75
367	917	1322	1056	1256	1086	885
197	385	608	684	674	311	322
11.81	24.24	46.46	24.75	27.13	15.03	8.29
18	8	52	21	39	18	10
14	30	46	48	44	40	20
1051	1369	2785	2908	1639	1514	1243
504	866	1115	1028	956	540	435
10.28	7.41	23.68	9.07	5.69	7.35	2.41
10	26	26	135	16	43	23
34	49	57	130	99	49	22
141	50	1476	530	105	266	234
124	49	1411	316	58	76	78
5.02	3.85	57.45	12.40	3.30	14.79	3.96
		30	27	2		2
5		26	17	2	3	4
966	1456	2330	1552	1307	1224	954
359	465	655	541	327	355	276
108.81	83.84	372.95	134.33	84.44	134.35	74.49
113	99	141	142	124	95	52
8	50	61	86	47	31	29
7	158	387	13	131	8	3
6	24	11	10	7	8	3
0.67	14.60	21.99	0.20	6.54	0.60	0.06
				16	1	
135	343	829		141		

3-4　各设区市私营企业工商登记注册情况

（2010 年）

地　区	户　数（户）	从业人员（人）	出资金额（亿元）
总　计	266693	2404334	10300.00
省局本部	2177	15988	878.23
福州市	57281	448109	2058.29
厦门市	73556	558983	1846.39
莆田市	10931	91964	447.67
三明市	13517	156918	601.42
泉州市	51766	606018	2105.00
漳州市	18039	157632	739.52
南平市	13966	127751	516.81
龙岩市	11288	135279	523.27
宁德市	14172	105692	583.38

3-5　各设区市个体户工商登记注册情况

（2010 年）

地　区	户　数（户）	从业人员（人）	资金数额（亿元）
总　计	755961	1832909	322.22
福州市	129400	258754	45.19
厦门市	97523	585138	27.77
莆田市	49354	100580	31.35
三明市	65921	124699	29.05
泉州市	142706	281957	74.10
漳州市	88744	147080	26.32
南平市	60629	116841	32.26
龙岩市	62300	114952	32.78
宁德市	59384	102908	23.41

3-6 各设区市工业发展概况

福州 2010年，全市上下认真贯彻党的十七大及十七届四中、五中全会精神和胡锦涛总书记等中央领导同志来闽考察的重要讲话精神，围绕科学发展、跨越发展，加快转变经济发展方式，加速度、强投入、调结构，全市工业经济运行总体上呈现出较为稳健的增长势头。全市完成规模以上工业总产值4528.56亿元，比上年增长22.6%；实现规模以上工业增加值1076.33亿元。

2010年福州市工业经济运行呈现以下特点：

一是工业产业结构调整加快。重点扶持英冠达电子、力恒锦纶、德盛镍业等180项工业新增长点项目。戴姆勒汽车、中铝瑞闽、捷星显示等30项重点工业项目竣工投产，锦源纺织、悦得软包装等25项重点工业项目动工建设。

二是主导产业增长明显。电子信息、交通运输、纺织化纤、冶金等主导产业继续保持较快增长，产品竞争力不断增强。福建德盛镍业有限公司、东南(福建)汽车工业有限公司、福建星网锐捷通讯股份有限公司等15家列入高增长培育计划企业发展强劲，全年增长50%以上；福建捷联电子有限公司、福建华冠光电有限公司等21家企业列入省培育百亿元大企业、大集团，全年工业总产值超过1100亿元，增长30%以上。通信设备、计算机及其它电子设备制造业完成工业总产值722.83亿元，增长25.3%，超出全市规模以上工业平均水平2.7个百分点，对全市规模以上工业贡献率达18.3%，拉动全市规模以上工业增长4.1个百分点；交通运输设备制造业完成工业总产值353.87亿元，增长52.9%；纺织业完成工业总产值379.24亿元，增长19.9%；黑色金属冶炼及压延加工业完成工业总产值333.69亿元，增长27.6%。

三是工业经济效益显著提升。2010年，福州市工业经济效益综合指数达223.9，比上年提高25.6个点；实现利润总额323.64亿元，增长65.2%；产销衔接良好，产销率为96.9%，比上年提高0.4个百分点。

四是高新技术产业得到大力发展。2010年，福州市高新技术产业总产值突破1500亿元。全市已认定高新技术企业250家，上市企业25家。福州软件园拥有软件及电子信息等各类企业442家。福州市高新区拥有各类企业207家，其中，经认定的高新技术企业81家，实现高新技术产品产值358.80亿元，增长11.8%；利税31.00亿元，增长6.9%；出口创汇11.97亿美元，增长5.0%。

五是科技自主创新能力不断增强。全市已有2家国家级、48家省级、75家市级工业企业建立技术中心，福建星网锐捷通讯股份有限公司、福建新大陆科技集团有限公司被评为国家级创新型企业，福建福晶科技股份有限公司、福耀玻璃工业集团股份有限公司、福建邮科通信技术有限公司被评为国家级创新型（试点）企业。全市共实施星火计划59项，其中，国家级3项；火炬计划65项，其中，国家级13项。全市共有57项科技成果获得市科技进步奖。

六是质量技术监督不断加强。全市质量技术监督部门共抽查3452家企业产（商）品，4180批次，合格率为95.2%，其中，生产领域抽检1862家企业产品，1903批次，合格率为93.0%；流通领域抽检1590家企业商品2277批次，合格率为97.0%。共有101项产品获得“福建名牌产品”称号。全市共有13家企业21项产品采用国际标准或国外先进标准，法定计量技术机构8个，强制检定计量器具4.18万台件，增长18.9%。

厦门 2010年，受国内经济形势较好和国外市场探底趋稳的带动，厦门市工业产销两旺，工业生产持续快速增长。

2010年，厦门市规模以上工业完成工业总产值3772.22亿元，比上年增长33.1%，产值总量位列全省第三，增幅名列全省第二；实现工业增加值869.47亿元，增长23.1%，全年工业拉动GDP增长9.9个百分点，工业增加值占GDP的比重为42.3%，比上年提高3.3个百分点。

分产品看，规模以上工业产品中，彩色电视机573.13万台，增长96.3%；移动电话1064.25万部，增长59.6%；罐头40.02万吨，增长9.1%；软饮料191.36万吨，增长8.2%。

2010年厦门市工业经济运行呈现以下特点：

一是主导产业拉动作用明显。2010年，全市电子、机械、化工三大支柱行业共有规模以上工业企业1263家，占全市企业数的56%；完成工业总产值2769.31亿元，占全市规模以上工业的75.4%，行业集中度较上年提高2.0个百分点；对全市工业增长的贡献率为81.9%，拉动全市工业增长27.8个百分点。全年电子行业完成工业总产值1332.41亿元，增长42.1%；机械行业完成工业总产值944.13亿元，增长31.1%；化工行业完成工业总产值492.76亿元，增长28.6%。

二是十三条产业链有六条超过百亿元，两条超过五百亿。厦门市精心梳理、重点发展的十三条产业链，全年完成工业总产值2359.22亿元，占全市规模以上工业的64.3%，比上年增长32.6%，分别为汽车产业链、农副产品与食品加工产业链、工程机械产业链和现代照明和太阳能产业链，其中，计算机与通讯设备产业链、平板显示产业链规模已经超过500亿元。

三是新增企业生产形势良好。全年新增规模以上工业企业185家，完成工业总产值96.60亿元，实现产值增量79.11亿元，占全市产值增量的8.9%。

四是重点工业表现优异，支撑全市工业增长。全年规模以上工业产值超亿元的企业有434家，完成产值3142.18亿元，占全市工业总产值的85.6%，实现产值增量795.17亿元，对全市工业增长的贡献率达到89.6%。打造海西乃至全国重要的平板显示（光电）生产基地，近年大量引进了台湾平板显示（光电）制造大企业，出现了如友达光电、宸鸿科技、冠捷显示、乐捷显示、达运精密等一大批产值规模大、订单来源稳、增长潜力足、科技含量高的企业，为全市工业增长做出重要贡献。

五是产销衔接良好。全年规模以上工业累计完成工业销售产值3651.20亿元，产销率为99.5%，比全省平均水平高出1.6个百分点，在全省九地市中稳居第一。完成出口交货值1561.46亿元，比上年增长32.6%，出口交货值率42.8%。

六是工业经济效益大幅度提高。2010年，规模以上工业经济效益综合指数为202.2，比上年提高20.6个点。其中，总资产贡献率13.9%，上升1.6个百分点；资本保值增值率121.4%，上升5.6个百分点；资产负债率53.2%，下降0.1个百分点；流动资产周转率2.1次，加快0.1次；成本费用利润率8.0%，上升0.6个百分点；全员劳动生产率13.74万元/人，增长18.4%。实现利润总额272.34亿元，增长44.3%。

莆田　2010年，莆田市工业战线按照“以港兴市、工业强市”发展战略，围绕“做大总量、提升质量”和“调结构、扩内需、保增长”发展思路，以加速融入海峡西岸经济区为契机，加大工业生产力度，工业经济实现又好又快发展。2010年，全市全部工业实现工业增加值390.20亿元，按可比价格计算比上年增长20.0%，实现工业总产值1366.36亿元，增长29.0%。其中，规模以上工业产值1266.21亿元，增长30.9%。

分行业看，规模以上工业产值中，家具制造业增长123.9%，电气机械及器材制造业增长54.8%，通用设备制造业增长50.4%，有色金属冶炼及压延加工业增长50.1%，仪器仪表及文化、办公用机械制造业增长38.5%，纺织服装、鞋、帽制造业增长30.5%。

分产量看，规模以上工业主要产品产量中，日用玻璃制品11.92万吨，增长1.1倍；涂料5.45万吨，增长73.3%；表253.20万只，增长61.2%；罐头11.09万吨，增长40.1%；水泥熟料7.14万吨，增长33.8%。

2010年莆田市工业经济运行呈现以下特点：

一是工业总量实现质的突破。2010年，全市规模以上工业总产值突破千亿大关，达1266.21亿元，比上年增长30.9%，增幅比上年提高10.2个百分点，增幅居全省九设区市第四位，比全省平均增速高4.3个百分点。

二是重工业比重提高，拉动作用增强。2010年，莆田市重工业企业在LNG等临港重化工业项目的高增长拉动下完成工业总产值390.24亿元，占规模以上工业总产值的比重达30.8%，比上年提高1.1个百分点；增速达36.9%，比轻工业增速快7.1个百分点。

三是民营、国有工业引领全市工业发展。2010年，莆田市民营工业企业完成工业总产值956.02亿元，比上年增长31.2%，民营工业对全市规模以上工业经济增长的贡献率达74.2%，比上年提高9.6个百分点，拉动全市规模以上工业增长23.7个百分点。在2009年LNG、莆田燃气电厂、福煤风电等国有企业投产翘尾因素的拉动下，国有工业实现工业总产值79.77亿元，增长70.6%，增幅高于全市规模以上工业平均增幅38.7个百分点，增幅居全市各经济类型首位。

四是企业效益提升，税源增加。2010年，全市规模以上工业经济效益综合指数达231.8，比上年提高15.9个点；实现主营业务收入1235.94亿元，比上年增长34.6%；利润总额47.25亿元，增长45.2%；全年产销率达99.2%，提高0.6个百分点；实现税金总额25.42亿元，增长24.2%，成为全市税收重要增长极。

五是结构调整显成效，节能降耗有新进展。2010年，高新技术行业完成工业总产值117.70亿元，比上年现价增长35.5%，高于全市规模以上工业企业增长平均水平3.6个百分点。其中，电子及通信设备制造业增长36.8%；电子计算机及办公设备制造业增长41.3%。2010年万元工业增加值能耗0.45吨标准煤，比上年下降6.2%，清洁能源结构比重升至43.5%。

六是工业增长由外需拉动型向内、外需拉动型并重转变。2010年，规模以上工业企业实现出口交货值270.70亿元，比上年增长20.7%，但比销售产值增幅低12.0个百分点，占销售产值的比重为21.6%，比上年降低2.1个百分点。

三明　2010年以来，围绕市委、市政府“突出工业、提升工业”的产业思路，全市上下进一步优化发展环境、突破重大工业项目、扩张工业总量、加强资源整合、加强企业自主创新，全力推动工业跨越发展。同时不断强化运行监测调度，加大服务企业力度，加快推进产业转型升级，努力克服6月中旬至7月上旬特大暴雨灾害造成的不利影响，工业经济保持平稳快速运行态势。

2010年，三明市规模以上工业完成增加值415.61亿元，比上年增长22.6%，增幅比全省平均水平高4.2个百分点；“十一五”期间，全市规模以上工业增加值年均增长22.7%，比“十五”时期提高11.0个百分点。实现工业总产值1328.97亿元，增长26.2%。在规模以上工业企业中，国有企业、股份制企业和外商及港澳台投资企业分别完成增加值11.86亿元、320.44亿元和38.02亿元，分别增长3.0%、24.7%和17.2%。

从行业看，在规模以上工业的37个行业大类中，有12个行业增加值总量在10亿元以上，其中增长较快的有：食品制造业比上年增长56.7%；通用设备制造业增长 36.4%；非金属矿采选业增长 35.0%；电力、热力的生产和供应业增长 33.2%。在规模以上工业中，八大产业实现增加值 374.81 亿元，增长 21.3%，占规模以上工业的 90.2%。高技术产业增加值 7.96 亿元，比上年增长 32.6%。

规模以上工业企业实现利润 36.46 亿元，比上年增长 1.3 倍。其中，股份制企业实现利润 25.90 亿元，增长 1.4 倍；外商及港澳台投资企业实现利润 4.17 亿元，增长 1.0 倍；私营企业实现利润 19.99 亿元，增长 87.3%；国有及国有控股企业实现利润 9.07 亿元，增长 4.6 倍。

规模以上工业产品中，化学原料药产量 623.01 万吨，增长 138.5%；粗钢产量 431.74 万吨，增长 2.9%；钢材产量 490.21 万吨，增长 2.5%；发电量 83.33 亿千瓦小时，增长 46.5%；原煤 740.97 万吨，增长 11.2%；水泥 1569.98 万吨，增长 7.4%。

2010 年三明市工业经济运行呈现以下特点：

一是非公有制企业呈现出蓬勃的发展势头，对地方财力的贡献持续增强。截至 2010 年底，全市非公有制企业总数超过 1.4 万家，产值超亿元非公有制企业总数达 174 家，纳税超百万元非公有制企业总数达 472 家。2010 年，全市非公有制企业上缴税收首次突破 60 亿元大关，达 62.26 亿元，占全市税收总额的 70.7%，非公有制经济真正实现“三分天下有其二”。

二是加快发展方式转变，推进产学研合作。2010 年，三明市通过各种形式，引导企业加快发展方式转变，推进产学研合作，鼓励企业加大科研投入，开展自主创新和技术改造，培育自主品牌，推动企业调整结构，不断提高核心竞争力。如：福建省某生物集团公司研发的 L-苯丙氨酸技术填补国内空白，2010 年实现产值 2 亿多元，占国内 60% 以上的市场份额，正在建设的年产 8000-10000 吨 L-苯丙氨酸项目，将大大提升公司的国际竞争能力。三明市某机械铸造公司 AOD 炉精炼产品成功进入了法国 ALSTOM 电力集团和西门子等世界五百强企业供应商名录，并为其部分核电站进行产品配套。三明某建材公司节能建材项目被国家列为新增 1000 亿中央投资十大节能工程、循环经济和重点流域工业污染治理工程项目。

泉州　2010 年，泉州市把准经济健康发展脉搏，积极调整产业结构，转变经济增长方式，工业经济运行整体状况良好。全市规模以上工业生产呈现高位运行，全年规模以上工业产值增幅创近年来新高，保持较快增长中趋于稳定。2010 年，完成工业总产值 6230.46 亿元。

分经济类型看：2010 年，外商及港澳台商企业成中坚力量，拉动规模以上工业增长 13.2 个百分点；股份合作企业表现突出，拉动规模以上工业增长 1.6 个百分点。

分行业大类看：35 个行业中有 4 个行业产值增幅超过 50%，分别是：有色金属矿采选业、石油加工及炼焦业、燃气生产和供应业、化学原料及化学制品制造业。有 9 个行业产值增幅在 24%-50%。

2010 年泉州市工业经济运行中呈现的特点：

一是工业对经济增长贡献率近七成。2010 年，泉州市全部工业完成增加值 1961.62 亿元，增长 16.4%，对经济增长的贡献率达到 69.4%，拉动 GDP 增长 8.9 个百分点，是推动全市经济较快增长的主要因素。工业实现较快增长的主要动力是规模以上工业，全部工业总产值增长 21.9%，规模以上工业总产值增长 24.0%，对全部工业总产值增长的贡献率达到 95.4%。

二是工业企业不断做大做强，亿元企业突破千家。全年产值超亿元企业数量突破千家，达 1096 家，共实现产值 4810.79 亿元，占规模以上工业产值的 77.2%，拉动规模以上工业现价增长 25.0 个百分点，生产集中度不断提高。产值超亿元的千家企业主要分布在皮革、毛皮、羽毛（绒）及其制品业（195 家），纺织服装、鞋、帽制造业（170 家），非金属矿物制品业（127家），纺织业（92家）等传统优势产业。

三是传统产业和新兴产业争相竞逐、共同发展。全年五大传统产业实现产值3830.02亿元，比上年现价增长22.2%，其中，纺织鞋服产值超二千亿元大关，实现21.8%的较快增速，机械制造业实现34.7%的增长速度，其他三大传统产业也实现17%以上的增幅。同时五大新兴产业追赶步伐不断加快，全年实现产值超千亿，增幅达到57.6%。除修造船业较上年下滑外，其他四大新兴产业均实现35%以上增长速度，其中，石油化工业增幅62.3%。

四是工业生产结构调整有序推进。①高技术产业保持较强上升势头。全年高技术产业实现产值达109.23亿元，比上年现价增长38.0%，增幅高于规模以上工业9.6个百分点。其中，电子计算机外部设备制造和电子元器件制造业在市场需求不断扩大和龙头企业带动下实现266.4%和54.0%的高速增长。②“提重”调整成效显现。2010年以来泉州市重工业发展速度不断加快，全年重工业完成产值2593.24亿元，增长38.8%，高于轻工业增幅17.0个百分点，轻重工业比例由上年的61.4∶38.6调整为58.4∶41.6。③部分高污染、高耗能行业快速增长势头有所遏止。全年造纸业产值现价增长26.8%，比规模以上工业现价增速低1.6个百分点；黑色金属冶炼及压延加工业、有色金属冶炼及压延加工业、橡胶制品业和塑料制品业产值现价增幅均低于全市平均水平；非金属矿采选业继续下降，全年产值现价同比下降5.4%。

漳州　2010年，漳州市继续深入实施“工业强市”战略，积极采取有效措施，促进工业经济持续较快增长，运行质量稳步提高。全年全部工业总产值达2155.57亿元，比上年增长30.5%，其中，规模以上工业实现工业总产值1945.51亿元，增长33.4%，全部工业总产值和规模以上工业产值的增幅均创1995年以来新高；规模以上工业实现工业增加值534.63亿元，增长25.3%。

2010年漳州市工业经济运行呈现以下特点：

一是民营工业快速增长。2010年，漳州规模以上民营企业实现工业增加值220.60亿元，比上年增长43.0%，增幅同比提高13.2个百分点，对全市规模工业增长的贡献率达到59.8%。

二是亿元企业支撑有力。全市共有产值超亿元的工业企业372家，比上年增加107家，实现产值1397.19亿元，增长31.6%，占全市规模工业企业的71.8%。

三是重点产业聚集加快。2010年，漳州市石化工业、装备制造、特殊钢铁、食品工业等新的四大主导产业完成增加值332.94亿元，比上年增长31.9%。

四是县域工业增势强劲。2010年，漳州市8个县中有7个县规模以上工业增加值增幅高于全市平均水平，共实现工业增加值215.83亿元，比上年增长35.8%，增速高出全市规模以上工业平均水平10.5个百分点。

五是经济效益综合指数继续上扬。2010年，漳州市规模工业经济效益整体向好，经济效益综合指数整体呈上升走势，全市工业经济效益综合指数为203.2，比上年提高17.3个点。从七项构成指标看，有五项指标优于上年，分别是总资产贡献率11.2%，提高1.0个百分点；资本保值增值127.1%，提高5.4个百分点；成本费用利润率4.5%，提高0.2个百分点；全员劳动生产率15.99万元/人，增加2.12万元/人；产品销售率97.7%，提高1.3个百分点。流动资产周转次数2.7次，与上年持平，只有资产负债率（逆指标）略差于上年，上升了0.03个百分点。

六是“4+4”产业是拉动全市利润增长的重要力量。2010年，全市规模以上工业实现利润79.85亿元，比上年增长48.4%。分轻重工业看，轻工业的利润增长速度高于重工业。2010年，轻工业实现利润 35.06 亿元，增长 81.5%，重工业实现利润 44.79 亿元，增长 29.8%。分行业看，全市 35 个行业大类中，有 32 个行业实现盈利，3 个行业亏损。四大主导产业与四大战略产业共实现利润 63.90 亿元，增长 40.6%，占全市规模以上工业利润总额的 80%，拉动全市利润增长 34.3 个百分点。

南平 2010 年，南平工业生产仍然延续向好、企稳的运行态势，继续朝着宏观调控的预期方向发展，工业生产保持较快增长，对国民经济增长贡献突出。全社会工业增加值达 244.15 亿元，比上年增长 16.9%，其中，规模以上工业增加值 220.63 亿元，增长 18.0%。在规模以上工业中，其他经济类型企业增加值 12.58 亿元，增长 21.2%；股份合作企业增加值 0.66 亿元，增长 20.0%；股份制企业增加值 156.25 亿元，增长 19.7%；外商及港澳台投资企业增加值 40.91 亿元，增长 14.6%；国有企业增加值 9.66 亿元，增长 4.9%；集体企业增加值 0.57 亿元，下降 8.9%。非公有制企业和私营企业增加值分别为 190.02 亿元和 115.26 亿元，分别增长 18.3%和 19.3%。

全年全市规模以上工业完成总产值 777.15 亿元，增长 23.4%，增幅比上年提高 3.2 个百分点；完成增加值 220.60 亿元，增长 18.0%，增幅略降 0.6 个百分点。

从轻重工业看：轻、重工业总产值分别为 350.00 亿元和 427.20 亿元，分别比上年增长 24.9%和 22.3%，重工业增幅略慢于轻工业增幅 2.6 个百分点，但金融危机后的恢复速度远高于轻工业。

从企业注册类型看：2010 年，国有企业、股份合作企业、股份制企业、其他经济企业分别完成工业总产值 51.50 亿元、2.40 亿元、559.60 亿元、46.60 亿元，分别比上年增长 23.9%、28.5%、24.1%和 30.3%，增幅均高于全市规模以上工业平均增幅水平。

从企业规模看：大、中型企业完成工业总产值 302.60 亿元，占全市规模以上工业总产值比重为 38.9%，增长 21.1%；小型企业完成工业总产值 474.60 亿元，增长 26.3%。

2010 年南平市工业经济运行呈现以下特点：

一是产销衔接良好，出口继续向好。在“大干 150 天，打好五大战役”等投资项目的拉动作用下，全年规模以上工业内销产值 704.10 亿元，比上年增长 30.3%，产销率达 90.6%，占规模以上工业销售产值的 93.6%，均与上年持平。对规模以上工业销售产值增长的贡献率达 93.2%，拉动规模以上销售产值增长 28.4 个百分点。

随着国际市场的逐渐回暖，南平市工业品出口表现出强劲的恢复性增长。全年规模以上工业出口交货值为 47.80 亿元，比上年增长 33.7%，增幅比上年金融危机时的-9.5%提高了 43.2 个百分点。南平市规模以上工业出口交货值总量超过金融危机前水平。

二是企业效益改善，贡献能力增强。2010 年，全市规模以上工业经济效益综合指数从年初的低谷开始一直保持良好的上升态势，不断刷新历史水平，并首次突破 200 点大关。全市规模以上工业经济效益指数达 207.5，比上年提高 36.7 个点，计算工业经济效益综合指数的七项指标大部分优于上年水平，其中，总资产贡献率、成本费用利用率、产品销售率分别为 12.5%、5.9%、97.4%，分别比上年提高 3.0 个百分点、2.3 个百分点、0.9 个百分点；全员劳动生产率为 15.14 万元/人，增加 3.5 万元/人；资产负债率为 48.6%，减少 0.5 个百分点。

三是实现利润翻倍。2010 年，全市规模以上工业企业实现利润总额 40.90 亿元，比上年增长 114.2%，增幅比上年提高 108.2 个百分点。从经济类型看，国有企业增长最快，2010 年实现利润 1.23 亿元，增长 7.3 倍；总量较大的股份制企业、外商及港澳台商投资企业分别实现利润 25.20 亿元、12.00亿元，分别增长146.9%和50.0%。

四是纳税和提供就业能力进一步增强。 2010年，全市规模以上工业企业上缴税金18.80亿元，比上年增长16.3%，增幅比上年提高16.9个百分点。从经济类型看，总量较大的股份制企业、外商及港澳台商投资企业分别上缴税金12.80亿元、3.20亿元，分别增长11.8%和20.1%。全市规模以上工业从业人员平均人数为15.60万人，增长5.7%，其中，小型企业从业人员平均人数为10.30万人，增长6.3%，为保就业提供了坚实的保障。

龙岩 2010年，龙岩市国民经济继续保持平稳较快的发展态势，工业生产稳定增长，经济运行质量基本稳定的特点。

2010年，龙岩市全部工业实现增加值449.02亿元，比上年增长18.5%，工业对经济增长的贡献率由上年的41.2%提升到55.5%。其中，规模以上工业实现增加值430.84亿元，增长20.1%，“十一五”期间，全市工业增加值年均增长17.9%，比“十五”时期提高5.8个百分点。规模以上工业实现总产值1168.57亿元，增长29.3%，增速比全省平均水平高2.7个百分点，居各设区市第五位。

2010年龙岩市工业经济运行呈现以下特点：

一是重点工业行业支撑明显，烟草产业顺利破百亿。 2010年，龙岩市“10+3”重点工业行业实现工业总产值1058.15亿元，较上年现价增长35.6%，占全市规模以上工业总产值的90.6%，拉动全市规模以上工业现价增长32.8%，对规模以上工业增长的贡献为86.1%。其中，烟草产业完成工业总产值100.17亿元，现价增长14.3%，成为继机械、建材、农副产品加工三大产业破百亿后，第四个破百亿的产业；机械产业完成工业总产值231.05亿元，现价增长42.9%；建材产业完成工业总产值134.53亿元，现价增长24.6%；农副产品加工产业完成工业总产值146.14亿元，现价增长53.6%；煤炭产业完成工业总产值94.18亿元，现价增长21.4%。

二是工业园区保持较快发展。 2010年，龙岩市8个省级工业园区完成工业产值591.46亿元，比上年现价增长50.3%，增速比全市规模以上工业平均水平快21.0个百分点。其中，永定工业园区增长最快，增幅达114.0%；龙州工业园区总量最大，实现总产值160.61亿元，增长52.6%。

三是主要产品产量稳定增长。 增速高于20%以上的产品主要有：服装增长58.7%、发电量增长56.0%、饲料增长38.8%、纱增长33.9%、白酒增长24.6%、改装车增长23.0%、生铁增长21.5%、环境污染防治设备21.0%。铲土运输机械、粗钢、卷烟、水泥小幅增长，增幅分别为8.4%、8.0%、6.7%、5.5%，此外，精炼铜大幅下降，降幅高达46.9%。

四是工业经济效益持续较高水平。 2010年，龙岩市规模以上工业企业实现利润119.72亿元，比上年增长41.3%。其中，股份制企业实现利润77.87亿元，增长43.3%；外商及港澳台投资企业19.60亿元，增长50.5%；国有及国有控股企业64.55亿元，下降32.1%。

宁德 2010年，全市工业战线紧紧围绕“环三”发展战略，着力打好“五大战役”，工业经济呈现跨越发展的局面，在加快发展中实现了新的跨越。全年规模以上工业实现产值917.60亿元，比上年增长42.6%。全部工业实现增加值264.03亿元，增长27.8%，拉动经济增长9.3个百分点，贡献率高达61.8%；工业增加值占GDP的比重达35.9%，比上年提高3.1个百分点。其中，规模以上工业实现增加值232.89亿元，增长32.5%，增幅连续六年居各设区市首位。

2010年宁德市工业经济运行呈现以下特点：

一是轻重工业齐头并进，非公有制企业发展强劲。 2010年，宁德市规模以上轻、重工业分别实现产值235.06亿元和682.54亿元，产值同比增速均在40.0%以上，分别达到48.0%和40.8%。

全市非公有制企业实现产值818.26亿元，占全市规模以上工业产值的89.2%，比上年增长47.5%，比全市平均水平高4.9个百分点，拉动全市规模以上工业增长40.9个百分点，贡献率达96.0%。

二是32个大类行业实现增长，5个行业贡献突出。宁德市33个大类行业中，有32个行业产值实现增长。其中，14个行业增速超过全市平均水平。对全市工业产值增长贡献最大的5个行业是：电气机械及器材制造业（增长49.0%）、塑料制品业（增长71.3%）、黑色金属冶炼及压延加工业（增长50.0%）、通用设备制造业（增长49.5%）和农副食品加工业（增长44.7%），贡献率分别为17.2%、14.7%、10.3%、9.1%和7.3%。

三是集聚效应不断显现，产值亿元企业支撑有力。2010年，宁德市规模以上七个重点、特色产业实现工业总产值511.01亿元，比上年增长35.3%。其中，食品加工、汽摩配件和电机电器产值增速均在40%以上，分别为47.4%、46.5%和41.7%；医药化工、建筑建材、船舶修造和电力行业分别增长30.8%、29.4%、20.9%和20.0%。

2010年，产值亿元以上企业243家，完成产值675.92亿元，企业数及产值占全市规模以上工业的22.3%和73.7%，拉动全市规模以上工业产值增长31.8个百分点。

四是工业品产销情况良好，产品内销好于外销。全市规模以上工业实现销售产值880.92亿元，比上年增长48.3%，增幅高于产值5.7个百分点。其中，内销产值782.53亿元，增长51.7%；出口交货值98.39亿元，增长26.0%，内销增幅高出出口25.7个百分点。全市工业产品销售率为96.0%，比上年提高0.5个百分点。

五是企业经济效益总体向好，利润增幅保持较高水平。2010年以来，全市工业企业经济效益综合指数一直保持在较高水平。全年规模以上工业企业经济效益综合指数245.0，比上年提高37.4个点；比全省平均水平高25.0个点，位居全省第三。七项评价指标中，总资产贡献率11.9%，提高1.6个百分点；资本保值增值率136.7%，降低1.5个百分点；资产负债率（逆指标）63.9%，降低1.7个百分点；流动资产周转次数3.8次，加快0.2次；成本费用利润率4.0%，提高0.4个百分点；全员劳动生产率21.20万元/人，增加3.98万元/人；产品销售率96.0%，提高0.5个百分点。实现利润31.25亿元，增长66.0%。

注：本文数据均采用快报数。

（摘编：郑芳）

3-6-1 各设区市规模以上工业主要指标

（2010 年）

指标名称	计量单位	福州市	厦门市	莆田市	三明市	泉州市
总　量						
企业数	个	2876	2213	1347	1640	5186
工业总产值	亿元	4364.56	3624.31	1249.81	1306.66	6152.14
出口交货值	亿元	1170.05	1563.49	269.92	46.36	1024.95
主营业务收入	亿元	4203.70	3677.58	1241.05	1300.40	5993.32
资产总额	亿元	3121.07	3055.25	744.79	842.11	4021.34
固定资产平均余额	亿元	906.46	739.54	265.49	314.29	1325.96
利润总额	亿元	324.06	276.75	92.73	41.22	627.32
利税总额	亿元	441.26	386.21	121.34	91.08	896.55
应交增值税	亿元	87.43	66.31	21.34	41.41	171.56
主营业务税金及附加	亿元	29.77	43.15	7.27	8.45	97.67
占全省比重						
企业数	%	15.0	11.5	7.0	8.5	27.0
工业总产值	%	20.4	16.9	5.8	6.1	28.7
出口交货值	%	24.9	33.3	5.7	1.0	21.8
主营业务收入	%	20.0	17.5	5.9	6.2	28.5
资产总额	%	20.1	19.7	4.8	5.4	25.9
固定资产平均余额	%	19.4	15.9	5.7	6.7	28.4
利润总额	%	18.5	15.8	5.3	2.4	35.9
利税总额	%	17.3	15.1	4.7	3.6	35.1
应交增值税	%	16.2	12.3	4.0	7.7	31.8
主营业务税金及附加	%	11.2	16.2	2.7	3.2	36.6

3-6-1 续表　　　　　　　　（2010 年）

指标名称	计量单位	漳州市	南平市	龙岩市	宁德市
总　量					
企业数	个	2273	1260	1398	1033
工业总产值	亿元	1903.25	753.65	1156.75	903.96
出口交货值	亿元	432.44	47.84	46.37	97.80
主营业务收入	亿元	1867.97	729.36	1127.90	851.96
资产总额	亿元	1371.38	607.25	1102.38	633.28
固定资产平均余额	亿元	360.07	213.90	287.45	251.55
利润总额	亿元	161.61	45.61	136.27	42.83
利税总额	亿元	234.56	65.64	242.24	75.62
应交增值税	亿元	67.47	16.76	44.19	22.63
主营业务税金及附加	亿元	5.48	3.27	61.77	10.16
占全省比重					
企业数	%	11.8	6.6	7.3	5.4
工业总产值	%	8.9	3.5	5.4	4.2
出口交货值	%	9.2	1.0	1.0	2.1
主营业务收入	%	8.9	3.5	5.4	4.1
资产总额	%	8.8	3.9	7.1	4.1
固定资产平均余额	%	7.7	4.6	6.2	5.4
利润总额	%	9.2	2.6	7.8	2.4
利税总额	%	9.2	2.6	9.5	3.0
应交增值税	%	12.5	3.1	8.2	4.2
主营业务税金及附加	%	2.1	1.2	23.1	3.8

3-6-2 各设区市食品加工及制造业发展概况

食品加工及制造业包括农副产品加工业、食品制造业及饮料制造业。2010年，福建省食品加工及制造业发展较快，其中，全部农副产品加工业实现销售收入1267.25亿元，比上年增长33.2%；全部食品制造业实现销售收入569.37亿元，增长31.6%；全部饮料制造业实现销售收入433.12亿元，增长22.8%。分地区看，漳州、泉州和福州在全省食品行业中比重较高。

一、水产品加工业

福州 福州水产品加工业依托资源优势，主要分布在福清、连江及罗源等县市。

福清市是全省乃至全国著名的烤鳗基地，烤鳗业已成为全市出口创汇支柱产业之一。据福清检验检疫局统计，2010年，福清辖区共出口烤鳗5756.64吨、货值1.06亿美元，分别比上年增长25.7%和90.1%，增幅高于全省平均水平；出口平均单价为每公斤18.34美元，增长51.3%，增幅为近10年历史最高水平。

2010年，福清辖区出口烤鳗的企业有10家，其中，出口数量超过千吨的有2家，产品主要输往日本、美国、韩国、新加坡、澳大利亚、阿联酋、香港等国家和地区。

2010年，福清市出口烤鳗的重量和货值均呈现较大幅度的增长，主要原因有：一是有关部门继续采取“降、快、促、先、优”政策措施，积极推进出口鳗鱼质量安全示范区建设，产品安全质量得到有效保障。二是国际金融危机的影响趋缓，经济逐渐复苏，消费者购买力得到提升。三是2009年鳗鱼投苗量少，鳗鱼原料紧缺，原料价格不断上涨，同时深加工切片真空烤鳗产品比例增加，人民币对美元汇率上升等因素，也带动了出口烤鳗价格上涨。

连江县水产品产量一直位居全省第一、全国第二。鲍鱼是连江县水产品加工业的优势品种。2010年6月，经中国水产流通与加工协会组织评审，连江县获得“中国鲍鱼之乡”称号。经过20多年的发展，连江县已经形成鲍鱼育苗、养殖、加工、出口的完整产业链，成为连江县第一大水产养殖产业，产业规模居全国之首。

2010年，连江县推动水产品加工业发展取得明显成效，主要表现在以下三个方面：一是着力做大做强水产品加工业。把发展水产加工业作为提升连江水产业、建设海洋强县的突破口，先后培育壮大了百洋公司、日兴公司、天源公司、官坞海洋公司等一批规模大、带动力强的省级、市级水产加工龙头企业。二是在水产品精深加工上不断转变生产方式。在国内首创即食鲍鱼技术，产品可在常温下保持一年半不变质，解决了鲍鱼季节性销售的难题；率先将鲍鱼做成寿司切片出口日本，收入比单纯出售鲍鱼成品多了近1倍；从日本东京引进了海带精加工生产线，开发出了熟干海带等新产品。三是注重主要水产品地理标志产品保护。连江县政府专门拨款10万元，推进地理标志产品申报和保护工作，使定海湾丁香鱼顺利获得国家地理标志产品保护，同时引导海带、鲍鱼、虾皮等特色水产品争创名牌，提高产品附加值。

漳州 2010年，漳州市水产品加工业取得快速发展。全市水产品加工量达57.90万吨，产值75.99亿元，比上年分别增长19.1%和31.5%；水产品出口总量达21.50万吨，出口货值11.53亿美元，比上年分别增长34.7%和78.4%，占全市农产品出口的53.5%，位居全省前列。大宗产品蟹类、鱿鱼、罗非鱼加工出口大幅增长，对台、对欧盟出口实现翻番，仅东山口岸出口的输台水产品就达3.98万吨，货值3.57亿美元，分别增长83.4%和111.2%。

截止2010年底，漳州市拥有水产品加工企业300多家，其中，规模以上企业已经达到112家，产值超亿元的企业达到17家，海魁、泉丰、东亚3家企业的出口货值超亿美元，产业规模居全省前列。

宁德 2010年，宁德市水产品加工量达11.84万吨，比上年增长7.2%；加工产值25.26亿元，增长35.0%。水产品出口量达5万吨，增长66.7%；出口创汇近2亿美元，增长81.8%。

截止2010年底，全市加工企业达到300多家，加工企业的规模档次及加工技术、产品质量都有所提高。其中，省级水产产业化龙头企业17家，省级农业产业化龙头企业4家，市级龙头企业21家，亿元产值企业达到3家，省市龙头企业初步形成了集养殖、加工、出口、贸易为一体的产业链，规模日趋扩大。基本形成了福鼎秦屿、霞浦三沙(垅头)、蕉城飞鸾等水产品加工聚集区。加工产品向精深方向发展。紫菜精深加工生产线列全省前茅，产品打入韩国、日本及东南亚等国际市场；大黄鱼等海水养殖产品及海捕产品加工不断取得突破，全市涌现出了“石兰牌”、“九阳牌”、“海明威牌”等10多个福建省名牌产品及福建省著名商标；大黄鱼系列加工产品、真鲷鱼片、鱼类罐头、海带寿司、即食海苔等一批精深加工产品市场占有率不断提升。随着加工企业规模档次的提升，全市有1家企业通过了欧盟认证，4家通过对美认证，国际国内市场拓展势头明显加快。

霞浦是宁德市重点水产县之一，也是全国著名的“海带之乡”和“紫菜之乡”。2010年，全县紫菜增收1.05亿元，种植面积5.2万亩，产量1万多吨，产值达3.7亿元，占全县农副总产值的13.6%。近年，霞浦县加快实施品牌带动战略，加大海带、紫菜产业扶持力度。2010年11月，霞浦县的“霞浦海带”、“霞浦紫菜”被福建省工商行政管理局认定为“2009年度福建省著名商标”。

二、精制茶加工业

泉州 安溪是全国第一产茶大县。2010年，安溪茶叶产量6.3万吨，涉茶总产值81亿元。据抽样调查显示，全年农民人均纯收入中茶叶收入的比重占55%，达到4700元。2010年，安溪茶业发展朝着生态化、标准化、品牌化、现代化的目标迈出坚实的一步。

安溪茶叶最大的交易市场——“中国茶都”，占地250亩，建筑面积18万平方米，建有1800间(套)商住两用店铺，两个茶叶交易大厅，可容纳3000个茶农交易摊位，已成为目前国内同类市场中投资最多、规模宏大、品位高雅、配套功能完善的茶叶专业市场。据不完全统计，单交易大厅一天茶叶交易量最多达6万多公斤，交易额达300多万元。

与此同时，感德一品茶都、长坑茶叶一条街、龙涓茶叶城、虎邱茶叶市场，纷纷围绕中国茶都，形成众星拱月的阵势，散布在安溪的版图之中。专业茶叶交易市场的建设与投入使用，为安溪茶农搭起卖茶的平台，解决了茶农卖茶难的问题，全县茶农因此每年可增收亿元以上。

在茶叶品牌建设方面，“安溪铁观音”已申报了国外延伸注册。截止2010年底，相关申报已经完成在日本、俄罗斯、美国、韩国、新加坡、泰国、马来西亚等地的可注册查询工作，进入“马德里协定”国际注册的既定程序。

根据中国茶叶流通协会发布“2010年中国茶叶行业百强企业”榜单显示，安溪县有福建省安溪八马茶业有限公司、福建魏氏茶业有限公司、福建日春茶业有限公司、福建大自然茶业科技有限公司、福建富源茶业有限公司、安溪志宏制茶有限公司、福建三和茶业有限公司、安溪桃源茶行有限公司8家茶企上榜，入围数居全国前列。

铁观音茶企实力得到提升，在营销手法上日臻成熟，“花样频出”，福建省泉州理想茶叶有限公司和安溪铁观音集团在借力体育赛事、举办订货会等方面运作娴熟；福建省安溪八马茶业有限公司斥资500万元，请来国内知名营销专家担纲品牌策划和管理大任，签约许晴；安溪铁观音集团聘请张铁林、张燕为其助阵，请用策划大师，启用形象大使；福建安溪魏荫名茶有限公司、福建三和茶业有限公司等选择推出文化营销，建设茶馆文艺体系，“推销”一种组合性、整体性的茶馆生活方式。

在建设乌龙茶质量安全示范区方面，2010年3月，安溪县乌龙茶出口被福建省政府列为全省16个出口食品农产品示范区之一，2010年6月选定虎邱作为“安溪乌龙茶质量安全示范区建设”试点，覆盖全镇约3.65万亩茶园。据泉州出入境检验检疫局安溪办事处的数据显示，在短短的半年时间内，坐落于安溪县虎邱镇的乌龙茶安全示范区不仅在茶叶出口平均价格方面取得了突破，还吸引了大批国内的大企业到此建基地或收购茶叶，内销茶叶平均每公斤单价增至115元，同比增长10%以上。

宁德 宁德是著名的茶叶之乡，茶叶产地优势明显。目前宁德市拥有茶园面积80多万亩，商品茶产值约30亿元，茶园面积、产量均居全国产茶地（市）之首，约占全省茶叶总产量的1/3。中国六大茶类中，宁德有绿茶、红茶、白茶、乌龙茶以及再加工的茉莉花茶和工艺茶，茶类之多为全国各地市之最。其中，“坦洋工夫”是福建三大工夫红茶之首，是宁德茶叶品牌之典范。

福安市作为宁德主要产茶县（市）之一，2010年，全市拥有茶园30万亩，毛茶产量2.57万吨，产值12.78亿元，是全国最大的茶树良种繁育基地，年出圃茶苗3亿多株，新植和改植换种高香型茶树优新品种8.08万亩，推动了多类茶生产发展，特别是白云山坦洋村，是历史名茶坦洋功夫的发源地。

2011年，宁德市将继续强力打造“金闽红”和“太姥银针”两个品牌。宁德市政府初步决定以北京、西安、广州举办茶博会为平台，同相关县（市、区）合作开展三场品牌宣传推介活动，不断提高金闽红和太姥银针的知名度。同时，继续重点宣传推介“坦洋工夫”和“福鼎白茶”两大公共品牌。此外，有关部门还将鼓励和引导广大茶农、茶商、茶企到全国各地开设专卖店、加盟店等，并通过网络平台扩大茶叶销售范围，提高宁德茶叶市场占有率。2011年，宁德市将进一步加大其他公共品牌的策划宣传力度。其中，蕉城区以“天山绿茶”获得地理标志证明商标为契机，做好“天山绿茶”和“天山红”品牌宣传，并积极争取“天山绿茶”获得“中国驰名商标”称号；寿宁县以成功举办“寿宁杯”海峡茶艺小姐电视公开赛和寿宁县首届制茶能手公开赛为契机，加大“寿宁高山乌龙茶”的宣传，做好产品的标准制订和品牌申报工作，力争获得省、国家级名牌产品称号；霞浦县利用“元宵绿”绿茶获得“福建省名牌产品”的机会，做好宣传和推介；周宁的“官思茶”也加快做好相应的宣传策划与推介工作。

为打好宁德茶叶质量安全牌，不断提高品牌知名度，2011年宁德市各级政府和相关职能部门将继续采取“源头监管、生产监控、市场抽检”的多管齐下措施来确保茶叶安全问题。继续通过对茶农的宣传培训、农药市场监管、生产企业监控和产品抽检等措施，并在福鼎、福安等县（市、区）建立茶叶质量可追溯制度示范点，以点带面，促进茶叶质量从源头抓起，最终实现让消费者喝上放心茶的目标。

南平 茶产业是武夷山市传统主导产业和农村经济的优势产业，从2006年开始，武夷山市委、市政府推出了“茶旅整合营销”的品牌打造之路，从北京到黑龙江、从香港到台湾，以“浪漫武夷，风雅茶韵”的茶旅营销活动开始风靡大江南北，构筑了一个让武夷茶走红的T台，极大提升了武夷茶的知名度。在随后的几年里，武夷岩茶（大红袍）传统制作技艺被列为首批国家非物质文化遗产，“武夷山大红袍”获得中国驰名商标称号，第二届、第四届海峡两岸茶业博览会在武夷山成功举办。2010年初，武夷山与张艺谋团队合作，成功推出印象·大红袍，使武夷茶产业在文化的烘托下更具特色。截至2010年底，全市工商注册的茶企1300

多家，全市涉茶人员超过5万人；茶业总产值超13亿元，而当年的农业总产值为20.68亿元；茶产业链条上已延伸出茶饮料、茶保健品、茶日用品、茶食品、茶宴等等。

在茶产业不断发展壮大的同时，武夷山市委、市政府始终把创品牌、保质量作为重中之重，从种植、生产到销售，都制定了一整套质量安全监管流程，使武夷茶的农药残留、重金属等各项指标每年抽检合格率都达到 100%。在市场监管上，则采取跟踪管理和有效监管措施，努力让消费者购买到放心健康的武夷茶。

三明　2010年，三明市从六个方面促进茶产业发展。一是调整品种结构，乌龙茶以铁观音为主，搭配种植金观音、金牡丹、金萱等早芽和中偏早良种，绿茶以乌牛早、迎霜、龙井43、安吉白茶等为主。二是加大茶叶质量安全卫生监控力度，严格执行投入品管理，建立溯源制度，重点对乌龙茶生产茶园的病虫害防治进行督查、抽检。三是抓好大田、尤溪“现代茶业生产发展项目”和沙县、清流“茶园标准化示范区”以及永安、尤溪、宁化的“茶树种质资源的保护”等项目的实施，通过项目带动茶产业的发展。四是组织开展三明市第三届茶叶制作技能赛、林博会茶文化、第四届茶博会（武夷山）等相关茶事活动。五是抓好中南部重点茶企业科技普及的同时，将重心向西北部转移，扩大茶业科技普及面。六是加强茶叶市场销售引导，及时反馈市场动态，拓展三明茶叶的销售渠道。

龙岩　漳平是龙岩地区茶叶生产重点县（市、区）之一。茶产业是漳平市重点培育的农业特色产业。近几年，漳平市坚持以科学发展观统领茶产业发展，采取“项目带动、环境推动，加强领导、完善机制，落实责任、优化服务”等措施，进一步做大做强漳平茶产业，打响“漳平水仙茶”、“永福高山茶”和“官田铁冠”三大特色品牌，有力推进漳平市茶产业持续、快速发展。2010年全市茶叶产量7600吨，总产值8.04亿元。全市茶农人均收入4800多元，茶叶种植已成为漳平市农民增收的重要途径。漳平市已成为“海峡两岸农业合作最大的茶叶基地”和“世界独一无二的紧压乌龙茶饼产地”。

漳平市的茶产业工作围绕规模、品牌、质量、市场等方面，以项目为突破口，以壮大规模为基础，以打造品牌为目标，以提高质量为根本，以培育市场为抓手，以大力宣传为手段，采取各项有力措施来抓紧抓实。具体表现在：

一是突出政策推动。漳平市委、市政府把茶业作为优先扶持的重要农业特色产业，先后纳入“十五”、“十一五”和“十二五”发展规划，明确了发展重点。先后出台了《漳平市关于加快茶叶产业发展的若干规定》、《加快品牌建设的若干意见》等一系列茶产业发展优惠政策，优化了发展环境，进一步明确了茶叶产业发展的指导思想、发展目标、建设标准和保障措施。二是突出品牌推动。通过参加各种国际、国内茶业博览会，举办以漳平茶文化为主题的笔会，制作漳平茶叶专题片等举措提升漳平茶叶品牌知名度。三是突出龙头带动。截至2010年底，共有市级龙头企业 19 家。通过龙头企业典型示范带动茶叶产业发展，全市现有茶叶加工企业500多家，规模以上茶企22家。四是突出市场推动。茶叶营销企业已由2003年前数家发展至2010年底的200多家，营销网络快速发展，已有一批人员扎根在广东、山东、上海、重庆、北京等拓展市场。依托大集团、连锁店，开辟漳平市茶叶市场；发展茶叶电子商务市场，建立茶叶销售网络；通过各种交易会、展销会，宣传产品打开市场；在外地开设茶叶专卖店，开辟市场推销漳平茶叶；立足本市发展产销企业，不断提高市场占有率。

2010年各设区市规模以上农副产品加工业、食品制造业和饮料制造业主要指标见下表。

（摘编：林晓霞）

各设区市规模以上农副食品加工业主要指标

（2010 年）　　　　单位：万元

地　区	企业数（个）	工业总产值	出口交货值	主营业务收入	资产总额
福州市	231	3259462	833394	3054534	1581621
厦门市	94	1222881	259820	1246488	905458
莆田市	71	1303707	78394	1285116	565521
三明市	57	359385	22546	356595	121954
泉州市	52	1126463	71013	1055454	770192
漳州市	297	3327413	1040574	3242797	1613063
南平市	76	704356	19752	681930	551194
龙岩市	74	495140	3885	491094	185701
宁德市	93	678941	213760	639536	303532

续上表　　　　单位：万元

地　区	利润总额	利税总额	应交增值税	主营业务税金及附加	从业人员平均人数（人）
福州市	194559	274261	68268	11434	30580
厦门市	53377	59951	5681	893	12802
莆田市	86100	101686	11262	4324	13284
三明市	11243	19003	6103	1658	4491
泉州市	96324	112817	11047	5447	15742
漳州市	242182	424075	176625	5268	46710
南平市	51412	58198	5969	817	13146
龙岩市	20437	23176	1935	805	5573
宁德市	42591	49672	4581	2500	10112

各设区市规模以上食品制造业主要指标

（2010 年）　　　　单位：万元

地　区	企业数（个）	工业总产值	出口交货值	主营业务收入	资产总额
福州市	73	774097	53281	766324	368197
厦门市	40	311279	75895	304929	307107
莆田市	28	213773	14773	219793	140562
三明市	30	383514	153946	372023	164417
泉州市	90	1824991	141053	1733912	837716
漳州市	162	1223717	505996	1214731	664918
南平市	34	353882	27166	304301	196984
龙岩市	45	267593	163	255338	114247
宁德市	23	200632		178846	85239

续上表　　　　单位：万元

地　区	利润总额	利税总额	应交增值税	主营业务税金及附加	从业人员平均人数（人）
福州市	59845	77483	15871	1768	12816
厦门市	15482	23462	6932	1048	9310
莆田市	17213	22221	4152	855	3157
三明市	12827	28049	13661	1560	3080
泉州市	188622	252375	54950	8803	35378
漳州市	61856	99101	34011	3234	30137
南平市	21969	31563	8179	1415	6192
龙岩市	22442	29866	4231	3193	5833
宁德市	15934	20929	4093	903	3124

各设区市规模以上饮料制造业主要指标

（2010 年）

单位：万元

地　区	企业数（个）	工业总产值	出口交货值	主营业务收入	资产总额
福州市	42	399668	4411	406165	197687
厦门市	24	876170	11963	874964	733132
莆田市	19	337229	4167	348383	230648
三明市	31	115379		113364	78037
泉州市	93	730641	30792	697066	570350
漳州市	58	363276	14543	360621	216196
南平市	91	266423	13114	251808	148853
龙岩市	81	250304	985	221030	120159
宁德市	83	435126	2852	397001	233475

续上表

单位：万元

地　区	利润总额	利税总额	应交增值税	主营业务税金及附加	从业人员平均人数（人）
福州市	15558	37306	16218	5529	6045
厦门市	93315	138061	34725	10022	14203
莆田市	48707	99175	22156	28312	5227
三明市	9185	18610	5045	4380	2894
泉州市	115465	162494	29572	17457	15782
漳州市	37514	56294	13800	4980	6348
南平市	35413	47227	7692	4123	6473
龙岩市	31941	37123	2917	2265	5103
宁德市	34058	47956	9865	4033	8047

3-6-3 各设区市纺织及纺织服装、鞋、帽制造业发展概况

近年福建省纺织工业规模发展较快，技术进步明显，从区域看，行业分布相对集中的有福州、厦门、泉州、漳州、三明、南平等地区。

福州 纺织服装是福州市重要的支柱产业之一。2010年，福州市共有规模以上纺织企业270户，比上年增加14户；实现工业总产值380.76亿元，出口交货值达23.59亿元；规模以上纺织服装、鞋、帽制造业120户，比上年减少5户；实现工业总产值97.21亿元，出口交货值达50.48亿元。

纺织业是长乐市传统优势行业，经过30多年的培育和发展，现已形成了化纤、纺纱、织造、染整、服装等行业，是当前国内纺织产业发展最快的地区之一，2005年被中国纺织工业协会授予“中国纺织产业基地市”。2010年，长乐市全部纺纱行业实现产值214.43亿元，共有纺纱企业31家，纱绽450万绽，2010年产值超10亿元企业有10家。针织经编业是长乐纺织业中发展最早、成熟最快的传统行业，2010年全部针织经编业产值达150亿元，年产服饰面料、花边等产品35万吨，分别占全国市场份额的2/3和2/5。

2011年，长乐纺纱行业动工建设31个项目，投产后预计年新增产值205亿元。2010年至2011年上半年，长乐经编企业已向德国卡尔迈耶公司等国内外经编设备制造企业订购设备1200台（套）左右，投资22.9亿元建设33个项目，项目投产后可年增经编针织物10万吨，年增产值50亿元左右。

“十二五”期间，长乐将在加快产业升级、延伸产业链条、建设特色园区、壮大龙头企业、完善公共服务方面加大政策支持力度，充分发挥地域、机制、资金、集群等方面的优势，大力推进纺织工业的转型升级和长远发展。力争到2015年底，全市纺织工业总产值超过1000亿元，纺纱行业总产能达1000万锭，年产量超过270万吨；经编产能（编织机台数）达到2万台，针织产品年产量达到60万吨。到2012年，纺纱行业棉纺纱绽达到800-1000万绽，培育3-5家百万绽棉纺企业(集团)。经编业将通过增强染整能力配套，开发功能性、差别化产品，重点培育经编骨干企业和经编机械生产企业，加强研发能力和创名牌产品，提升行业可持续发展能力。

厦门 近几年，厦门周边聚集了泉州的石狮、晋江和分布在其他市县的上千亿元产值的服装产业集群，以及十几个中国名牌服装的生产基地，厦门集聚效应已逐步显现：七匹狼、九牧王、安踏、鸿星尔克、虎都、匹克、特步、361度、乔丹、利郎等已逐步将营销中心或总部搬移厦门。七匹狼、安踏营销中心2010年在厦门上缴上亿元的税收。七匹狼厦门总部2010年销售额超过10亿元人民币。

2010年，厦门市共有规模以上纺织业企业92户，实现工业总产值87.79亿元，出口交货值达25.20亿元；共有规模以上纺织服装、鞋、帽制造业企业162个，实现工业总产值87.54亿元，出口交货值达22.92亿元。

莆田 莆田市素有“中国鞋城”之称，是“中国鞋类出口基地”，其出口多达143个国家和地区。鞋类产业已经成为莆田市的第一大支柱产业，每年保持15%以上的增长速度，2010年9月2日，莆田鞋类出口质量安全示范区的建立，标志着莆田市特色产业在“国际化、品牌化、市场化”的步伐中迈出了坚实的一步，更被誉为莆田鞋业发展史上的一个重要里程碑。2010年，莆田鞋类出口质量安全示范区共出口鞋类71070批、货值19.58亿美元，分别比上年增长22.8%和28.4%，不合格出口鞋类批次和货值均有大幅度的下降。

2010年底，莆田市华丰鞋业有限公司获得出口免验资格，这是莆田市首次获得免验资格；2011年3月，莆田三路鞋业有限公司等22家成为“出口工

业品一类企业”。

三明 纺织行业是三明市的传统支柱产业之一，至2010年底，全市共有规模以上纺织企业153户，比上年增加13户；完成工业总产值145.82亿元，出口交货值达2.44亿元；共有规模以上纺织服装、鞋、帽制造业企业30户，比上年增加5户；实现工业总产值10.73亿元，出口交货值达1.95亿元。

永安是福建省重点纺织产业集中区，纺纱及织造业均排在福建省前三位，革基布生产规模居全省前列，纺织产业总量在福建内陆山区占据首位，已形成化纤、纺纱、无纺布、织造、印染、人造革等纺织产业链，产业聚集效应辐射周边龙岩长汀、三明尤溪以及南平地区。2010年，永安市获得“中国新兴纺织产业基地市”称号，成为全国28个“纺织产业基地市(县)”之一，列入全国纺织产业“十二五”规划重点发展区域和产业集群试点地区。截至2010年底，永安市共有各类纺织企业106家，规模以上纺织企业45家，共实现产值69.90亿元，占全市规模以上企业的比重达23.6%，在三明市纺织产业规模以上企业中比重达43.9%。

继2009年尤溪县获得“中国革基布名城”称号以来，2010年尤溪县实施项目带动战略，通过上下游整合、产业链延伸和新产品开发，加快产业转型升级，促进全县纺织产业跨越式发展。尤溪县纺织业从原先的弱势产业，一跃而成第一大产业，呈现出产业规模不断壮大、产业结构不断优化、品牌建设扎实推进的发展态势，初步形成了纺纱—织布—染整—服装（涂层）“一条龙”的产业链和具有地方特色的纺织革基布集群及生产供应和产品销售网络。到2010年底，已有规模以上纺织企业80家，实现产值41.83亿元，占全县工业规模以上企业产值的46%，其中，产值超亿元企业10家。

泉州 纺织服装业是泉州市第一大支柱产业，以晋江、石狮为中心，连接泉州等周边地区而形成的福建服装板块，目前已形成了一个品牌众多、紧贴市场的完整纺织服装产业链，涵盖纺织、漂染、服装设计、成衣加工、辅料、市场营销、研发等各个领域。“十一五”期间，泉州纺织服装业知名品牌涌现，产业集群效应明显，赢得了多个产业集群试点地区荣誉：中国纺织产业基地市——晋江，“中国休闲服装名镇”——英林、“中国内衣名镇”——深沪、“中国织造名镇”——龙湖、中国休闲服装名城”——石狮、“中国服装服饰辅料名镇”——宝盖、“中国休闲面料名镇”——鸿山等。2010年，泉州市共有规模以上纺织业企业360户，比上年增加2户；实现工业总产值387.99亿元，出口交货值达64.93亿元；共有规模以上纺织服装、鞋、帽制造业企业769个，增加46个；实现工业总产值810.18亿元，出口交货值达264.62亿元。利郎（中国）有限公司、劲霸男装股份有限公司、诺奇股份有限公司等7家企业入围“第七届中国服装品牌年度大奖”。

近年来，晋江市引导产业结构不断转型升级、促进企业做强做专、大力培养产业集群，晋江的服装产业集群发展呈现了三个明显特征：

一是“小产品创造大市场”。晋江的休闲夹克、西裤等产品在全国同类产品中市场占有率非常高。二是“小企业引发大合作”。晋江各制造业内部产业链条不断延伸，吸引了大量商贸企业进驻晋江原辅材料市场，派生出一批专门为生产性企业提供产前、产中、产后服务的服务型企业，大部分晋江的民营企业做到了足不出户就能完成从生产到销售的全部流程。三是加速晋江服装企业实施品牌化经营战略。由于晋江市长期坚持品牌国际化的发展战略，晋江产品畅销国际市场，形成出口导向型的经济发展新格局。

作为闽派纺织服装的策源地，石狮的纺织服装业一直离不开台湾元素。2008年下半年以来，在低碳技术研发领域具备相当优势的台资纺织服装企业开始全面与大陆对接。一些石狮本土纺织服装企业也纷纷投入资金，对接台企，引进台湾低碳纺服技术。台资纺织服装企业已成为石狮纺服业变革的一支先锋。

2011年，石狮台资龙头企业鹏程实业有限公司加大了在新型低碳纺织面料领域的研发与投资力度，多条新型低碳面料生产线保持了95%以上的开工率。公司生产的多款新型低碳面料成为七匹狼、劲霸等泉州品牌企业的首选。石狮联邦三禾纺织公司从2011年年初开始就加大了与台湾纺织行业的对接交流，最终与台湾纺合实业公司达成了合作：全面引进该公司的flycool冷元素纤维，研发用于正装的冷感面料。盖奇（中国）织染服饰有限公司与台湾长胜公司合作的“冷转移印花”技术，该技术能节省2/3的用水量，排放水回收使用率亦达到90%，常温转印、常温固色可节省能源65%。

鞋类也是泉州市纺织服装、鞋、帽制造业的重点产品。2010年，泉州检验检疫局共检验出口鞋类8.99万批、6.05亿双、货值29.26亿美元，出口批次、数量和货值分别比上年增长16.1%、0.6%和22.0%。其中，出口值创历史新高，出口单价增长21.3%，出口量占福建省一半左右，全国10%左右。

2010年泉州鞋业出口呈现三大特点：一是开拓国际市场取得新成效。全市有30多家制鞋企业与国际知名品牌建立生产和营销联盟关系，特步、安踏、匹克等泉州多家鞋类企业在美国、俄罗斯、东南亚等20多个国家和地区设立商务机构和专卖店。其中，对欧盟出口9.2亿美元，美国5.7亿美元，这2大市场的比例从上年的43%提升到2010年的51%。二是实施品牌战略初见成效。通过加强科技投入，积极调整产品结构，从“数量规模型”逐渐向“质量效益型”转变。泉州鞋类出口平均单价从上年的3.90美元，提高到2010年的4.84美元，增长21.3%。匹克、特步、鸿星尔克、亚礼得等自主品牌纷纷踏上国际之旅，单价比出口平均价高1倍以上，最高的单价达39美元。三是质量管理有新提升。2010年，已有200多家出口企业推行和获得ISO9000、ISO14000和生态纺织品认证，部分企业获得国家计量检测体系认证、英国SATRA认证以及CQC产品认证。3家出口鞋类企业成为出口免验企业、13家企业为检验检疫一类管理企业。

龙岩　长汀县纺织服装产业先后两次被列入全省产业集聚重点培育，2010年实现跨越发展，共完成产值47亿元，比上年增长55.2%，到2010年底，全县拥有纺织服装企业131家，其中，产值亿元企业17家，新上规模企业22家，初步形成了“纺纱—织布—针织服装加工—市场”的产业链。

2010年，长汀县积极组织开展“项目建设年”活动，围绕项目策划、生产、投产，抓好产前、产中、产后一条龙服务，精心培育纺织服装产业集群，推进建设纺织产业基地县的步伐。全年引进投资亿元以上的纺织服装项目达7个，总投资24.48亿元，引导南祥针织、鸿程纺织、海华纺织等企业加快高新技术装备更新步伐，2010年长汀县有12个项目被列为福建省重点项目，其中，纺织产业有宏鑫纺织、荣耀纺织、鸿程纺织、海华纺织、华闽纱锭5个项目，计划投资3.35亿元，实际完成投资3.86亿元。

纺织产业的崛起，促进了外贸出口的发展，全县纺织服装产业有外贸进出口实绩企业近30家，长汀县华平纺织品实业有限公司、福建天守服装织造发展有限公司、福建省天连化纤织造有限公司、福建长汀威鸿制衣有限公司、莆田市华闽织造有限公司5家重点出口企业出口均超过800万美元，有11家企业外贸出口成倍增长。福建省长汀威鸿制衣有限公司生产的福建名牌产品“卡利奴”休闲服，出口土耳其、意大利等国家，实现出口1300多万美元。2010年全县外贸出口总值2.1亿美元，比上年增长80%，其中，纺织服装外贸出口总值实现1.6亿美元，占76.0%。

2010年各设区市规模以上纺织业及纺织服装、鞋、帽制造业主要经济指标见下表。

（摘编：张琛）

各设区市规模以上纺织业主要指标

（2010 年） 单位：万元

地　区	企业数（个）	工业总产值	出口交货值	主营业务收入	资产总额
福州市	270	3807583	235944	3736530	2595121
厦门市	92	877879	252002	850139	1071252
莆田市	47	242240	9818	235648	298570
三明市	153	1458226	24412	1432841	525561
泉州市	360	3879888	649294	3710310	3187160
漳州市	52	178183	50534	174055	124436
南平市	55	336077	22843	315608	236377
龙岩市	48	383024	39460	376175	257533
宁德市	7	39457	3800	36754	22780

续上表 单位：万元

地　区	利润总额	利税总额	应交增值税	主营业务税金及附加	从业人员平均人数（人）
福州市	286321	342752	39192	17238	61172
厦门市	31070	45631	13570	991	22733
莆田市	22571	29517	6399	546	8542
三明市	23235	58757	31433	4090	22756
泉州市	348722	459558	93167	17669	109188
漳州市	6939	12203	4511	753	9231
南平市	10831	18050	6406	813	10062
龙岩市	16363	29337	10316	2659	12511
宁德市	1519	1817	232	66	573

各设区市规模以上纺织服装、鞋、帽制造业主要指标

（2010 年）

单位：万元

地　区	企业数（个）	工业总产值	出口交货值	主营业务收入	资产总额
福州市	120	972126	504806	951636	390127
厦门市	162	875441	229181	876027	807607
莆田市	88	779664	115394	766346	282673
三明市	30	107264	19464	104677	31601
泉州市	769	8101815	2646161	7749815	4386290
漳州市	89	352375	161376	350083	105237
南平市	24	56791	12817	56384	35435
龙岩市	60	279359	61062	275352	148344
宁德市	10	25046	2293	24631	9465

续上表

单位：万元

地　区	利润总额	利税总额	应交增值税	主营业务税金及附加	从业人员平均人数（人）
福州市	26299	54813	26783	1731	37933
厦门市	165908	218550	50752	1891	41175
莆田市	53319	76146	19755	3072	27127
三明市	3765	6462	2188	509	3356
泉州市	831404	1081197	213229	36564	268338
漳州市	19815	32302	10519	1968	17612
南平市	3146	4022	644	232	2646
龙岩市	20442	30713	9676	596	16043
宁德市	234	570	235	101	1530

3-6-4 各设区市木材加工及木、竹、藤、棕、草制品业发展概况

福建省木材加工及木、竹、藤、棕、草制品业主要分布在林木资源丰富的南平、三明、龙岩等地。

南平 2010 年，南平市共有规模以上木材加工及木、竹、藤、棕、草制品业企业 413 户，比上年增加 7 户，实现工业总产值 158.58 亿元，出口交货值达 12.06 亿元。

作为中国笋竹城的建瓯市，2010 年 10 月，由福建省建瓯市华宇竹业有限公司联合圣象集团、美国居奇有限公司 2 家公司合作成立专业生产竹木复合板、竹地板的居怡竹木有限公司，被列为 2011 年省级重点项目，依托建瓯当地丰富的毛竹资源，华宇竹地板成熟的生产工艺，圣象强大的内销渠道，美国居奇庞大的欧美外销渠道，公司一期项目总投资 1.58 亿元。建成达产后，预计年可实现销售收入 2.4 亿元，年缴税金 2280 万元，解决劳动力就业 500 多人。

三明 2010 年，三明共有规模以上木材加工及木、竹、藤、棕、草制品业企业 307 户，比上年增加 46 户，实现工业总产值 163.93 亿元，出口交货值达 4.22 亿元。

美国一直是三明木制品企业的主要贸易国，2010 年三明市共出口美国木制品 1482 批、2925 万美元，分别占辖区出口木制品量值的 37.2%、33.6%。2011 年 1 月 3 日，美国《复合木制品甲醛标准法案》正式生效，该法案主要适用于硬木胶合板、刨花板、中纤板以及采用这些板材制造的所有产品。为避免该技术壁垒带来的负面影响，三明市出入境检验检疫局采取各项措施，对辖区输美复合木制品情况开展专项检查。一是在该法案正式生效前及时发出预警，将该法案中文译稿及英文原稿通报地方政府和输美木制品企业，并引导企业组织学习研判。同时结合"双打"宣传，强化企业"打假、识假、拒假"意识，指导企业采购符合要求的原辅料，帮促改进关键生产工艺，完善质量提升。二是结合电话咨询、现场检查与 CIQ2000 系统统计，初步排查摸底 2010 年辖区输美木制品生产企业及产品情况，确定重点监管生产企业。三是结合日常监管，组织检查生产企业自检自控体系建设的落实情况，重点检查安全卫生控制体系、安全质量管理制度、溯源管理制度等是否有效运行，并帮促企业完成现场整改。四是开展专项抽样，加强对相关产品及其原辅料有毒有害物质的检测验证。2010 年已在三明口岸抽取该法案涉及的使用复合木制品材料的 16 家重点企业、24 份样品进行检测。

龙岩 2010 年，龙岩共有规模以上木材加工及木、竹、藤、棕、草制品业企业 87 户，与上年持平；实现工业总产值 36.40 亿元，出口交货值达 4.69 亿元。

2011 年，龙岩市将加大项目开发力度，加快林产工业转型升级，大力培植林产工业领军企业，引导新洲（武平）林化有限公司、嘉毅竹业制品发展有限公司、连城夏威竹基红木有限公司等企业与高校、科研院所开展科研合作，解决技术难题，开发新产品。加快技改力度，推进竹刨切装饰材料规模化生产，发展高附加值木竹加工、林产精细化工产品，培育林产工业的新增长点。

2011 年上半年，龙岩市实现林业工业总产值 51.16 亿元，同比增加 19.26 万元，同比增长 60.4%。全市生产木材 15.4 万立方米，下降 25.0%；销售木材 27.9 万立方米，增长 28.4%；木材平均价格每立方上涨 50 元；出口贸易额 9500 万美元，增长 43.5%。锯材、木片、麻将席等初级产品大量萎缩，家具、林化精深加工、纸制品产值不断提升，实现规模产值 32.4 亿元，增长 58.1%。以漳平木村工业园、福建茗匠竹艺科技有限公司等 9 个深加工在建项目进展顺利，投资 52700 万元。

2010 年各设区市规模以上木材加工及木、竹、藤、棕、草制品业主要经济指标见下表。

（摘编：张琛）

各设区市规模以上木材加工及木、竹、藤、棕、草制品业主要指标

（2010年）　　单位：万元

地　区	企业数（个）	工业总产值	出口交货值	主营业务收入	资产总额
福州市	62	259332	41688	258849	175967
厦门市	12	28065	12862	28307	20076
莆田市	26	141682	22671	137190	146859
三明市	307	1639328	42248	1601170	650239
泉州市	10	146400	19193	138482	56276
漳州市	67	282439	49544	280329	202381
南平市	413	1585778	120626	1532441	775050
龙岩市	87	363989	46852	345035	158879
宁德市	41	152644	9854	151626	56866

续上表　　单位：万元

地　区	利润总额	利税总额	应交增值税	主营业务税金及附加	从业人员平均人数（人）
福州市	10013	21303	5858	5432	5989
厦门市	610	1708	812	286	1244
莆田市	6084	8041	1264	692	2096
三明市	59632	119890	51192	9066	30783
泉州市	14149	18716	3540	1028	2675
漳州市	19510	28685	8567	609	6526
南平市	106663	152191	36438	9090	46718
龙岩市	29065	41469	10367	2036	9161
宁德市	7602	14820	5506	1712	4055

3-6-5 各设区市家具制造业发展概况

福建省家具制造业企业主要集中于漳州、泉州、厦门、福州等地。全省年产值超过亿元的家具企业有十几家，这些企业主要以出口为主，出口目的地主要是美国、加拿大和欧盟。

漳州 漳州市是福建省家具生产、出口主要集中地，占福建省家具产业的60%。漳州市已形成较大规模的木制家具和钢管家具产业基地，全市家具制造业企业八成以上集中分布在芗城区、龙文区、龙海市，部分在长泰县、漳浦县。龙头企业有漳州市国辉工贸有限公司、漳州市红梅家具有限公司、漳州玉致家具有限公司、福建永嘉家具有限公司、尧富家具（漳州）有限公司、漳州百乐家具有限公司、漳州永生利家具有限公司、福建攀达实业有限公司、丰笙实业（漳州）有限公司等。

家具产品是漳州市重要的出口大宗产品之一。2010年，漳州市共有规模以上家具企业121个，完成工业总产值73.08亿元，占全省家具行业工业总产值的33.2%；实现出口交货值40.16亿元，主营业务收入72.47亿元，占全省家具行业主营业务收入的33.4%。

2010 年以来，漳州检验检疫局在加强通关服务，保障通关顺畅的基础上，在家具行业中开展“质量比对提升”活动，选取管理规范、产品质量稳定的企业作为标杆企业，通过其它企业与标杆企业在质量管理体系、工艺控制等七大方面的比对，帮助企业找差距，并指导企业进行整改，有效提升了辖区家具出口产业整体管理水平和出口产品质量，帮促辖区家具出口产品走“以质取胜”道路，取得了较好的成效。

2011年一季度，漳州家具共出口157.01万件、4403.51万美元，同比增长22.6%和32.4%。

从产品结构看，改变了原来以纯木家具出口为主的情况，一季度钢管家具出口54.94万件、774.44万美元，分别占家具出口的35.0%和17.6%。从主要出口市场看，改变了原来90%出口美国的情况，一季度出口美国市场58.26万件、2496.53万美元，分别占出口家具的37.1%和56.7%。从企业注册类型看，私营企业不断增多，目前漳州出口家具企业共有71家，其中，私营企业42家，占59.2%，一季度由私营企业生产出口的家具数量和货值分别占44.6%和45.0%，改变了原来以台资企业为主生产出口的情况。

莆田 2010年，莆田市共有规模以上家具制造业企业27家，完成工业总产值11.21亿元，出口交货值1.18亿元，实现主营业务收入10.76亿元。

近年来，仙游县家具业蓬勃发展，全县现有生产厂家3000多家，从业人员10多万人。2010年，仙游县工商等部门对仙作家具生产、销售经营主体、展厅进行拉网式排查，以展厅为重点，积极开展打击制售以次充好红木家具、无照经营行为等专项整治，抓好诚信经营行政指导，先后分发《提升仙游县古典工艺家具行业质量提醒告书》、《木材买卖合同》、《家具买卖合同》示范文本和开展行业诚信承诺宣誓等活动，同时引导协会有效实现自律管理，促使广大私营业主自觉接受工商部门监督管理、规范执法，不出售劣质产品，让消费者购买放心仙作家具商品。并由工商、质监、县产业办、国地税等部门组成的联合检查组进行不间断检查。在工商等有关部门指导扶持下，整个行业的品牌意识逐渐增强，掀起了争先恐后申报品牌产品的热潮。大多数仙游家具企业都把产品管理和品牌打造作为企业发展重中之重的工作来抓。目前，“连天红”、“景仁堂”、“三福工艺”等269件商标成功注册。仙游县全县有14家仙作家具企业获得福建省品牌产品的称号，有18家仙作家具企业的商标获得福建省著名商标和市知名商标的称号。

2010年各设区市家具制造业主要经济指标见下表。

（摘编：张琛）

各设区市规模以上家具制造业主要指标

（2010 年）　　单位：万元

地　区	企业数（个）	工业总产值	出口交货值	主营业务收入	资产总额
福州市	54	520666	261671	501278	211956
厦门市	41	313979	194645	321957	324174
莆田市	27	112092	11840	107635	99062
三明市	16	57804	2725	54710	28254
泉州市	29	265295	84041	262629	195867
漳州市	121	730796	401555	724733	427309
南平市	18	90960	10237	87684	66006
龙岩市	19	70167	9179	67388	32130
宁德市	8	40841	24369	40606	13996

续上表　　单位：万元

地　区	利润总额	利税总额	应交增值税	主营业务税金及附加	从业人员平均人数（人）
福州市	34830	47068	10863	1376	11298
厦门市	10395	14096	3207	494	11682
莆田市	8481	11203	2421	300	2856
三明市	2090	3145	812	243	1047
泉州市	30407	39647	7487	1753	7103
漳州市	29290	57454	24919	3245	21569
南平市	4808	7292	2073	410	2618
龙岩市	4960	6726	1400	366	2531
宁德市	1669	2963	1197	97	1186

3-6-6 各设区市造纸及纸制品业发展概况

福建省是我国造纸行业大省之一，近年来福建省是我国制浆造纸及纸制品增长速度加快，福建省造纸工业产量已跃居全国第六位，福建卫生用品工业产值跃居全国第一，目前福建省卫生用品厂家300多家，占全国的30%，销量超过全国的50%。材料、设备、纸巾整个行业企业加起来有上千家。是全国最大的卫生用品行业生产基地。

泉州 2010年，泉州市共有规模以上造纸及纸制品企业155户，规模以上工业总产值203.72亿元，占全省造纸及纸制品业的比重为38.1%。造纸及纸制品企业作为泉州淘汰落后产能的四大重点行业之一，2010年加速净化转型。

面对原材料上涨等不利因素的冲击，2010年，泉州部分造纸及纸制品企业节能减排，不断转型升级。如：福建优兰发集团（以下简称“优兰发”）从2009年开始便自主研发把造纸过程中产生的废弃物回收再利用，制成泥板，主要用于鞋盒、工艺品等包装。2010年优兰发旗下的华祥纸业有限公司与福建省纸业开发基地签下“污泥纸板生产技术”对接项目，进一步解决其污泥纸板生产技术的相关问题。2010年，优兰发主打产品薄业纸中，再生浆料占到了80%以上，拷贝纸则占到了60%。用废纸等再生资源造纸，不仅减少了废纸污泥等的二次污染，而且在原材料价格不断攀升的情况下，还增加了企业的竞争力。

南平 2010年，南平市共有规模以上造纸及纸制品企业41户，实现规模以上工业总产值29.92亿元，占全市规模以上工业总产值的6.0%。重点企业有：南纸股份有限公司、邵武中竹纸业有限公司、南平延润纸业有限公司、建阳明珠纸业有限公司等。

2010年，福建南纸股份有限公司加大了科研和新产品开发力度，公司实施了“42g/m^{2}低定量新闻纸开发成果产业化”项目，已批量生产出42g/m^{2}低定量新闻纸，项目于2010年12月24日通过了南平市发改委组织的专家验收；由福建省经贸委和福建省科技厅立项、公司自主研发的“竹浆粕与竹纤维开发”的技术创新重大科研项目，克服国内外的专利壁垒，漂白竹浆粕产品于2010年12月12日通过了福建省经贸委组织的新产品新技术专家鉴定；拥有的“一种掺合入造纸白水将ONP/OMG混合废纸脱墨制成浆的方法”专利技术已向福建省知识产权局申报了福建省专利奖；承担了福建省科技厅重点科研项目“化浆黑液蒸发过程节能关键技术的开发与应用”的研发工作，取得阶段性成果。

三明 2010年，三明市共有规模以上造纸及纸制品企业60户，比上年增加3户；规模以上工业总产值49.32亿元，占全省造纸及纸制品业的比重为9.2%。

福建省青山纸业股份有限公司是全国重点制浆造纸大型企业，主导产品有纸袋纸、牛皮箱板纸、高强瓦楞纸、本色浆板，其中，纸袋纸、本色浆板处于行业主导地位。2010年，拥有65万吨浆纸产能，位居福建省造纸行业的首位，主要产品纸袋纸市场占有率约为29%，板纸及瓦楞纸系列市场占有率约为0.5%，本色商品木浆市场占有率约为15%。

2010年，公司在完成高强牛皮箱板纸纸机伸性装置改造基础上，继续实施提速改造，并计划在2011年完成高浓磨浆系统改造，开发生产高强度伸性纸袋纸和精制牛皮纸，以推进主导产品质量升级，促其在短期内达到国际先进水平。在开发新产品的同时，公司注重节能减排，2010年以污水深度处理项目和炉炉外脱硫工程两大环保重点工程为主线，全面完成“十一五”SO_2减排的目标，实现公司废水、废气排放总量双达标。此外，采用峰谷用电管理模式，全年节约用电近500万元。

2010年各设区市规模以上造纸及纸制品业主要经济指标见下表。

（摘编：张琛）

各设区市规模以上造纸及纸制品业主要指标

（2010 年）

单位：万元

地　区	企业数（个）	工业总产值	出口交货值	主营业务收入	资产总额
福州市	80	383408	23385	362833	224749
厦门市	89	401114	39217	390151	599412
莆田市	53	372879	46809	370072	275322
三明市	60	493183	14460	503135	458463
泉州市	155	2037219	53223	1966967	1490283
漳州市	120	1120676	25265	1109875	829176
南平市	41	299153	9901	320396	569700
龙岩市	35	138278	10861	135069	64280
宁德市	24	100619		99229	44517

续上表

单位：万元

地　区	利润总额	利税总额	应交增值税	主营业务税金及附加	从业人员平均人数（人）
福州市	15208	25546	8696	1642	7310
厦门市	11786	21599	9015	798	10677
莆田市	24494	34410	7353	2563	6765
三明市	12684	28793	14224	1884	9991
泉州市	278321	383570	92805	12445	36761
漳州市	94963	128636	31482	2191	16833
南平市	3665	8087	3494	928	5995
龙岩市	7550	11181	3025	606	4090
宁德市	7129	10412	2333	951	2107

3-6-7 各设区市医药制造业发展概况

福州 2010年，福州市规模以上医药制造业实现工业总产值49.44亿元，占全省医药工业的比重为33.3%。近年来，福州市充分利用省会城市高校、科研院所的人才、技术优势，集中力量优先发展生物与新医药产业。福抗、福兴、福药、泰普、迈新、新大陆、博美等一批企业成长为福州医药产业的中坚力量。福州市已具备一定的生物与新医药技术基础和研发能力，全市现有1个国家级实验室、2个省级实验室和6个企业技术中心。2010年，福州市政府与闽侯县政府加快开发建设福州市生物医药产业园。

厦门 2010年，厦门市规模以上医药制造业企业达16家，实现工业总产值19.61亿元，实现出口交货值3.45亿元，实现利润2.03亿元。2011年，厦门市积极打造输台中药材物流平台，与成都、彭州、亳州等传统中药材资源地建立了良好的合作关系，已多次同台湾方面共同组团对大陆传统中药材专业市场、GAP种植基地进行专题考察，也对台湾多家制药企业、药品物流企业进行考察，在输台中药材物流平台建设方面取得一定成效，已有台湾胜昌制药厂、顺天堂制药厂、庄松荣制药厂等18家台湾主要制药厂表达了与厦门联合采购的意向。2011年，厦门市药检所现正积极筹建输台中药材质量检测中心。

2010年6月，厦门市药监局出台了《关于促进生物与新医药产业发展的若干意见》，在财政支持、税收优惠、金融服务等方面对落户厦门的生物医药企业给予支持，而在同年12月13日，厦门市海沧区出台了《厦门市海沧区关于促进生物与新医药产业发展的若干意见》，在资金、人才、新药创制等方面都提供了强力支持。海沧区一些生物医药企业在技术突破、产品创新上走在了国内同行前列。唐传生物科技（厦门）有限公司在该园区设立了中国内地第一个稀有功能糖醇生产基地。方泰沧海生物有限公司已研制出戊肝疫苗，一旦获得药监部门的批准即可迅速上市，该疫苗将成为我国第一个高度原创基因工程病毒疫苗，世界上第三个基因工程病毒疫苗。

南平 2011年8月，福建省南平市食品药品监督管理局针对高温高湿天气，组织全系统开展夏秋中药饮片大检查活动。最终全市系统已对13家中药饮片经营企业分别进行责令限期整改，对11种、价值达3.6万元的受污染中药饮片（中药原料）进行集中销毁。

2011年，福建兆农集团有限公司将中药材种植面积扩展到5000亩，年产值过亿元。为解决中药材生产加工问题，公司于2010年收购了武汉金联制药有限公司并获得14个中药专利批文，并从该厂迁移2条生产线至南平大横绿色产业开发区五、六号平台，全面建设起无菌生产车间1幢，无菌提炼车间2幢。中药生产达到了科技先进、环保低碳、无污染的要求。2011年该公司被福建省确定为“十二五”规划龙头企业，同时被南平市政府确定为上市公司的备选企业。

漳州 2010年，漳州市规模以上医药工业企业11家，实现工业总产值10.17亿元。

漳州片仔癀药业股份有限公司是国有控股医药类上市公司。公司所生产的锭剂、片剂、颗粒剂、胶囊剂、软膏剂、糖浆剂、酊剂（含外用）、煎膏剂、丸剂（水丸、水蜜丸）、乳膏剂十个剂型全部通过国家GMP认证。公司主导产品片仔癀为国家一级中药保护品种。2011年“片仔癀制作技艺”成为国家级非物质文化遗产。2010年，该公司成立了福建省传统中药制药企业工程技术研究中心，是国家火炬计划重点高新技术企业，公司研发的金糖宁胶囊列入国家重点新产品计划。

2010年各设区市规模以上医药制造业主要经济指标见下表。

（摘编：郑焰）

各设区市规模以上医药制造业主要指标

（2010 年）

单位：万元

地　区	企业数（个）	工业总产值	出口交货值	主营业务收入	资产总额
福州市	31	494385	67385	435186	491747
厦门市	16	196079	34500	190866	299297
莆田市	7	35006		34098	28028
三明市	13	104746	160	100166	87938
泉州市	12	168155	21120	164400	122931
漳州市	11	101652	13372	97854	173402
南平市	13	176321	57732	166205	150204
龙岩市	6	37897		37393	37129
宁德市	10	170192		154854	47091

续上表

单位：万元

地　区	利润总额	利税总额	应交增值税	主营业务税金及附加	从业人员平均人数（人）
福州市	80274	94619	12560	1785	6932
厦门市	20262	32071	11264	545	4862
莆田市	4676	5767	872	219	562
三明市	4694	8905	3830	381	1437
泉州市	14560	23459	8145	754	3397
漳州市	28321	38363	9083	959	2050
南平市	17336	19953	2542	75	1945
龙岩市	3401	4841	1027	412	567
宁德市	6415	31997	4466	21116	1434

3-6-8 各设区市砖瓦、石材及其他建筑材料制造业发展概况

福建是我国建材行业重要的生产省份，近年来，福建省石材行业发展迅速，行业总体实力不断增强。

福州 2010年，福州市共有规模以上砖瓦、石材及其他建筑材料制造业企业175户，比上年减少7户；实现工业总产值87.76亿元，出口交货值达11.27亿元。

石材业是罗源的重点支柱产业，为有效治理污染，优化石材产业结构，合理高效利用石材资源，建设生态环境良好的石材产业集群，2010年，罗源县调整了石材企业的发展策略，由“放养”改为“圈养”，将石材加工集中区由15个集中区削减为8个，明确划出各集中区的“四至”范围，进行统一管理。在集中区内推行厂房标准化建设，请有资质的单位重新对集中区内的石材加工厂环保规范进行设计，同时规划、设计、建设集中区污水集中处理设施，配套污水管网和中水回用系统，确保实现“零排放”。

泉州 2010年，泉州市共有规模以上砖瓦、石材及其他建筑材料制造业企业766户，比上年增加21户，实现工业总产值532.08亿元，出口交货值达91.42亿元。

南安是“中国建材之乡”，拥有福建石材2/3的市场份额，现有石材企业1500多家，石材产量占全国的50%，石材产品市场份额占全国的70%。近年来，依靠科技进步、节能环保“双轮驱动”，南安石材产业不断发展壮大，已形成国内最大的石材产业集群，并向世界级石材产业制造基地和集散地迈进。

为实现产业结构升级和解决石材产业发展带来的环境问题，南安采取经济增长和环境保护并重的发展战略。2010年8月以来，石材科研培训中心及石材精品展销中心相继建成，福建石材工程技术学院项目顺利启动。依靠科技进步和节能环保“双轮驱动”，不断加大技术创新，优化产业结构，积极朝建设循环经济生产基地的方向进行产业升级。同时，综合利用石粉、碎石等石材边角料，变废为宝，生产新型建材产品。采取措施，有效处理污水，促进石材加工业可持续发展。目前，南安市已有石粉碎石综合利用企业135家，年产值超15亿元，石粉综合利用率为65%，碎石利用率高达90%以上，成为全国最大的石材循环经济绿色产业基地。

惠安石雕石材业的产品主要销往日本、韩国、欧盟、美国、东南亚、中国台湾等国家和地区。2010年受人民币升值、成本上升的影响，企业的利润逐渐减少，与此同时，随着我国城市化进程加快，内需为石雕石材业提供了广阔的市场空间，惠安企业正逐步转型发展内销市场。2010年泉州豪翔石业有限公司组织专人开拓国内市场，在国内的多个城市设了销售网点，主要的业务方向是房地产楼盘内的装饰石雕、城市公园艺术石雕、城市中的装饰石雕、名胜古迹的墓碑石等。

厦门 2010年，厦门市共有规模以上砖瓦、石材及其他建筑材料制造业企业45户，比上年减少9户；实现工业总产值20.81亿元，出口交货值达12.66亿元。

厦门是我国最主要的石材生产出口基地之一，厦门有专业石材进出口企业600多家，周边4000多家石材加工贸易企业常年直接从厦门进口、采购、出口石材，常年在厦门港进出口的世界各地优质石材达1000多种。金融危机爆发后，国际市场总体需求下降，市场出现较大萎缩，而这两年，在国家政策要求下，大批保障性住房、廉租房在建或将建，加大了国内对石材的需求量。2011年，厦门石材企业开始转向国内市场。

2010年各设区市规模以上砖瓦、石材及其他建筑材料制造业主要经济指标见下表。

（摘编：张琛）

各设区市规模以上砖瓦、石材及其他建筑材料制造业主要指标

（2010 年）

单位：万元

地　区	企业数（个）	工业总产值	出口交货值	主营业务收入	资产总额
福州市	175	877587	112729	864984	295925
厦门市	45	208149	126617	213154	325237
莆田市	26	73685	2964	69768	33526
三明市	34	123206		123207	47168
泉州市	766	5320820	914240	5204114	3027161
漳州市	104	276939	27338	275930	142417
南平市	24	64312		58867	28770
龙岩市	40	78921	8632	71984	68648
宁德市	99	238015	3082	237182	48870

续上表

单位：万元

地　区	利润总额	利税总额	应交增值税	主营业务税金及附加	从业人员平均人数（人）
福州市	72539	93209	9960	10710	22299
厦门市	8977	12671	3477	217	5904
莆田市	5919	7762	1445	398	2153
三明市	6886	11709	4141	682	2045
泉州市	594666	830200	160231	75303	151592
漳州市	20904	32497	9246	2348	6993
南平市	2472	3341	325	544	1028
龙岩市	6458	9219	1631	1130	2286
宁德市	12128	20751	6542	2081	6978

3-6-9 各设区市水泥制造业发展概况

“十一五”期间，福建省各地根据《关于加快水泥工业结构调整的若干意见的通知》，加快淘汰落后产能，积极推广先进技术，节能减排成效显著。目前福建省水泥的生产主要集中在三明、龙岩等地。

三明 2010 年，三明市在调整水泥行业结构中，主要采取上大压小，通过市场自身来调节，以及落实差别电价政策等。2010 年，三明市列入全国水泥淘汰落后产能企业名单的主要有福建省永安市马岩水泥有限公司、永安八闽水泥股份有限公司等 24 户企业，落后产能合计 284.8 万吨。到 2010 年底，三明市累计拆除水泥机立窑达 92 座，淘汰落后水泥产能 834.7 万吨，为福建省下达淘汰落后水泥产能 450 万吨的 185%。在积极淘汰落后水泥产能的同时，加快发展新型干法旋窑水泥生产，至 2010 年 8 月已建成低耗环保的新型干法旋窑水泥生产线 11 条，新增产能 1600 万吨，占水泥总产能的比重超过 80%，比全国平均水平高 7.2 个百分点。到 2010 年底，全市水泥产能突破 2000 万吨。预计到 2012 年，全市水泥产能可达到 2500 万吨，新型干法旋窑水泥比例达到 90% 以上。

龙岩 水泥产业是龙岩市百亿产业之一，2010 年，全市水泥企业 94 家，水泥产量达到 2926 万吨，比上年增长 5.2%，占福建省水泥总量的 50.5%。列入 2010 年全国水泥淘汰落后产能企业名单的为福建长汀童菲水泥有限公司，落后产能 17.6 万吨，2010 年，拆除水泥机立窑 30 座，淘汰落后水泥产能 310 万吨。2010 年，龙岩加快发展新型干法旋窑水泥生产，至 2010 年底，已建成投产的新型干法水泥企业 10 家，生产线 17 条，产能 2070 万吨，占全市水泥总产能的 74.3%。2010 年，龙岩水泥工业实现销售收入 103.33 亿元，增长 23%，首次突破百亿元大关；新型干法水泥熟料产量 1510 万吨，占福建省旋窑熟料总量的 52.3%。2010 年 1 月，龙岩市被中国水泥协会命名为“中国水泥产业基地”。

龙岩丰富的石灰石资源及在福建省水泥产业中具有的重要战略地位吸引了华润集团的关注。2008 年以来，华润水泥控股有限公司在龙岩投资已超 40 亿元，所建基地公司有：华润水泥（曹溪）有限公司、华润水泥（永定）有限公司、华润水泥（龙岩）有限公司、华润水泥（雁石）有限公司，2011 年跟踪投资龙岩适中项目，拟在龙岩建成 1000 万吨产能的水泥基地。华润水泥（龙岩）有限公司 4500T/D 熟料新型干法水泥生产线和华润水泥（永定）有限公司 2×4500T/D 熟料新型干法水泥一期生产线于 2011 年 8 月投产。

2010 年，龙岩市新型干法水泥产量 1800 万吨，占水泥产量的 70% 以上；全市水泥企业平均生产规模达 30 万吨以上，其中，年生产规模达 300 万吨及以上的水泥企业 3-5 家。

泉州 2010 年，泉州市水泥企业 46 家，实现主营业务收入 32.55 亿元。泉州市加速水泥行业落后产能淘汰。列入 2010 年全国水泥淘汰落后产能企业名单的为福建省安溪三元岩水泥有限公司，淘汰落后产能 17.6 万吨。泉州市累计已淘汰水泥落后产能 286.6 万吨，提前一年完成省政府下达的“十一五”淘汰水泥落后产能 270 万吨的任务。

2010 年各设区市规模以上水泥制造业主要经济指标见下表。

（摘编：官丽曼）

各设区市规模以上水泥、石灰和石膏的制造业主要指标

（2010 年）

单位：万元

地　区	企业数（个）	工业总产值	出口交货值	主营业务收入	资产总额
福州市	7	229585		216805	116902
厦门市	4	8092		7909	9533
莆田市	2	4017		3268	1440
三明市	59	604550		600615	464034
泉州市	16	86092		86186	95286
漳州市	5	106870		102254	61365
南平市	8	132959		129078	125416
龙岩市	82	971264	7	973626	1016822
宁德市	1	6260		6260	5870

续上表

单位：万元

地　区	利润总额	利税总额	应交增值税	主营业务税金及附加	从业人员平均人数（人）
福州市	8576	21178	5001	7601	704
厦门市	211	511	274	26	122
莆田市	48	84	26	11	59
三明市	16702	37239	17590	2947	7528
泉州市	5646	8164	1865	652	1737
漳州市	10389	16062	5255	418	1159
南平市	4889	10168	4578	701	2015
龙岩市	70386	114074	37949	5739	11258
宁德市	150	609	376	84	95

各设区市规模以上水泥及石膏制品制造业主要指标

（2010 年）　　　　　　　　　　　　　　　　　单位：万元

地　区	企业数（个）	工业总产值	出口交货值	主营业务收入	资产总额
福州市	31	311133		282675	209301
厦门市	23	208202		212285	310595
莆田市	14	87643		85276	59366
三明市	21	98564		88210	84992
泉州市	30	243095	3385	237343	141001
漳州市	32	192423		189563	165467
南平市	3	5071		5063	5674
龙岩市	12	73669		72592	44145
宁德市	6	40083		40693	20652

续上表　　　　　　　　　　　　　　　　　单位：万元

地　区	利润总额	利税总额	应交增值税	主营业务税金及附加	从业人员平均人数（人）
福州市	14599	34452	12543	7310	4759
厦门市	-1392	22765	10579	13578	2961
莆田市	12243	15345	2039	1063	974
三明市	2342	4725	1763	621	1039
泉州市	22629	31191	5917	2645	4614
漳州市	10093	17406	6889	424	3538
南平市	-26	243	247	22	171
龙岩市	3133	7400	3243	1024	980
宁德市	1702	3677	691	1284	708

3-6-10 各设区市陶瓷制品业发展概况

福建省是我国陶瓷四大产区及主要的集散地之一，而且是福建省传统产业中最具代表性的行业之一，主要分布在晋江、德化、南安、闽清等地。

泉州 2010年以来，泉州日用陶瓷以“瓷”为媒，举办了多场大手笔的文化创意活动，“瓷茶联姻”、“瓷酒联姻”、“瓷画联姻”等一系列举措推动了陶瓷产业多元快速发展。泉州日用陶瓷产品已形成了艺术性非常高的杯、盘、碗、罐、碟、瓶等多品种并热销世界各地的格局，出口美国、日本、德国和意大利等50多个国家和地区。2010年，泉州检验检疫局共检验出口日用陶瓷7986批、1.38亿美元，比上年分别增长89.1%和82.0%，日用陶瓷出口不仅连续4年保持50%以上高速度增长，而且出口额首次超亿美元，创历史新记录。

2007年以来，泉州市日用陶瓷企业获“双认证”的企业数从40家，增至2010年的79家，增长97.5%。

作为当地的传统支柱产业，多年来，陶瓷业占据德化县70%以上的工业产值。为了确保产业平稳增长的同时，让陶瓷工业发展更具环保，德化县加快承接欧洲、日本及台湾陶瓷“绿色”技术转移，成功引进两条日本环保陶瓷生产线。成功研发出纳米抗菌瓷、红壤陶等环保型产品，特别是针对“轻质陶”易碎的特点，重点研发出的“重质陶”，已约占新产品的40%-50%，全县累计年开发个性化低碳型的新产品达2000多种。在整个陶瓷业转方式、调结构后，2010年，德化陶瓷出口单价普遍提升了20%。

2010年以来，德化陶瓷业赖以发展的瓷土价格持续走高，当地企业开始在集约化利用瓷土上下工夫。德化1000多家陶瓷企业全部实现了碎瓷再利用。如：部分企业采用低温一次烧成环保陶瓷，可降低能耗25%，同时产品合格率几乎达到100%，还可延长窑炉窑具使用寿命。

福州 陶瓷产业是福州市重点培育和发展的具有县域经济特色的产业集群之一，也是闽清县的支柱产业。闽清县现已形成集生产、加工、装配为一体的产业链，电瓷产量占全国的1/6，年产值约14亿元，出口量占全国的1/3，是福建省最大的电瓷出口基地，也是全国釉面砖重要生产基地之一，有着“中国陶瓷生产基地县”、“东南瓷都”和“陶瓷之都”的美誉。2010年闽清县规模以上建陶工业完成产值36.2亿元，电瓷工业14亿元。2010年闽清建陶企业产值达1亿元以上有9家，达2亿元以上有5家。“五大战役”打响以来，通过抓结构调整、技改创新、质量品牌、改燃降耗，该县加快了陶瓷产业转型升级的步伐。除新上盛利达、大业、联兴3个抛光砖新型建材项目、引进联合电工电瓷、万腾电瓷附件等一批电瓷产业链高端项目外，另有16家建陶企业实施了技改扩产，年新增产值2.1亿元，福建省闽清豪业陶瓷有限公司、闽清腾龙陶瓷有限公司等18家陶瓷企业还使用了天然气清洁能源。“闽清陶瓷”正实现由单一走向系列化、由低档次走向中高档次的转变。

漳州 日用陶瓷是漳州市重要的出口大宗商品，年出口量超过4000万美元。近年来，漳州市陶瓷出口产业呈现较好发展态势，2010年陶瓷出口4257.32万美元，比上年增长26.6%。2011年3月福建省佳圣轩工艺品有限公司顺利通过美国FDA注册考核，成为漳州首家输美日用陶瓷认证工厂。

近年来，平和县充分利用“克拉克”瓷产地的地域品牌影响力和丰富的陶瓷原料两大优势，把陶瓷产业作为工业园区一个主导产业，着重引进高技术含量、高附加值、低耗能的“两高一低”项目。截至2011年4月，平和工业园区已有陶瓷企业及其配套企业共9家，漳州平和县陶瓷产业集群初步形成。

2010年各设区市规模以上陶瓷制品业主要经济指标见下表。

（摘编：张琛）

各设区市规模以上陶瓷制品业主要指标

（2010 年）

单位：万元

地　区	企业数（个）	工业总产值	出口交货值	主营业务收入	资产总额
福州市	37	146390	35897	144374	51184
厦门市	5	17782	14180	18508	14298
莆田市	3	19426		19371	6979
三明市	6	23468	7155	22349	6384
泉州市	191	882369	636300	862196	408831
漳州市	8	66030	39543	62155	68512
南平市	1	2886		2724	1074
龙岩市	1	1901		2305	2186
宁德市	3	12497	8746	12660	25195

续上表

单位：万元

地　区	利润总额	利税总额	应交增值税	主营业务税金及附加	从业人员平均人数（人）
福州市	13615	15854	1594	645	4616
厦门市	307	472	119	46	1859
莆田市	252	557	262	43	228
三明市	392	1464	991	81	89
泉州市	50258	81917	23417	8242	57633
漳州市	5967	8951	2669	314	1595
南平市	163	181	16	2	66
龙岩市	92	177	36	49	113
宁德市	822	1322	436	64	604

3-6-11 各设区市冶金行业发展概况

冶金行业包括黑色金属矿采选业、有色金属矿采选业、黑色金属冶炼及压延加工业、有色金属冶炼及压延加工业四大行业。

三明 2010年，三明市黑色金属矿采选业完成工业产值29.52亿元（快报数，下同），比上年增长21.3%，销售收入28.43亿元，增长21.3%，实现利润0.35亿元，增长2.4倍；有色金属矿采选业完成工业产值30.02亿元，增长8.0%，销售收入26.53亿元，增长50.1%，实现利润2.47亿元，增长2.8倍；黑色金属冶炼及压延加工业完成工业产值186.69亿元，下降2.5%，销售收入196.79亿元，增长5.7%，实现利润2.32亿元，下降16.9%；有色金属冶炼及压延加工业完成工业产值18.95亿元，增长35.7%，销售收入16.37亿元，增长33.1%，实现利润0.22亿元，增长1.6倍。从重点企业看，福建三钢（集团）有限责任公司2010年完成销售收入160.85亿元，利润2.02亿元，占全市黑色金属冶炼及压延加工业的比重分别为81.7%和87.1%；福建省尤溪金东矿业有限公司2010年完成工业产值2.21亿元，占全市有色金属矿采选业的比重为7.4%。福建省尤溪金隆矿业有限公司2010年完成工业产值1.58亿元，占全市有色金属矿采选业的比重为5.3%。

淘汰落后产能方面，福建三钢（集团）有限责任公司2010年淘汰了3座30吨转炉，1座40吨转炉，新建2座120吨的大转炉，淘汰了2台33平方米、2台27.2平方米烧结机，新建一台200平方米大烧结机，全面进入装备大型化时代，各条生产线装备达到国内先进水平。与这些装备相匹配的环保设施更具有先进性，炼铁的大高炉与炼钢的大转炉全部实现最先进的干法除尘，焦化由传统污染的湿熄焦改造为节能环保的干熄焦，或三钢成功应用了冶金行业重点推行的“三干”节能减排新工艺，即炼焦干熄焦、高炉干法除尘、转炉干法除尘，从根本上解决了冶炼系统烟气无组织排放、湿法除尘难以解决的二次污染问题；而200平方米大烧结机的投产，使三台烧结机均采用选择性脱硫方法，烧结生产得以在全国冶金行业率先实现全脱硫。

产品结构优化方面，2007年，福建三钢（集团）有限责任公司中厚钢板生产线投产，当年生产中厚钢板4.14万吨，2010年中厚钢板产量达106万吨，占该公司钢材总量的比重达25.2%，比2007年提高23.8个百分点；福建省尤溪县隆鑫选矿厂有2条生产线，日产量400吨，2010年主要生产铅锌。由于铅锌的市场价格变动较大，企业为了降低风险，2011年1条生产铅锌，把一条铅锌选矿生产线改成生产硫铁矿。

应用领域产品发展方面，福建三钢（集团）有限责任公司经过反复试验，钢筋阻锈攻关取得了突破性进展，采用新式阻锈工艺——四氧化三铁催化生成技术，以较低的投入有效缓解了钢筋表面锈蚀问题。三钢核电钢材以其质量优异、品种规格齐全、服务细致周到而闻名国内核电工程，中国核电总公司对三钢钢材质量与服务给于极高的评价，目前三钢是全国最大的核电钢材供应商之一。

龙岩 2010年，龙岩市规模以上冶金工业总产值达193.27亿元（快报数，下同），比上年增长56.4%。其中，黑色金属产业产值68.65亿元，增长61.5%；有色金属产业产值124.62亿元，增长58.0%。规模以上冶金企业共93家，其中，钢铁企业59家，有色金属企业34家。产值超亿元的重点冶金企业从上年的21家增加到34家，其中，黑色金属23家，有色金属11家，实现行业总体平稳发展局面。

据中国黄金协会统计，龙岩市紫金矿业2010年度生产黄金69.07吨，其中，矿产金29.18吨，矿产金产量占全国的10.4%。全国黄金企业实现利润（含非黄金利润）248.74亿元，紫金矿业实现利润总额为73.32亿元，占全国黄金企业实现利润(含非黄金利润)的29.5%，为中国矿产金产量最大和效益最好的企业之一。

经过5年的发展，上杭铜产业实现了从无到有、初具规模。截止目前，落户上杭的铜产业项目总数达25个，协议总投资110亿元。其中，已投产项目17个；在建项目2个；拟实施项目6个；同时，深入开展“项目建设年”活动，精心策划、筛选、生成一批储备项目。基本形成了以铜矿采选冶、铜（板）带、铜管、铜（杆）线、铜箔等铜系列产品为框架的铜产业链及以20万吨铜冶炼项目附产硫酸下游配套磷化工、氟化工等产业链。2010年上杭县铜产业产值达58亿元，比上年增长80.0%，占规模以上工业产值的40.7%。上杭县铜产业在打造“海西铜都”的实践中，不断优化产业结构，促成环保、节能型企业进驻工业园区，实现企业、社会协调发展。

宁德 2010年，宁德市规模以上冶金工业实现总产值143.10亿元（快报数），比上年现价增长52.5%，企业扩张态势明显，在产品结构调整、节能减排等方面取得比较明显成效。一是行业结构优化。2010年，宁德市共有规模以上冶金企业49家，比上年增加5家，规模以上钢铁及有色金属业企业户均产值2.9亿元，增长37.1%。工业总产值超5亿元的企业11家，比上年增加4家，产值比重达64.0%，比上年提高15.9个百分点，其中，福建省大众金属有限公司、福建省洪泰铜业有限公司两家企业年总产值均超10亿元，合计占规模以上钢铁及有色金属业总产值的19.1%，比上年提高1.9个百分点。二是产品结构优化。福安市钢铁及有色金属产业产品结构优化明显，冷轧薄钢板、涂镀层钢板、冷轧硅钢板、铜带、铜板、彩钢板、H型钢等高附加值产品产值比重明显提高，生产高附加值产品企业比重达七成多。三是节能减排成效显现。通过采用新技术、更新设备等，很多钢铁及有色金属企业在节能减排成效显著。如：福建省古田县华强特钢有限公司通过技改和引进新设备，每吨钢带产品退火用电从880度/吨降到480度/吨，仅这项用电每年就可节电约360万度；福建铁王精密铸造有限公司将8台油烧结炉改为电烧结炉，每月节约生产成本40多万元，并减少二氧化硫排放2.5吨，该企业2010年比2008年实现节能量1010.58吨标准煤，超额完成市政府确定的2008-2010年500吨标准煤的节能量目标；福安市淞兴金属制品有限公司、福建省洪泰铜业有限公司添置吸除尘装置减少污染，同时加强回收利用，福安市淞兴金属制品有限公司30%的生产渣回炉再生产利用，余下出售做水泥砖或修路建筑材料；福建省洪泰铜业有限公司生产渣中铜通过氧化水处理再生产回收利用，最后含有微量黄铜渣以每吨1.3万元价格出售。

2010年各设区市规模以上冶金行业主要经济指标见下表。

（摘编：郑芳）

各设区市规模以上冶金行业主要指标

（2010 年）

单位：万元

地　区	企业数（个）	工业总产值	出口交货值	主营业务收入	资产总额
福州市	48	4147796	247950	4052012	3572712
厦门市	31	1068837	370032	1141343	1418257
莆田市	15	102703	426	105886	49479
三明市	115	2668281	20985	2715644	2064067
泉州市	65	3356472	20174	3286671	1371084
漳州市	60	1696496	107151	1641337	1304121
南平市	45	850679	16459	854464	607939
龙岩市	93	1991184	71322	1945151	3307798
宁德市	49	1445232	10046	1365334	611899

续上表

单位：万元

地　区	利润总额	利税总额	应交增值税	主营业务税金及附加	从业人员平均人数（人）
福州市	161754	211389	44976	4658	20538
厦门市	105101	120899	12862	2937	8423
莆田市	5441	8333	2362	530	1136
三明市	55603	153124	83027	14494	23151
泉州市	632715	754269	106628	14927	31460
漳州市	166476	197710	30442	789	12140
南平市	18418	30098	8833	2848	8811
龙岩市	515593	574843	38596	20655	12662
宁德市	47829	109535	26486	35221	7096

3-6-12 各设区市汽车制造业发展概况

福建省汽车产业在全国已有一定的影响，逐步形成了以“东南汽车”和厦门“金龙汽车”为主体的汽车产业群，形成了闽中、闽南、闽西北三大汽车产业群。

福州 汽车工业是闽侯县的龙头产业，主要集中在青口投资区内，拥有福建戴姆勒汽车工业有限公司（以下简称“戴姆勒”）、东南（福建）汽车工业有限公司（以下简称“东南汽车”）两家整车厂，还有180多家的汽车配套厂，生产奔驰商务车、三菱轿车等世界著名品牌汽车。2010年，东南汽车共生产汽车12.07万辆，销售12.04万辆，分别比上年增长36.2%、41.0%；实现销售收入84.56亿元，增长45.0%。东南汽车成立十五年以来，累计实现销量近65万辆。2010年，戴姆勒生产汽车11408辆，销售10711辆，销售收入34.11亿元。

2010年以来，闽侯县加快推进海峡汽车文化广场建设，该项目占地1456亩，总投资22.6亿元，全部建成后将成为集汽车销售、仓储、培训及品牌展示、文化推广等功能于一体的综合性服务园区。一条较为完整的汽车产业链在当地已经形成。

厦门 2010年，厦门规模以上汽车制造业共完成工业产值173.71亿元，占全市规模以上工业总产值的4.8%。从具体生产企业看，2010年厦门金龙联合汽车工业有限公司（以下简称“大金龙”）推出的原创城郊客车XMQ6120C和全新的一层半客车XMQ6129Y8在市场上大获成功。其中，XMQ6120C是国内首款城郊客车，该车获得来自北京、深圳、萧山、成都以及海外意大利、哥斯达黎加等地的批量订单，单一车型年销量超过600辆，销售额4亿元；XMQ6129Y8是大容量高速客运车型，在2010年5月面向市场推出后，以更大的载客量和更低的运营成本成为国内客运企业首选，上市以来销售超过300辆，成为国内一层半客车这一新兴细分市场的领跑者。此外，大金龙还在清洁能源客车和轻型客车等领域，向市场推出数款车型，同样获得市场的青睐。2010年大金龙轻客销量超过9300辆，比上年增长超过130%以上。在出口方面，截止2010年底，大金龙的产品已累计出口到全球80多个国家和地区，除了北美以外，金龙客车已经遍及其它五个大洲。连续3年来，外销额超过12亿元，外销贡献超过20%。2010年大金龙轻客出口突破5000辆，增长226%，占据了我国轻客出口量20%左右的份额，国内出口占有率排名行业第二。其中，欧盟市场出口大中型客车200多辆，2011年有望超过500辆。迄今为止，大金龙仍是国内唯一一家向西欧国家批量销售车辆的客车制造商。

三明 永安是福建省汽车工业的发源地，目前，永安汽车厂已被列为福建省载货汽车及零部件生产基地，大规模引进了汽车及零部件生产骨干企业，产业雏形初现。2010年，中国重型汽车集团有限公司与福建永安汽车公司签约，双方联手在福建三明市设立商用车公司项目。该项目建成后，将形成年产中、重型及轻型卡车8万辆至10万辆的生产能力。

泉州 2010年，泉州市规模以上汽车制造业完成工业总产值49.79亿元，占全省汽车产业规模以上产值的6.5%。泉州市汽车及配件产业已由初期生产轮胎螺栓、螺母等紧固件及转向节肖、活塞销等低端产品，发展到专用车、电动旅游汽车制造；汽车电子产业也初具萌芽，EPS汽车电子转向助力系统、无绳倒车雷达等产品已投放市场，汽车电脑等产品已研制成功；汽车配件产品品种丰富，生产有铝合金轮毂、发动机汽门室盖、车内电器等。其中，部分企业产品已经向零部件总成发展，目前生产的总成零部件涉及离合器总成、后桥拉杆总成、传动轴总成、外观件、转向球头总成、横直拉杆总成、转向接头总成等。泉州市汽车及配件企业主要集中在鲤城江南、南安大霞美和晋江青阳、福埔、东石等。鲤城区被中国重型汽车工程机械配件联合会授予“中国汽车工程机械配件产业基地”。

2010年各设区市规模以上汽车制造业主要经济指标见下表。

（摘编：郑芳）

各设区市规模以上汽车制造业主要指标

（2010 年）

单位：万元

地　区	企业数（个）	工业总产值	出口交货值	主营业务收入	资产总额
福州市	129	2630183	244892	2557958	2013463
厦门市	53	1737115	283494	1673764	1411554
莆田市	15	91464	19658	88931	73040
三明市	12	218457	1838	216932	39444
泉州市	99	497862	43718	483780	271082
漳州市	42	1546187	100748	1529869	770672
南平市	13	101745	884	106544	70086
龙岩市	36	714065	3871	664391	463279
宁德市	21	111823	42561	107268	59228

续上表

单位：万元

地　区	利润总额	利税总额	应交增值税	主营业务税金及附加	从业人员平均人数（人）
福州市	145357	360668	88997	126313	33686
厦门市	96660	138748	35598	6490	17826
莆田市	6797	8916	1898	221	2593
三明市	3802	7984	3918	265	1564
泉州市	27631	40934	10389	2914	11967
漳州市	241885	296353	53555	913	13069
南平市	2037	4482	2277	168	3036
龙岩市	74677	92837	16754	1407	7429
宁德市	3124	6870	3382	363	3746

3-6-13 各设区市船舶及浮动装置制造业发展概况

船舶制造业是福建省重要的出口产业之一，目前主要分布于福州、厦门、漳州、宁德。

厦门 厦门是大陆第二家“游艇帆船产业发展试验基地”。据不完全统计，厦门现有游艇类企业 47 家。除拥有翰盛、唐荣、红龙、飞鹏等一批外向度高的游艇制造企业，2010 年，厦门已销售帆船游艇 84 艘，销售额高达 4.5 亿元，均创下历年来新高。与往年相比，2010 年售出船型的比例发生变化，其中，以水上休闲运动为主的小型船艇超过其他类型游艇，占销售总数的一半；此外，帆船、游艇零、配件销售也呈上升趋势。这一趋势显示了厦门船艇市场已逐步成熟，也预示着中小型船艇将成为未来厦门船艇销售的主流方向。

厦门五缘湾致力于打造中国最具规模的游艇及零配件交易集散地，已吸引来自全国各地的游艇及零、配件商 29 家，还有多家商户明确了入驻意向。2010 年 4 月五缘湾船艇保税仓库投入使用以来，已成功售出 7 艘来自意大利、英国、法国等进口游艇。值得一提的是，国内第一艘西班牙 Rodman Muse 50 尺游艇目前已入驻五缘湾船艇保税仓库。

宁德 宁德是福建省四大民间船舶修造基地之一，2010 年，宁德市规模以上船舶及浮动装置制造业工业总产值达 43.31 亿元。

目前，福安拥有船舶修、造、拆及涉船企业 100 多家，全行业已实现“三个之最”、形成“四个基地”。“三个之最”，即拥有全省综合实力最强的民营船舶企业，拥有全省目前最大的干船坞（10 万吨级船坞 2 座），拥有全省民营船舶企业、船台、船坞数量最多的船舶修造基地，其中，船舶修造企业 43 家、船台 66 座 84.7 万吨，船坞 17 座 41.5 万吨。“四个基地”即：外轮修理基地、出口成品油轮建造基地、海洋工程船建造出口基地、福建省唯一民办的服务船舶行业的高级技师培训基地。2010 年，福安船舶产业乘风破浪，开辟了受金融危机影响的传统三大主力建造船型之外，技术含量、经济附加值更高的全新产品领域，建造广泛使用于海上油田等领域的海洋工程船、驳船、拖轮等新船型，产业成功升级转型，迎来产业发展的又一个新时代。

2010 年以来，福安市加大船舶产业支持力度，着力营造企业发展的良好氛围，进一步完善服务平台建设，大力推进产业规模扩张和发展质量提升，船舶工业多项经济指标保持良好增长势头。2010 年，福安市船舶工业完成工业总产值 55.87 亿元。“十一五”期间，福安市船舶工业产业结构的造、修（改）、拆、配套比例为 70：10：16：4，已成功建造了 720 标箱集装箱船、8.1 万载重吨散货船、一级成品油船、16300 吨化学品船、3500 立方液化气船、8400 马力多用途海工船、350 吨海上工程船等多种船型。

“十二五”期间，福安市船舶工业将通过产业结构调整，力争实现造、修（改）、拆、配套比例为 60：15：15：10，形成造、修（改）、拆、配套协调发展。

作为国内游艇帆船重要销售集散地之一，五缘湾游艇帆船港目前已规划并即将投入建设 600 个游艇停靠泊位和 6 万平方米的游艇产业建筑，其中，包括游艇主题展览馆、游艇展销区、游艇专业保税仓库、游艇俱乐部会所、游艇商务办公及码头设施。

2010 年各设区市规模以上船舶制造业主要经济指标见下表。

（摘编：郑芳）

各设区市规模以上船舶及浮动装置制造业主要指标

（2010 年）

单位：万元

地 区	企业数（个）	工业总产值	出口交货值	主营业务收入	资产总额
福州市	14	878754	462075	833030	634679
厦门市	5	231478	162984	234966	263173
莆田市					
三明市	3	4449		4425	1824
泉州市	3	41922	25479	28007	110838
漳州市	25	182102	78	166556	89960
南平市					
龙岩市					
宁德市	34	433094	8426	345255	442173

续上表

单位：万元

地 区	利润总额	利税总额	应交增值税	主营业务税金及附加	从业人员平均人数（人）
福州市	58368	67686	6457	2862	6731
厦门市	26692	27498	661	145	2717
莆田市					
三明市	374	813	84	355	79
泉州市	-5370	-5291	73	7	950
漳州市	6793	11652	3784	1076	7459
南平市					
龙岩市					
宁德市	20864	29697	7482	1352	8414

3-6-14 各设区市通信设备、计算机及其他电子设备制造业发展概况

2010年，福建省规模以上电子信息产业实现主营业务收入2311.50亿元；增加值达522.97亿元。主要分布在厦门、福州、泉州、漳州和莆田等地区。

福州 电子信息产业是福州产业发展的“常青树”，拥有冠捷、捷联、华映、福富、网龙、福晶、星网锐捷、瑞芯等知名企业。历经多年的培育和发展，福州的电子信息产业龙头企业不断增多，集聚规模不断扩大，创新能力日益增强，福州已经成为海峡西岸高新技术产品研发和信息服务推广的最大汇聚地和辐射能力最强的区域中心。2010年，福州共有规模以上通信设备、计算机及其他电子设备制造业企业137个，完成工业总产值783.11亿元，出口交货值达507.38亿元；实现主营业务收入753.48亿元，实现利润总额为82.86亿元。

近年来，为做大做强光电产业，福清光电科技园依托全球最大的显示器制造商之融侨开发区（国家显示器产业园）原有的液晶显示产业，大力发展光电产业核心技术、部件和自主品牌，着力打造承接台湾地区电子信息产业转移的重要基地。目前，福清光电科技园已入驻七大项目，在海关注册备案6个，投资总额达2.53亿元，初步形成了以冠捷、捷联、华冠等台资企业为龙头，福强精密印制线路板、冠茂金属制品、正茂塑胶、鑫铭电子等58家电子信息企业组成的显示器产业链，集合了模组、主控板、升压板、转轴、铝电解电容器、模具等生产于一体的显示器加工配套协作体系。2011年1月，福清国家平板显示高新技术产业化基地获得国家科技部认定，这是继2005年获得原信息产业部批准成为国家（福清）显示器产业园、2010年1月获得工业和信息化部批准成为全国首批国家新型工业化产业示范基地后，由国家部委授予的第三块“金字牌匾”。2010年，融侨开发区实现工业产值661.30亿元，其中，电子信息产业产值为438.50亿元，占全区总产值比重的66.3%。

厦门 2010年，厦门共有规模以上通信设备、计算机及其他电子设备制造业企业189个，完成工业总产值1286.25亿元，出口交货值831.52亿元；实现主营业务收入1295.53亿元，实现利润总额63.72亿元。

“十一五”期间，随着厦门市科技投入的持续增加，科技新政先行先试，科技进步和企业创新能力增强带动光电产业的持续健康发展，光电已逐渐成为厦门市电子信息产业的支柱。“十一五”以来的短短五年时间，厦门市光电产业链迅速完善，产业集群不断壮大。2010年，厦门市光电产业实现总产值771.89亿元，比上年增长90.9%；销售收入768.74亿元，增长92.8%，光电产业已占厦门市工业总产值20%左右；进出口总值达139亿美元，增长近1倍，成为推动厦门市经济转型和升级的重要动力。2010年，厦门光电产业创“五项全国之最”：一是厦门是我国大陆TFT液晶显示产业发展最为迅速的地区之一；二是厦门连续八年成为国内LED外延芯片实力最强、规模最大的生产基地；三是厦门成为全国乃至全球最大高端节能灯生产和出口基地；四是厦门聚光用高效砷化镓三结电池技术和市场双双领先全国；五是厦门光通信芯片技术水平位居国内领先地位。

在LED背光源市场的强势带动下，厦门市LED产值达到47.47亿元，带动相关产值约215亿元，厦门地产芯片占全国国产芯片总量的一半以上；2010年，厦门市功率型LED白光芯片光效达到100lm/w，技术水平处于国内领先水平，厦门乾照光电股份有限公司成功成为继三安光电股份有限公司之后，我国以LED外延芯片和太阳能光伏为主业的第二家上市公司，也是创业板第一家同类上市公司；此外，厦门优讯高速芯片有限公司研发出第

一颗 G/GEPON ONU 光收发单芯片，填补了我国在这一领域的空白。

泉州 2010 年，泉州共有规模以上通信设备、计算机及其他电子设备制造业企业 66 个，完成工业总产值 90.44 亿元，出口交货值达 10.54 亿元，实现主营业务收入 83.91 亿元，实现利润总额 9.57 亿元。

经过近年的精心培育，泉州光电信息产业以泉州（南安）光电信息产业基地为中心，光伏产业发展进入良性轨道，建立了光电院士专家工作站。截止 2010 年底，泉州（南安）光电信息产业基地已有 52 个项目入驻，计划总投资 49.5 亿元。入驻基地的项目包括太阳能光伏、LED、电子信息行业等，目前已有 15 家投产，在建 18 家，有 4 家列入省、市重点工业项目。其中，阳光大地（福建）新能源有限公司的 500MW 光伏项目总投资达 20 亿元，预计达产后可实现年产值 100 亿元。

“十二五”期间，泉州市将以打造国家重点电子信息产业基地、软件服务外包产业新兴城市、新兴产业与传统产业融合发展示范区为目标，力争至 2015 年，全市信息产业产值超 500 亿元。

未来五年，泉州将重点抓好微波通讯、无线对讲机等六大产业集群的深度发展，做大做强各产业价值链，积极推动鲤城区、丰泽区、泉州开发区联合申报“数字对讲机”列入国家创新工业化产业示范基地。以打造国家重点电子信息产业基地为目标，依托现有江南电子信息高新产业、泉州软件园等专业园区，规划建设信息产业服务总部基地等若干专业园区，整合构建“泉州市电子信息产业园区”。

漳州 2010 年，漳州共有规模以上通信设备、计算机及其他电子设备制造业企业 43 个，比上年增加 14 个；完成工业总产值 64.34 亿元，出口交货值 39.94 亿元；实现主营业务收入 62.12 亿元，比上年增长 9.2%；实现利润总额为 7.19 亿元，增长 17.9%。已经形成智能小家电、数字视听产品、数字化仪器仪表、光电产业等 5 大特色行业。

光电产业是近年来漳州市电子信息产业发展中的一大亮点。近年来，漳州市光电产业发展迅速，初具规模。2010 年，全市光电产业总体产值规模约 63 亿元，比上年增长 16.6%，出口 5.8 亿美元，形成了节能灯系列、LED 点阵屏系列、景观灯系列、太阳能电池系列产品等。2010 年漳州市被科技部认定为国家节能照明高新技术产业化基地。全市光电企业共拥有专利 351 项，其中，发明专利 47 项。

截止 2011 年 1 月，光电“新秀”云霄县共引办光电企业 120 多家，总投资上百亿元。2010 年 5 月，该县成功引办 LED 重大龙头项目汉晶光电，总投资 15 亿元，全部达产后产值可达 60 亿元以上，其磊晶蓝光技术将填补福建省 LED 产业空白。

（摘编：郑芳）

各设区市规模以上通信设备、计算机及其他电子设备制造业主要指标

（2010年）

单位：万元

地　区	企业数（个）	工业总产值	出口交货值	主营业务收入	资产总额
福州市	137	7831125	5073822	7534751	4131296
厦门市	189	12862536	8315212	12955286	6592116
莆田市	47	622627	31424	614009	244188
三明市	8	46470	18576	45904	19585
泉州市	66	904447	105420	839138	686296
漳州市	43	643359	399441	621186	391514
南平市	6	35983	636	34264	22074
龙岩市	30	160578	30619	159647	70936
宁德市	2	7844		8045	4928

续上表

单位：万元

地　区	利润总额	利税总额	应交增值税	主营业务税金及附加	从业人员平均人数（人）
福州市	828591	1009891	168947	12353	71470
厦门市	637245	724984	77332	10408	134758
莆田市	28537	38326	8054	1734	15802
三明市	782	882	74	27	1694
泉州市	95732	122181	21732	4717	20170
漳州市	71929	96350	23305	1116	11692
南平市	981	1531	490	60	1159
龙岩市	9611	10986	1033	342	4295
宁德市	599	975	328	48	236

3-7 各设区市建筑业发展概况

建筑业是国民经济的重要物质生产部门，它与整个国家经济的发展、人民生活的改善有着密切的关系。2010年，在国家积极财政政策的推动下，全省建设领域投资规模不断扩大，建筑业企业（总承包和专业承包建筑业企业）呈现良好的发展态势，建筑业生产保持快速增长，为全省经济平稳较快增长作出积极贡献。

福州 2010年，福州市建筑业产值持续增长，完成总产值1087.30亿元，比上年增长33.2%。其中，在福州市完成的产值为346.90亿元，增长22.8%；省外建筑市场完成产值572.30亿元，增长47.4%。从房屋施工情况看，2010年房屋施工面积继续增长。全市房屋建筑施工面积9234.70万平方米，其中，新开工面积4410.50万平方米，增长15.8%。从新签合同情况看，2010年，全市新签工程施工合同额952.70亿元，增长24.3%。累计合同额1967.64亿元，增长27.3%；其中，结转上年的合同额660.20亿元，增长5.9%。从各县（市、区）完成情况看，2010年，各县（市、区）和建筑之乡完成产值情况良好。各县市区共完成建筑业产值444.11亿元，占全市建筑业总产值的40.8%。完成建筑业产值前三名的县（市、区）有：平潭县完成产值99.80亿元；永泰县完成产值86.55亿元；福清市完成产值77.43亿元；五个“建筑之乡”共完成产值占全市建筑业总产值的37.3%。

厦门 由于建筑能耗占全社会能耗的比例呈现逐年上升趋势，已与工业耗能、交通耗能并列，成为中国能源消耗的三大“耗能大户”。为促进城市的可持续发展，厦门市由2009年起就开始推广“绿色建筑”，发展“绿色建筑”。2010年，厦门市建筑业增加值以及总产值持续增长，全年实现增加值157.39亿元，比上年增长5.0%。全年全市具有资质等级的建筑企业完成建筑业总产值459.63亿元，增长25.8%，其中，建筑工程产值428.32亿元，增长27.9%，安装工程产值27.73亿元，增长10.2%。2010年，厦门市建筑业企业新签合同价款617.53亿元，增长44.9%；期末从业人员23.52万人，全员劳动生产率为19.96万元/人。

莆田 2010年，莆田市全社会建筑业总产值实现增加值72.09亿元，按可比价格计算比上年增长22.5%。全市资质等级以上的总承包商和专业承包建筑企业完成建筑业总产值124.29亿元（按注册地口径），增长44.6%；房屋建筑施工面积1449.98万平方米，增长21.2%；房屋建筑竣工面积340.52万平方米，增长1.5%。

2010年，莆田建筑业快速发展得益于莆田市住房和城乡建设局认真贯彻市委、市政府提出的“提升建筑企业资质，增强企业竞争力”的指示，大力扶持建筑业发展，着力解决建筑业企业在发展过程中所需要的技术人才、办公场地、资金等问题，促进企业资质的提升，扩大企业的经营范围，提高企业的市场竞争力。2010年，莆田市又有4家企业建筑业资质升为一级，5家企业建筑业资质升为二级。2010年莆田市拥有建筑业企业139家，与“十一五”相比，一级资质企业从1家增至7家，二级资质企业从14家增至25家，涌现出了10家年产值超过5亿的企业，其中，5家企业年产值超过10亿元。

三明 2010年，三明市全社会建筑业实现增加值67.71亿元，比上年增长23.0%。资质等级以上的总承包和专业城堡建筑业企业完成建筑业总产值154.75亿元，增长58.8%。房屋建筑施工面积1588.07万平方米，增长39.5%；房屋建筑竣工面积472.28万平方米，增长52.2%。“十一五”期间，全市建筑业增加值年均增长17.4%，比“十五”期间提高了1.8个百分点。

为促进三明市建筑行业持续较快发展，2010年三明市人民政府做出了一系列的举措：一是积极扶持交通、水利、电力等专业工程施工总承包企业资质上等级。二是支持三明市交通、水利、电力等专业工程施工总承包企业承接工程项目。三是积极扶持服务三明市建筑业发展，鼓励企业“走出去”，承揽工程项目。四是对外地引进的施工总承包二级以上建筑业企业，在三明市办理法人工商注册并在省建设厅办理资质变更手续后，可直接入选“三明市房屋建筑和市政基础设施工程施工预选承包商”名录库。五是规范企业经营活动。各建筑企业在三明市承接工程项目时，应依法办理工程建设各项手续。六是建立建筑业人才管理机制。七是相关部门要积极配合统计部门做好外来企业在三明市建筑业统计工作，特别是交通、水利、电力、通信、铁路等外来企业多的主管部门要重点协助做好外来企业的统计工作。八是三明市政府在每年第四季度对各县（市、区）人民政府，各级建设、交通、水利、电力等有关行政主管部门执行督查考核，表彰对三明市建筑业发展有突出贡献的地方政府、部门和从业人员。

泉州 2010年，泉州市固定资产投资呈现快速增长的势头，建筑企业紧紧抓住机遇，积极开拓市场，生产经营保持较快发展，建筑生产规模扩大。

2010年，泉州市全社会建筑业增加值183.41亿元，比上年增长19.4%。全市资质等级以上的建筑企业有416个，完成建筑业总产值467.52亿元。全市建筑房屋施工面积4370.76万平方米，实行投标承包面积3539.66万平方米，招投标率达81.0%；房屋竣工面积1666.36万平方米。全市建筑业总产值达到亿元及以上的企业74家，其中，5亿元及以上的企业18家。惠安完成建筑业总产值177亿元，占八个“建筑之乡”总产值的24.9%。

漳州 2010年，漳州市建筑业实现增加值81.48亿元，比上年增长21.1%。资质等级以上的总承包和专包建筑企业完成产值179.50亿元，增长28.6%；房屋建筑施工面积1594万平方米，增长5.2%，其中，实行投标承包面积1416万平方米，增长11.7%，投标承包面积占全部施工面积的比重为88.8%；全年新签订合同价款319.10亿元，增长16.3%。

福建省住房和城乡建设厅于2011年1月5日下发《关于公布2010年福建省建筑业企业信用等级评价结果的通知》，漳州市三家装饰企业获此殊荣，漳州市三盛装饰广告工程有限公司荣获AA级企业信用评价，福建省七建装饰工程公司和福建光辉装饰工程有限公司荣获A级企业信用评价。此次评价是福建省建筑业协会根据《福建省建筑业企业信用评价办法（试行）》（闽建协［2010］18号）的规定，在企业申报、设区市建筑（装修）行业协会初审、福建省建协秘书处组织复核的基础上，经福建省建筑业企业信用评价评审委员会评审并上网公示，评定而出，信用等级评价结果有效期为三年，并实行动态管理。

龙岩 2010年，龙岩市以提升建筑业综合竞争力为目的，通过结构调整，实施“走出去”的发展战略，建筑业实现较快发展，产业结构得到优化，拓展市场能力进一步提高，产值利税逐年增长，为龙岩市经济建设和转移农村富余劳动力做出了积极贡献。特别是“建筑之乡”上杭的许多企业在全国近20多个省、市开拓市场，产值“破百亿”，成为地方经济的支柱。2010年该县建筑业总产值首次突破100亿元，达到117亿元，创税收1.53亿元，为全市建筑业持续发展作出了重要贡献。

2010年，龙岩全社会建筑业实现增加值79.70亿元，比上年增长23.0%。全市资质等级以上的总承包和专业承包建筑企业完成建筑业总产值246.17亿元，增长39.9%；房屋建筑施工面积2104.49万平方米，增长53.6%；房屋建筑竣工面积1481.77万平方米，增长83.7%。“十一五”期间，全市建筑业增加值年均增长19.3%，比“十五”时期提高9.4个百分点。

宁德 2010年，在固定资产投资稳定增长的带动下，宁德市建筑业呈现了良好的发展态势。

2010年，宁德市建筑业企业完成建筑总产值85.69亿元，比上年增加21.69亿元，增长33.9%，增幅比上年提高了18.3个百分点。建筑业企业签订的合同额135.21亿元，比上年增加了30.54亿元，增长29.2%。其中，本年新签的合同额为84.52亿元，增长11.6%，增幅比上年下降了44.2个百分点。2010年，全市建筑业企业在省外完成产值39.88亿元，占全市资质内建筑业总产值比重为46.5%，增长48.6%，增幅提高13.1个百分点，拉动资质内建筑业总产值增长20.4个百分点，贡献率达60.2%。2010年，全市建筑业企业共有期末从业人数5.46万人，比上年增加1.07万人。全市建筑业企业计算劳动生产率平均人数为15.31万元/人，每人年平均完成建筑业产值16.15万元，比上年增加2.5万元。

注：本文数据均采用快报数。

（摘编：朱翔）

各设区市总承包和专业承包建筑业企业主要经济指标

（2010年）

地　区	企业数（个）	从业人员数（人）	劳动生产率（元/人）	总收入（万元）	利税总额（万元）
福州市	748	884471	129649	10605696	603126
厦门市	466	588233	103854	5259280	275535
莆田市	145	69479	167670	1144897	114299
三明市	140	77376	203914	1406699	114500
泉州市	491	313631	159061	4983956	466589
漳州市	165	89944	169897	1199272	91086
南平市	148	34051	182722	554268	39469
龙岩市	187	179199	131650	2297012	199417
宁德市	116	59302	149208	711777	52048

3-8　各设区市服务业发展概况

3-8-1　各设区市软件业发展概况

福州　福州软件园从 1999 年启动以来，经过 10 多年的历练，如今，拥有动漫游戏、软件服务与外包、集成电路设计等产业的福州软件园已经进入第五期的建设，产业规模也不断攀升。截至 2010 年底，园区实现技工贸总收入 693 亿元，税收达 23.93 亿元。其中，2010 年，园区实现技工贸总收入 169 亿元，比上年增加 39.7%。福州软件园在全国 34 个软件园中综合实力持续上升。福州软件园产值、税收均占福建省软件业的半壁江山，为福建省软件产业的发展作出了重要贡献。

至 2010 年底，软件园共有入驻企业 415 家，其中，福建福晶科技股份有限公司、福建三元达通讯股份有限公司、福建联迪商用设备有限公司、福建顶点软件股份有限公司、富春通信股份有限公司 5 家公司被评为“福建省创新型企业”，福建福晶科技股份有限公司还被列为国家级创新型（试点）企业；5 家企业被列入 2010 国家规划布局重点软件企业，分别是：福建邮科通信技术有限公司、福建榕基软件股份有限公司、福建三元达通讯股份有限公司、福建富士通软件工程有限公司、福建新大陆软件工程有限公司，其中，福建榕基软件开发有限公司、福建三元达通讯股份有限公司、福建富士通信息软件有限公司 3 家骨干企业已连续多次上榜。园区有 10 家企业被省政府评为“福建省重点软件骨干企业”。2011 年 3 月，国家科技部、财政部向社会公布 2011 年度科技型中小企业技术创新基金第一批立项项目名单，福州软件园 5 家入园企业的 5 个项目获得立项，分别是：福建华维网络科技有限公司承担的“光纤综合调度系统”项目、福建金算盘软件有限公司承担的“社区居民健康和诊疗移动管理系统”项目、福建敏讯信息技术有限公司承担的“敏讯企业级 SX6000 网络通信设备”项目、福建神画时代数码动画有限公司承担的“二维动画面向对象 2.5 维建模技术软件研发”项目、福建易贝得商务信息有限公司承担的“‘迅保通’保险电子化销售系统和使用的销售终端”项目。

2010 年，福建省共有 6 家软件企业成功在 A 股上市。其中，福州软件园区就有 2 家企业，分别是：福建三元达通讯股份有限公司、福建榕基软件开发有限公司。至此，福州软件园共有 3 家上市公司。

园区成立以来，先后荣获“国家火炬计划软件产业基地”、“全国信息产业系统先进集体”、“国家科技计划（火炬计划）实施 20 周年先进管理单位”、“国家高新技术创业服务中心”、“福州国家现代服务业产业化基地”和“国家影视动画实验园”等国家级荣誉称号。

2011 年，福州软件园将致力于海峡软件新城的建设。海峡软件新城的建设规划脱胎于软件园 5 期规划，是对原规划的提升。海峡软件新城占地面积 28 公顷，建筑面积约 66 万平方米，项目总投资 24 亿元。海峡软件新城由软件园 5 期项目（总部及研发大楼）、动漫二期、福晶科技园、三元达科技园、公寓楼等 5 个项目组成。其中，总部及研发大楼、动漫二期总投资约 17 亿元。

海峡软件新城将在整体概念上呈现高科技、时尚与环保的高端形象，将为入驻企业提供 5A 级复合型办公商务大楼和完善的产业服务支持平台，同时在生活配套及自然景观等方面为海峡软件新城上班族、附近居民及来往游客提供基于 CAZ（中央活动区）设计理念的生活氛围，将闽台文化融入海峡软件新城生活的每个细节中。

海峡软件新城强调对整个福州软件园乃至福

州地区的产业带动作用，将继续均衡发展以信息智能为主体的产业结构，同时建设具有特色的现代服务产业，通过提升工业设计能力，推动传统产业的优化升级，发展文化创意产业，使海峡软件新城成为两岸文化交流与合作的重要平台以及东南沿海最具影响力的高科技创新园区。

厦门　“十一五”期间厦门市先后出台多项产业扶持政策和配套实施细则，完善软件产业发展软环境，扩大产业规模，现拥有规模以上软件企业582家，成为全国重要的软件产业基地。截止2010年底，厦门市软件行业收入达到259.36亿元，与上年相比增长40.5%。其中，软件产品收入74.96亿元，增长28.7%；系统集成和支持服务收入57.42亿元，增长60.7%；信息技术咨询和管理服务收入51.41亿元，增长43.0%；信息技术增值服务收入24.19亿元，增长25.0%；嵌入式系统软件收入41.62亿元，增长44.5%；IC设计开发收入9.74亿元，增长49.9%。

作为全市软件业的重要集聚地，厦门市软件园总体实力增强，产业聚集度进一步提高，2010年厦门市软件园企业实现销售收入145.87亿元，比上年增长44.2%；实现税收5.02亿元，增长52.6%。2010年新引进入园企业33家，完成年初计划的110%。其中，外地企业有20家。全园区新增员工数7000多人，年底员工数达3.79万人。

至2010年底，软件园内规模以上企业418家，占全市规模以上软件企业的比重提高到71.8%；科华恒盛、三五互联、易联众成功上市，打破2009年以来仅东南融通一家企业上市的局面。厦门美亚柏科信息股份有限公司入选国家创新型试点企业，并通过证监会上市审核。东南融通再次入围国家“软件百强”企业，从上年的第九十四名提升到第八十一名。东南融通（中国）系统工程有限公司在线科技有限公司、厦门美亚柏科信息股份有限公司、厦门吉比特网络技术股份有限公司、厦门雅迅网络股份有限公司、易联众信息技术股份有限公司、厦门用友烟草软件有限责任公司等6家企业入选省软件重点骨干企业，厦门美亚柏科信息股份有限公司、厦门三五互联科技股份有限公司、厦门海迈科技股份有限公司等5家企业入选厦门市2010年度最具成长性中小企业，厦门万安智能股份有限公司、厦门柏事特信息科技有限公司、厦门市振威安全技术发展有限公司等十多家企业入选2010年度成长型中小企业。

2010年，中国移动手机动漫基地、中国电信动漫运营中心、南京中兴软创科技股份有限公司、中娱文化股份有限公司、厦门游家网络有限公司、阿丹电子（厦门）有限公司等知名企业相继落户园区，中国建设银行总行信息技术开发中心、用友烟草企业等先后入驻软件园生产，增强了软件园企业的整体实力。大项目的落地带动一批相关配套企业落户厦门，水晶石数字科技有限公司、厦门游家网络有限公司、上海华博信息服务有限公司、厦门昂智网络科技有限公司等一批动漫类企业也相继落户软件园，软件园动漫产业的聚集效应更加明显，带动厦门市游戏动漫产业较快发展。13项动漫游戏被纳入省重点建设项目；3部系列动画片入选2010年度优秀国产动画片，8家企业通过文化部等部门的动漫企业认定，成为厦门市首批通过该认定的企业。

2010年，厦门市加强两岸产业对接，对台合作取得成效。2010年，全市新增的24家台资软件企业中，8家企业落户园区。至2010年底，入驻软件园的台资软件企业有42家，占全市台资软件企业的51.9%。硕泰商务科技有限公司正式营业，对台合作持续升温，与台产业对接和对台服务外包取得新进展。

（摘编：张琛）

3-8-2 各设区市交通运输业发展概况

福州 2010年，福州市交通运输能力有所增强，全市各种运输能力进一步提升。货物运量中，铁路货物发送量336.50万吨，比上年增长3.0%；公路货物发送量8394.19万吨，增长10.0%；水路货物发送量6171.99万吨，增长2.4%；民航货邮吞吐量7.94万吨，增长23.1%，其中，货邮出港量4.73万吨，增长29.6%。旅客运量中，铁路发送量1314万人次，增长94.0%；公路旅客发送量16899万人次，增长0.9%；水路旅客发送量55.65万人次，增长12.8%；民航旅客吞吐量647.68万人次，增长18.8%，其中，旅客出港量331.91万人次，增长21.9%。现有国内航线（含港澳）62条，国际航线5条；新开辟福州—长沙—昆明、福州—南京—青岛、三亚—福州—徐州、北京—福州—连城、福州—东京、福州—台中、福州—高雄、福州—台北桃园等多条航线。两岸交流更加频繁，“三通”直航取得新进展，榕台空中双向直航已有6条航线、每月129个航班，同时开通了福州—台北货运航班；对台直航集装箱吞吐量达31.51万标箱，“两马交流”客运直航1342航次，旅客吞吐量5.85万人次。全市沿海港口货物吞吐量7124.80万吨，其中，外贸货物吞吐量2719.80万吨。集装箱吞吐量147.05万标箱，旅客吞吐量5.85万人次。公路总里程10237.20公里，其中，高速公路399.87公里。

基础建设方面，火车南站建成投入运行，相继开通了温福、福厦高速铁路，加快推进向莆铁路、合福铁路福州段以及江阴港、可门港、罗源湾北岸铁路支线等铁路项目；机场高速二期、渔平高速已经通车，动工建设京台线建闽高速公路福州段等5个高速公路项目，完成3条国道路面改造。魁岐大桥、螺洲大桥、三环路、福永高速和福泉高速改扩建项目正加快建设；平潭海峡大桥、鼓山大桥、贵新隧道顺利通车，地铁1号线已全线动迁，地铁2号线前期工作扎实推进。

城区建设中，新改扩建福飞路等23条城区快速路、主次干道及25条支路街巷；动工建设淮安大桥、琅岐闽江大桥，加快建设林浦大桥和螺洲大桥，鼓山大桥建成通车；城市道路总长度1101.3公里，道路面积2326.7万平方米，新增道路面积220万平方米，新建扩建道路48条。新辟公交线路27条，新增公交车807标台，新投放出租车1222辆，新增停车泊位1231个；坚持公交优先发展战略，市民出行条件得到进一步改善。拥有公交车营运线路161条，公交营运车3498标台；各类出租车5809辆。

厦门 2010年，厦门市旅客运输量12374.86万人次，比上年增长6.5%；旅客运输周转量211.38亿人公里，增长12.7%；货物运输量10084.83万吨，增长20.4%；货物周转量819.51亿吨公里，增长23.5%。至年底，厦门港现有生产性泊位144个，其中，万吨级以上泊位52个；全年港口货物吞吐量13930.52万吨，增长25.5%；港口集装箱吞吐量582.43万标箱，增长24.4%；厦金航线增加到每天36个航班，全年运载旅客127.87万人次，增长7.0%。

厦门空港已开通城市航线172条，其中，运营的119条，在厦门机场通航的外国（地区）航空公司17家，已开通35个国际城市以及香港、澳门、台北、高雄四个地区城市的航线。空港旅客吞吐量1320.66万人次，比上年增长16.6%，其中，国际及地区航线旅客吞吐量170.84万人次，增长17.5%；空港货邮吞吐量24.52万吨，增长25.1%。

泉州 2010年，泉州市全年各种运输方式完成旅客运输量13989万人次，比上年下降1.0%；旅客周转量68.60亿人公里，增长3.1%。其中，铁路旅客发送量334.21万人次，铁路旅客周转量3.38亿人公里，分别增长135.7%和75.6%；公路客运量13445.41万人次，下降2.7%，公路旅客周转量65.18亿人公里，增长0.9%；水路客运量10.07万人次，水路客运周转量0.04亿人公里，分别增长16.8%和16.8%；航空运输旅客吞吐量199.71万人次，增长20.6%。全年各种运输方式完成货物运输量11843万吨，增长20.4%；货物周转量812.05亿吨公里，增长31.3%。其中，铁路运输1016.90万吨，周转量14.20亿吨公里，分别增长8.7%和15.1%；公路运输6279.79万吨，周转量64.83亿吨公里，分别增长14.8%和14.2%；水上运输4544万吨，周转量733.02亿吨公里，分别增长32.7%和33.4%；航空运输2.29万吨，增长66.3%。全年港口完成货物吞吐量8455.37万吨，增长10.3%。集装箱吞吐量完成136.95万标箱，增长9.5%。

2010年，全市共新建、改建公路334.72公里。公路通车总里程达14252.95公里，比上年增加122.64公里。二级及二级以上高级公路里程1951.88公里，其中，高速公路里程215公里；公路密度达131.20公里/百平方公里。

截止2010年底，全市汽车保有量达到48.28万辆。其中，私人汽车40.81万辆，增长22.8%。全市共有营运汽车总数55078辆，其中，客运班车5962辆（含出租车2820辆），货运汽车49116辆。年末拥有省际运输船舶211艘，总载重138.45万吨。

漳州 2010年，漳州市交通运输业运行平稳，全年公路运输货运量4116.33万吨，增长12.5%；公路运输货运周转量45.09亿吨公里，增长13.5%；水路运输货运周转量6.66亿吨公里，增长44.8%；水路运输货运量1463.41万吨，增长49.5%。公路客运量5272.12万人，下降1.1%；公路运输旅客周转量27.44亿人公里，下降0.2%；水路客运量139.17万人，增长3.4%；水路运输旅客周转量2656.28万人公里，增长2.3%。沿海港口货物吞吐量达4290.83万吨，增长6.1%。集装箱吞吐量45.73万标箱，增长33.1%。

南平 2010年，南平市现代综合交通体系建设取得重大突破，11条高速公路列入国高网和海西网，通车里程数420公里，在建里程500公里，均居全省前列。年末公路累计通车里程13663公里，比上年增长1.1%。其中，二级公路通车里程1015公里，增长4.9%。

年末全市民用汽车保有量达到57.80万辆（包括三轮汽车和低速货车0.56万辆），比上年末增长13.6%。其中，私人汽车保有量8.72万辆，增长24.6%。

基础建设方面，武邵高速公路、宁武高速公路枫坡至九曲段互通顺利建成通车，宁武、松建、龙浦高速公路加快建设，京台高速公路南平段开工建设，邵光、延顺、顺邵和南平绕城高速公路前期工作加快推进；向莆铁路南平连接线加快建设，京福高速铁路南平段全线开工，南三龙铁路开工建设，浦建龙梅、衢宁铁路加快前期工作；武夷山陆地港项目首期建成，武夷山机场扩容改造和新机场规划建设工作取得新进展。

三明 2010年，三明市交通运输业各种运输方式完成货运量7831.94万吨，比上年增长12.9%；完成客运量3692.28万人，增长0.8%。年末公路通车里程13659公里，其中，高速公路412公里。

截止2010年底，全市民用汽车保有量达到9.82万辆，比上年末增长25.5%，其中，私人汽车保有量7.31万辆，增长31.9%。民用轿车保有量4.56万辆，增长32.1%，其中，私人轿车保有量3.79万辆，增长36.9%。

龙岩 2010年，龙岩市交通运输业顺利实现“十一五”目标任务。全年铁路货物运输周转量16.51亿吨公里，增长25.7%；公路货物运输周转量79.65亿吨公里，增长22.5%。铁路旅客运输周转量4.86亿人公里，增长9.2%；公路旅客运输周转量19.38亿人公里，增长7.3%。

年末全市公路通车总里程为12014.43公里，比上年增长0.9%。其中，高速公路329公里。年末铁路营业长度349公里。

年末全市民用汽车保有量达到16.50万辆，比上年末增长23.8%，其中，私人汽车保有量13.56万辆，增长27.6%。民用轿车保有量9.13万辆，增长27.7%，其中，私人轿车保有量8.24万辆，增长29.3%。

基础建设方面，南三龙铁路、浦建龙梅铁路、厦蓉高速公路天宝至蛟洋段，漳州至永安高速公路漳平段等项目取得阶段性成果。

宁德 2010年，宁德市交通运输业各种运输方式完成货运量2142.87万吨，比上年增长12.6%；完成客运量7038.05万人，增长2.1%。公路通车里程9520公里，其中，等级公路8360公里，高速公路191.48公里。

港口完成货物吞吐量1420.33万吨，比上年增长14.5%。其中，外贸货物吞吐量558.20万吨，增长28.9%。

"十一五"期间，宁德市货物运输周转量年均增长13.2%，旅客运输周转量年均增长1.4%，分别比"十五"时期下降8.0个百分点和6.5个百分点。

（摘编：张琛）

3-8-3 各设区市邮政电信业发展概况

福州 2010年，福州市邮电业务平稳增长。完成邮电业务收入87.60亿元，比上年增长6.8%，其中，邮政业务收入5.07亿元，电信业务收入26.90亿元，移动业务收入46.63亿元，联通业务收入9.00亿元，分别增长10.5%、3.2%、8.3%和12.5%。程控交换机总容量349万门，电话用户201.90万户；共有IC卡公用电话1.52万部。移动电话用户达746.73万户，增长20.6%，其中，中国电信99.40万户，中国移动534.33万户，中国联通113.00万户。全市因特网用户105.00万户，增长42.3%，宽带网用户86.60万户，增长25.0%。

厦门 2010年，厦门市完成邮电业务总量169.76亿元，比上年增长27.4%，其中，邮政业务总量16.52亿元，增长11.0%；电信业务总量153.24亿元，增长29.5%。至2010年底，全市固定电话用户162.26万户，移动电话用户433.56万户，全市电话普及率为337部/百人，固定电话普及率为92部/百人，移动电话普及率为245部/百人，互联网宽带接入用户为76.78万户。

莆田 2010年，莆田市完成邮电业务总量28.83亿元，比上年增长9.5%。年末全市电话用户总数达到272.50万户，其中，固定电话用户68.06万户，移动电话用户204.44万户。数据及多媒体用户81.63万户。全年共发送短信息75379.84万条。

泉州 2010年，泉州市完成邮电业务收入94.35亿元，比上年增长10.3%。其中，邮政业务收入7.57亿元，增长20.0%；电信业务收入86.78亿元，增长9.5%。全年局用交换机总容量290.10万门，移动通信交换机总容量1286.69万门。全市城乡固定电话用户达247.52万户，移动电话用户792.10万户。年末数据及多媒体用户118.66万户，增长19.4%，其中，宽带接入用户116.49万户，增长30.1%。

漳州 2010年，漳州市邮电业务总收入32.45亿元，比上年增长7.8%，其中，邮政业务总量3.23亿元，增长10.2%。年末城乡固定电话用户105.17万户，移动电话363.56万户，国际互联网络用户39.33万户。

南平 2010年，南平市邮电业务总量18.88亿元，比上年增长2.5%。其中，邮政业务总量3.06亿元，下降6.0%；电信业务收入5.52亿元，下降63.6%。年末全市固定电话用户总数达到56.92万户，减少4.73万户；移动电话用户数209.44万户，增加36.87万户。全市固定电话交换机容量87.58万门，减少49.14万门。互联网用户数23.20万户，增加4.97万户。

三明 2010年，三明市邮政业务总量3.30亿元，比上年增长17.9%；全年函件300万件，报刊1033万份；全市电信业务总量54.68亿元，增长10.8%。年末全市电话用户总数达到237.53万户，新增20.11万户，其中，固定电话用户达到56.09万户，移动电话用户数181.44万户。全市固定电话交换机容量（含PHS交换机容量）达到102万门，增长4.1%；移动电话交换机容量280万户，增长36.6%。互联网宽带接入端口38.75万个，增长44.1%。光缆线路长度达到3.47万公里，增长13.8%。全年共发送短消息13.48亿条，增长23.9%。

龙岩 2010年，龙岩市邮政业务收入达1.69亿元，比上年增长12.5%；电信业务收入19.05亿元，增长8.9%。年末全市固定及移动电话用户总数达258.80万户，新增5.80万户。其中，固定电话用户达57.19万户，移动电话用户达201.61万户。全市电话普及率72.5部/百人。互联网用户达24.9万户，新增4.2万户；互联网宽带接入端口44.1万个，增长97.8%。

宁德 2010年，宁德市完成邮电业务收入22.94亿元，比上年增长9.6%。年末固定电话用户58.37万户，移动电话用户217.16万户，互联网用户29.82万户。

（摘编：张琛）

3-8-4 各设区市批发零售贸易、餐饮业发展概况

福州 2010年，福州市城乡消费市场繁荣活跃，“万村千乡市场工程”农家店覆盖乡镇率达98.7%。现代物流业加速发展，国家3A级以上物流企业达12家，一批物流配送中心加快建设。海峡国际会展中心建成投入使用，一系列常设性的展会连年不断，带动了住宿、餐饮等相关行业的快速发展。2010年全市建设和改造“农家店”320家，比上年增长53.1%。继续实施家电下乡、以旧换新政策，家电以旧换新产品54.44万台，销售额20.15亿元。拥有大中型专业批发市场55个，总面积250万平方米，连锁经营企业58家，网点2123个，配送中心7个。拥有生猪直控基地28个，年出栏量55万头；禽蛋基地10个；蔬菜基地面积8000公顷，蔬菜基地产量90万吨。共有5家企业31类产品获得绿色食品使用权，42家副食品生产企业通过无公害农产品认证。市场购销两旺，消费持续升温。居民消费进入转型升级阶段，消费热点进一步拓宽。在限额以上贸易企业商品零售额中，家具类增长69.6%，金银珠宝类增长51.6%，汽车类增长37.7%。

厦门 2010年，厦门市实现社会消费品零售总额696.55亿元，比上年增长21.0%。其中，批发业实现零售额54.13亿元，增长9.3%；零售业实现零售额554.87亿元，增长23.2%。住宿业实现零售额15.07亿元，增长25.4%；餐饮业实现零售额72.48亿元，增长14.0%。

限额以上企业实现零售额454.88亿元，比上年增长27.1%，占全市社会消费品零售总额的65.3%，比上年提高3.1个百分点；限额以下企业实现零售额241.67亿元，增长11.0%。主要大型百货、超市共净增零售额13.35亿元，增长16.7%；实现零售额超亿元的批发零售贸易企业95家，增加33家，共净增零售额81.92亿元，增长30.4%；实现零售额超5千万元的住宿餐饮企业16家。

在限额以上批发零售贸易企业商品零售额中，增长迅速的有：通讯器材类实现零售额6.02亿元，

比上年增长44.5%；汽车类实现零售额134.79亿元，增长41.2%；石油及制品类实现零售额59.62亿元，增长36.5%；金银珠宝类实现零售额7.14亿元，增长31.6%；日用品类实现零售额15.49亿元，增长21.6%；服装、鞋帽、针纺织品类实现零售额28.24亿元，增长21.4%。

莆田 2010年，莆田市实现社会消费品零售总额290.37亿元，增长18.0%，扣除物价因素，实际增长13.5%。分城乡看，城镇消费品零售额260.79亿元，增长19.1%；乡村消费品零售额29.58亿元，增长9.0%。分行业看，批发和零售业实现商品销售额565.88亿元，比上年增长16.9%；净增限额以上贸易企业31家，限额以上贸易企业实现商品销售额178.47亿元，增长30.4%。住宿和餐饮业营业额36.31亿元，增长14.6%。

在限额以上批发和零售业商品零售额中，日用品类比上年增长87.4%，食品、饮料、烟酒类增长76.6%，家具类增长68.6%，服装、鞋帽、针纺织品类增长66.8%，汽车类增长63.2%，化妆品类增长62.2%，体育、娱乐用品类增长35.0%。

泉州 2010年，泉州市社会消费品零售总额达1202.91亿元，比上年增长17.0%，“十一五”期间，年均增长16.9%。分城乡看，城镇消费品零售额1025.54亿元，增长18.3%；乡村消费品零售额177.38亿元，增长9.8%。分行业看，批发业实现消费品零售额77.42亿元，增长21.2%；零售业实现消费品零售额989.92亿元，增长17.2%；住宿业实现消费品零售额13.46亿元，增长18.6%；餐饮业实现消费品零售额122.12亿元，增长12.7%。

在限额以上批发和零售业零售额中，建筑及装潢材料类比上年增长84.9%，家用电器和音像器材类增长72.1%，通讯器材类增长60.1%，家具类增长49.9%，服装、鞋帽、针纺织品类增长45.7%，食品、饮料、烟酒类增长43.5%，石油及制品类增长39.9%，汽车类增长28.7%。

漳州 2010年，漳州市实现社会消费品零售总额444.02亿元，比上年增长18.1%。其中，限额以上零售额111.54亿元，增长39.7%；限额以下零售额332.48亿元，增长12.3%。分行业看，批发零售业零售额393.49亿元，增长18.2%；住宿和餐饮业零售额50.53亿元，增长17.2%。

在限额以上零售额中，服装、鞋帽、针纺织品类比上年增长97.6%，家用电器和音像器材类增长60.0%，粮油、食品、饮料、烟酒类增长50.8%，汽车类增长38.3%，石油及制品类增长30.2%，通讯器材类增长21.7%。

南平 2010年，南平市社会消费品零售总额254.08亿元，比上年增长16.3%。分城乡看，城镇实现消费品零售额219.19亿元，增长18.0%；乡村实现消费品零售额34.89亿元，增长7.0%。分行业看，批发业实现零售额12.48亿元，增长10.1%；零售业实现零售额207.84亿元，增长17.1%；住宿业实现零售额2.60亿元，增长18.4%；餐饮业实现零售额31.16亿元，增长13.6%。按限上限下分，限额以上实现零售额62.31亿元，增长36.8%；限额以下实现零售额191.77亿元，增长11.0%。

从限额以上商品看，家具、服装、家电、日用品、汽车、石油、药品等商品的零售额增长较快，分别比上年增长了79.8%、67.0%、48.5%、46.2%、36.9%、33.4%和12.5%。

三明 2010年，三明市社会消费品零售总额达229.53亿元，比上年增长18.8%。分城乡看，城镇消费品零售额190.82亿元，增长21.6%；乡村消费品零售额38.71亿元，增长7.0%。分行业看，批发业零售额13.71亿元，增长7.9%；零售业零售额182.02亿元，增长20.9%；住宿业零售额1.84亿元，增长14.0%；餐饮业零售额31.96亿元，增长13.3%。

在限额以上批发零售业零售额中，家用电器和音响器材类比上年增长64.4%，食品饮料烟酒类增长51.4%，汽车类增长42.8%，服装、鞋帽、针纺织品类增长42.2%，金银珠宝类增长33.6%，文化办公用品类增长30.1%，石油及制品类增长25.3%。

“十一五”期间，社会消费品零售总额年均增长17.8%，比“十五”时期提高8.5个百分点，2010年社会消费品零售总额比2005年增长1.3倍。

龙岩 2010年，龙岩市社会消费品零售总额达305.84亿元，比上年增长19.2%，扣除价格因素，实际增长14.7%。分城乡看，城镇消费品零售额260.55亿元，增长19.3%；乡村消费品零售额45.29亿元，增长18.5%。分行业看，批发零售业零售额273.98亿元，增长19.8%；住宿餐饮业零售额31.86亿元，增长13.7%。

在限额以上批发和零售业零售额中，通讯器材类比上年增长40.8倍，建筑及装潢材料类增长2.9倍，粮油类增长102.0%，中西药品类增长97.5%，肉禽蛋类增长84.4%，文化办公用品类增长54.4%，家用电器和音像器材类增长42.9%，服装类增长30.5%，日用品类增长30.0%，家具类增长29.0%，汽车类零售额增长17.2%，金银珠宝类下降16.0%。

宁德 2010年，宁德市社会消费品零售总额达233.50亿元，比上年增长16.1%。分城乡看，城镇消费品零售额190.08亿元，增长18.1%；乡村消费品零售额43.42亿元，增长8.4%。分行业看，批发业零售额7.83亿元，增长9.5%；零售业零售额198.77亿元，增长16.9%；住宿业零售额3.38亿元，增长23.5%；餐饮业零售额23.53亿元，增长11.7%。

在限额以上批发零售业零售额中，日用品类比上年增长60.3%，汽车类增长57.2%，家用电器和音像器材类增长47.8%，食品、饮料、烟酒类增长44.5%，石油及制品类增长39.3%，服装、鞋帽、针纺织品类增长23.3%。

“十一五”期间，宁德市社会消费品零售总额年均增长14.3%，比“十五”时期提高4.6个百分点。

注：本文数据均为公报数。

（摘编：张琛）

3-8-5 各设区市旅游业发展概况

福州 2010年，福州市充分挖掘多元化旅游资源，加快全市旅游资源的开发整合。琅岐、三江口等旅游综合体项目前期工作取得突破，连江贵安温泉旅游度假区、北区水厂源脉温泉休闲园、闽侯光明谷温泉旅游度假区等一批高端旅游项目建设步伐加快，船政文化、天生农庄等景区跻身国家4A级旅游景区，福州被命名为“中国温泉之都”，形成了温泉游、闽江游、文化游等三大品牌，全市接待国内旅游游客2275.11万人次，比上年增长17.4%；境外旅游者69.86万人次，增长11.0%。全市共有星级宾馆饭店73家，客房共计11047间。

厦门 2010年，厦门市共接待国内外游客3026.09万人次，比上年增长19.9%，旅游总收入383.89亿元，增长16.9%。其中，接待境外游客162.82万人次，增长19.7%，境外游客在厦门过夜112.16万人次，增长18.7%。旅游外汇收入10.85亿美元，增长22.2%。接待国内在厦门过夜游客1386.33万人次，增长16.1%。国内旅游收入310.35亿元，增长15.7%。至年末，全市共有星级酒店71家，其中，三星级以上酒店58家。

莆田 2010年，莆田市接待国内外游客793.18万人次，比上年增长22.5%；实现旅游总收入63.58亿元，增长28.6%。其中，接待境外游客18.47万人次，增长18.9%，创汇1.29亿美元，增长77.3%；接待国内游客774.71万人次，增长22.6%，实现国内旅游收入54.81亿元，增长23.3%。

泉州 2010年，泉州市共接待国内外游客2443.9万人次，比上年增长13.0%。其中，国内游客2314.1万人次，增长13.1%；接待境外游客129.8万人次，增长12.3%。境外游客中，外国人及华侨15.8万人次，增长17.9%；港、澳同胞93.6万人次，增长7.7%；台湾同胞20.4万人次，增长26.3%。全年实现旅游总收入252.6亿元，增长13.4%；旅游创汇7.02亿美元，增长14.5%。

漳州 2010年，漳州市旅游总收入突破100亿元。全市共接待国内外游客1026.49万人次，比上年增长19.8%。其中，接待境外旅游者人数24.75万人次，增长12.8%。

南平 2010年，南平市共接待旅游总人数1318.65万人次，比上年增长11.2%，其中，接待境外旅游人数17.51万人次，增长9.0%。实现旅游总收入156.12亿元，增长13.5%，其中，旅游创汇5415万美元，增长13.5%。

三明 2010年，三明市入境旅游、商务、探亲等人数2.90万人次，比上年增长5.8%；国际旅游外汇收入 0.2亿美元，下降9.6%。全年国内旅游接待人数870.16万人次，增长8.3%；国内旅游收入53.53亿元，增长8.6%。旅游总收入54.89亿元，增长7.9%。

龙岩 2010年，龙岩市旅游总收入70.27亿元，比上年增长26.9%，其中，国内旅游收入69.59亿元，增长26.3%。全年接待旅游总人数986.97万人次，比上年增长 23.8%。其中，国内旅游人数984.73万人次，增长23.8%；接待境外游客2.24万人次，增长36.6%。

宁德 2010年，宁德市以屏南白水洋、福鼎太姥山和福安白云山为核心景区的宁德地质公园列入联合国教科文组织世界地质公园网络名录。全年接待旅游总人数681.08万人次，比上年增长18.7%；旅游总收入50.52亿元，增长19.9%。其中，接待国内旅游人数680.74万人次，增长18.7%，国内旅游收入50.39亿元，增长19.8%；接待入境旅游人数0.34万人次，增长8.7%，旅游外汇收入0.02亿美元，增长51.7%。

2008-2010 年各设区市旅游业主要经济指标见下表。

注：本文数据均为公报数。

（摘编：张琛）

各设区市旅游业主要经济指标

（2008-2010年）

地　区	入境游客人数（人次）			国际旅游外汇收入（万美元）		
	2008	2009	2010	2008	2009	2010
福州市	630457	629314	698607	65750	77400	84299
厦门市	868109	1281907	1551864	81865	90194	108552
莆田市	142555	155384	184737	5153	7290	12922
三明市	26566	27430	29018	2267	2249	2034
泉州市	630776	626721	770457	65980	64771	66737
漳州市	192709	219382	247469	11653	12685	15455
南平市	237520	160688	173400	6268	4775	6680
龙岩市	12845	16410	22417	289	429	983
宁德市	4253	3112	3384	128	106	162

3-8-6 各设区市房地产业发展概况

福州 2010年，福州市房地产开发完成投资额670.69亿元，比上年增长85.4%，其中，商品住宅完成投资384.28亿元，增长52.4%。商品房销售额502.86亿元，增长9.9%；商品房销售面积597.83万平方米，下降13.4%。

厦门 2010年，厦门市房地产开发完成投资396.13亿元，比上年增长34.5%，其中，土地购置费250.34亿元，增长56.7%，占房地产投资比重达63.2%，占全社会固定资产投资比重为24.8%。全市商品房施工面积3190.68万平方米，增长3.1%；商品房新开工面积787.73万平方米，增长2.2倍。商品房销售面积426.77万平方米，下降19.4%，其中，住宅销售238.68万平方米，下降40.5%。至2010年底，全市商品房待售面积197.82万平方米，增长34.3%，其中，住宅待售面积44.92万平方米，增长15.1%。

莆田 2010年，莆田市房地产开发投资完成87.91亿元，比上年增长38.8%。商品房销售面积164.12万平方米，增长19.0%。其中，现房销售面积20.19万平方米，期房销售面积143.92万平方米。商品房销售额79.55亿元，增长37.1%。商品房空置面积41.67万平方米，增长5.9%。

泉州 2010年，泉州市住宅投资102.68亿元，比上年增长9.7%。商品房施工面积2461.64万平方米，增长38.1%；竣工面积369.18万平方米，增长181.9%。全年商品房实际销售额225.30亿元，增长33.5%；实际销售面积444.14万平方米，增长21.9%，其中，住宅销售395.69万平方米，增长17.3%；年末待售房面积为106.65万平方米，增长31.5%。

漳州 2010年，漳州市完成房地产开发投资159.62亿元，比上年增长60.7%。全年房地产施工面积1394.10万平方米，增长17.4%。新开工面积453.50万平方米，增长73.5%。新建商品房完成销售面积349.95万平方米，增长67.4%；成交金额151.53亿元，增长97.8%。其中，新建商品房预售完成292.71万平方米，增长70.5%；成交金额130.09亿元，增长99.4%；新建商品房现售完成57.24万平方米，增长53.4%；成交金额21.45亿元，增长89.0%。

南平 2010年，南平市房地产开发投资67.13亿元，比上年增长64.6%。商品房建筑施工面积587.71万平方米，增长23.5%，其中，本年新开工面积231.52万平方米，增长7.9%。商品房竣工面积129.30万平方米，增长14.1%。商品房销售面积150.81万平方米，下降4.7%。

三明 2010年，三明市房地产开发投资94.82亿元，比上年增长26.8%。其中，商品住宅投资45.09亿元，增长6.6%；办公楼投资0.92亿元，增长54.1%；商业营业用房投资7.82亿元，下降4.0%。商品房销售面积228.43万平方米，增长18.1%；商品房销售额105.23亿元，增长45.5%。

龙岩 2010年，龙岩市房地产开发投资80.82亿元，比上年增长62.8%。其中，商品住宅投资29.50亿元，增长8.2%。商品房销售面积139.03万平方米，下降35.0%；商品房销售额64.72亿元，下降24.8%。

宁德 2010年，宁德市房地产开发投资58.62亿元，比上年增长80.1%，其中，商品住宅投资37.31亿元，增长56.0%。商品房竣工面积83.14万平方米，下降27.8%。商品房销售面积138.21万平方米，下降13.2%，其中，商品住宅125.46万平方米，下降16.7%。商品房销售额69.41亿元，增长12.6%。经济适用住房施工面积7.55万平方米，增长8.1%。

（摘编：张琛）

福建企业年鉴

民营企业

四

2010年福建民营工业发展综述

一、工业生产快速增长

2010年，福建省民营工业实现增加值4218.40亿元（快报数，下同），比上年增长18.0%，占全部工业增加值的比重为63.3%。其中，规模以上民营工业实现增加值3609.85亿元，增长19.9%；规模以下工业实现增加值608.55亿元，增长8.1%。

分季度观察，一至四季度规模以上民营工业增加值总量逐季上升，同比增幅前高后低。一季度，规模以上民营工业延续2009年下半年稳步回升的良好势头，生产呈现恢复性增长，同比增幅达21.4%；二季度，规模以上民营工业克服了自然灾害等因素影响，生产保持平稳较快增长，同比增幅在一季度基础上略有提高；三、四季度，在原材料价格上涨、国家收紧货币流动性等因素影响下，规模以上民营工业生产同比增幅逐季下降。

二、对全部工业增加值增长的贡献率下降

2010年，福建省民营工业对全部工业增加值增长的贡献率为60.4%，比上年下降了8.2个百分点。分季度观察，民营工业增加值对全部工业增加值增长的贡献率先升后降，一至三季度贡献率逐季上升且上升幅度较大，四季度贡献率较大幅度下降，比三季度下降了6.8个百分点。

三、出口交货值增幅逐季减缓

2010年，福建省规模以上民营工业实现出口交货值2473.86亿元，比上年增长18.4%，占规模以上工业出口交货值的比重为53.1%。

分季度观察，福建省规模以上民营工业出口交货值同比增幅逐季减缓。一、二季度，规模以上民营工业延续2009年下半年的良好势头，出口增势强劲，同比增幅接近30%。下半年开始，受人民币升值、贸易摩擦日益突出等因素影响，出口交货值同比增幅大幅下降。尤其是四季度，单月增幅均在10%以下，12月份同比增幅仅3.8%，创下全年最低增幅。受此影响，规模以上民营工业出口交货值同比增幅逐季下降。四季度，规模以上民营工业出口交货值同比增长7.1%，增幅比一至三季度分别下降了22.4个百分点、20.5个百分点、8.3个百分点。

四、经济效益明显提高

2010年，福建省规模以上民营工业在生产快速增长的同时，经济效益明显提高。

主营业务收入首次超过1.2万亿元。2010年，福建省规模以上民营工业主营业务收入达12238.32亿元，比上年增长28.9%，占规模以上工业比重为57.3%。分季度观察，主营业务收入总量在逐季增长的同时，同比增幅逐季下降，但下降幅度不大。分行业观察，36个大类行业同比均呈两位数及以上增长，19个大类行业增幅超过30%，燃气生产和供应业、废弃资源和废旧材料回收加工业两个大类行业增幅超过100%。

盈利水平明显提高。2010年，福建省规模以上民营工业实现利润总额682.40亿元，比上年增长43.2%，占规模以上工业比重为55.4%。分行业观察，有31个大类行业利润总额高于上年同期，废弃资源和废旧材料回收加工业，化学纤维制造业，黑色金属矿采选业，电力、热力的生产和供应业4个大类行业利润总额成倍增长，仅煤炭开采和洗选业，橡胶制品业，石油加工、炼焦及核燃料加工业，

水的生产和供应业4个大类行业同比下降。

工业税收稳步增长。2010年，福建省规模以上民营工业上缴税金277.93亿元，比上年增长24.9%，占规模以上工业比重为41.0%。分行业观察，煤炭开采和洗选业、橡胶制品业、非金属矿采选业3个大类行业上缴税金比上年减少，其余大类行业均增长。其中，废弃资源和废旧材料回收加工业，化学纤维制造业，黑色金属矿采选业，石油加工、炼焦及核燃料加工业，黑色金属冶炼及压延加工业5个大类行业同比增幅居行业前列，均在60%以上；皮革、毛皮、羽毛（绒）及其制品业，纺织服装、鞋、帽制造业，非金属矿物制品业，农副食品加工业4个大类行业对规模以上民营工业税金增长的贡献率较大，分别为16.1%、9.5%、8.4%和6.3%。

五、企业规模不断壮大

2010年末，福建省民营工业企业数为63023户，占全部工业企业比重为93.6%。规模以上民营工业企业15340户，比上年略有上升，占规模以上工业比重为78.1%；资产总额7681.74亿元，增长24.3%，占规模以上工业比重为48.6%；所有者权益3965.79亿元，增长22.6%，占规模以上工业比重为53.4%；负债总额3715.95亿元，增长26.1%，占规模以上工业比重为44.3%。规模以下工业企业有47683户，比上年增长2.3%。

六、竞争力指标略有减弱

2010年，福建省规模以上民营工业竞争力指标略有减弱。其中，偿债能力下降。资产负债率为48.4%，比上年上升0.7个百分点；产权比率为93.7%，上升2.7个百分点。获利能力上升。总资产报酬率为8.9%，比上年上升1.2个百分点。资产运营能力基本持平。总资产周转率为1.59次，比上年增加0.01次；流动资产周转率为3.10次，比上年减少0.08次。（执笔：赵清）

4-1 农林牧渔业民营经济增加值

（2006-2010年）　　单位：亿元

行业名称	2006	2007	2008	2009	2010
总　计	865.98	1002.11	1158.17	1182.74	1363.67
农业	386.15	435.62	484.22	522.67	616.32
林业	69.85	78.78	97.26	104.99	122.08
畜牧业	141.13	179.50	223.96	192.22	198.53
渔业	231.69	266.40	307.62	316.08	376.37
农林牧渔服务业	37.15	41.80	45.11	46.78	50.37

4-2 规模以上民营工业经济总量

（2009-2010 年） 单位：亿元

行业名称	行业代码	2009		2010	
		工业总产值	工业增加值	工业总产值	工业增加值
总　计	—	**7723.30**	**2113.93**	**13466.36**	**3844.44**
煤炭开采和洗选业	06	68.99	40.22	111.07	71.13
黑色金属矿采选业	08	38.07	15.54	69.06	29.59
有色金属矿采选业	09	38.98	19.52	57.86	25.75
非金属矿采选业	10	50.32	19.59	73.13	27.74
农副食品加工业	13	452.80	104.18	840.77	192.45
食品制造业	14	230.17	60.10	416.11	113.12
饮料制造业	15	117.77	41.00	204.39	67.27
纺织业	17	640.55	170.98	992.26	260.26
纺织服装、鞋、帽制造业	18	604.07	181.49	948.93	320.43
皮革、毛皮、羽毛（绒）及其制品业	19	741.55	222.82	1197.86	395.09
木材加工及木、竹、藤、棕、草制品业	20	283.04	82.59	413.12	125.13
家具制造业	21	116.94	31.95	176.91	47.22
造纸及纸制品业	22	215.65	56.27	428.24	116.27
印刷业、记录媒介的复制	23	44.11	12.32	75.36	22.69
文教体育用品制造业	24	75.58	19.26	117.25	33.75
石油加工、炼焦及核燃料加工业	25	33.33	3.85	50.44	11.05
化学原料及化学制品制造业	26	248.23	61.56	536.49	134.29
医药制造业	27	37.64	12.80	76.89	27.66
化学纤维制造业	28	121.04	24.82	246.25	50.15
橡胶制品业	29	136.61	38.70	217.77	65.58
塑料制品业	30	328.85	86.73	577.13	153.95
非金属矿物制品业	31	649.95	193.58	1023.49	329.27
黑色金属冶炼及压延加工业	32	178.74	39.61	583.84	123.27
有色金属冶炼及压延加工业	33	141.33	28.48	294.37	86.90
金属制品业	34	182.98	43.84	343.17	88.33
通用设备制造业	35	326.88	88.08	495.52	141.14
专用设备制造业	36	153.40	39.90	234.80	64.48
交通运输设备制造业	37	262.87	62.34	457.29	133.86
电气机械及器材制造业	39	331.22	86.41	628.13	167.37
通信设备、计算机及其电子设备制造业	40	491.15	108.61	953.34	223.10
仪器仪表及文化、办公用机械制造业	41	83.40	22.49	137.20	44.34
工艺品及其它制造业	42	256.82	78.89	396.34	122.51
废弃资源和废旧材料回收加工业	43	3.84	0.92	13.92	3.90
电力、热力的生产和供应业	44	33.76	13.58	58.84	18.38
燃气生产和供应业	45	0.17	0.05	10.11	2.93
水的生产和供应业	46	2.52	0.87	8.69	4.10

注：鉴于资料可得性原因，2009 年规模以上民营工业仅包括集体、私营、港澳台商独资企业，不包括联营经济中的民营部分。

4-3　建筑业民营企业建筑总产值

（2009-2010 年）　　单位：万元

行业名称	行业代码	2009	
		建筑总产值	竣工产值
总　计	—	799762	590278
房屋和土木工程建筑业	47	673516	493727
建筑安装业	48	62644	57791
建筑装饰业	49	56090	37325
其他建筑业	50	7512	1435

4-3 续表　　（2009-2010 年）　　单位：万元

行业名称	行业代码	2010	
		建筑总产值	竣工产值
总　计	—	916072	649992
房屋和土木工程建筑业	47	732618	526477
建筑安装业	48	74446	57446
建筑装饰业	49	93073	64839
其他建筑业	50	15935	1230

注：鉴于资料可得性原因，建筑业民营企业仅包括集体、港澳台商投资企业。

4-4　限额以上批发和零售贸易业民营企业销售总额

（2009-2010 年）　　　　单位：万元

行业名称	行业代码	2009	2010
总　计	—	**18860706**	**23339868**
批发业	**63**	**14583407**	**17917019**
农畜产品批发	631	173054	274241
食品、饮料、烟草制品批发	632	2548104	2775711
纺织、服装及日用品批发	633	2579473	2736029
文化、体育用品及器材批发	634	83188	125105
医药及医疗器材批发	635	588818	493646
矿产品、建材及化工产品批发	636	6026671	8342500
机械设备五金交电及电子产品批发	637	1383421	1516627
贸易经济与代理	638	367045	467288
其他批发	639	833633	1185872
零售业	**65**	**4277300**	**5422849**
综合零售	651	908740	990384
食品饮料及烟草制品专门零售	652	172471	204084
纺织品、服装及日用品零售	653	89999	140712
文化、体育用品及器材零售	654	145093	144569
医药及医疗器械零售	655	90030	135236
汽车摩托车燃料及零配件零售	656	2300221	3150814
家用电器及电子产品零售	657	403607	431802
五金家具及室内装修材料零售	658	102330	129907
无店铺及其他零售	659	64809	95341

注：限额以上批发和零售贸易业民营企业包括限额以上集体、私营、港澳台商独资企业。

4-5 限额以上住宿和餐饮业民营企业营业收入

（2009-2010 年） 单位：万元

行业名称	行业代码	2009	2010
总　计	—	790178	1038518
住宿业	66	234957	347017
旅游饭店	661	213345	305707
一般旅馆	662	17832	34472
其他住宿服务	669	3781	6838
餐饮业	67	555221	691500
正餐服务	671	436074	542368
快餐服务	672	105536	134466
饮料及冷饮服务	673	2226	2011
其他餐饮服务	679	11386	12655

注：限额以上住宿和餐饮业民营企业包括限额以上集体、私营、港澳台商独资企业。

4-6 房地产业民营企业主要财务指标

（2009-2010 年）

指　标	计量单位	2009	2010
企业数	个	1906	1956
资产总额	万元	29149836	28288156
负债总额	万元	20910641	19801891
所有者权益	万元	8239195	8486264
主营业务收入	万元	5456903	4787134
利润总额	万元	795860	570489
从业人员年平均人数	人	32475	31333

注：房地产业民营企业包括集体、私营、港澳台商投资企业。

4-7 规模以上民营工业企业数

（2009-2010 年）

行业名称	行业代码	2009		2010	
		企业数（个）	占规模以上工业比重（%）	企业数（个）	占规模以上工业比重（%）
总　计	—	**12649**	**68.0**	**15567**	**81.0**
煤炭开采和洗选业	06	134	63.8	184	90.2
黑色金属矿采选业	08	75	78.9	81	88.0
有色金属矿采选业	09	86	79.6	87	87.9
非金属矿采选业	10	154	75.5	174	84.1
农副食品加工业	13	611	63.1	840	80.4
食品制造业	14	308	65.4	423	80.6
饮料制造业	15	299	69.7	444	85.1
纺织业	17	809	76.2	947	87.4
纺织服装、鞋、帽制造业	18	972	69.6	1123	83.1
皮革、毛皮、羽毛（绒）及其制品业	19	804	67.6	941	79.6
木材加工及木、竹、藤、棕、草制品业	20	901	85.3	960	93.7
家具制造业	21	226	71.5	267	80.2
造纸及纸制品业	22	468	72.1	566	86.1
印刷业、记录媒介的复制	23	156	62.4	195	76.8
文教体育用品制造业	24	166	67.2	175	76.1
石油加工、炼焦及核燃料加工业	25	12	52.2	20	66.7
化学原料及化学制品制造业	26	549	70.9	658	82.7
医药制造业	27	53	44.9	74	62.2
化学纤维制造业	28	65	70.7	76	91.6
橡胶制品业	29	166	66.4	194	77.0
塑料制品业	30	698	69.8	848	83.1
非金属矿物制品业	31	1425	69.3	1770	85.1
黑色金属冶炼及压延加工业	32	118	59.3	145	78.0
有色金属冶炼及压延加工业	33	91	61.1	104	72.2
金属制品业	34	397	67.7	515	79.8
通用设备制造业	35	581	75.0	692	84.0
专用设备制造业	36	320	69.7	409	81.6
交通运输设备制造业	37	331	55.8	468	72.9
电气机械及器材制造业	39	423	66.6	572	79.6
通信设备、计算机及其电子设备制造业	40	245	49.0	350	66.3
仪器仪表及文化、办公用机械制造业	41	133	57.8	177	75.6
工艺品及其它制造业	42	716	70.3	861	79.2
废弃资源和废旧材料回收加工业	43	12	60.0	21	72.4
电力、热力的生产和供应业	44	133	34.6	181	45.6
燃气生产和供应业	45	2	18.2	4	28.6
水的生产和供应业	46	10	12.2	21	25.9

注：鉴于资料可得性原因，2009 年规模以上民营工业仅包括集体、私营、港澳台商独资企业，不包括联营经济中的民营部分。

4-8　限额以上住宿和餐饮业民营企业数

（2009-2010 年）

行业名称	行业代码	2009		2010	
		法人单位数（个）	占限额以上住宿和餐饮业比重（%）	法人单位数（个）	占限额以上住宿和餐饮业比重（%）
总　计	—	613	60.8	628	58.5
住宿业	66	204	43.7	244	46.8
旅游饭店	661	161	43.2	192	48.1
一般旅馆	662	40	50.0	48	46.2
其他住宿服务	669	3	21.4	4	22.2
餐饮业	67	409	75.5	384	69.6
正餐服务	671	386	76.3	393	76.8
快餐服务	672	11	57.9	10	50.0
饮料及冷饮服务	673	1	25.0	1	20.0
其他餐饮服务	679	11	84.6	10	66.7

注：限额以上住宿和餐饮业民营企业包括限额以上集体、私营、港澳台商独资企业。

4-9 限额以上批发和零售贸易业民营企业数

（2009-2010 年）

行业名称	行业代码	2009		2010	
		法人单位数（个）	占限额以上批发和零售贸易业比重（%）	法人单位数（个）	占限额以上批发和零售贸易业比重（%）
总　计	—	1800	53.4	2066	52.7
批发业	63	948	49.8	1149	52.7
农畜产品批发	631	13	30.2	16	32.0
食品、饮料、烟草制品批发	632	70	39.3	85	40.7
纺织、服装及日用品批发	633	163	46.2	198	53.5
文化、体育用品及器材批发	634	26	65.0	32	68.1
医药及医疗器材批发	635	25	30.1	30	30.6
矿产品、建材及化工产品批发	636	418	56.0	505	58.3
机械设备五金交电及电子产品批发	637	146	49.5	177	51.6
贸易经济与代理	638	12	28.6	15	30.6
其他批发	639	75	60.5	91	61.1
零售业	65	852	59.1	917	52.6
综合零售	651	220	73.6	237	66.2
食品饮料及烟草制品专门零售	652	27	31.8	29	26.6
纺织品、服装及日用品零售	653	45	69.2	48	52.7
文化、体育用品及器材零售	654	21	51.2	23	56.1
医药及医疗器械零售	655	20	29.9	22	31.4
汽车摩托车燃料及零配件零售	656	325	56.1	350	52.2
家用电器及电子产品零售	657	122	61.9	130	51.2
五金家具及室内装修材料零售	658	37	75.5	40	54.8
无店铺及其他零售	659	35	58.3	38	50.0

注：限额以上批发和零售贸易业民营企业包括限额以上集体、私营、港澳台商独资企业。

4-10 规模以上民营工业从业人员数

（2009-2010 年）

行业名称	行业代码	2009		2010	
		从业人员（万人）	占规模以上工业比重（%）	从业人员（万人）	占规模以上工业比重（%）
总　计	—	**194.55**	**55.1**	**296.60**	**72.0**
煤炭开采和洗选业	06	1.91	33.2	3.69	58.7
黑色金属矿采选业	08	0.48	41.6	0.66	37.2
有色金属矿采选业	09	0.63	76.0	0.85	83.6
非金属矿采选业	10	1.03	52.4	1.25	62.0
农副食品加工业	13	5.86	49.0	11.49	75.4
食品制造业	14	5.04	57.1	8.20	75.2
饮料制造业	15	2.63	44.6	4.11	58.6
纺织业	17	16.55	70.3	22.32	86.9
纺织服装、鞋、帽制造业	18	23.97	63.5	33.97	81.7
皮革、毛皮、羽毛（绒）及其制品业	19	29.60	57.0	41.22	71.9
木材加工及木、竹、藤、棕、草制品业	20	8.52	81.9	10.04	91.9
家具制造业	21	3.31	63.1	4.79	77.4
造纸及纸制品业	22	4.74	56.8	8.10	80.6
印刷业、记录媒介的复制	23	1.56	55.2	2.06	73.6
文教体育用品制造业	24	3.52	54.2	5.39	77.9
石油加工、炼焦及核燃料加工业	25	0.08	19.8	0.32	52.0
化学原料及化学制品制造业	26	3.59	47.2	5.86	66.7
医药制造业	27	0.82	38.3	1.20	51.8
化学纤维制造业	28	1.22	61.3	1.86	88.1
橡胶制品业	29	3.86	61.5	5.44	74.4
塑料制品业	30	8.99	56.8	14.97	77.2
非金属矿物制品业	31	15.51	62.1	26.99	78.7
黑色金属冶炼及压延加工业	32	1.26	26.5	3.84	62.7
有色金属冶炼及压延加工业	33	1.04	37.7	2.16	59.5
金属制品业	34	4.54	55.4	6.69	75.9
通用设备制造业	35	5.92	66.8	8.73	79.2
专用设备制造业	36	3.20	52.7	4.75	65.0
交通运输设备制造业	37	4.75	42.5	8.45	58.0
电气机械及器材制造业	39	7.50	51.6	12.35	69.3
通信设备、计算机及其电子设备制造业	40	7.81	37.0	14.13	54.1
仪器仪表及文化、办公用机械制造业	41	3.13	52.0	4.25	70.2
工艺品及其它制造业	42	11.12	60.5	15.13	73.7
废弃资源和废旧材料回收加工业	43	0.07	63.6	0.12	55.9
电力、热力的生产和供应业	44	0.76	10.8	0.97	13.7
燃气生产和供应业	45	0.01	3.7	0.07	31.8
水的生产和供应业	46	0.05	3.9	0.18	14.8

注：鉴于资料可得性原因，2009 年规模以上民营工业仅包括集体、私营、港澳台商独资企业，不包括联营经济中的民营部分。

4-11 建筑业民营企业年末从业人员数

（2009-2010 年）

行业名称	行业代码	2009		2010	
		年末从业人员数（人）	占全部建筑业比重（%）	年末从业人员数（人）	占全部建筑业比重（%）
总　计	—	**51795**	**3.5**	**54222**	**2.4**
房屋和土木工程建筑业	47	43966	3.3	45975	2.6
建筑安装业	48	3020	4.0	2953	3.1
建筑装饰业	49	4646	8.6	4861	6.6
其他建筑业	50	163	0.6	433	0.1

注：鉴于资料可得性原因，建筑业民营企业仅包括集体、港澳台商投资企业。

4-12 限额以上住宿和餐饮业民营企业从业人员数

（2009-2010 年）

行业名称	行业代码	2009		2010	
		从业人员（人）	占限额以上住宿宿和餐饮业比重（%）	从业人员（人）	占限额以上住宿和餐饮业比重（%）
总　计	—	**68264**	**50.2**	**74324**	**50.6**
住宿业	**66**	**25553**	**34.9**	**30266**	**39.5**
旅游饭店	661	22435	34.4	26573	39.9
一般旅馆	662	2788	42.5	3302	39.6
其他住宿服务	669	330	20.9	391	23.0
餐饮业	**67**	**42711**	**68.0**	**44058**	**62.8**
正餐服务	671	38041	73.1	39241	70.9
快餐服务	672	4206	43.4	4339	31.6
饮料及冷饮服务	673	47	33.8	48	33.6
其他餐饮服务	679	417	45.4	430	41.8

注：限额以上住宿和餐饮业民营企业包括限额以上集体、私营、港澳台商独资企业。

4-13　限额以上批发和零售贸易业民营企业从业人员数

（2009-2010 年）

行业名称	行业代码	2009		2010	
		从业人员（人）	占限额以上批发和零售贸易业比重（%）	从业人员（人）	占限额以上批发和零售贸易业比重（%）
总　计	—	**86492**	**33.2**	**107526**	**38.2**
批发业	**63**	**34083**	**30.5**	**47027**	**38.2**
农畜产品批发	631	227	16.2	313	18.0
食品、饮料、烟草制品批发	632	4081	16.2	5631	17.7
纺织、服装及日用品批发	633	6012	33.1	8295	37.2
文化、体育用品及器材批发	634	1328	73.6	1832	92.2
医药及医疗器材批发	635	2118	27.8	2922	39.9
矿产品、建材及化工产品批发	636	9985	29.2	13777	42.5
机械设备五金交电及电子产品批发	637	7531	48.0	10391	56.7
贸易经济与代理	638	258	11.4	356	14.6
其他批发	639	2544	45.5	3510	75.6
零售业	**65**	**52409**	**35.3**	**60499**	**38.2**
综合零售	651	23302	37.8	26899	41.9
食品饮料及烟草制品专门零售	652	1848	9.9	2133	20.7
纺织品、服装及日用品零售	653	3562	64.4	4112	59.1
文化、体育用品及器材零售	654	986	15.6	1138	19.1
医药及医疗器械零售	655	1224	21.1	1413	23.2
汽车摩托车燃料及零配件零售	656	11862	37.6	13693	31.7
家用电器及电子产品零售	657	7587	54.3	8758	59.7
五金家具及室内装修材料零售	658	1052	57.7	1214	39.0
无店铺及其他零售	659	987	31.1	1139	31.1

注：限额以上批发和零售贸易业民营企业包括限额以上集体、私营、港澳台商独资企业。

专题研究

五

推动福建省实现跨越发展探讨

跨越发展是在一定历史条件下，一个地区对先进发达地区走过的某个发展阶段的一种赶超行为，是在先进理念指导下突破传统发展模式和路径的大跨度、超常规、高水平和创新型发展。福建省提出的跨越发展，是福建省自身发展寻求突破、寻求突围的一种自我超越，是基于省情，充分发挥比较优势和后发优势，以东部沿海地区和先进发达地区为目标的一种奋力赶超。

一、福建省实现跨越发展的目标

中共福建省委八届九次全会提出推动福建省跨越发展，通过了《中共福建省委关于进一步贯彻落实胡锦涛总书记来闽考察重要讲话精神推动福建省跨越发展的若干意见》。意见提出：力争人均地区生产总值赶超东部地区平均水平，到 2020 年地区生产总值接近或达到 4 万亿元；力争投资增速超过全国平均水平，力争工业投资占固定资产投资比重超过 40%；力争工业对经济增长的贡献率达到 55%以上；争取全社会研发投入占全省生产总值的比重达到全国平均水平；5 年内形成 50 家百亿企业和若干千亿产业集群；力争城镇化率每年提高 1.5 个百分点；力争每年新增城镇就业岗位 60 万以上；力争农民人均纯收入每年实际增长 7%以上。

翻开世界历史，我们可以发现，落后国家通过跨越式发展赶超先进国家不乏其例。先是德国、美国对第一个完成工业化从而成为世界霸主的英国的赶超，后有日本对欧美发达国家的追赶，再有亚洲“四小龙”的迅速崛起。日本的例子最为典型。战后日本曾经是一片废墟，但通过引进、吸收最新科技成果和结构调整，快速培育形成战略性产业、带动了整个经济的跨越发展。从 1956 年开始，日本经济的年平均 10.2%的实际增长率持续 18 年高速增长。到 1968 年日本成为资本主义世界仅次于美国的第二经济大国，从 1987 年起，按美元计算的人均国民生产总值超过美国。日本后来居上的经验说明，后进国家只要抓住机遇，利用后发优势，找准突破口，实现社会生产力跨越式发展是完全可以办得到的。我国改革开放的实践证明，部分省市通过跨越发展，实现了经济总量居全国位次前移，如福建省、内蒙古、浙江、河南和广东等。

二、福建省实现科学发展、跨越发展的有利条件

总体上看，我国经济社会发展长期向好的基本态势没有改变。工业化、信息化、城镇化、市场化、国际化深入发展，产业结构和消费结构升级步伐加快，在国家鼓励东部地区率先发展和支持福建省加快建设海峡西岸经济区的宏观经济背景下，推动福建省实现跨越发展面临着前所未有的有利条件。

（一）中央政策的支持

国家鼓励东部地区率先发展和支持福建省加快建设海峡西岸经济区，为福建省实现跨越发展提供了先决条件。国务院出台《关于支持福建省加快建设海峡西岸经济区的若干意见》和批准《海峡西岸经济区发展规划》，国家各部委和央属企业从规划、政策、项目、资金等方面都给予积极的支持，并不断推出新的举措，为福建省实现科学发展、跨越发展创造有利的政策环境，奠定坚实的项目基础，提供充裕的资金保障和营造良好的舆论氛围。

（二）经济基础的支撑

国民经济持续快速发展，提升了经济实力，为实现科学发展、跨越发展奠定了经济基础。改革开放以来，福建省经济发展取得丰硕成果，综合经济实力显著增强。2010 年，全省地区生产总值已突破 1.4 万亿，为 14357.12 亿元，比上年增长 13.8%，“十一五”期间年均增长 13.8%，比改革开放以来年均增速高 1.1 个百分点；经济总量在全国的排位

从 1978 年的第二十三位上升到 2010 年的第十二位，人均地区生产总值从第二十三位上升到第十位。2010 年财政总收入比 2005 年增长 1.6 倍，年均增长 21.1%，比改革开放以来年均增速高 4.5 个百分点，财政总收入占地区生产总值的比重由 2005 年的 12.0%上升到 2010 年的 14.3%；2010 年地方财政收入居全国第十一位。

（三）基础设施的保障

近年来，福建省加快了基础设施建设，完善现代化基础设施体系，加快综合交通网络建设、打造沿海重要能源基地、提升城乡公共设施保障能力，服务周边地区发展新的对外开放综合通道初步形成。全社会固定资产投资总额一年上一个千亿台阶，2009 年跃上六千亿台阶，为 6362.03 亿元；2010 年突破八千亿元，为 8273.42 亿元，比 2009 年增长 30.0%，比 2005 年增长 2.5 倍，“十一五”期间年均增长 28.7%，比改革开放以来年均增速高 5.3 个百分点。2010 年，铁路在建里程和运营里程均突破 2000 公里，其中，快速铁路在建和运营里程超过 1500 公里；高速公路总里程达 2403 公里，在建里程超过 2000 公里；港口吞吐量由 2005 年的 1.98 亿吨增加到 2010 年的 3.27 亿吨；机场旅客吞吐量“十一五”期间接近翻番；电力新增装机容量实现翻番、累计达 3480 万千瓦，形成 500 千伏大环网，福鼎核电和福清核电将于“十二五”期间陆续投产，三明核电已开展前期工作。基础设施从对经济发展的瓶颈制约到基本适应，将对实现跨越发展提供良好的基础保障。

（四）闽台交流的促进

两岸关系出现重大积极变化，步入和平发展的新轨道，有利于促进闽台交流合作先行先试、互利共赢。两岸关系和平发展，使福建省成为两岸经贸合作、文化交流和人员往来的结合部、先行区和重要通道，建设两岸合作的平潭综合实验区，将有力地促进福建省实现跨越发展。

（五）区域合作的助推

经济全球化和区域经济一体化继续向纵深发展，中国—东盟自由贸易区正式建成，两岸四地经贸关系日益密切，内地区域合作进一步加强，各种生产要素流动加快。而福建省具有的港澳侨、对台、港口、生态等资源优势得天独厚，有利于福建省抓住世界产业结构调整和转移的机遇，广泛参与国际国内分工合作，积极承接各种先进生产要素的转移，推动技术进步和产业转型升级，助推福建省实现跨越发展。

（六）区位条件的优越和资源环境的良好

以福建省为主体的海峡西岸经济区地处长江三角洲和珠江三角洲、台湾地区和祖国大陆的结合部，临近港澳，发挥着承南启北、贯通东西的桥梁纽带作用，是加强两岸交流合作、推动两岸关系和平发展的重要前沿平台和纽带。生态环境良好，森林覆盖率比较高；岸线资源丰富，港口优势突出；旅游资源独特。

三、福建省实现跨越发展的制约因素

在看到实现跨越发展有利条件的同时，不容忽视跨越发展制约因素的存在。对福建省而言，经济规模还不够大、实力还不够强，经济增长的资源环境约束强化、结构性矛盾还较突出，产业层次还不够高、科技创新能力提升还不够快等问题并存，实现跨越发展面临挑战和考验，难度很大。

（一）国内外经济形势依然存在不确定因素的制约

国际金融危机影响深远，世界经济增长速度减缓，围绕市场、人才、技术、标准的竞争更加激烈，经济发展发生积极变化和不利影响同时显现，短期问题和长期问题相互交织，国内因素和国际因素相互影响，不确定、不可预料的因素和“两难”选择的问题增多，这在一定程度上将制约外向型经济的福建省跨越发展的进程。

（二）经济实力还不够强的制约

2010 年，福建省经济总量只占全国 31 个省（市、区）总量的 3.3%，居东部地区第八位，居全国各省（市、区）第十二位，与经济总量均占全国 9%以上的广东、江苏、山东等省相比，差距较大。经济总量不够大，直接影响人均 GDP 水平。2010 年，福建省人均GDP为38998元，只相当于东部地区平均水平的86.4%。2010年，财政支出1678.71亿元，居全国第二十四位。

（三）产业结构层次不够高的制约

产业结构层次不高，不仅制约整个经济社会健康持续发展，而且也将制约第二产业持续发展。

1. 第三产业所占比重低于全国平均水平。2010年，福建省三次产业结构为9.5：51.3：39.2，全国为10.2：46.8：43.0，第三产业所占的比重比全国低3.8个百分点，比东部地区的北京、天津、上海、江苏、浙江、广东和海南分别低35.8个百分点、6.1个百分点、17.8个百分点、1.4个百分点、3.9个百分点、5.4个百分点和6.9个百分点。第二产业的急剧拓展，是20世纪90年代以来促进福建省经济快速发展的主要原因。第二产业增加值占地区生产总值的比重从1990年的33.4%、2000年的43.3%，提高到2009年的49.1%和2010年的51.3%，1990年至2010年的提高幅度为17.9个百分点。第二产业一马当先，也是工业化发展阶段的基本特征，工业增加值占地区生产总值的比重从1990年的28.8%、2000年的37.8%，提高到2010年的43.5%，1990年至2010年的提高幅度为14.7个百分点。

2. 高新技术产业所占比重下降。2010年，福建省规模以上高技术产业实现工业增加值591.97亿元，占规模以上工业增加值的9.8%，比2005年下降5.2个百分点；电子信息、石油化工和机械装备三大主导产业工业增加值占规模以上工业增加值36.4%，比2005年下降1.3个百分点，相当部分的电子信息企业是跨国公司的加工车间，设计和销售两头在外，没有自己的研发、设计以及自主品牌，核心技术完全掌握在外国跨国公司手中，关键零部件均需进口，整体素质不高，产品附加值较低。在37个工业行业中，2010年，各行业增加值占规模以上工业增加值比重居第一位的是皮革、毛皮、羽毛（绒）及其制品业，所占比重为8.2%。先进制造业的基地发展缺乏一批大型企业、集团支撑，导致产业集中度低，产业集群发展缺乏产业链的关联效应，多数企业处于产业链低端，难以形成上、中、下游完整的产业链。2010年，主营业务收入在50亿元以上工业企业只有26家，其中，100亿元以上只有9家。

3. 现代服务业发展薄弱。2010年，福建省批发零售业、住宿餐饮业、交通运输仓储和邮政业、房地产业这四个传统行业增加值占服务业增加值的比重超过一半，为52.0%。在现代服务业中，除金融业所占比重超过10%外，为11.2%；其他行业所占比重均很低，其中，信息传输、计算机服务和软件业所占比重为2.4%。

（四）资源供需矛盾较突出的制约

1. 耕地资源匮乏。人均耕地仅0.5亩，沿海一些县市还不到0.3亩，长期以来粮食依靠外省调进。福建省森林覆盖率虽然居全国首位，但是林种树种结构不合理，工农业生产的原材料林供给能力不足。

2. 能源资源短缺。福建是少煤、无油、无天然气且常规能源短缺的省份，煤炭能源保有储量仅居全国第二十四位，且品种单一，金属矿产相对贫乏。现有探明的煤炭储量，按现有生产能力仅能开采15-20年，发电所需的煤炭大都从省外、国外调入。随着沿海临港重化工业的加快发展，石化、冶金、建材、机械装备等制造业发展对能源资源与环境的依赖性增强，受一次能源自给率低的影响，今后先进制造业基地发展将对能源资源环境造成较大的压力。

3. 水资源供需平衡矛盾依然突出。福建省水资源主要来源于自降水，500千伏以上的水利资源，已开发的占70%。受降雨时空和河流走向的影响，水资源在时间空间上分布不均，出现地域性、时间性水资源短缺，水资源供需平衡矛盾依然突出。

4. 生态环境仍然较脆弱。福建省地貌以山地丘陵为主，降水时空分布不均匀，容易产生旱涝、水土流失和地质灾害。森林结构不合理，生态功能尚未得到最大限度的发挥。

（五）创新能力不强的制约

1. 科技资金投入仍处于较低水平。第二次全国

R&D资源清查显示，2009年，福建省全社会研发投入相当于地区生产总值的1.1%，比全国平均水平低0.6个百分点，居全国第十七位，离达到全国平均投入水平的研发经费投入缺口较大。2010年全社会研发投入相当于地区生产总值的比重也只有1.2%，比全国平均水平低0.6个百分点。

2. 人才资源的短缺。高层次科技人才偏少，全省高校拥有的院士人数仅占全国高校院士总数的2.4%，其规模还不及清华或北大的1/5，主要集中在厦门大学。行业发展的领军人物、管理人员匮乏。

（六）消费需求对经济增长拉动还不够强的制约

新世纪以来，福建省最终消费对经济贡献率呈现逐年走低态势，从2000年的54.4%下降至2009年的37.0%，低于全国2009年45.4%的平均水平，2010年继续下降。居民消费占GDP的比重由2000年的40.9%下降到2009年的31.4%，低于全国2009年35.6%的平均水平。

（七）城市发展水平还不够高的制约

福建省与长三角、珠三角一些经济发展快的省份相比存在差距，因素很多，其中重要一条就是福建省没有300-500万人的特大城市，中心城市辐射力、带动力偏弱。占福建省经济总量1/4的地级市泉州，2010年，其市辖区户籍人口只有103.11万人，常住人口也只有143.52万人，城市规模与经济总量明显不相称。省会城市福州，2010年市辖区常住人口也只有292.18万人。城市基础设施较为薄弱，城市功能有待完善，最突出的是交通拥堵、环境污染以及资金短缺，远远不适应城市经济社会发展的要求。

（八）名牌产品规模偏小的制约

福建省获中国名牌产品数虽处于全国第五位，但仍不及居第四位的江苏省一半，到目前为止还没有世界名牌产品，与东部地区的广东、浙江、江苏、山东相比还有较大差距。福建省中国名牌产品主要集中在附加值较低的纺织服装、鞋、帽制造业，皮革、毛皮、羽毛（绒）及其制品业，食品制造业和农副食品加工业等轻工类产品；从区域分布看，主要集中在福州、厦门和泉州。有名牌产品企业其产值超过10亿元的所占比重不到7%。品牌产品企业的规模小，则意味着企业的抗风险能力不强，在经济波动中容易失去行业领头羊的位置；品牌主要集中在传统制造业，则意味着品牌的核心竞争力仍然不强；地区发展不平衡，则增加了品牌经济继续壮大的难度。

四、福建省实现跨越发展目标的量化分析

（一）力争人均地区生产总值赶超东部地区平均水平的发展目标

2010年，福建省人均GDP为38998元，相当于东部地区平均水平的86.4%。2006-2009年，福建省人均GDP年均增长13.0%，比东部地区高1.4个百分点。假设“十二五”期间福建省人均GDP年均增速能够比东部地区高3个百分点，到2015年福建省人均GDP将达到东部平均水平。在“十二五”期间，福建省人均地区生产总值增速能否比东部地区高3.0个百分点，其关键是要有力克服和破解制约跨越发展的影响因素。

（二）到2020年地区生产总值接近或达到4万亿元的发展目标

进入20世纪90年代，随着经济规模的增大，福建省每年GDP增量大幅提升，1991年至2000年，GDP年均增量在300亿元以上；2001年至2010年，GDP年均增量在1000亿元以上，其中，2006年至2010年，GDP年均增量在1500亿元以上，2008年总量跨越万亿元大关，为10823.01亿元；2009年达12236.53亿元；2010年为14357.12亿元。改革开放以来，福建省经济呈现波浪式、周期性递进增长的特征非常明显，国民经济发展的总体趋势呈现规律性的扩张和收缩过程，随着就业、生产、投资、进出口等主要指标的上升或下降，GDP增长率呈现上升－回落－再上升的周期变化，出现六次比较明显的周期波动。2010年福建省经济发展已进入第七轮增长期，增长速度为13.8%，增速比2009年高1.5个百分点。2011-2020年，福建省生产总值现价的年均增速只要接近11%，就可实现到2020年地区生产总值达到4万亿元目标。见表1。

表 1　福建省经济发展周期变化表

周期	年份	峰值年份	峰值（%）	年均增速（%）	周期长度（年）
第一次	1979-1983	1980	18.4	10.9	4
第二次	1983-1986	1984	17.9	11.7	3
第三次	1986-1990	1988	14.3	9.7	4
第四次	1990-1996	1993	22.6	16.0	6
第五次	1996-2001	1997	14.0	11.0	5
第六次	2001-2009	2007	15.2	12.1	8
第七次	2010 年开始				

（三）力争投资增速超过全国平均水平的发展目标

从近 30 年全社会固定资产投资增速看，福建省有一半以上年度投资增速超过全国平均水平，除“九五”、“十五”时期年均增速低于全国平均水平外，其他规划时期年均增速也均高于全国平均水平（见表 2）。随着“大干开局之年，打好五大战役”的深入实施，“十二五”开局之年前几个月的投资增速已明显比全国平均水平高。2011 年 1-4 月，福建省固定资产（不含农户）同比增长 34.4%，增幅比全国平均水平高 9.0 个百分点。

表 2　福建省全社会固定资产投资增速与全国对比情况

（1981-2010 年）

单位：%

年份	福建省	全国	福建省比全国（百分点）	年份	福建省	全国	福建省比全国（百分点）
1981	0.9	5.5	-4.6	1999	3.4	5.1	-1.7
1982	32.4	28.0	4.4	2000	4.1	10.3	-6.2
1983	10.3	16.2	-5.9	2001	4.8	13.0	-8.2
1984	28.3	28.2	0.1	2002	8.5	16.9	-8.4
1985	60.7	38.8	21.9	2003	22.5	27.7	-5.2
1986	15.9	22.7	-6.8	2004	25.9	26.6	-0.7
1987	26.6	21.5	5.1	2005	23.5	26.0	-2.5
1988	22.9	25.4	-2.5	2006	38.0	23.9	14.1
1989	1.4	-7.2	8.6	2007	38.7	24.8	13.9
1990	13.5	2.4	11.1	2008	22.7	25.9	-3.2
1991	26.2	23.9	2.3	2009	20.0	30.1	-10.1
1992	56.3	44.4	11.9	2010	30.0	23.8	6.2
1993	61.9	61.8	0.1	“六五”	24.9	22.8	2.1
1994	46.3	30.4	15.9	“七五”	15.7	12.2	3.5
1995	26.4	17.5	8.9	“八五”	46.9	34.7	12.2
1996	16.0	14.8	1.2	“九五”	9.7	10.5	-0.8
1997	13.7	8.8	4.9	“十五”	16.7	21.9	-5.2
1998	16.7	13.9	2.8	“十一五”	28.7	23.8	4.9

注：增速未扣除价格因素，年均增速按水平法计算。

（四）力争工业投资占固定资产投资比重超过40%的发展目标

海峡西岸经济区战略思路提出并实施以来的2004-2010 年，福建省全社会固定资产投资年均增长 27.5%，其中，工业投资年均增长 29.8%，工业投资占全社会固定资产投资的比重从 2003 年的31.4%，波浪式提高到 2008 年的 37.9%；2009 年受国际金融危机影响，下降至 36.7%，2010 年为35.6%，2004-2010 年，工业投资占全社会固定资产投资的比重平均每年提高 0.6 个百分点(见表3)。2011 年 1-4 月城镇工业投资占城镇投资比重为36.4%。“十二五”期间，实现工业投资占固定资产投资比重超过 40%的任务较艰巨。

（五）力争工业对经济增长的贡献率达到 55%以上的发展目标

从 1980-2010 年这 30 年中，工业对经济增长的贡献率达到 55%的年份有 8 年，分别是 1988 年的 85.3%、1990 年的 55.0%、1993 年的 56.9%、1994 年的 62.0%、1999 年的 55.8%、2000 年的59.4%、2002 年的 57.3%和 2010 年的 61.0%。2011年 1-4 月，工业对经济增长的贡献率为 68.7%。

表 3　福建省工业投资占固定资产投资比重情况

（2003-2010 年）

单位：亿元

	全社会固定资产投资	#工业投资	工业投资占全社会固定资产投资的比重（%）	城镇固定资产投资	#工业投资	城镇工业投资占城镇固定资产投资的比重（%）
2003	1507.87	473.06	31.4	1240.78	381.48	30.7
2004	1899.10	689.37	36.3	1600.54	573.18	35.8
2005	2344.73	882.66	37.6	1986.31	740.23	37.3
2006	3115.08	1109.06	35.6	2765.12	959.57	34.7
2007	4321.74	1531.37	35.4	3863.01	1344.52	34.8
2008	5301.69	2011.04	37.9	4695.51	1762.57	37.5
2009	6362.03	2333.87	36.7	5679.44	2049.21	36.1
2010	8273.42	2942.21	35.6	7460.07	2637.63	35.4

（六）争取全社会研发投入占全省生产总值的比重达到全国平均水平的发展目标

《国家中长期科学和技术发展规划纲要（2006-2020）》中提出：“到 2020 年，全社会研究研发投入占国内生产总值比重提高到 2.5%以上”。2009 年福建省全社会研发投入为 135.38 亿元，到 2020 年福建省要实现达到全国平均水平目标，届时全社会研发投入需达 1000 亿元以上，2010-2020 年，全社会研发投入年均需增长 20%。2001-2009 年，福建省全社会研发投入年均增长已超过 20%，为 22.3%。从进入新世纪以来的全社会研发投入年均增速看，通过努力有望实现目标。

（七）5 年内形成 50 家百亿企业和若干千亿产业集群的发展目标

根据国家的企业统计标准，2010 年，福建省拥有主营营业收入上百亿元的企业共有 22 家。其中，工业企业 9 家，贸易企业 5 家，通信业 2 家，交通运输业 1 家。50-100 亿元的企业有 27 家，其中，工业企业 17 家、建筑业 1 家、贸易企业 6 家和金融业 3 家。这 27 家企业的主营业务收入到“十二五”末有相当部分可能上 100 亿元。从以上分析看，5 年内形成 50 家百亿企业经过努力有望实现。

在“十一五”规划确定发展省级重点 30 个产业集群的基础上，经过五年多时间的发展、调整和充实，目前省级重点产业集群有38个，分布在九个设区市和九个相关县（市、区）。这些产业集群，基本上是区域的特色产业，也是福建省的优势产业，整个发展是持续稳定、健康向上。2010年，这38个省级重点产业集群实现产值10256.99亿元，占规模以上工业总产值的比重为47.0%；实现增加值2750.22亿元，占规模以上工业增加值的比重为45.4%。在这38个省级重点产业集群中，产值规模超百亿的产业集群有27个，其中，泉州纺织产业集群产值超千亿元，为1303.91亿元；产值为500-1000亿元的产业集群有5个，分别为泉州鞋业产业群（952.12亿元）、泉港石化产业集群（807.14亿元）、厦漳闽台合作农产品加工产业集群（724.76亿元）、长乐纺织服装产业集群（523.03亿元）、泉州机械装备产业集群（507.97亿元）。经过5年的培育，到“十二五”末，这5个产业集群有望超过千亿元。

（八）力争城镇化率每年提高1.5个百分点的发展目标

根据第六次全国人口普查结果，2010年，福建省城镇化率为57.1%，与2000年比，平均每年提高1.5个百分点。随着推进城镇化力度的加大，实现跨越发展提出的城镇化率平均每年提高1.5个百分点的发展目标有望实现。

（九）力争每年新增城镇就业岗位60万以上的发展目标

2005-2009年，福建省城镇净增就业人员分别为49.49万人、54.09万人、63.68万人、48.76万人和71.52万人，平均每年净增就业人员57.51万人。随着推动福建省实现跨越发展各项政策措施的不断深入实施，力争每年新增城镇就业岗位60万以上的发展目标有望实现。

（十）力争农民人均纯收入每年实际增长7%以上

2005-2010年，福建省农民人均纯收入实际增长分别为5.9%、8.3%、7.3%、8.3%、10.1%和7.5%，2006-2010年年均实际增长8.3%。2011年1-4月，福建省农民人均纯收入实际增长11.5%。实现力争农民人均纯收入每年实际增长7%以上的目标问题不大。

五、推动福建省实现科学发展跨越发展的若干建议

（一）着力破解发展制约因素

面对国内外经济形势依然存在不确定因素、经济实力不够强、产业结构层次不够高、创新能力提升不够快、资源供需矛盾较突出、消费需求对经济拉动力还较弱和名牌产品的规模偏小等影响和制约发展的因素，我们要按照省委、省政府的决策部署，采取更加有力的措施，推动福建省科学发展、跨越发展。一是不断解放思想、转变观念，坚持怎么符合实际就怎么干，怎么有利于发展就怎么干。二是不断提高运用和落实政策的实际能力，善于把握政策蕴含的机遇，找准政策与本地本部门工作的对接点，更好地推动事业发展。三是深入研究和把握新形势新要求，以好举措解决影响和制约发展的“瓶颈”问题。

（二）着力增强发展活力

坚定不移地深化改革和扩大开放，着力构建充满活力、富有效率、更加开放、有利于福建省科学发展跨越发展的体制机制。一是用好中央赋予的先行先试政策。深化实施国务院批复的《海峡西岸经济区发展规划》中提出的“在中央对台工作总体方针政策指导下，积极探索对台交流合作新的体制机制，加快在对台经贸、投资、航运、旅游、邮政、文化、教育等方面交流合作中先行先试，争取率先突破，取得经验”，积极拓展闽台经贸合作新领域。抓住海峡两岸经济合作框架协议实施的有利时机，在两岸关系发展中进一步发挥作用，特别要加快平潭综合实验区的开放开发，努力提升开放开发的整体条件。深化行政审批制度改革，更好发挥市场在优化配置资源中的基础性作用，不断增强市场主体活力。二是用好保税港区等海关特殊监管区政策。构建更加完备的对外对内开放“大通道”。三是激

发县域活力。落实好《中共福建省委福建省人民政府关于进一步加快县域经济发展的若干意见》，激发县域活力，进一步做强县域经济。

（三）着力推动六个转变

坚持好字优先，把加快转变经济发展方式贯穿于经济社会发展全过程和各领域，在发展中促转变，在转变中谋跨越。一是在推动发展上，由主要通过扩大供给来推动发展，向更多地通过扩大消费来推动发展的转变。二是在发展目标上，由主要通过经济发展来带动就业，向更多地立足扩大就业来推动经济发展的转变。三是在产业结构调整上，由主要靠工业带动，向主要靠工业和服务业共同带动的转变。四是在推动城镇化的进程上，由主要靠土地上的城镇化，向主要靠人的城镇化的转变。五是在促进区域协调上，由立足于协调地区间经济发展的差距，向立足于协调地区间收入和公共服务的差距的转变。六是在发展投入要素上，由主要靠增加资源投入，向主要依靠科技进步、劳动者素质提高、管理创新的转变。

（四）着力促进产业升级

从经济发展阶段和趋势，福建省还不能跨越重化工业发展阶段，必须加快发展机械装备、石油化工等重化工业，但一定要控制高耗能行业过快增长，把节能减排作为推进产业结构调整优化升级的突破口。一是加快推进工业化进程。将工业化进程由以工业资本的形成、产业规模的扩张为主要特征的工业化中期阶段，推进到以产业生态文明的建设、产业技术的提升、产业结构的优化为主要特征的工业化高级阶段。二是以信息化带动工业化。加快发展高新技术产业和战略性新兴产业，提高高新技术产业对传统产业的渗透程度。三是加快发展现代服务业。重点发展科技含量高和劳动生产率高的现代服务业，以服务业带动工业和就业结构合理化。四是增强产业竞争力。加强基础产业、基础设施建设，加快发展现代能源产业，使高新技术和现代管理制度在现代服务企业和制造业企业中的广泛运用，产业竞争力得到增强，最终实现产业结构的优化升级，推动福建省实现科学发展、跨越发展。

（五）着力抓好项目带动

统筹投资总量、结构和效益，坚持以项目带动促进投资较快增长，以增量的投入，实现对经济的有效拉动。同时，以发展产业群、城市群和港口群为突破口，重点提升制造业发展水平。充分发挥城市群的载体作用，以城市群的发展辐射带动农业农村发展。建立以港口为核心的供应链服务体系，通过供应链带动临港产业链延伸，引导和促进临港产业集聚发展。一是抓好与央企对接项目的落实。要深化与央企的战略合作关系，建立和完善服务央企投资的有效机制，对于已对接的央企项目，尽快抓好项目的落实。二是抓好民企项目的对接。要分区域、多层次地开展招商项目推介活动，下功夫与大型民企开展产业项目对接，争取一批规模大、质量高的先进制造业、战略性新兴产业、高新技术产业和现代服务业投资项目来闽投资兴业，把产业链缺失的环节补齐，把产业的低端提升起来。三是抓好外商投资项目的落地。加强对发达国家和地区的招商引资，吸引更多的跨国公司来闽建立生产基地、研发中心、营销中心和地区总部，积极承接国际服务外包。对于有投资意向的项目，要突出抓好落地工作。四是抓好在建、续建项目建设。抓紧推进“十二五”规划重大项目建设，加快“五大战役”项目实施进度，按照年度实施方案的要求，以目标倒逼进度，逐月稳步推进，确保年度目标任务的完成。

（六）着力改善发展环境

要进一步在管理上放权、改革上放手、政策上放活方面下功夫；要加大治庸治懒力度，促进各级领导干部主动到基层一线去发现问题、化解问题、破解问题，帮助企业解决实际困难和问题。着力改善发展环境，推动福建省实现科学发展、跨越发展。

（执笔：杨洪春）

莆田市加快经济发展方式转变研究

当前，莆田正处于工业化转型期、城市化加速期、市场化完善期，兼具“黄金发展期”和“问题多发期”的双重特性。工业化、信息化、城市化和市场化水平得到全面提升，但与此相伴生的结构性矛盾突出、生产要素利用效率低、资源和环境代价大、经济整体素质不高的粗放型增长，给莆田经济发展带来越来越大的压力。要保持莆田经济持续快速健康发展，必须坚定不移地加快经济发展方式转变。本文拟结合莆田实际，对如何加快经济发展方式转变作一些探讨。

一、时代命题：加快经济发展方式转变的重大意义

加快经济发展方式转变，是我国经济领域的一场深刻变革，关系到改革开放和社会主义现代化建设全局。党的十七大明确提出，要把加快经济发展方式转变作为一项战略任务来抓。党的十七届三中、四中全会都对加快经济发展方式转变进行了研究部署。胡锦涛总书记将加快经济发展方式转变的重大意义概括为“五个必然要求”：一是适应全球需求结构重大变化、增强我国经济抵御国际市场风险能力的必然要求。二是提高可持续发展能力的必然要求。三是在后金融危机时期国际竞争中抢占制高点、争创新优势的必然要求。四是实现国民收入分配合理化、促进社会和谐稳定的必然要求。五是适应实现全面建设小康社会目标新要求、满足人民群众过上更好生活新期待的必然要求。胡总书记的讲话全面系统地阐述了在新的历史阶段要加快经济发展方式转变这一重大理论和实践问题，并对一系列重大问题作出了全面的安排部署，非常全面，非常深刻，非常切合实际，具有普遍的指导意义。对于莆田来讲，不仅完全适用，而且具有更强的针对性、指导性和紧迫性。

二、发展课题：莆田加快经济发展方式转变的主要成效

（一）综合实力进一步增强

2009年，全市实现地区生产总值691.42亿元，比2005年增长77.9%，年均增长15.5%；财政总收入63.50亿元，比2005年增长114.5%，年均增长21.0%，其中，地方财政收入37.91亿元，比2005年增长191.7%，年均增长30.7%；全社会固定资产投资362.70亿元，比2005年增长214.3%，年均增长33.1%；规模以上工业产值959.09亿元，比2005年增长144.9%，年均增长25.1%；社会消费品零售总额246.13亿元，比2005年增长90.0%，年均增长17.4%。莆田市部分经济指标完成情况见表1。

表1　2005、2009年莆田市部分经济指标完成情况表

	单位	2005	2009	年均增长（%）
地区生产总值	亿元	359.91	691.42	15.5
财政总收入	亿元	29.46	63.15	21.0
地方财政收入	亿元	14.56	37.91	30.7
全社会固定资产投资总额	亿元	115.41	362.70	33.1
规模以上工业产值	亿元	376.88	959.09	25.1
社会消费品零售总额	亿元	129.53	246.13	17.4

（二）经济结构进一步优化

近年来，莆田积极调整优化经济结构，取得显著成效。三大产业构成由 2005 年的 14.3∶53.3∶32.4 调整为 11.1∶54.2∶34.7，产业结构更趋于合理。农业产业化水平进一步提升。2009 年，全市 120 家市级以上龙头企业带动农户 50 万户，实现产值 130 亿元。规模工业企业总数达 1166 家。第三产业增加值 239.80 亿元，比 2005 年增长 74.8%，年均增长 15.0%。

（三）工业经济进一步发展

近几年，莆田牢固树立工业强市的理念，扎实推进工业园区的建设，积极推动工业产业升级。一是规模不断增强。规模以上工业企业从 2005 年的 579 家发展到 2009 年的 1166 家，年均增加 147 家。二是产业集聚效应突显。近年来，莆田形成了鞋革、食品、机械、电子、服装等十大产业集群。十大产业集群的产值占全市规模以上工业总产值的 94.6%。其中，鞋革产业工业总产值为 237.2 亿元，食品产业工业总产值为 147.3 亿元。三是工业园区建设形式了规模。近年来，初步形成了湄洲湾北岸经济技术开发区、涵江高新技术产业园区、仙游经济开发区以及各工业集中区。四是工业经济效益不断提高。2009 年 1166 家规模以上工业企业实现利润总额 32.6 亿元，比 2005 年增长 140%；2005-2009 年规模以上工业经济效益综合指数分别是：151.5、159.1、181.0、187.3、205.8，效益综合指数呈快速上升态势。

（四）项目带动进一步提升

2009 年，285 个在建、预备重点项目完成年度投资 228.6 亿元；湄洲湾港口加快开发，11 个深水泊位开工建设，5 万吨级木材专用码头竣工投产；莆田燃气电厂、石城风电场、石井风电场、南日风电场、仙游抽水蓄能电站、金钟水利枢纽工程、木兰溪防洪工程二期霞林段、市污水处理厂二期扩建等重大项目加快推进；湄洲湾（石门澳）产业园、莆永高速莆田段、城区大型平战结合人防工程、闽中食品工业园顺利开工。

（五）创新能力进一步增强

2009 年，莆田第三次蝉联“全国科技进步先进城市”称号，再次被中国城市品牌大会评选为“中国最具发展潜力城市”；全市新增中国驰名商标 1 个、国家出口免验产品 1 个、省名牌产品 16 个、省著名商标 20 个；制订国家标准 6 项、行业标准 3 项、福建省地方标准 10 项；“菲律宾蛤仔现代养殖产业技术体系的构建与应用”获得国家科技进步二等奖；中国鞋业信息中心、中国鞋类设计与研发中心落户莆田；度尾文旦柚获得“国家地理标志产品”称号。

（六）城乡建设进一步加快

2009 年，“三纵四横”主干道路、19 条县（区）市政道路建设加快，福厦铁路莆田段、莆秀高速公路、城港大道一期、迎宾大道、莆兴路等 13 条道路竣工通车；省运会场馆和星级酒店等配套设施基本建成，城市品位显著提高，城区面貌焕然一新；惠农政策全面落实，市级以上财政投入“三农”资金 15.2 亿元，减轻农民负担 2.3 亿元；新农村建设步伐加快，累计完成 38 个集镇、600 个中心村总体规划和 332 个村镇住宅片区详细规划；782 个行政村实施农村家园清洁行动，农村生活垃圾无害化处理率达 80%以上，被省政府评为“农村家园清洁行动先进市”；农业综合生产能力增强，建设高标准农田 3 万亩，新增节水灌溉 2 万亩，治理水土流失 3.7 万亩，除险加固水库 24 座，强化加固海堤 20.6 公里，整治城乡河道 57 公里，新建扩建标准渔港 3 个；继续实施农村饮水安全村村通工程，惠及人口 90.5 万人，“造福工程”、“阳光工程”分别完成省下达 3700 人、7200 人任务；镇海街道、长寿社区和常太镇岭下村分别获“全国和谐社区建设示范街道”、“全国和谐社区建设示范社区”和“全国巾帼示范村”称号。

（七）生态环境进一步优化

2009 年，全市节能减排投入 13.3 亿元，市控 20 家重点企业能耗下降 3%，节约 3.5 万吨标准煤；工业用水重复利用率、固体废弃物利用率、清洁能源结构比重分别比上年提高到65%、70%、49%；环保基础设施进一步完善。湄洲湾电厂等3个脱硫项目和仙游城区污水处理厂投入运行，4座污水处理厂加快建设，新铺设污水管道172公里，新增城市污水日处理能力11万吨。市垃圾焚烧发电厂、大湖垃圾处理场扩建工程加快推进，仙游寨岭垃圾无害化处理场投入使用；农业污染得到有效治理，东圳、外度库区等重点水域的畜禽养殖污染整治得到加强，全市拆除禁养区内畜禽场857家、面积41万平方米；植树造林9.5万亩，森林覆盖率达57.3%，城市空气质量达到二级标准，海洋水环境质量保持全省最好水平；企业单位生产总值能耗比上年下降3%、二氧化硫排放量下降8.8%、化学需氧量排放减少0.5%，超额完成省下达主要污染物年度减排计划。

三、现实难题：现阶段莆田加快经济发展方式转变的必要性和紧迫性

加快经济发展方式转变是应对后国际金融危机、保持莆田经济持续快速增长的必然要求，是深入实施"以港兴市、工业强市"发展战略的应有之义，是克服资源环境瓶颈制约、实现可持续发展的迫切需要。

（一）在外部环境和发展条件发生重大变化的情况下，莆田市要扩大总量、优化结构、提高效益，保持经济持续较快发展势头，必须加快经济发展方式转变

近年来，在国家实施"海西"战略的带动下，莆田保持了较快的发展速度，但长期存在的总量不大、结构不优、效益不高、活力不足的问题还没有从根本上改变。2009年，莆田市GDP仅占全省总量的5.8%，财政总收入占全省总量的3.7%，人均GDP为24260元，比全省平均水平少9580元。三次产业结构相对粗放落后，第一产业基础薄弱，农业集约化程度低，抗风险能力不强；第二产业整体水平不高，结构性矛盾突出，大都是粗放型、劳动密集型企业，支柱产业的带动力不强，而且增加值相对虚高；第三产业相对滞后，总体上还停留在传统的商贸业、交通运输业、餐饮业上，现代的计算机信息、物流、电子商务等新兴服务业相对滞后。国际金融危机后，全球需求结构发生了重大变化，国际市场需求短期内不会恢复，甚至还会相对萎缩；资源环境约束不断加剧，长期形成的主要依靠物质投入的传统经济发展方式与资源环境的矛盾日益突出。在这种情况下，继续坚持过度依赖较高投资率实现经济增长的外延型扩张模式将难以为继。

（二）从莆田经济发展所处的历史阶段看，积极应对各种机遇和挑战，全面推动经济发展水平由工业化中期向工业化后期转变，必须加快经济发展方式转变

根据经典工业化理论，衡量一个国家或地区的工业化水平，一般可以从经济发展水平、产业结构、空间结构和就业结构等方面来进行。这里具体采用人均GDP、产业构成比例、城市化水平、农业就业占比等四个指标，本文主要参照钱纳里等人的划分方法来确定莆田工业化过程所处的阶段。2009年，莆田人均GDP达到24260元，按现行汇率折算，约合3583美元，第一、第二、第三产业构成比例为11.1：57.5：31.4，城市化水平为47.2%，农业就业人员比重为34.1%。参照"表2"给出的工业化不同阶段标志值，莆田大致相当于工业化中期阶段。

基于对莆田经济发展所处阶段的判断，可以认为，莆田工业化正在逐步走向成熟，其基本特征是：长期蓄积的经济能量和雄厚的产业基础能够确保经济继续较快增长，结构层次优化、生产效率和质量效益提升成为主基调，经济社会发展跨入全面加速转型的新时期，但与此相伴生的结构性矛盾突出、生产要素利用效率低、资源和环境代价大和经济整体素质不高，给莆田由工业化中期向工业化后期转变带来的压力越来越大。当前，以大力发展先进制造业及利用高新技术改造传统产业、大力发展现代服务业、全面融入国际分工体系等途径完成经济发展方式转变，是莆田积极应对各种机遇和挑战的客观选择。

表 2　工业化不同阶段划分的标志值

	前工业化	工业化实现阶段			后工业化阶段
		工业化初期	工业化中期	工业化后期	
人均 GDP（美元）	745-1490	1490-2980	2980-5960	5960-11170	11170 以上
三次产业结构	A＞I	A＞20，A＜I	A＜20，I＞S	A＜10，I＞S	A＜10，I＜S
城市化水平（%）	30 以下	30-50	50-60	60-75	75 以上
农业就业人员比重（%）	60 以上	45-60	30-45	10-30	10 以下

注：A、I、S 分别代表第一、第二和第三产业增加值在 GDP 中所占的比重。
资料来源：根据钱纳里、库兹涅茨、科迪、郭克莎、魏后凯、陈佳贵等有关文献和资料整理。

（三）着眼于抢占未来发展制高点，赢得后国际金融危机时期竞争的主动权，提升区域竞争力，必须加快经济发展方式转变

从历史经验看，每一次大的经济危机都是一次国家间、地区间、企业间实力和地位的重新调整。后国际金融危机时代，决定经济发展成败的关键是看谁能跟上科技革命和新兴产业发展潮流，不断形成新的战略支点。当前，全国各个省（市）都在为经济发展作战略筹划，纷纷把加强技术创新、加大技改力度、提升传统产业档次作为转变发展方式的关键环节，把发展战略性新兴产业作为新一轮产业发展的重点，力图抢占未来发展新的制高点。莆田传统产业比重较大，高新技术产业还没有形成一定的规模和竞争力。2009 年，全市规模以上工业企业自主创新能力研究与试验发展（R&D）经费投入为 4.93 亿元，仅占主营业务收入的 0.5%。创新型人才较少，全市规模以上工业企业中、从事（R&D）的人员只有 2430 人，仅占规模以上全部从业人员比重的 1%。支柱产业大都是传统产业，对工业总量增长贡献较大的行业主要是食品、服装、电子、鞋类等传统劳动密集型产业。2009 年，全市规模以上工业企业中食品、服装、电子、鞋类的产值就占全部规模以上工业企业产值的 56.1%。

（四）从发展的目的和动力来看，加快发展社会事业、着力保障改善民生，让人民生活得更加幸福、更有尊严，必须加快经济发展方式转变

加快发展社会事业、着力保障改善民生，不仅是发展经济的最终目的，也是扩大内需的重要途径、发展经济的根本动力，必须统筹兼顾，努力实现增投资、扩消费、惠民生一举多得。要实现经济发展由主要依靠物质资源消耗向主要依靠科技进步、劳动者素质提高、管理创新转变，就必须发展科技、教育、文化、卫生、体育等社会事业，推动人力资源向人力资本转变。要实施扩大内需战略、推动经济良性循环，就必须加快调整国民收入分配格局，逐步提高居民收入在国民收入分配中的比重和劳动报酬在初次分配中的比重，提高社会保障的整体水平，有效提高居民消费能力。要为经济发展创造长期稳定的社会环境，就必须妥善协调和处理各方面利益关系，切实解决好人民群众最关心、最直接、最现实、最迫切需要解决的利益问题。如果社会事业、民生改善不能与经济发展相协调，那么不仅经济发展难以持续，社会和谐稳定也无法保证。

四、解题钥匙：莆田加快经济发展方式转变的几点建议

（一）提升站位促转变

加快湄洲湾港口城市建设，大力实施“以港兴市，工业强市”战略。一是突出提升以港兴市水平。港口是带动区域经济发展的核心战略资源，港口经济已经成为区域经济发展的重要增长极。莆田市拥有大陆海岸线 271.6 公里，海岛岸线 262.9 公里，可建万吨级以上泊位 150 多个，大型深水泊位 80 多个，具备建设 30 万吨以上深水泊位的条件，总吞吐量可达 4 亿吨以上，后方陆域宽阔，建设国际性深水大港条件优越。要加大港口以及疏港基础设

施建设，向港口开发、腹地拓展、产业支撑、城市发展四位一体联动推进新格局转变，使港口资源这一潜在优势切实转化为现实的发展优势。二是突出提升工业强市水平。要坚持走新型工业化道路，更加重视优化工业经济结构，从注重做大工业总量向做大总量、提升质量并重转变，不断提高重化工业的比重，不断提高规模工业产值的比重，不断提高工业性投资的比重，不断提高工业税收的比重，不断提高龙头骨干企业、品牌企业的带动能力，着力打造先进制造业基地。

（二）优化结构促转变

加快经济发展方式转变，关键是调整产业结构。要通过调整来促进产业结构优化，进一步巩固农业，主攻工业，发展服务业。一是要制定切实有效的产业政策和产业准入标准，引导社会资金的产业投向，大力发展支柱产业。二是要明确区域功能定位，合理布局生产力。要发展总部经济，提升区域产业水平，扩大经济总量，提高区域经济竞争能力。三是要加快新型工业化建设，发展先进制造业。以信息化带动工业化，加快信息技术推广应用，加快新型工业化进程。四是要加强基础设施建设。加大能源建设力度，调整结构，强化节约和高效利用的政策导向，加大各种新兴能源的开发投资力度。五是要提高服务业水平。充分利用莆田市各类旅游资源，做强旅游业，运用现代经营方式和信息技术改造提升物流业、房地产业和金融保险业，拓展新兴生产性服务业。

（三）突出创新促转变

要进一步建立、健全以企业为主体、市场为导向、产学研相结合的科技创新体系，通过完善自主创新激励机制，加大知识产权保护力度，优化创新环境来增强自主创新能力。一是加快创新型城市建设，提升院地合作水平，推动产学研联合，提高企业自主创新能力。支持新兴产业、高新技术产业建立博士后站点，鼓励高层次人才、出国留学人员来莆创业，培养引进优秀科技领军人才。创建一批国家重点实验室、国家质检中心、产业技术（研发）中心，省木雕古典家具质检中心。二是以港澳台和东南亚地区为重点，突出产业链招商，引导外资投向先进制造业、高端技术产业、现代服务业、新能源和节能环保产业，创新利用外资方式，引进境外投资基金，支持外资并购。三是促进能源产业转型升级，延长产业链，形成多品种的能源结构，构建海峡西岸经济区的能源供应、石油储备和煤炭中转基地。

（四）改善民生促转变

一是推进滨海宜居城市建设。城市的品位、城市的形象、城市的宜居度是投资环境的重要内容。要加快编制滨海宜居城市建设规划，保护壶山兰水景观，突出荔林水乡特色，建设生态环保家园，不断提高经济富裕度、社会文明度、环境优美度、公共安全度、生活便宜度和资源承载度。具体做法：开展木兰溪、迎宾大道、城港大道两侧等城市设计，制定城市色彩、夜景、绿化景观廊道规划和建设风格导则；加大改造“城中村”、“园中村”步伐，实施南郊濠浦等片区的旧城改造工程；围绕建设海峡西岸滨海文化旅游度假胜地目标，加大旅游资源开发力度，创建湄洲岛 5A 级旅游景区，加快南少林、九鲤湖、九龙谷、南日生态旅游岛、白沙温泉度假村等项目建设，大力发展森林人家、农家乐、渔家乐等乡村生态休闲旅游。二是突出城乡统筹全面推进。要切实做好城乡统筹工作，夯实农业农村发展基础，把农业增效、农民增收、农村发展统筹好、协调好，协调推进工业化、城镇化和农业现代化。具体做法：巩固新农村建设成果，统筹安排村庄用地和宅基地，清理违法建设和违法占地建房，引导农民向城镇集聚，为临港工业和城市发展预留空间；转变农业发展方式，调整优化农业结构，加快实施“五新”（新产品、新技术、新肥料、新农药、新机具）推广示范工程，为农民提供全方位的技术服务；提升六大优势产业，大力发展水果、水产、畜牧、食用菌、蔬菜、林业等特色农产品。结合农村生态环境保护，建设一批生猪、蛋鸡、鱼虾等标准化、规模化健康养殖示范场；加大扶持发展仙游台湾农民创业园，加强莆台农副产品交流合作。

（执笔：黄灿坡）

漳州市区域经济综合实力比较分析

2004年以来，漳州经济快速发展。但是，由于各经济区域面对的经济环境不同，如在经济基础、经济政策、自然条件等存在着差异，因而，各经济区域的经济差距也在不断的增大，且有加剧之势。本文通过对近年的年鉴及两次经济普查相关资料的分析，对漳州各经济区域间的经济差异，从静态与动态两个方面进行比较分析，探讨造成区域经济差异的原因，从而提出缩小区域经济差异的对策与建议。

一、漳州区域经济发展的总量特征

（一）漳州市经济区域的划分

分析区域经济发展及进行区域经济实力的比较，首先要对所研究的对象划分为不同的经济区域。在行政区域上，经济区域是指县（市辖区、县级市）级行政区域，在行政政府的规划和主导下，每个经济区域均可能表现出自己的发展特征与发展方向，从而表现出不同的经济实力与经济竞争力。漳州市分为 11 个县级经济区域，包括八县两区一市。从地理位置的角度划分，也可以把漳州划分为沿海区、市辖区及山区三大区域，沿海区主要是指龙海、漳浦、诏安、云霄和东山，市辖区包括芗城与龙文，山区县则是指长泰、华安、平和与南靖。

（二）漳州市区域经济发展的主要特征

衡量区域经济的实力，先从该区域国内生产总值、财政收入、消费等经济总量方面进行研究，可以得出一个较为直观的经济实力状况。

1. 国内生产总值方面的特征。表1是2009年漳州市各县市区的经济总量发展状况表，其中，芗城区和龙文区按在地原则，其数据包括所在区的市直单位数据。

表 1　漳州市各县市区的经济总量发展状况表

（2009 年）

县　别	GDP（万元）	人均 GDP（元）	产值构成				
			第一产业（%）	第二产业（%）	工业（%）	非工业（%）	第三产业（%）
全　市	11780103	24696	18.6	44.1	38.5	5.6	37.3
芗城区	2314949	51103	2.4	42.4	35.1	7.3	55.3
龙文区	683244	46798	4.5	62.4	51.9	10.5	33.1
龙海市	2947886	34763	11.5	58.0	54.0	4.0	30.5
云霄县	583152	13819	31.4	29.0	23.0	6.0	39.6
漳浦县	1256025	15115	29.7	30.3	22.9	7.4	40.0
诏安县	809107	13807	31.6	34.8	30.3	4.5	33.6
长泰县	617494	30875	16.2	55.5	52.7	2.9	28.3
东山县	589977	27569	29.1	39.2	34.4	4.7	31.8
南靖县	894932	24998	29.8	41.4	38.0	3.5	28.8
平和县	724996	13230	42.3	21.0	16.0	5.0	36.8
华安县	358341	21850	29.8	43.1	34.8	8.3	27.1

数据来源：漳州统计年鉴[2010]，以平均常住人口数计算。

单纯从GDP来看，漳州区域经济存在以下特征：

（1）经济区域之间总量发展极不平衡。漳州市11个县（市、区）分布在全市沿海、平原和山区中，发展水平差异较大。GDP极值比率达到了8.2倍，最具代表性的变异系数为0.76，偏度达到了1.74，表明数据差异性较大。GDP居平均值之上的只有芗城、龙海和漳浦，它们分别是平均值的2.2倍、2.8倍和1.2倍，大部分县区的GDP居于平均值之下，其中，华安县GDP仅是平均值的33%。经济总量由于受到人口基数及人口增长速度的制约，不能绝对说明一个地区经济水平的发展差异。从人均GDP来分析，各县（市、区）人均GDP极值比率为3.9，变异系数为0.50，偏度为0.77。芗城区人均GDP相当于全市平均水平的2.1倍，但平和县则相当于平均水平的53.6%。分析表明在人均GDP上，同样存在着较大的差异性。

（2）区域之间经济结构差异较大。各县的发展水平除了存在总量上的差异外，经济结构上也存在较大的不同。同属于沿海区域，龙海的三次产业结构比为11.5∶58.0∶30.5，第二产业比例接近了六成，服务业也达到了30.5%，而其它沿海区经济结构则有待于优化，漳浦有着与龙海相当的沿海优势，但工业比例仅为22.9%，明显低于龙海的54.0%，东山作为旅游地，其第三产业比重也仅占31.8%，农业在经济发展中仍占有较大的比重。山区县中，长泰工业发展较好，比例也较高，而其它县经济结构较长泰则有较大的调整空间。运用马克威软件，选用分层聚类方法对11个县（市、区）的三次产业结构作聚类分析，并作出谱系图如下图示：

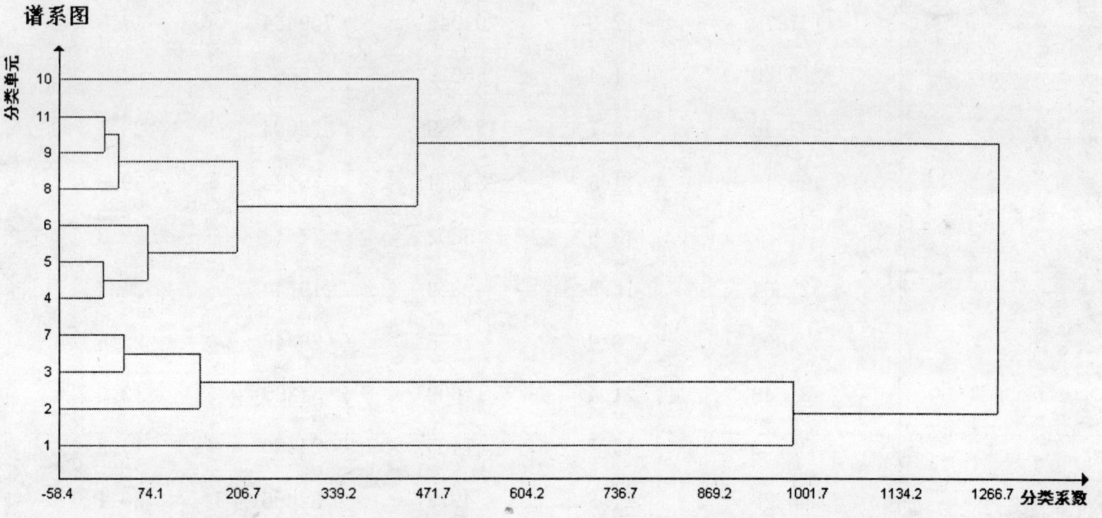

在谱系图中可以看出，从分层聚类的角度，可以把11个县（市、区）分为3组。第一组为：华安、南靖、东山、诏安、平和、漳浦、云霄，共7个县。第二组为：长泰、龙海和龙文。最后，芗城自成一组。分析谱系图可以认为，芗城的经济结构较好，而大部分县的经济结构有待优化。同时，也可以看出，在经济结构上，市区、沿海和山区并没有发挥自有的优势，沿海区的东山、诏安经济结构明显不如长泰。

（3）县域的经济总量占全市半壁江山。随着经济强县建设等重大战略的实施，漳州市各县级也纷纷确立了自已的发展战略，县域经济获得了持续稳定较快的发展，实力不断增强，在漳州市经济发展中所起的作用越来越重要。2009年漳州市辖8个县创造的国内生产总值达583.40亿元，占全市总量的49.5%。东山和长泰两县的人均GDP明显已跃居全市平均水平以上，南靖县也已经首次超过全市平均水平。

（4）“两区一市”一直是漳州经济发展的龙头。2009年，芗城和龙文两区国内生产总值达到了

299.80 亿元，龙海市也达到了 294.80 亿元，“两区一市”国内生产总值占全市比重为 50.5%，比重比 2008 年又提高了 0.4 个百分点，一直是漳州经济发展的龙头。龙海市的人均 GDP 比全市平均水平高 40.8%，而两区的人均 GDP 则是全市平均水平的 2.0 倍，芗城区更是达到了 2.1 倍。

（5）沿海区域经济总量所占比重较大。市区、沿海和山区三大区域经济总量占全市比重分别为 25.5%、52.5%和 22.0%，沿海地区所占比重超过了半数，其中，龙海市则占了沿海地区 GDP 的 47.7%，几乎达到了半数。但从人均 GDP 来看，沿海地区人口占了全市的 60.8%，而 GDP 仅占 52.5%，从而人均 GDP 仅为 21324 元，稍高于山区的 20439 元，仅为市区四成左右。除龙海以外的其它县人均 GDP 仅为 15773 元，比山区县低了 4666 元。从描述性统计的角度看，沿海地区 GDP 的变异系数为 0.80，而排除龙海市后，其 GDP 的变异系数下降到 0.39，指标差异性急剧降低。分析表明，沿海地区经济总量虽然占有较大比重，但经济总量差异很大程度上是龙海市的 GDP 和人均 GDP 大幅高于其它县所致。

2. 财政收入方面的特征。在各个经济区域中，财政收入主要表现为以下一些特征（见表 2）：

表 2　2004、2009 年漳州市各县市区财政收入情况

单位：万元、%

	财政总收入		＃地方级财政收入			
	2009	比上年增长	2004	2009	2009 年增长	年均增长
漳州市	1137870	12.0	201046	709464	17.3	28.7
漳州市本级	215430	-1.4	56629	136660	-2.1	19.3
漳州市区县合计	922440	15.7	139369	572804	23.1	32.7
芗城区	126716	11.5	31904	75482	9.8	18.8
龙文区	41537	13.8	5602	27613	23.9	37.6
龙海市	377604	12.3	42349	219744	21.7	39.0
云霄县	35809	20.9	7556	28346	22.6	30.3
漳浦县	81646	21.4	11609	51369	23.6	34.6
诏安县	32246	15.1	7465	24480	13.3	26.8
长泰县	55228	27.8	4972	31266	30.1	44.4
东山县	42340	32.0	6767	28916	33.3	33.7
南靖县	70668	15.9	10288	46248	45.3	35.1
平和县	31676	20.5	7097	22440	28.8	25.9
华安县	26970	15.7	3760	16900	35.9	35.1

（1）两地区域支起财政收入半边天。2009 年，龙海市与芗城区两地财政总收入占了全市的 44.3%，占市区县合计的比例更是达到了 54.7%。地方级财政收入中，两地所占的比重也分别达到了 41.2%和 51.5%。但近几年来，两地财政收入所占比重呈逐年降低之势。2009、2008、2007 和 2006 四年，两地地方级财政收入占县市区合计的比重分别为 51.5%、53.6%、54.7%、和 55.3%，比重有所降低。

（2）人均财政收入差异性极大。人均财政总收入中，有四个经济区域居于全市平均水平之上，分别是龙海、芗城、龙文和长泰，其中，龙海市人均值达到了 4453 元，是平均水平的 1.9 倍，是最低水

平的 8.1 倍。十一个县市区人均财政收入的变异系数为 0.62，偏度达到了 0.70。而在人均地方级财政收入中，只有三个县明显高于全市平均水平，长泰的人均地方级财政收入仅比平均水平高 5%，明显低于总收入的 15%的幅度。最高值龙海市是最低值平和县的 6.3 倍。人均地方级财政收入的变异系数为 0.56，偏度达到 0.56。不管是人均财政总收入，还是人均地方级财政收入，均表现出了较大的差异性。

（3）**财政收入增长不平衡**。长泰县近年来财政收入增长可圈可点，2009、2008 两年地方级财政收入分别比上年增长了 30.1%和 54.7%，2004 年至 2009 年年均增长 44.4%，收入总量由 2004 年的第十名上升到 2009 年的第五名，人均财政收入则居于第四名，地方财力明显增强，是漳州市唯一一个工资由第三类上升到第一类的县。相对而言，芗城区的财政收入增幅则令人堪忧，2009、2008 两年地方级财政收入仅增长 9.8%和 13.6%，2004 年至 2009 年年均增长 18.8%，居各县市区的最末位。2004 年，芗城区地方级财政收入是龙海的 75.3%，是长泰县的 6.4 倍，但到了 2009 年，仅相当于龙海的 33.6%，是长泰的 2.3 倍，和龙海的差距不断加大，而与长泰的差距则在快速的缩小。

3. 固定资产投资方面的特征。固定资产投资是建立和维护生产力的活动，是推动经济发展的重要动力，同时也是一个地区经济竞争力的重要表现和有效保证。2009 年，漳州市全社会固定资产投资达到了 579.20 亿元，比上年增长 31.2%（见表 3）。主要表现为以下一些特征：

表 3　漳州各县市区全社会固定资产投资情况

单位：万元、%

	全社会固定资产投资				（1）项目投资		其中：工业	
	2009 年总量	较上年增长	2004 年总量	年均增长	2009 年总量	增长	2009 年总量	增长
总　计	**5792055**	**31.2**	**1638773**	**28.7**	**4169776**	**50.0**	**2493316**	**50.3**
市　区	1632697	9.2	447704	29.5	1058972	22.9	335582	12.4
芗城区	681932	14.5	181029	30.4	314510	47.9	165453	18.4
龙文区	435084	14.2	123139	28.7	242935	59.9	144689	41.5
龙海市	1132490	23.8	469420	19.3	783458	39.9	389150	7.4
云霄县	202256	18.6	56189	29.2	151573	39.9	91207	48.2
漳浦县	1004019	123.7	119551	53.1	894589	169.6	756600	181.5
诏安县	283432	23.4	94782	24.5	227159	32.7	161578	28.4
长泰县	425205	31.6	66806	44.8	305644	51.9	231035	45.7
东山县	247433	35.2	49975	37.7	151190	63.4	131264	85.6
南靖县	392984	46.0	91130	33.9	269472	49.7	180717	26.9
平和县	227549	25.7	81439	22.8	134561	16.6	79065	2.9
华安县	243990	23.1	49367	37.7	193158	22.1	137118	47.5

（1）**项目带动效应突出**。全市项目投资占全社会固定投资比例为 72%，大部分县市区项目投资总量超过了总投资的半数以上，其中，漳浦、诏安、华安三县的比例更是超过了八成。

（2）**大部分县市区投资增幅高于全市平均水平**。虽然 2009 年仅有 4 个县市区投资增幅高于全市平均水平，但 2004 年至 2009 年，却有 8 个县市区年均增长居于平均水平以上。龙海市 2004 年投资总量占全市的 28.6%，2009 年已下降为五分之一左右，年均增长量仅为 19.3%，比全市平均水平低 10 个百分点。平和县年均增长幅度也只有 22.8%。而长泰和漳浦近几年来则逐渐成为投资的亮点区，年均投资额远远高于全市平均水平。

(3) 近年来山区县固定资产投资增幅较高。从三大区域近年来固定资产投资情况来看，市区、沿海和山区县 2004 年至 2009 年全社会固定资产年均增幅分别为 29.5%、29.4%和 34.9%，山区县较市区和沿海县高出 5.0 个百分点。

4. 产业集群化方面的特征。产业集群化作为一种新型的区域经济发展理论，既有量的扩张，也有同质单位数的高度集聚。漳州市从量上界定了包括食品、钟表、家具等 13 个产业集群区，工业总产值占全市的 55%左右。

产业集群化更强调单位数在较小区域（譬如县级）的较高密度分布的特征。根据经济普查的单位名录，通过分布在漳州市 1800 个行政村居的 35000 多户工业经济单位在数量和地域分布的分析，影响区域经济竞争力的产业集群主要有以下一些:一是石材开采和加工集群。主要是以长泰、漳浦为中心的产业集群区。据分析，长泰约有石材开采单位数 470 户，石材加工业约有 715 户，石材业的单位数达到了 1185 户。漳浦有石材开采单位数 480 户，石材加工业约有 420 户，石材业的单位数约有 1000 户。以资源求发展和产业的转型升级，极大地增强了区域经济的竞争力。二是茶叶生产与加工区。主要以华安的仙都、南靖的书洋、平和的九峰和长泰的枋洋等山区地带，但集群区的主要以个体为主，总体规模不大。三是木材、家具产业集群。木材加工制造业以龙文区为主，单位数超过了 1000 户。龙海、龙文、芗城一带则集中了全市 55%的家具加工单位数。另外，食品加工与制造业、钟表业、纺织服装等也形成了一定的产业集群特性。水产品加工主要分布在东山、诏安一带，两地的单位数达到了 1150 户，同时也带动了渔具、机修等单位的发展。粮食加工业主要以龙文浦口一带的粮食加工区为中心。钟表行业在芗城、龙文表现出了一定的集群度。纺织服装业则在诏安的南诏、白洋一带不断增多。

工业单位数量的集聚必然带来经济资源的高度集中，形成“小产品、大市场”和“工贸集散地”的集聚优势，增强经济区域的竞争力和发展后劲。

5. 开发区经济在区域经济中的发展。经济开发区作为经济发展的重要载体，在漳州各县区的经济发展中起到了重要的推进作用，极大提高了各县区的经济竞争力。表 4 是各县市区主要经济开发区中规模以上企业数和营业收入所占的比重（根据第二次经济普查规模以上企业情况初步汇总）：

表 4　漳州市各县市区主要经济开发区中规模以上企业数和营业收入所占的比重

县市区	规模以上 企业数占比（%）	规模以上 营业收入占比（%）	备注
芗城区	16.8	41.3	金峰开发区为主
龙文区	61.3	69.1	蓝田开发区为主
龙海市	27.6	47.8	角美、龙池和漳州开发区为主
云霄县	22.5	30.9	常山开发区为主
漳浦县	44.9	44.2	绥安开发区为主
诏安县	34.3	45.1	边贸、工业区为主
长泰县	36.6	46.1	兴泰工业区为主
平和县	10.8	7.3	工业区为主

从表中数据可见，许多县市区的开发区中规模以上工业营业收入占所在县市区的比重接近或超过了一半。除平和外，其它开发区中企业数所占的比例均远小于营业收入占的比例，表明开发区中的企业规模水平远高于平均水平，龙头带动作用较为明显。

二、区域综合经济实力比较分析

影响经济发展的因素是众多而复杂的，且各种因素的影响作用又往往相互交织在一起，彼此之间存在一定的相关性，这就使得单靠传统的定性分析方法，难以深刻揭示各经济变量间存在的错综复杂的联系，以及他们相互关联的影响作用。而区域经济综合实力本身是一个系统的概念，是多个因素相互作用的结果。本文选用多元统计分析中的因子分析法，利用二次经济普查的数据，来界定漳州市经济区域间综合经济竞争能力的强弱。

因子分析是用少数几个因子反映大部分信息的统计学方法。即利用变量之间的相关关系，把各种错综复杂的变量归结为少数几个互不相关的综合因子，使这些因子尽可能地反映原来变量的信息，进而达到将多个指标简化为少数几个指标的目的。利用几个主要因子对现象变动所作的贡献大小作为权数对各主因子进行加权平均，可以对各样本进行综合比较和评价。本文以 2008 年的经济数据和 2004 年至 2008 年经济指标年均增长率数据来分析各县市区经济竞争力。

（一）指标的选取与数据的收集

本文以 2008 年数据为基础，选取了反映综合经济竞争力的 17 个指标如下：x1-GDP；x2-人均 GDP；x3-GDP 年均增长率；x4-工业企业单位数；x5-工业企业营业收入；x6-工业企业营业收入年增长率；x7-工业企业单位数年增长率；x8-工业企业营业利润；x9-工业企业职工工资福利；x10-第二产业增加值比重；x11-人均社会商品零售额；x12-固定资产投资完成额；x13-固定资产投资年增长率；x14-第三产业增加值比重；x15-人均财政收入；x16-人均财政收入年增长率；x17-个体工业单位数增长率。

“工业强市”作为漳州和各县市区发展的引导性政策，已经对经济的发展产生了深远的影响，在漳州现有经济条件下，也是反映综合经济实力的主要方面，故指标的选取侧重于工业经济的发展。同时，在经济次发达地区，个体工业的发展是提高经济竞争力的有效补充，因而也将个体工业单位数年增长率纳入竞争力因素。根据两次经济普查与年鉴数据，整理出来的数据如表 5 所示：

（二）数据的同度量处理

为了排除数量级和量纲不同带来的影响，首先对原始数据进行标准化处理。

yij3=（yij－yi）/σ，i =1，2，…，n；2，p。

其中，yij为第i个指标第j个分区的原始数据；yi和σi分别为样本均值与标准差。

（三）2008年各县市区综合经济竞争力的比较

本文选取的指标数据主要有两种类型，一种是静态指标数据，即总量数据，包括绝对总量与人均总量，一种是动态指标数据，主要指表示经济变量发展水平的数据，即2004年至2008年经济变量的年均增长率。本文拟从两方面分析比较经济区域竞争力，即静态竞争力与包括静态和动态在内的综合竞争力。

1.经济区域的静态经济竞争能力。本文前述所选择的指标中，x、x2、x4、x5、x8、x9、x10、x1、x12、x14、x15这11个指标属于反映经济区域静态方面的指标，分析经济区域静态竞争能力，就是根据这些指标，应用因子分析的方法，综合评价经济区域的竞争能力。

本文所应用的因子分析方法，是基于相关矩阵进行的，即要求各指标之间具有一定的相关性。利用标准化后的的11个指标数据，应用Markway统计软件进行分析。通过观察模型所表示的再生相关系数表和残差相关系数表，并分析KMO统计量是0.776（spss求得），且Bartlett球体检验值为344.57，卡方统计值的显著性水平为0.0000，说明各指标之间具有较高相关性。同时，绝大部分变量共性方差的提取值超过了90%。因此所选数据比较适合作因子分析。

表5 漳州市综合经济竞争力指标情况

（2008年）

	漳州市	芗城区	龙文区	龙海市	云霄县	漳浦县
x1	10020167	2062755	514678	2444247	494565	1116683
x2	21006.64	45535.43	35251.92	28823.67	11719.54	13437.83
x3	15.362748	16.1564	18.87509	14.82276	15.1107	14.72904
x4	7755	1105	586	1770	455	1166
x5	12642003	2191408	971167	4818091	350544	710161
x6	25	22	25	20	44	32
x7	14.461358	6.684988	13.3489	18.16037	22.81329	19.64556
x8	1052389	151806	71347	311661	36258	126769
x9	1081273	168682	124443	258587	44472	172477
x10	44.5	45.3	68	62.3	23.6	25.2
x11	7321.7013	20108.08	14281.05	7207.488	5269.171	5310.0722
x12	4413992	587143	381071	914802	170494	448777
x13	28.1	34.2	32.6	18.2	32	39.2
x14	34.2	51.8	25.8	24	40.5	42.3
x15	1268.0482	1518.013	1526.164	2129.493	547.7725	500.0842
x16	31.7	21.2	41.2	43.7	32.3	37.6
x17	3.6769912	-6.16399	-4.80241	10.24477	-2.9921	-4.825486

续上表

（2008年）

	诏安县	长泰县	东山县	南靖县	平和县	华安县
x1	687431	470076	510897	749348	658296	311191
x2	11730.91	23503.78	23873.71	20931.5	12012.7	18975.07
x3	14.42707	18.67883	14.67981	13.83169	14.00264	17.22674
x4	405	744	328	615	294	287
x5	554984	849193	496123	1140142	293163	267027
x6	40	44	28	22	43	56
x7	15.06964	22.25938	7.898304	6.558766	13.04952	13.98777
x8	45278	114961	19502	96707	45551	32549
x9	54741	95247	31017	70023	35413	26171
x10	32.9	55.4	37.9	41.3	20.5	41.9
x11	5240	5173.2	8021.121	5498.994	4675.383	3840
x12	229743	323017	182996	269245	181039	198269
x13	24.8	48.3	38.3	31.1	22.1	41.6
x14	30.9	23.6	29	24.5	35.2	24.7
x15	368.8055	1201.45	1013.318	889.3575	317.9562	758.3537
x16	30.4	48.3	33.8	32.6	25.2	34.9
x17	11.269087	-6.81286	-3.2478	5.070867	3.49571	14.88726

（1）**因子的选择及命名。**因子分析的特征根和累计贡献率如表6所示：

表 6　因子分析的特征和累计贡献率

因子	特征根	方差贡献率（%）	累计贡献率（%）	因子	特征根	方差贡献率（%）	累计贡献率（%）
1	7.2671	66.0645	66.0645	7	0.0175	0.1592	99.8505
2	1.7285	15.7136	81.7782	8	0.0105	0.0958	99.9463
3	1.6603	15.0936	96.8717	9	0.0052	0.0475	99.9938
4	0.2167	1.9701	98.8418	10	0.0007	0.0062	100
5	0.057	0.5179	99.3597	11	0	0	100
6	0.0365	0.3315	99.6913				

由表中可以看出，前三个因子的累计方差贡献率已达96.8717%，且特征根大于1，从因子分析中的特征根碎石图来看，至第三因子后，曲线变得非常平缓，故取前三个因子作为分析各县市区静态竞争力的主成分。

根据主成分载荷矩阵容易看出，因子1在x1、x2、x4、x5、x8、x9、x12、x15上载荷极为明显，主要反映GDP、工业和固定资产等经济总量指标，可命名为“总量因子”；因子2在x10、x14上有较高载荷，主要反映经济结构中二、三产业比重的情况，可命名为“结构因子”；因子3在x11上较为明显，反映经济区域的商业水平，命名为“商业因子”。

2.经济区域静态经济实力得分情况。根据因子载荷阵，使用汤姆森回归法，求出因子得分系数矩阵并建立因子得分模型，由于每个主因子只反映了各地区综合经济实力的某个方面特征，故以各因子的方差贡献率为权数计算因子总得分，即对各因子得分进行加权求和。根据因子得分系数矩阵和因子累计贡献率，计算各经济区域得分如表 7 所示：

表 7　漳州市各经济区域静态经济实力得分表

（2008 年）

县市区	因子 1	因子 2	因子 3	综合
龙海市	2.219120784	0.165922389	−1.572988518	1.295221242
芗城区	1.413402435	0.106466836	1.944733277	1.284190622
龙文区	0.287785651	0.020118944	1.430930001	0.422480882
漳浦县	0.157130459	0.017812863	−0.929737674	−0.034813461
长泰县	−0.07714079	−0.007024315	−0.203956807	−0.085526397
南靖县	−0.262328192	−0.017306363	−0.332256286	−0.233478607
东山县	−0.594916204	−0.045023008	0.613105785	−0.317495632
诏安县	−0.699422131	−0.053473874	−0.402487739	−0.548377177
云霄县	−0.764004708	−0.058355492	−0.139733146	−0.552273162
华安县	−0.811371551	−0.063451947	−0.063664312	−0.573550768
平和县	−0.868255753	−0.065686057	−0.343944581	−0.656377544

2. 经济区域的动态综合经济竞争能力。根据前述x1至x17共17个指标数据，应用因子分析的方法，综合评价经济区域的竞争能力。利用标准化后的指标数据，应用Markway统计软件进行分析。KMO值为0.893（spss求得），且Bartlett球体检验值为915.33，卡方统计值的显著性水平为0.0000，说明各指标之间具有强相关性。同时，绝大部分变量共性方差的提取值超过了90%。因此所选数据非常适合作因子分析。

（1）因子的选择及命名。主成分分析的特征根和累计贡献率如表8所示：

表8 主成分分析的特征根和累计贡献率

因子	特征根	方差贡献率（%）	累计贡献率（%）	因子	特征根	方差贡献率（%）	累计贡献率（%）
1	8.059	47.4	47.4029	10	0.012	0.069	100
2	2.953	17.37	64.7738	11	0	0	100
3	2.47	14.53	79.3021	12	0	0	100
4	1.722	10.13	89.4302	13	0	0	100
5	0.998	5.868	95.298	14	0	0	100
6	0.446	2.621	97.9193	15	0	0	100
7	0.208	1.222	99.1414	16	0	0	100
8	0.098	0.577	99.7182	17	0	0	100
9	0.036	0.213	99.9315				

由表中可以看出，前四个因子的累计方差贡献率已达89.4302%，且特征根大于1，但从特征根碎石图来看，至第五因子后，曲线变得非常平缓，第五因子的特征根接近1，方差贡献率超过了5%，故应取前五个因子作为分析各县市区综合竞争力分析的主要成分。

根据主成分载荷矩阵，因子1在x1、x4、x5、x8、x9、x12、x15上载荷极为明显，主要也是反映GDP、工业和因定资产等经济总量指标，可命名为“总量因子”；因子2在x10、x14、x16上有较高载荷，主要反映经济结构中二、三产业比重和个体单位数的情况，可命名为“结构因子”；因子3在x2、x3、x11上较为明显，反映经济区域的商业水平，命名为“商业因子”。因子4反映x6、x7工业发展的情况，命名为“工业增长因子”。因子5在x13、x17上反映投资的个体发展的情况，命名为“投资因子”。

2. 经济区域动态综合经济实力得分情况。根据因子得分系数矩阵和因子累计贡献率，同样可计算各经济区域得分如表 9 所示：

表9 漳州市各经济区域动态综合经济实力得分情况

（2008 年）

县市区	因子 1	因子 2	因子 3	因子 4	因子 5	综合
芗城区	3.255855082	0.420192496	1.394234616	0.943506787	−0.230930511	1.99472
漳浦县	0.747920701	0.135135364	3.537173479	2.569208172	0.833238491	1.260264
龙文区	0.380844142	−0.006632057	1.987889341	0.893948482	−0.188897385	0.574662
龙海市	1.449449483	−0.978586013	−1.357716581	−0.79069801	−0.974723613	0.191569

续上表 （2008 年）

县市区	因子 1	因子 2	因子 3	因子 4	因子 5	综合
长泰县	-0.69381998	-0.855278655	1.934538161	-0.004629664	1.246111843	-0.12986
南靖县	-0.033335936	0.301701112	-0.464745084	-1.136043052	-1.019363778	-0.21594
东山县	0.102793725	0.136124308	-1.485698733	-1.004203117	-0.125907949	-0.26503
平和县	-0.620151662	0.43932433	-0.568894098	-0.419994249	0.144433546	-0.35087
华安县	-1.833862962	0.584649416	2.642412019	0.247518835	-0.193395978	-0.38839
诏安县	-1.30627925	0.392235537	0.64848986	-0.185556355	-0.377580621	-0.52238
云霄县	-1.449413344	-0.568865827	-4.398606654	-1.11305783	1.787015962	-1.50349

（四）2004 年静态经济实力分析

通过同样的方法，选取 2004 年经济年度反映经济区域的静态指标数据 x1、x2、x4、x5、x8、x10、x11、x12、x14、x15，其中 x9 工业企业职工工资福利的指标，因为提取值仅为 34.5%，予以舍弃。因子分析的 Bartlett 球体检验值为 169.50，卡方统计值的显著性水平为 0.000，基本上能做因子分析。三个因子的累计方差贡献率为 95.1050%。根据相应的因子得分系数矩阵和因子累计贡献率，计算各经济区域得分如表 10 所示：

表 10 漳州市各经济区域静态实力得分表

（2004 年）

县市区	因子 1	因子 2	因子 3	综合
芗城区	1.352227186	-0.305019729	2.299000047	0.959615986
龙文区	-0.838475854	2.140788354	1.191836338	0.693875782
龙海市	2.348873624	0.952900017	-1.316006445	0.166087403
长泰县	-0.68059643	0.608401208	-0.683620231	0.118151462
东山县	-0.535094818	0.120742961	-0.043690468	0.030559987
南靖县	-0.102235567	0.252982916	-0.667298926	0.019513585
华安县	-0.808189192	0.145442187	-0.624290906	-0.007388327
诏安县	-0.354448433	-0.706259699	-0.31637301	-0.222974383
云霄县	-0.399726468	-1.016966663	0.359893709	-0.258019484
平和县	-0.346472028	-1.031569635	-0.034640519	-0.292628519
漳浦县	0.364137983	-1.161441916	-0.16480959	-0.339196965

（五）对前述三种情况的经济区域竞争力分析

从三个不同方面的经济区域竞争力可以看到，漳州各县市区综合经济实力的发展有如下特点：

1. 2004 年各县市区静态经济实力差异性较小。综合得分中有 6 个区域为正值，5 个得分为负。芗城得分最高，为 0.9596，漳浦得分最低，为-0.3392，均值为 0.0789，但极差为 1.2988。但总体上看，芗城区和龙文区的经济实力明显优于其它县市。

2.经过4年的发展，到了2008年底，各县市区的静态经济实力发生了一些变化。主要表现为：一是各经济区域之间的经济实力差异有所加大。仅有三个区域综合得分为正，其余均为负值，均值基本不变，但得分的极差为1.9516，明显高于2004年的经济实力差异。经济区域之间差距有不断扩大的趋势。

3.考虑了经济指标年增长情况后，经济区域的经济实力发生了根本性的变化。龙海市经济总量的竞争力中，排名由2004年的第三位跃居为2008年的第一位，但在动态综合竞争力中，位次降为第四，且与第三的龙文区有较大的差距。漳浦县2004年居静态竞争力的最后一位，但2008年已上升至第四，而动态竞争力则居第二位。

4.各经济区域之间由于政策投入和地理位置差异，综合经济实力存在明显的梯度。市区的经济竞争力较为稳定，动态与静态竞争力均居于前三位，没有明显的变化。龙海与漳浦作为沿海大县，近年来发展形势较好，有利于经济竞争力的提升。长泰县临近厦门，在兴泰工业区的带动下，旅游和第三产业快速发展，经济竞争力不断增强，动态竞争力与龙海的差距不断缩小。其它的山区县虽然个体经济有所发展，但缺少大项目的带动作用，总体经济增长乏力。而剩下的沿海县，由于无法发挥沿海发展的优势，经济实力也大打折扣。

5.经济总量与经济质量发展水平不一致。以龙海为例，在动态综合竞争力中，总量因子排于第二位，但在反映经济质量的因子2、因子3、因子4、因子5中，排名已经明显落后。漳浦在经济质量上发展较快，尤其在商业因子与工业增长因子上得分很高，排名大幅提前。

三、提高区域经济实力中存在的问题

（一）经济发展水平偏低，整体竞争力较弱

漳州市经济的规模、速度、实力、机制、效益，与福建省其它地市比，存在不小的差距。2009年，全市GDP仅占全省的9.3%，是泉州的三分之一左右，不到福州的一半，每万人仅占有GDP2.3191亿元，低于全省平均值3.2967亿元，更低于泉州和福州的水平。大环境给漳州的区域经济发展带来了很大的压力。

（二）各县市区经济结构总体不尽合理，产业调整依然滞后

全市2009年三产结构分别为19.6∶45.5∶34.9，虽然第一产业比重不断下降，但第三产业GDP依然偏低。在2008年静态经济竞争实力的计算中，反映经济结构的因子2得分中，龙海与芗城区的得分分别为0.1659与0.1065，经济结构较为优异，其它县市区总体而言农业经济特征较为明显，效益农业、绿色农业和生态农业近几年虽有所发展，但占经济总量的比重仍然很小，而第二产业优势却不够突出，资源性加工企业规模偏小，能力较弱；现代高科技企业起点低、数量少，技术含量仍然较低，第三产业比重上升虽然较快，但因起步晚、规模小，不足以支撑经济的发展。

（三）县级财政运转困难，财政对投资的导向作用不强

财政收入是经济发展的综合反映，经济发展水平、经济结构和经济运行质量决定了财政状况。由于各县市区经济发展不平衡，差异性较大，财政来源渠道单一，直接表现出了漳州区域经济中财政收入的三大特点，即各经济区域人均财政收入差距巨大、财政收入增长不平衡和两地收入占了全市半壁江山，而且财政收入的增长明显滞后于支出的不断扩张，使得县级财政只能疲于应付人头费用，而用于改善基础设施和发展社会事业的资金极为有限，没有明显的导向作用。

（四）工业发展后劲不足

第二次经济普查与第一次经济普查相比，每个县市区工业单位数均有所增加，但增加的幅度差距较大。长泰、华安等一些山区县企业单位数增加较快，但大项目、大企业较少，缺乏强有力的带动作

用。

（五）沿海地区无法发挥自身优势，山区发展受限

诏安、云霄虽处于沿海地区，但经济发展缓慢，竞争力排名基本处于末位，沿海的优势根本没有发挥。山区县中，除长泰近年来发展较为乐观外，南靖、平和、华安发展工业受到了很大的限制，而自身资源优势也发挥不够。

四、推进区域经济发展的对策建议

漳州市区域经济在全省发展滞后，尤其是远远落后于泉州地区，已是不争的事实。推进漳州市区域经济发展，不能采取任何单一的发展思路，而必须要有全局性、长远性和战略性的眼光，要立足于自身经济发展阶段，利用好外部资源，实施整体发展的战略。

（一）本着因地制宜，发挥优势，扬长避短的原则，调整和优化区域经济结构

要发展既符合县情又适应市场需求的产品，培植优势产业，发展特色经济，迅速扩大区域经济的总量规模。要紧紧抓住创新这个关键环节，在突出和合理利用比较经济优势的基础上，充分发挥第一、二、三产业和产业内部的联动、互动作用和协同效应，大力发展区域经济的内生能力，推动区域经济从一般水平的数量扩张向提升核心竞争力的整体升级转变。

（二）加快区域工业化进程，努力提升工业化水平，使工业经济成为区域经济的主体

要为实现农村剩余劳动力的转移和农业规模经济效益，改善区域二元经济结构，提高区城的综合经济实力创造条件。一是要科学、合理地选择好适应市场需求和发挥比较经济优势的主导产品和主导产业。二是根据工业化的一般规律和区域经济发展所处阶段及发展空间，在用工成本增加和招工难的环境中，走好劳动密集型产业发展之路，发挥区位优势和劳动力资源的比较优势。

（三）大力发展第三产业

在继续发展为生产和生活服务的传统行业的同时，以科技为主导，以知识为基础，加快发展新兴行业，逐步形成功能齐全、结构合理、综合配套、相互促进的第三产业体系。

（四）以现存优势资源为依托，打造特色产业

实践证明，一个地区竞争优势获得的关键在于对自身优势的认识和把握。总体上看，在全市区域经济中，由于各县所处地理环境、自然和资源禀赋不同，所表现出来的比较优势也较大。应确立发挥自身比较优势的主导产业，实行重点开发，打造独具特色的战略产业和名牌产品。

（五）以区域经济合作为支点，加强县县之间、城乡之间的经济联系

区域经济要实现跨越式发展，就要紧紧抓住山区与沿海城市、市区与县级、内地与海港、漳州与厦门等区域经济合作的机遇，搞好交通的对接等基础设施建设，营造区位优势，为区域经济发展创造良好的硬环境。

（执笔：陈民松　林瑞香　刘洪仁）

八个翻番　印证厦门科学发展新跨越

厦门市“十一五”时期的五年，是极不平凡的五年。厦门全市上下在党中央、国务院和省委、省政府的正确领导下，深入贯彻落实科学发展观，加快发展方式转变，积极应对国际金融危机带来的严重冲击，大胆探索，先行先试，克服重重困难，保持了经济平稳较快发展，综合实力显著提高，社会事业显著进步，人民生活显著改善。

一、跌宕起伏，齐心协力促发展

“十一五”的五年，厦门经济走过了跌宕起伏的道路，经受了空前严峻的挑战。在“十一五”的最初两年，厦门市积极融入海峡西岸经济区建设，扎实推进新一轮跨越式发展，全市经济保持了快速增长，2006、2007 年厦门地区生产总值（GDP）分别比上年增长 17.2%和 17.0%，是自 2000 年以来的最高和次高增幅。而在 2008、2009 两年，百年一遇的国际金融危机骤然恶化，引发外需急挫，外贸依存度接近 200%的厦门经济尝到了苦涩，受到严重冲击，外贸出口大幅下滑，部分企业陷入困境，经济增长势头急转而下，2008 年 GDP 比上年增长 13.5%，2009 年仅增长 8.0%，低于全国、全省平均水平，增幅是近 22 年来的最低。面对种种不利形势，厦门市委、市政府果断决策，及时出台促进外贸企业出口增长、支持中小企业和民营经济发展、减轻企业负担、扩大内需等一系列政策措施，全市人民上下齐心，形成了岛内外一体化、二三产共推进、内外需齐拓展、惠民生促和谐的良好发展态势，2010 年，厦门经济迅速恢复较快增长，较好地完成了“十一五”规划确定的预期目标，实现了地区生产总值、全社会固定资产投资、社会消费品零售总额、实际利用外资、外贸进出口总额、财政总收入、港口货物吞吐量和空港旅客吞吐量等八大主要指标五年翻番，为推动厦门经济特区科学发展新跨越奠定了坚实的发展基础。

二、科学发展，综合实力大提升

“十一五”时期，厦门市坚持科学发展，积极转变发展方式、创新发展思路、破解发展难题，保持经济既好又快的发展，基本实现速度和结构、效益、质量相统一，城市综合实力显著增强，是我国“最具活力的城市”之一，被世界银行等机构评选为投资环境中国大陆金牌城市，“跨国公司最佳投资城市”，获得全国文明城市“三连冠”。

经济总量持续扩大。2010 年，全市地区生产总值突破 2000 亿元，实现 2060.07 亿元，在 2005 年突破千亿元大关后，成功实现五年翻番目标，“十一五”期间五年累计实现 7984.40 亿元，年平均增长 14.1%，比全省平均增幅高 0.3 个百分点，综合经济实力上了新台阶，实现质的飞跃。

经济运行质量不断提高。随着厦门市经济规模不断扩大，经济效益稳步提升，经济运行的规模、效益和速度协调发展。全市财政总收入由 2005 年的 209.73 亿元增至 2010 年的 526.02 亿元，年均增长 20.9%，比“十五”时期平均增速加快 2.3 个百分点，五年间累计收入达 2011.23 亿元，比“十五”期间增加 1255.11 亿元；地方级财政收入由 2005 年的 103.81 亿元增加到 2010 年的 289.17 亿元，年均增长 24.1%，比“十五”时期平均增幅提高 3.4 个百分点，五年累计收入 1080.54 亿元，比上个五年增加 705.54 亿元；财政一般预算支出由 2005 年的 127.24 亿元增至 2010 年的 306.82 亿元，五年累计支出 1170.74 亿元，比上个五年增加 695.17 亿元。规模以上工业企业效益大幅提升。2010 年，厦门规模以上工业经济效益综合指数突破 200，创历史新高，为 202.2，比上年提高 20.6 个点。实现利润 272.34 亿元，利润总量位居全省第二，增长 44.3%。全市 33 个大类行业有 32 个行业实现了盈利；全市规上工业企业中有 1718 家企业实现了盈利，占 76.2%，盈利面比上年扩大 5.8 个百分点。

节能降耗成效明显。在全国率先完成低碳城市规划，强化对 15 个重点减排项目及国控重点污染源的监管力度，扶持节能示范工程和节能技改项目，大力推广节能技术和产品。2009 年，全市能源消费总量 952.44 万吨标准煤，万元生产总值综合能耗为 0.579 吨标准煤，分别为全国和全省平均水平的 62.7%和 71.4%，比 2005 年累计下降 10.9%，完成“十一五”期间节能目标的 87.5%；单位工业增加值能耗 0.435 吨标准煤/万元，比 2005 年下降 19.4%。大力发展循环经济，促进资源综合利用，推进海水综合利用、雨水利用和中水回用，创建国家节水型城市。2010 年，万元生产总值耗电 730.99 千瓦时，万元生产总值耗水 13.30 吨，分别比 2005 年下降 18.0%和 35.9%，单位能耗保持在较低水平，持续保持在全国、全省同类城市前列。

三、深化改革，特区优势新拓展

“十一五”时期，是厦门发展史上具有特殊历史意义的五年。2010 年，胡锦涛总书记、贾庆林主席、习近平副主席、周永康书记等中央领导先后视察福建省、厦门，对厦门的发展给予充分肯定并提出了新的要求。充分利用国内外两个市场、两种资源，深入参与国际经济技术合作与竞争，对外开放水平不断提升，对台合作交流取得新突破，经贸合作和文化交流进一步深化。

经济特区优势更加凸显。2010 年，国务院批准厦门经济特区范围正式由厦门岛扩大到厦门全市行政辖区，城市发展空间进一步扩大，制约城市发展的“一市两法”和体制机制难题得到有效破解。国务院同意厦门发挥在体制机制创新方面的试验区作用，扩大金融改革试点，建立两岸区域性金融服务中心，先行试验一些金融领域重大改革措施，为厦门建设区域性金融中心奠定了良好基础。厦门还获得了中国服务外包示范城市、国家创新型试点城市、全国流通领域现代物流示范城市、国家低碳行动城市试点、国家三网融合城市试点、两岸食品和物流产业合作试点城市等一系列先行先试政策，此外，行政审批、投融资体制、医药卫生体制、文化体制等重点领域改革取得新的进展，特区发展的优势得到进一步拓展。

对外开放水平全面提升。发挥口岸优势，及时调整和完善外经贸扶持政策，优化外贸经营环境，在全国率先开放外贸经营权，注重培育多元主体，大力实施品牌战略，推进科技兴贸，加大力度扶持高附加值、高科技含量、有发展潜力的出口商品，厦门成为我国重要的进出口商品集散地。“十一五”时期，全市累计实现外贸进出口总值 2183.14 亿美元，比“十五”时期净增 1206.73 亿美元，年均增长 14.8%。其中，外贸出口累计实现 1384.50 亿美元，年平均增长 15.4%。利用外资量质并举，呈现全面、持续发展的态势。“十一五”期间累计签批外商直接投资项目 2120 项，比“十五”期间增加了 224 项，合同利用外资 104.88 亿美元，比“十五”期间增长 1.2 倍，实际利用外资 76.52 亿美元，比“十五”期间增长 1.2 倍。其中，引进千万美元以上项目 460 个，比“十五”期间增加 279 项，合同利用外资 73.76 亿美元，比“十五”期间增长 3.6 倍。至 2010 年底，11 个国家和地区的 49 家《财富》500 强企业在厦累计设立 89 个项目，投资总额 40.26 亿美元，合同利用外资 19.36 亿美元。

对台交流合作取得新突破。“十一五”期间，厦门市稳步推进对台工作，两岸交流日益扩大，对台地位更加凸显。积极推进与台湾在先进制造业、金融、服务外包等十个方面的对接与合作，成为全国首个国家级对台科技合作交流基地、对台体育合作交流基地，成立了全国首个海峡两岸农产品检验检疫技术中心，建立了厦门闽台农业高新技术园区、闽台生物医药产业基地、闽台花卉高科技园和台湾种苗引繁示范基地等。率先在金融领域开展两岸合作，君龙人寿保险在厦正式开业，台湾富邦金控借道香港富邦银行入股厦门市商业银行，成为第一家参股大陆银行的台湾金融机构。顺利完成两岸常态包机，实现厦门每天都有直飞台湾的定期航班。建立厦金邮件总包直封关系，厦门邮政局成为大陆唯一与金门直接互发各类邮件总包的邮局。不断完善“小三通”功能，厦金航线增加到每天 36 个航班，日均运载旅客三千多人次。大陆首家台资旅行社——厦门灿星国际旅行社正式开业，顺利启动大陆居民经金门赴台湾本岛旅游，旅游双向对接更加深入。成功举办首届海峡论坛。厦门卫视入台驻点获批，闽南之声广播和台中广播联合制作的两档节目在台中地区落地播出。两岸基层政党交流和城市交流取得新突破，在全国率先实现市政府、市政协代表团赴台参访和两岸区级基层政党交流。“十一五”期间累计新批准设立台资项目 725 项，比“十五”期间增加 106 项，合同台资 5.06 亿美元，实际利用台资 4.26 亿美元。台湾是厦门市第二大贸易伙伴，2010 年对台进出口贸易总额 63.78 亿美元，比 2005 年增长 1.9 倍，年平均增长 23.9%，其中，进口 53.17 亿美元，占全市进口总额的 24.5%，成为厦门市进口第一大来源地，比 2005 年增长 2.1 倍，年均增长 25.4%；对台出口 10.61 亿美元，比 2005 年增长 1.6 倍，年均增长 20.8%。

城市国际化程度迅速提升。“9·8”中国国际投资贸易洽谈会、厦门国际马拉松赛在海内外的影响进一步扩大，厦门作为上海世博会城市最佳实践区综合案例首个亮相城市，受到广泛好评。厦门港整合和口岸管理一体化深入推进，厦门港由八个港区扩大为十二个港区，不断做大做强，努力把厦门港打造为国际航运枢纽港。厦门国际邮轮母港建设步伐加快推进，成为第一个个案享受两岸直航政策的城市，国际邮轮在我国沿海多港挂靠政策在厦门率先实现。海沧保税港区一期建成并通过国家验收，成为目前我国开放程度最高、功能最齐全、政策最优惠的海关特殊监管区域。城市国际影响力不断提高，国际友好城市 15 个，国际友好港口 18 个，建立经常性联系的国家和地区 75 个。厦门港货物吞吐量突破一亿吨，成为海西首个亿吨大港，2010 年全港货物吞吐量 13930.52 万吨，比 2005 年增长 1.9 倍，年平均增长 23.9%；全港集装箱吞吐量 582.42 万标箱，居全国第七位，比 2005 年增长 74.2%，年平均增长 11.7%。厦门机场旅客吞吐量突破一千万人次，厦门航空成为国内第六家年客运量超千万人次的航空公司，2010 年空港旅客吞吐量 1320.66 万人次，比 2005 年增长 1.0 倍，年平均增长 14.9%；空港货邮吞吐量 24.52 万吨，比 2005 年增长 54.5%，年平均增长 9.7%。

四、创新驱动，结构调整显成效

“十一五”期间，厦门市积极推进产业结构优化，大力发展先进制造业产业链，产业配套能力逐步强化，海峡西岸强大的先进制造业基地加快形成，港口物流、旅游会展、金融等现代服务业加快发展，形成第二、第三产业共同推进全市经济增长的新格局。三次产业结构由 2005 年的 2.1∶54.9∶43.0 调整为 2010 年的 1.1∶49.7∶49.2，二产比重下降，三产比重不断上升。“十一五”期间第二、第三产业年均分别增长 12.6%和 16.6%，第三产业年均增速比“十五”的 11.9%提高 4.7 个百分点。

工业对经济发展的支撑作用不断加强。“十一五”时期，外向型的厦门工业也经受了严峻的考验，保持稳定发展。初始两年工业生产保持较快增长，但自 2008 年下半年开始，美国金融危机导致全球经济环境恶化，国际市场需求下降，订单减少，价格下跌，外向度较高的厦门市工业生产受到极大冲击，2008年11月规模以上工业出现自特区建设以来月度增速的首次负增长。2009年5月后，随着海外市场的逐步企稳和回暖以及我国“扩内需、保增长”等一系列应对金融危机政策的出台和实施，厦门工业经济出现了积极变化，工业生产总量逐月放大，工业生产连续实现环比增长，特别是四季度后回升的速度进一步加快，工业由前三季度牵制全市经济发展变化为全年拉动GDP增长1.6个百分点，但全年工业生产仅增长1.6%，是近35年来的最低速度。2010年全市工业生产延续2009年下半年来较快回升的良好增长势头，实现恢复性快速增长，全年实现工业总产值3781.06亿元，比上年增长33.1%，是近15年以来的最高增幅，“十一五”时期累计实现工业总产值15074.25亿元，年平均增长16.2%；累计实现工业增加值3314.01亿元，年平均增长11.5%。

先进制造业领先发展，产业集聚效应凸显。充分利用经济特区的政策并发挥各方面优势，大力发展先进制造业，培植了一批技术含量高、关联性强、在国内外享有较高知名度的行业、企业和拳头产品，建立了视听通讯、钨材料、软件、半导体照明和电力电器五个国家特色产业基地以及全国唯一的光电显示产业集群试点；同时，以工业集中区建设为抓手，坚持走新型工业化道路，提升制造业核心竞争力，构筑海峡西岸强大的先进制造业基地。企业规模日益壮大。2010年底，全市拥有规模以上企业2255家，比2005年增加690家，企业户均工业总产值16279万元，比2005年户均增加3313万元。集约利用有限资源，依托各工业园区，形成产业聚集。一批工业集中区相继建成，配套设施不断齐全，2010年末，火炬（翔安）产业区、同安工业集中区、机械工业集中区共吸引370家规模以上工业企业入驻投产，全年共完成工业总产值823.49亿元，工业集中区吸附器和启动器的效用逐步显现；电子、机械、化工三大支柱行业共有企业1263家，完成工业总产值2769.31亿元，占全市规模以上工业总量的75.4%，对工业增长的贡献率达81.9%；厦门市重点培育的十三条百亿以上制造业产业链完成工业总产值2359.22亿元，占全市规模以上工业的64.3%。

自主创新能力不断提高。国家创新型试点城市建设全面启动，国家科技成果转化服务（厦门）示范基地获科技部批准建设，成立厦门市创新方法工程技术研究中心与创新方法工作室，全市高新技术企业总数约占全省的一半。推动国家专利产业化（厦门）试点基地建设，打造知识产权转化创新基地，获批国家知识产权工作示范城市，跻身首批国家商标战略实施示范城市，2010年国内专利授权量5040件，比2005年增加3533件，其中，发明专利授权量449件，比2005年增加361件。2009年全市R&D经费35.14亿元，占当年地区生产总值的2.0%，居全省九个设区市首位，比全省平均水平高0.9个百分点。研究制定《加快战略性新兴产业发展实施意见》，重点培育和扶持新一代信息技术、生物、新材料、新能源汽车、创意设计、海洋新兴产业，诊断试剂、基因工程药物、生物药物等研究应用取得突破，戊肝疫苗等一批国家新药进入临床试验。

现代服务业加快发展。港口物流、金融业等十个现代服务业不断发展壮大，初步形成了海峡西岸航运物流、旅游会展、金融保险、科技开发、文教医疗中心。2010年厦门市服务业增加值比2005年增加579.17亿元，年平均增长16.6%，服务业增加值占GDP的比重持续上升，由2005年的43.0%上升到2010年的49.2%，增加6.2个百分点。服务业投资力度不断加大。2010年，全市服务业固定资产投资完成788.08亿元，比2005年增长2.9倍，占城镇以上单位固定资产投资的比重接近80%。其中，交通运输、仓储及邮电通信业完成投资162.67

亿元，占服务业固定资产投资总额的20.6%；房地产投资396.13亿元，占50.3%。厦门软件园的产业聚集效应日益凸显，形成台资软件企业聚集，动漫游戏企业和集成电路设计快速发展的园区特色，成功举办首届“厦门国际动漫节”，“国家动画产业基地”和“国家软件与集成电路人才国际培训基地”落户软件园；厦门已有国际会展中心、文化艺术中心、五缘湾运动馆等场所，可供给10.5万平方米展览面积，在全国居较高水平，已培育一批品牌展会，投洽会、台交会、石材展、文博会以及海西论坛、国际海洋周等；厦门现有保税港区、保税物流园区、保税区，以及完整的口岸服务和监管体系，已形成辐射周边乃至海峡西岸经济区其他区域的保税物流网络；厦门邮轮、游艇、游船等新兴涉海旅游产品发展迅速，逐步走在全省乃至是全国前列，特别是积极培育“海峡旅游”品牌，打造大陆经厦赴台游的黄金旅游通道，做大经厦赴台旅游的规模。

农业产业化经营和国际化发展快速推进。以厦门银鹭集团、银祥集团、惠尔康集团等为代表的农业龙头企业，不断推陈出新，开发优质化、差异化、个性化新产品，培育可持续的独特竞争优势，引领越来越多的农民进入标准化生产和产业化经营体系，实施多元化市场，通过开拓市场，巩固市场占有率，推动越来越多的农副产品进入国际市场。至2010年底，全市农业产业化龙头企业拥有省级以上农业品牌70个，其中，中国驰名商标12个、中国名牌产品4个、中国名牌农产品2个、福建省著名商标26个，福建省名牌产品26个。2010年，全市33家农业龙头企业实现总产值205.16亿元，比上年增长20.0%；出口创汇4.74亿美元，增长13.1%；上缴税金6.45亿元，增长16.9%；带动本地生产基地种植面积15.89万亩、牲畜饲养量37.79万头；带动本地农户数13.28万户，增长8.1%；吸纳本地农户从业人员1.81万人，增长3.5%。发展一批农村社区股份合作经济，已发展农民专业合作社323家，农村富余劳动力转移2.12万人次。

五、投资给力，城市空间再拓展

“十一五”是厦门市城市发展投入最多、成效最大的五年。五年累计完成全社会固定资产投资4413.28亿元，比特区建设以来前二十五年的投资总和还多1768.62亿元，是“十五”时期投资的3.3倍。

城市基础设施建设步伐加快。科学谋划并大力推进新一轮城市基础设施建设，“十一五”期间累计完成基础设施投资1446.51亿元，是“十五”时期的3.8倍，占全社会固定资产投资总额的32.8%，比“十五”时期提高4.9个百分点。城市建成区面积扩大超过80%，由“十五”期末的126.5平方公里扩展到2010年的230平方公里，五年中新增城区面积103.5平方公里，基本相当于2003年厦门城区总面积。东部燃气电厂、后坑垃圾焚烧发电厂等一批重大基础设施建设完成并投入使用；顺利完成环东海域综合整治和杏林湾、五缘湾、观音山、湖边水库、同安工业园区、火炬（翔安）产业区等重大片区开发和产业园区建设；成功大道、仙岳路拓宽改造、快速公交系统（BRT）等城市交通干网建设顺利完成，海翔大道、翔安大道二期、环岛干道（文曾路—厦大段）等重点项目顺利推进；我国第一条深海隧道——翔安隧道全线通车，集美大桥、杏林大桥等连接岛内外的重要路网项目陆续建成；泉厦高速公路扩建工程建成通车，厦漳高速、厦成高速、厦安高速加快建设；福厦铁路建成通车，厦深、龙厦铁路建设顺利进行，厦门迎来高铁时代；港口航道、十万吨级码头和机场三期建设等口岸设施项目也陆续建设，进一步拓展了城市发展空间，城市品质明显提升，城市功能日益完善。

人居环境不断改善。厦门城市载体功能明显增强，一个高楼林立、路平灯明、两桥飞架、“一环数片、众星拱月”，环境优美、基础设施完善的现代化国际性港口风景城市框架已经形成。2010年末，全市城市道路总长度1212.6公里，比2005年增加337公里，城市道路总面积2994万平方米，比2005年增加1438万平方米；拥有公共汽车3363辆，轮渡客运船只20艘，出租车4574辆，公交方便程度在全国名列前茅；全市自来水供应量3.17亿吨，用电总量150.59亿千瓦时，天然气供气量9085万立方米。不断加强城市建设管理，开展市容环境卫生、海岸带及风景资源保护等专项治理，开展筼筜湖综合治理，厦门成为中国最宜居的城市之一。城市环境空气质量优良率为97.5%，优级率为42.7%；区域环境噪声平均值为56.0分贝，交通干线噪声平均值为68.8分贝；集中式饮用水水质达标率98.38%。全市拥有公园66个，占地总面积达2046公顷；人均公园绿地面积（不含暂住人口）为19.35平方米；建成区绿化覆盖面积9293公顷，绿化覆盖率为40.4%。先后荣获了国家卫生城市、园林城市、优秀旅游城市、全国节水型城市、全国十佳人居城市、国际花园城市、全国环境保护双达标城市、联合国人居奖城市、全国文明城市、跨国公司最佳投资城市等荣誉称号。

岛内外一体化建设步伐加快。大力推进岛内外一体化建设步伐，打破长期以来岛内外发展不均衡、不对称的格局。按照“四高”要求，完成集美新城、翔安新城和环东海域新城规划设计方案国际招标，完成了集美、海沧、同安、翔安四个岛外新城71平方公里核心区规划，杏林湾核心区启动招商。岛内农村基本实现城市化，岛外农村城市化正在加速进行，城乡一体化水平位居全国前列。从2005年起，岛外固定资产投资超过岛内，“十一五”期间岛外完成固定资产投资2475.54亿元，年平均增长26.1%，占全社会固定资产投资的56.1%。随着岛外各区建设投入力度的逐年加大，特别是随着火炬（翔安）产业区、同安工业集中区、厦门（集美）机械工业集中区等重点园区建设的推进，对岛外原有的40多个工业小区进行整合，把一批有自主创新能力、有著名品牌、有较强市场占有率和生产经营实力的龙头大企业引入工业园区，进行产业链招商，工业格局发生变化，岛外工业产值已大大超越岛内，2010年，岛外四区完成规模以上工业总产值2383.03亿元，占全市规模以上工业的64.9%，比2005年提高15.0个百分点，其中，翔安区成为厦门市最具潜力的工业发展区。

六、拓展内需，发展动力持增强

“十一五”以来，全市围绕把厦门建成购物环境优美、具有较强辐射功能的东南沿海重要的商贸中心的目标，积极扩大消费拉动内需，促进消费市场繁荣活跃，厦门消费品零售总量实现快速增长，1997年首次突破100亿元后，用6年的时间在2003年实现翻番，随后仅用4年的时间在2007年又一次实现翻番，2010年全市实现社会消费品零售总额685.02亿元，比2005年增长1.4倍，年均增长19.3%，比“十五”的平均增速加快了5.4个百分点。

商业设施大为完善。“十一五”时期厦门市不断加大商业引资力度，大力推进商业设施建设，建成SM二期、明发商业广场等62个大型商业项目，建筑面积196万平方米，万达、特易购等8个大型重点项目建设顺利推进，建筑面积150万平方米。积极培育特色专业街，重点改造海沧油画街、员当路休闲文化街、古城东路闽台特色商业街、翔安大嶝闽台美食街、思明电子数码街等5条特色商业街，中山路步行街、海沧油画街等16条特色街入选省级专业街。落实“万村千乡市场工程”，新建和改造310个农家店和3家配送中心，祥穗莲花日用消费品配送中心已实现了近三十家日用品农家店的统一配送。完善商业网点规划，全市商业网点已超4万个，人均商业面积超2平方米，是“十五”末的近一倍。

大力发展现代流通方式。连锁企业规模不断扩大，苏宁电器、新华都百货、永辉超市等连锁企业赴岛外开设门店。到 2010 年底，全市拥有限额以上连锁总店 45 个，连锁门店 1347 个，比 2005 年增加 741 个，平均每个连锁店拥有门店 30 个，比 2005 年翻一番；实现营业收入 104.56 亿元，比 2005 年增长 93.2%；拥有从业人员 1.9 万人，比 2005 年增长 1.0 倍。大力发展商务会展，培育会展品牌。2010 年全市举办会展活动 147 场，比 2005 年增加 102 场，展览面积 108.50 万平方米，比 2005 年增长 1.5 倍。积极探索电子商务，推进网络销售发展，推动成立 B2C 行业协会，成功举办“B2C”论坛和首届网络零售发展战略高峰论坛，万翔商城正式上线开业，2010 年全市 B2C 销售额超过 6 亿元，比 2008 年增长了近六十倍，呈现高速发展势头。

规模效应凸现。“十一五”期间，厦门限额以上企业一直占据零售市场半壁江山。全市各大商场、百货、超市等企业注重发挥自身优势，不断完善商品结构，提高服务质量，采取多种手段加大促销力度，有力带动了全市消费增长。2010 年，全市限额以上企业实现零售额 454.88 亿元，比 2005 年增长 1.9 倍，年均增长 23.8%，其中，批发零售业实现 413.92 亿元，比 2005 年增长 1.9 倍，年均增长 24.1%；住宿餐饮业实现 40.96 亿元，比 2005 年增长 1.6 倍，年均增长 21.1%。全年实现零售额超亿元的贸易企业 95 家，比 2005 年增加 58 家。

七、六个率先，社会事业齐繁荣

“十一五”期间，厦门在全国全省实现了“六个率先”，即在全省率先实现“双高普九”，成为全国推进义务教育均衡发展工作先进地区；在全国率先实现“全民医保”，首创“建筑工地农民工大病保险”；在全国率先建立市民健康信息系统，获第五届中国地方政府创新奖；在全国率先推行与城镇职工养老保险并轨运行的被征地人员基本养老保险；在全国率先建立自然灾害公众责任险。“平安厦门”建设加强，群众对社会治安满意率居全省第一。厦门正逐步迈向区域性教育、卫生、体育和文化艺术中心。

教育综合竞争力明显提高。“科教兴市”战略深入实施，在全省率先普及九年义务教育，在岛内普及十二年教育，减免各项城乡义务教育阶段费用，促进义务教育均衡发展，教育“两基”工作被评为全国先进城市；全市各级各类学校中，除厦门大学、集美大学等知名学高等学府外，还有厦门一中、双十中学等省一级达标中学 12 所，优质教育资源丰厚，高考成绩连续十年名列全省第一，学生全科合格率、优良率在全省学业水平会考中成绩遥遥领先；教育投资不断增加，师资结构持续优化，全市各级各类学校在校学生由 2005 年 50.59 万人扩大到 2010 年的 69.21 万人，专任教师由 2.59 万人增加到 3.33 万人；全市人民的文化素质不断提高，大专及以上文化程度的人数已占全市总人口的 12.9%。教育综合竞争力在中国社科院发布的城市竞争力比较研究报告中名列全国 15 个副省级城市第三位，荣获教育部颁发的“全国推进义务教育均衡发展先进地区称号”。

文化事业繁荣发展。相继成功举办“第一届全国青少年钢琴比赛”、“海峡两岸民间艺术节”、“闽南语原创歌曲歌手大赛”等系列活动。新建小白鹭艺术中心、同安文化艺术中心，改扩建文化艺术中心、厦门市人民会堂、艺术剧院等一批公共文化设施。到 2010 年末，全市有公共图书馆 9 个，图书总藏量达 309.52 万册，文化馆 7 个，博物馆 4 个。文化产业发展不断提升。做好文化产业规划，加强对台文化产业对接，鼓浪屿艺术岛、龙山文化产业创意园等文化产业园区建设加快，成功打造“观音山沙雕文化节”、“海峡两岸（厦门）文化产业博览交易会”、“厦门动漫节”等文化产业品牌活动，培育商品油画、漆线雕、法兰瓷、东孚玛璃工艺品等一系列文化产业商品品牌。岛内已基本实现有线电视数字化平移，岛外有线数字电视转换工作有序推进，民营影视传媒产业快速发展，“国家动画基地”落户厦门，到2010年末，全市已拥有广播节目5套，电视节目8套，广播人口综合覆盖率为100%，电视人口综合覆盖率为98.68%。

体育事业蓬勃发展。连续成功举办厦门国际马拉松赛，赛事水平规模及知名度不断提高，已成为国内知名品牌赛事，2008年被国际田联评为全程马拉松金牌赛事；获得国家体育总局和国台办联合授予的“对台体育合作与交流基地”称号，对台体育交流逐渐向更深层次、更高水平发展；成功举办了首届国际马拉松城市市长论坛、首届海峡杯帆船赛、厦金海峡横渡、龙舟赛等一系列有影响、规模大的活动；在全国第十一届全运会上共有87名运动员进入决赛阶段比赛，经过奋力拼搏，获得1金6银6铜，这是厦门市历史上参加全运会人数最多、获得奖牌最多的一次；体育基础设施建设稳步推进，全民健身活动继续向广度、深度发展。

公共卫生服务水平在全国领先。加强公共卫生体系建设，落实重大传染病防治措施，加快医疗卫生资源优化调整，积极进行医疗体制、机制上的探索和创新，引导大医院积极参与，将优质医疗资源快速辐射至社区，市民医疗服务保障条件进一步改善，人民生活健康充实，居民主要健康指标接近发达国家平均水平。2010年末，城市居民平均期望寿命达到78.91岁，其中，男性75.96岁、女性81.77岁；孕产妇死亡率8.67/10万，5岁以下儿童死亡率、婴儿死亡率、新生儿死亡率分别为6.03‰、4.34‰、2.65‰，居全国领先水平。在全国率先建立了城乡统筹、一体管理的全民社会医疗保险制度，在全省率先启动实施基本药物制度试点，国家基本药物制度已覆盖全市100%的基层医疗卫生机构。医疗救助办法和农村计划生育家庭奖励扶助制度实施顺利，建立了以大病统筹为主的农村新型医疗合作制度。进行了卫生资源整合工作，厦门市第一医院、厦门大学附属中山医院、厦门市中医院、解放军174医院晋级三级甲等综合性医院，市第二医院、第三医院晋级三级乙等综合性医院，厦门市妇幼保健院、厦门市仙岳医院通过三级甲等专科医院评审，厦门长庚医院一期正式开业也纳入三级综合性医院建设，在基本实现厦门本市居民“大病基本不出厦门”、“小病主要依靠社区”的同时，对周边地区的医疗卫生服务辐射能力显著增强，各大医疗机构接诊的外地患者比例近40%，厦门市已经成为闽西南医疗卫生中心。2010年，全市拥有卫生机构977个，专业卫生技术人员1.77万人，卫生机构床位1.10万个。

八、以人为本，生活质量大提升

改善民生是经济发展的根本目的，也是经济增长的出发点和落脚点。“十一五”期间，厦门市委、市政府高度重视民生建设，破解“交通难”、“住房难”、“就学难”、“就医难”问题取得明显成效，惠及全市人民的就业、养老、医疗、教育、住房等多层次保障体系真正形成，人民生活质量大幅度提升。

就业规模持续增长。城镇从业人员从2006年的114.37万人增加到2010年的207.47万人，五年新增就业人员93.1万人。最低工资标准和最低生活保障线分别比2005年提高44.4%和23.0%。随着一批批重点工程的开工，越来越多的财力用于改善人民生活的交通、教育、医疗以及社会保障等领域，社保制度不断完善，覆盖面继续扩大。到2010年底，厦门市职工基本养老、基本医疗、失业、工伤和生育保险参保人数分别达到158.61万人、234.87万人、125.60万人、121.80万人和115.40万人，比2005年分别增加80.56万人、150.84万人、20.53万人、10.72万人和17.40万人。

城乡居民收入不断增长。从2006年到2010年，城镇居民人均可支配收入从18513元增长到29253元，年均增长12.3%，比“十五”的平均增速加快了3.0个百分点；农民人均纯收入从6860元增长到10033元，年均增长10.0%，比“十五”的平均增速加快0.9个百分点。在居民收入增加的同时，生活质量也获得较大提高，汽车已经快步走进家庭，电脑、手机的普及率大幅度不断提高，人们对精神文化娱乐的需求日益增长。每百户城镇居民家庭拥有家用汽车从2005年的2辆增加到2010年的23辆；家用电脑从66台增加到117台；移动电话从195台增加到244台；城镇居民人均住房面积从21.36平方米增加到32.17平方米。每百户农民家庭拥有生活用汽车从2005年的1辆增加到2010年的10辆；家用电脑从20台增加到52台；移动电话从168台增加到246台；农民人均住房面积从46.36平方米增加到58.45平方米。

被誉为“厦门蓝本”的社会保障性住房建设顺利推进。全市一次性规划社会保障性住房项目20个，总用地面积约150万平方米，总建筑面积约420万平方米，全部建成可提供社会保障性住房约4.5万套，建设总投资约133亿元。至2010年底，全市共受理低收入家庭申请社会保障性住房24136户，其中，社会保障性租赁房20658户，经济适用房3478户；受理公务人员申请3030户；引进人才申请657户；受理非低收入家庭申请保障性商品房569户。保障性租赁房申请户已选房7678户，6758户已办理交房。经济适用房申请户已选房1821户，共有1719户办理购房手续，1326户已办理交房。保障性商品房申请户已选房202户。配售的人才住房已两批组织公开选房，155户申请户选中了满意的房子，111户已办理购房相关手续；首批租赁的人才住房有140户选房。公务人员租赁房已选房393户，257户办理承租手续；首批公务人员保障性商品房已选房39户。

“十一五”的五年，厦门高扬科学发展的旗帜，加快转变经济发展方式，调整优化产业结构，大力推动经济进入创新驱动、内生增长的发展轨道，科学发展的方向更加明确，更加突出民生保障、社会建设，前进步履更加坚定，为“十二五”加速转型发展奠定了坚实基础。

（执笔：李薇）

调整和转型　后危机时期泉州经济发展

——基于工业化进程中面临几个突出结构性矛盾的思考

金融危机冲击后，当前世界经济进入更加复杂和不稳定的后危机时期。在这个时期旧的发展方式面临打破，新的经济格局有待确立，催生新一轮产业变革。处于工业化进程转型关键期的泉州已站在新的发展起点上，欲争先者须图变，要决胜后危机时期，必须加快调结构、促转变步伐，突破发展瓶颈，成为国内外市场上真正强有力的竞争者。

一、应对危机，泉州在“保增长、调结构”路上成效初显

2008年下半年国际金融危机以来，泉州市积极应对，措施得力，目前全市经济社会已回到良性增长轨道，在调结构方面，也已初见成效。

（一）国民经济走出一条“V”字型曲线

国际金融危机发生后，由于外部需求减少，市场萎缩，企业经营困难，生产和消费不断收缩，国民经济发展多项指标不断下滑。为应对这场危机，从2008年6月开始，国家实施了“一揽子计划”，泉州市也适时采取相应配套措施，提出“稳住大盘、固本培源、项目带动、转变提升”工作思路，大力实施项目建设年，不断推动“两个加快”建设步伐。这一序列保障措施的深入实施，提振了市场信心，也使经济发展得以恢复。从近三年来看，泉州市国民经济走出一条“V”字型曲线。即从2008年第二季度经济增长速度开始下滑，到2009年初进入谷底，而后逐步开始上升，2010年下半年进入稳步增长（详见图1）。

图1　2008年下半年以来泉州市GDP增幅走势图

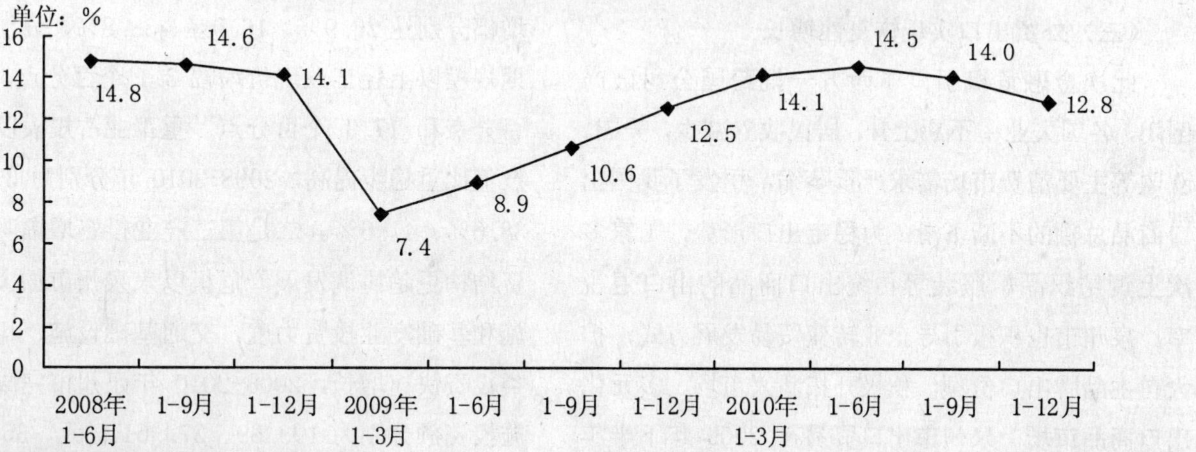

注：上图中GDP各月累计增幅为当年季报数据。

（二）扩内需有力推进

金融危机爆发以后，“保增长”成为各级政府首要任务。国务院、省和泉州市各级政府纷纷采取措施增加投资和刺激国内消费，目的就是通过激活拉动国民经济增长“三驾马车”中投资和消费，以期“双轮驱动”国民经济快速回升。

为增强投资需求拉动作用，国家和省出台一系列措施，包括中央新增投资4万亿和省政府3400

亿元一揽子投资，辅于增值税改革、价格补贴以及一系列支持稳定房地产市场的新政。对此，泉州市也积极采取相应配套措施，筛选符合国家和省投资计划内容的项目与之对接，大力实施项目建设年；同时为落实促进房地产市场稳定、健康发展，研究出台《关于研究促进房地产市场持续健康发展工作会议纪要》。在此政策的有力作用下，泉州市固定资产投资规模和速度同步提升。2009 年和 2010 年两年间完成投资额超过 2227 亿元，平均增幅 23.2%。

从消费需求看，2008 年 11 月底全国家电下乡启动，次年 2 月进一步扩大家电下乡补贴品种，增加到 10 类，补贴产品限购增加到 2 件。2009 年 2 月、3 月分别启动摩托车下乡和汽车下乡政策，同年 5 月，又出台了汽车和家电以旧换新政策。这些政策构成了扩大汽车和家电消费的政策体系，有效发挥财政资金乘数效应，刺激了社会消费需求。随着政策实施力度不断加大，效果快速显现，对强农惠农、拉动消费、带动生产起到了重要作用。从泉州市来看，危机以来的两年间泉州市社会消费品零售总量和增幅均取得新突破，2009 年总量突破了 1000 亿元大关，2010 年达 1202.91 亿元，两年平均增速达 16.3%，快于经济增长速度。

（三）外贸出口实现恢复性增长

此次金融危机引发了西方一批跨国公司破产倒闭，各国失业率不断上升，居民收入减少，美国、欧盟等主要消费市场需求严重萎缩，引发了我国出口商品总额的不断下滑。为稳定出口形势，国家多次上调纺织品、服装等传统出口商品的出口退税率。泉州市也积极引导企业转变贸易发展方式，扩大自主品牌出口份额，积极开拓新兴市场，多元化出口商品市场。泉州市出口贸易在 2009 年下半年开始回升，环比实现正增长，当年底累计增幅也摆脱下降局面，实现正增长。进入 2010 年出口贸易实现超常规的恢复性增长，2010 年除首月外增幅均保持在 40%以上。

（四）社会生产不断扩大

国内外各类需求持续回升，加上纺织业、钢铁业、汽车业、船舶业、装备制造业、电子信息产业、轻工业、石化产业、物流业、有色金属业等十大产业调整振兴规划的出台实施，同时政府取消和停止征收 100 项行政事业性收费项目，进一步减轻企业负担促进经济发展。企业家信心指数和宏观经济景气指数不断攀升，至 2010 年第四季度泉州市企业家信息指数和宏观经济景气指数分别达 134.1 和 131.0，创 2004 年以来新高。企业扩大再生产能力不断增强，发展速度也稳步回升，泉州市工业经济从 2009 年 6 月开始恢复两位数增长，进入 2010 年工业经济延续企稳回升步伐，产值稳定在 24%以上增长水平（详见表 1）。

（五）经济结构调整取得初步成效

为了有效应对金融危机，尽快摆脱经济下滑局面，泉州市加快转变经济发展方式，优化调整工业内部结构，促进投资结构协调发展，适时转变贸易发展方式，多元化出口市场，各项工作成效初显。一是工业经济“提重”明显。泉州市“十大产业”中石化、装备制造、电子信息等产业在振兴规划的促进下，特别是石化产业被列入国家九大炼油基地，2008-2010 年泉州市规模以上重工业产值现价增幅分别达 26.9%、16.9%、38.8%，分别快于同期规模以上轻工业现价增幅 3.1 个百分点、3.8 个百分点和 17.0 个百分点。重工业占规模以上工业产值比重稳步提高，2008-2010 年分别为 37.3%、38.6%、41.6%。二是第三产业投资增幅明显，投资结构更趋协调发展。危机以来泉州市加大基础设施和基础产业投资力度，交通基础设施、科教文卫类投资快速增长，2008-2010 年泉州市完成基础设施投资额分别为 193.69、279.61 亿元、355.97 亿元，年均增幅达 32.7%，快于全社会投资增速 10.5 个百分点。在其带动下，2008-2010 年泉州市第三产业投资年均增幅达 26.2%，高于全社会投资增速 4.0 个百分点。三是转变贸易发展方式，多元化出口市场助推出口贸易的发展。危机以来，面对美国、欧盟等传统出口市场的不断萎缩，泉州市灵活转变贸易发展方式，进一步开拓了非洲、中东和东盟等新兴出口市场。2009年在传统出口市场低迷之际，泉州市对非洲、东盟和中东等新兴出口市场增幅分别达 21.5%、17.3%和 18.0%，其中，对埃及出口增长高达50.7%。2010年对非洲、东盟和中东出口增幅分别提高到 46.8%、60.5%和 29.5%。

表1 泉州市规模以上工业产值增幅

（2008-2010年） 单位：%

	2008	2009	2010
1-2月	22.0	2.5	28.9
1-3月	23.5	5.0	28.8
1-4月	23.1	6.8	27.9
1-5月	22.6	6.7	29.4
1-6月	22.7	7.2	28.4
1-7月	22.1	8.9	27.8
1-8月	21.7	10.7	27.1
1-9月	21.5	11.8	27.2
1-10月	20.8	13.1	26.5
1-11月	20.5	15.2	25.4
1-12月	20.5	17.2	24.0

二、冷静思考，在当前工业化进程中结构性矛盾仍比较突出

经过两年多的努力，经济增长下滑的趋势得到遏制，经济企稳回升的势头日益明显。但我们必须清醒地看到，经济企稳回升总体看还不稳定、不巩固、不平衡。此次金融危机突显了处于工业化进程转型关键期的泉州市经济发展所面临诸多结构性矛盾。综合来看主要是“三驾马车”拉动作用不相协调、工业内部产业升级换代、工业发展与节能减排、工业与土地等资源间矛盾、工业与服务业协调发展问题、人才结构与产业升级间矛盾、工业化与城市化间矛盾等问题。主要有：

（一）投资、出口拉动不断增强而消费拉动作用不足

从经济增长的动力结构看，由于泉州市制造业发达，工业产品基本依赖泉州以外市场，在消费、投资和出口“三驾马车”中，泉州市经济发展在很大程度上依赖投资和出口的表现，而且这种依赖性呈逐年提高的趋势，而消费拉动的权重越来越小。1978-2009 年泉州市固定资产投资和商品出口总额年均增幅分别达 27.6%和 31.0%，分别快于社会消费品零售总额 8.4 个百分点和 11.8 个百分点。即使是在危机后的 2010 年，投资和出口增幅明显快于消费增速，2010年泉州市投资和出口增速分别为 30.0%和 40.6%，而消费仅增长 17.0%。居民消费长期无法得到充分释放，从国家宏观发展看，投资快速扩张形成的产能就难以得到有效释放，总供给与总需求就会失衡，经济也难以持续稳定较快发展；从区域经济发展看，不利于区域内城乡居民消费层次提升，不利于居民生活水平的改善和提高，也不利于吸引大型外资商贸项目落户，不利于

带动区域观光旅游、旅游招商推介、会展、酒店等相关产业发展，从而不利于区域经济繁荣和极具幸福感的和谐社会构建。

（二）工业内部中传统产业竞争力不强而新兴产业规模偏小

从工业内部结构看，经过改革开放 30 多年培育发展，泉州市已形成具有一定比较优势的轻纺、食品和建筑建材等传统产业，特别是纺织鞋服产业到 2010 年其规模以上工业产值达 2198.89 亿元。但这些产业普遍出现雷同企业多，产品同质化现象较为突出，这种市场细分不明确往往容易引起区域内企业间恶性竞争。而且多数企业对科技研发投入不足，导致创新资源薄弱、创新人才缺失，企业设计研发和营销服务环节薄弱，自主创新能力不足，较多依赖技术模仿、跟随战略，没有自己的核心竞争力，长期处于产业链的低端，只能在规模、价格等低层次上竞争，只能赚取工业利润，难以赚取商业利润，导致区域生产效率低下，不利于区域经济竞争力快速提升。

从产业发展趋势看，随着国内居民消费结构升级换代，势必拉动汽车、电子信息、化工、生物医药等为代表的新兴产业部门发展，但泉州市新兴产业规模依然较小。2010 年泉州市石油化工、电子信息、修船造船、汽车及配件和生物医药为代表的新兴产业合计实现产值 1135.77 亿元，占规模以上工业产值的 18.2%，若扣除列入国家九大炼油基地的石化产业，其余四个新兴产业合计实现产值 165.98 亿元，占规模以上工业产值仅为 2.7%。

从企业组织结构看，不管是传统优势产业还是新兴产业，行业中具有国际竞争力的大企业还不够多、不够强。2009 年泉州市拥有产值超 50 亿工业企业仅 3 家，其中，超 100 亿就 1 家，泉州市企业大多为中小企业，这些企业抗风险能力弱，在这次金融危机中受到的冲击更大，2009 年产值低于 1000 万元规模以上工业企业的产值增幅下降了 60.8%。

从国际产业竞争趋势看，国际金融危机促使西方发达国家对过去那种“去工业化”发展模式的反思，出现了“再工业化”和重归实体经济的发展趋势。“再工业化”不是回归传统工业部门，而是通过政府扶持，实现传统产业在新技术基础上的复兴，并加快发展绿色能源、生物医药、新材料、航空航天等新兴产业部门。发达国家“再工业化”和回归实业势必影响到泉州市传统产业转型升级和新兴产业发展。

（三）资源环境对工业乃至整个经济发展的硬约束更趋强化

随着经济总量的持续扩大、城市人口不断增加、居民生活方式改变，特别是重化工业部门的加快发展，近年来能源、资源消耗迅猛增长，2005 年至 2010 年，泉州市能源消耗总量从 1460.28 万吨标准煤增加到 2517.91 万吨标准煤，5 年间增长 72.4%。供需缺口越来越大，经济发展与节能降耗，与用地用水矛盾势必进一步显现。而且对于正处于工业化、城市化加速发展的泉州市来讲，能源、资源消耗较快增长将是一个长期趋势，由此产生的节能减排和可持续发展的压力倍增。

（四）服务业发展相对滞后工业化进程阶段要求

从三次产业结构看，长期以来泉州市工业增加值增速持续高于经济增速，占地区生产总值的份额持续提高。本世纪以来，泉州市工业增加值年均增速达 15.2%，高于地区生产总值增速 1.5 个百分点，占地区生产总值的份额提高至 2010 年的 55.0%，10 年间提高了 3.2 个百分点。发展至今泉州市正处于工业化进程中后期，将进入产业素质提升为主的阶段，制造服务化和服务知识化趋势增强。其核心是通过科技创新和体制创新，加快发展生产性服务部门。因此，所谓工业化中后期主要是对服务业提出更高发展要求的一个阶段。但目前泉州市经济增长仍过多依赖工业的支撑。2007 年-2010 年，泉州市第二产业对地区生产总值的贡献率由 61.8%提高到 76.1%，其中，工业贡献率也由 57.3%提升至 69.4%。而服务业增加值 10 年里年均增长仅为 13.4%，不仅低于工业速度，也低于全市经济平均增幅 0.3 个百分点。其对经济增长贡献率从 2007 年的

38.2%下降到2010年的23.1%。

（五）就业结构和产业结构调整需求不相协调

泉州市劳动力结构合理化程度较低，就业结构和产业结构调整要求存在一定的差距。从从业人员产业分布来看，处于工业化大发展的泉州市从业人员主要集中制造业中，2006-2010 年泉州市全社会从业人员中第二产业比重分别达 56.4%、54.6%和57.8%，这些从业人员主要是以文化水平较低、缺乏系统专业技能培训的农民工为主体，由于这些人员随意性较大、流动较为频繁，给企业人力资源培训、管理带来许多难题，不利于企业做强做大，从而影响到产业转型升级步伐。其次服务业从业人员比重偏低，2006-2010 年 3 年间第三产业从业人员比重在 25%上下徘徊。二、三产业从业的高端人才比重明显偏低，第二次经济普查数据显示，泉州市在二、三产业从业人员中大专以上学历占比为 15.8%，分别低于福州（29.1%）和厦门（25.5%）水平 13.3 个百分点和 9.7 个百分点。从人口文化程度来看，泉州市人口文化程度近年来虽有所提高，但仍处于较低水平。根据 2009 年人口抽样数据，泉州市 6 岁以上常住人口中大专以上文化程度占比仅为 3.9%，高中（含中专）占比为 10.1%，分别低于全省平均水平 5.3 个百分点和 3.0 个百分点。劳动力的技能结构和文化素质与产业结构升级优化的要求还存在差距，各等级技能人才的供求缺口明显增大。

（六）城市化进程滞后于工业化发展

从工业化与城市化关系来看，两者是相互依存和协调发展的，哪一方缺失都不利于区域经济发展。工业化是城市化的根本动力，工业扩张为农村剩余劳动力提供了大量的就业机会，推动城市化发展。城市化又可带动工业化，城市化进程中集聚效应和需求作用，带来的人口与资源集聚，扩大居民消费需求，推动产业转型升级，推动工业产业发展。从国际经验看，当一个地区处在人均 GDP3000 美元的时候，城市化率大概在 55%-60%左右。2009 年泉州市人均 GDP 已达 5829 美元，但城市化率只有52.3%，远低于工业化中后期 60%的均值。泉州市相对滞后的城市化水平无法充分发挥其集聚效应，吸引高层次人才和资源集聚功能相对较弱，无法充分发挥其规模经济递增效应，一定程度上阻碍了工业化转型升级和产业转型升级。

从地区间对比来看，两者发展不相协调也得以体现。按照 H·钱纳里理论，泉州与福州、厦门等城市均处于工业化进程中后期，2009 年泉州市城镇化率为 52.3%，城市化水平却分别低于福州和厦门 6.7 和 29.3 个百分点，仅略高于全省平均水平 0.9 个百分点，城市化水平相对落后于相临城市，很大程度上影响泉州市与其在人才和资源上竞争，更甚者导致泉州市优良资源流失，对泉州市产业进一步集聚和发展产生负作用。

三、突出重点，切实加快结构调整，转变经济发展方式

危机过后，面对工业化进程中一系列结构性矛盾，未来经济发展之路已渐明显。结构不合理可以说是泉州市经济发展方式存在的诸多问题的集中体现。从这个意义上讲，抓住了结构调整问题，也就抓住了推动经济发展方式转变的“牛鼻子”。只要从本源上抓好需求结构的调整，促进工业经济增长由主要依靠投资、出口拉动向依靠消费、投资、出口协调拉动转变；抓好自主创新能力的提高，促进经济增长由主要依靠物质资源消耗向主要依靠科技进步、劳动者素质提高和管理创新转变；抓好产业结构的调整，促进经济增长由主要依靠第二产业带动向依靠第一、第二、第三产业协同带动转变；抓好人才引进和人口素质提高，促进就业结构和产业升级间协调发展；抓好城乡结构的调整，促进城乡经济协调发展，只有这样才能够实现经济发展方式的根本转变，推动国民经济走上科学发展的轨道。

经济结构调整是一项复杂的系统工程。总结应对国际金融危机的经验并着眼泉州市经济长远发展的需要，要着力抓好以下重点领域和关键环节。

（一）调整需求结构，在保持投资适度增长和稳定外需的同时，着力增强消费对经济增长的拉动作用

一要千方百计增加城乡居民收入，提高居民消费能力，这是提高消费需求的基础。为此，要把“蛋糕”做大，在发展经济、扩大就业的基础上逐步提高“两个比重”，不断提高城乡居民收入水平。同时要把“蛋糕”切好，逐步缩小居民收入分配差距，着重提高广大农民和城镇低收入群体的收入水平。既要充实完善强农惠农政策体系，加强社会保障体系建设，加大转移支付力度，不断提高农民和城镇低收入者的收入。二要优化消费环境，使人们更加放心、便捷地消费。在硬件上，完善以打锡街、涂门街、南俊巷、东街为界环中山路高中低档齐全的服饰商圈，以旧车站为中心小商品批发市场，湖心街向坪山路延伸的建筑建材市场，洛江五金商品城，南环路汽车贸易，九一街益华、龙宫为主的电脑配件中心等较为成熟商圈配套服务设施；加强新城区商贸流通等基础设施建设，加快其区域内商圈规划和培育，找准商圈地理位置选择和功能定位间契合点，形成各具特色的商业街。在软件上，要整顿和规范市场经济秩序，强化商品质量安全监管和诚信经营理念，提高服务质量和效率，让居民放心消费。三要引导消费预期，使人们能够增加即期消费。要通过完善社会保障体系，逐步扩大保障范围，提高保障水平，消除居民在就医、养老等方面的后顾之忧。

在着力扩大消费的同时，还要保持投资适度增长。泉州市工业化、城镇化还有很长的路要走，客观上需要保持一定的投资率。投资既要保持合理规模，更要优化结构，加大对经济社会发展薄弱环节的投入，突出抓好保障性住房、农村民生工程、重大基础设施、社会事业、环境保护等方面的建设，增强经济发展的后劲和协调性。

在注重扩大内需的同时，要千方百计稳定和发展外需。要进一步发挥和强化泉州市的比较优势，千方百计巩固传统出口市场，大力开拓新兴市场，努力稳定和扩大泉州市在国际市场上的份额；同时调整外贸结构，加快转变外贸增长方式，优化出口产品结构，利用好出口退税、出口信贷、信用保险等手段，扶持拥有自主品牌、核心技术的产品出口，加快发展一般贸易，扩大自主品牌产品出口，不断增强抗风险能力。

（二）调整产业内部结构，一手着力提升传统产业竞争力，一手大力培育新兴产业

一是利用好政策，要做好国务院出台的十大产业调整和振兴规划中与泉州市息息相关的纺织、汽车、船舶、装备制造、电子信息、石化等产对接落实，按照“控制总量、淘汰落后、兼并重组、自主创新”的要求，着力建立和完善落后产能退出机制，坚决淘汰不适应市场需求的落后产能，同时要不断研究完善推进技术改造、促进结构转型升级的长效机制，推进传统产业转型升级和新兴产业培育。二是利用好优势，做大做强已经形成的传统优势产业。经过多年培育和发展，泉州市已形成具有一定竞争力的 24 个优势产业，其中，产值超 100 亿元产业集群有 10 个，主要有鞋业、服装、石化、纺织、食品饮料（不含制茶）、机械制造、石材、建筑陶瓷、造纸及纸制品、箱包。但面对新形势下的市场环境和核心竞争力的缺失，要着力提升企业自主创新能力，鼓励其加大自主创新投入，采取措施吸引和聚集世界范围内的优势资源和要素，包括创新人才、研发团队和各类先进、关键技术，开发具有自主知识产权的核心技术，形成技术创新高地，推动企业从制造向创造转变，以实现产业链不断提升，从低附加值产品向高附加值产品、从低加工度向高加工度、从生产普通零部件到关键的核心部件跃升。三是利用好机遇，加快培育发展新兴产业，努力抢占未来市场竞争的制高点。这是泉州市结构调整中的重中之重。历史上每一次全球性经济危机都极大促进了科技进步，从而培育出新的产业，带动经济繁荣发展。这次国际金融危机也必将加快技术创新的步伐，孕育出新的经济增长点，推动全球经济迈上新水平。泉州市要明确产业政策和技术路线，通过制定产业规划、加大政府投入、加强政策支持、创新体制机制，在科技研发、示范推广和产业化等各个环节上扶持发展新兴产业，增强新兴产业的核心竞争力，使之成为带动未来发展和参与市场竞争的有生力量和主力军。

（三）调整三次产业结构，在继续加强农业基础地位、推动工业由大变强的同时，着力提高服务业的比重

结构调整中，要把加快发展服务业放在更加突出的重要位置。加快发展服务业关键是消除限制服务业发展的各种束缚和障碍，重点扶持和培育现代物流业、旅游、创意文化产业和总部经济发展。第一要解放思想，彻底转变重实业、轻服务的观念，真正把服务业当作产业来对待，真正把精力放在发展服务业上，推动服务业发展成为国民经济的主导产业。同时消除限制服务业发展的各种体制障碍，坚持市场化、产业化、社会化方向，深化改革、放宽准入、打破垄断、促进竞争，特别要鼓励和引导社会资本更多地投向服务领域。第二重点加强现代物流业发展。加大泉州湾中心港区、湄洲湾南岸新港区、高速公路道口、晋江机场等物流基础设施建设，抓好临港物流园区规划和建设，积极推进公共物流信息平台和物流技术标准化体系建设，通过改造整合运输、仓储、商业、邮政、货代服务等企业的物流资源，扶持建设一批主要原材料和工农业产品的专业物流配送中心，加快发展一批大型化、社会化、专业化的物流企业，提升物流现代化水平。第三着力打造旅游强市。加强与大型旅游企业合作，充分挖掘泉州市丰富自然、历史人文资源，整合旅游资源，重点培育提升海上丝绸之路史迹系列、自然生态休闲度假系列重点旅游项目，着重推介开发清源山、崇武古城、牛姆林、戴云山等特色景点的旅游项目，完善食、住、行、娱等配套设施。加强旅游区域合作，扩大旅游产业规模，实现从旅游资源大市向旅游强市的转化。第四要鼓励服务创新，大力发展动漫、文化创意产业等新兴服务业。加快编制泉州文化创意产业发展专项规划，突出项目带动战略，加快泉州锦绣庄民间艺术园、六井孔音乐文化创意园、闽南文化创意产业园（“T 淘园”）、德化月记窑陶瓷文化创意中心等文化创意产业园区建设步伐，结合旧城改造、新区拓展以及工业园区转型升级，积极盘活鲤城老城区旧厂房、旧学校、旧街区等存量资源，结合历史建筑、工业遗存、商业活动等特色人文环境，植入创意文化产业，建立多种形式的文化创意园区或基地，全面推动文化创意产业发展。第五要加大政策支持力度，推进总部经济发展。大力实施“回归工程”，加快东海、城东和江南总部经济区相关配套设施建设步伐，吸引一批泉籍龙头企业和国内外知名品牌在泉设立设计研发中心、营销中心。总之，要通过这些方面的努力，促进现代服务业与现代制造业互动发展；推进商贸服务、社区服务、旅游文化等生活性服务业转型升级，推动泉州市服务业在较短时期内大发展、上水平，形成第一、第二、第三产业协同带动经济增长的新格局。

（四）调整城乡结构，在继续加强农村建设的同时，着力推进城市化和城乡发展一体化

积极稳步推进城市化和城乡发展一体化是持久扩大内需、促进经济持续较快增长的重要途径。一是加强城市规划，提升城市整体品位和积聚能力。严格按照《泉州城市总体规划》方案要求，加快旧城改造和城市空间拓展，推进中心市区“东进、南下、西拓”，加快东海、城东和桥南新区建设步伐，规划建设几个高品质小区，完善其路网骨架和生活配套设施，吸引、引导人口向新区集中。沿海发达县（市）要跳出行政区划的藩篱，加快与中心市区融合，服务于做大做强中心城市。二是加快工业园区建设步伐，以工业化推动城市化。以现代化新城标准加快推进台商投资区、泉州软件园等工业园区建设步伐，将工业园区打造成一座座承载更多城市功能和社会功能的现代化“城市”，以工业化推动城市化大发展。三是深入推进小城镇综合改革建设步伐，加快重点中心镇建设，营建城镇品位。着力加快 3 个省级和 12 个市级小城镇改革试点镇建设，进一步完善其中心镇区规划，强化中心镇的集聚功能，努力形成以中心市区为中心、重点中心镇为纽带、镇村组团式的城镇梯度结构，全面提高城市化水平。四是着力提高城市经营管理水平，加快城市公共配套设施建设步伐，营造滨海特色城市品位。加快城市水网、电网管路改造步伐，大力发展公共交通系统，加强城市公共交通投入，加强中心市区园林绿化景观工程建设力度，高品质建设一条环泉州湾，集休闲、观光和交通于一体的景观大道，营造一个富有滨海气息绿色宜居城市。五是加强新农村建设，构建城乡一体化发展格局。其核心问题就是要增加农民收入，要坚持做到“两手抓”。一手抓“扩大分子”，就是深入开展“1333”工程，推进农业产业化发展，积极培植壮大安溪铁观音、永春芦柑、泉州龙眼、德化梨、戴云乌鸡等优势特色农产品，大力发展农产品的深加工，提高农产品附加值和市场竞争力。使农民尽可能从农业产业链条拓展和非农产业发展中获得更多收入；一手抓“缩小分母”，就是要加强农村劳动力技能培训，引导劳动力和农村人口向非农产业和城镇有序转移，逐步减少农民人口，使更多的农民转变为市民，从而提高收入和生活水平，同时也使农业的集约化水平和劳动生产率不断得到提高，从而增加农民收入。

（五）抓好人才引进和人口素质提高，促进就业结构和产业升级间协调发展

一方面要认真落实《泉州市引进高层次创业创新人才若干规定》，优化人才环境，加快各类人才的培养、引进和使用。按照泉州市产业、港口、城市发展的战略需要，围绕传统产业、新兴产业、现代服务业和重大项目建设，重点引进能突破关键技术、发展高新技术产业、带动新兴学科的各类高层次创业创新人才和人才团队。同时要优化人才环境，用事业造就人才、用机制激励人才、用法制保障人才，促进人才总量稳定增加、结构更加合理、素质不断提高。另一方面要高度重视和大力发展教育、科学技术事业。第一要加大素质教育投入，大力推进素质教育，改革基础教育，实现由应试教育向素质教育的转轨。第二增强中等职业教育，实施高素质专业技术人才和高素质劳动者培养工程。深入贯彻落实福建省《关于支持中等职业教育发展若干政策意见》，进一步落实中等职业教育税收优惠政策及建设用地和建设规费优惠政策，加大对中等职业教育的经费投入，逐步推进中等职业教育免费制。第三重点扶持华侨大学、泉州师院等高校发展，进一步增加财政对高等教育投入，扩大高等教育规模，提高高等教育的质量和水平，建立以高等教育为主导的、同科研和生产紧密结合的联合体。

（六）建设环境友好型，资源节约型经济社会发展新格局

泉州市正处于工业化、城市化加速发展阶段，对环境和资源的压力日益加大。为解决资源环境约束的矛盾，必须建立与经济发展相适应的资源节约型和环境友好型国民经济体系，走新型工业化道路，是实现可持续发展的重要保证。首先加大循环经济试点建设力度，以期最终实现建立以循环经济为重要特征的经济发展模式。大力发展循环经济是环境友好型经济发展模式的具体体现。按照“减量化、再利用、资源化”的 3R 原则，在产品的生产过程中实行清洁生产，在产业和工业园区进行生态化设计与改造，努力实现废物的循环利用。其次要加大研究和推广绿色建筑和建筑节能技术，特别要加强对耗能严重的大型公共建筑的节能工作，从多个方面入手，提高建筑这一高耗能行业能源利用效率。还要采用各种有效的方式，大张旗鼓地宣传节约资源，反对浪费，真正做到从上而下，从企业到个人，从机关到学校彻底改变旧的生产、生活及消费方式，大力倡导勤俭节约，实行环境标识、环境认证和政府绿色采购制度，完善再生资源回收利用体系，培育环境友好型的生活方式、消费方式。

（执笔：曾开灶）

产业同质化或成加快福建省县域经济发展的最大障碍

县域经济在福建省经济和社会发展中具有举足轻重的地位，加快县域经济发展是统筹城乡发展，解决农业、农村和农民问题的客观要求。中共福建省委、福建省人民政府《关于进一步加快县域经济发展的若干意见》是“十二五”开局之年推动福建省科学发展、跨越发展和海西建设的一项重要举措。

一、福建省县域经济的发展蕴藏着巨大的潜力

改革开放以来，福建省的县域经济取得了较快的发展，为福建省经济的发展发挥了不可替代的作用。“十一五”期间，福建省 58 个县（市）经济总量占全省经济总量的比重保持在 55.4%-55.8%区间。2010 年，县域地区生产总值达到 7987.72 亿元，占全省的 55.6%，其中，第一产业增加值占全省第一产业增加值的 85.9%，第二产业增加值占 56.8%，第三产业增加值占 46.9%。随着经济的快速发展，县域地区财政收入对全省增长的贡献率也在逐年提高，平均达到 38.5%。与此同时，县域地区还为全省生产生活提供了绝大多数的农产品。其中，粮食占全省的 91.7%、肉类占 72.2%、水产品占 79.5%、水果占 91.0%、甘蔗占 86.3%、茶叶占 95.5%、油料占 79.5%。县域地区已成为福建省扩大内需和就业的重要经济腹地。

进入新的历史时期，福建省县域经济的发展蕴藏着巨大的潜力。除了处在战略机遇期和较为宽松的外部发展环境外，福建省加快县域经济发展的有利条件还在于：

（一）福建省县域经济在取得较快发展的同时，各地都在不断总结经验，探索具有地方特色的发展道路，创造出像晋江模式这样在全国都叫得响的品牌

改革开放以来晋江市地区生产总值、工业总产值、财政总收入年均增长 20%以上，2010 年，人均 GDP 为 6758 美元，平均每平方公里土地创造 GDP1.4 亿元、工业产值 3.2 亿元；基本竞争力连续十届居于全国第 5-7 位，综合经济实力连续 17 年位列福建省榜首，成为福建省发展最快、实力最强、最具活力的地区之一。

（二）县域经济的发展得益于发挥资源的比较优势和管理的扁平特点

福建省县域地区资源丰富，为县域经济的发展提供了坚实的保障。2009 年底，福建省已发现矿产 118 种，占全国已发现矿产总数的 69%，已探明储量并列入储量表的矿产 112 种（含亚矿种），其中，能源矿产 1 种，金属矿产 28 种，非金属矿产 83 种；已探明固定矿产矿床 1150 处，这些矿产资源基本上分布于县域。此外，县域地区还拥有占全省 87.7%的土地面积和占全省 69.7%的 2523.2 万人口，成为生产要素的主要来源。

（三）福建省这几年在不断扩大开放的同时，重视县域地区基础设施建设，“五大战役”的打响和继续推进，更是为福建省县域经济的发展提供了良好的环境

全省县域基本实现了“村村通”，具备了比较完善的供水、供电、通讯、教育、文化、卫生等公共设施。2010 年，全省县域城镇固定资产投资增幅高出全省 10.8 个百分点，占全省的比重由 2005 年的 30.7%上升到 46.4%。2009 年，县邮路单程长度 15401 公里，比 2005 年增长 9.0%，占全省的 10.9%；农村投递中路线总长度达到 71773 公里，比 2005 年增长 7.2%；公路通车里程 76152 公里，占全省的 85.1%，比 2005 年增长 53.0%。

为此，我们期待着福建省县域经济总量对全省经济的贡献率能达到江苏省62.3%的水平，如果这样，福建省县域经济总量将在原有基础上净增一千个亿，所带来的经济和社会效益必然是相当可观的。

二、产业同质化或使福建省县域经济难以做大做强

在展望福建省县域经济发展前景的同时，也应该看到福建省县域经济发展所面临的严峻挑战，这些挑战来自市场垄断、资源枯竭、要素匮乏、环境恶化等等，但是产业同质化现象对整个经济发展格局所产生的不利影响是很大的，以至于使得福建省的县域经济难以做大做强。

所谓产业同质化就是指在同一市场需求的条件下，各县（市）在各自的区域范围内布局同类产业，生产经营同类产品的普遍现象。产业同质化使县域地区产业结构呈“块状分布”。产业同质化产品的生产经营企业也有其显著的特征，即技术上比较低端，以加工贴牌为主；管理上比较粗放，以家族管理为主。造成产业同质化的原因是多方面的，其主要原因有：一是政策引导不力。有的产业发展规划缺乏科学性和约束力，形同虚设，错误的政绩观使一些地方政府在招商引资的过程中，各自为政，重数量，轻质量，造成产业同质化。二是市场信息不畅。部分产业准入门槛偏低，产业标准不明确，行业协会不健全，功能发挥不充分，对产业信息的掌握不够全面，造成产业同质化。三是企业急功近利。一些投资者被短期内市场表象所迷惑，忽略了对产业可行性的研究，得了“近视眼”，追逐短期利益，对新产品研究开发不力，造成产业同质化。此外，上级政府部门不注重县（市）间产业规划的综合协调，知识产权保护不到位也是造成产业同质化的重要原因。

目前，我国的陶瓷卫浴产品、电动自行车、动漫网游产业、塑料产品、农药产业、皮革制造业、食品加工业、IDC产业、LED产业、纺织服装业等都已显示出同质化的倾向。同样，福建省的县域经济产业同质化问题也已开始显现，以规模以上工业为例，2010年，在全部37个工业大类行业中，40个以上县（市）共同拥有的行业有18个，占48.6%，这些行业包括：农副食品加工业，食品制造业，饮料制造业，纺织业，纺织服装、鞋、帽制造业，木材加工及木、竹、藤、棕、草制品业，家具制造业，造纸及纸制品业，化学原料及化学制品制造业，塑料制品业，非金属矿物制品业，黑色金属冶炼及压延加工业，金属制品业，通用设备制造业，专用设备制造业，电气机械及器材制造业，工艺品及其他制造业，电力热力的生产和供应业。

产业同质化使生产要素、原料资源、市场份额的配置产生不合理的状况，加剧了经济运行环境的紧张局面。

（一）生产要素制约了县域经济的发展

产业同质化使人力资源主要集中在中低端的制造业和传统产业，高层次、高技能人才短缺，领军型人才尤为匮乏。第二次全国经济普查资料表明，目前福建省工业企业从业人员中，具有中级技术职称人员的占2.2%，具有高级技术职称的占0.5%，比第一次全国经济普查全国工业企业平均水平分别低1.0个百分点和0.4个百分点，而县域地区的人才比例更小，制约县域经济自主创新能力的提升，影响发展方式的转变。此外，福建省有限的土地、资金的分散和粗放使用，也将制约县域地区整体经济的发展。

（二）原料资源制约了县域经济的发展

以石材加工为例。长期以来，由于石材加工科技含量低，行业准入“门槛”低，石材产业存在一哄而上、滥采乱挖、行业秩序混乱、不可再生资源和生态被毁灭性的掠夺和破坏等系列问题，部分优质的石材资源已经接近枯竭。有关资料显示，福建省石材加工行业中，小企业数量占绝大多数，个体、私营、集体开采和加工企业多如牛毛。企业数量多、分布面广、规模小，一些开采企业为了减少前期投入，大都采取“放大炮、挖山脚”的原始作业方式

开采，放炮的结果是材料利用率只有百分之几，资源浪费巨大，大量被炸碎的石材无法用于制作高端产品，只能废弃，或者作为低级填充工业产品超细重钙粉的生产原料。长此以往，必然会阻碍石材产业的可持续发展。

（三）市场供求制约了县域经济的发展

从市场供求看，目前我国供大于求的商品已占近 26%，供求基本平衡的占 74%，明显短缺的商品已几乎不存在。既使是过去严重短缺的电力，现也已出现供过于求，铁路货运量低速增长，工业生产能力过剩，许多行业开工率只有60%左右。在这样的环境下，使福建省县域企业面临的竞争不断加剧。从居民消费看，我国消费品零售总额的60%左右是在城镇地区实现的。近年来，随着城镇居民生活水平的提高，城镇居民的消费结构已由过去以解决衣食为主，逐步过渡到以解决住行为主。同时，城镇居民的消费行为也日趋成熟，追求品牌、讲究质量开始成为一种时尚，低档劣质产品在大中城市正在失去市场。城镇居民消费模式的这种变化，也将对福建省县域产业结构产生重大影响。

产业同质化还会造成市场的无序和混乱，侵犯知识产权和制售假冒伪劣商品的现象时有发生，影响县域经济的健康发展。2011 年初，福建省组织了打击侵犯知识产权和制售假冒伪劣商品专项行动，在这次行动中，全省法院机关共受理专项案件 132 件 181 人，涉案金额达 1.5 亿多元；全省行政执法部门共立案查处 4711 起，总案值 5812 万元。

此外，环境污染也在很大程度上制约了县域经济的发展。福建省养殖、陶瓷、石材、钢材 、印染、造纸、制革、矿山、电镀、化工、造船等行业总量不小，污染问题不可小视，生态环境亟待修复。比如，石材加工中所使用切机、磨机等设备产生了大量的石粉、碎石，带来了空气、水源污染以及土地板结等环境问题。石材行业污染已成为制约石材产业发展的瓶颈。

产业同质化最终体现在限制了企业与整个行业规模的扩大，制约了县域经济的发展。从工业产销率来看，县域地区上述 18 个行业中仅有 3 个行业高于全省面上的水平；从工业总资产贡献率来看，县域地区上述 18 个行业中有一半以上的行业低于全省面上的水平；从工业生产能力利用率来看，在统计部门常规调查的 38 种工业产品生产能力利用率中，涉及上述 18 个行业的工业产品有 25 种，其中，有 18 种工业产品的生产能力利用率县域地区比全省面上的水平低或持平，这些产品包括：焦炭、烧碱、碳化钙、农用氮、磷、钾化学肥料、初级形态塑料、水泥熟料、水泥、平板玻璃、浮法玻璃、生铁、粗钢、钢材、金属切削机床、电子计算机整机、微型计算机设备、火力设备容量/发电量、风力设备容量/发电量等等。2010 年县域地区 12513 个规模以上工业企业户均工业总产值、增加值分别为 0.95 亿元和 0.27 亿元，均低于全省平均 1.10 亿元和 0.31 亿元的水平。

特别应该指出的是，产业同质化既对福建省县域地区的现时经济产生影响，而且对整个福建省的产业结构、发展后劲、社会稳定带来全面和深远的影响。从这个意义上说产业同质化不仅是经济问题，而且是政治问题，必须从根本上加以解决。

三、加强政府引导市场，调节企业开发是解决产业同质化问题的关键

（一）政府引导

1. 制定产业发展规划。要制定立足本地资源，突出县域特色的产业发展规划，对主导产业，特别是具有竞争力的传统产业、异质性产业，要制定配套的优惠政策加以扶持，要保护知识产权，使发明者、创造者、开发者得到应有的回报和收益。与此同时，地方政府在招商引资的过程中应避免同质企业入驻投资。

2. 建立中介服务机构。要支持和鼓励一批服务意识强、服务水平高、管理运作规范的商业化中介机构和公益性中介组织为企业服务，推动企业与中

介机构的有机融合，发挥中介服务机构联结政府和企业桥梁作用，引导企业选择正确的投资和发展的方向，保护好各方面加快发展的积极性，为县域经济的发展营造良好的外部环境。

3.**完善信息共享机制**。要成立为企业提供信息和咨询服务的机构，建立完善市场供求、生产能力、招商引资、技术经济指标等方面的定期信息发布制度和行业预警制度，要搭建为企业提供信息和咨询服务的平台，强化企业之间的信息交流和共享，为企业规避产业同质化创造条件。

此外，省市两级政府要充分发挥综合协调的作用，打破县域界限，建立若干个跨县域、产业分工合理、产业链完备、具有比较优势的产业集群，整合生产要素的使用效果，提高资源的综合利用率，形成集聚效应。

（二）市场调节

1.**提高产业门槛**。对部分产业设置必要的准入门槛，主要是由行政管理部门发布行业准入条件，提高注册资金标准，规范产品质量要求。通过发布行业准入条件，提高注册资金标准，规范产品质量要求，可以优化市场氛围，进一步减少不良产品流入市场的可能性，改变“劣品逐良品”现象。有的产业还必须制定污染物排放标准，加强对污染物的管控，保护生态环境。其最终目的是促进资本整合，壮大优秀企业。

2.**控制信贷风险**。要加强产业发展规划和信贷政策的协调配合，各商业银行要关注产业发展，采取有效措施，及时调整信贷投向，停止对产业发展规划明确淘汰产业的信贷支持，控制对采用落后工艺、技术装备产业的贷款，特别是要防止信贷资金流入低水平盲目扩张产业，这不仅是规避产业同质化的需要，也是防范金融风险的需要。

3.**实行行业规范**。行业协会颁布实施“行业标准”，使业内企业按标准生产，自律行为，有利于避免无序恶性竞争。此外，通过“行业标准”的推广使用，还可以提升企业的技术能力，促使企业走联合发展之路，促进行业产品质量全面提升，推动以质取胜和品牌带动的战略，实现强强联合，优势互补，打造区域品牌，提高核心竞争力。

（三）企业开发

1.**加强可行性研究**。特别是注重对异质性的产业和产品的可行性研究，包括对市场需求的研究，原材料供应的研究，生产技术的研究，生产能力的研究，成本效益的研究，环境影响的研究，发展后劲的研究等等。培育和发展异质性产业，有利于规避恶性竞争与经济风险，降低生产成本，提高经济效益，逐步做大做强企业，培养和壮大产业集群，使县域地区产业结构呈现合理的“条状分布”。

2.**注重新产品开发**。要树立创新发展意识，成立研发机构，设立研发基金，培养创新人才，形成“一代产品在销售，二代产品在生产，三代产品在研究”的生产格局和“人无我有，人有我优，人优我新，人新我精”的品牌优势，来提高产品的技术含量和附加值，巩固和发展产品的市场空间。主要从事运动服饰设计、开发、制造和销售的安踏公司，在成功打响品牌后，仍然十分重视产品技术创新，与国内外研发机构合作，不断致力于新产品的研究、开发和试验。

3.**面向国内外市场**。1993 年上市的福耀玻璃工业集团股份有限公司就是一个成功的例子。公司在不断发展壮大的同时，仍然紧盯国际前沿最新技术，不断进行开发创新，研究生产出高品质差异化的浮法玻璃，成为国际汽车厂商确认配套的汽车玻璃供应商，“福耀”也因此成为中国汽车玻璃行业唯一的“中国驰名商标”，在国际汽车玻璃行业中享有较高的知名度。

（执笔：陈志强）

转变投资发展方式 提升投资运行质量

——福建省投资转变发展方式研究

一、福建省固定资产投资建设现状

（一）投资总量不断扩大

“十一五”以来，福建省认真贯彻落实科学发展观，大力推进海峡西岸经济区建设，全省固定资产投资总量迅速扩大。2006 年至 2009 年，全省全社会固定资产投资总额从 3115.08 亿元增加至 6362.03 亿元，翻了一番，四年累计完成投资 19100.54亿元，是“十五”时期投资总量的2.4倍。虽然 2009 年增幅有所回落，整体上看福建省投资增速比“十五”时期有明显提升，在全国也处于较为领先的地位。“十一五”前四年，福建省全社会固定资产投资年均增长 28.3%，高于全国 26.2%的年均增长水平，也比本省“十五”时期年均增幅提高 11.6 个百分点。“十五”时期福建省投资额占全国投资总量的比重为 2.7%，“十一五”前四年福建省占全国投资的比重上升至 3.0%。

（二）投资对经济增长贡献显著提升

“十一五”以来，福建省投资对经济增长的贡献率明显提高。2006 年，全社会固定资产投资占 GDP 的比重为 41.1%，2009 年已上升至 53.2%，提高了 12.1 个百分点，2006 年至 2009 年全社会投资总额占 GDP 的比重为 48.2%，比“十五”时期 31.4%的总投资率提高 16.8 个百分点。“十五”初期福建省资本形成总额对经济增长的贡献率仅在 30%左右，而后不断上升，至 2007 年高达 74.9%，虽然 2008 年以来受经济危机的影响贡献率有所回落，但 2009 年仍达 64.0%，与前期相比提升较为显著。“十一五”前四年贡献率为 65.4%，比“十五”时期提高 16.7 个百分点。近年福建省全社会投资情况见表 1。

表 1 近年福建省全社会投资情况

	投资总量（亿元）	投资增幅（%）	资本形成总额对经济增长的贡献率（%）
“十五”时期	8116.94	16.7	48.7
2006	3115.08	38.0	61.3
2007	4321.74	38.7	74.9
2008	5301.69	22.7	62.6
2009	6362.03	20.0	64.0
2006-2009	19100.54	28.3	65.4

（三）民间投资主体地位增强

“十一五”期间，福建省在不断提升国有投资力度的同时，进一步鼓励和支持私营个体和“三资”等非公有制主体参与经济建设，积极引进外商和港澳台资金，着力激活民间资本，各大投资主体日趋活跃，各类投资全面快速提升。整体上看，各类投资增速均高于“十五”时期，其中，民间投资与国有投资增速提升明显，在投资总量上，民间投资已成为福建省投资的主导力量。“十一五”前四年，全省民间投资 9522.35 亿元，年均增长 30.2%，比“十五”时期年均增速提高 8.1 个百分点，民间投资占全社会投资的比重也由“十五”时期的

44.0%上升至49.9%，分别比国有投资和外商港澳台投资高15.2个百分点和34.5个百分点，成为全社会投资构成中最大的组成部分；2006年至2009年，全省国有投资与外商港澳台投资分别为6625.04亿元和2953.15亿元，年均增长32.6%和14.9%，分别比“十五”时期的年均增速高20.1个百分点和1.7个百分点。

二、投资领域存在的主要问题

（一）投资效益下降

“十一五”以来，虽然福建省投资总量不断扩大，投资率持续攀升，但仍然存在投资结构不平衡、部分行业盲目建设与低水平重复建设等问题。

1.投资建设效益下滑。近年来福建省投资交付使用率和建成投产率明显下降，投资项目建设周期也有所延长。“十一五”前四年，福建省全社会新增固定资产8001.85亿元，占同期全社会投资总量的比重（即交付使用率）仅为41.9%，比“十五”时期降低了17.2个百分点；“十一五”以来全省城镇投资项目的平均投产率为36.1%，比“十五”时期降低了6.3个百分点，城镇项目平均建设周期则由“十五”时期的3.5年延长至3.8年。

2.投资运行效益明显降低。“十五”末期的2005年，福建省全社会投资效果系数为0.344，2009年降低至0.177，表明2009年福建省单位固定资产投资所提供的生产总值增加额几乎只有2005年的一半；2009年福建省投资弹性系数为0.600，表明福建省投资每增加1个百分点就能带动经济增长0.6个百分点，这一系数虽然比前两年有所提高，但与“十五”初期1以上的弹性系数仍有较大差距。

3.相关社会效益指标走低。投资财政收入系数是反映一定时期内单位全社会固定资产投资所增加的政府收入指标，投资就业系数是反映一定时期内单位全社会固定资产投资所带来的就业人数增加的指标，投资工业利润系数是反映一定时期内单位全社会工业固定资产投资所增加的企业收入指标。近年来，福建省投资在提升财政收入、促进社会就业和推动工业利润方面的效益明显降低。2005年福建省投资财政收入系数和投资就业系数分别为0.07和0.023，而2009年分别降低至0.03和0.014，下滑较为明显。“十一五”初期福建省投资工业利润系数迅速升高，2007年达到0.20的峰值，受金融危机的影响2008年出现明显下降，虽然2009年回升至0.09，但与前期相比仍有明显差距。

（二）民间投资竞争力有待提升

尽管“十一五”以来福建省民间投资获得较快发展，但民营企业自身竞争优势不强，使得民间投资领域相对集中，行业涉及的广度和深度仍有待进一步拓展。当前福建省民间投资主要集中于批发零售、住宿餐饮、制造业、房地产业等一般竞争性行业，而对于基础设施、新型服务业等投资回报率高、效益回收快的领域介入程度明显不足。2009年，福建省城镇制造业、批发零售业、住宿餐饮业、房地产开发投资中，民间投资的比重达62.3%，而基础设施与新型服务行业中的民间投资比重仅为25.0%和32.1%。

（三）利用外资比重持续降低

近年福建省利用外资的比较优势有所弱化，实际利用外资增幅显著减缓。2004年福建省利用外资开始下降，至2009年依然低迷，实际利用外资仅增长1.2%，明显低于全国平均水平。外资对福建省建设领域的投入也呈现明显的回落态势，从2005年至2009年，福建省全社会投资中的外商和港澳台投资比重分别为20.3%、19.2%、16.4%、15.4%和13.1%，呈逐年走低的态势。从结构看，外商投资结构也不尽合理。当前福建省外商和港澳台投资主要集中于劳动力密集型的行业，在技术密集型和新兴服务行业的分布相对较少。2009年，全省外商港澳台投资中的高新技术产业投资为138.80亿元，比2008年下降7.2%，占外商投资的比重也由2008年的18.4%降至16.7%。外商港澳台投资中的服务业投资虽占43.6%，但若扣除房地产开发投资仅占19.6%，其中，信息传输服务、金融、商务服务等新兴服务行业投资仅占8.3%。

（四）行业投资结构不尽合理

近年来，福建省投资的快速增长主要依靠基础设施行业投入的迅猛增加。2009年，全省全社会基础设施投资2266.12亿元，比2008年增长35.0%，增幅比全社会投资高 15.0 个百分点，基础设施对全社会投资的增长贡献率达55.4%，在全省投资的增长过程中发挥了十分重要的推动作用。其中，交通运输业投资937.45亿元，增长44.7%；市政建设投资634.79亿元，增长37.5%；电力、燃气及水的生产和供应业投资490.75亿元，增长19.0%。当前福建省投资的重心相对集中于基础设施建设，而在生产性行业和新兴服务业方面仍显不足。

1.农业投资比例较低。近年来福建省掀起了建设社会主义新农村的热潮，农业投资呈现加速增长的态势，自 2008 年来农业投资增速始终高于全社会投资的平均增长水平。但是从总体上看，福建省农业投资比例依然很低，农业投资仍然面临着许多问题。由于长时间缺乏有效的对农业基础设施和以农业为主的产业链的投入，福建省农业的基础相对薄弱，仅靠数量不多的分散贷款来解决三农投资收益问题难见成效。另一方面，投资回报率较低、建设周期较长、续贷要求较高等因素，也使得多数投资者对农业投资望而却步。2009年福建省全社会农业投资124.11亿元，比上年增长20.9%，增幅比2005年回落15.8个百分点，农业投资占全社会投资的比重也从2005年的2.6%降低至2.0%。

2.先进制造业投入相对不足。近年来福建省凭借良好的政策、地理和资源优势，在先进制造业基地的建设方面取得了显著的成就。但整体上看，福建省先进制造业投资仍然相对不足。一是高新技术产业投资比重仍然较低。2009年，全省城镇电子、医药、机械设备等高新技术产业投资增长17.3%，占制造业投资的比重只有26.4%，比2005年只提高0.5个百分点；二是主导产业投资增幅大幅回落。石化、机械、电子三大主导产业是海峡西岸制造业的主体，也是福建省先进制造业发展的重要推动力量。2007年至2009年，全省三大主导产业投资增幅分别为87.1%、30.4%和7.1%，增速回落的态势十分明显；三是制造业技改投资力度不大。技改投资主要是指用于技术升级和更新工艺、装备，实现以内涵为主的扩大再生产，达到提升产品质量、促进节能降耗、提高社会经济效益的投资。因而技改投资的科技含量高，是投资构成中的积极要素，对推动产业投资升级、加速先进制造业提升具有明显的推动作用。但当前福建省制造业投资主要仍依靠新建投资的外延性扩张来拉动，技改投资比重较低，内涵性提升的动力相对不足，在一定程度上制约了先进制造业的快速发展。2009年，全省城镇制造业投资中的改建和技术改造项目投资 145.35 亿元，仅占制造业投资的9.6%，比重较2005年降低了0.5个百分点；四是先进制造业的自主投入不足。福建省高新技术产业从事的大都是来料加工组装或者一些外围产品的开发，在核心科技的研发和更新换代方面对外商和港澳台企业的依赖程度较高，造成福建省先进制造业的增资和扩产明显受制于人，自我提升能力不强。2009年全省R&D经费中三资企业投入约占全省R&D经费总量的八成，规模以上工业企业高技术产值总额的 86.5%被外资企业占有。

3.新兴服务业投资力度仍需增强。近年来福建省继续重视第三产业的发展，服务业投资持续快速提升。但从构成上看，福建省服务业投资的快速增长主要得益于住宿餐饮、批发零售等传统服务行业以及房地产开发等行业投资的迅速提升，而诸如金融、商务服务、计算机服务等新兴服务行业的投资仍显不足。2009年全省城镇金融行业投资16.91亿元，比上年增长10.8%，增幅比上年回落23.6个百分点；租赁和商务服务业投资65.50亿元，增长13.6%，增幅回落90.5个百分点；信息传输、计算机服务和软件业投资147.38亿元，增长15.9%，增幅回落59.1个百分点。2006年至2009年，全省新型服务行业投资年均增长28.8%，低于同时期第三产业30.9%的年均增速，2009年全省新型服务业占第三产业投资的比重仅为6.7%，比“十五”末期降低0.4个百分点。

（五）投资环境仍有待继续优化

近年来福建省招商引资力度不断加大，在改善投资环境方面也做了很多工作。但整体上看，福建省引资环境仍有待继续优化。一是产业配套能力较弱。虽然近年来福建省交通基础设施建设成效显著，贸易流通领域也得到较快发展，但产业链仍不完整，产业配套能力不强，缺乏有广泛影响力、综合性较强的大型商贸市场，仓储、物流等生产服务业发展相对滞后；二是生产要素优势不明显。随着经济的持续发展以及建设规模的不断扩大，福建省原有的生产要素优势已不明显，土地费用、劳动力报酬等要素成本逐渐上升，能源供应紧张以及资源、环境承载能力下降也成为制约投资的重要因素，而安徽、江西等内陆省份则凭借其充沛的土地资源、廉价的劳动力资源、更广泛的内陆辐射优势吸引了投资者更多的目光；三是引资配套政策和行政办事效率有待提高。部分企业反映，某些地方政府部门对企业的各种检查、检测名目依然较多，杀鸡取卵、涸泽而渔的现象在个别地区仍有存在，政府部门办事效率也不高，部门间相互扯皮推诿现象也时有发生。

三、提升投资发展质量的对策建议

投资是经济发展的先导，加快经济发展方式转变，实现又好又快发展，必须推进投资发展方式优化升级，投资结构优化调整，创新投资机制、提高投资效益。

（一）转变观念，加强引导，调整投资发展目标

1. 加强投资观念转变与投资引导。各级政府要改变政府绩效考核模式，弱化对投资规模的追求，把工作重心由关注投资总量及增速转向关注投资方向的调整和投资质量的提高，改变单纯以总量为考核标准的投资绩效评估方案，适当增加推动消费、扩大就业等投资社会效益指标考核内容。

2. 调整投资方向。首先，投资工作的重点应转移至扩大全民消费能力、增加收入和就业方面。应将“增长优先”的投资目标转向“就业优先”目标，投资应向有利于创造就业岗位、有利于中小企业和民营经济迅速发展的领域倾斜。其次，投资增长和经济增长应摆脱过多依靠房地产等产业的局面，政府投资要进一步向改善民生、产业自主创新、节能环保、区域协调发展等经济社会发展的薄弱环节倾斜，推动结构调整和发展方式转变。

（二）培育投资内生增长机制

1. 优化投资结构主体。大力发展民间投资，增强投资内生机制的市场性。一要优化民营企业组织结构，推动其跨地区、跨行业兼并重组，或通过参股、控股、资产收购等多种形式参与国有企业的改制重组。二要推动民营企业技术创新和应用，方便民营企业转让和购买先进技术。三要鼓励民营企业产品结构调整，对于开发新产品发生的研究开发费用给予相关税收优惠。四要引导民营企业发展战略性新兴产业，大力发展循环经济、绿色经济，投资建设有发展潜力的新兴产业。五要推动民营企业积极参与国际竞争，建立国际销售网络和国际品牌。

2. 以投资增量带动存量资金的调整。一是强化重点项目建设，把优化投资结构、加强重点项目建设作为以增量调整带动和促进存量调整的重要措施。二是加强资金运作，突出效益。有效资金应优先安排符合国家产业政策的项目和产业，对明令禁止、限制的高能耗、低水平、盲目重复建设的要坚决取缔，加大对增量资本的引导力度。三是要进一步提高投资资金的使用效率。加强调研和科学论证，保证建设项目决策、管理、建设的科学性，加强审计和监督，强化运作，避免资金、土地等要素对项目建设的制约，科学推进项目建设进度，提升

投资的建设效益和运行效益。

3.完善开发区功能，培育优质投资载体。各类开发区要加大政策扶持力度，加强资金筹措，把投资重点从路、水、电、气等基础设施建设转移到创新载体上来，包括各类科技园、创业园、公共技术服务平台以及为科技创业服务的金融、商务、物流服务和宜居生活设施。推动各类开发区建设成创新型、集群式发展高科技园区，具有循环经济特征的新型生态工业园，增强开发区的投资吸引力和聚合力。

4.加强投资软环境建设，营造良好融资环境。一要建设透明政府，提高行政过程的透明度，推进依法行政；二要规范收费行为，清理各种收费项目，不得强行向投资企业拉赞助、收取各种名目费用；三要进一步优化法制环境，执法部门要为各投资主体提供公正高效便捷的法制环境，保护各投资主体合法权益；四要进一步优化融资环境，加大信贷支持力度，引导和鼓励金融部门扩大为外来投资和民间投资主体服务范围；五要建立融资担保机构，对市场前景好，效益高、信用好的项目给予信贷担保。

5.加强基础设施建设，推进城乡功能完善。加强城市公共基础设施建设力度，进一步拓展政府投资的融资渠道，打破垄断，全面放开城市基础设施建设和经营市场，采取多种方式面向社会投资者招标，确保建设项目的资金供应。统筹城乡发展，加快农村教育、卫生、文化、体育、社会救助、污水处理、垃圾处理和公共安全等公共服务设施建设步伐，营造城乡和谐协调发展的良好的投资硬环境。

（三）优化投资结构

1.加大对传统产业技术改造投资。当前福建省制造业技术投资比重依然偏低，2009年全省城镇制造业投资中改建和技术改造项目投资所占的比重仅为11.0%，明显低于湖南、天津、北京、四川等省市，在华东地区排在末位。因此，必须加大力度提高福建省制造业尤其是传统产业投资的技术含量，如：推动福州、厦门、龙岩汽车生产基地的技术引进、科技进步和产品升级的步伐，加大南平、三明、福州长乐、连江等地造纸、纺织、钢铁行业技术改造的力度，走依靠内涵挖潜、产业升级扩大再生产的路子。

2.鼓励企业加大对科技项目投资。加大科技研发投入，完善创新体系的建设，尽快形成一批拥有自主知识产权的高新技术产业群，尤其是进一步推动福州快安电子工业园区、厦门翔安工业园区、漳州龙海、南靖电子产业集群及各地光伏基地项目的建设。支持一批科技含量高、市场前景好、产业关联度大、带动作用强的技术改造、自主创新项目。对企业为推进结构优化、产业升级而购买工业先进技术、专利、研发仪器、先进设备的活动适当减税。

3.加大对战略性新兴产业及节能环保项目的投资。下大气力培育新能源、新材料、节能环保、生物、信息、现代装备制造、现代服务业等战略性新兴产业。深入推进福州、宁德、莆田等地的核电与风电建设，着力加快各地燃气电厂建设与火电的技术升级步伐，加大各地生态环境建设力度。

4.增加农业和农村投资，加快现代化农业发展。一要深入推进农业投资结构调整，加大对现代农业的投入，扶持发展农业产业化龙头企业，大力发展品牌农业，延伸农业产业链，提高农业产业化水平；二要积极发展农村公共事业，加快农村人居环境建设和农村公共服务体系建设，推动农村基础设施投资快速提升；三要建立具有多元主体的农业投资新体系，健全地方政府、农业专业组织、农村集体经济组织以及农民个人相结合的投资机制，调动各种投资主体对农业投资的积极性。

5.加快发展现代服务业。优先发展企业研发、金融、现代物流、商务咨询服务等，特别是大市区更要把发展现代服务业列为优先的地位。大力发展电子商务、特色专业市场和会展业，引导发展法律、咨询、就业和劳务中介、经纪代理等商务服务业。

（执笔：陈姿　叶一标）

"十一五"期间福建省节能减排现状及面临压力

能源资源问题是关系到我国经济社会发展全局的一个重大战略问题。节能减排工作是衡量落实科学发展观、加快调整产业结构、转变发展方式成效的重要标志，事关经济社会可持续发展，事关人民群众切身利益。"十一五"期间，福建省的节能减排目标是2010年全省单位GDP能耗下降到0.79吨标准煤，与2005年相比，累计降低率要达到16%；2010年全省化学需氧量（COD）排放量控制在37.5万吨，比2005年下降4.8%；二氧化硫（SO_2）排放量控制在42.4万吨，比2005年下降8%。在省委、省政府的高度重视下，各地、各部门和广大企事业单位克服国际金融危机等不利因素的影响，认真贯彻落实国家和省节能减排工作部署，围绕实现"十一五"节能减排进度目标，建立有效的工作机制，加大节能减排工作力度，有效促进能源利用率的提高，较好地完成节能减排目标序时进度。

一、"十一五"福建省节能减排现状

（一）"十一五"前四年福建省节能减排目标完成情况

"十一五"期间，全省各地认真贯彻国务院和省委、省政府的部署和安排，采取了一系列节能减排措施，推动节能减排工作向纵深发展，重点行业、重点企业的节能降耗成效明显，全省节能减排成效显著。2009年福建省单位GDP能耗为0.811吨标准煤，比2005年累计下降13.4%，完成福建省"十一五"节能目标的83.1%（见表1）。

表1　福建省单位GDP能耗情况

（2006-2009年）

年份	单位GDP能耗		单位工业增加值能耗		单位GDP电耗	
	指标值（吨标准煤/万元）	上升或下降（±%）	指标值（吨标准煤/万元）	上升或下降（±%）	指标值（千瓦时/万元）	上升或下降（±%）
2006	0.907	-3.2	1.37	-5.3	1149.8	-0.17
2007	0.875	-3.52	1.32	-3.83	1156.2	0.56
2008	0.843	-3.7	1.18	-10.05	1098.56	-4.98
2009	0.811	-3.81	1.15	-2.7	1032.05	-5.87

2009年福建省年度污染减排任务顺利完成，化学需氧量（COD）排放量37.57万吨，比2005年下降4.7%，完成"十一五"总量控制目标进度的97%；二氧化硫（SO_2）排放量41.97万吨，比2005年下降9.0%，完成"十一五"总量控制目标进度的112%。

（二）"十一五"期间能源消费情况分析

1.能源消费增长幅度低于地区生产总值，能源消费弹性系数有所降低。"十一五"前四年福建省能源消费总量分别增长11.2%、11.1%、8.8%、8.0%，年均增速为9.8%，低于"十五"期间年均增长11.7%，也低于同期地区生产总值年均增长13.8%的水平；"十一五"前四年各年能源消费弹性系数分别为0.75、0.73、0.68、0.65，2006-2009年期间能源消费弹性系数为0.70，大大低于"十五"期间1.09的水平。

2.单位GDP能耗水平处在全国前列，但在东部地区属于偏高水平。"十一五"前四年福建省单位GDP能耗按从低到高排序除2006年位居全国30个省市（不包括西藏）第七位外，其他年份均居第六位；在东部地区 11 个省市中除 2006 年第七位外，其他年份均居第六位。2009 年，福建省单位 GDP 能耗为 0.811 吨标准煤，仅相当于全国平均水平的 59.4%，但为东部地区平均水平的 87.7%；单位工业增加值能耗为 1.15 吨标准煤，仅相当于全国平均水平的 50.2%，但为东部地区平均水平的 77.2%（见表 2）。

表 2　东部地区 11 个省市单位 GDP 能耗情况

（2009 年）

东部地区	单位 GDP 能耗		排名	单位工业增加值能耗		排名	单位 GDP 电耗		排名
	指标值（吨标准煤/万元）	上升或下降（±%）		指标值（吨标准煤/万元）	上升或下降（±%）		指标值（吨标准煤/万元）	上升或下降（±%）	
北　京	0.606	-5.76	1	0.909	-12.30	2	681.85	-2.74	1
广　东	0.684	-4.27	2	0.809	-6.94	1	1002.10	-6.13	6
上　海	0.727	-6.17	3	0.957	-5.00	4	808.49	-6.39	3
浙　江	0.741	-5.41	4	1.123	-4.96	6	1176.50	-2.33	10
江　苏	0.761	-5.17	5	1.107	-10.17	5	1064.30	-5.50	8
福　建	0.811	-3.81	6	1.150	-2.70	7	1032.10	-5.87	7
天　津	0.836	-6.03	7	0.911	-13.54	3	782.88	-8.49	2
海　南	0.850	-2.81	8	2.613	-4.53	10	922.89	-2.61	4
山　东	1.072	-5.46	9	1.543	-9.20	8	972.49	-3.86	5
辽　宁	1.439	-5.08	10	2.257	-6.95	9	1120.00	-6.82	9
河　北	1.640	-5.02	11	2.999	-9.54	11	1449.90	-2.52	11

3. 第二产业是全社会能源消费的主体。“十一五”前四年第二产业能耗占全社会能源消费总量的比重一直保持在 70%以上，并有逐年上升之势。第一产业能耗比重保持稳定，基本上都在 2.8%左右徘徊；第三产业能耗比重小幅趋降；城乡居民生活消费能耗比重略为下降（见表 3）。

表 3　能源消费产业构成及地区生产总值构成对比表

（2005-2009 年）

年份	能源消费构成（%）				地区生产总值构成（%）		
	第一产业	第二产业	第三产业	生活消费	第一产业	第二产业	第三产业
2005	2.8	71.3	14.4	11.5	12.6	48.5	38.9
2006	2.9	71.8	14.4	11.0	11.4	48.7	39.9
2007	2.8	72.4	14.6	10.1	10.8	48.4	40.8
2008	2.8	72.3	14.3	10.5	10.7	49.1	40.2
2009	2.8	72.6	14.1	10.5	9.7	49.1	41.2

2009 年，全省工业能源消费量为 6331.09 万吨标准煤，占全社会能耗总量的 71.0%，福建省工业能耗占全社会能源消费总量的七成多，规模以上工业企业能源消费量则占工业能耗的八成以上，规模以上工业企业用能状况对全省节能降耗形势具有重大影响。2009 年，全省规模以上工业企业综合能源消费量 4886.25 万吨标准煤，比上年增长 10.2%，增幅比 2008 年上升 3.0 个百分点，

但比 2007 年回落 7.0 个百分点。2009 年规模以上工业单位增加值能耗 1.15 吨标准煤/万元，下降 2.7%，下降幅度比 2006 年、2007 年和 2008 年分别收窄 2.6 个百分点、1.1 个百分点和 7.4 个百分点。其中，石油加工炼焦及核燃料加工业，化学原料及化学制品制造业，非金属矿物制品业，黑色金属冶炼及压延加工业，有色金属冶炼及压延加工业，电力、热力的生产和供应业等六大主要耗能行业综合能源消费量为 3929.27 万吨标准煤，占规模以上工业企业能耗的 80.4%，实现工业增加值 1005.39 亿元，仅占规模以上工业企业增加值的 21.5%。

4. 煤炭消费占六成以上。福建省工业一次能源消费品种主要集中于煤炭、油品和水电，其中，煤炭占六成以上，石油基本上保持在 20%左右，水电约占 15%。2009 年，全省规模以上工业煤炭消费量 5442.85 万吨，增长 4.5%，增幅比上年回落 0.6 个百分点，其中，火电用煤 3429.10 万吨，增长 9.1%，增幅比上年提高了 5.2 个百分点；水电消费量 740.42 亿千瓦小时，增长 3.5%，增幅比上年回落 1.3 个百分点；成品油 138.87 万吨，增长 19.7%，比上年上升 10.2 个百分点。

5. 主要产品单耗下降。从全省重点耗能工业企业 60 种主要产品单耗看，2009 年有 48 种同比下降，下降面达到 80.0%。下降幅度较大的有：建材行业中的吨水泥综合能耗下降 9.4%；纺织行业中的万米印染布综合能耗下降 8.8%；化工行业的单位合成氨生产综合能耗下降 7.4%；钢铁行业中的炼铁工序单位能耗下降 8.4%；造纸行业的机制纸及纸板综合能耗下降 6.0%。此外，与全国单耗平均水平相比，有 32 个行业单耗指标值比全国低，占 53.3%。其中，万米布混合数综合能耗比全国低 61.8%；炼焦工序单位能耗比全国低 58.5%；每吨纱（线）混合数综合能耗比全国低 50.5%。

6. 能源加工转换效率、循环利用和综合利用水平提高。2009 年，全省能源转换效率为 58.6%，比 2005 年、2006 年、2007 年和 2008 年，分别提高 3.6 个百分点、3.4 个百分点、5.5 个百分点和 6.4 个百分点。全省规模以上工业火力发电加工转换效率 39.8%，比上年提高 1.2 个百分点，供热效率 87.1%，提高 4.5 个百分点；企业消费生物质能 40.30 万吨标准煤，增长 14.5%；消费工业废料 36.50 万吨标准煤，增长 39.8%；回收利用各类能源 105.80 万吨标准煤，回收利用能源占全部规模以上工业综合能源消费量的 2.2%。

（三）“十一五”期间减排落实情况分析

1. 污水处理能力增强。污水处理设施建设和运行情况的好坏，不仅关系到福建省“十一五”COD 减排任务的实现，也直接关系到海西建设发展目标的实现。“十一五”期间，福建省投入大量财力物力建设污水处理厂及配套管网设施。截止 2009 年底，全省新增污水处理厂 26 座，全省已建市、县污水处理厂总数达到 71 座，比 2005 年底增加 45 座；污水厂日处理污水能力 246.50 万立方米，比 2005 年提高 74.80 万立方米；城市污水处理率 80.3%，比 2005 年提高 25.8 个百分点。城市污水处理能力实现跨越式发展。

2. 脱硫减排成效明显。截止 2009 年底，全省装机容量在 300MW 以上的燃煤电厂都已安装脱硫设施，部分电厂还改造脱硫工艺，实行自动添加脱硫剂，仅华能福州电厂、厦门嵩屿电厂、莆田湄洲湾电厂三个老电厂脱硫和国电江阴电厂、华电可门电厂、大唐宁德电厂等新建电厂同步脱硫的投资累计达到 20 亿元以上，取得较好的减排效果。另一方面，非电锅炉及烧结机脱硫设施安装任务基本完成。三明化工、青山纸业、南纸股份、建阳武夷味精、福州东南电化、耀隆化工、晋江凤竹热电、漳州联盛纸业等企业自备电站均已建成运行脱硫设施。三钢集团、福州鑫海、亿鑫、泉州三安钢铁厂、厦门明达玻璃、福耀玻璃、漳州旗滨等企业脱硫设施也已建成投运。此外，全省企业积极探索并推进中小锅炉脱硫工作取得实质进展，如：泉州、福州印染企业利用印染废水脱硫，“以废治废”，既削减了污染，又实现综合利用，节省治理资金。“十一五”前四年，全省重点行业和企业脱硫任务已基本完成，取得可喜的成效。

3.工业废水深度治理稳步推进。工业废水排放量常年占福建省废水排放量的一半以上，福建省在严格监管促进稳定达标排放的基础上，“三管齐下”，稳步推进。一是大力推进重点企业技术改造和产业升级。大中型国有企业发挥带头作用，“十一五”期间每年都投入上千万元进行技改和治理工程改进，持续削减污染物排放量，提高资源利用率和污染防治水平。二是突出行业深度整治。根据国家新出台的造纸、制药等行业排放标准，分门别类，针对各行业不同特点，下达深度治理要求，进一步削减行业整体排放量。三是推广水回用工程。重点抓好厦门、泉州、漳州市再生纸厂废水深度治理回用工程，鼓励各地区各企业大力开展中水回用工作。“十一五”前四年，虽然工业废水排放量逐年增加，但工业废水排放达标率从 2005 年的 97.7%逐年提高到 2009 年的 98.8%，为工业废水 COD 减排任务的完成做出贡献。

二、“十二五”福建省节能减排面临压力

“十一五”全省节能降耗工作虽然取得重大进展，成效显著，但制约福建省节能减排的不利因素仍然存在，随着经济回暖、复苏，能源消费需求必定会相应增长。因此全省节能减排面临的挑战仍较多，形势不容乐观，要完成“十二五”节能减排的目标，压力仍较大。

（一）节能减排有利因素

1.超额完成了国家规定的淘汰落后产能任务。“十一五”期间，福建省按照优化增量、调整存量、上大压小、扶优汰劣的原则，制定和实施淘汰落后产能计划。各级政府采取层层签订淘汰落后产能的责任书，明确淘汰、转型的时间、目标和任务，综合运用经济、法律和行政的手段，通过实行差别电价、等量淘汰、经济补偿等政策，认真开展水泥、钢铁、小火电、造纸等高耗能、高污染行业的淘汰落后产能工作，加快淘汰能耗高、效率低、污染重的落后设备、技术和工艺。2006-2009 年淘汰水泥落后产能 2156.70 万吨、造纸落后产能 26.08 万吨、铁合金落后产能 9000 吨，关停小火电机组 194.55 万千瓦，超额完成淘汰落后产能目标任务。

2.新能源建设取得新进展。“十一五”期间先后开工建设宁德核电站一期 4×100 万千瓦工程，福清核电站一期 2×100 万千瓦工程，这两个核电站预计于“十二五”中后期陆续建成投产。增加装机容量 1000 万 KW 以上，约占 2020 年全省装机总规模的 20%-25%，总供量 25%-28%，发展核电将为海西发展突破能源瓶颈，提供持久支撑力，有利于大批量地替代煤炭发电，有效地减少二氧化碳排放。太阳能产业方面初步形成太阳能级硅材料、硅片、电池、组件、光伏应用产业链和太阳能热利用产业，非晶硅薄膜太阳能电池生产在全国处于领先地位；生物能源产业方面已经形成 40 万吨生物柴油生产能力，生物质气化发电示范项目也运行多年，生物沼气在农村受到应用广泛；风力资源优势得到初步利用，2009 年全省已建成风电场 14 处，总装机规模 45.73 万千瓦。

3.减排工作已经形成常态管理。建立《福建省主要污染物总量减排统计监测及考核实施办法》和《福建省主要污染物总量减排工作年度考核指标体系》，对各设区市每年度及半年的减排工作情况进行综合评价考核并予以通报，督促各地对照存在的问题、及时整改落实。由此形成主要领导抓统筹，分管领导抓推动，人大政协抓督查，部门抓落实，新闻舆论抓监督的良好运作机制和责任机制。减排预警通告、调度、报备等日常制度逐步完善，减排成效已列入政绩考核，并强化减排问责规定。目前减排工作制度化、常态化的管理运作模式已经形成，为“十一五”全面完成减排目标创造了坚实的基础。

（二）节能减排面临的主要困难

1.节能降耗形势面临较严峻。2010 年全省万元 GDP 能耗为 0.783 吨标准煤，比上年下降 3.4%，比 2005 年累计下降 16.5%，超出国家下达的单位 GDP 能耗下降 16%的节能目标 0.5 个百分点，超额完成 2.8%。根据国家初步分解到各省的“十二五”节能降耗指标来看，福建省节能目标是 2015 年全省单位 GDP 能耗下降到 0.658 吨标准煤，与 2010 年相比，累计降低率要达到 16%。“十一五”时期，

单位 GDP 能耗按从低到高排序福建省均居全国第六位（除 2006 年位居第七位外），单位 GDP 能耗处于全国领先水平，在此基础上，2015 年单位 GDP 能耗下降 16%，完成节能降耗任务还是比较艰巨。

2. 重化工业进程给节能降耗带来挑战。福建省重化工业起步晚，基础较为薄弱，虽然经过多年努力，但重化工业比重仍处在全国较低水平。在较长一段时期内，重化工业仍是推动全省经济发展的重要支撑力量，经济结构继续向重化工方向发展不可避免。随着重化工业的发展，能源的需求必然加大。2009 年，石油加工、炼焦及核燃料加工业行业实现增加值 60.59 亿元，占规模以上工业企业增加值的 1.3%，但能源消费量高达 263.44 万吨标准煤，占规模以上工业企业能耗的 5.4%，比增加值高出 4.1 个百分点。产业结构重化工趋势对进一步降低单位 GDP 能耗，完成“十一五”节能目标形成挑战。

3. 结构性矛盾进一步凸显。近年来，全省经济增长在相当程度上依赖于第二产业的增长，2009 年占 GDP 比重为 49.1%，比 2006 年提高了 0.4 个百分点，比全国的 46.8%高出了 2.3 个百分点。耗能较低的第三产业发展明显滞后，第三产业的比重低于全国平均水平。当前福建省工业化水平还不高，继续加快工业化进程，迅速扩张工业经济总量，是福建省在今后相当一段时期经济发展的趋势。这就使福建省结构性矛盾进一步凸显，节能压力加大。

4. 能源消费结构不利于节能。目前福建省的主要能源消费品种仍然是煤炭，煤炭消费量在全省能源消费量中所占比重超过 60%以上（世界平均水平的煤炭消费占 26.5%，工业化国家占 21.4%）。虽然近年来清洁能源得到一定发展，但在整体能源中所占比重小，只有 7%左右，在较长时期内这种局面不会有根本改变。以煤炭为主的能源消费结构，既不利于能源效率的提高，也不利于节能降耗。

5. “海西”经济发展与城镇化建设给减排带来新的压力。对于化学需氧量，工业无法减排反将明显增排，主要原因是“海西”发展所需的增量大，且原有工业 COD 基数小，重污染企业少，列入国家结构调整的关停项目不多，加之污普动态更新的工业排污都是达标的，可计算新增减排量的减排项目不多且减排量小。随着城镇化水平的提高和养殖业的发展，生活 COD 减排压力将越来越大。对于二氧化硫，也存在增量大，减排空间小的压力。一方面，“海西”需要保持较快发展，就需要电力支撑；同时，目前已有大批大型企业希望落户福建省，发展势头良好，由此也将使非电增量明显增加；二是“十一五”燃煤电厂，热电厂、企业自备电站已全部安装脱硫设施并计算削减量；小火电已全面关停；烧结机、玻璃炉窑也均已安装脱硫设施，在“十二五”减排空间相当有限，存在着新的压力。

三、若干建议

（一）加快优化和调整产业结构，合理规划产业布局

节能降耗是调整经济结构、提高经济增长质量和效益的综合反映。根据目前全省产业结构，要加快进行产业结构调整步伐，继续大力发展第三产业，加快发展能耗低且辐射带动能力强的现代装备制造业、现代物流业、服务业及高新技术产业，提高第三产业在地区生产总值中的比重。坚持走科技含量高、经济效益好、资源消耗低、环境污染少、人力资源得到充分发挥的新型工业化道路，加快发展高新技术和高附加值的产业，运用高新技术和先进适用技术改造传统产业，提升工业整体水平，实现结构节能。同时，引导发展高效生态农业，积极调整农业结构，做大做强具有比较优势的特色农产品。全面推进农业标准化清洁生产，提高绿色无公害农产品质量和安全水平。建立农产品质量可追溯制度，实施主要农产品市场准入，打造绿色诚信农业。使产业结构向低能耗、高技术方向发展，从而相对控制对能源消费总量的过度需求。

（二）严格控制高耗能、高排放项目，坚决淘汰落后产能

严格控制“两高”和产能过剩行业新上项目。各级投资主管部门要进一步加强项目审核管理，不再审批、核准、备案“两高”和产能过剩行业扩大产能项目。未通过环评、节能审查和土地预审的项

目，一律不准开工建设。对违规在建项目，有关部门要责令停止建设，金融机构一律不得发放贷款。对违规建成的项目，要责令停止生产，金融机构一律不得发放流动资金贷款，有关部门要停止供电供水。落实限制“两高”产品出口的各项政策，控制“两高”产品出口。认真贯彻落实《国务院关于进一步加强淘汰落后产能工作的通知》（国发[2010]7号）精神，加大淘汰钢铁、铁合金、水泥等高耗能、高污染行业落后产能的力度，对未完成淘汰任务的市和企业分别实行“区域限批”和吊销证照、不予新批和停电停水等措施。

（三）发展循环经济和低碳经济

循环经济和低碳经济是以低消耗、低排放、高效率为基本目标的经济，符合可持续发展理念的经济增长方式，也是节能降耗的重要途径。认真实施《循环经济促进法》，按照“减量化、再利用、资源化”的原则，推动全省循环经济工作由试点到全面展开，逐步建立健全发展循环经济的基本管理制度。要根据本区域污染物排放总量控制指标和建设用地、用水总量控制指标，规划和调整本行政区域的产业结构。积极转变经济发展方式，大力推动循环经济城市、产业基地、产业园区和企业建设，组织实施循环经济重点工程。全面推行清洁生产，大力推进石化、电力、造纸、啤酒、印染、钢铁、建材等重点行业开展清洁生产审核。积极开展资源综合利用工作，抓好“废水、废气、废渣”的循环利用，重点加大粉煤灰、石粉、煤矸石等大宗工业固体废物综合利用。加快再生资源回收体系建设，加大对废金属、废纸、废塑料、废旧轮胎、废旧木料、废旧电子产品的再生利用。积极推动风能、太阳能、沼气、生物柴油、垃圾发电等可再生能源基地化、规模化、集约化建设，大力推广使用可再生能源、清洁能源，加快宁德、福清等核电厂的前期工作。

（四）完善节能减排措施

持续强化“工程、结构、监管、政策、责任”减排措施，加快出台《福建省节约能源条例》、《福建省公共结构节能管理办法》等节能减排法律法规文件，推进福建省节能工作走上法制化轨道。坚持能减尽减、能脱尽脱，根据污染源普查和动态更新情况，深入挖掘，筛选减排项目。加快福建省地方能源标准体系建设，结合福建省实际，开展30种重点耗能产品单位能耗限额地方标准制定修订工作。

（五）加大监督检查力度，做好节能减排预警预测工作

强化对节能减排法律、法规和标准执行情况的监督检查。组织节能监察机构对重点用能单位开展拉网式排查，检查重点用能企业能源岗位配备和能源利用状况报告报送情况。严肃查处使用国家明令淘汰的用能设备或生产工艺。夯实能源统计基础，进一步完善节能统计、监测和考核体系，全面分析节能降耗监测情况，根据变动情况，迅速作出节能监测预警报告，及时启动不同级别的预警调控措施。

继续完善减排在线监控管理体系，增强监控的科学性和时效性。对已安装并联网的污染源，继续配备专门力量紧密跟踪、实时监控。定期对各地减排工作进行监督检查，通报其工作进度，及时预警难以完成减排工作或出现增排趋势的地方。

（六）开展全民节能行动

继续组织实施节能减排全民行动实施方案，按照政府推动、企业实施、全社会共同参与的工作机制，充分利用节能减排工作的各个平台，在企业、机关、学校、社区、军营等开展广泛深入的“节能减排全民行动”，普及节能环保知识和方法，推介节能新技术、新产品，倡导绿色消费、适度消费理念，加快形成有利于节约资源和保护环境的消费模式。继续加大节能教育和培训力度，组织开展重点耗能企业节能管理、技术培训，在广大职工中深入开展“我为节能献计策”活动。组织好集中宣传和日常宣传，利用“全国节能宣传周”、“世界环境日”等开展系列和专题节能减排宣传活动，宣传节能环保典型，曝光浪费资源现象，充分发挥舆论导向和监督作用，弘扬节约光荣、浪费可耻的社会风尚。

（执笔：郑明坤）

2010年福建省科技创新能力分析

2010年，面对外部国际金融危机和内部发展方式转变的双重考验，福建省大力推进创新型省份建设，科技事业前行步伐稳健，呈现良好发展态势，为提高全省自主创新能力，推进福建省科学发展、跨越发展做出切实的贡献。

一、科技创新成效显著

（一）自主创新环境不断优化

2010年，福建省出台一系列激励创新政策措施，科技在转变经济发展方式中支撑作用不断凸显，功能不断提升，形成创新投入—政策支持—再投入的良性循环，创新政策的“杠杆效应”日益显现，企业创新激情和活力不断得到释放。2010年全省新认定高新技术企业224家。全省创新型企业达到181家，其中，福建省星网锐捷通讯股份有限公司、万利达集团有限公司、厦门钨业股份有限公司等7家被命名为全国创新型企业，福建省福晶科技股份有限公司等17家被确定为国家级创新型试点企业。

科技金融发展进入新阶段，2010年，福建省银监局、科技厅和知识产权局联合出台了《关于进一步加强科技型中小企业金融服务的实施意见》，大力推动了科技与金融的结合。科技型中小企业投融资服务平台正式投入运营，推动了福建三元达通讯股份有限公司、福建中能电气股份有限公司、福建星网锐捷通讯股份有限公司、漳州科能电器有限公司、福建榕基软件股份有限公司等多家科技型企业上市；促成11家企业与福建投资机构达成融资签约，实现资金到位近2亿元。省知识产权局与中行福建省分行签署协议，启动了企业专利权质押贷款工作，全省已有5家企业获得专利权质押贷款3140万元。科技与金融合作的新机制，为企业自主创新起到保驾护航的作用。

为深入实施人才强省战略，加快培养造就高素质人才队伍，2010年福建省委、省政府出台《福建省引进高层次创业创新人才暂行办法》、《海西产业人才高地建设实施办法》、《海西创业英才培养实施办法》等政策性文件，强力推进人才队伍建设，人才在区域发展中的战略地位不断提高。

（二）科技投入明显增加

人才资源是第一资源，是科技创新的关键。2010年，福建省深入实施科教兴省战略和人才强省战略，坚持以用为本，在实践、在基层、在生产一线中培养使用科技人才，在转变经济发展方式、推动产业结构优化升级中培养使用科技人才，造就了一支具有一定规模和水平的科技活动人员队伍。2010年，全省从事科技活动人员17.93万人，其中，大学本科及以上学历7.00万人，占39.0%，基本与上年持平；从事R&D活动人员10.14万人，其中，大学本科及以上学历5.16万人，占50.9%，比上年提高9.7个百分点；从事科技活动人员和R&D活动人员分别增长7.3%和18.3%。

科技活动经费是科技活动的基础和基本条件，也是提升科技创新能力的关键要素。福建省把科技投入作为战略性投资，逐步建立财政投入为引导、企业为主体的多元化、多渠道、高效率的全社会投入体系，科技经费投入明显增加。2010年全省研究与试验发展（R&D）经费支出170.90亿元，比上年增长26.2%，增速居全国第五位，R&D经费占全省生产总值（GDP）比重达1.2%，提高0.1个百分点。在财力十分有限的情况下，省财政对科技事业的投入仍逐年加大，2010年全省财政科技支出32.31亿元，增加4.42亿元，增长15.8%。

围绕海峡西岸经济区建设需求，注重研究开发与扩内需、调结构、惠民生紧密相关的项目，形成一批技术集成高、产业带动性强、关联度大、市场竞争力强的科技成果及高新技术产品，带动全省经济社会发展。2010年全省R&D项目2.51万项，项目经费139.01亿元，分别比上年增长15.1%和29.2%。为加强科技资源整合，2010年福建省新启动实施“混合动力客车及其关键部件研发及产业化”、“通信技术与产品”、“光电子信息材料与器材”、“工业自动化IAP新技术研发及其产业化”、“数控机床及其相关功能部件研发”、“海洋生物综合利用及活性物质提取技术研究与应用”、“环境友好型饲料关键技术集成及其产业化开发”、“花卉品种创新与产业化配套技术研究”、“肝脏主要疾病新药的研发”、“竹纤维纺织材料的研发及产业化”等10个科技重大专项（专题），安排省级科技经费5100万元，预计吸引、带动社会各界投入3.8亿元，促进了产业结构优化升级。

（三）科技产出成果令人振奋

在省委、省政府的高度重视下，福建省科技工作者奋力拼搏，科技产出硕果累累，产生了一批具有重要影响的创新成果。2010年福建省科技人员共发表科技论文2.66万篇，出版专著808种。2010年，福建省有7项科研成果获2010年度国家科学技术奖，7项成果中，国家技术发明二等奖1项，国家科技进步二等奖6项，其中，负责完成的有4项，参与完成的有3项。

近年来，福建省专利申请和授权总量高速增长，特别是发明专利申请和授权量增幅显著，所占比例更趋合理，专利整体质量明显提高，呈现又好又快的增长态势。2010年，全省专利申请受理21994件，比上年增长25.3%。其中，发明专利申请5117件，增长33.2%；发明专利授权1224件，增长48.5%。福州、厦门先后列为全国知识产权示范城市，泉州列为全国知识产权示范创建城市。龙岩市新罗区、厦门市海沧区、晋江市、福清市、闽侯县等5个县（市、区）进入全国知识产权强县工程。2010年，福州市鼓楼区、漳州市芗城区等20个县（市、区）被确定为福建省知识产权强县。全省58家企业列为第四批全国企事业知识产权试点单位，入选企业数量在全国31个省市中排名第2位。全省现有国家、省、市三级知识产权试点示范企业650家。在试点示范的带动下，企业知识产权意识日益提高，运用知识产权制度的能力不断增强，企业自主研发知识产权数量迅速增加，在全省专利申请中企业专利申请占55.1%。

（四）高新技术产业成为经济增长的亮点

“十一五”以来，福建省加快实施自主创新战略，通过优化科技创新环境、壮大高新技术企业规模、培育优势高新技术企业集群，加快战略性新兴产业培育和高新技术改造传统产业的步伐，促进了高新技术产业的稳步发展。2010年全省高新技术产业单位4330家，产值7073.61亿元，比上年增长36.5%；增加值1838.25亿元，增长30.9%。高新技术产业增加值占地区生产总值的比重为12.8%，增加1.3个百分点；高新技术产业增长对经济增长的贡献率为20.5%，增加3.6个百分点。福建省高新技术企业的集聚已达到一定的规模，产业链逐步完善，基本形成了以福州、厦门两个国家高新技术产业开发区及泉州、莆田、漳州、三明四个省级高新技术产业园区为中心，以南安国家光电信息高新技术产业化基地、莆田国家液晶显示高新技术产业化基地、三明国家大型机械装备高新技术产业化基地、福州国家现代服务业产业化基地和国家火炬计划泉州微波通信特色产业基地、国家火炬计划德化陶瓷特色产业基地等一批高新技术产业化基地为辐射极的高新技术产业集聚地。

（五）科研机构服务能力提升

科研机构聚集了大量的高级科研人才和仪器

设备，是科学研究与技术开发的重要基地。2010年全省有科研机构1694个，机构从事R&D活动人员4.46万人，机构R&D经费支出92.75亿元。目前全省建有国家、省级重点实验室50个，国家级、省级工程技术研究中心62个，工程实验室11个，工程研究中心15个，行业技术开发基地29个，生产力促进中心87个，国家级和省级企业技术中心分别达23家和264家。2010年"6·18"海峡项目成果交易会，由中国科学院与福建省、福州市政府共建的中国科学院海西研究院落户福州，研究计划于2013年初步建成，到2015年，将辐射400家以上企业，孵化重大科技成果30项以上，培育20家以上高新技术企业，新增就业岗位1万个以上，通过科技成果转化累计为社会新增销售额200亿元以上。

（六）技术市场生机勃勃

2010年，福建省的技术市场一直保持稳定健康发展的态势，技术交易日益活跃，交易规模逐步扩大，成为科技成果转化与推广的重要环节。创建技术经纪示范园，引入电子、医药等领域10家技术经纪机构；建成国家专利技术（福建省）展示交易中心、国家专利产业化（厦门）试点基地和福州市知识产权实施与产业化基地；"6·18"海峡项目成果交易会日趋成熟，影响力和品牌效应进一步凸显。经过导向性建设，全省已拥有各种技术贸易机构1300多家，涉及高校、科研机构和全民所有制、集体所有制、民营、外商投资和个体经营等各类企业。技术交易活动涉及工业、农业、能源、交通、通讯、卫生和社会发展等多个领域。2010年全省认定登记各类技术合同5137项，比上年增加338项；技术合同成交金额38.12 亿元，增长45.3%。

（七）科技交流日趋活跃

拓展国际科技合作与交流，加强与许多国家在信息技术、生物技术、食品安全技术、环保新技术等领域的交流与合作。在对外科技交流中，注重合作项目生成，以提高合作实效。2010年，福建省积极推进与以色列的科技合作，建立了以色列项目数据库和"福建省以色列高新技术合作网"，有效开展项目对接。进一步深化对内联结，联合上海、江苏、广东等七省一市成立海峡西岸科技协作联盟，推进科技资源开放与共享；建立省属科研院所联席会议制度，推进院所协作，形成"集团"效应，提升院所整体科研水平和技术攻关能力。

从服务海峡西岸经济区建设出发，闽台科技交流合作的地位日益突出，对台科技交流合作呈现双向加强、规模扩大、层次提高、互补互利的新局面。通过建立和加强创业园、科技园区、合作基地等平台建设，为双方的交流与合作创造良好条件，推动闽台科技合作向纵深发展。科技产业基地合作经过多年的发展，全省已经形成了多个闽台产业合作基地，包括东南汽车制造基地、漳州闽台农业实验基地、厦门海沧石化产业合作基地、泉州对台轻纺建材产业合作基地等各具特色的基地。经国家科技部批准，福建省成为首个建设国家级海峡两岸科技产业合作基地的省份，建立了惠安绿谷等9个海峡两岸科技产业合作基地；同时，第一个国家级对台科技合作与交流基地落户厦门。海峡两岸科技产业合作将通过"项目—人才—基地"相结合的方式，建立长期稳定的科技合作渠道，逐步扩大两岸科技合作的范围。

二、科技创新中存在的主要问题

从 R&D 经费投入上看，投入总量偏少，投入强度较低。2010 年全省 R&D 经费支出 170.90 亿元，居全国第十四位，占全国的份额仅为 2.4%；在东部 11 省市中的弱势更加明显，R&D 经费投入位居东部第九位，处于下游，其中，江苏、北京、广东、山东的 R&D 经费均是福建省的 3 倍以上。2010 年福建省研发投入强度虽然达到 1.2%，但仍比全国平均水平低 0.6 个百分点，居全国第十六位。

从 R&D 经费的构成上看，结构不当，研发源动力不足。按执行部门分，2010年全省R&D经费在工业企业、政府属研究机构、高等院校及其他单位所占的比重分别为 85.8%、3.8%、4.1%、6.3%。与全国平均水平相比，工业企业高出 19.2 个百分点，其他三种类型单位分别低13.0个百分点、4.4个百分点和1.8个百分点。做为重大科研成果主要产地的政府属研究机构和高等院校，R&D 经费投入过低势必放缓科研发展的步伐。按活动类型分，基础研究、应用研究、试验发展的比重分别为2.5%、5.6%和 92.0%，基础研究和应用研究的比重均低于全国平均水平，说明福建省的原始创新水平有限。

从R&D活动人员上看，高素质创新人才匮乏。2010年全省共有R&D人员10.14万人，其中，博士和硕士毕业1.37万人，占13.5%，比全国平均水平低6.2个百分点。全省平均每个研究机构拥有博士和硕士约8人，远远低于14人的全国平均水平。福建省研发人员无论在总量上还是在人员构成上都与全国平均水平存在差距，与发达省份相比差距更大。

三、提升科技创新能力的若干建议

建立多元化的科技投融资体系。加大财政科技经费的投入力度，确保政府引导性资金投入稳定增长；深入开展银企合作，引导国家政策性银行和商业银行对科技创新活动的信贷支持；鼓励企业主动增加对科技创新活动尤其是R&D活动的资金投入，逐步建立起以政府投入为引导，企业投入为主体，其它融资方式为有益补充的科技创新投入体系。

大力推进产学研更加紧密结合。支持地方、企业与大学、科研院所共建学研基地，积极引导高等院校、科研院所面向企业、面向市场需求开展技术创新活动。实施科研机构与科研人员参与创新的股权激励政策，增强科研院所与高校创新动力。鼓励开展高层次创新活动，利用科研机构和高等学校的优势，加快提升企业的创新水平，逐步改善科研活动结构。

加快科技人才队伍建设。建立和完善人才引进和激励机制，吸引大批创新型的科技人才携带成果和智慧来福建省创业，并在科研经费、配偶入户、子女入学等方面予以照顾，充分调动科技人员自主创新的积极性。抓住培养、引进、使用三个环节，提高科技人才质量，优化科技人才结构，努力创造人尽其才、才尽其用的良好环境。

（执笔：谢锦华）

2010年福建省非公有制经济人才资源状况分析

改革开放以来，福建省非公有制经济蓬勃发展，吸引了大量从业人员，非公有制企业人才队伍由小到大、由弱到强，已经成为全省人才队伍中不可或缺的重要力量。为全面了解福建省非公有制企业人才资源状况，有关部门于2010年5月开展了全省非公有制企业（单位）人才资源状况抽样调查。调查数据显示，全省非公有制企业（单位）人才发展呈现以下特点：

一、从业人员队伍不断壮大，人才总量占六成以上

2010年底，全省非公有制企业从业人员达678.74万人，比2007年的616.18万人增加62.56万人，增长10.2%。在非公有制企业从业人员中，经营管理人员为95.54万人，占14.1%；专业技术人员为86.55万人，占12.8%；技能人员为262.86万人，占38.7%，这三大类人才总量占从业人员的比重达65.6%。

二、从业人员文化素质有所提高，学历水平仍以中专及以下为主

同2007年相比，2010年末全省非公有制企业中不同文化水平的从业人员均有增长，表现为学历水平越高的增长速度越快。从业人员中，研究生增长76.1%，大学本科增长53.2%，大学专科增长48.9%，中专及以下增长3.5%。三大类人才中，中专及以下文化程度的人员增长速度均最慢。其中，中专及以下文化程度的经营管理人员、技能人员出现负增长，专业技术人员仅增长1.1%。而具有研究生、大学本科、大学专科文化程度的各类人才基本实现两位数的增长。这反映了近年来福建省教育事业、职业技能培训的快速发展，给全省非公有制企业输送了更多高学历的人才，使人才素质得到提高（见表1）。

表1　全省非公有制企业各类人才学历状况比较

单位：万人、%

指标名称	学历状况							
	研究生		大学本科		大学专科		中专及以下	
	2010年	比2007年增长	2010年	比2007年增长	2010年	比2007年增长	2010年	比2007年增长
1.年末从业人员	2.80	76.1	44.65	53.2	82.92	48.9	548.37	3.5
2.经营管理人员	1.54	90.1	16.91	31.9	28.04	29.2	49.06	-5.7
3.专业技术人员	0.89	1.1	16.41	21.8	25.36	28.7	43.89	1.1
#在管理岗位工作	0.51	88.9	5.70	74.8	8.78	99.1	10.07	42.6
4.技能人员	0.22	633.3	5.90	105.6	18.49	84.5	238.25	-6.4

与此同时，全省非公有制企业从业人员的文化素质呈“金字塔”形，中专及以下文化程度仍占绝大多数。其中，中专及以下占80.8%、大学专科占12.2%、大学本科占6.6%、研究生仅占0.4%。不论经营管理人员、专业技术人员、技能人员，具有中专及以下文化程度的均超过五成。特别是技能人员，中专及以下的达九成。当前全省非公有制企业人才质量仍以较低学历水平的人员为主（见表2）。

表2 全省非公有制企业各类人才的文化素质构成

（2010年）

单位：%

指标名称	总数	学历状况			
		研究生及以上	大学本科	大学专科	中专及以下
1.年末从业人员	100	0.4	6.6	12.2	80.8
2.经营管理人员	100	1.6	17.7	29.3	51.3
3.专业技术人员	100	1.0	19.0	29.3	50.7
#在管理岗位工作	100	2.0	22.7	35.0	40.2
4.技能人员	100	0.1	2.2	7.0	90.6

三、从业人员年龄结构得以优化，人才队伍趋向年轻化

2010年底全省非公企业从业人员中，35岁及以下的从业人员达379.56万人，比2007年增加48.03万人，增长14.5%，高于从业人员10.2%的增长速度。35岁及以下从业人员所占比重为55.9%，比2007年的53.8%提高2.1个百分点。而50岁及以上的从业人员比重仅4.5%，从业人员呈年青化。同时，年轻的人才队伍快速成长。在三大类人才中，35岁及以下的经营管理人员达43.84万人，比2007年增长30.4%；35岁及以下的专业技术人员达44.73万人，比2007年增长35.9%；35岁及以下的技能人员达159.71万人，比2007年增长11.5%。人才队伍的年轻化为全省非公有制企业注入新的活力，有效提高了全省非公有制企业的竞争力。

四、专业技术人员近三成为女性，近四成为中高级人才，约二成拥有国家评定的专业技术职称

2010年底全省非公有制企业专业技术人员总量86.55万人，比2007年增长11.7%。其中，女性25.42万人，占29.4%，女性专业技术人员比2007年增长20.4%，快于专业技术人员的增长速度。从岗位看，在管理岗位工作的占29.0%，在专业技术岗位工作的占71.0%。分级别看，初级人员38.84万人，占44.9%；中级人员22.67万人，占26.2%；高级人员10.06万人，占11.6%；中高级专业技术人员合计占37.8%。专业技术人员中，具有国家评定专业技术职称的人数为18.14万人，比2007年增长7.2%，占专业技术人员的比重仅21.0%。

五、经营管理人员三成以上为女性，五成以上为中高级

2010年底全省非公有制企业经营管理人员总量比2007年增长9.4%。经营管理人员95.54万人中，女性33.77万人，占35.3%，女性经营管理人员比2007年增长22.0%，大大快于经营管理人员的增长速度。分级别看，初级人员45.08万人，占47.2%；中级人员29.82万人，占31.2%；高级人员20.64万人，占21.6%；中高级专业技术人员合计占52.8%。

六、技能人员近四成为女性，近三成为中高级人员，具有国家评定的技术等级不到一成

数据显示，技能人员262.86万人中，女性为103.62万人，占39.4%。分级别看，初级人员157.73万人，占60.0%；中级人员44.46万人，占16.9%；高级人员32.92万人，占12.5%。更多的技能人员是初级人员。技能人员中，取得国家职业资格证书的人数为18.42万人，比2007年增长46.3%，占技能人员的比重仅7.0%。其中，取得技师（含高级技师）证书1.55万人，占取得国家职业资格证书技能人员的比重为8.4%；取得高级工证书2.06万人，占11.2%；取得中级工证书7.09万人，占38.5%。

（执笔：郑盈）

福建省台湾农民创业园发展浅析

台湾农民创业园是国家为进一步促进海峡两岸农业交流与合作，吸引台湾同胞来大陆投资农业，由农业部会同有关部门以及有关省（市）而设立的专门针对台湾农民和台农企业的创业园。台湾农民创业园的设立，为海峡两岸农业合作开辟了新的途径和方式，推动了两岸农业的交流与合作。

一、台湾农民创业园的发展历程

1994年8月1日，国务院发布《关于进一步发展海峡两岸经济关系若干问题的决定》，强调："大力开展海峡两岸农业合作，鼓励台商投资养殖、种植、农产品加工及运销"。此后，台商投资大陆农业及农产品加工产业不断扩大，渐成热潮。

1997年以来，国务院台湾事务办公室、商务部、农业部先后批准在福建省全省，海南全省，山东平度，黑龙江哈尔滨、牡丹江、佳木斯、大庆和农垦示范区，陕西杨凌，广东佛山、湛江，广西玉林，上海郊区，江苏昆山、扬州等地设立了海峡两岸农业合作试验区。

2006年，农业部、国台办先后批准在福建省漳浦县、山东栖霞市、四川新津县、重庆北碚区设立台湾农民创业园；2008年2月27日，为进一步推动农业交流与合作，为广大台湾农民提供投资创业的平台，农业部、国台办决定在福建省的漳平永福、广东珠海金湾、湖北武汉黄陂、江苏无锡锡山等地设立台湾农民创业园。2009年5月，农业部、国台办批准了福建省清流县和仙游县两个国家级台湾农民创业园。目前，福建省已拥有4个国家级台湾农民创业园，占全国总数的16.0%。

二、福建省台湾农民创业园发展现状

（一）建设规模

福建省现拥有4个国家级各具特色的台湾农民创业园，园内共有169家台资农业企业、7家台湾农民个体工商户，总投资达2.81亿美元。形成了漳浦创业园以花卉为主、漳平永福创业园以茶叶为主、清流创业园以林业苗木为主、仙游创业园以日本甜柿为主的发展格局。同时，福建省还设立了福清、永安两个省级台湾农民创业园。

（二）建设成果

漳浦县台湾农民创业园是福建省第一个国家级台湾农民创业园，规划总面积2万公顷，设立了科技服务中心和创业孵化中心等2个中心，花卉产业区、果蔬产业区、茶叶产业区、渔业产业区、农副产品加工区和农畜产品加工区等6个产业区。漳浦台湾农民创业园是台资企业最多的台湾农民创业园，已入驻70家台资企业和7个台湾农民个体工商户，年产值20.1亿元，累计引进台湾农业优良品种150多个，先进种养殖技术30多项，推广面积1万公顷。

漳平（永福）台湾农民创业园有"大陆阿里山"之称，规划面积4669公顷，园区以引进台湾优良农产品、先进农业技术和管理理念为核心，以发展台湾高山茶、花卉等产业为重点，引进了软枝乌龙、金萱、翠玉、四季春、阿萨姆、大叶乌龙等茶叶良种，大花惠兰、蝴蝶兰等花卉良种，其中，36家企业种植台湾高山茶2333公顷，是大陆最大的台湾软枝乌龙茶生产基地。

莆田市在仙游县山多地肥的钟山镇创办仙游台湾农民创业园，与全县七个山区连接成片，2009年园区内台资企业实现年产值1.02亿元。目前，园区内拥有山益、亿松、摩天岭等26家台资"农字号”企业，完成投资 3500 多万美元，开发种植台湾甜柿等水果 2333 公顷，是大陆目前最大的台湾甜柿基地。园区内现有 2 家市级农业产业化龙头企业，其产品“山益”牌甜柿和“嘉丰”牌橘柚被认定为绿色食品 A 级产品。

三明市清流台湾农民创业园以清流县嵩溪镇、嵩口镇为中心，规划总面积 1.3 万公顷。目前，创业园共引进台资企业 34 家，总投资 1.16 亿美元。依托于大陆唯一的对台林业合作实验区——海峡两岸（三明）现代林业合作实验区的平台，现已形成水产养殖、鲜花苗木和生态休闲农业等产业。

三、存在问题

（一）体制机制欠缺

一是农产品绿色通道还不够顺畅，仍存在通关时间较长等情况。二是台资农业企业用电标准不规范。养殖渔业用电、茶园灌溉水用电按照工业用电计价，增加了台资农业企业的生产成本。三是市场服务有待改进。目前大陆台商所需的一些先进农业机械、农用物资还是从台湾或第三地进口，其所需更新的零配件在福建省市场往往很难得到满足。四是农业技术服务滞后。台资企业生产的农作物或养殖业遭受病虫害、疫病侵扰时，时常得不到解决。一些投资工商业的台商转投农业，由于缺乏农业专业知识，在遭受作物病虫害和养殖业疫病时不知该找什么部门帮助。

（二）金融服务滞后

1. 台商对大陆金融服务不了解。园区企业大部分入驻时间较短，与金融机构接触不多。据调查，在国企、乡镇企业、私营企业和台资企业中，台资企业人员对当地金融服务的了解程度最低。国家开发银行和华夏银行分别为台资企业提供 300 亿元和 200 亿元人民币融资支持和特色金融服务，但有些台商不知如何申请。

2. 园区企业生产资金不足，获贷份额低。入驻园区的企业大都处在投资建设阶段，而且农业企业投资规模大、投资周期长、比较效益低。其获贷率低的原因：一是缺少抵押物。园区相当数量的企业地处乡村，所有土地大都是集体土地，缺少有效的抵押资产，获取贷款十分困难。二是企业规模小，信用等级偏低。三是财务管理不规范，有的企业不能定期向贷款机构报送财务报表、财务人员不稳定等。

3. 新台币现钞兑换服务不足。随着台湾农民用汇增多，由于台商需从台湾购买原料、种子，以及将产品销往台湾，新台币兑换需求呈上升之势。但因园区内银行未开办新台币兑换业务，他们的往返和经贸活动十分不便。

4. 农业保险的发展难以满足实际需要。农业是弱质产业，易遭受自然灾害的侵袭。目前，我国农业保险险种不多，保险产品结构不合理，可选险种少，不能满足市场多样化需求。除农房、母猪饲养、水稻种植可以参加保险外，其他如水产养殖、果树和茶叶种植、苗木花卉栽培等尚无法参加保险，目前园区内农业企业参保率极低，经营风险大。

（三）投资硬环境尚需大力改善

1. 设施滞后。以漳平（永福）台湾农民创业园为例，目前交通落后已成为园区发展的最大瓶颈。漳平至永福的山路崎岖，交通不便。由于该路段线路长且窄、弯道多且急、坡度陡且长，大型车辆和集装箱车辆根本无法通行，大量的农副产品和生产生活物资运输非常困难，严重影响了创业园的发展。在园区内也存在基础设施滞后的状况，如水利设施、产业道路、服务设施配套不全等。

2. 人员难觅。一是熟悉当地情况的农技人才缺乏，难以满足台园内企业的需要；二是本地新一代农民不愿务农，也基本不懂农业技术，而外地农民工到沿海省份后，也不愿重操旧业。

（四）台资技术溢出效应较低，带动作用不明显

1. 台商主观带动意愿不高。在两岸农业合作

中，台湾在资本、技术及现代管理机制等方面具有优势，而福建省则在土地资源、劳力资源和市场上具有相对优势。但是在两岸交流单向、间接、不对等的形势下，台湾农民为了获取最大的资本回报，保护先进技术带来的垄断利润，大多尽量避免核心技术在当地过快外溢，或仅仅将部分技术单项、分散地传给当地农民或技术人员，使台商与当地农民和业者始终保持"技术差距"。

2. 农业合作组织发展滞后，当地农民对接台湾农业的能力不强。目前福建省农业经济合作组织还处在发育阶段，还存在规模小、组织分散、内部运行机制不健全等问题，以致服务功能单一、技术力量薄弱、资金短缺、实力不强、覆盖面不大，远不能适应市场经济条件下现代农业发展的需要。

四、面临的挑战

（一）面临国内其他区域台湾农民创业园的挑战

目前全国有 25 个国家级台湾农民创业园，从区域分布来看，既有沿海经济较发达、台资相对集中的地区，也有农业资源丰沛的农业大省；既有对台农业合作基础良好的区域，也有地处大陆经济中心、对台经贸合作潜力巨大的中西部。如：广东有毗邻港澳的优势市场，经济发达、机制灵活、善用政策；山东农业资源丰富，交通发达，市场广阔；江苏是大陆台资集聚最多的省份，产业基础好，人才济济，区位优势明显；武汉是我国的经济地理中心，大陆科技人才的大本营之一，是人流、物流、信息流的集散地；重庆是西部的枢纽地带，立体综合运输能力强；四川具有独特的立体气候，光热资源丰富，素有"金三角"、"聚宝盆"之称。各地创业园各有所长，为台湾农民到大陆开创第二春提供了广阔空间。台湾农民在各地纷纷出台的优惠政策措施下，有了更多的选择机遇，同时也使福建省面临着更大的挑战。

（二）面临台湾农民期望值很高，而大陆农业发展体制、机制尚有不尽完善的挑战

由于两岸经济发展处于工业化的不同阶段，大陆市场经济尚处在发育期，尤其在农业方面。而台湾经过 50 年的励精图治，现代农业水平已居世界前列，其农业技术和农产品在世界具有一定的影响。基本建立了一个较优化、高价值的产业结构；实现了农产品运销网络化；农业基本实现机械化并向自动化方向发展；建立了一套较健全的农业科研及推广体系，还有较完整的农村金融、保险体系以及功能健全的农业合作组织。而目前福建省正在努力进行现代农业和新农村建设，农业管理体制、农业金融服务、农业保险、农业技术推广体系、农业合作组织等建设还处在发展过程中；农村道路、公共设施、卫生环境等还比较落后，农民观念和文化科技素质还比较低；农民还要承受大部分的生产风险和市场风险。但由于两地农业经营理念的差异、政府辅导方式的差异、管理水平的差异、金融和保险服务的差异、乃至农村生产生活环境的差异是客观存在的，这些都会使台湾农民产生不适感，如何在现有体制、机制下很好解决台湾农民在创业园的生产生活中的具体问题，必须未雨绸缪。

五、台湾农民创业园发展建议

（一）强化对创业园的扶持力度

1. 加快台湾农民创业园基础设施建设。目前，福建省台资农业出现由沿海向山区梯度转移的态势，近年来，尽管福建省交通运输环境已大为改善，但山区交通滞后仍然是制约台商投资的瓶颈。建议通过各级财政以及争取中央财政支持等方式，进一步加强台湾农民创业园的道路、水利设施、服务设施等建设，大力改善农业投资环境，促进农业台资在创业园集聚。建议福建省有关部门将园区道路新建和改造项目列入省农村路网建设项目，并给予资金补助，以尽快改善园区投资硬环境。

2. 加强对台资农业企业的金融支持。台湾经济

尽管较发达，但台湾农民大多资金有限，投资规模较大或拟扩大投资规模常常感到力不从心，迫切需要资金支持。尤其在基础设施建设、大型机械购置、自然灾害救助等方面需要大陆方面的支持。

（二）制定落实优惠政策

1. 将扶持试验区和创业园与福建省建设现代农业和新农村建设结合起来，纳入经济社会发展计划，同时作为专项纳入财政预算。

2. 放宽台湾银行到福建省设立分支机构的门槛，支持台湾银行到福建省为台湾农民排忧解难。

3. 积极争取国家开发银行等为台商提供的专案贷款。2005 年 12 月国家开发银行出台了《台资企业国家开发很行贷款暂行办法》，为台商企业提供 300 亿元人民币开发性贷款，贷款对象包括台商独资、合作、合资企业，以及国家批准的台商投资区、农业合作试验区等。此后的 2006 年 7 月华夏银行与国台办签署合作协议，为台资企业提供 200 亿元人民币融资支持和特色金融服务，福建省应积极为台资农业企业争取该项专案资金，扩大融资渠道。

4. 建立台湾农民自然灾害救助基金。一方面加快福建省自身农业保险体制、机制建设，给台湾农民予“国民待遇”；另一方面先行建立台湾农民自然灾害救助基金，降低台湾农民投资创业的风险，增强其投资信心。

（三）强化自身农业发展的体制机制建设，促进相互融合

解决闽台农业合作中的问题，需强化自身农业发展的体制、机制建设。如果当地农业发展不好，农民收入不能提高，农村环境不能改善，就会造成当地农民与台湾农民之间的矛盾，台湾农民就不可能长久在福建省得到发展。目前土地流转、农业合作组织、农民融资、农业保险等问题一直是制约福建省现代农业发展的瓶颈，也是困扰农业台资发展的问题。闽台农业合作不仅要从政治角度考虑，也必须坚持互利双赢原则，按经济规律和市场准则办事，不仅要为台湾农民在福建省创业、发展提供一个安定的社会环境、充满生机的经济环境和良好的生态环境；也要努力贯彻落实科学发展观，实施五个统筹，加快福建省现代农业和新农村建设。同时增强对接台湾农业的能力，使闽台农业合作互惠双赢，持久发展，不断进步。

（执笔：金秋江）

结构调整纵深推进　农业经济全面发展

新世纪，新征程。穿越时光隧道，回溯撤地设市10年，宁德市近270万农民和广大农业科技人员一起，用勤劳的双手和智慧，在广袤闽东大地上创造了一个又一个辉煌。现代农业示范基地迅速成长，农民创办专业合作社如雨后春笋；新农村试点示范村建设如火如荼；特色优势农产品区域布局规划精彩纷呈历史的车轮在滚滚向前，所记录下的每一步都留下了温馨而振奋的轨迹，激发着宁德农民一路高歌，勇往直前，从一个又一个新的节点上起飞。

撤地设市10年来，宁德市全面落实党在农村的路线方针政策，攻坚克难，乘势而上，农业基础不断夯实，生产条件不断改善，经济结构不断优化，综合生产实力不断增强。在发展中不断开创“三农”工作新局面，取得了令人欣喜的成就。

一、惠农政策拉开发展序幕

这一个十年，宁德市始终把“三农”作为重中之重的全局性、战略性问题；这一个十年，“三农”更逢浩荡春风。2001年，中央和省在福鼎进行农村税费改革试点，由此拉开了宁德市农村综合改革的序幕；2003年，农村税费改革在全市铺开；2004年至今，宁德市贯彻落实中央连续7年发出的“一号文件”精神，一系列惠农政策恰似和煦的春风，吹拂在广大农民的心坎上。宁德市各级把握这一契机，以“城市支持农村、工业反哺农业”的总体思路，通过免除农业税，财政直接补贴农民等一系列多予、少取、放活的政策措施，农村改革实现了由“取”向“予”的重大转变，农业得以实现良性、持续的发展。据农业局统计，2009年宁德市兑现中央下达农资综合直补资金达9593.1万元，并通过“一折通”形式兑付到种粮农民手中；兑现良种补贴政策资金2166万元，农机购置补贴1458.48万元。延续两千多年的皇粮国税彻底退出历史舞台，粮食直补、良种补贴、农机具补贴在宁德市不折不扣地落实到每一位农民手中。

二、数字见证辉煌发展历程

10年来，全市人民以勇往直前的进取精神和波澜壮阔的创新实践，推动了全市经济社会又好又快发展，农村面貌正在发生历史性的变化，农民正在走向富裕安康的小康生活。2009年农林牧渔总产值达到196.53亿元，按可比价格计算，比2000年增长了28.3%，年均增长率达2.8%。其中，农业、林业、牧业、渔业产值分别为93.12亿元、11.76亿元、16.44亿元和70.37亿元，分别比2000年增长35.1%、26.7%、10.7%、22.8%。农业生产逐步走上高优农业、科技兴农的轨道，农业综合生产能力跃上新台阶。

——传统支柱产业进一步巩固，产业规模日益壮大。温暖湿润的气候，肥沃的土地，为宁德市名优特农副产品生产提供了优越的条件。茶叶茗香欲发浓厚。10年来，宁德市把茶叶生产列为山区脱贫致富最稳妥的一项重要举措来抓。讲究科学种茶，重视质量，追求经济效益，茶区面貌逐年改观，高标准新茶园处处涌现，茶树良种得到普及，名优茶开发创新进入新阶段，茶园面积、产量、产值均创历史最高水平。2009年年末实有茶园面积达88.53万亩，茶叶产量6.58万吨，产值12.51亿元，分别比2000年增长26.9%、53.4%和216.7%。水果产业高歌猛进。宁德市盛产巨峰葡萄、四季柚、芙蓉李、油柰、水蜜桃和晚熟荔枝、龙眼等。2009

年年末实有水果面积54.83万亩，产量28.87万吨，产值8.44亿元，分别比2000年增长5.7%、74.0%和113.1%。食用菌产业独占鳌头。宁德市是中国产量最大、品种最全的重要食用菌产区，银耳、香菇产量均居全国首位。2009年食用菌总产量12.42万吨，产值26.40亿元，分别比2000年增长54.1%和100.8%。蔬菜面积104.89万亩，产量107.15万吨，产值21.06亿元，分别比2000年增长22.0%、48.0%和186.5%。

——林业经济生机勃勃，产业发展成效凸显。随着经济的高速发展和生态环境保护力度的加大，宁德市林业生产进入了一个新的发展时期，基本消灭了荒山，造林绿化工作成绩显著。“让森林走进城市、让城市融入森林”已成为提升城市形象和竞争力、推动区域经济持续健康发展的新理念。自然保护区从无到2009年的33个；全市人工荒山造林面积11.95万亩，木材采伐量89.83万立方米，分别比2000年增长22.4%和85.3%。

——畜牧业经济方兴未艾，产业发展稳步提升。宁德市从调整大农业发展布局和增加农民收入的角度出发，采取一系列有利于畜牧业发展的政策和措施，放开集市贸易和畜产品价格，实行能繁母猪补贴和保险政策，调动农户和专业户发展畜牧业的积极性。积极引导农民大力发展畜禽规模化、标准化、专业化、现代化饲养场。据农业部门统计，全市年出栏生猪1000头以上的生猪规模养殖场共87家。畜禽饲养由分散向适度规模经营发展，集约化程度不断提高。另外，宁德市还适度发展节粮型的羊、兔等草食动物，鼓励发展产业化程度高的奶牛、蛋、肉鸡产业。其中，闽东优势特色畜牧品种——闽东山羊的遗传资源通过国家畜禽遗传资源委员会及羊专业委员会的鉴定。2009年肉类总产量7.57万吨，肉蛋奶产量9.30万吨，分别比2000年增长8.3%和4.3%。

——临海优势涛声浪涌，海上乐章适时奏响。宁德市本着科学规划，因地制宜、择优开发，讲求实效的原则，树立“海洋兴、闽东兴”的观念。充分利用闽东丰富的海洋资源，大兴海水养殖，同时充分利用内陆水域建设“海上田园”，大力发展名特优水产品养殖，使渔业走上优质高效的发展道路。目前，网箱养鱼、对虾、青蟹、鲍鱼、大黄鱼、鳗鱼、吊养牡蛎等已形成规模化。2008年水产品养殖面积首次突破60万亩，2009年达到68.52万亩，比2000年增长23.8%。海水养殖面积达到53.37万亩，占养殖面积的77.9%，比2000年提高9.1个百分点。

一组组数据，见证宁德市10年来农业发展的辉煌，诠释着党和政府对农业发展的关注与扶持。

三、结构调整凸显发展潜力

农业结构调整扎实推进，农业旧貌换新颜。近年来，宁德市紧紧围绕“调优品种、提升品质、树立品牌”这个中心，根据市场需求，充分尊重农民意愿，在结构调整的深度和广度上挖掘潜力。大力推广和应用的无公害生产技术、蔬菜嫁接等新技术，为经济作物的整体发展提供了强大的后盾。一是农业内部结构调整优化。宁德市紧紧围绕特色产业，坚持调优、调特、调大、调强的原则，加快农业内部结构的调整步伐。在农林牧渔业产值构成由2000年46.0∶3.1：9.6∶41.3调整为2009年的47.4∶6.0∶8.4∶35.8。二是种植业结构调整更趋合理。通过几年实践，农业和农村经济结构的不断优化，较好地促进了农业综合生产能力的提高，在确保总产的前提下，适度缩减了粮食种植面积，扩大了非粮作物播种面积。粮食作物与非粮作物的比例由2000年的71.0∶29.0调整为2009年的59.2∶40.8，非粮作物种植比重比2000年上升11.8个百分点。

——调出了优质。通过大力实施种子工程，充分发挥了良种在农业增产、结构调整中的龙头作用，取得了显著的成效。农业局资料显示，目前主要粮食作物良种覆盖率达96%以上，良种对农业增长的科技贡献率达47%。农作物品种优质化与专用化水平不断提高。早稻优质率达80%，比2000年提高5个百分点，中晚稻优质率达88%，提高6个百分点，优质专用“两薯”品种推广率达76%，提高20个百分点。

——调出了标准化。宁德市建设了3个国家级农业标准化示范区（县），29个国家级生猪标准化规模养殖场，12个省级农业标准化示范区及一批市级农业标准化示范区。其中，3个省级农业标准化示范区项目获得立项，农业标准化示范区项目列全省首位。全市建立水稻、甘薯、马铃薯万亩示范片7个，千亩示范片10个、百亩示范片24个。

——调出了品牌。宁德市品牌农业快速发展。福安、福鼎、霞浦分别被评为“中国茶叶之乡”、“中国白茶之乡”、“中国海带之乡”和“中国紫菜之乡”。其中，“坦洋工夫”和“福鼎白茶”被评为中国驰名商标。福鼎白茶、蕉城天山绿茶、霞浦海带、霞浦紫菜经核准注册为地理标志证明商标。全市拥有农产品驰名商标4件，省著名商标35件，福建省名牌产品33件，共注册9类农产品17件地理标志证明商标，居全省首位、全国各设区市第一位。目前，宁德市已形成粮食、畜牧生产平稳发展，农林牧渔业结构协调，特种水产、茶叶、食用菌、蔬菜异军突起，产业布局更趋合理，产业发展全面繁荣的农业生产新局面。

四、规模扩张助推产业升级

撤地设市10年来，宁德市以市场为导向，效益为目标，创新为动力，致力于农业的规模化、产业化发展，培育了一批茶叶、水产、食用菌等特色主导产业，形成了沿海蓝色农业产业带、山区绿色农业产业带和城郊高优农业示范区的格局。通过技术更新，积极调整结构，大力发展特色农业，推进现代农业提速发展。

在政府的引导下，宁德市加大扶持龙头企业培育力度，打造较大辐射力、较强竞争力、较好带动力的龙头企业，推进“龙头企业+农民专业合作社+农户”等经营模式。目前，全市农业龙头企业达147家，其中，国家级龙头企业1家，省级龙头企业20家。在致富能手的带领下，农民专业合作社从无到有，农民创办专业合作社如雨后春笋。截至目前，全市拥有各类农民专业合作社组织866个，其中，种植业450个、林业35个、畜牧业175个、渔业111个、服务业35个。会员总数近2万人，带动周边农户近9万人；全市有一村一品专业村310个，农户数12.17万户，主导产业从业农户9.18万户，专业村人口48.44万人，经济总收入40.93亿元，专业人均纯收入5505.21元。拥有注册商标66个，获得无公害农产品63个，绿色食品认证50个，有机食品认证8个。有力推动了宁德市农业产业化发展步伐。

在宁德市农业版图上，形成了霞浦、蕉城、福鼎为主养区，集养殖、加工、出口为一体的特色水产产业链。以古田县为重点，覆盖福安、屏南、寿宁、柘荣等县的食用菌产业；以屏南、寿宁、周宁等为主，利用气候条件重点发展特色菜、精细蔬菜、反季节蔬菜产业。规模发展出精品，“闽东大黄鱼”、“古田银耳”、“柘荣太子参”、“福鼎白茶”等一些知名品牌响誉省内外、甚至走出国门。

五、科技推动农业产业发展

撤地设市10年来，宁德市大力实施“科技兴农”战略，推进基层农业推广体系建设，推动农业科技事业的发展，增强农业核心竞争力。在因地制宜、发挥资源优势的基础上，发展了一大批特色农业产业，让农业发展走向科技进步的轨道。科技助业，硕果满枝。2009年全市共引进新品种100个，新技术超过10项，新肥料14个，新农药10个，新农机具 11 种 7250 台。

——**“五新”示范为农业发展夯实基础。**各县（市、区）在粮食主产区集中连片开展高产创建活动，2009 年全市建立水稻、甘薯、马铃薯万亩示范区 7 个，千亩示范片 10 个，百亩示范片 24 个，以进一步提高粮食单产和效益。大力推广粮食作物节本增产增收技术，扩大超级稻、旱育秧、抛秧、直播、两薯脱毒苗、马铃薯稻草包芯、马铃薯稻草覆盖等省工节本增产技术的应用。推广保护性耕作、经济绿肥、平衡施肥等技术，合理指导施肥用药，控制和缓解土壤障碍因子，改善土壤理化性状，培肥地力。2009 年稻谷单产 383 公斤，马铃薯 191 公斤，分别比 2000 年提高 6 公斤和 18 公斤。

——**技术培训为农业发展提供技术支撑。**以农广校为依托，加快发展农业职业教育，培育有文化、懂技术、会经营的新型农民和农村实用人才，造就一批新农村建设的带头人。通过实施科技入户工程，组织农业中、高级技术专家进千村入万户，开展农业“五新”技术培训、指导、咨询和服务，促进农业“五新”的普及推广，增强农民应用农业“五新”能力。2009 年农技人员进村入户服务人数 1835 人、11278 次，举办培训班 154 班次、培训 15020 人次，服务农民 49290 人次，推广农业“五新” 78 项。

回眸 10 年的发展，农业成功的转型，实现了农业发展与生态环境的和谐统一。农业，为宁德市经济社会发展、为改善城乡居民的生活质量作出了巨大的贡献。展望未来，宁德农业将紧紧抓住历史机遇，踏着时代的步伐，进一步强化农业基础建设，切实转变农业发展方式，推进传统农业向现代农业转变，努力实现农业农村经济持续快速健康发展，实现农业发展、农民富裕、农村繁荣的新跨越、新突破，向实现全面建设小康社会的宏伟目标大步迈进。

（执笔：姜起耀　陈红）

厦门农业产业化发展状况研究

农业产业化是科学发展观在农业农村工作中的具体运用和落实，是社会主义新农村建设的重要方面和基础方面，是增加农民收入的重要途径和基本措施，是实现农业可持续发展的必由之路。近年来，厦门市把农业产业化经营作为统筹城乡发展，推进农业和农村经济战略性调整，拓宽农民增收渠道，提高农业竞争力的重大举措来抓。各级政府积极制定扶持措施，大力培育龙头企业，不断完善利益机制，鼓励发展农民专业合作组织，积极发展"一村一品"特色农业，全市农业产业化经营水平持续提升，对推动厦门市科学发展、跨越发展具有十分重要的意义。

一、厦门市推进农业产业化发展采取的主要措施

（一）加强规划引导

确立农副产品与食品加工产业集群为厦门市重点培育和发展的 13 条产业集群（链）之一，制定《厦门市培育农副产品与食品加工百亿产值产业集群发展规划》，大力扶持农业产业化龙头企业、打造农副产品与食品加工产业集群。

（二）提高服务企业水平

厦门市农业部门以"五帮企业"为主要内容，建立挂钩联络制度，深入调研，做好产业集群统计工作，了解产业集群发展动态与趋势；召开产业集群龙头企业月、季度经济分析会，全面了解企业发展情况、增资扩产计划、面临问题和困难，加强分析和总结，努力帮助企业解决发展过程中的困难和问题，提高服务企业水平，促进产业集群发展。

（三）加强财政扶持力度

出台财政扶持政策，建立了以财政投入为引导，企业投入为主体、金融信贷为支持的农业产业化投融资机制。一是扶持龙头企业。2010 年，厦门市共争取财政扶持资金 1190 万元，扶持项目 32 个，项目总投资 46064 万元，完成固定资产投资 15901 万元，带动银行贷款 41753 万元。大部分已建设完成并逐步开始投产，这些项目将成为今后厦门市农业产业化龙头企业新的、重要的经济增长点。二是支持"一村一品"特色农业建设。2010 年，财政补助资金总额达 692.3 万元，扶持厦门市 9 个"一村一品"特色农业建设项目和 29 个注册商标补助项目。三是加大品牌建设的扶持力度。市财政对获得中国名牌产品、中国驰名商标的企业给予 100 万元奖励，对获得省级以上的品牌称号和厦门优质品牌称号的企业也给予扶持，市农业产业化专项资金还对创建省级以上品牌的龙头企业给予相应经费补助。

（四）搭建农产品展销平台

厦门市从 2009 年开始连续三年举办厦门特色农产品暨农业龙头企业产品展销会，为一线农产品生产企业和农民专业合作社搭建农超对接的有效平台。2011 年展销会共有厦门特色农产品生产经营企业、台商企业和农民专业合作社等共 212 家（其中农民专业合作社 60 家），设置展位 264 个，集中展示展销了厦门市和台湾特色、优质、品牌农产品，展销会参展产品销售额达 811.20 万元。

二、厦门市农业产业化取得的成效

（一）农业产业化促进农业发展转型

1. 转变农业增长方式。 农业产业化经营大力推进农业专业化、规模化、标准化生产，加快了农业科技进步，提高了农业整体素质。龙头企业成为组

织标准化生产的重要载体，成为新品种、新技术的推广应用者，成为品牌战略的实施主体。

2. 有利于带动农业结构调整。目前，厦门市已初步形成以合作社为载体发展“一村一品”的专业生产格局。如：郭山蔬菜专业合作社利用产业优势发展种植反季节紫长茄 3000 多亩，形成了以郭山村为中心，以紫长茄为主导产品的蔬菜产业带，注册了“郭山”牌紫长茄的集体商标，兴建了 3 万平方米的蔬菜产地交易市场，为农户带来了可观的经济收入。

3. 提高农民的组织化程度。农业产业化经营组织通过合同、订单、服务、购销等形式，有效解决了千家万户的小生产与千变万化大市场的对接，促进了专业化、规模化生产，保护了农民利益，提高了农民的组织化程度。截至到 2010 年底，厦门市已发展各类农民专业合作社 323 个，带动 4.9 万户农民从事相关产业，占全市农户总数的 21%。“一村一品”特色农业成效显著，注册商标 61 个，涌现一批特色明显的专业村（镇）。全市种植蔬菜面积万亩以上的镇有 6 个，千亩以上的专业村 40 多个。

4. 增加农民收入。农业产业化经营把产加销、贸工农等环节有机联系起来，形成了较大规模的产业群体，拉长了农业产业链条，提供了新的就业岗位，增加了农民收入。2010 年底，厦门 33 家市级农业龙头企业带动本地农户 13.30 万户，本地农户从产业化组织得到收入 11.90 亿元。

（二）农业产业化龙头企业实现新跨越

1. 企业实力不断壮大。2010 年，农业产业化龙头企业实现产值 205.16 亿元，比 2009 年增长 20.0%，是 2005 年的 2.0 倍，“十一五”期间年平均增长 15.0%；实现净利润 13.59 亿元，是 2005 年的 5.4 倍，“十一五”期间年平均增长 40.0%；上缴税金 6.45 亿元，是 2005 年的 4.2 倍，“十一五”期间年平均增长 33.5%。有 11 家企业产值超过 5 亿元，有 5 家企业产值超过 10 亿元，厦门银鹭集团有限公司、厦门中盛粮油集团有限公司和厦门百穗行科技股份有限公司进入“2010 年厦门企业百强”。

2. 品牌建设实现新跨越。截止到 2010 年底，厦门市农业龙头企业已拥有省级以上品牌超过 70 个，其中，中国驰名商标 12 个、中国名牌产品 4 个、中国名牌农产品 2 个、福建省著名商标 26 个，福建省名牌产品 26 个，特别是农业龙头企业拥有的中国驰名商标数占到全市总数的 30%，位居全省前列。农业龙头企业的品牌建设为全市品牌战略做出了积极贡献。

3. 科技创新能力进一步增强。“十一五”期间，厦门市农业龙头企业不断加大科研开发投入、加强科企合作、加快产品研发、提升自主创新能力，积极探索和创新科企合作新模式、建立先进研发机构，先后建立了 1 个国家级企业技术中心、1 个国家重点实验室、1 个国家农产品加工技术专业分中心、2 个省级企业技术中心、3 个市级企业技术中心、3 个市级工程技术中心、1 个市级重点实验室、1 个院士专家企业工作站、1 个博士后工作站，进一步丰富了厦门市农业科技创新体系，提升农业产业化和农产品加工业整体科技水平。

4. 龙头企业带动作用明显。2010 年，厦门市 33 家市级农业龙头企业在省内外建立种植基地 125.4 万亩，其中，本市 15.9 万亩；牲畜饲养量 135.7 万头，其中，本市 37.8 万亩；带动农户 43.4 万户，其中，本地 12.3 万户，本地农户从产业化组织收入 11.9 亿元，吸纳本地农民工就业 1.8 万人。

三、厦门市农业产业化经营中存在的问题和困难

（一）龙头企业整体带动能力较弱

龙头企业是发展农业产业化的火车头，它的带

动能力的强弱决定了农业产业化的规模进程和效益。现阶段厦门市的部分龙头企业仍存在规模小、科技含量低、产业链短、农产品初加工多、深加工少、高附加值产品少，吸引的外来资本和社会投入不多，产生的经济效益和社会效益有限的情况。

（二）农民专业合作组织发展不平衡，差异性明显

总体上看，厦门市农民专业合作社良莠不齐，发展很不平衡，大部分存在“先天不足”现象。一是组织机构不健全。没有切实履行章程规定的职责，没有按章程规定正常开展活动。多数专业合作社未建立财务管理制度，甚至有的连基本帐目都没有。二是缺乏管理和技术型人才。农业是弱势产业，许多专业和技术人才并不愿意投身合作社。由于缺乏专门的管理人才和技术骨干，大部分合作社没有能力实施标准化生产，直接影响到市场竞争力的提高，制约合作社进一步发展。三是抗风险能力弱。一些合作社由一些经营散户组成，几乎没有经营设施和固定资产，组织机制较松散，抗风险能力很弱，随时可能被市场淘汰。

（三）区域性农产品品牌缺乏

厦门农业龙头企业品牌较强，但区域性农产品品牌缺乏。发展“一村一品”，加快培育一批特色明显、类型多样、竞争力强的专业村、专业乡镇，就要依靠农产品品牌化，解决一家一户生产规模小、农产品品质差别大、营销方式落后等影响农业专业化的发展问题。厦门区域性农产品品牌缺乏，影响了专业村、专业乡镇特色农产品的发展和壮大。

四、推动厦门市农业产业化跨越式发展的对策思路

（一）更新理念，转变经济增长方式

一是要围绕农副产品提质上做文章，提高质量，提升档次，走精深加工之路，同时要坚决打击假冒伪劣产品，实现从以量取胜到以质取胜的转变；二要大力发展农业循环经济。农产品加工企业要围绕传统产业高新化，大力发展生物质经济，推动农产品初加工后的副产品及其有机废弃物的系列开发，积极开发和推广资源节约、替代和循环利用技术，加快农业节能降耗的技术改造，全面推行清洁化生产，形成低投入、低消耗、低排放和高效率的节约型增长方式。

（二）作好产业规划，大力提升龙头企业的竞争力

作好产业整体规划，明确现代农业短期和中长期发展区域，稳定投资者信心。厦门应当坚持以市场为导向，以体制创新和科技创新为动力，以农产品加工为重点，加快农产品加工市场化、产业化和国际化进程，重点开发食品加工、蔬菜和种苗产业化体系，培育和发展一批经营规模大，科技含量高，辐射面广，带动力强的龙头企业，提高市场竞争力。

（三）完善利益联接机制

龙头企业肩负着信息引导、市场开拓、产品开发、科技创新、服务农户的重任，是农业产业化发展的关键。大力推广订单农业，引导农业龙头企业设立风险资金，采取保护价收购、利润返还等多种形式，与农户建立更加紧密、合理的利益联结机制。支持农业龙头企业与专业合作社等在自愿互利基础上，建立多种形式的经营联合体。积极探索风险保障机制，提高农户抵御自然和市场风险的能力。建立和完善以龙头企业为核心成员的行业协会，充分发挥农业龙头企业的带动作用和行业协会的协调辐射作用，加强行业自律，提高产品质量水平，做大做强优势产业。

（四）以品牌为抓手，提高产品质量和知名度

培育和发展名牌产品，是培育产业竞争力的长远之计，也是关键之举。应从五个方面加大力度：一是加大品牌宣传力度，树立品牌形象。二是加大品牌扶持力度，集中精力抓好基地建设，形成具有

一定规模的生产基地，满足龙头企业对优质原料和市场对优质产品的需求。三是加大品牌延伸力度。积极引导龙头企业树立质量意识，建立与国际规则接轨的质量管理体系和企业产品标准，采用国际标准、国外先进标准以及出口目标国的标准组织生产加工农产品，提高产品质量档次。四是加大品牌开发力度。在品牌开发上要延伸产业链条，形成生产、加工、销售一体化，做大做强农产品品牌。五是推广区域性品牌农产品。支持农业开发公司和农民专业合作社推广区域性品牌农产品，对农产品统一生产、收购、加工、包装，促进产品行销全国各地，使村民由个体走向集团化运作，以提高市场竞争力，帮助农民应对自然、市场的风险。

（五）加强科技创新

科技创新是农业产业化经营的强大动力和重要支撑。在推进农业产业化经营过程中，要狠抓科技创新升档升级，在竞争上取胜。一是引导智力培训。造就善经营、懂管理、高素质的现代企业管理人才以及适应农业产业化要求的有知识、有技术的农民，以人为本，提高经营者和劳动者的素质。二是政府要投资组织实施农产品加工企业需要的重大科技攻关项目，增强农产品加工企业发展后劲。三是充分发挥农业龙头企业的科技创新主体作用：政府加大科技资金支持力度，支持农业龙头企业建立科技研发中心和技术推广、服务中心，研究、开发、应用更多的实用技术。四是引进有效载体。各地要积极引导和引入龙头企业参与农业高新科技示范园建设，使企业成为农业先进科技的开发中心和推广基地，成为科技创新的有效载体和主体。

（六）加大农民专业合作经济组织建设

一是选择一批入社人员多、产品前景好、运行质量高的农民专业合作社在技术创新、品牌创建、基地建设上进行重点扶持。二是引导龙头企业兴办和领导农民专业合作社，鼓励地域相近、产品相关的龙头企业和合作社实行强强联合和兼并重组，不断发展壮大。三是加大扶持力度。像扶持龙头企业那样，支持农民专业合作经济组织开展质量标准制定、产品认证、市场营销、成员培训等工作，扶持农民专业合作经济组织建设标准化生产基地、兴办仓储设施和加工企业。四是加大信贷支持力度。各级金融机构加大对农民专业合作经济组织的信贷支持，在各种贴息贷款项目和小额贷款上向农民专业合作经济组织倾斜，帮助其解决生产经营资金缺口，妥善解决农民生产资金贷款难的问题。

（执笔：李子才）

2010年福建省民营工业监测情况年度报告

一、福建省民营经济发展成效

（一）经济总量持续增长

2010年，福建省民营经济实现增加值9735.30亿元，比上年增长14.2%，比2006年增长100.8%，年均增长19.0%。民营经济增加值占全省经济总量的比重不断提高，2010年比重达66.1%，比上年提高0.3个百分点，比2006年提高了2.2个百分点。民营经济已成为推动全省经济发展的重要力量。民营工业作为民营经济的重要组成部分，在民营经济中占有重要的地位。2010年，民营工业实现增加值4352.84亿元，比上年增长19.3%，占民营经济比重达44.7%，比上年上升2.0个百分点。近几年福建省民营经济增加值见表1。

表1　近几年福建省民营经济增加值

单位：亿元、%

分组指标	2006			2009			2010		
	增加值	同比增幅	占该产业比重	增加值	同比增幅	占该产业比重	增加值	同比增幅	占该产业比重
民营经济	4911.04	17.3	64.8	8047.15	12.9	65.8	9735.30	14.2	66.1
#第一产业	857.32	4.7	99.0	1168.00	5.1	98.8	1347.63	3.4	98.8
第二产业	2401.51	12.2	64.2	4195.11	16.9	69.9	5333.95	19.9	70.9
第三产业	1652.21	34.4	55.5	2684.04	9.6	53.2	3053.72	8.7	52.2

（二）产业结构不断优化

2010年，福建省民营经济第一、二、三产业分别实现增加值1347.63亿元、5333.95亿元、3053.72亿元，三次产业比重由2004年的21.2∶49.8∶29.0、2008年的16.3∶51.5∶32.2发展为2010年的13.8∶54.8∶31.4，第一产业比重逐年下降，第二产业比重逐年上升，第三产业比重总体上升，产业结构不断优化，三次产业比重顺序呈“二、三、一”格局。

（三）经济贡献率逐步提高

1.民营经济支撑全省出口增长。2006年以来，福建省民营经济出口快速增长，占全省出口总额的比重不断提高，成为全省出口增长的重要支撑力量。2010年，福建省民营企业[1]出口总额达290.04亿美元，比上年增长42.3%，比2006年增长170.4%，年均增长28.2%，占全省出口总额比重达40.6%，比上年提高了2.4个百分点，比2006年提高了14.6个百分点，对全省出口总额增长的贡献率达47.6%。近几年福建省民营企业出口总额见表2。

2.民营经济成为财政收入的重要来源。近年来，福建省民营经济[2]税收总额持续增长，占全省税收总额的比重均在30%以上，已成为全省财政收入的重要来源。2009年，福建省民营经济实现税收收入550.54亿元，比上年增长8.0%，比2006年增长47.4%，年均增长13.8%，占全省税收总额的比重为31.6%，对全省税收总额增长的贡献率为25.1%。近几年福建省民营经济税收总额见表3。

3.民间投资主体地位逐步增强。近几年，福建省贯彻落实国家和省有关鼓励、支持和引导非公有制经济、全面提升民营经济的政策，营造有利于各类投资主体公平、有序竞争的市场环境，促进了民营经济快速发展，民间投资占全社会投资的份额稳步上升，在全社会投资中的主体地位逐步确立。2010年，全省民间投资[3]总额4374.11亿元，比上年增长38.7%，比2006年增长了196.8%，年均增长24.3%，占全社会投资总额的比重达52.9%，比上年提高了0.1个百分点，比2006年提高了5.6个百分点，对全省投资增长的贡献率达45.6%。近几年福建省民间投资总额见表4。

表2　近几年福建省民营企业出口总额

单位：亿美元、%

分组指标	2006		2009		2010	
	出口总额	同比增幅	出口总额	同比增幅	出口总额	同比增幅
全省	**412.65**	**18.4**	**533.29**	**-6.4**	**714.94**	**34.1**
＃国有企业	59.34	7.4	55.46	-20.7	75.40	36.1
民营企业	107.26	41.9	203.88	16.5	290.04	42.3
外商投资企业	246.03	13.1	273.95	-15.7	349.50	27.6

表3　近几年福建省民营经济税收总额

单位：亿元、%

分组指标	2006		2008		2009	
	税收总额	同比增幅	税收总额	同比增幅	税收总额	同比增幅
全省	**1063.86**	**21.5**	**1583.28**	**21.7**	**1744.77**	**10.2**
＃民营经济	373.35	25.6	509.76	18.3	550.54	8.0
＃民营企业	325.30	26.9	434.35	15.6	477.78	10.0
个体经济	48.05	17.7	75.63	36.5	72.76	-3.8

表4　近几年福建省民间投资总额

单位：亿元、%

分组指标	2006		2009		2010	
	投资总额	同比增幅	投资总额	同比增幅	投资总额	同比增幅
全社会	**3115.08**	**38.0**	**6362.03**	**20.0**	**8273.42**	**30.0**
＃国有	1047.91	43.0	2165.66	17.8	2653.66	20.6
民间	1473.86	49.6	3357.74	26.7	4374.11	38.7
外商港澳台	594.23	24.5	838.64	3.0	1071.62	26.0

二、福建省民营工业[4]发展基本情况和特点

（一）工业生产快速增长

2010年，福建省民营工业实现增加值4218.40亿元[5]，比上年增长18.0%，占全部工业增加值的比重为63.3%。其中，规模以上民营工业实现增加值3609.85亿元，增长19.9%；规模以下工业实现增加值608.55亿元，增长8.1%。

1. 总量逐季上升、同比增幅前高后低。一季度，规模以上民营工业延续2009年下半年稳步回升的良好势头，生产呈现恢复性增长，同比增幅达21.4%；二季度，民营工业克服了自然灾害等因素影响，生产保持平稳较快增长，同比增幅在一季度基础上略有提高；三、四季度，在原材料价格上涨、国家收紧货币流动性等因素影响下，民营工业生产同比增幅逐季下降。2010年福建省规模以上民营工业增加值及同比增幅见图1。

图1　2010年福建省规模以上民营工业增加值及同比增幅

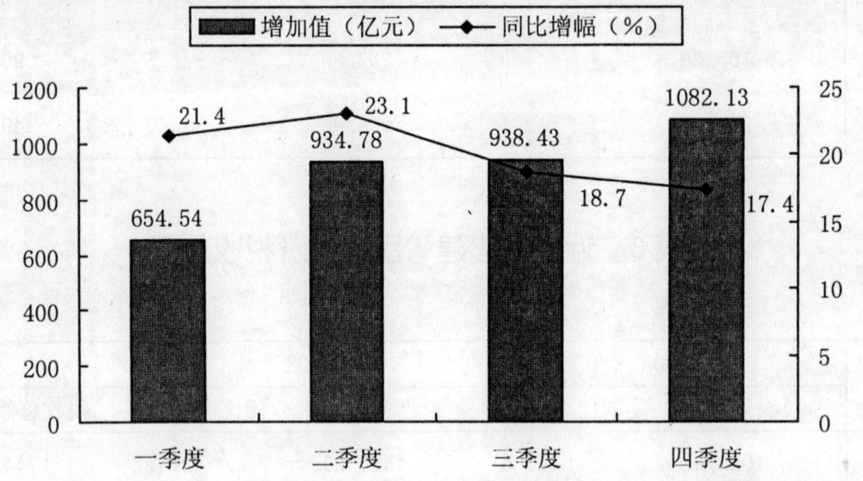

2. 对全部工业增加值增长的贡献率下降。2010年，民营工业对全部工业增加值增长的贡献率为60.4%，比上年下降了8.2个百分点。分季度观察，民营工业增加值对全部工业增加值增长的贡献率先升后降，一至三季度贡献率逐季上升且上升幅度较大，四季度贡献率较大幅度下降，比三季度下降了6.8个百分点。

3. 七大行业拉动作用明显。2010年，皮革、毛皮、羽毛（绒）及其制品业，纺织服装、鞋、帽制造业，非金属矿物制品业，纺织业，通用设备制造业，通信设备、计算机及其他电子设备制造业，农副食品加工业等7个行业对全部民营工业增加值增长的贡献率均在5%以上，7个行业累计实现增加值1995.48亿元，比上年增长17.7%，对全部民营工业增加值增长的贡献率达46.5%。

（二）出口交货值增幅逐季减缓

2010年，福建省规模以上民营工业实现出口交货值2473.86亿元，比上年增长18.4%，占规模以上工业出口交货值的比重为53.1%。

1. 同比增幅逐季减缓。一、二季度，规模以上民营工业延续2009年下半年的良好势头，出口增势强劲，同比增幅接近30%。下半年开始，受人民币升值、贸易摩擦日益突出等因素影响，出口交货值同比增幅大幅下降。尤其是四季度，单月增幅均在10%以下，12月份同比增幅仅3.8%，创下全年最低增幅。受此影响，规模以上民营工业出口交货值同比增幅逐季下降。四季度，规模以上民营工业出口交货值同比增长7.1%，增幅比一至三季度分

别下降了 22.4 个百分点、20.5 个百分点、8.3 个百分点。2010 年福建省规模以上民营工业出口交货值及同比增幅见图 2。

图 2　2010 年福建省规模以上民营工业出口交货值及同比增幅

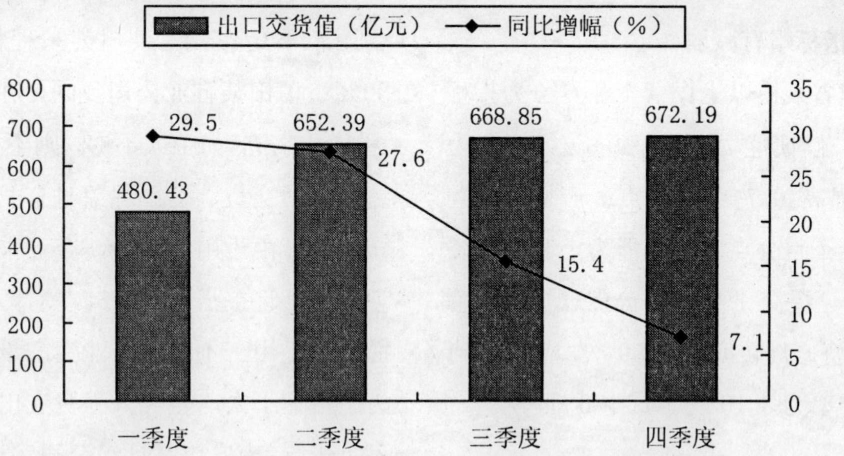

2. 龙岩等设区市出口较快增长。2010 年，龙岩、三明、厦门、宁德 4 个设区市规模以上民营工业出口保持较快增长，与上年相比增幅均在 30%以上。其中，龙岩市增幅达 52.7%，居各设区市首位。出口交货值总量居全省前列的福州、泉州出口交货值同比增幅较低，影响了全省出口交货值的增长。

（三）经济效益明显提高

2010 年，福建省规模以上民营工业在生产快速增长的同时，经济效益明显提高。

1. 主营业务收入首次超过 1.2 万亿元。2010 年，规模以上民营工业主营业务收入首次超过 1.2 万亿元，达 12238.32 亿元，比上年增长 28.9%，占规模以上工业比重为 57.3%。分季度观察，主营业务收入总量在逐季增长的同时，同比增幅逐季下降，但下降幅度不大。分行业观察，36 个大类行业同比增幅均在两位数以上，19 个大类行业增幅超过 30%，燃气生产和供应业、废弃资源和废旧材料回收加工业两个大类行业增幅超过 100%。

2. 盈利水平明显提高。2010 年，规模以上民营工业实现利润总额 682.40 亿元，比上年增长 43.2%，占规模以上工业比重为 55.4%。分行业观察，有 31 个大类行业利润总额高于上年同期，废弃资源和废旧材料回收加工业，化学纤维制造业，黑色金属矿采选业，电力、热力的生产和供应业 4 个大类行业利润总额成倍增长，仅煤炭开采和洗选业，橡胶制品业，石油加工、炼焦及核燃料加工业，水的生产和供应业 4 个大类行业同比下降。

3. 工业税收稳步增长。2010 年，规模以上民营工业上缴税金 277.93 亿元，比上年增长 24.9%，占规模以上工业比重为 41.0%。分行业观察，煤炭开采和洗选业、橡胶制品业、非金属矿采选业 3 个大类行业上缴税金同比减少，其余大类行业均增长。其中，废弃资源和废旧材料回收加工业，化学纤维制造业，黑色金属矿采选业，石油加工、炼焦及核燃料加工业，黑色金属冶炼及压延加工业 5 个大类行业同比增幅居行业前列，均在 60%以上；皮革、毛皮、羽毛（绒）及其制品业，纺织服装、鞋、帽制造业，非金属矿物制品业，农副食品加工业 4 个大类行业对规模以上民营工业税金增长的贡献率较大，分别为 16.1%、9.5%、8.4%和 6.3%。

（四）企业规模不断壮大

2010 年末，福建省民营工业企业数为 63023 户，占全部工业企业比重为 93.6%。规模以上民营工业企业 15340 户，比上年略有上升，占规模以上工业比重为 78.1%；资产总额 7681.74 亿元，增长 24.3%，占规模以上工业比重为 48.6%；所有者权益 3965.79 亿元，增长 22.6%，占规模以上工业比重为 53.4%；负债总额 3715.95 亿元，增长 26.1%，占规模以上工业比重为 44.3%。规模以下工业企业有 47683 户，增长 2.3%。

（五）竞争力指标略有减弱

2010 年，福建省规模以上民营工业竞争力指标略有减弱。其中，偿债能力下降。资产负债率为 48.4%，比上年提高 0.7 个百分点；产权比率为 93.7%，提高 2.7 个百分点。获利能力上升。总资产报酬率为 8.9%，提高 1.2 个百分点。资产运营能力基本持平。总资产周转率为 1.59 次，增加 0.01 次；流动资产周转率为 3.10 次，减少 0.08 次。

三、制约福建省民营工业企业进一步发展的主要因素

（一）调查中反映的问题

1. 资金短缺。资金短缺是扼制企业发展的瓶颈。2010 年，受国家收紧货币流动性、原材料购进和劳动用工成本上升、企业“两金”占比上升、企业改扩建投资规模扩大等因素影响，福建省民营工业企业资金短缺现象普遍。据有关部门 2011 年 1 月对福建省 4855 户民营工业企业调查，46.8%的企业反映流动资金紧张，33.3%的企业反映固定资产投资资金不能满足需要。三明某机械制造公司反映，资金短缺使得企业无法更新设备、扩建厂房、扩大生产规模；泉州某经编公司反映，2010 年资金缺口 30%，影响企业设备更新换代。

2. 用工不足。2010 年，福建省民营工业生产增势强劲，用工需求上升，但劳动力短缺现象较为普遍。调查显示，有 55.7%的民营工业企业反映用工不满足需要。其中，反映缺工量 10%以上的企业占 29.7%；缺工最多的是熟练工，占缺工企业数的 40.8%。用工不足对企业生产经营的影响有：①开工率下降。受用工不足影响，列入调查企业中占 13.7%的企业开工率同比下降。石狮某鞋业公司反映开工率下降了 50%；漳州某光学公司反映开工率下降了 30%。②影响企业出口。一方面，部分企业在承接订单时较为谨慎，要么接了订单转给其他厂家生产，要么不敢承接订单，造成订单减少。如：受用工不足影响，泉州某工程机械公司订单减少 30%；莆田某鞋业公司反映，在接单时，会充分考虑用工情况，如工人不够，则不接订单。另一方面，造成延迟交货、退单现象时有发生。福州某电子公司反映，由于用工不足，企业来不及生产，导致延迟交货，订单损失了 2%左右。③利润下降。一方面，由于用工不足，企业生产量下降；另一方面，为了留住工人，企业人工费支出大幅增加。受用工不足影响，南安市某针织公司利润损失 100 万元左右；莆田某鞋业公司利润下降 10%左右。

3. 多重因素制约产品出口。一是贸易壁垒对福建省出口影响较大。调查显示，有 40.0%的民营工业企业反映受到贸易壁垒的影响，造成企业成本上升、利润下降，出口受到影响。如：三明某光学仪器有限公司反映，欧盟《电气、电子设备中限制使用某些有害物质指令》对显微镜机身油漆的铅、镉、汞等六种物质提出更高要求，造成该企业油漆成本上升了 5%；漳州市某工贸公司为应对美国木质卧室家俱反倾销案日落复审，支付应诉费 150 万元左右，占全年利润总额的 15%；澳大利亚对我国生产的无辐钢圈实行进口产品限制，漳州某车轮公司被迫放弃该市场。二是人民币升值影响出口。一方面，人民币升值削弱了出口产品竞争力。另一方面，人民币升值造成出口产品出口量和利润下降。漳州市某电子公司反映，由于人民币未来的升值幅度以及升值时间都无法预期，企业难以报价，只敢接受短期订单，难以大规模扩大市场；厦门某电子公司反映，该公司产品 80%以上业务是以美元计价，平均账期 60 天，产生应收账款达 1.2 亿美元，人民币每升值 1%，就会产生 800 万元的人民币汇兑损失。三是资金短缺、用工不足、原材料价格上涨等因素

均对福建省民营企业的出口造成影响。

（二）制约福建省民营企业做强做大的其他因素

1. 核心竞争力偏弱。福建省民营企业核心竞争力偏弱的主要表现：一是缺乏核心技术。福建省大部分民营企业仍停留在加工、组装的阶段，对外依存度高，核心技术缺乏，关键零部件、重要材料和专用设备基本依赖进口，无法形成完整的产业链和高效的产业协同效应。如：平板显示产业，缺乏高世代大屏幕液晶面板资源；太阳能光伏产业，缺乏太阳能级高纯度多晶硅大规模量产的技术工艺。二是自主创新能力偏弱。2009 年，全省规模以上民营工业企业[6]中，有 R&D 活动的企业仅有 704 户，占规模以上民营工业企业比重仅 6.2%，低于规模以上工业平均水平；R&D 经费支出为 45.32 亿元，占规模以上民营工业主营业务收入比重为 0.6%，也低于规模以上平均水平，而按照国际经验，要保证技术创新活动能够正常进行，R&D 费用一般不低于销售收入的 3%。

2. 主导产业不突出、产业层次低。一是主导产业不突出。福建省不少民营企业缺乏战略眼光，追求短期效益。一方面，有的企业盲目扩大非主导产业规模，忽视了企业主导产业的发展；另一方面，部分企业跟风现象严重，盲目转向，什么产品有利可图就生产什么，追求短期效益，缺乏长远发展规划。二是福建省大多数民营企业产品以贴牌为主，拥有自主知识产权和高技术含量的产品少，产品竞争力偏弱，产品档次较低。尽管福建省获“中国名牌”产品居全国先进行列，但多数品牌知名度较低，知名度高、竞争力强的品牌少，总体上仍呈现“满天星星，少见月亮”状况。三是在第二产业中，民营工业企业主要分布在技术含量较低的劳动密集型行业，分布在高新技术行业的企业少。如：2010 年，分布在纺织业，纺织服装、鞋、帽制造业，皮革、毛皮、羽毛（绒）及其制品业，木材加工及木、竹、藤、棕、草制品业，非金属矿物制品业，工艺品及其他制造业的规模以上民营工业企业有 6666 户，占规模以上民营工业企业的比重达 43.5%，而在医药制造业，交通运输设备制造业，通信设备、计算机及其他电子设备制造业，仪器仪表及文化、办公用机械制造业等高新技术行业的企业仅 983 户，仅占规模以上民营工业企业的 6.4%。

四、对策建议

（一）进一步优化民营企业发展环境

一是进一步优化政策环境。严格贯彻落实国家和省里关于扶持民营企业发展的各项措施，全面清理现有的规章制度及规范性文件，努力在政策层面为民营经济的发展进一步扫清障碍，推动产业、用地、信贷、减负等方面政策落实到民营企业。二是进一步优化服务环境。深化效能建设，推行“一站式”审批，实行一个窗口对外，一条龙服务等，建立和健全社会化服务体系，加快行业协会发展，为民营企业提供广泛的专业化、规范化服务。三是优化舆论环境。加大舆论宣传力度，进一步提高全社会对发展民营经济重要性的认识，积极营造尊重民营经济、扶持民营经济的良好社会风气。

（二）进一步增强民营企业核心竞争力

一是要增强企业自主创新能力。借鉴发达国家的好经验好做法，如：2005 年欧盟通过的《创新行动计划》，2006 年美国开始实施的《美国竞争力计划》，日本在 2006 年和 2007 年相继通过的《第三期科学技术基本技术》和《创新 25》等，使得他们在国际经济发展中长期占据主导地位。二是要加快技术装备更新、工艺优化和产品升级换代，用高新技术和先进技术推进产业发展，提升产品技术含量和附加值，推动产业向品牌化发展，增强产品竞争力。

（三）多渠道破解民营企业融资难问题

一是要针对民营企业融资难的现实困境，出台有助于改善融资环境的政策，多为银企双方牵线搭桥；二是改革、创新金融体制，鼓励更多社会资金投资发展小额贷款公司、民间银行等金融业；三是完善创业投资和融资租赁政策，发展创业投资和融资租赁企业，为民营企业拓宽融资渠道；四是每年可安排一定规模的专项贷款，用于解决成长型民营企业的资金短缺问题。

（四）积极应对人民币升值

一是力求减少汇兑损失。如：厦门某电子公司反映，该公司在人民币持续升值情况下，收到美元货款外，扣除短期内需支出的金额，其余加速结汇成人民币，减少汇兑损失。同时，对于未来确定会购汇或结汇的金额，向银行买卖远期外汇，将汇兑损失锁定，减少损失扩大。二是追加风险保证条款。如：厦门某船舶公司反映，该公司在签订出口订单时，会附带钢材价格、美元汇率的风险保证条款。当钢材价格、美元汇率变动幅度超过一定百分比的时候，将相应追加或减少造船款，以此举减少对企业的影响。

注：1. 指国有企业和外商投资以外的企业。

2. 包括集体经济、私营经济、港澳台商投资经济和个体经济。

3. 指国有投资、港澳台商投资和外商投资以外的投资。

4. 包括规模以上民营工业和规模以下民营工业。其中，规模以上民营工业包括集体企业、私营企业、港澳台商独资企业和联营经济中的民营部分；规模以下民营工业即规模以下工业。

5. 本部分数据均为2010年快报数。

6. 仅包括集体企业、私营企业和港澳台商独资企业，不包括联营经济中的民营部分。

（执笔：赵清）

2010年福建省中小工业监测情况年度报告

2010年，在国家保增长、扩内需政策带动下，福建省中小工业发挥自身优势，主动适应市场需求，生产和经济效益持续向好，产值、增加值、主营业务收入和利润总额均保持两位数增长，出口恢复较快、内销比重提高。

一、总体概况

（一）生产总量增长，季度增幅平稳

2010年，福建省中小工业实现产值19558.84亿元，比上年增长23.1%，占全部工业产值比重为82.4%；实现增加值5641.69亿元，增长18.0%，占全部工业增加值比重为84.7%。其中，规模以上中小工业实现产值17654.75亿元，增长25.0%，占规模以上工业产值比重为80.9%；实现增加值5033.14亿元，增长19.3%，占规模以上工业增加值比重为83.1%。分季度观察，四个季度产值增幅平稳，分别为25.9%、23.4%、25.8%和25.0%，变化幅度较小，仅在2.5个百分点之内。2010年一至四季度中小工业产值、增加值同比增幅见图1。

图1 2010年一至四季度福建省全部中小工业总产值、增加值同比增幅

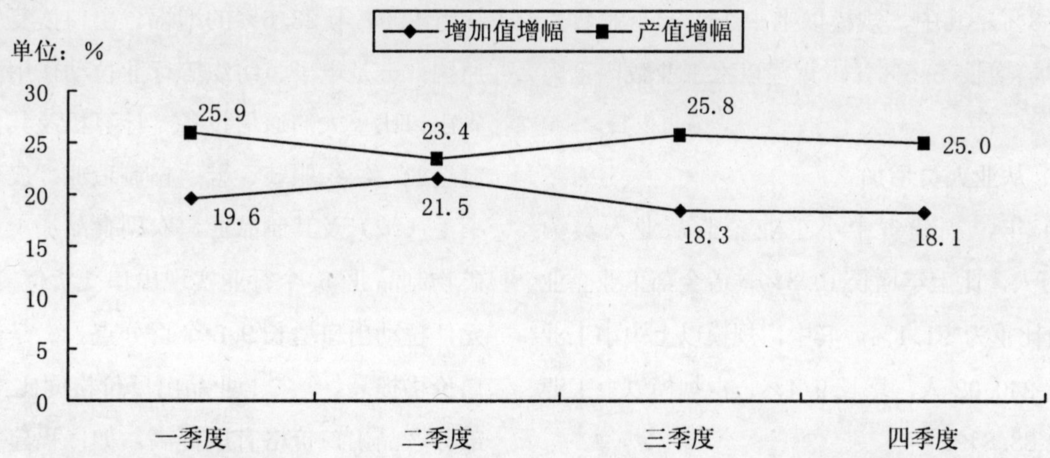

（二）出口增长较快，增幅较大

2010年，规模以上中小工业实现出口交货值3388.75亿元，比上年增长20.9%，增幅比2008年和2009年分别提高10.5个百分点和22.5个百分点，接近2007年23.6%的增幅。分季度观察，四季度受上年同期出口增长较快的影响，增幅偏低，其它季度增幅均达20%以上。2010年一至四季度规模以上中小工业出口同比增幅见图2。

（三）经济效益两位数增长

2010年，规模以上中小工业实现主营业务收入16751.71亿元，比上年增长29.9%，占规模以上工业比重为78.5%。实现利税总额1448.86亿元，增长39.1%，占规模以上工业比重为75.9%。其中，实现利润总额943.44亿元，增长50.1%，占规模以上工业比重为76.6%。

（四）资产和负债均增加

2010年，规模以上中小工业资产总额为12298.10亿元，比上年增长21.3%，占规模以上工业比重为77.8%。其中，流动资产总额5813.29亿元，增长30.3%，占规模以上工业比重79.0%。

负债总额6308.74亿元，增长21.7%，占规模以上工业比重为75.2%。

图2　2010年1-4季度福建省规模以上中小工业出口交货值同比增幅

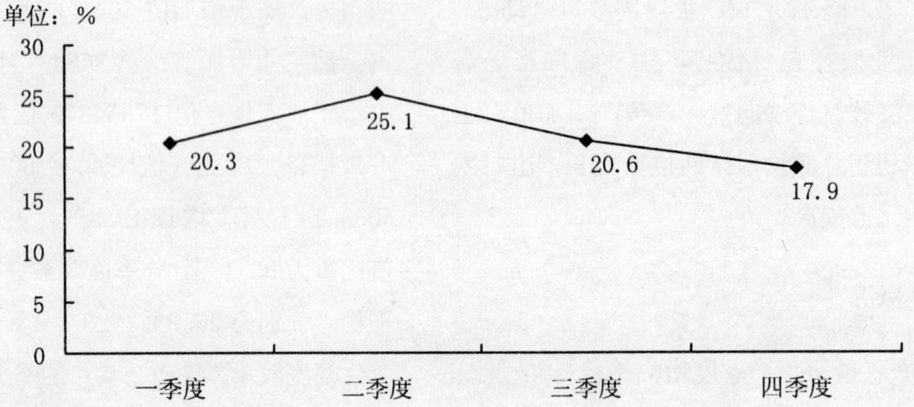

（五）企业数略有增加

2010年12月末，福建省中小工业企业数为67224户，比上年增长3.2%，占全省工业企业比重为99.8%。其中，规模以上中小工业企业数为19541户，增长5.5%，占规模以上工业数比重为99.5%。

（六）从业人员增加

2010年，福建省中小工业企业从业人员为438.70万人，比上年增长10.3%，占全部工业企业从业人员比重为91.1%。其中，规模以上中小工业从业人员340.02人，增长9.4%，占规模以上工业从业人员88.8%。

（七）获利能力、营运能力提高，偿债能力有所减弱

2010年，福建省规模以上中小工业总资产报酬率为7.7%，比上年上升1.5个百分点；总资产周转率为1.4次，比上年同期增加0.1次。偿债能力有所减弱，资产负债率为51.3%，上升0.1个百分点；产权比率为105.3%，上升0.6个百分点。

二、发展特点

（一）出口恢复较快，增幅接近金融危机前水平

2010年，福建省规模以上中小工业实现出口交货值3388.75亿元，比上年增长20.9%，增幅比2008年和2009年分别提高10.5和22.5个百分点，接近2007年23.6%的增幅。出口恢复较快的主要原因：一是电子、纺织等行业拉动作用明显。占全省出口比重大的通信设备、计算机及其他电子设备制造业，纺织服装、鞋、帽制造业，皮革、毛皮、羽毛（绒）及其制品业，农副食品加工业，非金属矿物制品业5个行业实现出口交货值1679.16亿元，拉动出口增长9.6个百分点。二是部分产品出口价格提高。全省工业品出厂价格同比上涨3.2%，部分产品出口价格有所提高。如：福建省某服装公司反映，生产的防寒衣出口价格同比上升6.5%，仅此一项，拉动企业出口额上升5.0个百分点。

（二）境内销售比重提高

2010年，福建省全部中小工业企业（采掘业和制造业）境内市场销售比重为71.1%，比上年提高2.4个百分点。列入中小工业的7806户调查企业中，占12.2%的企业境内销售比重同比上升超过3.0个百分点；37个大类行业中，18个行业境内销售比重同比上升，其中，通信设备、计算机及其他电子设备制造业和交通运输设备制造业等6个行业境内

销售比重同比上升超过3.0个百分点。

（三）近四成企业投资总额同比上升

列入中小工业的7806户调查企业中，38.6%的企业反映投资总额同比上升，其中，56.8%的企业扩大产能投资；43.2%的企业增加改建及技改投资。投资增加加快了企业发展，如：福建省某纺织公司反映扩大产能投资同比上升20%以上，实现产值3.18亿元，增长2.0倍；福建省某食品公司反映技改投资同比上升20%以上，实现新产品产值3522.30万元，增长63.4%。

三、中小工业监测中值得关注的几个方面

（一）缺工现象仍较严峻

当前全省经济形势向好势头继续巩固，企业生产经营明显好转，导致用工需求增加，用工出现短缺。中小工业监测调查显示，用工短缺现象仍较严峻，主要表现在：

1. 三种用工短缺情况并存。①行业性缺工。列入调查的51.1%企业反映2010年劳动用工短缺，无法满足正常的生产需要。缺工严重的行业主要是劳动密集型行业，如：纺织服装、鞋、帽制造业，橡胶制品业，皮革、毛皮、羽毛（绒）及其制品业，纺织业和通信设备、计算机及其他电子设备制造业等，缺工企业面均达70%以上。②长期性缺工。受企业生产持续增长、投资总额上升等影响，企业用工需求持续增加，但招工存在不足，部分企业出现长期性缺工。如：连江县某塑胶厂反映投资总额同比上升7.5%，用工增加近百人，但招工不足，长期缺工92人，占30%。③季节性缺工。一方面部分企业反映在生产旺季时，出现缺工；另一方面受春节返乡的影响，部分企业员工在节后返工率低，导致缺工。如：浦城县某公司反映节前员工1420人，节后员工返工率不足40%。

2. 熟练工人、技术工人和普通工人短缺尤为明显。随着福建省中小工业企业生产持续向好，用工的结构性短缺突出，主要表现为熟练工、技术工和普通工难招。在缺工企业中，反映短缺熟练工（占40.2%）、技术工（占24.0%）和普通工（占23.1%）的比重达87.3%，管理人员和营销人员等仅占12.7%。三是招工难度大。随着中西部地区经济发展，吸引农民工就近、就地就业；新生代农民工就业预期不断提高和部分省份最低工资标准高于福建省等各种因素影响，导致部分中小工业企业招工难度大。如：石狮市某服饰公司反映，2010年需招工310人，但总共才招到150人，缺口50%。

（二）成本上升，企业压力增大

1. 原材料购进成本不断提高。2010年，全省工业品出厂价格由2009年下跌4.5%转为上涨3.2%，原材料、燃料、动力购进价格由2009年下跌6.8%转为上涨7.7%，购进与出厂价格同比涨幅剪刀差为4.5个百分点，分别比一季度、上半年和前三季度扩大1.2个百分点、0.5个百分点和0.4个百分点。如：福州某服装公司反映，2010年，生产服装的主要原材料（面料）价格持续上涨，仅此一项，成本多支出350万元，增加10%；三明市某纺织公司反映，棉花和化纤价格比上年上涨一倍左右，仅此一项，企业成本多支出1.5倍。

2. 工人工资提高。2010年，福建省各地普遍提高最低工资标准，平均提高幅度为24.5%，为1998年福建省执行最低工资制度以来调整幅度最大的一次。最低工资标准的提高使企业劳动力成本明显上升。如：莆田市某玩具公司反映，2010年员工平均工资上调至1600元，比上年增加300元，增长23.1%，仅此一项，成本上升5%。

（三）外贸出口压力较大

2010年，福建省中小工业企业在人民币升值、贸易壁垒、贸易政策调整等各种因素影响下，境外市场销售比重为28.9%，比上年下降2.4个百分点。境外市场销售比重下降的主要原因：

1. 人民币持续升值，削弱出口竞争力。欧美是

福建省出口的主要市场，2010年以来，美元和欧元持续疲软下跌。美元兑人民币12月31日与1月4日贬值3.1%；欧元兑人民币12月31日与1月4日贬值10.9%。人民币升值，削弱企业出口竞争力。如：漳州市某电子公司反映，由于人民币升值幅度以及升值时间无法预期，企业难以报价，目前只接受短期订单，难以大规模扩大市场，四季度订单量不到三季度的30%；龙岩某钨业公司反映，人民币升值压缩利润空间，企业承接外贸订单的意愿下降；至9月底，三明市有215家企业有进出口权，其中，50家企业停止出口。

2.贸易壁垒影响企业出口。据中小工业监测调查显示，2010年列入调查的2407户有出口业务的中小工业企业中，有39.2%的企业反映受到贸易壁垒的影响。其中，35.3%的企业受到进口配额、进口许可证、产品最低限价、品种等限制；25.4%的企业遭遇各类技术和卫生标准等绿色贸易壁垒；21.6%的企业遇到出口国特别紧急关税、特定产品高关税等关税贸易壁垒；9.0%的企业遭遇反倾销、反补贴等；8.7%的企业遭遇其他形式的贸易壁垒。贸易壁垒对福建省中小工业企业产生的负面影响主要体现在以下四个方面。

（1）成本上升。28.6%的企业反映贸易壁垒使其成本上升。如：莆田某鞋业公司反映，由于美国加大对偶氮监测力度，对原材料质量提出更高要求，成本上升5%；三明某光学仪器公司反映《欧盟电气、电子设备中限制使用某些有害物质指令》对显微镜机身油漆的铅、镉、汞等六种物质提出更高要求，仅油漆成本上升5%。

（2）利润下降。24.7%的企业反映贸易壁垒使其利润下降。如：2010年，漳州市某工贸公司为应对美国木质卧室家俱反倾销案日落复审，支付应诉费150万元左右，占全年利润的15%。

（3）出口量下降。22.2%的企业反映贸易壁垒使出口量下降。如：三明某食品公司反映，日本对进口鳗鱼有关的药残检测项目多达118种，造成出口量下降5%。

（4）价格上涨。18.8%的企业反映贸易壁垒使其价格上涨。如：福建省某箱包集团反映，出口至巴西的背包遭遇最低限价的贸易壁垒，只能提高出口价格，加大了市场开拓难度。

3.取消“两高一资”出口退税对部分企业影响较大。6月22日，财政部和国家税务总局联合下发《关于取消部分商品出口退税的通知》，决定从7月15日起，取消“两高一资”等高耗能产品在内的406个税号产品的出口退税，涉及塑胶制品、玻璃制品、化工等产品，福建省这些产品生产企业在该新政策实施之前享受国家5%-17%的出口退税率，出口退税率取消对这些产品生产企业的出口影响较大。如：清流县某化工公司反映取消出口退税后，7、8、9月化工产品出口订单比上半年均减少20%左右；福建省某钢铁制品公司花纹板、钢带、H型钢等产品之前享受9%的出口退税，产品出口占出口总量30%以上，9月产品出口占比减至5%；漳平市某氟化工公司之前享受13%的出口退税，取消退税后，8、9月出口值比6月分别下降73.5%和71.6%。

（四）银行信贷收紧对部分企业影响较大

中小企业的融资渠道单一，银行贷款是中小企业外源融资的主要渠道，列入中小工业监测调查有进行融资的企业中，向银行贷款占融资总额比重为80.0%；通过担保机构获得贷款占融资总额比重为14.2%；民间贷款、企业内部集资等占融资总额比重为5.0%；通过上市占融资总额比重为0.8%。因此，银行信贷收紧对部分企业影响较大。

1.部分企业贷款难度加大。2010年，央行五次上调存款准备金率，银行缩减放贷量，部分企业贷款难度加大。如：永安某水泥公司在民生银行贷款2000万元，2010年11月到期还款，至2011年2月无法续贷。

2. 贷款利息支出增加，利润减少。中小工业监测调查显示，成长型中小企业很难获得中长期贷款，72.3%的企业反映贷款期限多为一年期。2010年央行两次上调存贷款利率，一年期贷款利率由原来的 5.31%上调至 5.81%，对这部分企业影响较大。如：厦门某电子公司反映，2010 年，向银行贷款占融资总额 100%，贷款利率提高增加其利息支出 5.3 万元，利润总额减少 0.9%。

（五）中国—东盟自由贸易区建立给福建省企业出口东盟带来新的机遇

2010年1月1日，中国—东盟自由贸易区建立，促进至东盟的出口。东盟 6 个老成员国（文莱、印尼、马来西亚、菲律宾、新加坡、泰国）对 90%以上的中国产品实行零关税，对中国平均关税从 12.8%降为 0.6%，"零关税"优惠政策，有利于福建省中小企业稳定和开发东盟市场。2010 年，福建省至东盟的出口额为 83.07 亿美元，比上年增长 38.3%，增幅比上年提高 23.2 个百分点，比出口欧盟和日本分别提高 9.5 和 31.7 个百分点。对东盟出口主要呈现如下特点：一是订单额增长较快。如：东山县某水产食品公司反映，来自东盟（马来西亚）订单额为 700 万元，比上年增长 35%。二是出口东盟的比重明显提高。如：永安市某贸易公司出口东盟的比重达 90%，比上年提高 80 个百分点；福建省某食品公司出口东盟的比重为 55%，比上年提高 50 个百分点。三是利润有所提高。如：福建省某聚合纤维公司出口东盟利润比上年提高 5%；福鼎某水产食品公司出口东盟的利润额达 1300 万元，比上年提高 4%。

四、促进福建省中小工业稳健发展的对策建议

（一）引导企业灵活运用金融产品，规避风险

受企业对金融产品了解不够全面的影响，福建省部分企业尤其是外贸出口企业，未灵活运用各种金融产品，规避风险。政府应进一步引导企业尤其是出口量大的企业灵活运用远期结售汇、开展外汇交易等手段锁定汇率风险，减少因汇率浮动带来的经济损失。

（二）创新担保模式，缓解企业融资难

中小企业在融资过程中最大的困难是抵押资产有限，福建省企业通过担保机构获得贷款仍主要是采取固定资产担保模式。建议担保公司创新担保模式，缓解企业融资难。浙江部分担保公司执行会员制和会员之间共同反担保制值得推广。如：浙江省萧山担保公司实行"会员制"，担保公司根据要获担保企业的经营情况、资产状况、发展后劲等"入会"成为会员，并且会员之间互相担保，一家企业贷款出问题，其余企业共同承担风险。该公司成立四年来，累计为 32 家企业提供了总额 2 亿多元的贷款担保。

（三）加强东盟贸易关系，着力开拓东盟市场

中国—东盟自贸区是我国对外建立的第一个自贸区，东盟 6 个老成员国对中国的平均关税从 12.8%降到 0.6%，东盟 4 个新成员国将在 2015 年实现 90%零关税的目标。建议有关部门进一步引导企业抓住关税大幅下调契机，实施"走出去"战略，在东盟设立研发和生产基地、健全营销网络，大力开拓东盟市场。

（执笔：魏滨）

2010年福建省产业损害年度报告

一、福建省工业发展概况

2010年，全球经济总体呈现起伏、逐步回升的态势，欧、美、日等发达国家经济情况缓慢好转。在福建省委、省政府的领导下，全省经济持续、健康发展，外经贸稳定较快发展。

（一）工业生产全面增长

2010年，全省规模以上工业实现产值21833.86亿元，比上年增长26.6%，实现增加值6053.21亿元，增长20.3%，增幅与上年相比分别提高14.2和7.9个百分点。分行业观察，规模以上工业37个大类行业产值和增加值均实现正增长。其中，产值同比增幅居前三位的行业依次是：废弃资源和废旧材料回收加工业（增长103.7%），石油加工、炼焦及核燃料加工业（增长45.7%），燃气生产和供应业（增长41.9%）；增加值同比增幅居前三位的行业依次是：废弃资源和废旧材料回收加工业（增长84.5%），石油加工、炼焦及核燃料加工业（增长35.3%），通信设备、计算机及其他电子设备制造业（增长32.6%）。

（二）主营业务收入超2万亿元

2010年，全省规模以上工业完成主营业务收入首次超过2万亿元，达21331.72亿元，比上年增长31.8%，增幅比上年提高20.8个百分点。分行业观察，37个大类行业中有36个行业主营业务收入实现两位数增长，其中，主营业务收入超1000亿元的行业有7个，比上年增加4个，分别是通信设备、计算机及其他电子设备制造业，皮革、毛皮、羽毛（绒）及其制品业，非金属矿物制品业，电力、热力的生产和供应业，农副食品加工业，纺织服装、鞋、帽制造业和纺织业，完成主营业务收入分别为2213.37亿元、1477.51亿元、1309.96亿元、1251.51亿元、1191.51亿元、1138.82亿元和1071.42亿元，分别增长29.5%、24.1%、23.4%、18.3%、35.4%、19.5%和24.6%。

（三）盈利水平明显提高

2010年，全省规模以上工业实现利润总额1231.33亿元，比上年增长55.6%，同比增幅提高35.6个百分点。分行业观察，37个大类行业中，有34个行业大类实现利润总额高于上年同期。其中，增长最快的前3个行业依次是：燃气生产和供应业、化学纤维制造业、废弃资源和废旧材料回收加工业，分别增长1234.5%、392.5%、356.5%。

（四）进出口总额突破千亿美元

2010年，全省进出口总额突破千亿美元，达1087.82亿美元，比上年增长36.6%。其中，出口总额714.97亿美元，增长34.1%；进口总额372.85美元，增长41.6%；累计实现贸易顺差342.20亿美元。全年全部工业产品（采掘业和制造业）境外销售收入6462.44亿元，增长17.8%；境外市场销售比重达29.7%，下降2.8个百分点。

1.全年进出口走势。受国际市场回暖影响，1-5月进出口保持较高增幅，各月同比增幅均在30%以上，其中，2月增幅高达65.1%。6月始，受欧盟债务危机、发达国家高失业率、价格上涨、人民币升值等因素影响，进出口增幅大幅下滑，9月出现全年最低增幅。11-12月增幅回升，接近年初水平。2010年全省进出口逐月同比增幅见下图。

2010 年福建省进出口逐月同比增幅情况

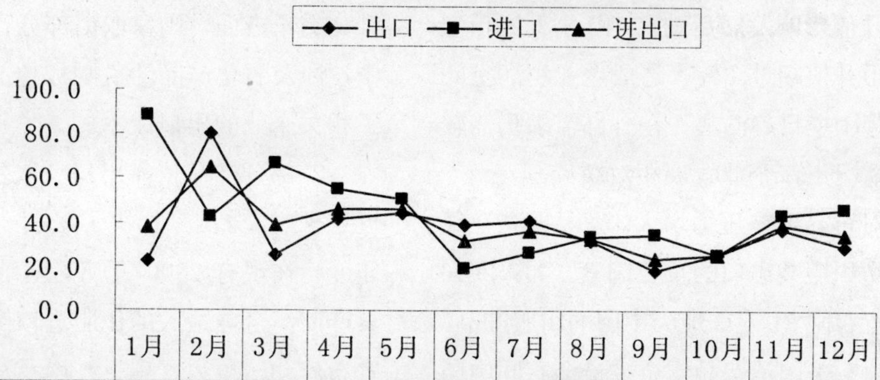

	1月	2月	3月	4月	5月	6月	7月	8月	9月	10月	11月	12月
出口	22.1	79.9	25.2	41.6	44.0	38.9	40.8	31.7	18.0	25.6	36.7	29.1
进口	88.2	42.5	67.1	55.1	50.2	18.6	25.8	33.7	33.8	25.2	43.4	45.5
进出口	37.8	65.1	38.9	45.6	46.0	31.5	35.8	32.4	23.4	25.5	38.9	34.5

2. 全年进出口特点。一是一般贸易和加工贸易进出口快速增长。2010 年，福建省一般贸易进出口 630.8 亿美元，比上年增长 37.6%，占同期全省外贸总值的 58.0%。其中，出口 438.4 亿美元，增长 35.9%；进口 192.4 亿美元，增长 41.8%。加工贸易进出口 380.0 亿美元，增长 34.0%，占同期全省外贸总值的 34.9%。其中，出口 236.0 亿美元，增长 26.4%；进口 144.0 亿美元，增长 48.6%。二是外商投资企业进出口超 5 成。2010 年，福建省外商投资企业进出口 583.4 亿美元，增长 33.3%，占同期全省外贸总值的 53.6%。三是大类商品出口全部增长。2010 年，福建省机电产品出口 294.0 亿美元，增长 32.8%；高新技术产品（与机电产品分类有交叉）出口 131.7 亿美元，增长 25.8%。传统商品中，纺织服装出口 115.4 亿美元，增长 22.0%；鞋出口 69.4 亿美元，增长 35.0%；农产品出口 49.5 亿美元，增长 44.8%；家具出口 25.3 亿美元，增长 35.6%；箱包出口 19.3 亿美元，增长 45.7%；花岗岩石材出口 18.1 亿美元，增长 8.2%。四是机电产品与高新技术产品进口快速增长。机电产品进口 176.5 亿美元，增长 46.5%；高新技术产品进口 124.4 亿美元，增长 48.4%。五是前五位主要贸易伙伴进出口全部保持增长。2010 年，福建省对美国进出口 186.0 亿美元，增长 36.7%；对欧盟进出口 181.9 亿美元，增长 30.3%；对东盟进出口 132.0 亿美元，增长 41.1%；对台湾进出口 103.9 亿美元，增长 48.7%；对日本进出口 90.5 亿美元，增长 22.2%。

二、2010 年福建省产业安全状况评估

（一）纺织产业

2010 年列入福建省纺织产业安全监测的行业是纺织业，纺织服装、鞋、帽制造业，皮革、毛皮、羽毛（绒）及其制品业 3 个行业。2010 年，全省规模以上纺织产业实现增加值 1210.63 亿元，比上年增长 17.7%，增幅比上年提高 4.5 个百分点；实现主营业务收入 3687.75 亿元，增长 22.8%，提高 5.7 个百分点；实现利润总额 251.06 亿元，增长 46.5%，提高 10.7 个百分点；纺织服装出口总额为 113.43 亿美元，增长 22.2%，提高 3.1 个百分点。影响纺织产业安全的主要因素如下：

1. 成本上升挤压企业利润空间。一是原材料价格上涨。由于国内棉花采摘延期、印度一度暂停棉花出口以及巴基斯坦棉花受灾等因素导致国内棉花价格飞涨。棉花价格由年初的一吨 1.3 万元涨至最高 3.2 万元。二是人工成本上涨。据有关部门调查，福建省 2010 年工人工资费用上涨 15%-20%。对于劳动密集型的纺织服装企业来说，人工成本上

涨大大增加了企业成本压力。

2. 人民币升值影响发展后劲。2010 年人民币汇改以来，人民币升值超过 3%，造成企业利润空间大幅压缩，经营困境日趋凸显，在外部需求仍需较长时间恢复的情况下，企业发展相对缓慢。

3. 企业应对贸易壁垒压力增大。贸易壁垒已经成为影响我国纺织服装出口的重要因素。如：2010 年 1-9 月，欧盟召回 31 项产地为中国的纺服产品，同比增长 417%；美国消费品安全委员会召回中国产纺织品数量为 31 项，占总数的 70%，增长 63%；10 月份，欧盟反倾销委员会对从中国进口的高强力纱作出反倾销决定；12 月份，欧盟制鞋业对来自中国的进口皮鞋再次提起反倾销日落复审申诉，要求征收反倾销税；12 月份，印度对我国绸缎产品发起反倾销日落复审调查；欧盟 REACH 法规规定关于箱包的授权物质或从原来的 38 种增至 49 种。

4. 周边发展中国家竞争力提升。近年来，越南、泰国等部分东盟国家凭借低成本优势与我国纺织服装低端市场展开激烈竞争，正逐步挤占欧美、日本等国家和地区的纺织服装低端产品的市场份额。2010 年越南纺织服装对欧盟出口 18 亿美元，比上年增长 14%，同时利用与日本签订的 EPA 协议，加大对日本服装出口。

（二）石化行业

2010 年列入福建省石化行业安全监测的行业是化学原料及化学制品制造业、化学纤维制造业。2010 年，全省规模以上石化行业实现增加值 261.18 亿元，比上年增长 19.60%，增幅比上年提高 2.7 个百分点；实现主营业务收入 1087.93 亿元，增长 41.6%，提高 41.5 个百分点；实现利润总额 77.84 亿元，增长 1.4 倍，提高 34.3 个百分点；化学工业及其相关工业的产品出口总额 21.57 亿美元，增长 58.5%，提高 85.5 个百分点。影响石化行业安全的主要因素如下：

1. 成本压力不断上升。一方面，为确保节能减排任务的完成，5 月各地纷纷取消优惠电价，并集中进行全面清理，石化行业特别是磷化工、氯碱、电石、纯碱、烧碱等高耗电产品的电力成本明显上升。另一方面，国家取消部分行业的出口退税，其中，涉及石化产品的税则号超过 200 个，相应增加了相关企业的出口成本。

2. 部分产品依靠出口获取生存空间难度加大。近年来，部分国家加快了尿素产能的自我扩充，如：印度将在现有 2200 万吨的基础上新增 600 万吨尿素产能；全球最大的化肥进口国巴西在 2010 年初宣布启动一项尿素项目；埃及、卡塔尔等国也依托天然气资源优势，在未来几年内将大量释放尿素产能。此外，随着国内磷铵及尿素等化肥品种相继于 9 月 1 日及 15 日起执行 110% 的旺季关税税率，出口成本大幅提升，10 月份化肥出口已呈现高位回落走势。随着未来全球市场供给过剩压力的不断增大以及出口成本的不断提升，我国石化行业部分产品的出口份额和利润空间将相应下降。

3. 贸易壁垒将进一步影响石化行业产品出口。一是欧盟 REACH 法规正式注册的第一个截止期 2010 年 12 月 1 日到期，出口欧盟的外贸企业如果未能获得正式注册，将无法再向欧洲出口；二是反倾销频频发生。如：9 月 30 日，巴基斯坦对华邻苯二甲酸酐作出反倾销终裁征收反倾销税；10 月 20 日，美国对华六偏磷酸钠作出反倾销行政复审终裁征收反倾销税；10 月 21 日，澳大利亚对华碳酸氢钠作出反倾销日落复审终裁征收反倾销税；12 月 9 日，印度对华尼龙长丝延长征收反倾销税。

4. 石化产品进口未对福建省造成明显影响。据对产业损害样本调查，部分企业反映，2010 年石化产品进口对福建省石化企业生产和销售并未造成影响。从海关数据观察，福建石油与化工产品出口总额达 21.19 亿元，比上年增长 65.0%，高于全省平均涨幅 30.9 个百分点。

（三）交通运输设备制造业

2010 年，全省规模以上交通运输设备制造业实现增加值 277.05 亿元，比上年增长 32.4%，增幅比上年提高 26.1 个百分点；实现主营业务收入 986.72 亿元，增长 43.5%，提高 31.4 个百分点；

实现利润总额51.45亿元，增长46.7%，提高23.1个百分点；车辆、航空器、船舶及其零件出口总额31.88亿美元，增长39.4%，提高72.5个百分点。影响交通运输设备制造业安全的主要因素如下：

1. 国际市场需求持续萎缩。金融危机后，全球各主要汽车市场恢复程度不一。2010年10月，欧洲汽车销量连续第7个月出现下滑，其中，德国汽车销量连续第11个月下滑，同比跌幅达20%。如：福建省某汽车工业公司出口量下降近50%；厦门某游艇公司游艇出口额同比下降约80%。

2. 信用风险加大。福建省部分船业企业均反映，当前航运市场尚未完全复苏，为了拖延交货，船东采取了提高验收标准、修改建造要求等，进一步加大了船企交船难度。

3. 船舶建造新标准的实施给相关企业带来较大影响。2006年11月国际海事组织通过《船舶专用海水压载舱保护涂层性能标准》（以下简称“PSPC”），该标准强制实施范围扩大到2008年7月1日以后签约的所有500总吨以上散货船、油船和集装箱船等船型及2009年1月1日以后开始建造、2012年7月以后完工的所有船舶。泉州、厦门部分大型船舶公司反映，PSPC的实施，将增加企业成本；部分中小船舶企业则反映，企业技术工艺水平、相关配套设备、技术力量均难以跟上，将对企业后续生产经营造成较大影响。

4. 福建省汽车企业未反映进口车带来负面影响。2010年1-10月，我国进口汽车64.3万辆，同比增长1.1倍，价值238.7亿美元，增长1.2倍。进口汽车的涌入对我国部分地方生产的小排量市场造成冲击，但福建省汽车企业未反映有负面影响。如：2010年，福建省某汽车工业公司V3菱悦生产量和销售量涨幅均超过50%。

（四）通信设备、计算机及其他电子设备制造业

2010年，全省规模以上通信设备、计算机及其他电子设备制造业实现增加值467.44亿元，比上年增长32.6%，增幅比上年提高20.6个百分点；实现主营业务收入2213.37亿元，增长29.5%，提高26.8个百分点；实现利润总额100.37亿元，增长70.5%，提高27.0个百分点；电子产品出口总额42.02亿美元，增长42.5%，提高了67.2个百分点。影响通信设备、计算机及其他电子设备制造业安全的主要因素如下：

1. 人民币升值对外向型企业冲击较大。福建省信息产品制造业偏向外向型经济，很多企业的产品以出口外销为主，人民币汇率上升，增大了企业汇兑损失，利润空间被压缩，降低了部分企业接单的意愿。

2. 企业面临的市场压力增大。一是2010年，原材料价格持续上涨，劳动用工成本上升，使得企业的总成本不断加大，但大部分电子产品的销售价格却基本呈下跌走势，导致企业利润空间被挤压，经济效益受到影响。二是2010年，央行6次上调准备金率，银行银根收紧，部分中小企业贷款难度加大，资金周转困难。

3. 部分企业招工难。电子行业属于劳动密集型企业，对劳动力需求大。2010年反映缺工现象的园区和企业明显增多，主要原因为：一是少数企业受经济复苏带动，订单骤增，而金融危机时很多企业都适度裁员，所以在恢复生产后容易造成用工紧缺；二是区域竞争加剧导致人员分流，内地就业机会、收入水平有所提高，而生活成本相对较低，吸引人员回乡就业；三是供求结构性错位，随着企业转型升级，对技能劳动力的需求不断增多，现有技工供给不足的矛盾也比较突出。

（五）轻工业

2010年，列入福建省轻工业安全监测的行业有家具制造业、造纸及纸制品业、塑料制品业、金属制品业、工艺品及其他制造业。2010年，全省规模以上轻工业实现增加值716.29亿元，比上年增长20.1%，增幅比上年提高7.6个百分点；实现主营业务收入2452.37亿元，增长31.2%，提高20.9个百分点；实现利润总额114.24亿元，增长52.1%，提高33.7个百分点；塑料及其制品、橡胶及其制品，木及制品、木炭、软木、编结材料制品，木浆等，废纸、纸、纸板，杂项制品出口总额达 91.62 亿美元，增长 36.2%，提高 40.9 个百分点。影响轻工业安全的主要因素如下：

1. 境外需求仍较疲软。我国家具、塑料制品等轻工业产品主要出口至欧美等发达国家或地区，欧美等发达国家或地区失业率仍维持在高位，造成境外市场需求仍较疲软，部分轻工业产品对欧美等国家或地区出口增幅低于平均增幅，部分企业接不到订单或订单大幅下降。如：2011 年，泉州某轻工制品公司出口日本、欧盟、美国的椅子订单金额下降约 60%。

2. 贸易壁垒增多。一是贸易保护愈演愈烈。美国出台《雷斯法案》修正案，规定从 2010 年 9 月 1 日起，凡出口到美国的木制品、木浆、纸、纸制品、家具等林产品，必须标明木材的种类和来源；欧盟食品安全及动物健康常任委员会通过一项立法议案，将加强对自中国进口的、由聚酰胺和三聚酰胺制成的塑料餐具的检验。二是环保成为主要出口障碍。目前，世界上已经有包括欧盟、澳大利亚、加拿大等在内的 50 个国家和地区实施了绿色生态标签制度。如：欧盟委员会关于授予木制家具生态标签标准的决议自 2009 年 11 月 30 日实施，规定木制家具禁止含有有机卤化物粘合剂，氮丙环、聚氮丙环、含有重金属的染料和添加剂，以及添加阻燃剂；并就纤维板和刨花板中的甲醛排放限值进行了限制。美国的《复合木制品甲醛标准法案》，于 2011 年 1 月 3 日在美国全境实施，是目前世界上最严格的木质人造板甲醛释放量标准。

（六）黑色及有色金属业

2010 年，列入福建省黑色及有色金属业安全监测的行业有黑色金属冶炼及压延加工业、有色金属冶炼及压延加工业。2010 年，全省规模以上黑色及有色金属业实现增加值 291.80 亿元，比上年增长 16.1%，增幅比上年减少 0.1 个百分点；实现主营业务收入 1426.35 亿元，增长 35.3%，提高 36.6 个百分点；实现利润总额 68.02 亿元，增长 41.7%，提高 21.8 个百分点；珠宝、贵金属及制品、贱金属及其制品出口额达 33.30 亿美元，增长 67.3%，提高 95.5 个百分点。影响黑色及有色金属业安全的主要因素如下：

1. 国家政策导向对企业影响较大。2010 年 7 月 15 日起，我国取消部分钢材、有色金属加工材等商品的出口退税，使福建省部分钢铁产品出口量出现明显下降。如：福建省某钢铁制品公司花纹板、钢带、H 型钢等产品之前享受 9% 的出口退税，产品出口占出口总量 30% 以上，9 月产品出口占比减至 5%。

2. 国际贸易保护主义蔓延。自金融危机爆发以来，国际贸易保护主义抬头，金属行业成为受反倾销调查的重灾户。9 月 7 日，美国对原产于中国的铝型材作出反补贴初裁，多数被征收 137.65% 的高额反补贴税；9 月 13 日美国终裁决定对中国无缝碳钢和合金钢标准管、管线管和压力管征收 48.99%-98.74% 不等的反倾销税和 13.66%-53.65% 不等的反补贴税；9 月 20 日加拿大对中国钢格板进行反倾销和反补贴调查；9 月 30 日欧盟对中国无缝不锈钢管进行反倾销立案调查；11 月 23 日俄罗斯终裁决定对中国的含镍不锈钢板征收 29.9%-39.1% 的反倾销税。国外市场针对我国金属产品的贸易壁垒层出不穷，造成出口阻力不断加大。

（七）机械设备制造业

2010 年，列入福建省机械设备制造业安全监测的行业有通用设备制造业，专用设备制造业，电气机械及器材制造业，仪器仪表及文化、办公用机械制造业 4 个行业。2010 年，全省规模以上机械设备制造业实现增加值 641.02 亿元，比上年增长 25.1%，增幅比上年提高 17.2 个百分点；实现主营业务收入 2207.41 亿元，增长 34.4%，提高 26.1 个百分点；实现利润总额 138.49 亿元，增长 45.7%，提高 20.3 个百分点；机械及设备出口额达 45.12 亿美元，增长 4.6%，提高 30.1 个百分点。影响机械设备制造业安全的主要因素如下：

1. 人民币升值加大企业出口难度。一方面，人民币升值使得机械设备企业压力相应增大，尤其是技术含量较低的企业，生产的产品大多是技术附加值不高的劳动密集型产品，国际竞争力不强，人民币升值时相应提高出口价格几乎不大可能。人民币升值使企业的经济效益受到损害。另一方面，人民币升值造成出口企业经营困难，企业开工不足。

2. 频频遭遇贸易壁垒。我国机械制造业遭遇贸易壁垒的频繁仅次于纺织服装，2010 年，我国机械制造业频遇贸易壁垒：印度对华圆型织机作出反倾销终裁；阿根廷对原产于中国起动力在 2.25 千瓦-37.5 千瓦之间的电梯/升降机发动机征收 149%的反倾销税；土耳其对原产于中国的钻头和铣削工具征收反倾销税等。

（八）建材业

2010 年，全省规模以上建材业实现增加值 375.20 亿元，比上年增长 14.9%，增幅比上年提高 4.2 个百分点；实现主营业务收入 1309.96 亿元，增长 23.4%，提高 11.1 个百分点；实现利润总额 91.19 亿元，增长 53.1%，提高 46.7 个百分点；矿物材料制品、陶瓷品、玻璃及其制品出口总额 40.68 亿美元，增长 29.2%，提高 22.7 个百分点。影响建材行业安全的主要因素如下：

1. 成本上升造成企业经营成本增长。一是原材料价格上涨。2010 年，化工原材料价格涨幅基本超过了 100%。以氧化钴为例，市场最低价格为 10 多万元/吨，最高价格达到 60 万元/吨。二是员工工资及福利支出提高。2010 年厦门市石材企业劳动力成本提升幅度为 10%-15%；长泰县某石业公司反映，工人工资比上年增长 21.7%，企业成本上升 3.7%。三是运输价格上涨。2009 年初厦门运往欧洲的石材每货柜运费为 500 美元，2010 年最高达 2000 美元；福建省某石材公司反映下半年至欧美的海运费增长 1 倍，企业成本上升 15%左右。

2. 国际贸易摩擦有增无减。继印度、巴基斯坦、韩国、泰国之后，2010 年 6 月 19 日，欧盟对我国陶瓷的反倾销调查正式立案，涉案企业 1400 多家，金额超过 3 亿美元；越来越多的关于石材包装物的技术标准制约我国的石材出口。如：福建省安溪县某石材厂反映，出口韩国一批 30 多万元的石板材由于木质包装物熏蒸未达到标准，被要求退货，由于运费高及退货手续复杂，公司放弃了该批石板材，亏损额达出口额的三分之二以上；泉州某石业公司反映，中东地区和韩国对木质包装物的要求有所提高，仅被退回木质包装物重复熏蒸就需增支 300 元/柜，加上运费，公司成本上升约 20%。

3. 缺乏高端品牌，出口利润微薄。我国是陶瓷生产大国，虽然生产工艺已达到国际先进水平，然而，我国陶瓷行业创新研发能力薄弱，缺乏自主高端品牌，陶瓷产品附加值低，在国际市场售价低廉，其价格仅为意大利、西班牙产品价格的 1/3-1/2，利润空间狭窄。

（九）食品制造业

2010 年，列入福建省食品制造业安全监测的行业是农副食品加工业、食品制造业。2010 年，全省规模以上食品制造业实现增加值 429.59 亿元，比上年增长 22.4%，增幅比上年提高 2.1 个百分点；实现主营业务收入 1720.87 亿元，增长 34.9%，提高 14.1 个百分点；实现利润总额 75.68 亿元，增长 66.1%，提高 25.3 个百分点；活动物、动物产品，植物产品，动、植物油、脂、蜡、精制食用油，食品、饮料、酒及醋、烟草、烟草及烟草代用品的制品出口总额达 49.48 亿美元，增长 44.8%，增幅提高 32.0 个百分点。影响食品制造业安全的主要因素如下：

1. 成本增加冲击企业利润。2011 年食品制造业成本大幅增长，如：欧洲鳗苗期货价格达到 3.8-4 元/尾，创历史最高纪录；鱼粉进口平均价为每吨 1721 美元，比上年上涨 60.3%；国际市场的大宗原料如淀粉、豆粕等价格也连年上涨；同时，国内尿素、复合肥等化肥同比每吨价格上涨超过 10%，直接挤压食品制造业企业利润空间。

2. 绿色壁垒日益苛刻制约出口。近年来，以日本《食品中残留农业化学品肯定列表制度》为代表的绿色贸易壁垒层出不穷，强制性技术标准在生产中的应用及各种法律和认证体系的出台成为制约我国蔬菜、鳗苗等农副食品出口的主要障碍，2011年，欧盟海洋渔业捕捞新法规、美国食品安全新法案、韩国加强水产品进口检验等新法规的实施、欧盟增加了对蔬菜等动植物源性食品和饲料中邻苯基苯酚及其盐类最大残留量的限制、韩国对进口鳗鱼的关税税率一直维持在30%的高水平上（其他国家只有3.5%-10%）等使得我国食品制造业产品出口门槛和贸易成本进一步提高。

3.产品附加值低。目前福建省不少食品制造业生产加工企业技术条件和基础设施较差，出口产品档次较低、深加工产品比重较小，产品附加值低，如：福建省水产品精深加工占水产品总量的比重远低于山东60%的比重，这使得福建省部分食品制造业产品抵御出口市场风险和突破技术壁垒的能力不强。

三、对策建议

（一）加强产业损害预警监测

面对世界经济逐渐回暖，国际贸易环境将越来越复杂，因此我们要加强产业损害预警机制，维护企业利益。一是加大对重点行业、重点企业的监测力度，及时发现和反映企业和产业受损害的情况；二是加大对重点国别进出口产品的监测力度，及时发现损害苗头，通过多边协商、产业间对话等措施及时避免摩擦；三是加大预警信息发布力度，为公众和企业做好公共商务信息服务工作。

（二）调整贸易结构，加快出口增长方式转变

对我国贸易政策，包括对外贸易、涉外财税、金融、外汇管理与汇率、与贸易有关的其他政策等进行战略性调整与完善，围绕调整贸易结构，加快出口增长方式转变，使外贸与福建省整体经济发展同步合拍。

（三）加强区域合作，进一步规避风险

目前福建省海外出口市场仍然较为集中。下一阶段应继续加强与拉美、中东欧、东南亚及周边国家与地区的合作，充分利用我国与东盟、智利等自贸区以及《海峡两岸经济合作框架协议》的相关规定，推进投资、贸易和过境便利化，促进区域间贸易发展。

（四）积极促进企业开展战略合作

面对困难与挑战，各企业间应实行战略合作，如：大企业集团之间互相持股，共同投资经营公司，以实现战略联盟，抱团共同应对经营风险。

（五）采取有效措施应对人民币升值

一是尽力减少汇兑损失。面对人民币持续升值，部分企业采取缩短货款结算期限、进口贸易业务对冲及外币借款等一系列有效措施积极应对，厦华电子的做法值得出口企业效仿。如：厦门某电子公司在人民币持续升值情况下，收到美元货款外，扣除短期内需支出金额，其余加速结汇成人民币，减少汇兑损失。同时，对于未来确定需购汇或结汇的金额，向银行买卖远期外汇，将汇兑损失锁定，减少损失扩大。二是追加风险保证条款。目前部分企业通过追加风险保证条款来抑制人民币升值带来的损失，如：厦门某船舶公司在签订出口订单时，附带钢材价格、美元汇率的风险保证条款。当钢材价格、美元汇率变动幅度超过一定幅度时，将相应追加或减少造船款。

（六）加快推进企业“走出去”战略

一是鼓励优势产品和名牌产品“走出去”。从当前福建省经济发展的现实基础、比较优势和结构调整需要出发，大力支持纺织、服装、农产品、机械、建材等行业和产品向外拓展，发展国际营销网络，逐步扩大境外投资。二是出台措施支持企业“走出去”。近几年，越来越多企业开始把目光投向国际市场，相关部门可出台财税政策、信贷政策、便利化等方面配套促进政策，包括政府专项资金、贴息贷款、优惠买方信贷等方面，支持企业“走出去”。

注：本文数据均为快报数。

（执笔：郑焰）

福建船舶工业发展现状、问题与对策

近年来，福建省造船工业呈现出强劲发展势头，形成了以福建省马尾造船股份有限公司、厦门船舶重工股份有限公司、福建省东南造船厂等国有控股企业为龙头、多种经济成分并存的船舶制造、修理及其配套产业群，在全国占有一席之地，与江苏、山东和浙江构成我国四大造船基地，但福建省的船舶工业发展也存在技术薄弱、资金不足等问题，这些问题有待我们加以研究和解决。

一、产业发展基本情况

（一）产业规模逐年扩大，订单指标逐步回升

2010年，福建省拥有规模以上船舶工业企业84家；完成工业总产值177.18亿元，比上年增长15.2%；造船完工量72.7万载重吨，增长1.2倍，有力拉动了地方经济发展，促进了就业，新增就业5444人。其中，船舶制造业产值103.07亿元，增长9.8%；船舶配套业产值5.26亿元，增长54.7%；船舶修理及拆船业产值65.36亿元，增长22.3%。据福建省船舶工业行业协会统计，2010年全省船舶企业的新承接定单、手持定单指标企稳回升。2010年全省新承接订单166艘/193.8万载重吨，总价126.5亿元，分别增长2.0倍、16.0倍和1.8倍。新承接订单中三大主力船型仍占大头，在新承接订单中省船舶集团公司权属企业41艘/71.5万载重吨，单价43.2亿元。2010年全省手持订单195艘/332.7万载重吨、总价236.5亿元，分别增长3.8倍、78.0%和26.0%。

（二）延伸下游产业链条，抵抗风险能力提高

福安拆船企业增强自主创新能力，拓宽生产、加工拆船产品新用途，大力发展拆船业下游产品，培育新的市场，以减轻拆船业周期性的影响，提高拆船业抗击市场风险的能力，鼓励当地的拆船企业投资兴建五金厂或轧钢厂，实现废物的有效回收利用，如：将拆解下来的废钢材钢坯轧制成集装箱内角柱特种槽钢，或制造其它各类型材、精密无缝钢管等；针对铜、铝等有色金属以及废钢材进行回收再生；将回收拆船过程中的铁锈用来生产磁性材料等。龙海市依靠九龙江天然良港的资源优势，大力发展修造船业，目前已形成钢质船舶修造、船舶物资供应、船舶机械制造、玻璃钢船艇建造等组成的造船产业链，该市现拥有40多家船舶修造企业，已成为闽南地区最大的民营船舶修造产业基地。

（三）注重产品研发能力，提升行业附加值

作为传统的造船企业，福建省船舶企业在船舶开发中加大了新产品的研发力度，注重对现有产品类型的升级；加强对节能环保型船舶、经济型船舶、特种船舶和高附加值船舶的研发，及早应对绿色高效船舶决定船舶市场竞争力的新格局，高效发挥设计能力和资源优势，争取更多订单，为产品结构的升级换代奠定基础。如：厦门的厦船重工出口欧洲的4900车位汽车滚装船单一船型的工业产值排名全国第一，已成功研发出6600车位和8000车位汽车滚装船；福安船企开辟建造广泛使用于海上油田等领域的海洋工程船、驳船、拖轮等新船型。2009年，福安环澳造船厂建造3600立方米液化气船，这是福安市船舶企业首次建造液化气船。2010年，两艘国内最大的1.2万吨沥青运输船在福建省白马船厂开工，国内最大1.52万马力海工船在福建省华海船厂完成图审并交付建造。这些技术含量、经济附加值更高的全新产品，使福安船舶产业迎难而上、化危为机，产值连年增长。2007年至2010年的年产值分别达40.15亿元、51.93亿元、52.25亿元和55.87亿元，特别是2008年产值同比增长了29.3%，产业在危机中成功转型。

（四）产业结构调整不断优化，企业经济效益回升

2006年至2010年福安的造船、修船、改造船、

拆船的产值结构从 45：22：18：15 调整为 66：12：4：18，经过几年的发展，虽然仍是以造新船带动产业发展，但废船拆解业已悄然崛起，提升 3.0 个百分点。随着船舶工业结构的不断调整，企业经济效益全面回升，实现利润保持增长。2010 年福建省规模以上船舶工业企业主营业务收入 161.22 亿元，比上年增长 26.4%，增速比上年增加 13.0 个百分点；实现利润总额 10.77 亿元，增长 54.1%。

二、发展中存在的主要问题

（一）船舶企业生产成本提高

成本提高给船舶行业带来的压力主要包括原材料以及劳动力方面：一是原材料方面。调查显示，从 2010 年 8 月开始，福建省造船行业就面临着原材料涨价的压力，如：船用钢板价格从上年末的 4850 元/吨的均价涨到 2011 年 6 月的 5200 元/吨，后续仍然看涨。据东山县某造船厂反映，2011 年 4 月单艘船只的平均总成本同比上涨约 10%，其中，钢板价格 5400 元/吨，比年初上涨 7.1%，同比增长 15%，橡胶价格同比上涨 15%；五金价格同比上涨 20%。2010 年一季度企业利润率 2.0%，下降 3.0%。二是劳动力方面：人工成本不断攀升，钢价上涨，船价下跌，企业利润空间被挤压。如：福鼎本地技工数量不够，雇佣福安技术工费用大。一个中等电焊工 2010 年平均工资为 100-130 元/天，现在已涨到 150 元/天，高级技工上年为 200 元/天，现在已涨到 220 元/天，工资增幅最高时达 30%。

（二）船舶配套行业发展滞后

调查显示，福建省各大船厂国内配套率在 40%左右，而日韩船舶工业国内配套率均在 85%以上。生产产品技术含量较低，附加价值高、技术难度大的船用设备大都依赖进口。如：福州地区的船舶配套产业极其薄弱，船舶配套的厂家数量很少，并且规模很小，发展缓慢。许多出口船的船东就要求使用进口设备，因此船舶配套设备主要还是从国外进口。福州地区的船舶配套行业难以形成规模的主要原因是船舶配套设备必须通过 CCS（中国船级社）标准的认证，但目前很多厂家还无法通过这一认证。

（三）船舶企业有待适应新标准

目前船舶制造行业主要实行的是“PSPC”标准，即《船舶专用海水压载舱和散货船双舷侧处所保护涂层性能标准》，PSPC 标准的实施，提高了船厂在建造船舶过程中压载舱涂层的处理方式、表面清洁度、涂装工艺的要求和标准，船厂需要采用大量机械设备，占用更多土地，增加高级技术工人，企业生产成本费用将大幅度增加，船舶的建造周期延长，生产能力下降。据福州、漳州等造船企业反映，当前国际新标准、新规范实施对船厂提出更高要求。随着节能减排，降低能耗要求的不断提高，国际社会对污染物排放管理的规则越来越严格，绿色环保成为当今船舶行业的一个重要发展方向。漳州造船企业反映国内标准比国际标准成本低 30%，在船舶市场萎缩的环境下，企业很难适应成本更高的国际标准，因此目前漳州造船企业仍实行国内标准。再次，企业员工也很难适应国际标准。

（四）科技创新水平有待提高

除了福建省马尾造船股份有限公司、厦门船舶重工股份有限公司等少数船舶企业外，福建省大多数中小船舶企业工艺技术落后、生产规模不大、效率较低、船舶设计和生产管理弱、技术创新和生产管理模式与国内外先进造船企业相比差距较大。据对东山县船舶行业的调查了解，企业人才缺乏，科技创新能力不足。全县 11 家船舶企业中仅有 1 家企业拥有自己的企业商标和专利，企业很难招到人才，人才储备严重不足。东山县船舶企业的工人大都是渔民，没有受过船舶制造的专业培训。据某船舶制造公司反映，目前企业仅能招到 2 名中专毕业生，企业生产骨干以老工人为主，企业人才储备出现断层，该企业唯一的专利（液压绞纲机）也是厂长亲自设计。福州造船企业反映目前造船企业还是停留在以生产为主导的层面，产学研一体化程度不高，生产设计、产品研发、技术培训等方面还有待加强，造船企业需要大量的船电工程师、船体工程师、高级专业技术人员等，而目前福州地区造船企业人才方面却很紧缺。

（五）船舶生产模式有待改进

福州地区的造船企业多受规模和实力的限制，以家族式经营为主，传统的生产管理模式仍然占据主导地位。其造船模式一般采用整船建造，造船周期长。据调查，生产一艘 30 万吨的大船，日本需要 19 天，江苏需要 28 天，而福州地区则需要 4-5 个月。此外，部分企业还存在着生产条件简陋、产品质量不稳定、技术含量低、安全生产隐患等严重问题，企业的生产效率低，经济效益差，产业的整体层次较低。在拆船行业也存在一些突出问题：一是部分企业经营不规范。目前福安不乏拆船企业无营业执照、无固定投资、无劳动防护和环保措施，无任何危废物质处理设施，废水废油随意排放，水陆污染严重，安全生产与职业健康无保障，存在严重的公共安全隐患。二是市场交易不规范。目前，国内报废船舶回收拆解存在的主要问题是回收流向无序，最终流入非法拆船点和个人手中。福安市拆船企业主要采用民间分散集资、短期利益驱动性的经营运作模式，以国内废船拆解为主，其废船买卖及拆解材料销售行为不规范，主要采取现金交易形式。即便通过拍卖市场交易废船，由于没有准入制度，竞标参与者鱼龙混杂，正规拆船企业大多流拍。

三、建议与对策

（一）加强行业引导管理

一是制定出台鼓励企业兼并重组的政策措施，妥善解决富余人员安置、企业资产划转、债务合并与处置、财税利益分配等问题。二是依法淘汰，促进船舶业有序发展。在鼓励条件相对较好的中小企业进行整合的基础上，对落后的滩涂船厂要从安全、质量等方面着手，提出限期整改措施。三是扶持培育大企业大集团。对龙头骨干企业的重点场址投资项目，在土地、林地、海域的使用等要给予倾斜与支持，在项目建设上给予补贴。四是加强道路、港口等基础设施建设，为船舶企业的发展提供一个良好的设施环境。

（二）发展船舶配套产品

福建省一批具有较高市场占有率的产品大多都达到了国际先进水平，因而福建省必须保持这些产品的高技术水平，不断创新，使其在技术上达到更高的层次。但是这些产品多数是造船中比较简单、易生产的，因此我们只有在制造大型的关键船用机械设备上的技术方面有所突破，才会真正成为市场的主宰者；同时福建省造船业应生产一批具有良好前景的高附加值配套产品，依靠自己的技术力量去自主研发先进的配套产品，形成自己的自主知识产权：重点抓好一批已有一定优势和较高市场占有率且国家急需的配套产品；引进一批具有世界先进水平的关键配套产品和重大项目；着重建设一批船舶中间产品专业化生产厂，按照资源优化整合的原则，重点扶持建设一些船舶钢材中心，推动船舶配套企业与总装造船企业同步协调发展。

（三）推行现代造船模式

推行现代造船模式是提高生产效率、缩短造船周期的重要手段，有利于充分发挥有限岸线资源的效用与土地的集约利用，有利于改善劳动生产条件与环境保护，也是企业提高经济效益的有效途径。推行现代造船模式，一是要根据造船业市场的需求，进行规划指导。二是加大产业整合力度，淘汰“低、小、散”、条件简陋、产品质量不稳定的企业。三是鼓励船舶制造企业、航运企业和钢铁制造企业之间建立合作模式，提高竞争优势。四是加强管理改革，制定近期规划和远景规划，实行岗位责任制，实行专业化生产、多元化经营。

（四）大力引进技术人才

一是根据船舶企业的发展需要，引进先进生产设备，淘汰落后的设备和技术。二是出台优惠政策，鼓励企业引进船舶行业高层次技术人才和管理人才。三是搭建服务平台，引导企业与科研院所联姻，增强企业技术力量，提高自主创新能力。四是开展培训教育，提高船舶设计、生产与检验人员技能。五是加大科技投入，积极构建产学研一体化格局，提高技术创新能力和原动力。

（执笔：杨小燕）

福建省工业品牌带动实施情况调查分析

品牌是经济发展水平的重要标志，也是拉动经济持续增长的动力之一。近年来，福建省品牌建设走在全国前列，取得了比较显著的成效，品牌经济已经成为福建省经济的重要组成部分。为大力推进福建省品牌发展战略，近期有关部门开展了关于福建省工业品牌带动实施情况专题调查，并提出加快福建省实施品牌带动战略对策建议。

一、福建省品牌创建主要情况及成效

（一）名牌产品生产企业相对集中

截至 2007 年底，福建省共获中国名牌 100 个，占全国中国名牌总数的 5.1%，中国名牌数量排在广东、浙江、山东、江苏之后，连续 4 年居全国第五位，跻身全国名牌大省行列；福建省名牌产品 1026 个。随着沿海经济的快速发展，名牌密集于泉州、福州、厦门三地，至 2010 年，泉州市荣获中国驰名商标 51 件、中国名牌产品 46 个，分别占全国总量的 2.4%、占全省总量的 46.0%，位居全国设区市第二位；福建省名牌产品 380 个，占全省总量的 26.0%。2010 年福州市共有 101 个产品入选福建省名牌产品，福建省著名商标 200 余件、福州市知名商标 300 余件，中国驰名商标 15 件。厦门市拥有中国名牌产品 19 个，占全省的 19.0%，福建省名牌产品 172 个，占全省的 11.8%，中国驰名商标 32 件，90%的名牌产品标准水平处于国内先进水平，其中，三成以上达到国际先进水平。此外，漳州市现有全国驰名商标 10 件、福建省著名商标 139 件、漳州知名商标 380 件，2010 年新增 91 件；莆田市已拥有中国驰名商标 13 件，福建省名牌 134 个；三明市拥有中国名牌产品 3 个，中国驰名商标 7 件，福建省名牌产品 106 个，福建省著名商标 92 件；宁德市中国驰名商标实现零的突破，目前拥有 8 件；龙岩市拥有 3 个中国名牌产品，7 件中国驰名商标，75 件福建省著名商标，69 个福建省名牌产品，其中，水泥产品 9 个，数量居全省第一位。南平市 2010 年推荐申报的福建省名牌产品中，有 46 家企业 46 个产品列入省公示名单。

（二）大中型企业品牌经济效应明显

品牌经济在福建省经济中比重的不断提高，有力促进了产业结构、产品结构和企业结构的优化升级。2009 年，厦门市各级名牌工业企业数量占规模以上工业企业数的 7.5%；产值 1105.52 亿元，占规模以上工业总产值的 39.7%；出口交货值 235.18 亿元，占全市出口交货值的 19.9%。福州市拥有中国驰名商标的 10 家规模以上工业企业总产值 57.99 亿元、销售收入 55.53 亿元、利润总额 1.60 亿元，分别占全市规模以上工业的 16.0%、15.9%、8.0%。宁德市 69 家福建省名牌产品企业工业总产值合计 86.30 亿元，占全部规模以上企业产值的 14.0%；出口交货值 34.26 亿元，占规模以上企业出口的 42.7%；福建省名牌产品企业实现利润 3.86 亿元，占规模以上企业利润的 17.2%，比上年增长 41.9%。龙岩市以“春驰”、“三德”、“龙麟”为主的水泥品牌，带动了一批新型干法旋窑水泥企业产业的结构调整，至 2009 年底，全市新型干法水泥产能占水泥总产能的 65.0%，2009 年新型干法水泥产量占水泥总产量的 73.9%。莆田市“三棵树”商标 2007 年被认定为中国驰名商标以来，企业迅速崛起成一个产值超 10 亿元，税收 5000 多万元的全国性品牌企业，品牌附加值效益凸显，成为莆田市民营企业纳税第一名。

（三）品牌企业竞争力明显增强

随着品牌建设的加强，越来越多的品牌企业成为福建省经济发展的骨干力量，形成一批品牌龙头企业，对行业和区域经济发展及结构升级带动作用明显。据有关部门测算，厦门市 2009 年名牌企业竞争力指数为 86.7，比 2008 年提升 1.9 点，名牌企业群体的质量竞争力指数远高于全市平均水平。福建省三和食品集团有限公司创立“栖息园牌水煮笋罐头”省名牌产品后，产品出口份额已占日本水煮笋市场的 26%，成为全国最大的水煮笋生产加工出口企业。福建省宏光实业有限公司通过创建中国名牌产品——“宏光”牌酚醛模塑料发展成为全国最大的酚醛模塑生产企业；厦工三明重型机器有限公司通过创建省名牌产品“三重”牌压路机成为全国最大的压实机械制造企业。福建省立达信集团有限公司电子节能灯、LED 灯及其他照明产品商标在世界 78 个国家注册后，出口竞争力迅速增强，2009 年电子节能灯出口销售量位居全国同行业第五名，出口销售额位居全国第四名。

（四）品牌与产业集群互动发展

福建省的品牌大量来自于各种产业集群。厦华、福耀、龙工、七匹狼、安踏、安波、达利园等一批著名品牌名扬全国，在名牌企业的带动下，产业集群和区域经济飞速发展，出现了诸如“纺织城”、“鞋都”、“电机城”、“水暖城”、“瓷都”等极具产业特点的区域品牌。福安电机电器产业自从列入省重点培育的产业集群后，福安市先后获得“国家中小电机出口基地”、“中国百佳产业集群”及“中国中小电机之都”称号，出口中小型电机量约占全国的 1/3，产品出口 140 多个国家和地区。产品涵盖电动机、水泵、发电机、汽柴油发电机组、电子保健医疗器械等 10 多个种类、200 多个系列、1000 多个品种，基本建立起集专业化、协作化、社会化为一体的生产经营网络，产值占全省电工电器行业产值的 20%，生产的中小型电机及出口量占全国同类产品的三分之一。目前，福安电机产业已有“安波”、“泰格”、“亚南”3 件中国驰名商标，14 家企业的 25 种产品获省级名牌产品称号，17 家企业获得福建省著名商标品牌，130 多家获得出口自营权和出口质量许可证，产业 70%的产品销往欧洲、美洲、非洲、东南亚、中东等 120 多个国家和地区，带动了产业集群的发展和升级。

二、福建省品牌建设面临的新挑战

（一）市场竞争日趋激烈

随着世界经济全球化和一体化进程的不断加快，国际间的经济竞争和品牌竞争日趋激烈。目前世界上最具价值的 100 个品牌全部集中在发达国家，世界上最大的 100 家跨国公司，近 90%在发达国家。美国占有世界著名品牌总量的 57%，欧盟占有世界著名品牌总量的 35%，日本占有世界著名品牌总量的 7%，分列世界前三位。从国内情况看，国内品牌竞争不断升温，企业已经进入品牌化生存时代，行业竞争日益激烈。随着对地方产品不恰当保护的削弱，一些企业因无品牌或被兼并，或倒闭，或只能加工贴牌，赚取较低的利润。在激烈的市场环境中，企业能否拥有自主品牌和塑造知名品牌，将直接决定其竞争力和市场份额。从上世纪九十年代开始，各省陆续开始实施名牌战略，加大品牌建设力度，发展品牌经济，培育本土的著名商标和名牌产品，地区间的品牌竞争进一步加剧。如：山东拥有青岛啤酒、海尔、海信等多个国内和国际知名品牌，价值高达数百亿元，具备了成为国际强势品牌的潜力。福建省品牌竞争力与江苏、上海、浙江、广东等长三角、珠三角发达省份相比，福建省的名牌产品在数量、规模、市场占有率、技术含量、产品附加值、品牌影响力等方面还有较大差距。目前福建省拥有“中国驰名商标”数量，比浙江、广东、江苏、山东分别少 187、136、66、51 件。“2010 年中国民营 500 强”中福建省仅 2 家。

（二）企业创品牌意识不强、管理不健全

调查显示，福建省相当部分中小企业品牌意识淡薄、缺乏创新意识，对品牌创立不够紧迫，培育、申报、创牌的积极性不高，某些企业停留在贴牌或无牌状态。外贸依存度比较高的中小企业，较多的是“三来一补”贴牌生产，只能赚取少量加工费，无法享受来自自身品牌的丰厚利润。如，长汀县现有纺织服装企业200多家，但目前仅有3件福建省著名商标、2个省名牌产品，多数企业是贴牌生产。漳州某洁具公司是专业制造卫生洁具的大型企业，公司在国内各大城市都建立了经销点，产品远销欧、美、日、韩、澳及东南亚等国家和地区，但公司使用的商标是“意大利航标卫浴”。同时，企业品牌管理也较为落后，部分名牌产品企业常遭遇假冒产品困扰。调查显示，福建某机械公司是专业生产汽、柴油发电机组的民营股份制企业，产品均为外销，因国外市场出现假冒产品损害该公司的声誉。该公司反映，浙江、江苏等地的电机企业仿造出几可乱真的产品，以低于正品的价格在国外市场上出售，但因产品质量不过关，返修率高造成客户对该公司产品评价下降，对该企业开拓国外市场造成一定的影响。

（三）企业创新能力不足

中小企业在发展中往往忽视产品质量、计量和标准化等基础性工作，导致产品质量和品牌素质得不到提升，在竞争上还是习惯于搞价格战、广告战，忽视品牌效应；企业研发投入少，缺乏核心技术，产品附加价值较低，无法把握市场主动权。2009年，厦门市112家中小名牌工业企业拥有的专利数为863项，每百万元产值拥有的专利数为0.07项，与全国比仍然存在较大差距。厦门某电子公司生产的手机于2003年获得中国名牌产品称号，其手机产品销售额为62亿元，由于其手机主板从外购买，企业只是进行组装，没有拥有自己的核心技术，最终丧失市场竞争力。2009年福清市被调查的170家企业中，仅37家有R&D支出，占调查企业的21.7%。泉州市名牌产品三分之二以上为食品、纺织、服装、鞋类、水暖等产品，集中在传统制造业，高新科技产品少，容易受到市场、原材料、劳动力变化等因素影响，在400多家中国名牌产品和省名牌产品生产企业中，建立省级以上技术研发中心的企业60家，仅占12%。

（四）品牌运用能力较弱

企业重“申”牌，轻培养；重“创”牌，轻运用，忽视品牌运作，不能很好融合品牌培育与生产经营，把创下的品牌仅当作荣誉，放松品牌营销策划或闲置品牌转行发展，造成品牌资源的闲置和萎缩；一些中小企业只注重产品的输出，着眼于眼前利益，缺乏对品牌创建的战略规划和有效运用；还有一些企业把品牌仅看作产品的一个外在形象，忽视与品牌培育密切相关的研发设计、营销服务等关键环节开发，导致了创牌和用牌在一定程度上的脱节。据了解，目前福州市企业广告宣传主要是通过华东地区的新闻媒介，在中央级新闻媒体做广告宣传的企业几乎没有。

（五）名牌生产企业规模偏小

福建省在全国知名度高、技术含量高、竞争力强的产品不多，名牌企业龙头作用不强。如，厦门市虽然拥有厦华彩电、金龙客车等一批大型骨干企业，但行业产业链较短、配套能力差，名牌企业的龙头作用未能产生集聚效应，无法形成较好的产业集群，不能达到以名牌产品生产企业带动发展格局。莆田市13家具备“中国驰名商标”企业，仅福建省雪津集团有限公司年产值在10亿元以上；作为支柱产业的鞋类企业，仅“沃特”、“双驰”获得中国驰名商标认定，且年产值均未达10亿元。

三、进一步推动福建省实施品牌带动战略对策建议

（一）加强品牌带动战略领导

品牌建设是一项政策性、社会性很强的系统工

程，涉及的领域广、行业多，需要多部门密切配合。各级政府要统筹规划，加强协调和政策指导，大力推进品牌培育工作。各有关部门要牵头建立有效的品牌建设工作机制，定期召开相关会议，加强部门间的沟通协调，发挥专项资金对品牌扶持的绩效。加快实施省委省政府关于推进“实施品牌带动战略”的若干意见，同时，要加快制定《十二五福建省名牌产品培育规划》，进一步完善名牌产品培育体系。结合福建省主导产业、优势行业的发展，重点支持一批消费类产品品牌，扶植一批装备类产品品牌，培育一批高新技术类产品品牌，发展一批服务类产品品牌。进一步完善名牌产品扶持政策，引导鼓励更多企业实施名牌战略，争创品牌产品。对获得世界名牌、中国名牌、福建省名牌的企业分别给予奖励，并在企业扩大生产规模、技术改造、贷款贴息、政府采购、产品宣传等方面给予相应政策支持。

（二）加快品牌龙头企业培育

注重发挥龙头企业在品牌创建、品牌经营、品牌提升方面的引领作用。引导企业经营者增强品牌意识，提高企业自主创新能力，依靠产品的技术含量和附加值来提升市场竞争力。大力实施名牌产品标准和国外先进标准，推广质量、环境、职业安全健康等国际通行的管理体系，建立科学、规范的管理制度和运行机制，提高龙头企业经营管理水平和品牌经营能力。一方面，要提升传统产品的科技含量，使福建省传统产品的出口保持强劲的势头。另一方面，要瞄准国际市场，优化出口产品结构，稳定劳动密集型产品出口，扩大机电产品和高新技术产品出口，大力发展服务贸易和服务外包，努力培育出口品牌和营销网络，继续严格控制“两高一资”产品出口。尤其要重视开发具有国际竞争力的新产品，特别是对那些低碳、环保、绿色产品要大力扶持，缩短研发周期，迅速占领市场，靠创新赋予产品强劲的市场竞争力。

（三）加强对中小企业品牌建设扶持力度

通过辐射带动，促进品牌集群发展。加强对名牌企业的推介、宣传力度，以名牌企业为模板，带动行业内企业争创名牌产品和驰（著）名商标。发挥名牌企业在产业链中的引领作用，形成以名牌企业为核心、相关中小企业分工协作的产业链，推动产业集群，带动区域经济发展。通过加强管理，扎实推进标准化建设。以行业推进为抓手，以规模以上企业、上市公司、高新技术企业、品牌培育企业为重点，积极推进采用国际标准和国内先进标准工作，提高产品档次，跨越贸易技术壁垒。鼓励企业参加制订国际行业标准，推广实施先进标准，争取在激烈的市场竞争中有更多的“话语权”。通过深化合作，大力实施“走出去”战略。鼓励支持有条件、有实力的企业率先“走出去”，推进商标国际注册和赴境外建立销售渠道、设立分公司、成立研发中心等，实施品牌国际化经营战略，促进本土品牌、本土企业向跨国品牌、跨国企业转变，争创国际知名品牌。

（四）进一步完善品牌保护机制

积极发挥相关部门的职能作用，完善企业自我保护、行政保护和司法保护三位一体的保护体系，鼓励成立名牌保护自律组织，形成品牌保护合力。加强对商标、质量标志、产品标准标志等的印制流通管理，除法律法规规定以及国家有关部委或省政府授权外，任何部门不得组织品牌产品评审和品牌评价活动。加强与其他省市的协调合作，完善知名品牌数据库，建立共同保护名牌的省内执法联动机制和维权网络。进一步整顿和规范市场经济秩序，依法严厉打击假冒名牌产品、侵害企业合法权益的违法犯罪行为，在全社会营造保护名牌、发展名牌的良好氛围，创造公平竞争的市场环境。

（执笔：余正光）

增创发展优势 加快推进自主创新步伐

——福建省工业企业自主创新现状分析

加快经济发展方式转变，增强企业自主创新能力是关键。《国务院关于支持福建省加快建设海峡西岸经济区的若干意见》中指出“增强自主创新能力，推进产业结构升级”。近年来，随着创新型国家建设的推进，福建省工业企业自主创新工作已取得积极进展，企业自主创新资源投入增加，自主创新环境不断优化，自主创新产出能力有所提高。但从整体上看企业自主创新还处于较低水平，核心技术缺失，高层次科技人才还很缺乏，目前如何提升福建省企业自主创新能力，促进经济发展方式转变成为亟待解决的问题。本文在对厦门、泉州、三明、龙岩、莆田等市部分企业进行实地调研的基础上，分析了企业自主创新现状和面临的主要问题，并提出提高企业自主创新能力的对策。

一、企业自主创新的现状

近年来，福建省十分重视企业自主创新工作，2010年4月，省政府办公厅印发了《福建省提升自主创新能力重点工作任务分解方案》，福建省企业自主创新步伐逐步加快，创新能力不断增强，创新成效初步显现。2009年厦门成为首批国家自主创新试点城市之一，福州新大陆通信科技有限公司、福建星网锐捷通讯股份有限公司等一批企业被列为国家创新型企业，福建福晶科技股份有限公司、福耀玻璃工业集团有限公司等企业被列为国家创新型试点企业。

（一）企业自主创新资源投入增加

1. 自主创新经费投入逐年增长。 近年来，福建省工业企业自主创新经费投入逐年增多，2009年规模以上工业企业R&D经费投入114.43亿元，居全国第十位，比2005年增长了1.6倍，年均递增27.0%。R&D经费投入强度为0.7%，比2005年提高0.1个百分点。

2. 科技创新人员逐步增多。 创新人力资源投入逐步增长，2009年全省规模以上工业企业中从事R&D人员为5.99万人，比2005年增长了1.1倍，占规模以上工业从业人员的1.6%，比2005年提高0.6个百分点。R&D人员折合全时当量为4.64万人年，比2005年增长了1.0倍，年均递增18.9%。

（二）企业自主创新产出能力提高

1. 企业新产品产出持续增长。 目前全省工业企业产品创新和技术工艺创新水平有所提高，自主创新产出能力不断增强。2009年全省规模以上工业企业完成新产品产值1808.11亿元，比2005年增长了62.3%；全年实现新产品销售收入1767.49亿元，比2005年增长了63.9%，年均递增13.1%。

2. 申请及拥有发明专利数明显增加。 截至2009年末，全省规模以上工业企业有效发明专利数2482件，比2005年增长1.4倍。全省工业企业申请发明专利2251件，比2005年增长5.1倍，年均递增57.4%；占专利申请总量的27.9%，比2005年提高5.2个百分点。

（三）企业自主创新研发能力增强

1. 企业对国外技术的依赖程度下降，产学研合作逐步加强。 随着福建省工业企业自主创新投入规模的扩大和创新能力的提高，工业企业对国外技术的依赖程度趋于减弱，与科研院所和高校的结合逐步加强。2009年全省工业企业引进国外技术经费支出为18.18亿元，占工业企业技术改造经费支出的20.0%，比2005年下降2.6个百分点。引进国外技术经费支出与R&D经费之比由2005年的0.20：1下降到2009年的0.16：1。全省工业企业向外单位支付的 R&D 经费共计 5.95 亿元，比 2005 年增长 34.6%。在对外单位支出的 R&D 经费中，支付给研究机构和高校的经费为 3.35 亿元，所占比重为 56.3%，比 2005 年提高了 30.3 个百分点。

2. 企业科技机构规模不断扩大，研发平台不断夯实。至 2009 年底，全省已建成国家级企业技术中心 23 家，省级企业技术中心 235 家，省级行业技术开发基地 29 个，分别比 2005 年增加了 16 家、135 家、21 个。全省规模以上工业企业办科技机构达到 1028 个，比 2005 年增长 66.3%，年均递增 13.6%；企业办科技机构有科技活动人员 4.93 万人，比 2005 年增长 1.4 倍，年均递增 23.9%；科技机构平均科研经费支出 930.93 万元，比 2005 年增长 65.2%，年均递增 13.4%。

（四）企业自主创新环境不断优化

随着创新需求的不断加大，创新氛围和意识日益增强，全省高度重视科技创新并不断优化创新环境，相继出台一系列扶持企业创新的优惠政策，为增强企业自主创新能力创造了良好条件。泉州市每年通过政策奖励、组织企业参加“6·18”项目成果对接、推动企业技改等多种方式，促进了企业增强自主创新能力。如：对企业获评国家级企业技术中心奖励 100 万元，省级奖励 50 万元，市级奖励 10 万元；对企业开发的新产品（新技术）达到国际水平的奖励 10 万元，国内领先的奖励 7 万元，国内先进的奖励 5 万元。厦门市制定了《关于实施若干人才优惠政策的意见》、《厦门火炬高技术产业开发区引进境外科技创业创新领军人才办法（试行）》等引进人才的优惠政策，规定给予领军人才 100 万元的生活补贴，提供不少于 100 平方米的住房、不少于 100 平方米的创业场所，自企业创立之日起的 3 年内提供总额不低于 100 万元的创业扶持资金和为企业提供贷款贴息支持，引进海外领军人才的力度明显加大。厦门市 2009 年共有 197 家企业享受研发费用税前加计扣除税收优惠政策，比 2008 年增加了近 80 家，同比增长超过 70%，其中，166 家为高新技术企业；享受加计扣除额达 7.06 亿元，比 2008 年增加了 1.6 亿元，增长 30.0%。

二、自主创新面临的主要问题

虽然福建省企业自主创新能力不断提高，但与国内先进水平相比仍存在一定差距，企业自主创新还面临着许多困难和问题。

（一）自主创新产出水平总体偏低

尽管福建省各个产业的技术水平和自主创新能力有了不同程度的提高，个别产业在全国也具备了一定的竞争力，但总体来看，福建省产业自主创新能力仍然较弱，中小企业普遍缺乏自主创新能力和具有自主知识产权的科技成果，与发达国家和其它省市相比还有相当差距，多数产业处于产业价值链末端，技术水平、劳动生产率和产品附加值都还比较低。一是发明专利申请量偏少，申请专利的只是一些实用新型、外观设计等方面专利。福建省规模以上工业企业发明专利申请量占专利申请总量的比重 27.9%，比全国低 6.9 个百分点，其有效发明专利数只占全国的 2.1%。2009 年龙岩市专利授权数 350 件，比上年增长 78%，但技术发明只有 22 件。二是新产品产出水平偏低。2009 年新产品产值占工业总产值比重为 10.8%，比 2005 年下降 2.9 个百分点，比全国低 1.6 个百分点。新产品销售收入占主营业务收入比重为 10.8%，比 2005 年下降 2.9 个百分点，比全国低 1.3 个百分点。

（二）核心技术缺失，引进技术消化创新能力薄弱

一是引进技术消化创新能力薄弱。企业普遍重生产轻研究开发，重引进轻消化吸收，重模仿轻创新，高端发明少，一些企业甚至靠仿造和假冒生存。福建省规模以上工业技术引进的支出和消化吸收经费的比例是 1∶0.17，而全国规模以上工业技术引进的支出和消化吸收经费的比例是 1∶0.43。从国际上看，一般每引进 1 美元的技术，至少要投入 2 美元以上的消化吸收资金。没有消化吸收就难以创新，所以许多企业陷入了“引进技术—引进技术过时—再重新引进技术”的恶性循环。据调查，莆田市 150 家电子信息企业中，高新技术企业仅占

6.7%；莆田鞋业企业60%以上是靠贴牌生产。二是核心技术缺失。由于缺少拥有自主知识产权的核心技术，不少行业存在产业技术空心化的危险，成为产业进一步发展和进入国际市场的瓶颈。据调查，漳州市光电产业2009年产值30亿元，相关生产企业50多家，但目前相关专利基本被发达国家控制，核心技术主要依赖进口，产品附加值低。据对龙岩的一些企业调查，目前龙岩电子信息产业以生产主机配套产品为主，多属于低端电子产业，核心技术和设备主要依赖进口。

（三）以企业为主体、产学研结合的技术创新体系尚未健全

总体上看，福建省有相当多的企业未建立研发机构，未成为创新投入主体、创新活动主体和创新成果应用的主体。一是行业开发基地作用发挥不够。如福建省某公司作为福建省塑胶管材行业开发基地，近年只局限于本企业产品技术开发，对行业的技术创新研究不够，示范带动效应不强。二是企业自主创新意识不强。2009年只有1329个规模以上工业企业开展R&D活动，企业开展R&D活动的覆盖面仅为7.3%，比全国低1.2个百分点。作为福建省自主创新骨干力量的大中型工业企业，其开展R&D活动的覆盖面为22.6%，比全国低7.9个百分点。三是产学研结合还不紧密。企业和高校、研究机构开展产学研合作的较少，企业需求与高校、研究机构开发成果脱节的情况仍比较突出。据不完全统计，2009年南平市规模以上工业企业1060家，开展产学研合作的企业只有40家、59个项目。厦门市科技局反映，多年来大学科研机构的研究开发活动，存在着单纯的技术导向倾向，注重技术参数、指标的先进性，但对市场需求和规律缺乏把握，其成果往往不具有市场能力。

（四）高层次科技人才缺乏

随着知识经济时代的来临，人力资本作用越来越重要，将成为加快经济增长方式转变、创造社会财富的决定性因素。一定规模和较高素质的科研队伍是提高企业自主创新能力的关键性因素。从福建省情况看，人员素质的提高仍不显著。2009年规模以上工业R&D人员占规模以上工业从业人员的1.6%，比全国低0.6个百分点。平均每个企业办科技机构拥有博士和硕士不足4人，博士和硕士占机构人员总数的比重仅为7.9%，比全国低3.9个百分点。三明市企业科研人员仅占专业技术人员总数的0.2%；莆田市规模以上工业企业从事R&D的人员2430人，仅占规模以上全部从业人员的1%。厦门、泉州、福州等地企业普遍反映，目前高层次、高技能、创新型、复合型人才十分匮乏，流失严重，致使科技项目策划、实施以及依靠科技创新创业受到很大制约。据调查，厦门高新技术企业426家、生产总值1623.21亿元，但难以与深圳、宁波、苏州、无锡、昆山等市相比，难于吸引足够的高层次优秀的复合型人才、产业领军人才、海外高级人才来厦创新创业。

（五）企业创新内在动力不足

企业科技研发资金投入不足是长期困扰福建省创新能力和核心竞争力提升的重要制约因素。国际上普遍认为只有R&D投入强度达到5%以上的企业才具有足够的市场竞争力。2009年全省规模以上工业企业R&D投入强度仅为0.7%，仅达到全国平均水平。其中，大中型企业R&D经费投入强度0.9%，比全国低0.1个百分点。规模以上企业办科技机构平均科研经费支出930.93万元，比全国平均水平低7.3个百分点。2009年三明市规模以上工业企业科技投入只占产品销售总收入的0.8%左右，全社会研发投入占全市GDP的比重只有0.4%；莆田市规模以上工业企业R&D投入为4.93亿元，仅占主营业务收入的0.5%。

三、提高企业自主创新能力的对策和建议

2010年9月8日，国家副主席习近平在福建省调研时指出，拥有自主创新能力，是企业在市场竞争中赢得主动的关键。要增创发展优势，必须加快推进自主创新步伐，引导创新要素向企业集中、向产业聚集，推动科技成果向现实生产力转化。今后

福建省提升自主创新能力的着力点将以加强区域创新体系建设为核心，以致力推动产业振兴、经济发展方式转变为首要任务，实现自主创新能力跃居全国前列，为促进福建省经济社会平稳较快发展提供强有力的科技政策支撑。

（一）完善科技创新平台，构建特色鲜明的区域创新体系

企业自主创新、掌握核心技术的关键要有一个平台，需要对发展方式进行升级，突破传统要素供给的思维，高度关注产业高端要素的创造和集聚。要通过实施重大科技专项和建立科技重大创新平台等有效形式，整合有限的科技资源，聚焦力量，着力在一些关键技术攻关上取得突破，形成自己的技术、专利和标准，为新兴产业发展积蓄势能平台。要构建特色鲜明的区域创新体系，强化企业创新主体地位，完善科技创新平台，推动产学研紧密结合，健全科技、金融良性互动机制，加速科技成果转化，形成支撑新兴产业发展的强大合力。

（二）推动产学研紧密结合，加速科技成果转化

瞄准战略性新兴产业的技术需求，引导有条件的高新技术区与高校、科研院所共建技术研发平台和产业化基地，为产业集聚提供技术支撑。加强产学研联合，建立产学研合作平台。鼓励企业投资产学研合作研究项目，推动大学、科研机构的技术转移，鼓励科研院所从事研究开发的人才走向企业、面向市场，为企业创新提供人才、信息和技术上的支持。建立联合实验室，解决企业发展中的技术瓶颈，实现产学研一体化。还应运用市场机制，促进产学研紧密结合，为创新型企业的成长提供有力支撑。

（三）完善企业创新的投融资体系，拓宽企业创新资金的筹集渠道

创新项目的前期投入需要较多的资金，而资金筹集困难是影响企业自主创新的重要原因，必须下力气拓展融资渠道，推进企业自主创新的深入开展。一是建立稳定的财政科技投入增长机制，坚持财政资金与企业科技项目挂钩，优化财政科技资金投向，优先投向共性、关键性、前瞻性技术研发和基础共享平台建设。二是发挥企业的主体作用。鼓励企业加大研究与试验发展（R&D）项目的经费投入比例。三是搭建多种形式的创新金融合作平台。设立自主创新政府信用贷款专项；研究探索运用财政资金，与政策性金融机构合作，开展面向科技型企业的科技贷款平台试点；政府利用基金、贴息、担保等方式，引导商业性金融机构支持自主创新及其产业化。

（四）加强人才队伍建设，夯实自主创新基础

企业技术创新，人才是关键。要抓住当前全球范围内出现的人才加速流动整合的有利时机，通过建立人才引进专项资金、高端人才项目资金等，引进高层次创新创业人才，吸引高层次创新创业团队。一是要建立人才网络，将自身培养造就人才与积极引进人才结合起来。要积极收集人才市场供给和企业需求信息，建立人才供需库。二是要建立人才内部培养机制，定期组织科技知识培训，不断提高企业科技人员的科技水平。三是建立健全创新激励机制，对在技术创新或新产品开发方面有功的人员给予嘉奖，鼓励科研人员积极创新技术和研发新产品。

（五）提升知识产权创造、应用、保护和管理水平

建立健全知识产权保护体系，规范市场，强化企业知识产权意识，维护自主创新主体的利益，提高广大企业自主创新的积极性。推动实施知识产权战略，健全知识产权管理、中介及服务体系。鼓励企业加大知识产权研发力度，使企业拥有更多具有自主知识产权的核心技术和产品；鼓励企业购买有利于提升产业核心竞争力的专利和技术，并消化吸收再创造；鼓励发明专利的应用和产业化。

（执笔：林凯　张琳琅）

发挥投资在建设先进制造业基地过程中的引领作用

固定资产投资是经济发展的先导力量和重要推动力。近年来，福建省紧紧抓住中央鼓励东部沿海地区率先发展和支持海峡西岸经济区建设的战略机遇，着力打造海峡西岸先进制造业基地，在投资先行原则的指导下，大力实施项目带动战略，制造业投资规模逐年扩大，产业结构日趋优化，制造业竞争力有所增强，投资在海峡西岸先进制造业基地建设过程中发挥了重要的推动作用。而从当前的情况看，福建省产业相关领域投资的潜力仍未完全发掘，对先进制造业基地建设的推动和引领作用仍有继续上升的空间。

一、投资对先进制造业基地建设的贡献

（一）制造业投资总量攀升推动产业规模不断扩大

近年来，福建省将提升制造业投资当作建设先进制造业基地和推动工业经济发展的重要抓手，着力增加制造业投资，推动制造业经济总量不断上升。“十一五”时期，全省城镇制造业投资总额6583.71亿元，年均增长 32.7%，比“十五”时期提高 9.7 个百分点，投资额达“十五”时期制造业投资总量的4倍多，其中，2010 年制造业投资额 2021.20 亿元，是“十五”末期 2005 年的 4.1 倍，为整个“十五”时期制造业投资总量的 1.2 倍。制造业投资额的显著扩大有力推动了制造业经济总量的提升，2010 年全省制造业增加值 5486.51 亿元，比 2005 年扩大 1.7 倍。制造业投资的持续提升为福建省制造业经济持续、快速、健康发展奠定了坚实的基础（见表 1）。

表 1　福建省制造业投资及经济总量情况

（2006-2010 年）　　单位：亿元

	城镇制造业投资总量	制造业增加值
2006	663.49	2512.28
2007	1054.18	3202.62
2008	1329.46	3972.13
2009	1515.39	4180.80
2010	2021.20	5486.51
“十一五”时期	6583.72	19354.34

（二）投资行业结构调整促进产业结构升级

在投资总量扩大的同时，近年来福建省立足传统产业优势和资源优势，积极调整制造业行业投资结构，加大石化、机械等重化工行业以及新兴电子行业投资，有力推动了产业经济由传统轻工业为主向轻工与重化工并重的转型提升。一是重化工投资所占比重提高。近年来，福建省不断加大装备、原材料等行业的投资力度，重化工行业投资比重明显上升。“十一五”时期，福建省重化工制造业完成投资 3661.85 亿元，年均增长 34.1%，比同时期制造业投资年均增幅高 1.4 个百分点，重化工行业投资占全省制造业投资的比重为 55.6%，比“十五”末期 2005 年提高 5.8 个百分点。二是三大主导产业投资快速增加。近年来福建省电子、石化、机械三大主导产业投资保持较快提升。“十一五”时期，全省城镇三大主导产业投资 2957.74 亿元，年

均增长35.2%，占制造业投资比重为44.9%，比“十五”末期的2005年提高5.5个百分点。

（三）投资所有制结构调整提升产业市场活力

“十一五”以来，福建省在加大制造业财政投入的同时，积极出台相应政策激活民间投资，并加大了制造业领域招商引资的步伐，制造业投资实现了多元化和市场化，为先进制造业基地的建设与发展注入了更多的活力。“十一五”以来，福建省制造业投资中的民间投资比重呈逐年提高态势，比重分别为45.8%、47.5%、51.5%、61.1%和62.0%。外商与港澳台投资所占比重虽然有所降低，但增长速度较快，由2005年的增长7.9%上升至2010年的增长27.6%。

（四）区域投资变化引领产业建设布局

多年来，福建省在保证沿海地区制造业投资稳步增长的同时也致力于加快内陆山区的产业投入，打造出了山海联动、协调增长的制造业发展格局，为福建省先进制造业基地的平面规划与区域布局做出了重要贡献。福建省在保证沿海地区传统优势产业和特色制造业稳步建设与发展的同时，逐渐将部分产业向内陆山区转移，内地山区三个设区市充分发挥后发优势，吸引了更多项目落地，制造业投资明显提升，形成对沿海地区加速追赶的态势。2010年，三明、南平、龙岩三个内陆设区市的制造业投资增幅和比重均比2005年有所上升，其中，龙岩、三明的投资比重显著上升。见表2。

表2　福建省设区市城镇制造业投资完成情况对比

区域	设区市	2005			2010		
		投资额（亿元）	比上年增长（%）	占全省比重（%）	投资额（亿元）	比上年增长（%）	占全省比重（%）
沿海	福州	116.17	2.9	23.7	294.39	9.5	14.6
	厦门	82.37	-4.8	16.8	161.50	21.5	8.0
	莆田	25.71	26.4	5.2	87.23	46.4	4.3
	泉州	114.74	41.2	23.4	455.04	34.0	22.5
	漳州	42.29	59.4	8.6	334.29	48.1	16.5
	宁德	20.11	62.8	4.1	77.09	30.3	3.8
内地	三明	43.01	50.9	8.8	263.91	52.3	13.1
	南平	29.60	14.7	6.0	177.05	30.2	8.8
	龙岩	16.57	22.7	3.4	170.70	42.0	8.4

二、投资领域制约先进制造业发展的问题

（一）投资增速起伏较大影响制造业持续增长

当前福建省制造业投资缺乏长效增长机制和稳定的内生增长机制，投资总量受经济形势变化的影响很大，导致近年来投资增幅出现较大波动，影响制造业的持续稳定增长。福建省近九成制造业投资来自民间资本和外资，受国内外经济形势变化的影响较为显著。2008年下半年国际金融危机爆发，福建省制造业投资增幅明显走低，2008年全省城镇制造业投资增长26.1%，增幅比2007年回落32.8个百分点，2009年经济形势未见明显改观，福建省制造业投资继续走低，增幅仅为14.0%，而随着经济形势的逐渐好转，2010年制造业投资增速又迅速上升至33.4%。“十一五”时期，福建省制造业投资增幅出现两次较大的起伏，波峰和波谷之间增幅差距达到44.9个百分点，相邻年份间波动也比较大。

（二）大型项目数量偏少弱化产业规模经济竞争力

当前福建省制造业经济总量与市场份额均位居全国中上游水平，但规模经济竞争力并不突出，

主要的一个表现就是缺少大型企业和大型项目。虽然近年来福建省大型制造业项目明显增加，项目规模持续扩大，涌现出一批大型制造业项目，有力推动福建省制造业投资的快速增长，但总体上看福建省大型制造业项目依然较少，储备不多，尤其缺乏产业关联度高、辐射带动力强、具有高支撑性和连续性的大型制造业项目。2010 年，福建省拥有投资规模 10 亿元以上的制造业项目仅 78 个，在华东地区六省一市中排在最后一位。除了数量较少外，福建省现有大型制造业项目的投资规模也偏小，2010 年福建省亿元以上制造业项目平均完成投资 1.11 亿元，只有全行业亿元项目 1.57 亿元平均投资额的 70.7%。

（三）高技术投入不足制约产业技术水平提升

产业技术水平不高是当前制约福建省先进制造业发展的一个主要瓶颈，而高技术投入不足则是造成产业技术水平相对较低的重要因素。近年来福建省高科技投入不足主要体现在：一是高新技术产业投资比重下降。2010 年，全省城镇电子、医药、机械设备等 7 个高新技术产业投资仅增长 18.9%，占制造业投资的比重只有 23.5%，比 2009 年降低 2.9 个百分点，甚至还低于“十五”末期 2005 年的 25.9%；二是技改投资力度有待提升。改建和技术改造投资科技含量高，是投资构成中的积极要素，对推动产业投资升级、加速先进制造业提升具有明显的推动作用，但当前福建省制造业投资中的技改投资比重较低，2010 年全省城镇制造业投资中的改建和技术改造项目投资 217.74 亿元，仅占制造业投资的 10.8%，比 2009 年降低 0.2 个百分点，仅比 2005 年提高 0.7 个百分点；三是主导产业投资增速较慢。石化、机械、电子三个行业是海峡西岸制造业的主导产业，也是福建省先进制造业发展的重要推动力量。2010 年，全省三大主导产业投资 872.75 亿元，增长 26.8%，低于制造业 33.4%的平均增长速度，没有体现出主导产业的发展优势；四是自主投入不足。福建省高新技术产业从事的大都是来料加工组装和外围产品的开发，核心科技的研发对外依赖程度较高，先进制造业的增资扩产明显受制于人。2010 年全省 R&D 经费中外资企业投入约占全省 R&D 经费总量的六成以上，规模以上工业企业高技术产值总额的 82.7%来自外资企业。

（四）利用外资持续低迷制约制造业多元化发展

从“十五”后期开始，福建省利用外资的水平开始下降，至 2010 年利用外资增势依然低迷，实际利用外资仅增长 2.5%，外资对福建省制造业领域的投入增长缓慢。“十一五”期间，福建省城镇制造业投资中的外商和港澳台商投资年均增长 20.1%，比制造业投资平均增长水平低 12.6 个百分点。投资增长是经济发展一个重要的先行要素，而资金来源则是投资增长的前提和基础，近年来福建省制造业建设资金中的利用外资比重持续降低，利用外资的优势减弱。2005 年福建省制造业到位资金中的利用外资所占比例为 18.3%，而 2010 年已降至 10.0%，走低态势明显。

（五）教育与科研投资增长缓慢使得人才匮乏问题逐渐突显

产业发展不可能长期依靠低廉的成本和价格来维持竞争优势，而要提升产品的科技含量及品质，就需要高素质的科研人员和技术工人来研制新型产品、改造生产设备、提高生产工艺。而多年以来福建省教育和科研方面的投资增长相对缓慢。从形成固定资产的投入看，“十一五”期间，福建省全社会固定资产投资达 27373.96 亿元，年均增长 28.7%，而其中教育投资仅 444.02 亿元，科学研究、技术服务和地质勘查业投资 67.31 亿元，所占份额只有 1.6%和 0.2%，不仅投资总量少，而且“十一五”期间教育投资的年均增幅只有 11.1%，大大低于全社会固定资产投资的年均增幅。

（六）整体投资环境仍有待改善

当前福建省对于大型项目的引进和落地出台了许多优惠政策措施，而对于广大中小项目而言，在改善投资环境方面仍有很多工作要做。当前福建省投资环境的缺陷主要有：一是生产要素优势不明显。近年来福建省土地费用、劳动力报酬等要素成本逐渐上升，能源供应紧张以及资源、环境承载能力下降，竞争优势已不如许多内陆省份；二是产业配套能力较弱。福建省产业链仍不完整，整体产业配套能力依然不强，仓储、物流等生产服务业发展相对滞后，缺乏有广泛影响力的、综合性较强的大型商贸市场；三是引资配套政策和行政办事效率有待提高。

三、更好发挥投资对先进制造业引领作用的对策建议

（一）加强资金运作，建立投资稳定增长的长效机制

为了避免投资增幅大起大落对制造业经济带来的负面影响，应当加强政府资金运作，建立起稳定、长效的投资增长机制。在经济景气时期，政府资金应适当向新兴产业倾斜，优先安排符合国家产业政策的项目和产业，对明令禁止、限制的高能耗、低水平、盲目重复建设的要坚决取缔。经济不景气时期，在企业缺乏增资扩产动力的情况下，政府应当增加对中小企业的资金帮扶，加大技术改造等扶助性质的投入，帮助企业渡过难关，并以适当的投资引导企业，保证国民经济重要行业投资不出现较大波动，同时要提高投资资金的使用效率，加强调研和科学论证，保证建设项目决策、管理、建设的科学性，加强审计和监督，提升投资的建设效益和运行效益。

（二）增强大型项目引进工作，培育优势产业集群

继续加强大型项目的引进与落地工作，培育优势产业集群，是壮大产业经济、突出制造业规模竞争力的重要手段。当务之急是要更多地规划与推动一批带动性强、辐射面广的大型制造业项目的落地与开工，在加强调研、科学规划的基础上，尤其注重引进全国性产业布局的重点项目，积极对接央企龙头项目，同时要更高效、更合理、更大规模地引进和推动外商及港澳台资项目，并通过这些龙头大项目，就近延长产业链，集聚产业群，形成产业规模优势，提升福建省制造业的规模竞争力和可持续发展能力。

（三）加大高科技投入力度，推动产业升级

科技创新与研发能力的提高，是企业竞争力提升的象征，也是先进制造业基地竞争优势的重要体现。当前应继续增加高科技投资，夯实福建省先进制造业基地发展的科研基础。一要增加核心科研投入，在注重技术引进的同时，强化高新技术与核心科技的自主研发和升级换代，增强福建省高新技术产业投资的自主增长能力；二要继续加大高新技术产业投入，大力发展高新技术和高附加值产业，发挥高技术产业的辐射推动能力和投资乘数作用；三要加大技术改造力度，增加改建和技术改造方面的资金投入，尤其注重提升传统行业技术改造的力度。

（四）增加教育投资，实施人才发展战略

新世纪科技、信息、管理的竞争，归根到底就是人才的竞争。福建省科研人员以及高级技工等高级人才相对缺乏，是长期以来教育及培训领域低投入造成的结果。当前，福建省应借鉴其他地区人才环境建设的做法和经验，结合本省的实际，规划和制定一系列人才发展战略。要树立人才第一的观念，大力增加教育领域的资金投入，提升与教育相关的各种软硬件水平，优化教育环境，增加技校教育、在职职工和社会人员技能培训的投入，尤其注重加强科研人员和高级技术工人的培养，为福建省先进制造业的发展提供强有力的知识人才、技能人才和管理人才。

（五）缓解要素制约，优化投资环境

资金相对短缺、土地供应紧张、政府服务不到位是当前掣肘福建省制造业投资增长、进而制约制造业经济总量提升的重要因素。营造良好引资环境，缓解投资要素制约，首先要增强资金筹措力度，继续加大财政资金对制造业的支持力度，积极引导和鼓励企业加大投资，同时以向银行担保、推动上市融资、支持小额贷款担保机构发展等多种方式，保证重要项目融资渠道畅通；其次要提高土地使用效率，大力推进土地二次开发，提高存量土地的使用效率和利用水平，同时加强对已批土地的监督管理，坚决打击囤积土地现象；再者要进一步提升政府服务意识，建设透明政府，不断提高行政办事效率，简化审批环节，减轻企业各种税费负担。

（执笔：叶一标）

“十一五”末年厦门工业摆脱金融危机影响实现强势增长

2010年在国家经济刺激政策的持续作用下，在市委、市政府的正确领导下，厦门市认真贯彻落实中央经济工作会议精神，紧紧围绕科学发展和加快转变经济发展方式两大热点，抓住海西建设的重大机遇，形成了“岛内外一体化、二三产共推进、内外需齐拓展、惠民生促和谐”的良好发展态势，推动全市经济又好又快发展，特别是工业经济基本摆脱金融危机影响实现强势增长，回升向好的势头进一步得到巩固，企业产品订单饱满，生产能力充分发挥，工业生产销售两旺，单月产值连创新高，主要效益指标持续增长，为当年全市经济增长做出积极贡献。2010年，厦门规模以上工业共有企业2255家，累计完成工业总产值3670.82亿元，比上年增长33.9%，产值规模位居全省第三；累计实现工业增加值890.39亿元，比上年增长24.5%。全年工业用电总量85.42亿千瓦时，比上年增长22.3%，与工业增加值增速基本匹配。

一、工业产销亮点频现

（一）工业生产高开高走

1. 单月产值屡创新高，工业规模不断扩大。厦门工业经济在经历了近一年多的反复波折后迎来强势增长，一是单月产值完成量实现等级提升，上半年，厦门规模以上工业自4月份单月产值首次超过300亿元后，6月份单月产值再创新高，达到311.62亿元；下半年，所有月份单月产值均在300亿元以上，单月产值纪录不断被刷新，9月份单月产值达到343亿元，12月份单月产值更是达到353.07亿元，为历史最高水平。二是工业产值规模不断扩大，厦门规模以上工业上半年月均完成产值279.62亿元，同比增加78.39亿元，下半年月均完成产值达到331.6亿元，同比增加73.33亿元，全年月均完成产值305.61亿元，比上年增加75.86亿元。工业生产效率进一步提高，全年每千瓦时工业用电量实现产值42.97元，比上年增加2.56元。2010年厦门市各月现价工业总产值见图1。

图1　2010年厦门市各月现价工业总产值图示

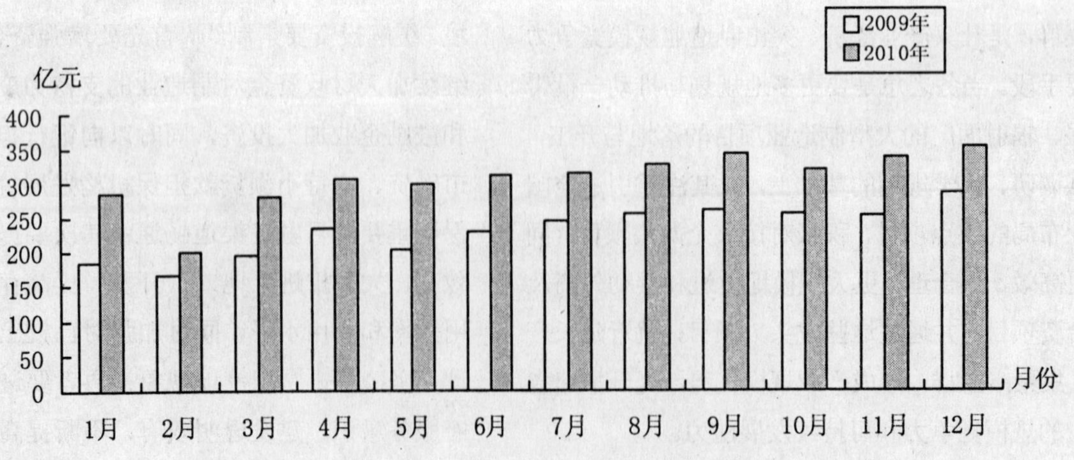

2. 工业增速强力反弹，工业经济较快增长

2009年在国际金融危机的影响下，厦门外向型工业受到较大冲击，并一度出现负增长的不利局面；2010年以来，在国家刺激政策持续作用下，在厦门市委、市政府强有力的领导和企业积极应对下，厦门有效摆脱国际金融危机影响，逐步稳定全市经济发展，促进工业经济的强力反弹。1月份，厦门规模以上工业生产取得了“开门红”，工业总产值、工业增加值双双实现高增长，当月完成产值284.02亿元和增速55.2%，均创造了1月份完成产值和增速的新高，此后工业增速虽有所回落，但仍保持在33%以上的水平；全年规模以上工业产值比上年增长33.9%，工业产值增速名列全省第二。厦门规模以上工业能获得如此快速增长，一是上年受危机影响，工业产值基数较低；二是经济形势好转，工业产值大幅增长；三是国外市场的回暖，促进工业出口、外部订单的增加；四是企业信心大增，对未来形势的基本判断趋于乐观，生产能力得到充分发挥。基于以上的几个方面原因，全年工业产值速度走出一条高开高走的曲线。2010年厦门市工业总产值累计增长情况见图2。

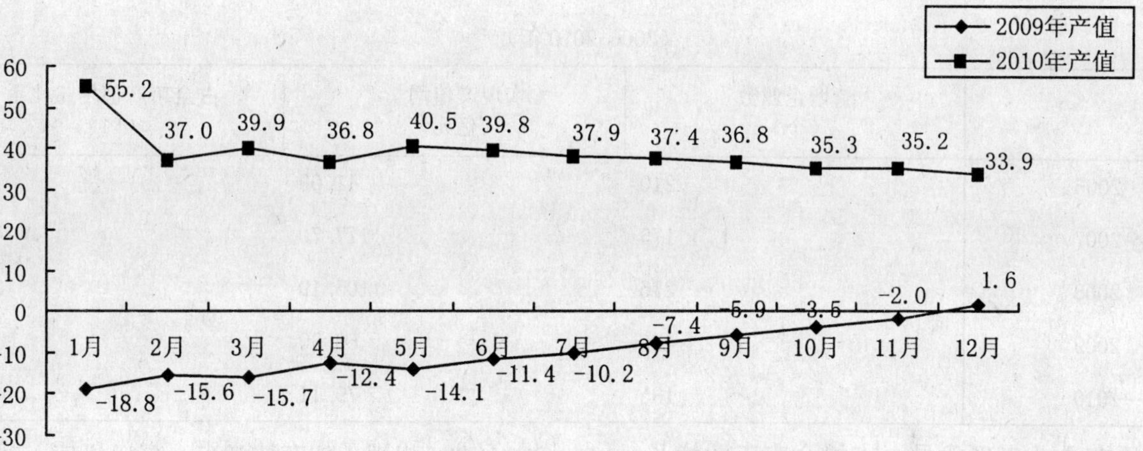

图2　2010年厦门市工业总产值累计增长情况图示

（二）工业行业全面增长

1. 三大支柱行业占比提高，拉动全市工业增长27.8个百分点。三大支柱是厦门市工业的主力，在贡献率和拉动增长方面具有重要的作用，2010年全市电子、机械、化工三大支柱行业共有规模以上工业企业1263家，占全市企业数的56.0%；累计完成工业总产值2769.31亿元，占全市规模以上工业的75.4%，行业集中度较上年提高2.0个百分点；对全市工业增长的贡献率为81.9%，拉动全市工业增长27.8个百分点。全年电子行业完成工业总产值1332.41亿元，现价增长42.1%；机械行业完成工业总产值944.13亿元，增长31.1%；化工行业完成工业总产值492.76亿元，增长28.6%。

2. 工业行业全面增长，十三条产业链有六条超过百亿元。2010年厦门规模以上工业33个行业与上年相比全部实现增长。作为厦门市精心梳理、重点发展的十三条产业链，对于培育发展产业集群、转变经济发展方式和优化提升产业结构具有重要的作用，2010年十三条产业链完成工业总产值2359.22亿元，占全市规模以上工业的64.3%，比

上年现价增长 32.6%。十三条产业链中有 6 条超过百亿元，分别为计算机与通讯设备产业链，完成产值 626.44 亿元，增长 16.5%；平板显示产业链，完成产值 594.14 亿元，增长 84.7%；汽车产业链，完成产值 278.43 亿元，增长 37.5%；农副产品与食品加工产业链，完成产值 235.53 亿元，增长 18.6%；工程机械产业链，完成产值 129.16 亿元，增长 53.4%；现代照明和太阳能产业链，完成产值 113.5 亿元，增长 30.0%。另外，输配电及控制设备产业链，完成产值 99.73 亿元，接近 100 亿元。十三条百亿产值产业链的规模从上年的 1800 亿元提高到 2350 亿元。

（三）工业企业产能充分发挥

1. 全年共新增规模以上工业企业 185 家。2010 年，厦门新增规模以上工业企业 185 家，累计完成工业总产值 96.60 亿元，实现产值增量 79.11 亿元，占全市产值增量的 8.9%。新增企业中，累计完成产值上亿元的有 13 家，累计完成产值在 5 千万-1 亿的企业有 13 家，累计完成产值在 1 千万-5 千万的企业有 106 家，累计完成产值在 1 千万以下的企业有 53 家。这些新增企业对厦门市工业增长起到一定的推动作用。2006-2010 年厦门市规模以上工业新增企业情况见表 1。

表 1 厦门市规模以上工业新增企业情况表

（2006-2010 年）

	新增企业数（个）	实现产值增量（亿元）	占全市产值增量比重（%）
2006	210	41.08	12.7
2007	175	177.70	46.1
2008	276	105.19	21.9
2009	406	60.39	19.8
2010	185	79.11	8.9

2. 原有企业表现优异，支撑全市工业增长。2010 年，随着中国经济的全面回升以及国外部分区域经济的复苏，企业接到的产品订货不断增加，企业生产能力得到充分发挥，与上年相比，企业实现产值增量大幅提高。厦门规模以上工业原有企业 2070 家，占全市工业企业数的 91.8%，累计完成工业总产值 3574.22 亿元，实现产值增量 808.76 亿元，其中，累计产值增量上 10 亿元的原有企业有 10 家，累计产值增量 1 亿元-10 亿元的原有企业有 113 家，累计产值增量 5 千万-1 亿元的原有企业有 97 家。2010 以来，电子行业中的平板显示（光电）企业表现特别抢眼，这主要得益于厦门正着力打造海西乃至全国重要的平板显示（光电）生产基地，近几年来大量引进了台湾平板显示（光电）制造大企业，出现了如友达光电、宸鸿科技、冠捷显示、乐捷显示、达运精密等一大批产值规模大、订单来源稳、增长潜力足、科技含量高的企业，为全市工业增长做出重要贡献。

（四）工业产销率稳居全省第一

2010 年厦门规模以上工业累计完成工业销售产值 3651.20 亿元，累计产销率 99.5%，比全省平均水平高出 1.6 个百分点，在全省九地市中稳居第一。2010 年 2 月、4 月、12 月的单月产销率超过了 100%，全年工业累计产销率都保持在 98%以上。从经济类型看，其他经济类型企业和国有企业的产销率较高，分别达到 100.3%和 99.9%，而占产值比重较大的外商及港澳台商投资企业的产销率也达到 99.5%。从企业规模看，全年产值上亿元的 434

家企业中，产销率达100%的有196家，占45.2%。根据对工业企业“两金占比”（即产成品库存和应收帐款占流动资产的比重）情况的监测调查，2010年1-11月厦门规上工业库存产成品137.12亿元，增长12.1%，远低于流动资产27.1%和应收帐款33.5%的增速，企业的产成品库存处于相对较低水平，生产与销售两端实现紧密衔接，这也进一步印证厦门工业生产的大幅增长、产值的大幅增加是具有市场的支撑和认可。2010年厦门市规模以上工业产销情况见表2。

表2　厦门市规模以上工业产销情况表

（2010年）　　单位：%

月份	1月	2月	3月	4月	5月	6月	7月	8月	9月	10月	11月	12月
产销率	98.0	100.4	99.9	100.4	99.6	98.2	99.3	99.8	99.9	98.1	99.0	100.1
月份	1月	1-2月	1-3月	1-4月	1-5月	1-6月	1-7月	1-8月	1-9月	1-10月	1-11月	1-12月
累计产销率	98.0	99.0	99.4	99.7	99.6	99.3	99.4	99.5	99.5	99.4	99.3	99.5

（五）工业出口同比大幅增长

外需恢复性增长助推厦门市出口迅速回升，2010年，出口商品中化学纤维制造（69.4%）、有色金属冶炼及压延加工业（66.0%）、食品制造（57.4%）等出口实现快速增长，传统三大支柱行业中的电子产品（41.3%）、电气机械（27.5%）、化学原料及化学制品制造业（50.5%）等出口增速普遍加快。2010年厦门规模以上工业累计完成出口交货值1561.46亿元，比上年增长32.6%，出口交货值率42.8%。全市实现出口交货值的企业1114家，与上年相比，实现出口增长的企业有803家，其中，实现出口增量上千万的企业有334家。

二、工业经济效益指数首度突破200

2010年伊始，厦门工业经济强力反弹，工业运行质量稳步提高，一是工业经济效益指数持续增长，全年厦门规模以上工业经济效益综合指数202.2，比上年提高20.6个点，在历年中工业经济效益指数首度突破200。自年初开始，工业经济效益综合指数连续实现环比增长，走出一条不断向上的曲线。二是工业效益指标大为改善，全年厦门规模以上工业拥有资产3047.43亿元，负债1621.32亿元，资产负债率为53.2%，比上年下降0.1个百分点；完成主营业务收入3664.85亿元，实现利润总额272.34亿元，主营业务利润率为7.4%，提高0.6个百分点；拥有全部从业人员平均人数64.24万人，共创利税373.92亿元，人均创税5.82万元，提高1.06万元/人。工业企业信心不断提升，调查显示，92.2%的企业对下季度所属行业生产经营状况判断向好，86.4%的企业预计下季度产品订货将出现同比增长。

（一）工业经济效益综合指数两度突破200

全年厦门工业经济效益综合指数202.2，比上年上升20.6个点，从月度看，经济效益综合指数两度突破200点。其中，总资产贡献率13.9%，上升1.6个百分点；资本保值增值率121.4%，上升5.6个百分点；资产负债率53.2%，下降0.1个百分点；流动资产周转率2.1次，加快0.1次；成本费用利润率8.0%，上升0.6个百分点；全员劳动生产率13.74万元/人，净增2.14万元/人；产销率99.5%，上升0.2个百分点。

（二）盈利状况——100%的行业和75.5%的企

业实现盈利

全年厦门规模以上工业实现利润272.34亿元，利润总量位居全省第二，比上年现价增长44.3%。从行业构成看，全市33个大类行业全部实现盈利，创造利润最多的前三个行业分别是：通信设备、计算机及其他电子设备制造业，创造利润68.47亿元，比上年现价增长85%；化学原料及化学制品制造业，创造利润33.23亿元，现价增长107.7%；电气机械及器材制造业，创造利润27.3亿元，现价增长3.6%，这三个行业分别是电子、化工、机械三大支柱的核心行业。从企业构成看，全市规上工业企业中有1703家企业实现了盈利，占75.5%；有1391家企业利润实现增长，占61.7%，其中，有16家企业利润比上年增加上亿元。2010年以来工业利润普增的主要原因，一是企业的产销增长较快，二是部分企业的管理费用和营业费用控制较好。

（三）亏损状况——亏损企业和亏损金额双双大幅减少

全年厦门规模以上工业亏损企业数537家，比上年下降17.9%，累计亏损额9.36亿元，下降43.8%。从亏损企业的亏损额区间分布看，亏损额在1千万以下的企业有517家，占全部亏损企业数的96.3%，合计亏损额5.61亿元，占全部亏损额的59.9%；亏损额在1千万-4千万的企业有18家，占全部亏损企业数的3.4%，合计亏损额2.83亿元，占30.2%；全市亏损额超4千万的企业只有2家。通过调查显示亏损的主要因素是："生产放缓或下降、"产品价格下降或原材料价格上升较快"和"劳动力成本上升过快"。虽然年中出现人民币进一步升值的预期、劳动力成本进一步上升等因素，但总体上企业生产运营状况与上年相比大为改善，厦门规模以上工业的亏损企业和亏损金额双双大幅减少。

三、厦门工业发展需关注问题

（一）金融危机影响暴露出工业结构不够优化

国际金融危机影响后的厦门工业，也暴露出自身结构方面的问题，一是工业外向比例较高，工业产销过分依赖于对欧美市场的出口，也依赖于这些地区经济的恢复情况；二是工业代加工比例较高，以粗放增长为特征的代加工虽然没有销售的压力，但赚取的微薄加工费不足以支撑企业变大变强，也难以抵御各种危机和风险；三是生产传统工业产品的比例较高，虽然品种丰富、种类繁多，但档次偏低、价值偏低、知名度低等问题仍较突出。

（二）工业生产经营面临成本上升的压力

12月份，厦门市统计局与经发局一起深入部分重点工业企业进行为期一周的调研，主要针对当年出现亏损较大或利润比上年同期下降超千万的企业，虽然分属于不同行业、不同类型，但却反馈出同样一个信息：原材料和能源价格的上涨，导致企业成本增加，利润大幅缩减。2010年以来，中国经济在实现快速增长的同时也面临着通帐的压力，价格上涨从食品开始逐渐向能源、基础性原材料转移，通过调研了解到，虽然工业品出厂价格也在涨，但是上涨的幅度远低于基础性原材料的涨幅，特别是一次性消耗型的资源。工业企业在承受上游原材料价格上涨的同时，又因市场占有的考量而不敢贸然推动产品的同步涨价，只能通过内部或与下游协商逐步消化、转移生产经营成本上升所带来的压力。

（三）工业用工需求增长突显招工难问题

全年厦门市规模以上工业企业的用工规模已达64.24万人，比上年增长10.6%，工业企业的用工需求在持续增长，同时也突显出招工难的问题。一是劳动工资在上涨，随着中央更加关注民生问题，提出倡导包容性增长的概念，工资要与经济增长的速度相匹配，各省市在年中纷纷上调最低工资标准，中国进入了密集加薪时期，劳动力价格的进一步上升，企业再维持原有的工资水平已难以满足现有的需要。二是劳动力出现缺口，最新调查显示，有87.6%的工业企业本季度用工需求与上年相比持平或增长，由于劳动力成本上升，有58.1%的工业企业存在劳动力缺口，缺口比例主要集中在20%以内，随着内陆地区经济的不断发展，内陆地区工人工资水涨船高，且增长的幅度要远高于沿海，沿海地区工人工资的优势不明显，而企业出现的劳动力缺口现象甚至已影响到企业产能的发挥。

四、促进厦门工业经济又好又快发展的建议

（一）加强调控促进工业结构的优化转变

要按照中央经济工作会议的统一部署，加强经济调控力度，转变发展方式，不断优化工业结构。一是调整工业的内外结构，在采取多种手段促进工业出口增长的同时，要更加重视内部需求，不断开拓国内市场，随着中国经济的快速发展，中国市场必将进一步扩大，厦门工业企业更应考虑如何坐拥、分享这一丰厚资源。二是调整工业的加工结构，要不断增加自主研发、自主创新、自主品牌的比例，促使工业增长从劳动密集型向资金技术密集型转变，提高产品的附加值。三是调整工业的产品结构，引导工业企业按市场需求生产，推动其在国际分工中由低端向中高端转变，进一步优化工业的产品、市场和贸易结构；要紧跟时代发展的步伐，加快培育和发展战略性新兴产业，大力研发、创造、制造科技含量高的工业产品，力争在未来激烈竞争中占有一席之地。

（二）营造环境促进工业企业增强自身实力

要认真研究国家的经济政策措施，密切跟踪当前形势的变化，及时发现经济运行的动向，准确把握加快发展的时机，为企业提供各种有针对性、应对性的信息，解决实际困难；为企业提供加强交流、交易的平台，帮助开拓市场；为企业营造发展的良好环境，促进企业的发展壮大。同时要鼓励企业加强管理，不断提高生产效率，降低生产成本，节省费用开支，提高盈利水平，增强抗风险能力，增强自身实力，增强对外竞争力，即使面对成本上升的压力，依然能游刃有余地化解。

（三）创造条件促进工业用工稳定增长

一方面是广大的大学毕业生找不到工作，一方面是企业找不到合适的用工对象；一方面是企业的用工需求在增加，一方面是劳动力市场的供给在减少，这些矛盾交织在一起，最终集中在了“招工难”这个影响工业发展的突出问题上。厦门市统计局开展的工业企业生产经营状况及趋势判断专项调查结果显示，企业招工难的原因主要体现在：一是企业对劳动力需求上升，二是劳动力市场供给减少，三是企业找不到合适的用工对象，四是用工对象对企业提供的报酬和工作条件不满意。针对这些原因采取相应的措施，一要加强培训，根据市场的实际需求合理调整工种，使劳动力具备缺工岗位所需的技能；二要加强联系，到劳动力输出大省建立用工交流平台，为企业招工寻找丰富的来源；三要创造条件，引进人才、培养人才、留住人才，要鼓励企业建立完善的留人机制，使工人对企业有归属感、责任感，愿与企业建立长期合同关系，愿与企业共成长共发展。

（执笔：张绍勇）

做强做好体育产业　打造泉州崭新名片

一、体育产业发展概况

（一）体育产业的含义

体育产业，属于典型的跨部门产业，既不等同于体育竞赛表演、体育场馆建设等体育事业，也不局限于体育用品制造的工业范畴。根据国家统计局和国家体育总局颁布的《体育及相关产业分类标准》，体育产业是指"为社会公众提供体育产品和服务的产业活动，以及与这些活动有关联的产业活动的集合"。将其按活动性质分为"体育组织管理活动"、"体育场馆管理活动"、"体育健身休闲活动"、"体育中介活动"、"其他体育服务活动"、"体育用品、服装、鞋帽及相关体育产品的制造"、"体育用品、服装、鞋帽及相关体育产品的销售"和"体育场馆建筑活动"八个大类，共涉及国民经济行业分类的25个大类、42个中类、57个小类。

（二）发展情况

泉州体育产业主要以体育用品制造业为主，主要包括体育器材、运动服装、运动鞋、旅游箱包四大类，体育制造业又以运动鞋发展最快，规模最大。据估算，2010年泉州体育用品业实现产值在千亿元以上，其中，规模以上企业实现产值达953亿元，比上年增长16.3%。全市产值超1亿元运动鞋厂家140余家，共实现产值730亿元，约占规模以上鞋业产值的70%；产值1亿元以上体育运动服装厂家43家，实现产值166亿元，占规模以上运动服装企业产值的14.2%；规模以上体育器材厂家25家，实现产值16亿元，增长38.0%；体育用品销售业实现产值8.55亿元，增长23.8%。

（三）加快发展体育产业具有重要现实意义

体育产业是一项具有重大经济效益和社会效益的事业，从全球的经济发展趋势来看，发达国家将相继进入"休闲时代"，而休闲体育将是整个休闲市场中重要的一环。从国内外体育产业的发展规律看，体育产业的发展与经济整体发展是个相互促进的过程，经济越发达，体育产业也越发达，体育产业的比重越大，对经济增长的贡献也越大。北京奥运会成功举办后，国内体育消费市场日益扩大，居民消费结构不断升级，体育产业已经成为泉州市经济的重要组成部分和加快经济转型的重要推动力。具体体现在以下五方面：一是对经济增长直接贡献大。仅运动鞋服、体育器材、运动箱包制造业产值达千亿元，产业集聚度不断提高，国内外市场份额不断提升，成为促进泉州经济持续增长的重要推动力。二是有效转移农村富余劳动力。泉州体育用品业、运动鞋服原材料制造业从业人员在40万以上，随着泉州体育服务业的发展，体育销售、体育旅游、体育物流等环节将增加数万个岗位，在泉州城镇化的进程中，体育产业将在农村劳动力中发挥积极作用。三是促进产业升级。泉州纺织服装等行业面临招工难、原材料价格大幅上升等困难，以运动鞋服为主的泉州体育用品业的发展将直接带动泉州传统制造业升级转型，推动泉州先进制造业基地建设。四是扩大内需和促进消费升级。泉州体育休闲业发展具有一定优势，具有较强发展潜力和巨大的潜在市场。以体育健身、体育旅游、体育竞赛表演为代表的体育休闲运动，有利于促进居民消费结构的升级，成为扩大内需的持续推动力。五是促进泉州物流业的发展。泉州众多体育运动品牌在国内外具有较高的市场占有率，货物运输、产品展览等方面的需求巨大。体育相关产品的销售、展览、运输将成为泉州发展现代物流业，打造东南沿海重要物流节点的重要支撑。

二、发展机遇和优势分析

体育产业的迅速发展，需要宏观经济稳定、产业经济发展较快、居民收入提高、政策支持等软硬条件的支撑。近年国内体育产业发展迅速，使泉州体育产业具备了一定的发展优势，处于发展的重大历史机遇期。

（一）政策支持

2010 年 3 月，《国务院办公厅关于加快发展体育产业的指导意见》发布，将体育产业提升到前所未有的高度，提出在坚持体育事业公益性、加快发展体育事业的同时，大力发展体育健身市场、开发体育竞赛和体育表演市场、积极培育体育中介市场、做大做强体育用品业、大力促进体育服务贸易、协调推进体育产业与相关产业互动发展等一系列目标，并从税费、融资、基础建设、法制建设、人才等方面制定一系列支持措施。《福建省国民经济和社会发展第十二个五年规划纲要》中指出泉州体育用品产业集群作为全省十大产业集群进行重点建设，并将发展体育旅游、体育健身和完善体育设施作为改善民生和传统产业升级的重要节点。《福建省人民政府关于加快发展体育产业的实施意见》提出：力争到 2020 年，体育产业增加值占全省 GDP 的 4%以上，并将优先发展体育健身休闲业，在全省的体育产业 11 个重点项目中，2 个落户于泉州，泉州将成为全省体育用品制造产业的中心。对于泉州的体育产业来说，无疑正处于一个难得的政策机遇期之中。

（二）泉台合作具有天时、地利、人和

泉州与台湾一衣带水，是台湾汉族同胞的主要祖籍地，地缘相近，血缘相亲，文缘相连，商缘相通，法缘相循。泉州因其特殊的地理位置和内在的文化联系，与台湾经贸合作具有地利、人和。而海西建设无疑给泉台合作提供了天时。作为海峡西岸经济区中心城市之一，泉州 GDP 在海峡西岸经济区 20 个城市中居于首位，《福建省贯彻落实〈国务院关于支持福建省加快建设海峡西岸经济区的若干意见〉的实施意见》中明确提出支持泉州台商投资区建设。目前，泉州与台湾在体育产业领域互为市场，互补性较强。台湾的制鞋机械在国际上处于领先水平，泉州众多迫切升级设备的制鞋企业均是台商的潜在客户，泉州已经是国内鞋机需求量最大的市场。不少泉州运动品牌已经进驻台湾，凹凸、百源（园）等台湾鞋革机械生产的知名企业先后落户泉州，与晋江鞋革生产商形成强有力的配套，加强与台湾合作将极大促进泉州体育产业的发展。

（三）体育用品制造业基础雄厚

以运动鞋服制造为代表的泉州体育产业历经二十余年发展，已经具备以下特点：整体规模较大，若将体育用品的上游环节统计在内，泉州体育产业产值将远超过 1000 亿元；知名品牌较多，泉州体育用品制造业已拥有 12 枚中国名牌和 13 枚中国驰名商标；产值在 10 亿元以上的企业近 20 家，其中，7 家企业产值超过 20 亿元；科技创新能力较强，泉州体育用品企业重视研发投入，技术水平处于国内领先地位，安踏体育用品有限公司 2009 年被认定为国家级企业技术中心，全市有省级企业技术中心有 14 个。福建天守企业机构是行业内第一家牵头起草制定《运动鞋用聚氨酯合成革国家行业标准》的企业，2008 年参与起草三个行业标准，安踏、匹克等企业积极参与《篮排球专业运动鞋》、《鞋类通用实验方法耐磨实验方法》、《专业运动服装和防护用品通用技术规范》、《抗菌鞋类行业标准》及《运动鞋用聚氨酯合成革》、《乙烯—醋酸乙烯共聚物拖鞋和凉鞋》等多项行业国家标准的制定与起草工作。

（四）国内体育用品市场潜力巨大

近年来，随着国民经济持续较快发展，居民收入不断提高，消费能力迅速提升，体育用品需求巨大。体育消费需求将遵循需求上升规律，主要表现

在以下几个方面：一是体育实物消费需求大众化。居民体育消费需求量增加，体育消费需求在文化娱乐总需求中的比例加大。二是个人体育消费需求向公共体育消费需求扩展。企业、单位、机关、学校中公共设施、公益性活动场地等需求增加。三是体育消费需求结构多元化。体育实物消费的品种增多，体育劳务消费向多样化方向演变。主要表现在满足心理和社会需要的体育消费将大幅度攀升，对体育服务的需求迅速增加，从而带动健身娱乐市场、竞赛表演市场的发展和体育中介市场进步。根据国务院《全民健身计划（2011-2015年)》的发展目标，到2015年，国内参加体育锻炼人数进一步增加；全国各类体育场地达到120万个以上，人均体育场地面积达到1.5平方米以上；市（地)、县（区)、街道（乡镇)、社区（行政村）普遍建有体育场地，配有体育健身设施；全民健身组织网络更加健全，健身活动内容更加丰富。随着全民健身工程的推进和居民消费结构升级，居民对体育产品需求将不断增加，为泉州体育用品业提供了巨大的市场。

（五）体育服务业发展的软、硬环境已经具备

就泉州而言，各项体育运动在泉州的普及率较高，居民具有较强的体育需求。2010年，城镇居民人均可支配收入和农民人均纯收入分别达到25155元和9296元，收入提高促使居民对体育产品的需求迅速增加，2010年，泉州体育用品销售业产值和增加值测算约达8.55亿元、4.81亿元，分别比上年增长23.8%、22.9%，体育服务业快速发展的“软环境”已经具备。而泉州城乡建设的加快又提供了“硬环境”：一是城市建设持续推进，环湾区域建成区面积达150平方公里、人口138万人，城东、东海、北峰、丰州和桥南等片区开发建设全面推进，根据《泉州城市总体规划（2008-2030年)》，泉州中心城区面积将达980平方公里；二是小城镇建设成效斐然，2009年，镇区总人口为229.13万人，比2005年增长了46.0%，占乡镇总人口的比例由2005年的26.7%提高到33.7%。

（六）拥有丰富体育旅游资源和较为完备的体育接待条件

泉州是著名侨乡，古代“海上丝绸之路”的起点，是全国首批历史文化名城之一和中国旅游城市。泉州沿岸有许多海湾、沙滩、海岛、名山，文物古迹遍布，全市现有各级文物保护单位399处，其中，国家级12处，省级37处。崇武古城、半月湾海滩、深沪海底古森林遗迹、衙口海滩及石狮黄金海岸等构成泉州山海具备的自然背景。丰富的自然资源为泉州休闲体育的发展创造了条件。同时，泉州也具有较为完备的体育接待条件。泉州地区共有星级酒店86家，其中，五星级5家、四星级27家，晋江、安溪等地都在建设新的五星级酒店，接待能力将进一步提高。

三、存在困难及问题分析

（一）政府调控职能未充分发挥

1.各地发展规划缺乏统筹。晋江是国家4个国家体育产业基地之一，晋江市政府确定了“体育用品产业—国家体育产业基地—中国体育城市”这一轴线，并把打造有国际影响力的体育城市作为发展目标，晋江滨海运动休闲产业带也是福建省推进体育产业的11个重点项目之一，但是与厦门“乐活”国际体育生态岛和平潭滨海运动休闲度假岛相比，缺乏竞争力。晋江将重点建设沿海大通道（晋南段）两侧20多平方公里的地域，而同在泉州湾的惠安、丰泽却未能协同参与开发。根据《泉州市国民经济和社会发展第十二个五年规划纲要》和《泉州市“十二五”旅游产业发展规划》，蓝色滨海游项目将作为“十二五”泉州旅游业重点发展产品系列和旅游业的重要增长极，“惠女风情”滨海度假板块、“商贸运动”滨海休闲板块和“金色海峡”滨海观光板块的建设与晋江的滨海休闲带建设存在重复

建设的可能性。与此同时，总投资约 50 亿元，总用地规模5000亩的萨马兰奇体育小镇在泉港启动，该项目选址距离泉州中心城区约 50 公里，距离泉港城区 10 余公里，附近的配套设施均不完善，对周边区域的辐射作用微弱。

2. 部门间协调机制尚未完善。泉州体育产业最大的优势在于体育用品业雄厚基础，通过体育用品业带动体育服务业的发展，进而促进产业升级和经济转型才是体育产业发展的最大意义。体育产业包括体育旅游、休闲健身、竞赛表演、体育用品制造等多项内容，分属经贸委、体育局、旅游局等多个部门管理，泉州体育产业的发展规划尚未出台，旅游、物流、先进制造业等专项规划先后出台，各部门之间缺乏协调，容易造成重复监管或监管空白。

（二）体育休闲行业供需脱节

1. 体育设施较少。泉州地区共有各类体育场馆36个，但其中不少场馆仅开放田径场，部分场馆属学校、企业建设，缺乏设施先进的运动场所，尤其是足球、网球场馆、室内篮球场较少，羽毛球馆和游泳馆数量偏少。

2. 休闲健身供给不足。休闲健身行业整体规模较小，泉州目前共有健身房 58 家，其中，企业和个体户各29家，平均每家健身房需要服务 14 万人口。行业缺乏知名品牌，由福建省晋江市浩沙制衣有限公司投资的浩沙健身俱乐部是业内知名品牌，在多个省市成功开办了近 50 家连锁店，在省内福州、厦门也设有连锁店，而在泉州尚未开展业务。

3. 培训机构缺乏监管。目前，市场上存在大量跆拳道、武术、舞蹈、棋类等各类体育运动培训机构，服务质量参差不齐，部分机构未经注册，消费者的权益得不到保障。

4. 老年市场开发较慢。中国正在迅速进入老龄化社会，根据《泉州市第六次全国人口普查公报》，全市60岁以上人口71.2万，占全市人口的8.8%，老年人体育锻炼市场潜力巨大。目前社区已配有简易的露天健身场所，但缺乏针对老年人的服务性机构，这一市场的开发相对滞后。

（三）企业转型压力大

1. 竞争日益激烈。尽管安踏、特步、361°、鸿星尔克、喜得龙和匹克等国内知名品牌，已经在国内一线城市具备了一定知名度，但这些体育品牌的主要销售渠道仍集中于国内中小城市。不少三四线城市的消费者将安踏、鸿星尔克这些国内知名品牌作为消费首选，随着一二线城市的体育品牌市场日渐饱和，国际体育大牌阿迪达斯、耐克等国际品牌愈发看重中小城市，这些城市也将迎来激烈的市场争夺，原有的体育消费品市场格局面临洗牌。泉州企业内部也存在激烈竞争，主要是终端产品上价格竞争、销售渠道争夺、熟练工人的争夺、品牌竞争等方面。

2. 与国际品牌差距较大。在国内市场上，阿迪达斯、耐克占的市场份额仍然位居前两位；在国际市场上，美国品牌占全球45%的市场，欧洲差不多占30%，国内品牌在规模和质量上与国际顶级体育用品公司相比仍有很大差距。据企业反应，泉州的企业目前在品牌影响力、资金实力、营销策略、渠道掌控上都逊于国际知名品牌。

3. 成本压力增大。我国体育用品制造业始终处在产业链的末端，是劳动密集型的产品加工型企业。泉州的体育用品业目前正面临招工困难，原材料价格波动的严峻挑战。根据企业景气调查的数据，多数运动鞋服企业的经营成本上升，以运动鞋重要原材料EVA鞋底为例，价格同比上升了25%。成本上升和招工难已经成为部分企业生产经营面临的困境，泉州运动鞋服赖以生存的性价比优势正在被削弱。

（四）制造业带动辐射作用未显现

1. 行业龙头分散。泉州市以民营企业为主体，由于企业家族式的松散化管理，导致行业整体布局混乱。体育用品业的几家龙头企业分布在各地，安踏、喜得龙、乔丹、贵人鸟、德尔惠、浩沙在晋江，三兴体育、金莱克在清濛、匹克在鲤城，鸿星尔克和鸿星沃登卡在丰泽，斯舒郎、拼牌在石狮，龙头企业的分散使得龙头企业对区域的辐射带动作用大打折扣，同时也不利于泉州区域品牌的形成。

2. 体育物流业薄弱。泉州的体育用品业规模巨大，产品远销世界 80 多个国家和地区，已成为我国最大的旅游运动鞋生产基地和世界运动鞋的重要生产基地。尤其是运动鞋产量占世界的 20%以上，却未能带动泉州现代物流业的发展。据测算，泉州市工业物流总费用五成以上是支付给市外的物流公司，体育物流园区没有形成。

3. 展会影响力不足。2006 年，中国鞋都正式开业，但进驻企业主要是鞋材企业，并未形成专业的鞋业展览。中国（晋江）国际鞋业博览会始于 1999 年，历经 12 载，已经在运动鞋领域具有一定知名度，但在参展企业数量、场馆面积、游客数量、展馆设施、市场影响能力上，与中国国际体博会、上海国际体博会、中国国际鞋类展等展会差距较大。第十三届中国（晋江）国际鞋业博览会规划展览面积 5 万平方米，设置国际标准展位 1600 个，参观人数仅 1500 -1800 人，多为鞋业专业人员。与此相比，2010 年，中国国际体博会展览面积超过 14 万平方米，参展企业 1000 家以上，参观人数 10 万以上，其中，非专业游客 7 万人左右。

四、做强体育产业的对策建议

（一）强化协调，合理规划

1. 加强领导，制定规划。由于体育产业分属发改委、经贸委、旅游局、体育局等多个部门管理，在自然资源的开发和建设又涉及到规划、农业、海洋渔业、环保等多个部门，成立体育产业领导小组，全面协调全市体育产业的发展，有关部门尽快起草并出台《泉州市“十二五”体育产业专项规划》，部署全市的体育产业建设工作。

2. 准确定位，发挥优势。在国家体育产业专项规划出台后，不少省市已经制定具体政策支持体育产业的发展。在全国四个国家级基地成都、深圳、晋江、龙潭湖中，晋江在体育场馆资源、经济支撑、科技实力、赛事资源、展馆资源等方面均不如其他三个基地，泉州应充分发挥自身优势，将体育产业放在更重要的位置，以体育用品制造业为立足点，以晋江、石狮为主干，以大泉州城镇建设为支撑，以运动鞋服基地建设为核心，以专业园区建设为载体，将泉州建成世界体育用品制造基地和亚太地区体育用品的营销中心。

3. 区域整合，协同开发。从省内来看，厦门、福州、泉州分别是运动休闲、健身与竞赛表演、体育用品制造中心，泉州在滨海休闲运动的发展面临激烈竞争，环泉州湾地区是开展滨海休闲运动的主要优势区域。必须整合沿岸各县（市、区）的资源，充分结合惠安清沙湾、崇武，晋江衙口，半月湾沙滩，石狮黄金海岸等旅游资源和惠安大岞 “满纳游艇”生产休闲渔船生产优势，分清主次，协同开发，避免重复建设和资源争夺，才能使泉州体育休闲业形成合力，提高竞争力。

（二）做强体育用品制造业

1. 鼓励企业自主创新。坚持以创新引领发展，提高产业核心竞争力和产品品质。支持体育科学研究机构入驻泉州，对全国著名的体育院校和科研机构来泉州设立分支机构，建立技术依托关系并实施研发项目的，应给予一定的资金支持。鼓励企业与国内外知名研发机构合作，建立世界领先水平的体育用品质量测控中心和研发机构。对体育企业获得省级奖励和资金扶持的技术、项目，市、县两级应再给予一定的配套支持。体育企业开发的新产品经省级有关部门评选认定，对获得优秀新产品称号的，按规定予以奖励；对认定为国家级、省级企业技术中心的体育用品企业其所申报的开发项目，按规定予以资金扶持。体育企业可参照新兴产业扶持政策，符合中小企业、自主创新、高新技术产业等扶持政策范围的，可以享受该类政策。

2.支持企业争创品牌。对获得“中国世界名牌产品”、“中国驰名商标”、“中国出口名牌产品”称誉的体育企业，应给予相应的奖励。加强体育产业知识产权保护工作，鼓励支持各类体育组织、体育赛事组织依法开发专有名称、标识等无形资产。引导、鼓励体育龙头企业开展产业并购，提升企业品牌实力，企业在品牌建设中同时注重两种模式，一是龙头企业通过自身技术提升和收购国外品牌实施国际化战略，二是中等规模企业与国际品牌合作，力争在技术溢出作用的带动下，建立自己的品牌。

3.加强专业园区建设。规范建设标准化体育用品工业园区，提高园区入驻率，加速产业整合，发展壮大产业集群。结合泉州总部经济区的建设情况，大力吸引包括体育器材、运动鞋服、运动鞋服机械、体育研发、体育营销等行业龙头企业入住，鼓励泉州的体育产业营销研发中心回迁泉州，力争建立1-2个集研发、设计、制造、贸易等功能的“国字号”体育用品工业园区，逐步将体育用品业生产加工的中间环节外移或外包，为泉州产业结构升级和城市发展转型释放出必要的发展空间，使泉州成为有世界影响力的体育用品研发与制造中心。

4.推进泉台企业合作。台湾与泉州体育产业在多方面具有合作前景，除了在制鞋机械与泉州运动鞋制造具有明显的互补性之外，台湾的体育健身用品、高尔夫、自行车、登山用品等方面已经涌现出一批国际知名品牌，如：健身品牌乔山、自行车品牌捷安特、高尔夫球杆品牌 Hono 等，而泉州目前仅是在运动鞋服上在国内占有一定的市场份额，在体育器材、运动场馆配套设施等方面缺乏竞争力。在台商投资区的发展中应针对体育行业制定相关政策，大力引进台湾地区知名品牌，在纵向上延伸产业链，横向上增加体育产品种类，将会极大促进泉州体育产业的产品竞争力和行业影响力。

（三）发挥制造业的带动作用

1.发展体育物流业。首先，分离体育用品制造企业物流业务。不少企业对现代物流专业化和信息化的发展趋势认识不足，对第三方物流降低生产成本的作用存在疑虑，在观念上存在着“重生产、轻物流”的思想，对物流业的“第三方利润”存在着认识误区，认为物流业务外包后会减少企业利润。各职能部门对剥离物流业务的原工业企业，在办理相关行政审批、行政许可时给予优惠，增强企业分离，发展物流业的积极性，鼓励企业设立独立核算的物流公司和体育产品物流业务外包。其次，建立体育产业专业物流园区。依托《泉州市“十二五”现代物流规划》中专业物流配送中心群的建设，在体育用品集聚地区和体育用品工业园区的内部及其附近区域，规划建设一批体育用品物流配送中心，力争建立1-2个辐射全省的体育用品物流中心。

2.发展体育会展业。首先，提升泉州商品博览会、鞋博会等展会的品质。重视网络营销，大力发展网上展会，继续办好“网洽会”。商品博览会、鞋博会应建立官方网站、设计会标、会徽，为展会做好展会宣传和网站推广，吸引国内外的体育厂商参展，不断提升泉州体育产业基地的辐射能力和知名度。其次，在办好鞋博会基础上，争取承办中国体育用品博览会等国家级会展活动。在泉州商品博览会、鞋博会影响力提升的前提下，将鞋博会扩充升级为泉州国际体育产品博览会，力争取得国家体育总局的支持，力争在晋江设立一年一届的中国体育用品博览会。再次，建设一批设施先进、配套完善的展馆。建立以晋江为中心的体育专业展馆，在晋江设立集体育理念推广、体育产品展销、体育知识传播为一体的“中国体育展览城”，争取国内外运动品牌进驻，充分发挥体育会展业对旅游和消费的拉动作用。最后，引进和扶持一批体育会展企业。扶持泉州会展企业，鼓励安踏、特步等龙头企业投资设立体育会展公司，引进国内外知名的会展企业参与泉州体育产业建设，完善会展服务体系，促进泉州建设海峡西岸重要会展城市、区域性贸易展览中心。

3. 发挥骨干企业带动作用。改变政府主导体育产业的格局，引导制造企业参与体育产业的建设。首先，支持行业内龙头企业组建体育产业集团，通过开展纵向并购和横向并购，由体育用品制造向体育服务等领域延伸。泉州不少企业跨行业经营房地产、健身等领域，鼓励企业参与体育建筑业、体育休闲业和体育公益事业，鼓励浩沙等体育健身行业品牌来泉开展业务。其次，吸引其他优势产业参与体育产业建设。雨具、食品、纸业等泉州传统优势行业与体育产业密切相关，引导雨伞企业开发户外运动伞具，食品企业开发运动食品饮料，陶瓷企业开发体育艺术陶瓷，丰富泉州体育产业的内涵。再次，倡导非公有资本参与兴办国家政策许可的各种体育经营企业。对投资泉州市体育产业带和重点体育产业项目，以及采取风险投资形式引入创业投资机构参与资产重组，且创业投资机构所持股份占企业总股本达30%以上的本市体育企业，在获得省级奖励的同时，市、县两级再给予一定的配套支持。在市场准入、规划建设、土地征用、税费减免、从业人员职称评定等方面享有与国有单位同等的待遇。

（四）打造体育城市

1. 加强设施建设和管理。落实泉州市“十二五”规划全民健身服务体系建设，确保“农民体育健身工程”顺利进行，建设海峡体育中心、全民健身综合馆等一批公益性、群众性体育设施，加快推进公立学校体育设施向社会开放。引进知名的体育运营商开发、运营公共设施和休闲资源的开发利用。

2. 提升体育产业的发展品质。首先，发展和引进国家级体育训练基地。目前，国家羽毛球、游泳、跳水训练基地正式落户晋江，积极引进更多奥运会项目训练基地，不断提升泉州体育产业基地的内涵和知名度。加快国家级训练基地的酒店式运动员公寓、办公室、体育中心广场等配套设施建设，努力把晋江建设成为全国优秀示范训练基地。其次，扩大泉州体育产业在业内的影响。由政府主导，争取国家、省两级体育部门在泉州开办各类体育会议，包括全民健身、体育竞技等方面的培训班、研讨会议、活动比赛，政府给予一定的支持。

3. 培育一系列精品赛事。办好泉州市世界女排大奖赛、国际女子网球巡回赛等国际赛事，力争获得全国综合性运动会举办权，积极申办国际单项特色体育赛事，培育和打造1-2个具有国际影响、关注度高的品牌赛事。

4. 设立“体育日”和“产品周”。在“全民健身日”的基础上设立“泉州体育日”，推广万人健步行活动，精心设计线路，扩大活动在全国的影响力，力争创办类似于“黄山国际健走节”的广泛参与的大众体育活动。在鞋博会和商品博览会的当周，开展“体育产品周”优惠活动，鼓励本地和外地商家参与，拉动全市的体育消费，最大程度吸引外地消费者。

（执笔：郑伟腾）

2010年福建省房地产发展状况分析

2010 年在房地产宏观调控政策措施密集出台的背景下，福建省房地产市场总体保持较快增长，房价快速上涨势头得到初步遏制，保障性住房建设加快，调控效果初步显现。

一、房地产市场运行特点

（一）开发投资保持较快增长

2010 年，全省房地产开发投资 1818.86 亿元，比上年增长 60.1%，增幅比上年提高 59.5 个百分点，占城镇投资的比重由上年的20.0%提高到24.4%。“十一五”期间，全省房地产开发投资累计6004.15 亿元，年平均增长 27.5%。分类型看，商品住宅投资 975.13 亿元，增长 31.2%，增幅比上年提高 30.2 个百分点；办公楼投资 49.67 亿元，增长 31.3%；商业营业用房投资 162.33 亿元，增长 85.9%。分设区市看，投资增幅高于全省平均水平的有福州、宁德、南平、龙岩和漳州市，分别增长 85.4%、80.1%、64.6%、62.8%和 60.7%；莆田、泉州、厦门和三明市则分别增长 38.8%、38.4%、34.5%和 26.8%。

（二）土地购置费大幅增加

2010 年，福建省土地市场交易活跃，一些大型房地产企业如万科、保利、万达等全国知名企业出于战略储备、企业未来发展等因素考虑，纷纷进入福建省市场，推动福建省土地购置较快增长。2010 年，全省土地购置面积 1532.47 万平方米，比上年增长 36.8%，增幅比上年提高 32.7 个百分点；土地成交价款 849.92 亿元，增长 103.3%，增幅提高 48.2 个百分点；土地购置费支出 764.99 亿元，增长 129.9%，增幅提高 118.8 个百分点，土地购置费形成的投资占全省房地产开发投资的比重达 42.1%，提高 12.8 个百分点，对全省房地产开发投资的增长贡献率为 63.3%，拉动房地产开发投资增长 38.0 个百分点。

（三）新开工面积增势强劲

2010 年，全省商品房施工面积 14184.85 万平方米，比上年增长 21.6%，增幅比上年提高 19.7 个百分点，其中，住宅施工面积 10570.84 万平方米，增长 19.5%。受土地管理政策尤其是对闲置土地处置力度的加大，已出让土地开发速度加快以及上年新开工基数较小的影响，2010 年福建省新开工面积增势强劲，全省商品房新开工面积 4679.56 万平方米，增长 93.1%，增幅比上年提高 106.7 个百分点。“十一五”期间，全省商品房新开工面积累计 16324.76 万平方米，年平均增长 16.3%。分类型看，住宅新开工面积 3399.53 万平方米，增长 82.7%；办公楼新开工面积 183.46 万平方米，增长 136.9%；商业营业用房新开工面积 454.55 万平方米，增长 83.2%。分设区市看，厦门、福州和莆田市新开工面积增幅在 1 倍以上，分别增长 189.8%、162.4%和 152.9%；漳州、宁德、泉州、龙岩、三明和南平市分别增长 73.5%、70.0%、63.8%、30.6%、21.5%和 7.9%。

（四）企业自筹资金比重上升

2010 年，全省房地产开发企业本年到位资金 2527.86 亿元，比上年增长 30.5%，增幅比上年回落 5.2 个百分点，比前三季度、上半年和一季度分别回落 6.2 个百分点、14.9 个百分点和 38.4 个百分点，企业资金到位情况逐渐趋紧。其中，国内贷款 436.09 亿元，增长 10.5%；利用外资 18.17 亿元，增长 31.2%；自筹资金 1016.44 亿元，增长 121.8%；其他资金来源 1057.16 亿元，下降 1.3%。与上年各资金来源的比重相比，自筹资金比重上升较快，提高了 16.6 个百分点，其中，自有资金比重上升14.3个百分点；利用外资比重持平；国内贷款比重下降 3.1 个百分点；其他资金来源比重下降 13.5 个百分点，其中，定金及预收款比重下降6.1个百分点，个人按揭贷款比重下降8.0个百分点。

二、宏观调控政策对房地产市场的影响

（一）房价快速上涨势头得到初步遏制

2010年，福州、厦门、泉州三市房屋销售价格指数比上年上涨 3.3%、5.7%、2.8%。从各月走势看，前4个月，房屋销售价格指数保持惯性上涨，福州、厦门、泉州三市从年初同比分别上涨3.2%、8.9%和2.3%，逐月扩大，至4月份三市同比分别上涨4.2%、9.6%和4.5%。4月17日国务院房价调控政策出台后，房屋销售价格指数开始出现松动，5 月份开始房屋销售价格指数同比涨幅逐月回落，12月份同比涨幅为年内低点，三市同比分别上涨2.5%、1.5%和0.4%。从月环比看，福州 7 月份、厦门5、6、7月份、泉州7、8、10月份下跌，其他月份均上涨。其中，福州、厦门、泉州三市新建商品住宅价格指数从5月开始连续4个月环比持平或略有下跌，9 月份开始出现回升，9 月底“限购令”发布后，10月份福州、厦门环比与上月持平，泉州市环比下跌0.4%，11月份环比又出现上涨，分别上涨 0.2%、1.5%、0.1%，12 月份福州、厦门环比与上月持平，泉州市环比上涨0.2%。

（二）商品房销售面积持续下降

随着国家宏观调控政策的初步显现，下半年以来商品房销售面积持续下降。2010年，全省商品房销售面积2575.65万平方米，由上年增长67.5%转为下降5.4%。其中，住宅销售面积2139.26万平方米，由上年增长 93.7%转为下降 11.6%，占全省商品房销售面积的83.1%，比上年回落5.8个百分点，住宅销售面积已连续7个月下降；非住宅销售面积436.39万平方米，增长44.3%，增幅比上年提高 63.8 个百分点。由于受宏观调控政策影响的主要是住宅市场，非住宅税费、信贷等相关政策不变以及通胀预期的影响，促使非住宅销售大幅增加，成为 2010 年房地产市场的一个突出特点。商品房销售额1610.99亿元，增长9.0%，增幅比上年回落98.4个百分点。其中，住宅销售额1299.83亿元，增长0.1%，增幅比上年回落130.9个百分点。“十一五”期间，全省商品房销售面积累计11368.21万平方米，年平均增长6.1%；商品房销售额累计574.34亿元，年平均增长21.6%。

调控政策在抑制投资性需求方面取得一定成效，但一些刚性需求也受影响。一季度，延续上年良好的销售态势，商品住宅销售面积增长20.0%；二季度，随着中央调控政策的出台，特别是“信贷政策”调整，商品住宅销售面积出现负增长，下降20.5%；三季度，市场观望心理加强，商品住宅销售面积降幅扩大，下降38.9%；四季度，部分刚性需求走出观望，年底首次置业的婚房需求及改善型需求增加，加上对未来市场预期的不确定，推动市场成交再度回升，商品住宅销售面积增长速度由负转正，增长5.6%。

（三）个人住房贷款明显收紧

2010年，个人按揭贷款398.37亿元，由上年增长 90.9%转为下降 13.5%，占开发企业到位资金的比重由上年的 23.8%降低到 15.8%。从各月的累计增幅看，前3个月的逐月累计增幅均在1倍以上；4 月中旬，新一轮房地产调控政策出台后，个人住房贷款增速明显回落，个人按揭贷款从 1-4月累计增长68.2%，逐月下滑至1-8月的3.6%；9 月份房屋价格再现抬头迹象，国家再次密集出台了一系列政策措施，包括进一步加大差别性住房信贷政策的执行力度，提高首付金比例，调整住房相关税费优惠政策等，央行也两次上调存贷款基准利率，对市场造成了不小的心理冲击，个人住房贷款

出现负增长，1-9 月个人按揭贷款下降 1.2%，此后降幅逐月扩大至 1-12 月的 13.5%。

（四）保障性住房建设加快

保障性住房是住房市场的重要组成部分，是对商品房市场的必要补充，弥补着商品房市场的缺陷与不足，起到了保障低收入住房困难群体的基本居住需要的作用。2010 年全省住房保障责任目标是，建设各类保障性住房 6.38 万套、改造各类棚户区 4.84 万户，并列入省委、省政府实施“五大战役”中“民生工程战役”的重要内容。自“五大战役”实施以来，保障性住房建设和各类棚户区改造建设进度加快。2010 年，全省开工建设各类保障性住房 7.62 万套、改造各类棚户区 5.66 万户，超额完成国家下达的年度目标任务。保障性住房投资 33.91 亿元，比上年增长 77.2%；保障性住房施工面积 647.87 万平方米，增长 56.3%；保障性住房竣工面积 108.10 万平方米，增长 171.5%。

三、当前房地产市场需关注的问题

（一）市场供应量及结构仍显不足

尽管 2010 年以来商品房在建规模有所扩大，但市场供应仍然不足。2010 年，全省商品房竣工面积 2244.66 万平方米，仅比上年增加 4.39 万平方米，增长 0.2%，增幅比上年回落 17.3 个百分点，其中，住宅竣工面积 1717.07 万平方米，比上年增加 26.22 万平方米，增长 1.6%。“十一五”期间，全省商品房竣工面积累计 9510.72 万平方米，年平均增长 7.3%。同时，供给结构性矛盾依然突出。2010 年，全省 90 平方米及以下住宅投资占全部住宅投资的 25.8%，比上年下降 2.9 个百分点。

（二）建安投资增速相对较低

2010 年以来，虽然房地产开发投资高速增长，但主要是依赖土地购置费快速增长的拉动，而建筑工程和安装工程增长相对缓慢，占房地产开发投资的比重下降。2010 年，全省建安投资 931.62 亿元，增长 27.4%，明显低于房地产开发投资（增长 60.1%）和商品房新开工面积（增长 93.1%）增幅，占房地产开发投资的比重由上年的 64.4%下降至 51.2%，为 1995 年以来的最低点。开发建设进度缓慢，将对未来房地产投资增长和市场商品房供应造成较大压力。同时，土地购置费的快速增长和比重增加，也对商品房销售价格的高企形成助推作用。

（三）保障性住房建设相对缓慢

保障房体系一直是近两年热点话题，作为保障民生、力促和谐的社会保障产品保障房具有很宏远的社会责任。城市快速发展，而作为中低收入阶层、大学毕业生、进城务工人员急需得到基本的居住保障，但目前福建省保障性住房偏少、商品房相对过多。2010 年，全省保障性住房投资、施工面积、竣工面积仅分别占住宅的 3.1%、5.4%、5.5%。保障性住房缺口巨大，建设进展缓慢，广大中低收入者的住房需求没有得到根本性的解决。建设规模不足关键是保障性住房用地供应量较少，2010 年，全省廉租住房、经济适用住房用地供应 1670.85 亩，同比下降 7.9%，仅占全省各类住宅用地供应总量的 4.9%。

（四）后续建设资金堪忧

2010 年，房地产企业本年到位资金增长 30.5%，其中，国内贷款增长 10.5%，个人按揭贷款下降 13.5%。企业自筹资金增长最快，为 1.2 倍，占全部到位资金的 40.2%，但在房地产销售负增长情况下，自有资金能否配套值得担心。

四、对策建议

（一）加强保障性住房建设，切实保障中低收入住房困难家庭需要

住房是居民生存的基本条件，然而单纯依靠市场机制无法解决所有居民的居住问题。因此加强住房保障是必然的选择，当前我国保障性住房正在加快建设，但其保障的范围和力度仍然偏低，因此需

进一步加大住房保障的力度，通过多层次的住房供应体系，满足中低收入群体的住房需求。在加快保障性住房建设的同时，必须加强管理，使其能够真正满足中低收入住房困难家庭的需要。对于保障性住房建设和管理过程中出现的一些新情况、新问题，要及时发现和总结，并加强研究，充分发挥保障性住房的应有作用，实现“住有所居”，促进房地产市场平稳发展。

（二）研究制定公共租赁住房建设意见，切实解决住房困难家庭居住问题

要尽快制订福建省公共租赁住房建设意见，明确政策导向、面积、户型和技术标准，推动各地规范建设。同时要将廉租住房和公共租赁住房相衔接，推行一体化管理，实行差别化租金，统筹廉租住房和公共租赁住房建设、运营和管理，切实解决住房困难家庭居住问题。

（三）增加住房有效供给，优化市场供应结构

要重点发展中低价位、中小套型普通商品住房，适度发展中高档商品房，形成各种价位档次住房供给的合理配置。在房地产用地建设和管理调控，要重点增加 90 平方米左右为主的普通商品住房用地供应，采取加快项目审批、实施项目跟踪协调和服务等“促开工、促投资、促上市”措施，加快保障性住房、棚户区危旧房改造和中小套型普通商品住房建设，增加住房有效供给，优化市场供应结构。

（四）严格执行差别化住房信贷政策，合理引导住房消费

在住房信贷方面，商业银行要更加严格地执行贷款购买商品住房的首付款比例及贷款利率等相关政策，一方面加大对中低价位、中小套型普通商品住房建设和新项目的信贷支持力度，加大对自住型住房消费的信贷支持力度，另一方面，严格控制对投资性购房消费的信贷支持，抑制投资投机性住房需求，合理引导住房消费。

（五）加强土地管理，完善土地出让制度，加大对已出让土地的监管

首先，要科学制定土地年度供应计划，增加中低价位，中小套型商品住房以及廉租住房、经济适用房、两限房的用地供应，调整土地供应结构，提高居住用地在土地供应当中的比重。其次，要进一步完善土地招拍挂出让制度，尤其是在居住用地出让中，要综合考虑土地价格、价款缴纳、合同约定开发时限及企业闲置地情况等因素，合理确定土地供应方式和内容，探索土地出让综合评标方法。第三，要加强对已出让土地的管理力度，严格土地出让价款的收缴，深化合同执行监管，加强对闲置土地的调查处理，严厉查处违法违规用地和囤地、炒地行为，促进已出让土地能快速形成市场的实际供给。

（六）加强市场监管，引导市场消费预期和信心

一是加强房地产开发用地和建设管理调控情况检查，重点检查住房供地计划完成总量、闲置土地处置、违法违规用地企业查处、加快住房项目行政审批以及开发建设等内容，进一步完善房地产用地和建设管理制度，规范房地产开发经营行为；二是加大违法违规行为查处力度，要继续加强商品房预销售行为的监管，重点查处开发企业捂盘惜售等违法违规行为；三是加强舆论引导，宣传调控成效和保障性安居工程建设成果，引导合理住房消费，形成有利于房地产市场平稳健康发展的舆论氛围。

（执笔：戴斌）

福建省商贸流通业发展现状与对策研究

市场经济条件下，商贸流通业已由社会再生产的末端产业变为先导产业，成为引导生产、消费和经济运行的先导性力量。商贸流通业的发展，对于合理配置资源、调整经济结构、引导生产发展、扩大消费需求、增加财政收入、创造劳动就业、增强城市功能等都具有十分重要的意义。加快发展商贸流通产业，对于"十二五"时期福建省全面贯彻落实科学发展观，优化经济结构，促进经济发展方式转变，推进新型工业化、城镇化进程，促进城乡统筹发展，扩大社会就业，构建和谐社会，实现福建省科学发展、跨越发展具有重要而深远的意义。

一、福建省商贸流通业的发展现状

（一）流通市场规模不断扩大

"十一五"以来，福建省在完善商品流通体系的同时，着重加大商品交易市场和商业网点的建设，不断扩大流通规模，商业网点成倍增长，吸纳大量的就业人数。2010年末，全省共有限额以上批发零售和住宿餐饮法人单位 4997 家，从业人员 42.81万人，分别比2005年末增加1890家和18.74万人。其中，批发和零售业3924家，从业人员28.12万人，分别比2005年末增加1425家和12.65万人；住宿和餐饮业 1073 家，从业人员 14.69 万人，分别比2005年末增加465家和6.09万人。资产总额4351.61亿元，比2005年增长2.4倍。其中，批发和零售业4060.01亿元，比2005年增长2.6倍；住宿和餐饮业291.60亿元，比2005年增长1.4倍。随着商品流通体系的完善和流通规模的扩大，消费品市场快速发展，社会消费品零售总额呈现强劲的增长态势，对国民经济的贡献度逐渐提高。2010年，全省共实现社会消费品零售总额5310.03亿元，比2005年增长1.3倍，年均增长17.7%。

（二）流通企业聚集度不断提升

福建省商贸企业在激烈的国内外市场竞争中历练内功，做大做强，显示出蓬勃的发展生机。截至 2010 年末，全省限额以上批发零售企业和个体户已达 4181 家，实现销售额 8394.03 亿元，占全省批发零售业销售总额的63.8%，对全省批发零售业销售额增长的贡献率超过80%。近年来涌现出一批规模大、市场竞争能力强的骨干企业。2010年，年销售额过百亿和十亿元的批发零售企业分别有 4 家和137家，销售额过十亿的批发零售企业实现销售额3976.86亿元，占限额以上批发零售企业销售额的47.3%。随着企业聚集度的不断提升，福建省涌现出一批在国内有一定知名度的本土商贸流通企业，如：厦门建发股份有限公司、厦门国贸集团股份有限公司、厦门夏商农产品集团股份有限公司、福建省同春药业、永辉集团、新华都集团、天虹百货、福建省东百集团等都是福建省本土流通企业中的佼佼者。

（三）商品交易市场繁荣活跃

福建省坚持实施"建设大市场、搞活大流通、促进大发展"的商贸带动战略，以繁荣市场、扩大消费为中心，加强商业设施建设，全省商品交易市场基本建成了城乡协调配套、地区特色鲜明、综合市场和专业市场互为依托、生活消费品市场和生产资料市场共同发展的市场体系。在福建省产生了一大批类别齐全，覆盖面广、辐射周边的大型商品交易市场，并构成了综合市场和专业市场，农副产品市场、日用品市场、生产资料市场等各具特色，门类齐全的市场架构。福州市钢材物流中心、福州市南方建材市场、石狮市服装城、安溪县茶都批发市场、闽南商业城批发市场、厦门湖里二手车交易市场、福州大利嘉电子城、闽西粮油饲料交易城等各类专业市场应运而生并快速崛起。据统计，2010 年全省成交额达亿元以上的商品交易市场有 159 个，比 2005 年增加 52 个，其中，福州市钢材物流中心年成交额首次突破 100 亿元以上；成交额超 50 亿元的超大型交易市场有 4 个；成交额在 10 亿元以上大型商品交易市场有 33 个，比 2005 年增加 18 个，占当年全省亿元市场总数的 20.8%。2010 年亿元市场交易额达 1333.95 亿元，比 2005 年增长 1.2 倍，年均增长 17.3%，比“十五”时期年均增长速度快了 1.3 个百分点。从单个市场成交规模看，平均每个亿元市场成交额为 8.39 亿元，比 2005 年增长 49.3%，年均增长 8.3%。

（四）流通领域非公有制经济蓬勃发展

“十一五”时期，福建省商贸流通业行业结构逐步多元化，开放力度加大，个体、私营、外资等非公有经济快速发展，非公有制比重呈上升趋势。从 2010 年限额以上批发零售法人单位的登记注册类型看，非公有经济单位数比重已近 70%，全省民营企业数为 2739 家，占全部法人单位数的 69.8%，市场竞争力不断增强，实收资本、资产总额、利润总额、税收总额、从业人员分别占全部限额以上法人单位的 48.3%、47.5%、25.7%、40.0%和 56.0%，分别比 2005 年提高 8.2 个百分点、16.8 个百分点、12.8 个百分点、20.8 个百分点和 12.5 个百分点。

（五）新兴业态和连锁经营快速发展

随着连锁经营、物流配送、电子商务、网购邮购、代理销售、信用消费等新兴流通方式和超市、大卖场、购物中心、城市综合体等新兴业态的兴起，流通领域各项改革逐步深化，福建省部分流通企业步入集团化、规模化、品牌化发展道路。先进流通经营管理技术得到快速推广，出现了一批设施现代化、管理经营水平高的大型商场、餐饮企业和物流企业。2010 年，福建省拥有限额以上专业店、专卖店、购物中心、家居建材店、便利店等新兴业态企业 1335 家，占全省限额以上零售业法人企业总数的 76.6%，实现销售额 1518.44 亿元，占全省限额以上零售企业销售额比重为 78.7%。2010 年，全省限额以上连锁零售总店 125 家，占全省限额以上零售法人企业的 7.2%，销售总额 707.26 亿元，占全省的 14.8%，其中，门店数 2942 个，比 2005 年增长 48.0%；全省连锁零售企业零售额达到 612.76 亿元，比 2005 年增长 2.3 倍，“十一五”时期年均增长 27.2%，快于同期社会消费品零售总额的增长速度 9.5 个百分点，连锁经营零售额占社会消费品零售总额的比重达到 11.5%。

（六）农村商贸流通市场不断完善

“十一五”期间，全省农村商贸流通业快速发展，通过实施“万村千乡市场工程”、“家电下乡”、“双百市场工程”、农超对接等，农民“买难”和“卖难”问题得到缓解，农村市场体系建设取得突破性进展。一是农产品流通水平明显提升。全省新增交易大厅、配送中心和农产品加工中心等营业面积 17.28 万平方米，累计完成投资 8.33 亿元，其中，大型农产品批发市场建设投资 3.26 亿元，大型农产品流通企业建设投资 5.07 亿元。这些项目的建成每年可新增交易额近 30 亿元，覆盖农户新增 12.87 万户，新增农村就业人数 12.87 万人。二是农村集贸市场建设水平提升。全省集贸市场升级改造项目累计总投资超过 7 亿元，共完成 200 个集贸市场升级改造任务。这些项目建成投入运营后新增营业面积 7.37 万平方米。可新增年交易额 8.23 亿元，新增利税 7630 万元，新增就业 2.59 万人，总受惠人口达 393.90 万人。通过升级改造，有效解决了福建省县乡（镇）集贸市场偏小，设施陈旧，功能简陋问题，改善了县乡（镇）居民购物环境，极大丰富了经营品种，方便了群众消费，也增加了农民收入。三是“万村千乡市场工程”有效促进了农村消费。全省已累计建成并通过验收“万村千乡市场工程”农家店 17500 多个，配送中心仓储面积达 38 万平方米。

（七）餐饮消费成为百姓日常消费热点

餐饮业作为与人们生活密切联系的行业，已成为国内消费中发展速度最快的行业之一，持续成为消费市场的热点，对方便群众生活，促进经济增长，发挥着重要的作用。随着城镇居民收入水平的不断提高和消费观念的转变，亲朋好友聚会外出用餐已成为常态，人们对餐饮消费的需求也更加多样化，高端酒楼、快捷餐厅、家常风味店、特色小吃店、咖啡店、酒吧、主题餐厅等多种形式的餐饮店应运而生；川菜、湘菜、粤菜、东北菜、私房菜、泰国菜、法国菜、火锅、日本料理、韩国料理、西式快餐等多种口味的佳肴琳琅满目。2010 年，全省限额以上餐饮业实现营业额 103.48 亿元，比 2005 年增长 1.9 倍，年均增长 23.3%。餐饮业持续增长的因素除了人们生活水平的提高和消费观念的改变之外，餐饮业结构的转变和服务的水平的提高也是很重要的原因。

二、商贸流通业对国民经济的影响分析

改革开放以来，福建省在流通领域率先推进市场取向的改革，商贸流通业成为市场化程度高、活力强、发展快、特色鲜明的重要产业部门，对拉动福建省经济持续健康发展发挥了重要的作用。2010 年，全省批发零售业和住宿餐饮业增加值达 1459.81 亿元，按可比价格计算，批发零售业和住宿餐饮业增加值“十一五”期间年均增长分别为 12.7%和 11.3%。2010 年全省实现社会消费品零售总额 5310.03 亿元，比 2005 年增长 1.3 倍，年均增长 17.7%，消费总量居全国第十三位，与经济总量大体相当。同时，商贸流通业还是全省财政收入的重要来源，2010 年商贸流通业实现税收收入 309.87 亿元，约占全省税收总额的 14.4%，比 2005 年提高 1.7 个百分点。

（一）从流通与生产的关系看，商贸流通业是市场经济条件下生产与消费的中心环节，具有满足市场需求、开拓市场需求、实现市场需求的特殊功能

从发达国家的经济发展经验看，由于流通生产力率先发展，在开拓国际市场中起到了先导或导向作用，带动了国内产业结构、产品结构和企业组织结构的不断调整，由此构成了国家持续增长的竞争力。美国的“沃尔玛现象”充分说明了这一点，沃尔玛凭借其强大的信息技术和现代流通方式，造就了企业在全球一体化的广阔领域下引领生产、调整结构、配置资源、促进消费、抵御风险的强大功能。近年来，随着福建省制造业生产规模的扩大，商贸流通业超越传统的“桥梁”和“纽带”，迅速由从属产业转变为国民经济的先导产业。商贸流通业在国民经济发展中的地位进一步凸现，逐渐发展成为对市场具有终端控制力、对生产企业的生存和发展具有决定性影响的先导性产业。根据福建省 2007 年投入产出表，批发零售业的感应度系数为 1.24，感应度系数是反映国民经济各部门均增加一个单位最终产品时，某一个部门由此而受到的需求感应程度，当感应度系数大于 1 时，表示该部门所受到的感应程度高于全社会平均感应水平。

（二）商贸流通业是推动经济社会发展，提高人民生活水平，促进城乡协调发展，构建和谐社会，实现全面小康的重要力量

一是商贸流通业强大的劳动力吸纳能力可以大大缓解社会就业压力。商贸流通业具有吸纳劳动力容量大的特点，2010 年，全省批发零售业和住宿餐饮业城镇单位从业人员达 21.44 万人，比 2005 年增长 34.8%，增幅比全社会从业人员增幅高 8.0 个百分点，在全社会城镇单位从业人员总数中的比重由 2005 年的 3.9%上升到 2010 年的 4.2%。二是商贸流通业引导生产、拉动消费的功能可以促进社会资源的优化配置，实现经济发展方式转变，缓解经济增长对资源和环境的压力，创建资源节约型和环境友好型社会的发展模式。2010 年，全省商贸流通业用电量为 48.29 亿千瓦时，仅占全社会用电量的 3.7%，商贸流通业每千瓦时用电创造增加值 30.23 元，是规模以上工业的 4.4 倍。三是农村商贸流通业的发展可以带动交通基础设施、商品储

运、饮食服务等行业的发展，推动发达畅通的农产品流通渠道和体系的建设，促进传统农业向现代农业的转变，转移和吸纳农村剩余劳动力，加快城市化进程，是发展农业、繁荣农村、富裕农民，促进农业产业结构调整，有效解决“三农”问题，达到城乡一体化发展目标的必由之路。四是商贸流通业是城市功能的重要组成部分，是城市发展进步的标志，是发挥城市辐射功能的载体，承担着城市与周边地区进行人流、物流、资金流交换的功能，并支持着交通流的发展。为居民提供商贸流通服务，保证居民购物方便快捷，是城市的一项基本功能，关系到城市的综合竞争力。

（三）商贸流通业对福建省加快县域经济发展具有重要推动作用

商贸流通业对经济发展的促进作用表现在很多方面，在不同的县域经济中，其作用的内容、强弱、方式不尽相同。其一，促进农产品流通，加快农业产业化进程。除了少数一些工业较为发达的县及县级市如晋江、石狮、惠安、南安、福清、长乐等之外，福建省大多数的县或县级市还是以农业及农副产品加工业为基础。在农产品种植及加工规模化、专业化之后，农产品流通的顺畅与否就成为农业能否发展、农民能否增收的关键。市场化程度的提高、商品流通的加快，使各个地方的农业都不可能再走自给自足的老路，而要与外界进行大规模的商品交易。其二，增加就业，吸纳县市的剩余劳动力。在县域经济中，由于农业人多地少的矛盾，农业剩余劳动力转移的压力十分巨大。同时很多县市又没有足够的工业来提供就业机会，因而解决县域中剩余劳动力就业的问题就只能寄希望于第三产业。现实中在各地城乡所存在的小商小贩以及随处可见的小店铺就是很好的一个证明。其三，加快县域内的城镇化进程。县域内的城镇化与相对于大中城市来讲的城市化有许多不同之处。大中城市的发展是由大规模的工业投资和城市建设扩张来推进的，而县域内小城镇的发展不可能依靠大规模的投资建设。目前福建省小城镇最主要的两种形式就是工贸型小城镇和商贸型小城镇。前者是在工业开发区的基础上通过商品流通，第三产业的配套发展来吸收人口，进而形成工商业集中的小城镇。后者则就是主要依托县域内传统的作为农副产品集散地的集镇来发展商贸流通业，使人口聚集，从而形成以商贸业为主的小城镇。可见，县域内小城镇的建设离不开一个“贸”字，商贸流通业是小城镇形成和发展的一个重要基础。其四，加强县与县、县与地级市之间的经济联系。市场的发展，专业的分工使各地之间的经济联系越发紧密。县域内的农副产品必须通过贸易销往大中城市，同时大中城市的成本较低的工业制成品也要销往县域地区，以实现优势互补。这就必须通过发展商贸流通业来完成。商贸流通所带来的物流、人流、资金流、信息流使各地之间的人员、文化、风俗可以更好地互相交流，互相影响。

（四）基础设施建设全面推进与商贸流通业发展相得益彰

“十一五”期间，全省流通设施建设改造步伐加快，全省城镇批发零售、住宿餐饮业固定资产投资年平均增长51%，快于同期全社会固定资产投资22.3个百分点。近年来，福建省交通基础设施建设投入力度大，取得了显著成效，也为商贸流通的大繁荣、大发展奠定了坚实基础，基础设施建设已从福建省经济发展的瓶颈制约发展到基本适应。至2010年底，福建省铁路运营里程为2111公里；高速公路通车里程为2351公里；港口吞吐量突破为3.27亿吨。“十一五”期间，铁路新增快速干线里程504公里，在建里程和运营里程均突破2000公里，其中，快速铁路在建和运营里程超过1500公里，海西已跨入双线快速运输的高铁时代；高速公路新增通车里程实现翻番，在建里程超过2000公里，“两纵三横”的主题骨架基本建成，目前全省已有超过70%的县（市）通高速；港口新增吞吐能力1.80亿吨，吞吐量由2005年的1.98亿吨增加至3.27亿吨；机场旅客吞吐量接近翻番；2006-2010年全省货物运输周转量年均增长13.6%，旅客运输周转量年均增长6.3%。

三、福建省商贸流通业发展中存在的不足

纵观福建省流通业的发展状况，近年来取得了长足进步，显示了勃勃生机和发展潜力，但伴随着福建省经济步入快速发展的轨道，对流通业的规模、结构和现代化水平又提出新的更高要求，从福建省流通业的规模、结构和现代化程度来看，与当前经济发展的要求还存在明显的差距。

（一）流通总体规模偏小

虽然福建省流通业在近年得到飞速发展，但是从横向来看流通规模与周边省份的发展相比仍显落后。主要表现在：一是流通总量小。2010年，全省实现社会消费品零售总额5310.03亿元，首次突破5000亿元，在华东地区六省一市中排名第五，仅为浙江的50%、上海的87%、江苏的40%、山东的36%。二是人均水平低。据年末常住人口数进行推算，2009年福建省人均社会消费品零售总额为12355元，低于上海（26930元）、江苏（14866元）、浙江（16645元）、广东（15451元）、辽宁（13458元）、山东（13055元）、天津（19795元），在东部地区中排名倒数第一。三是企业规模小，聚集度低。福建省的批发零售业企业中限额以下企业占据主导，但是效益却成反比。全省限额以下批发零售业企业数占全省批发零售企业的90%以上，实现销售额仅占批发零售业销售总额36.2%。年销售额超10亿元的批发零售企业销售额占全省批发零售业销售总额的比重仅为30.2%。

（二）连锁经济发展滞后

连锁经营作为现代流通体系中一个重要组成形式，体现出发展速度和前景令人瞩目，而福建省的连锁企业发展水平与外省水平相比存在较大的差距。一是连锁企业数量少，规模小。2009年，全省限额以上零售业连锁企业120家，连锁门店2814个，实现销售额535.58亿元，仅占限额以上零售业销售总额的28.4%。零售业连锁企业数低于广东（233家）、浙江（228家）、江苏（181家）、河南（160家）、北京（153家），连锁门店数也远低于广东（22088家）、浙江（21941家）、江苏（16172家）、上海（17332家）、云南（10392家）、山东（9610家）、重庆（9735家）、北京（6767家）等省市，实现销售额更是与广东（2963亿元）、山东（1737亿元）、浙江（1491亿元）、江苏（3588亿元）、上海（2722亿元）、北京（1594亿元）等省市有很大差距。2009年，全省限额以上餐饮业连锁企业17家，连锁门店789家，实现营业额28.83亿元，数量和规模也远低于上述省市。二是连锁企业标准化、规范化程度不高。从福建省现有商业零售企业来看，除了一些知名的企业以外，一般的商业“连锁”企业大都没有建立自己的物流配送中心或利用第三方物流中心，这使得部分商业零售企业的“连锁经营”显得有名无实，仍是各自为阵。而在其他已经建立自己的物流配送中心或利用第三方物流中心实现商品配送的商业企业中，配送中心的效用也未能得到有效发挥，进而影响到了连锁企业综合采购成本优势的发挥，其中，突出表现就是商品由配送中心进行统一配送的比率较低。

（三）城乡市场发展差距较大

福建省城乡商贸流通业发展不平衡现象较为严重。2010年，全省城镇市场实现消费品零售额4725.87亿元，比上年增长19.6%；乡村市场实现零售额584.14亿元，增长10.2%，城镇消费品零售额增长幅度高于乡村9.4个百分点。从城乡居民人均消费支出看，2010年城镇居民人均消费支出14750元，是农村居民的2.7倍，“十一五”期间年均增长10.9%，比农村居民高0.1个百分点。从每百户城乡居民主要耐用消费品拥有情况看，2010年末每百户城市居民拥有汽车10.97辆，洗衣机101.46台，电冰箱105.49台，彩色电视机180.19台，家用计算机94.81台，空调机184.55台，热

水器110.48台，移动电话223.74部，照相机46.45台；而每百户农村居民拥有量分别仅为汽车3.24辆，洗衣机63.85台，电冰箱72.53台，彩色电视机128.85台，家用计算机23.57台，空调机33.02台，热水器65.55台，移动电话195.88部，照相机5.99台，城乡差距较为明显。城市商贸业与农村商贸业无论是在商业网点建设，还是在业态结构、空间布局、消费观念等方面都存在着较大的发展差距。相对落后的农村商贸流通业已经严重延缓了农村的市场化进程，抑制了农民的消费，成为农村发展面临的新瓶颈。

（四）商品交易市场发展水平偏低

商品交易市场作为发展第三产业，推动经济发展的重要措施，对加快发展商贸流通业具有举足轻重的作用，大力发展商品交易市场尤其是全国性的大型专业市场，是推动福建省向市场大省、市场强省发展的必由之路。2009年，福建省共有亿元以上商品交易市场155个，实现成交额1194亿元，在东部地区排名倒数第一，甚至低于安徽（1399亿元）、湖南（1707亿元）、重庆（1582亿元）、河北（3507亿元）等中西部地区。年成交额上亿元的木材市场、煤炭市场、农用生产用具市场、机械设备市场、食品饮料市场、烟酒市场、家电市场、通讯器材市场、玩具市场等专业市场福建省均为空白。就我们的传统优势产业纺织、服装、鞋帽业的亿元以上商品交易市场也仅有15个，远低于山东（66个）、广东（62个）、浙江（61个）、江苏（31个）、湖南（39个）、辽宁（29个）、河北（29个）等省市，市场数量仅占全国总量的2.8%，成交额仅占全国的1.8%，年成交额过百亿的商品交易市场仅1家。商品交易市场数量少、规模小，几乎没有具有全国知名度的商品交易市场，已成为制约加快福建省商贸流通业发展的硬伤。

（五）商贸物流业发展滞后

近年来，随着福建省经济发展不断加快，城市商贸物流也获得了发展，但由于历史和经济的原因，福建省城市商贸物流整体上发展水平较低，还存在较多问题。据测算，福建省物流分销成本占销售额的比重达20%以上，远远高于发达国家10%的水平，而欧美、日本只有4%-7%。一是商贸物流的理念不适合现代物流的发展。虽然近年来市场掀起了物流配送热潮，各地政府与相关机构纷纷开展对发展现代物流的探讨，一些企业也宣布涉足现代物流业，但是，由于受传统经济体制和经济发展的影响，许多人思想观念仍旧没有脱离旧体制的束缚，对现代物流的理解不深，对物流配送的重视程度仍然不够。二是商贸物流潜在需求有待开发。目前城市的绝大部分商场（或市场）仍采用自营物流和供货商物流的方式，这种物流配送的模式既不利于提高商贸企业整体运作效率，又不利于发挥商贸企业核心业务优势。三是物流基础设施落后，物流信息化水平有待提高。道路运输能力不足，不能很好地满足物流运输与配送的需求，相当一部分城乡道路的运输能力已经趋于饱和。商业仓储设施陈旧，多年来没有得到很好的维护和更新改造，整体技术水平较低。物流信息化水平低。绝大多数商场或企业没有物流信息系统，应用地理信息系统（GIS）、全球定位系统（GPS）、制造资源计划（MRP）和企业资源计划（ERP）等管理软件的企业更少。企业之间缺乏共同的物流信息平台，缺乏物流信息交换、车辆跟踪与定位的共享服务等。四是传统物流企业仍未完成转型，整体竞争实力差。目前正在运营的大多数物流企业竞争实力较弱，具体表现在：规模偏小、功能单一；缺少物流信息系统的支撑，物流管理水平、技术手段和装备设施还比较落后；企业资源整合力度不够，物流资源利用率不高，粗放式经营仍占统治地位；专业化物流服务水平较低，物流方案设计、物流信息服务、物流成本控制及全程物流服务等高层次增值服务还未全面展开。

四、加快福建省商贸流通业发展的思路和对策

“十二五”时期，是福建省加快建设海峡西岸经济区的关键时期，也是流通产业发展壮大的重要时期。全省商贸流通工作要紧紧围绕和服务于全省经济社会发展大局，坚持以科学发展观为指导，以开拓市场、扩大消费为主线，以适应工业化发展、提升城镇化水平、推进农业产业化进程为突破，以重点项目建设为支撑，加快改造提升传统服务业，积极培育新兴服务业，调整产业结构，转变发展方式，为福建省科学发展、跨越发展作出应有的贡献。

（一）正确处理投资与消费的关系，促进经济协调发展

福建省目前仍处于工业化中期阶段，一、三产业较为薄弱，二产占据主导地位，经济发展属于典型的投资拉动型。在今后相当长的时间内，保持一个较高的投资率是必然要求，但必须处理好投资与消费的关系，确保投资、消费、出口“三驾马车”并驾齐驱。福建省应认真落实好海西建设的政策和项目，把各项政策落到实处，科学规划，统筹安排，强化投资约束，规范投资行为，加快基础设施、城市建设、民生工程、战略性新兴产业、生态环境保护等重点项目建设，以高质量、高效益的投资带动全省经济的快速发展，使投资能更多地转化为最终消费，促进投资与消费良性循环，进而促进商贸流通业的繁荣和稳定。

（二）加快农村现代流通网络建设，释放农村消费潜力

加强农村流通基础设施建设，健全农村日用消费品、家电、汽车、摩托车、农资、农机等流通网络，提高营销和售后服务水平。优化“万村千乡市场工程”农家店布局，鼓励连锁经营，扩大农村超市覆盖范围，提高直营店比重。加大商品配送中心建设力度，稳步提高农村超市配送比率。稳步推进“一网多用”，在有条件的地区开展农村商贸服务中心试点。开展农产品现代流通综合试点，创新农产品流通模式。推进“农超对接”，以大中小学校、重要厂矿企业为重点建立与批发市场、农贸市场、超市间的直供渠道，促进农产品从田间到市场的直供直销，减少中间环节。改造和新建一批农产品批发市场、农贸市场和农产品流通企业，加快规划和布局，促进农产品的合理有序流通。

（三）大力培育商品交易市场，做大做强商贸流通业

商品交易市场不仅是商品交换的场所，也是信息流、物流、资金流交流和互通的中心，商品的供需信息流交汇在一起，可以促进企业生产结构的调整，这样形成以特色专业化市场作为依托，以市场为中心辐射，市场和企业相互依存，共同发展。在商品交易市场建设上，以“建一个市场，带一批产业，兴一个城镇，活一块经济，富一方百姓”的思路，根据当地产业结构的特点，培育和发展福建省的商品交易市场。加快“改造一批、撤销一批、搬迁一批”，抓好现有市场的资源整合和改造提升。对继续保留发展的市场，在硬件与软件上不断进行改造提升，完善交通和仓储物流等基础设施，对不适合在城市中心区发展或难以就地改造的市场，要进行同类市场整合或异地迁建，依托福建省产业基础，高起点新建一批工业消费品和生产资料专业市场，形成产业集群培育的重要支撑。要重点建设一批在全国影响大、规范化程度高的大型商品交易市场，在福建省现有的159个年成交额超亿元的商品交易市场中，通过兼并、重组、引资、合股的方式，争取“十二五”时期在福州、厦门、泉州等中心城市建成若干个年成交额超百亿元的具有福建省特色的专业性、综合性的商品交易市场。

（四）积极发展物流配送，加速建设现代物流配送体系

物流配送是现代商贸流通业的重要组成部分，被称为“第三利润源”，配送的完善和快捷成为实现连锁经营的重要保证。目前，福建省大多数连锁企业尚无独立的配送中心，即使有些企业有，但规模较小，技术落后，自动化水平和配送比例较低，物流成本过高已经为推高流通环节成本的最主要因素。因此，提高物流配送效率，降低经济运行成本成为福建省发展现代物流配送的关键。要着重做好以下几个方面工作：一是加强连锁企业内部物流配送中心的建设与管理。根据企业的实际情况，考虑市场需要和生产流通的发展趋势，合理确定配送中心的建设规模与水平，逐步实现仓库立体化、装卸搬运机械化、拆零配货电子化、配送过程无纸化，并建立自动补货系统，为连锁企业提供安全可靠、高效率的配送体系。二是整合物流资源，建设专业化、社会化的物流企业。通过资产重组和专业化改造，充分利用和整合现有物流资源，特别是与批发企业和储运企业的改组、改造相结合，打破行业界限和地区封锁，有计划、有步骤地完善和发展社会化的物流企业，提供高效快捷的配送服务。三是抓好商品交易市场配送中心的建设，提高市场的商品集散功能。对连锁龙头企业配送中心建设用地和农产品仓储设施建设用地，按仓储用地执行。根据城市规划需要对旧仓库等设施进行拆迁易地改造且新建物流配送中心的，应依法进行合理补偿，并在城市物流规划用地上给予相应安排。各级地方政府在制定土地规划和城市建设规划时要安排合理的物流仓储用地，对仓储用地予以保障。

（五）加快发展电子商务，积极推动电子商务的广泛应用

电子商务是现代流通业的发展趋势，它具有无时空限制、便捷、互动等优势，有利于降低交易成本，提高交易效率，在经济活动中将得到越来越广泛的应用。加快发展电子商务。加快流通企业信息化建设步伐，促进福建省电子商务网站、网络服务公司和商品交易市场网站的发展。规范和改善电子商务企业的商品配送行为，提高物流服务的准确性和及时性。加快建设具有行业特点的信息交易平台建设项目，以及大型商贸流通企业或新型业态企业的信息化建设项目。促进电子商务与传统商业的结合，鼓励流通企业以店铺为依托，建立面向城乡居民消费者的电子商务平台。在进一步发展壮大 B2B 电子商务交易模式的基础上，逐步完善 B2C、C2C、B2G 的交易模式，扩大电子商务交易的广度和深度，通过综合政府的产业政策、企业的市场需求、行业的发展趋势、消费的变动情况等信息，提高各类网络资源的集聚度和利用率。

（六）规范市场流通秩序，保障市场平稳运行

加大执法力度，强化监督管理，严厉打击销售假冒伪劣商品、商业欺诈、侵犯知识产权等违法违规行为。引导流通企业诚信经营，建立完善商业信用档案制度，对失信者实行警示和惩戒。完善长效监管机制，扩大监管责任网、群众监督网的覆盖面，实施有效监管。进一步破除地方保护主义和部门、行业垄断，形成公平竞争、开放有序的流通环境。进一步完善城乡市场统计监测体系。扩大监测范围，优化样本结构，建立健全重要商品每日监测系统。重点做好生活必需品、主要消费品和重要生产资料市场监测，提升数据处理的智能化水平。加强市场分析，准确预测预警，迅速上报信息，为科学决策提供服务。进一步完善市场应急预案，加强应急商品数据库建设，发挥重要商品应急调运平台，增强市场应急调控能力。建立健全地方肉、菜、糖等重要生活必需品储备制度，增加储备品种，扩大储备规模。综合运用储备投放、跨区调运、产销衔接、进出口调剂等手段，保障市场供应。

（执笔：刘喆）

企业风采

六

6-1 福建入选中国企业五百强名单

（2008-2010 年）

序号	排名	企业名称	营业收入（万元）
2008 年			
1	120	戴尔（中国）有限公司	3947142
2	147	厦门建发集团有限公司	3406593
3	224	福建捷联电子有限公司	3171751
4	237	厦门机电集团有限公司	2409656
5	271	厦门国贸集团股份有限公司	1747454
6	290	福建省三钢（集团）有限责任公司	1599896
7	307	紫金矿业集团股份有限公司	1504713
8	308	厦门象屿集团有限公司	1498699
9	322	厦门金龙汽车集团股份有限公司	1416551
10	392	厦门夏商集团有限公司	1178103
11	468	翔鹭石化股份有限公司	1009862
2009 年			
1	137	戴尔（中国）有限公司	4351819
2	174	厦门建发集团有限公司	3600061
3	202	兴业银行股份有限公司	2971498
4	224	厦门机电集团有限公司	2573290
5	237	福建省三钢（集团）有限责任公司	2426232
6	312	厦门象屿集团有限公司	1765096
7	324	紫金矿业集团股份有限公司	1698376
8	326	厦门国贸集团股份有限公司	1682005
2010 年			
1	147	厦门建发集团有限公司	4183451
2	200	厦门国贸集团股份有限公司	3136399
3	229	福建联合石油化工有限公司	2714000
4	283	紫金矿业集团股份有限公司	2095582
5	321	福建省三钢（集团）有限责任公司	1858273
6	344	厦门象屿集团有限公司	1700428
7	417	厦门金龙汽车集团股份有限公司	1345562
8	498	福建省能源集团有限责任公司	1109839

6-2 福建入选中国民营企业500强名单

（2008-2010年）

序号	排名	企业名称	主营业务
2008年			
1	491	福建神州电子有限公司	卫星电视接收机、机顶盒、音频自理设备、视频自理设备
2	498	福建海源自动化机械股份有限公司	建材机械、建材生产、资源再生及综合利用技术、高新技术、新产品开发
2009年			
1	136	福建恒安集团有限公司	生活用纸纸制品、婴儿纸尿裤、妇女卫生巾
2	183	福建三安集团有限公司	钢铁产品生产、销售，光电产品生产、销售，铁矿采选、销售
3	226	福建达利食品集团有限公司	食品、饮料、包装
4	475	福建建州闽光物资有限公司	金属材料，冶金材料，金属矿物批发、零售、仓储服务
5	483	福建柒牌集团有限公司	柒牌男装服饰系列、中华立领系列、皮鞋、皮具
6	488	福建神州电子有限公司	数字电视接收机，高频头，有线数字电视接受机，地面接收机
2010年			
1	80	福建恒安集团有限公司	造纸及纸制品、印刷业、文教体育、办公用品制造业
2	201	福耀玻璃工业集团股份有限公司	非金属矿物制品业（含水泥、玻璃、陶瓷、耐火材料等）
3	467	福建建州闽光物资有限公司	贸易
4	477	福建神州电子有限公司	电子信息
5	500	福建省丰泉环保控股有限公司	制造业

6-3 福建企业获中国驰名商标名单

（2006-2011 年 5 月）

企业名称	商　标	使用商品/服务	认定时间
飞毛腿（福建）电子有限公司	飞毛腿（SCUD）	电池	2006
福建石狮市福盛鞋业有限公司	木林森 mulinsen	皮鞋	2006
福建恒利集团有限公司	好舒爽 HaoShu Shuan	卫生巾	2006
福建金莱克体育用品有限公司	金莱克	运动鞋等	2006
泉州市三兴体育用品有限公司	XTEP	运动鞋等	2006
福建汇达时装有限公司	卡朱米	羽绒服	2006
福建铙山纸业集团有限公司	铙山 Naoshan	机制纸	2006
福建福人木业有限公司	福人 FUREN 及图	半成品木材	2006
石狮市皇宝服装织造有限公司	皇宝	服装	2006
福建省万年青运动器材制造有限公司	万年青 WNQ	运动器材	2006
石狮市斯舒郎体育用品有限公司	斯舒郎	休闲服装	2006
石狮市爱登堡制衣发展有限公司	爱登堡	服装	2006
福建闽发铝业有限公司	闽发	铝合金建筑及工业型材	2006
福建晋工机械有限公司	晋工	装载机	2006
九牧集团有限公司	JOMOO 九牧	卫浴产品	2006
福建省福山轴承有限公司	福山	外球面球轴承	2006
福建省辉煌水暖集团	辉煌水暖 HHSN	陶瓷片密封水嘴	2006
厦门金龙联合汽车工业有限公司	KINGLONG 及图	客车	2006
福建省燕京惠泉啤酒股份有限公司	惠泉	啤酒	2006
夏新电子股份有限公司	夏新	激光视盘机、手机	2006
福建云敦服饰有限公司	云敦 WHACKO 及图	服装	2006
福建省石狮市华联服装配件企业有限公司	KAM	塑料扣、鞋扣	2006
福建龙溪轴承（集团）股份有限公司	LS	轴承机器零件	2006
柘荣县太子参协会	柘荣太子参 ZRTZS 及图	太子参	2006
厦门市金鹭首饰有限公司	图形/金鹭	首饰	2007

6-3 续表 1　　　　　　　　　　　　（2006-2011 年 5 月）

企业名称	商　标	使用商品/服务	认定时间
利郎（福建）时装有限公司	利郎 LILANG	服装	2007
申鹭达集团有限公司	申鹭达 Shenluda	管道龙头	2007
厦门蒂尔特企业有限公司	爱得利 IVORY	奶嘴、奶瓶	2007
福建泰格动力机械有限公司	fierce tiger 及图	马达及其部件等	2007
福建龙岩工程机械（集团）有限公司	龙工 LONGGONG	铲运机、挖掘机等	2007
厦门航空有限公司	第 779315 号图形	空中运输	2007
福建省南平铝业有限公司	闽铝	铝型材	2007
福建省平和琯溪蜜柚发展中心	平和琯溪蜜柚及图（地理标志）	蜜柚	2007
福建省舒华体育用品有限公司	舒华 SHUA 及图	跑步机	2007
蜡笔小新（福建）食品工业有限公司	蜡笔小新	果冻	2007
厦门银祥集团有限公司	银祥及图	猪肉、猪肉食品	2007
三棵树涂料有限公司	三棵树 SAN KE SHU	涂料、油漆	2007
福建省永安林业（集团）股份有限公司	永林蓝豹及图	纤维板	2007
福建省莆田市华丰鞋业有限公司	沃特	运动鞋	2007
泉州寰球鞋服有限公司	Athletic	运动鞋	2007
福建冠福现代家用股份有限公司	冠福及图	日用陶瓷	2007
三六一度（福建）体育用品有限公司	361°	运动鞋等	2008
福建东亚机械有限公司	DY 及图	活塞环	2008
福建雅客食品有限公司	雅客 YAKE	糖果等	2008
厦门金日制药有限公司	金日及图	洋参茶；洋参丸	2008
漳州市花卉协会	漳州水仙花 ZHANGZHOU SHUIXIANHUA 及图	水仙花、水仙花鳞茎	2008
厦门明发集团有限公司	明发 MINGFA 及图	商品房销售、不动产管理	2008
厦门舫昌佛具有限公司	梅春及图	卫生香	2008
古田县食用菌办公室	古田银耳 GUTIANYINER 及图	银耳	2008
福安市闽东安波电器有限公司	ABLE	电机	2008

6-3 续表 2　　　　　　　　　　（2006-2011 年 5 月）

企业名称	商　标	使用商品/服务	认定时间
石狮市爱登堡制衣发展有限公司	爱登堡	休闲装	2008
飞毛腿（福建）电池有限公司	飞毛腿 SCUD 及图	电池、电池充电器	2008
乔丹（中国）有限公司	乔丹	足球鞋、爬山鞋等	2009
福建华泰集团有限公司	华鸿 HUA HONG 及图	建筑砖瓦	2009
厦门中盛粮油企业有限公司	盛洲 SHENGZHOU 及图	食用油	2009
福建省红太阳精品有限公司	國聖及图	酱菜、蔬菜罐头、牛奶制品	2009
福清市阳光食品有限公司	光阳及图	皮蛋、蛋品	2009
福建圣农发展股份有限公司	圣农 SUNNER 及图	冻肉等	2009
厦门茶叶进出口有限公司	海堤 SEA DYKE 及图	茶	2009
福建鸿星尔克体育用品有限公司	Erke 及图鸿星尔克	服装、鞋等	2009
利胜电光源（厦门）有限公司	曼佳美	照明器、灯泡	2009
福建福安闽东亚南电机有限公司	YANAN	发电机、电动机	2009
福建百联实业有限公司	百联	加工过的瓜子	2009
厦门宏达洋伞工业有限公司	宏達	伞环、雨伞或阳伞骨等	2009
福建大吉刀剪五金有限公司	大吉 Daji 及图	剪刀、修剪剪刀等	2009
厦门豪享来餐饮娱乐有限公司	豪享来	餐馆、自助餐馆等	2009
福建省永安轴承有限责任公司	飞捷	工业轴承	2009
厦门兴盛食品有限公司	兴盛	挂面、面条	2009
福建泉州匹克体育用品有限公司	PEAK 及图	运动鞋	2009
福建省盛辉物流集团有限公司	盛辉	汽车运输	2009
紫金矿业集团股份有限公司	第 1560573 号图形	金锭	2009
厦门科华恒盛股份有限公司	KELONG	不间断电源设备	2009
厦门安妮股份有限公司	安妮	复印纸	2009
福建省佳美集团公司	第 1010069 号图形	陶瓷工艺品	2009
福建双赢集团有限公司	双赢及图	磷肥（肥料）、 化学肥料、混合肥料	2009

6-3 续表 3　　　　　　　　　　（2006-2011 年 5 月）

企业名称	商　标	使用商品/服务	认定时间
福建新大陆科技集团有限公司	新大陆 Newland 及图	计算机外围设备	2009
连城红心地瓜干协会	连城红心地瓜干	地瓜干	2009
泉州克拉克体育用品有限公司	洲克	紧身衣裤	2009
福建省足友体育用品有限公司	足友	童鞋	2009
厦门国贸集团股份有限公司	ITG 及图	进出口代理	2009
福建省建阳武夷味精有限公司	武夷 WU YI 及图	味精、鸡精	2009
中宇建材集团有限公司	中宇及图	水龙头等	2009
伟士（厦门）体育用品有限公司	WISH	网球拍、羽毛球拍	2010
梅花伞业股份有限公司	梅花 PLUM BLOSSOM	雨伞	2010
福建省晋江福源食品有限公司	盼盼及图	虾条、米乐	2010
沙县宏盛塑料有限公司	宏光 HONGGUANG 及图	酚醛塑料粉	2010
福建紫山集团股份有限公司	紫山 ZISHAN 及图	蔬菜罐头、酱菜、蘑菇罐头等	2010
福建省三农碳酸钙有限责任公司	东南 ND	碳酸钙	2010
建宁县建莲产业协会	建宁通心白莲 Jntxbl 及图	莲子	2010
武夷山市茶叶科学研究所	武夷山大红袍	茶	2010
福安市茶业协会	坦洋工夫	茶	2010
福建省强力体育用品有限公司	QL 图形强力	网球拍、羽毛球拍	2010
福建柒牌集团有限公司	第 1283610 号图形、第 1509243 号图形	服装等	2010
福建天下农庄食品发展有限公司	天下农庄	米	2010
福建保兰德箱包皮具有限公司	保兰德 PowerLand 及图	手提包、旅行包、公文箱	2010
福建省安溪八马茶业有限公司	八马 Bama 及图	茶叶	2010
福建省南安市帮登鞋业有限公司	帮登 BANGDENG 及图	鞋	2010
福建省安溪茶厂有限公司	凤山 FENGSHAN 及图	茶叶	2010
福建省闽发铝业股份有限公司	闽发 MINFA 及图	铝型材	2010
福建茶花家居塑料用品有限公司	茶花	塑料箱、非金属筐、塑料包装容器	2010

6-3 续表 4　　　　　　　　（2006-2011 年 5 月）

企业名称	商　标	使用商品/服务	认定时间
南靖县兰花协会	南靖兰花 NANJING LANHUA 及图	兰花	2010
福鼎市茶业协会	福鼎白茶 FUDING WHITE TEA	茶	2010
福建省远山农业发展有限责任公司	远山 YUANSHAN	生猪、肉食鸡	2010
泉州寰球鞋服有限公司	第 1280938 号图形	运动鞋	2010
厦门禹洲集团股份有限公司	禹洲及图	不动产管理、商品房销售	2010
厦门市建安集团有限公司	第 1691769 号图形	建筑、室内装潢	2010
厦门正新橡胶工业有限公司	樱花	轮胎	2010
厦门立林科技有限公司	LEELEN	内部通讯装置、信号铃、报警器	2010
厦门市建潘卫厨有限公司	金牌橱柜 GOLDENHOME	橱柜	2010
福建福泉集团有限公司	宏浪 HongLang	水龙头、水暖装置	2010
恒安国际集团有限公司	安儿乐 Anerle 及图	纸质和纤维制婴儿尿裤（一次性）	2010
福建鑫展旺集团有限公司	鑫展旺 XZW 及图	油漆、涂料	2010
厦门如意集团有限公司	如意情及图形	速冻方便菜肴、腌制蔬菜、水果蜜饯	2010
顺昌县幸福来保健品有限公司	幸福来及图	非医用营养品	2010
政和县茶叶技术推广总站	政和工夫及图	茶	2010
诚丰家具（中国）有限公司	诚丰 SHINGFENG 及图	家具	2010
厦门万里石有限公司	万里石 WANLI STONE 及图	石头、混凝土或大理石艺术品	2010
福建百祥车饰有限公司	百祥 BESTRONG 及图	车辆座套、车辆内装饰品	2010
莆田市华昌首饰有限公司	第 1680810 号图形	珠宝首饰	2010
永辉超市股份有限公司	永辉 YH	推销（替他人）	2010
厦门宏发电声股份有限公司	宏发 HONGFA 及图	继电器	2010
福清市友谊胶粘带制品有限公司	友日久 YOU RI JIU 及图	文具或家用胶带；文具用胶带；文具和家用粘合剂（胶水）；不干胶纸；文具用密封化合物	2010
厦门三圈电池有限公司	三圈及图；THREE CIRCLES 及图	电池	2010
福建同发食品集团有限公司	同发 TONGFA 及图	水果罐头、蘑菇罐头、蔬菜罐头、水产罐头、肉罐头	2010
福建冠达星五金制品有限公司	冠达星 GDX 及图	家具、金属家具等	2010
厦门华顺民生食品有限公司	安井及图	鱼制食品	2010

6-3 续表 5　　　　　　　　（2006-2011 年 5 月）

企业名称	商　标	使用商品/服务	认定时间
太阳城（厦门）雨具有限公司	太阳城 SUNCITY 及图	伞、女用阳伞	2010
福州金飞鱼柴油机有限公司	金飞鱼GOLDEN FLYING FISH 及图	柴油机、农业机械	2011
福建亚达集团有限公司	亚达及图	笋干、熟蔬菜	2011
福建富顺电子有限公司	富顺达、F 及图	计算机周边设备、计算机软件（录制好的）	2011
厦门红相电力设备股份有限公司	红相、HX 及图	电度表、成套电器校验装置、电测量仪器	2011
厦门康乐佳运动器材有限公司	康乐佳	锻炼身体器械	2011
福建省尤溪县三林木业有限公司	龙杉及图	已加工木材	2011
福建龙马环卫装备股份有限公司	福龙马	清洁车	2011
晋江集成轻工有限公司	集成 jicheng 及图	伞	2011
福建诺奇股份有限公司	诺奇	推销（替他人）	2011
福建达利食品集团有限公司	可比克 capicao	土豆片（油炸）	2011
福建省泉州得盛集团有限公司	第 3343067 号图形	陶瓷	2011
厦门建发集团有限公司	建发、C&D	进出口代理	2011
福建盈丰食品集团有限公司	盈丰及图	蜜饯果类	2011
福建省泉州市安记食品有限公司	安记及图	调味品	2011
日春股份公司	日春 RICHUN	茶、茶叶代用品	2011
福建泉州南星大理石有限公司	东星 DONG XING 及图	石板、花岗石、大理石、建筑石材等	2011
辉煌水暖集团有限公司	HHSN	水净化装置、水暖装置、水龙头、压力水箱	2011
福建雪人股份有限公司	SNOWKEY	制冰机和设备、冷冻设备和装置、冷却装置和机器、烟草冷却装置、冷冻设备和机器	2011
金强硅酸钙板（福州）有限公司	金强 JINQIANG 及图	石膏板等	2011
正兴车轮集团有限公司	正兴	汽车钢圈	2011
厦门市双丹马实业发展有限公司	燕之屋	食用鸟窝	2011
福建省卓越鸿昌建材装备股份有限公司	鸿昌 HONCHA 及图	制砖机、搅拌机（建筑）、混凝土搅拌机（机器）	2011
特步（中国）有限公司	图形	运动鞋	2011
福建正大集团有限公司	正大 ZHD 及图	鞋	2011

6-4 福建省已注册地理标志名单

（截止 2010 年底）

序号	注册人	注册商标	商　品	注册号
1	永泰县生产力促进中心	永泰芙蓉李	李子（鲜水果）	3899569
2	福州市园艺学会	福州茉莉花茶	茶	4939090
3	永泰县生产力促进中心	永泰柿饼	柿饼	6160169
4	福州市橄榄行业协会	福州橄榄	橄榄蜜饯；冰橄榄	4880151
5	闽侯县橄榄行业协会	闽侯橄榄	鲜橄榄	6644323
6	安溪县茶业总公司	安溪铁观音	茶叶	1388991
7	安溪县茶业总公司	安溪黄金桂	茶叶	1388992
8	永春县柑桔同业公会	永春芦柑	柑桔	6655467
9	永春县茶叶同业公会	永春佛手	茶	6655468
10	德化县陶瓷同业公会	德化陶瓷	瓷器；陶器等	4523004
11	德化县陶瓷同业公会	德化瓷雕	瓷器；陶器等	4523005
12	德化县养殖技术推广中心	德化戴云黑鸡	鸡（活的）	3636696
13	永春县茶叶同业公会	永春闽南水仙	茶	6655469
14	武夷山茶叶科学研究所	武夷山大红袍	茶	1687896
15	政和县茶叶技术推广总站	政和工夫	茶	6495869
16	政和县茶叶技术推广总站	政和白茶	茶	6228806
17	松溪县茶叶管理总站	松溪绿茶	茶	6534378
18	武夷山市茶叶科学研究所	正山小种	茶	7430842
19	邵武市进士茶树良种推广专业合作社	邵武碎铜茶	茶	6914478
20	政和县茶叶技术推广总站	政和工夫	茶	7667931
21	政和县茶叶技术推广总站	政和白茶	茶	7667932
22	建瓯市锥栗协会	建瓯锥栗	锥栗	7569724
23	柘荣县太子参协会	柘荣太子参	太子参	1608000
24	古田县食用菌办公室	古田银耳	银耳	1607999

6-4 续表 1 （截止 2010 年底）

序号	注册人	注册商标	商 品	注册号
25	古田县经济作物站	古田油柰	油柰（水果）	2016457
26	古田县黄田镇企业管理站	黄田马蹄笋	新鲜马蹄笋	4914014
27	古田县黄田镇企业管理站	黄田马蹄笋	马蹄笋干等	4914013
28	福鼎市四季柚协会	福鼎四季柚	柚	2016482
29	福鼎市福鼎芋协会	福鼎芋	芋	2016481
30	福鼎市福鼎芋协会	福鼎槟榔芋	芋	3453951
31	福鼎市茶业协会	福鼎大白茶	茶	4350700
32	福鼎市茶业协会	福鼎白毫银针	茶	4350696
33	福鼎市茶业协会	福鼎白琳工夫	茶	4350701
34	福鼎市茶业协会	福鼎白茶	茶	6595730
35	福安市茶业协会	坦洋工夫	茶	5379787
36	福安市茶业协会	坦洋工夫	茶	6190797
37	宁德市蕉城区晚熟龙眼产业协会	蕉城晚熟龙眼	龙眼	4957601
38	霞浦县农副产品产业协会	霞浦海带	海带	7127315
39	霞浦县农副产品产业协会	霞浦紫菜	紫菜	7127316
40	宁德市蕉城区茶业协会	天山绿茶	茶	6888311
41	宁德市蕉城区三都澳晚熟荔枝产业协会	三都澳晚熟荔枝	荔枝	7170017
42	连城红心地瓜干协会	连城红心地瓜干	地瓜干（熟）	3571139
43	连城县朋口镇兰花协会	连城兰花	兰花	5393515
44	漳平市茶叶协会	漳平水仙茶	茶饼	5011405
45	龙岩市新罗区花生产业协会	龙岩咸酥花生	加工过的花生	5130282
46	福建省武平县茶叶协会	武平绿茶	茶	6524922
47	连城县白鸭研究所	连城白鸭	鸭（活的）	6965123
48	连城县白鸭研究所	连城白鸭	鸭（非活）	7023724

6-4 续表 2 （截止 2010 年底）

序号	注册人	注册商标	商品	注册号
49	福建省武平县梁野山中草药协会	武平金线莲	金线莲（中草药）	7304623
50	漳州市果品发展中心	漳州芦柑	芦柑	1388994
51	漳州市果品发展中心	ZHANG ZHOU orange	芦柑	1388995
52	漳州市果品发展中心	图形	芦柑	1388996
53	漳州市果业发展中心	漳州香蕉	新鲜香蕉	2024522
54	漳州市花卉协会	ZHANGZHOU NARCISSUS	水仙花	2016475
55	漳州市花卉协会	漳州水仙花	水仙花	2016476
56	漳州市花卉协会	漳州水仙花	水仙花	2016477
57	南靖县兰花协会	南靖兰花	兰花	5819164
58	福建省平和琯溪蜜柚发展中心	平和琯溪蜜柚	蜜柚	1388988
59	诏安县红星乡青梅技术研究会	诏安红星	新鲜青梅	2016463
60	华安县茶叶协会	华安铁观音	茶	7401817
61	漳浦县深土镇农产品产业协会	深土紫菜	紫菜	8371641
62	仙游县度尾镇文旦柚协会	度尾	文旦柚	1388985
63	莆田市枇杷协会	莆田枇杷	枇杷	3984456
64	莆田市兴化桂圆协会	莆田兴化桂元	干桂元	3895434
65	南日鲍协会	南日鲍	鲍鱼（活）	6595645
66	建宁县建莲产业协会	建宁通心白莲	莲子	1607998
67	尤溪县竹业协会	尤溪绿笋	绿笋（新鲜）	3984436
68	明溪县肉脯干行业协会	明溪肉脯干	肉脯干	5713312
69	永安市农学会	永安黄椒	辣椒（新鲜蔬菜）	6862869
70	尤溪县茶叶协会	尤溪绿茶	茶	7741538
71	宁化县河龙贡米协会	河龙贡米	米	7953105
72	福建省将乐县食用菌协会	将乐大球盖菇	鲜食用菌	8279341

6-5 福建省纳税百强企业名单

（2010年）

位次	企业集团名称	位次	企业集团名称
1	福建联合石油化工有限公司	26	厦门厦工机械股份有限公司
2	龙岩烟草工业有限责任公司	27	福建省烟草公司南平市公司
3	厦门烟草工业有限责任公司	28	福建省电力有限公司泉州电业局
4	兴业银行股份有限公司	29	融侨集团股份有限公司
5	中国移动通信集团福建有限公司	30	福建戴姆勒汽车工业有限公司
6	福建省烟草公司泉州市公司	31	福建省电力有限公司福州电业局
7	紫金矿业集团股份有限公司	32	福建省烟草公司龙岩市公司
8	福建省烟草公司福州市公司	33	国家开发银行股份有限公司福建省分行
9	福建省电力有限公司	34	福建三钢闽光股份有限公司
10	东南（福建）汽车工业有限公司	35	福建省烟草公司莆田市公司
11	华阳电业有限公司	36	厦门安踏贸易有限公司
12	翔鹭石化股份有限公司	37	福州万达广场投资有限公司
13	英博雪津啤酒有限公司	38	福建华电可门发电有限公司
14	戴尔（中国）有限公司	39	安踏（中国）有限公司
15	福建省烟草公司漳州市公司	40	福建省烟草公司宁德市公司
16	福建水口发电集团有限公司	41	福建群升置业有限公司
17	三六一度（中国）有限公司	42	福建南平南孚电池有限公司
18	福建省烟草公司厦门市公司	43	厦门国贸金海湾投资有限公司
19	名城地产（福建）有限公司	44	厦门银鹭食品集团有限公司
20	厦门正新橡胶工业有限公司	45	福建大唐国际宁德发电有限责任公司
21	招商局漳州开发区有限公司	46	中石化森美（福建）石油有限公司
22	厦门 ABB 开关有限公司	47	联发集团有限公司
23	厦门航空有限公司	48	世纪宝姿服装（厦门）有限公司
24	福建省烟草公司三明市公司	49	福建省电力有限公司厦门电业局
25	中国移动通信集团福建有限公司福州分公司	50	福建省福泉高速公路有限公司

6-5 续表　　　　　　　　　（2010 年）

位次	企业集团名称	位次	企业集团名称
51	福州世茂新城房地产开发有限公司	76	乔丹体育股份有限公司
52	中国移动通信集团福建有限公司泉州分公司	77	福建恒安集团厦门商贸有限公司
53	中国建设银行股份有限公司厦门市分行	78	福建省长乐市供电公司
54	福建七匹狼集团有限公司	79	恒安（中国）卫生用品有限公司
55	厦门 ABB 低压电器设备有限公司	80	乔丹（厦门）实业有限公司
56	永恩投资（集团）有限公司	81	九牧王股份有限公司
57	厦门华夏国际电力发展有限公司	82	厦门港务地产有限公司
58	中国工商银行股份有限公司厦门市分行	83	福州世欧房地产开发有限公司
59	厦门海投房地产有限公司	84	福建中庚置业有限公司
60	福建铂阳精工设备有限公司	85	厦门海晟房地产开发有限公司
61	福建省晋江市电力有限责任公司	86	福州泰禾房地产开发有限公司
62	厦门七匹狼服装营销有限公司	87	兴业银行股份有限公司厦门分行
63	利郎（中国）有限公司	88	厦门正新实业有限公司
64	中国移动通信集团福建有限公司厦门分公司	89	福建中维房地产开发有限公司
65	三六一度（福建）体育用品有限公司	90	国电福州发电有限公司
66	厦门恒兴集团有限公司	91	福州武夷绿洲房地产有限公司
67	福建中烟工业公司	92	广发华福证券有限责任公司
68	龙工（福建）机械有限公司	93	特步（中国）有限公司
69	泉州东海开发有限公司	94	漳州宝鼎贸易有限公司
70	柯林（福建）服饰有限公司	95	贵人鸟（中国）有限公司
71	福清融侨房地产开发有限公司	96	福建省电力有限公司漳州电业局
72	建明（厦门）房地产有限公司	97	中国人寿保险股份有限公司福建省分公司
73	安踏（泉州）体育用品有限公司	98	厦门正新海燕轮胎有限公司
74	欣贺（厦门）服饰有限公司	99	福建百宏聚纤科技实业有限公司
75	福建省燕京惠泉啤酒股份有限公司	100	捷太格特转向系统（厦门）有限公司

6-6 福建省主营业务收入最大前300家工业企业

（2010年）

位次	企业名称	位次	企业名称
1	福建联合石油化工有限公司	31	福州福大自动化科技有限公司
2	福建省电力有限公司	32	福建百宏聚纤科技实业有限公司
3	福建捷联电子有限公司	33	福建省金纶高纤股份有限公司
4	友达光电（厦门）有限公司	34	福建三安钢铁有限公司
5	戴尔（中国）有限公司	35	福建亿鑫钢铁有限公司
6	福建省三钢（集团）有限责任公司	36	厦门华侨电子股份有限公司
7	宸鸿科技（厦门）有限公司	37	龙工（福建）机械有限公司
8	翔鹭石化股份有限公司	38	南靖万利达科技有限公司
9	厦门厦工机械股份有限公司	39	泉州福海粮油工业有限公司
10	龙岩烟草工业有限责任公司	40	福建鑫海冶金有限公司
11	泉州市三兴体育用品有限公司	41	华映光电股份有限公司
12	戴尔（厦门）有限公司	42	厦门金龙旅行车有限公司
13	东南（福建）汽车工业有限公司	43	乐捷显示科技（厦门）有限公司
14	正兴车轮集团有限公司	44	厦门松下电子信息有限公司
15	福建华冠光电有限公司	45	福建凯西不锈钢有限公司
16	厦门烟草工业有限责任公司	46	三六一度（中国）有限公司
17	福建华映显示科技有限公司	47	福建佳通轮胎有限公司
18	华阳电业有限公司	48	福建大唐国际宁德发电有限公司
19	福建紫金矿业股份有限公司	49	福建华电可门发电有限公司
20	福建省安溪新田矿产开发有限公司	50	福建戴姆勒汽车工业有限公司
21	厦门正新橡胶工业有限公司	51	祥兴（福建）箱包集团有限公司
22	厦门金龙联合汽车工业有限公司	52	长乐力恒锦纶科技有限公司
23	冠捷显示科技（厦门）有限公司	53	厦门正新海燕轮胎有限公司
24	厦门银鹭食品有限公司	54	福建吴航不锈钢制品有限公司
25	福建省晋江市电力有限责任公司	55	达运精密工业（厦门）有限公司
26	宝钢德盛不锈钢有限公司	56	漳州灿坤实业有限公司
27	中海福建天然气责任有限公司	57	福建省长乐市供电有限公司
28	联想移动通信科技有限公司	58	厦门ABB开关有限公司
29	福建荣新矿业有限公司	59	福建星网锐捷股份有限公司
30	福建省安溪集荣矿业有限公司	60	华能国际电力股份有限公司福州电厂

6-6 续表 1　　　　（2010 年）

位次	企业名称	位次	企业名称
61	石狮市佳龙石化纺纤有限公司	91	福建省圣农实业有限公司
62	乔丹体育股份有限公司	92	福建锦江科技有限公司
63	福建省南平铝业有限公司	93	福建南平太阳电缆股份有限公司
64	漳州金龙客车有限公司	94	厦门华夏国际电力发展有限公司
65	连江清禄鞋业有限公司	95	福建省南纸股份有限公司
66	福耀玻璃工业集团股份有限公司	96	中宇建材集团有限公司
67	福建省马尾造船股份有限公司	97	厦门多威电子有限公司
68	中国国际钢铁制品有限公司	98	国电福州发电有限公司
69	明达实业（厦门）有限公司	99	福建方兴化工有限公司
70	安踏（中国）有限公司	100	厦门翔鹭化纤股份有限公司
71	福建三宝特钢有限公司	101	厦门众达钢铁有限公司
72	福建省长乐市金源纺织有限公司	102	福州奋安铝业有限公司
73	福建省南安市电力有限责任公司	103	福建龙净环保股份有限公司
74	林德（中国）叉车有限公司	104	福建三钢小蕉实业发展有限公司罗源分公司
75	贵人鸟（中国）有限公司	105	福建源盛纺织服装城有限公司
76	福建元成豆业有限公司	106	福建康宏股份有限公司
77	金莱克（中国）体育用品有限公司	107	福建永强力加动力设备有限公司
78	厦门厦顺铝箔有限公司	108	龙岩畅丰车桥制造有限公司
79	福州大通机电有限公司	109	福建省长乐市长源纺织有限公司
80	路达（厦门）工业有限公司	110	福建南平南孚电池有限公司
81	英博雪津啤酒有限公司	111	厦门 ABB 低压电器设备有限公司
82	福建省闽发铝业股份有限公司	112	福建省石狮市电力联营公司
83	腾龙特种树脂（厦门）有限公司	113	鸿一粮油资源股份有限公司
84	厦门船舶重工股份有限公司	114	闽清金盛钢业有限公司
85	福建省东南造船厂	115	厦门宏发电声股份有限公司
86	厦门钨业股份有限公司	116	石狮市富贵鸟集团公司
87	厦门 TDK 有限公司	117	龙岩卓龙钢铁有限公司
88	厦门太古飞机工程有限公司	118	九牧集团有限公司
89	中铝瑞闽铝板带有限公司	119	厦门中盛粮油集团有限公司
90	喜得龙（中国）有限公司	120	福建省长乐市华源纺织有限公司

6-6 续表 2　　　　　　　　　　（2010 年）

位次	企业名称	位次	企业名称
121	福建水口发电有限公司	151	漳州百佳实业有限公司
122	福建通达集团有限公司	152	福州利亚船舶工程有限公司
123	利郎（中国）有限公司	153	福建印福油脂工业有限公司
124	福建省福清供电有限公司	154	飞毛腿电池有限公司
125	中海福建燃气发电有限公司	155	福建统一马口铁有限公司
126	莆田新飞天鞋业有限公司	156	飞毛腿（福建）电子有限公司
127	福建省长乐市金磊纺织有限公司	157	大亚木业（福建）有限公司
128	福建三金钢铁有限公司	158	福建金牛水泥有限公司
129	福建上杭太阳铜业有限公司	159	福建省东山县海魁水产集团有限公司
130	福建晋江天然气发电有限公司	160	福建凯景钢铁开发有限公司
131	漳州开发区一德粮油有限公司	161	福建太平洋电力有限公司
132	福建鸿星尔克体育用品有限公司	162	厦门金鹭特种合金有限公司
133	厦门建松电器有限公司	163	蜡笔小新（福建）食品工业有限公司
134	福建亚通新材料科技股份有限公司	164	泉州匹克鞋业有限公司
135	恒安（中国）卫生用品有限公司	165	福建省长乐市宏顺型材有限公司
136	福建省大众金属有限公司	166	冠科（福建）电子科技有限公司
137	漳州新福达底盘有限公司	167	福建龙和食品实业有限公司
138	厦门通士达照明有限公司	168	福建省罗源县供电有限公司
139	厦门正新实业有限公司	169	日立数字映像（中国）有限公司
140	福建省晋江福源食品有限公司	170	龙岩市新罗区蓝田水泥厂
141	福建柒牌集团有限公司	171	虎都（中国）服饰有限公司
142	斯舒郎体育用品有限公司	172	福州福泰钢铁有限公司
143	福建省青山纸业股份有限公司	173	漳州蒙发利实业有限公司
144	厦门蒙发利科技（集团）股份有限公司	174	福建铂阳精工设备有限公司
145	福建达利食品集团有限公司	175	长乐市聚泉食品有限公司
146	安踏（泉州）体育用品有限公司	176	泉州天宇化纤织造实业有限公司
147	龙岩盛丰机械制造有限公司	177	欣贺（厦门）服饰有限公司
148	九牧王（中国）有限公司	178	漳州中集集装箱有限公司
149	锐珂（厦门）医疗器材有限公司	179	石狮市大帝集团有限公司
150	福建三宝钢铁有限公司	180	柯达（厦门）数码影像有限公司

6-6 续表 3 （2010 年）

位次	企业名称	位次	企业名称
181	福建恒安集团有限公司	211	福州翔隆纺织有限公司
182	景智电子（厦门）有限公司	212	东亚电力（厦门）有限公司
183	世纪宝姿服装（厦门）有限公司	213	福建宇星实业有限公司
184	长乐力源锦纶实业有限公司	214	福建振云塑业股份有限公司
185	福建田源生物蛋白科技有限公司	215	福建新华旭专用车制造有限公司
186	辅讯光电（厦门）有限公司	216	南方铝业（中国）有限公司
187	清美（中国）有限公司	217	厦门中禾实业有限公司
188	福建和诚鞋业有限公司	218	福建时代包装材料有限公司
189	福建省长乐市正隆纺织有限公司	219	龙岩卓鹰制铁有限公司
190	福建龙麟集团有限公司	220	福建湄洲湾氯碱工业有限公司
191	漳州旗滨玻璃有限公司	221	福建省长乐市创造者锦纶实业有限公司
192	福建新世纪电子材料有限公司	222	石狮市益兴针织服装有限公司
193	捷太格特转向系统（厦门）有限公司	223	福建邵化化工有限公司
194	石狮市卡宾服饰发展有限公司	224	国电泉州热电有限公司
195	福建省洪泰铜业有限公司	225	巨茂光电（厦门）有限公司
196	福建德胜能源有限公司	226	福建德尔惠体育用品有限公司
197	泉州红瑞兴纺织有限公司	227	福建上润精密仪器有限公司
198	福建煤电股份有限公司	228	福州吴航钢铁制品有限公司
199	恒安（中国）纸业有限公司	229	福建省万达汽车玻璃工业有限公司
200	福建省莆田荔兴轻工实业有限责任公司	230	漳州联盛纸业有限公司
201	厦门太古可口可乐饮料有限公司	231	福州力鼎动力有限公司
202	双翔（福建）电子有限公司	232	福建福贞金属包装有限公司
203	福建省闽光新型材料有限公司	233	莆田市涵江区章圣鞋业有限公司
204	福建福马食品集团有限公司	234	三六一度（福建）体育用品有限公司
205	劲霸男装股份有限公司	235	福建宝德集团有限公司
206	福建省长乐市金沙港针纺实业有限公司	236	安溪县恒珀利锰铁矿有限公司
207	福建经纬集团有限公司	237	兴业皮革科技股份有限公司
208	诚丰家具（中国）有限公司	238	福建南纺股份有限公司
209	泉州鸿荣轻工有限公司	239	福建省新威电子实业有限公司
210	莆田市东南香米业发展有限公司	240	宝宸（厦门）光学科技有限公司

6-6 续表 4　　　　（2010 年）

位次	企业名称	位次	企业名称
241	福建省长乐市华亚纺织有限公司	271	厦门法拉电子股份有限公司
242	福建三和集团番茄制品有限公司	272	龙工（福建）桥箱有限公司
243	福建省龙海市供电有限公司	273	贝莱胜电子（厦门）有限公司
244	福建新龙马汽车股份有限公司永安汽车厂	274	捷星显示科技（福建）有限公司
245	福建鸿星沃登卡集团有限公司	275	福州洵帝服饰有限公司
246	福建海壹食品饮料有限公司	276	福建鼎盛五金制品有限公司
247	漳平红狮水泥有限公司	277	福建中日达金属有限公司
248	泉州市燃气有限公司	278	乔丹（厦门）实业有限公司
249	福建省华威化纤染织有限公司	279	福建省晋江优兰发纸业有限公司
250	泉州嘉禾食品有限公司	280	福州正源铝业有限公司
251	福建宏远集团有限公司	281	莆田德信电子有限公司
252	福建泉州匹克体育用品有限公司	282	石狮市爱登堡制衣发展有限公司
253	福建恒利集团有限公司	283	申鹭达集团有限公司
254	莆田恒昱鞋业有限公司	284	福建省永安林业（集团）股份有限公司
255	福建省长乐市金鑫纺织有限公司	285	福建新大陆电脑股份有限公司
256	福建省冠海造船工业有限公司	286	福州通尔达电线电缆有限公司
257	福建省安溪供电有限公司	287	达派（中国）箱包有限公司
258	福建凯邦锦纶科技有限公司	288	泉州闽华电器有限公司
259	福建鑫华股份有限公司	289	福建省闽华电源股份有限公司
260	明达玻璃（厦门）有限公司	290	柯达（中国）股份有限公司
261	厦门玉柴发动机有限公司	291	福建省莆田市德基电子有限公司
262	福建三钢（集团）三明化工有限责任公司	292	福建加多宝饮料有限公司
263	锦兴（福建）化纤纺织实业有限公司	293	晋江腾达陶瓷有限公司
264	福建冠盖金属包装有限公司	294	晋江市恒达陶瓷有限公司
265	石狮市华宝集团有限公司	295	福建欧美龙体育用品有限公司
266	厦门立达信光电有限公司	296	漳州市海新饲料有限公司
267	福建希源纸业有限公司	297	福建省长乐市金鹤毛绒有限公司
268	福建省惠安县供电有限责任公司	298	才子服饰股份有限公司
269	明达工业（福建）有限公司	299	莆田市集友艺术框业有限公司
270	晋江市锦福化纤聚合有限公司	300	福建顶津食品有限公司

6-7　福建省建筑业总产值最大前300家建筑企业

（2010年）

位次	企业名称	位次	企业名称
1	中建七局第三建筑有限公司	31	福建省安泰建筑工程有限公司
2	福建省闽南建筑工程有限公司	32	福建地矿建设集团公司
3	福建建工集团总公司	33	大成工程股份有限公司
4	福建六建建设集团有限公司	34	福建省海天建设工程有限公司
5	中交一公局厦门工程有限公司	35	厦门中联建设工程有限公司
6	福建省泷澄建设集团有限公司	36	福州市第三建筑工程公司
7	中铁十七局集团第六工程有限公司	37	福建璟榕工程建设发展有限公司
8	福建省九龙建设集团有限公司	38	福建宏盛建设集团有限公司
9	中铁二十四局集团福建铁路建设有限公司	39	福建省第一公路工程公司
10	福建省八方建筑工程有限公司	40	福建兴艺建设集团有限公司
11	福建省惠五建设工程有限公司	41	福建九鼎建设工程有限公司
12	福建省中马建设工程有限公司	42	福建三建工程有限公司
13	福建二建建设集团公司	43	福建省恒基建设股份有限公司
14	福建省第五建筑工程公司	44	福建省工业设备安装有限公司
15	福建发展建设有限公司	45	福建省莆田市东风建筑工程有限公司
16	福建省永泰建筑工程公司	46	福建省永富建设集团有限公司
17	恒晟集团有限公司	47	福建省环宇建筑工程有限公司
18	福建省隆盛建设工程有限公司	48	厦门源昌城建集团有限公司
19	葛洲坝集团第六工程有限公司	49	福建登凯成龙建设集团有限公司
20	福建鑫泰建筑集团有限公司	50	厦门思总建设有限公司
21	中国水利水电第十六工程局有限公司	51	福建省华航建设工程有限公司
22	福建成森建设集团有限公司	52	福建巨岸建设工程有限公司
23	中铁二十二局集团第三工程有限公司	53	福建博业建设工程有限公司
24	福建省惠东建筑工程有限公司	54	福建省融旗建设工程有限公司
25	福建省榕源建设工程有限公司	55	福建省土木建设实业有限公司
26	福建路桥建设有限公司	56	福建省兴创建筑工程有限公司
27	福建省海坛隧道工程有限公司	57	福建省闽西交通工程有限公司
28	福建省隧道工程有限公司	58	闽能集团有限公司
29	福建七建集团有限公司	59	福建省中木建设集团有限公司
30	福建省第一建筑工程公司	60	福建卓越建设工程开发有限公司

6-7 续表 1 （2010 年）

位次	企业名称	位次	企业名称
61	莆田市建工投资集团有限公司	91	福建亨立建设集团有限公司
62	福州建工（集团）总公司	92	福建省惠建发建设工程有限公司
63	宏峰集团（福建）有限公司	93	福建恒亿建设集团有限公司
64	福建省水利水电工程局有限公司	94	中标建设集团有限公司
65	福建省南安市第一建设有限公司	95	福建省九建建筑工程有限公司
66	厦门市建安集团有限公司	96	永同昌建设集团有限公司
67	福建省同源建设工程有限公司	97	福建省高速公路养护工程有限公司
68	福州市一建建设股份有限公司	98	中建（福建）建设有限公司
69	福建省杭辉建设工程有限公司	99	福建省透堡建筑工程有限公司
70	华盛置业集团建设工程有限公司	100	福建省闽清第一建筑工程公司
71	福州铁建建筑有限公司	101	福建宏晖市政工程有限公司
72	福建省长乐市新纪建筑工程有限责任公司	102	福建省中嘉建设有限公司
73	福建省中大工程建设有限公司	103	福建联美建设集团有限公司
74	福州亿力电力工程有限公司	104	厦门市吉兴集团建设有限公司
75	福建八建建筑工程有限公司	105	福建海峡金岸建设工程有限公司
76	福建省吴航建筑工程有限公司	106	福建省正泰建设工程有限公司
77	福州第七建筑工程有限公司	107	福建省昌源建筑工程有限公司
78	福建省高德工程建设有限公司	108	福建天翔建设工程有限公司
79	福建省第二电力建设公司	109	福建第二公路工程有限公司
80	厦门市路桥机械有限公司	110	福建恒超建筑工程有限公司
81	福建章诚隆建设工程有限公司	111	福建十建建设有限公司
82	福建省惠三建设发展有限公司	112	福建路港集团有限公司
83	福建省来宝建设工程有限公司	113	福建联泰建设工程有限公司
84	福建省长汀县第一建筑工程有限公司	114	厦门安能建设有限公司
85	福建省八闽建设工程有限公司	115	厦门中宸集团有限公司
86	厦门特房建设工程集团有限公司	116	福建省利恒建设工程有限公司
87	福建省高华建设工程有限公司	117	福建省桃城建设工程有限公司
88	福建省泉州市东海建筑有限公司	118	福建联发建设工程有限公司
89	福建省邮电工程有限公司	119	福建煤炭工业基本建设有限公司
90	福建省晓沃建设工程有限公司	120	福建四海建设有限公司

6-7 续表 2　　　　　　　　　　　（2010 年）

位次	企业名称	位次	企业名称
121	福建广平市政工程有限公司	151	厦门市环海华建设集团有限公司
122	福建省锦秋建筑工程有限公司	152	福建省第一电力建设公司
123	福建省榕圣市政工程股份有限公司	153	泉州市丰泽建筑工程有限公司
124	神州建设集团有限公司	154	福建士联建设有限公司
125	三明市第一建筑工程公司	155	泉州市亿民建设发展有限公司
126	福建省鑫景建筑工程有限公司	156	福建建隆建筑工程公司
127	福建中森建设有限公司	157	福建省浦口建筑工程有限公司
128	福建闽盛建设工程有限公司	158	福建兴万祥建设集团有限公司
129	福建麒麟建设工程有限公司	159	福建省汀江水电工程有限公司
130	厦门市中林建设工程有限公司	160	厦门地山建设发展集团有限公司
131	福建省莆田市联发建筑工程有限公司	161	福建省龙芝建筑工程有限公司
132	福建省亿鑫建设有限公司	162	福州亨源建设工程有限公司
133	福建省永泰县第三建筑工程公司	163	福建省福圣建设有限公司
134	福建省交建集团工程有限公司	164	福建成信绿集成有限公司
135	龙岩市永顺路桥工程有限公司	165	厦门准信机电工程有限公司
136	福建融大建设工程有限公司	166	福建省兴盛建设工程有限公司
137	福建众诚建设工程有限公司	167	福建省东霖建设工程有限公司
138	福建省永太建设发展有限公司	168	福建红建工程有限公司
139	福建华通路桥建设有限公司	169	福建省亿方建筑工程有限公司
140	福建城建建设有限公司	170	泉州市祥恒建筑工程有限公司
141	福建省惠安房屋建造实业公司	171	福建中择建设有限公司
142	福建祥瑞建设发展有限公司	172	厦门市广厦工程建设有限公司
143	福建名筑实业集团有限公司	173	福清市一建建筑工程有限公司
144	厦门市政工程公司	174	福建省国泰建设有限公司
145	福建新纪建设集团有限公司	175	厦门纵横集团建设开发有限公司
146	福建联谊建筑工程有限公司	176	福建省金泉建设集团有限公司
147	福建弘祥建设工程有限公司	177	厦门市聚雄市政工程有限公司
148	厦门辉煌装修工程有限公司	178	福州市第二建筑工程公司
149	福建市政建设有限公司	179	福建省顺安建筑工程有限公司
150	福建福阳建筑工程有限公司	180	福建省东昇建设工程有限公司

6-7 续表 3 （2010 年）

位次	企业名称	位次	企业名称
181	福建省隆恩建设集团有限公司	211	中泛建设集团有限公司
182	厦门开联装饰工程有限公司	212	厦门万安智能股份有限公司
183	龙岩市西安建筑工程有限公司	213	福建省温泉建设工程有限公司
184	三明市绿源工程建设有限公司	214	福建华建工程建设有限公司
185	龙岩市全发建筑工程有限公司	215	福建惠丰建筑工程有限公司
186	福建省邵武三建工程有限公司	216	福建省惠裕建设工程有限公司
187	福建大舟建筑工程有限公司	217	福建纵横建筑工程有限公司
188	福建径坊建造工程有限公司	218	福建名城建工有限公司
189	福清市三建建筑工程有限公司	219	福建省永辉霞建设工程有限公司
190	福建省中禹水利水电工程有限公司	220	福建省鸿官通信工程有限公司
191	福建天虹建设工程有限公司	221	福建省华夏建设发展有限公司
192	福建省惠一建设工程有限公司	222	厦门市安港港口疏浚工程有限公司
193	福建省鑫宇工程建设有限公司	223	福建福华建设工程有限公司
194	福建省泉州市第一建筑工程公司	224	福建九九建设有限公司
195	福建省天闽建筑装饰有限公司	225	福建元宏建筑工程有限公司
196	厦门市同安区第一建筑工程公司	226	永安市宏盛工程有限公司
197	福建省安立信实业集团有限公司	227	福建省上杭县亿鑫钢业有限公司
198	福建南阳建筑工程有限公司	228	福州三桥建筑工程有限公司
199	福建金宇工程有限公司	229	福建省闽清县第三建筑工程公司
200	福州市建筑安装工程公司	230	福建省东日工程有限公司
201	福建新华夏建工有限公司	231	福建根茂建筑有限公司
202	福建省琯头建筑工程有限公司	232	莆田市建宏建筑工程有限公司
203	福建省永旺建设工程有限公司	233	厦门电力工程集团有限公司
204	福建省东泉建筑工程有限公司	234	福建省上杭鸿阳矿山工程有限公司
205	福建省龙洲建筑工程有限公司	235	福建省南铝铝材工程有限公司
206	福建华星建设工程有限公司	236	福建省燕城建设工程有限公司
207	三明市水利水电工程有限公司	237	福建省泉发建设工程有限公司
208	厦门市嘉颐建筑工程股份有限公司	238	福建省同人建设工程有限公司
209	福建方大电力工程有限公司	239	福建省城乡建设工程有限公司
210	福建省惠南建筑工程有限公司	240	福建省金恒昌建筑工程有限公司

6-7 续表 4　　　　　　　　　　　　（2010 年）

位次	企业名称	位次	企业名称
241	莆田市飞阳建筑工程有限公司	271	福州闽发建筑工程有限公司
242	福建省信通工程建设有限公司	272	福建莆田昌泰工程有限公司
243	宁德市建设工程总公司	273	福州冠林智能系统集成有限公司
244	福建青隆建筑工程有限公司	274	福建省国盛建设发展有限公司
245	福建省龙津建筑工程有限公司	275	福建省中晟建设投资有限公司
246	厦门市捷安工程建设有限公司	276	福建省龙祥建设工程有限公司
247	福建省富茂建筑工程有限公司	277	福建歌楠雅建设工程有限公司
248	福建省莆田市电力工程有限公司	278	福建邮科通信技术有限公司
249	福建省鑫通建设有限公司	279	漳州市先行交通建设有限公司
250	福建省成业建设工程有限公司	280	福建益新建筑工程有限公司
251	泉州市北峰建筑工程有限公司	281	永安市海宇建设有限责任公司
252	福建省华丰建设工程有限公司	282	福建省东方富隆建设工程有限公司
253	福州居屋建筑工程有限公司	283	福建省兴雅达装饰装修工程有限公司
254	福建省长鸿建筑工程有限公司	284	福建金鼎建筑发展有限公司
255	福建省恒通路桥工程有限公司	285	泉州市丰业建设工程有限公司
256	福建省汤头建筑工程有限公司	286	厦门金腾装饰集团有限公司
257	福州市第五建筑工程公司	287	福建省永发建筑工程有限公司
258	福建省世新工程营造有限公司	288	泉州亿兴电力工程建设有限公司
259	福建新大陆电脑股份有限公司	289	厦门鲁班源屋营造有限公司
260	龙岩市荣顺工程有限公司	290	福建省鸿达电子技术开发有限公司
261	福建向荣建设集团有限公司	291	福建恒锋电子有限公司
262	福建省涵城建设工程有限公司	292	福建永东南建设工程公司
263	福建华荣建筑工程有限责任公司	293	厦门市港龙装修工程有限公司
264	福建建盛建设工程有限公司	294	福建省闽鑫建设工程有限公司
265	福建省中城建设工程有限公司	295	福建省五建装修装饰工程公司
266	福建省隆晟建设发展有限公司	296	福鼎市第三建筑工程有限公司
267	石狮市电力工程有限责任公司	297	福建霞浦金城建设有限公司
268	福建省金正建筑工程有限公司	298	福州闽龙铁路工程有限公司
269	厦门吉昌建筑工程有限公司	299	福建省金通建设集团有限公司
270	福建蓝桥建筑工程有限公司	300	福建省浔益建筑工程有限公司

6-8　福建省主营业务收入最大前300家贸易企业

（2010年）

位次	企业名称	位次	企业名称
1	厦门建发股份有限公司	31	福建省福农农资集团有限公司
2	中石化森美（福建）石油有限公司	32	厦门海沧经济贸易发展总公司
3	厦门国贸集团股份有限公司	33	厦门嘉联恒进出口有限公司
4	福建中烟工业公司	34	福建省饲料工业公司
5	厦门象屿股份有限公司	35	永恩投资（集团）有限公司
6	中国石油天然气股份有限公司福建销售分公司	36	龙岩鸿裕贸易有限公司
7	厦门信达股份有限公司	37	福建省烟草公司莆田市公司
8	中国石油化工股份有限公司福建石油分公司	38	福建新华发行（集团）有限公司
9	福建省烟草公司泉州市公司	39	厦门七匹狼服装营销有限公司
10	福建炼油化工有限公司	40	福建荣源钢铁贸易有限公司
11	永辉超市股份有限公司福建福州鼓楼分公司	41	福建省烟草公司宁德市公司
12	福建省烟草公司福州市公司	42	中国航空技术厦门有限公司
13	厦门安踏贸易有限公司	43	福州喜盈门实业有限公司
14	厦门海翼国际贸易有限公司	44	福州华闽进出口有限公司
15	中国航油集团福建石油有限公司	45	鑫东森集团有限公司
16	厦门市嘉晟对外贸易有限公司	46	厦门夏商农产品集团有限公司
17	福州闽台茶业有限公司	47	厦门航空开发股份有限公司
18	福建省烟草公司漳州市公司	48	厦门合鑫铜金属材料有限公司
19	福建凯西钢铁集团有限公司	49	晋江市进出口有限公司
20	福建恒安集团厦门商贸有限公司	50	福建图图儿童用品有限责任公司
21	福建闽侯永辉商业有限公司	51	厦门翰达进出口贸易有限公司
22	福建三钢国贸有限公司	52	福州国美电器有限公司
23	福建省烟草公司三明市公司	53	厦门华特集团有限公司
24	福建省烟草公司厦门市公司	54	泉州新华都购物广场有限公司
25	福建省烟草公司南平市公司	55	福建新华都购物广场股份有限公司
26	住重中骏（厦门）建机有限公司	56	厦门特步投资有限公司
27	厦门海翼厦工金属材料有限公司	57	福建同春药业股份有限公司
28	福建省烟草公司龙岩市公司	58	沃尔玛深国投百货有限公司福州山姆会员商店
29	厦门市中信隆进出口有限公司	59	厦门市明穗粮油贸易有限公司
30	国投京闽（福建）工贸有限公司	60	石狮市龙整进出口贸易有限公司

6-8 续表 1 （2010 年）

位次	企业名称	位次	企业名称
61	福建省泉州市侨乡建材有限公司	91	福州中宝汽车销售服务有限公司
62	福建省闽粮购销有限公司	92	福州麦多万嘉超市有限公司
63	福建省电力物资有限公司	93	鸿星尔克（厦门）投资管理有限公司
64	均和（厦门）商贸有限公司	94	厦门协力五金矿产进出口有限公司
65	厦门市旺紫洲工贸有限公司	95	国药控股福建有限公司
66	中国卷烟销售公司厦门卷烟调拨站	96	厦门大亮贸易有限公司
67	厦门路桥工程物资有限公司	97	厦门市诚丰瑞贸易有限公司
68	厦门佳事通贸易有限公司	98	福建省泉州万国发展有限公司
69	厦门青岛啤酒东南营销有限公司	99	福建新华都综合百货有限公司
70	厦门育哲进出口有限公司	100	福建九州通医药有限公司
71	福建省三农碳酸钙有限责任公司	101	厦门空港航星汽车维修服务有限公司
72	福建省榕江进出口公司	102	福州之星汽车贸易有限公司
73	厦门明鑫达贸易发展有限公司	103	厦门骏泰通用机械有限公司
74	中国轻鑫工程厦门有限公司	104	泉州福宝汽车销售服务有限公司
75	福建七匹狼实业股份有限公司	105	阳光城集团股份有限公司
76	厦门中谷粮油贸易有限公司	106	福建省新世纪经贸发展有限公司
77	厦门兴海龙石油有限公司	107	厦门森宝集团有限公司
78	厦门中宝汽车有限公司	108	厦门拓兴成集团有限责任公司
79	福建闽钢实业发展有限公司	109	福建东百集团股份有限公司
80	厦门森那美信昌机器工程有限公司	110	中国石化燃料油销售有限公司福建分公司
81	厦门宇信兴业进出口贸易有限公司	111	福建小松工程机械有限公司
82	福建和盛集团有限公司	112	厦门亿力电力物资有限公司
83	福建省旅游贸易公司	113	福建苏宁电器有限公司
84	福建省漳州市对外贸易公司	114	厦门嘉华进出口贸易有限公司
85	福建省福能电力燃料有限公司	115	厦门永乐思文家电有限公司
86	福建格力电器销售有限公司	116	厦门市中鹭达进出口有限公司
87	泉州五矿（集团）公司	117	福建省南安市苏闽石油有限公司
88	华信石油有限公司	118	厦门信和达电子有限公司
89	福州建发实业有限公司	119	厦门海润进出口有限公司
90	厦门市信达安贸易有限公司	120	泉州鹏润国美电器有限公司

6-8 续表 2　　　　　　　　　　　　　　　（2010 年）

位次	企业名称	位次	企业名称
121	厦门成大进出口贸易有限公司	151	福建浩伦东方资源物产有限公司
122	厦门新五菱汽车销售有限公司	152	福州开发区鸿宇实业有限公司
123	厦门市海澳石油有限公司	153	厦门市成易进出口有限公司
124	厦门锦厦科技有限公司	154	厦门三峡国际贸易有限公司
125	南安市中油油品经销有限公司	155	厦门福厦苏宁电器有限公司
126	九牧王股份有限公司厦门分公司	156	福州华物实业（集团）有限公司
127	福州轻工进出口有限公司	157	沃尔玛深国投百货有限公司厦门世贸分店
128	三明市永达物资贸易有限公司	158	福建阳光集团有限公司
129	福州永力通汽车贸易有限公司	159	厦门富山诚达百货商业广场有限公司
130	厦门市天虹商场有限公司	160	厦门大邦通商汽车贸易有限公司
131	中国铁路物资厦门钢铁有限公司	161	泉州闽中燃港丰石化有限公司
132	厦门市荣鑫行化工有限公司	162	福建中糖糖业发展有限公司
133	莆田市宏发钢材交易市场有限公司	163	中海石油福建新能源有限公司
134	东南融通（中国）系统工程有限公司	164	泉州市烟草公司城区分公司
135	福州常春药业有限公司	165	福州中升丰田汽车销售有限公司
136	泉州化建股份有限公司	166	厦门百城商贸有限公司
137	福建省大东石油化工有限公司	167	福州恒瑞金属材料有限公司
138	福建天福茗茶销售有限公司	168	福建超大畜牧业有限公司
139	厦门华特爱思开有限公司	169	厦门新日精工贸易有限公司
140	福建中鹭医药有限公司	170	厦门好聚合进出口有限公司
141	福建省医药有限责任公司	171	泉州恒义信贸易发展有限公司
142	福建中农农业生产资料有限公司	172	福州中城大洋百货有限公司
143	鹭燕（福建）药业股份有限公司	173	漳州新鑫贸易有限公司
144	福建省福辉珠宝有限公司	174	福建华夏汽车城发展有限公司
145	漳州宝鼎贸易有限公司	175	龙岩瑞荣通用金属材料有限公司
146	厦门市东之星汽车销售有限公司	176	厦门恒立兴机械有限公司
147	厦门欣华晨进出口有限公司	177	福建省新特药业有限公司
148	福建福泰钢铁有限公司	178	厦门鹏联工贸有限公司
149	厦门美的制冷产品销售有限公司	179	三六一度（厦门）工贸有限公司
150	福建新吉福企业有限公司	180	福州玖玖丰田汽车销售服务有限公司

6-8 续表 3　　　　（2010 年）

位次	企业名称	位次	企业名称
181	厦门国美电器有限公司	211	厦门兴荣国际物流有限公司
182	明一世代（福建）贸易有限公司	212	厦门非金属矿进出口有限公司
183	厦门英南进出口有限公司	213	厦门克利尔能源工程有限公司
184	厦门银鹭集团有限公司	214	中央储备粮漳州直属库
185	厦门兴大进出口贸易有限公司	215	厦门市鹭欣嘉贸易有限公司
186	福建省莆田华闽进出口有限公司	216	厦门协力粮油食品进出口有限公司
187	厦门昌和贸易发展有限公司	217	厦门市兆千塑胶有限公司
188	长乐国际机场航空油料有限责任公司	218	厦门市盈众汽车销售有限公司
189	福建省莆田富力进出口有限公司	219	石狮中油通用石油销售有限公司
190	福建省金属材料有限公司	220	重庆新日日顺家电销售有限公司福州分公司
191	厦门展志投资有限公司	221	厦门市华东海石油仓储有限公司
192	厦门国贸实业有限公司	222	福建省鹭明鑫能源发展有限公司
193	福建省储备粮管理有限公司	223	福建省石狮市长江实业有限公司
194	福州华百隆贸易有限公司	224	厦门钢立投资有限公司
195	厦门森宝电子科技集团有限公司	225	厦门良和钢铁销售有限公司
196	福建省农化经贸有限公司	226	福州中机中泰汽车销售有限公司
197	福建津福贸易有限公司	227	福建盈众汽车有限公司
198	厦门中舜进出口有限公司	228	厦门中马进出口有限公司
199	中骏重工（厦门）有限公司	229	金光纸业（厦门）有限公司
200	东山县裕华石油化工有限公司	230	广州宝钢南方贸易有限公司厦门分公司
201	福建闽海石化有限公司	231	龙岩市丰洲贸易有限公司
202	福建华贸进出口有限责任公司	232	厦门金华南进出口有限公司
203	厦门华润燃气有限公司	233	厦门市格朗经贸有限公司
204	福建建州闽光物资有限公司	234	福建荣强贸易有限公司
205	福建东南医药有限公司	235	厦门厦工国际贸易有限公司
206	福建华信能源进出口有限公司	236	福建省化工建材有限公司
207	福建美的制冷产品销售有限公司	237	厦门中兵贸易有限公司
208	厦门市盟友进出口有限公司	238	厦门万盛基业能源有限公司
209	泉州市华田工贸有限公司	239	福建省润通汽车销售服务有限公司
210	厦门美泽鑫源商贸有限公司	240	福建艾利德贸易有限公司

6-8 续表 4 （2010 年）

位次	企业名称	位次	企业名称
241	福州家乐福商业有限公司	271	厦门市泰成汽车服务有限公司
242	福建省安溪县对外贸易公司	272	福州永达汽车销售服务有限公司
243	福建省南安市华龙石油有限公司	273	厦门龙怀进出口贸易有限公司
244	厦门鑫通贸易有限公司	274	福州民天实业有限公司
245	福建榕泰汽车销售服务有限公司	275	福建省惠明医药有限公司
246	泉州市七匹狼体育用品有限公司	276	福建众和营销有限公司
247	福建省惠安县对外加工装配公司	277	福安市良兴机电有限公司
248	福州开发区福燃煤炭运销有限公司	278	厦门信达通宝汽车销售服务有限公司
249	福建福日实业发展有限公司	279	福建省泉州闽星汽车销售服务有限公司
250	福建闽迈特五矿有限责任公司	280	福建省晋江市华联金属材料贸易有限公司
251	福州中升雷克萨斯汽车销售服务有限公司	281	福州龙泽投资有限公司
252	厦门市金水商贸有限公司	282	厦门海宏物流有限公司
253	深圳市天音通信发展有限公司厦门分公司	283	泉州市泉港区爱德利贸易有限公司
254	泉州宝闽钢材有限公司	284	福建省丰吉汽车贸易有限公司
255	凯捷利集团有限公司	285	福建五丰大商场有限公司
256	三明市三元金属材料有限公司	286	厦门市国光工贸发展有限公司
257	厦门古龙进出口有限公司	287	福建省糖酒副食品总公司
258	晋江市大长江钢管贸易有限公司	288	厦门华融实业有限公司
259	厦门永佳和塑胶有限公司	289	厦门美东汽车销售服务有限公司
260	福建华信控股股份有限公司	290	厦门新成功汽车贸易有限公司
261	福州万客隆经贸有限公司	291	厦门市劲隆贸易有限公司
262	福建闽东医药集团有限公司	292	厦门东纶贸易有限公司
263	中国船舶燃料供应福建有限公司	293	片仔癀（漳州）医药有限公司
264	福建省福维尔进出口有限公司	294	福建天成集团针棉毛织品进出口有限公司
265	福州天浩贸易集团有限公司	295	福建省三明市浩伦园艺植保有限公司
266	厦门塞尔福汽车有限公司	296	福州嘉利德斯汽车贸易有限公司
267	福建省晋江市福明鑫化建贸易有限公司	297	厦门中升丰田汽车销售服务有限公司
268	泉州华奥汽车销售服务有限公司	298	福州联合实业有限公司
269	福建申泰邮电器材有限公司	299	厦门森宝食品贸易有限公司
270	厦门市金华穗商贸有限责任公司	300	厦门市诚景进出口有限公司

6-9 第十五批福建名牌产品名单

（2010年）

序号	商标及产品名称	企业名称
1	星网锐捷牌固定无线电话机	福建星网锐捷通讯股份有限公司
2	星网锐捷牌 ADSL	福建星网锐捷通讯股份有限公司
3	锐捷网络+图形牌网络骨干产品管理软件	福建星网锐捷网络有限公司
4	科力+KELI+图形牌金针菇	福州科力现代农业科技开发有限公司
5	华珍源+HUA ZHEN YUAN+图形牌鲜秀珍菇	福建省华源菌业科技有限公司
6	绿百合+LU BAI HE+图形牌鲜橄榄	福建绿百合现代农业有限公司
7	鑫星源牌商品猪	福清市星源农牧开发有限公司
8	HON DONE+图形牌冻鲨鱼片	福州宏东食品有限公司
9	光阳+图形牌清洁蛋	福建光阳蛋业股份有限公司
10	SY+图形牌丁香鱼干	连江信洋水产有限公司
11	龙庭+图形牌冻章鱼	福清龙威水产食品有限公司
12	新大陆牌地面数字电视发射机	福建新大陆通信科技有限公司
13	高意科技牌密集型波分复用器	福州高意通讯有限公司
14	天健+图形牌高解析度低照度彩色摄像机	福州天健光电有限公司
15	智恒+图形牌水表集成户外显示器	福建智恒电子新技术有限公司
16	REIDA 牌石英钟	福建瑞达精工股份有限公司
17	德诚、图形牌黄金首饰	福州德诚首饰有限公司
18	云蕾牌洗洁巾	福州云蕊日用品有限公司
19	ZILONG+图形牌红外线感应水嘴	福州志荣感应设备有限公司
20	图形牌生物柴油	源华能源科技（福建）有限公司
21	山姆大叔+图形牌工业有机废气自动化回收装置	大拇指环保科技集团（福建）有限公司
22	CHAOHUI+图形牌冻虾	福清朝辉水产食品有限公司
23	apex+图形牌客户关系管理系统（证券 CRM 应用套件）	福建顶点软件股份有限公司
24	亿榕信息+YIRONG info+图形牌协同办公系统	福建亿榕信息技术有限公司
25	LANDI+图形牌 EFT-POS 应用管理软件	福建联迪商用设备有限公司

6-9 续表 1 （2010 年）

序号	商标及产品名称	企业名称
26	榕基+图形牌 iTASK 任务管理系统	福建榕基软件股份有限公司
27	榕基+图形牌 RMS 风险管理系统	福建榕基软件股份有限公司
28	SHEN FENG+图形、农大神蜂牌蜂蜜	福建省神蜂科技开发有限公司
29	心之源+XINZHIYUAN 牌蜂产品（蜂蜜、蜂王浆、蜂花粉、蜂蜜配制品）	福建新之源生物制品有限公司
30	都利+图形牌大米	福建都利米业有限公司
31	华龙+图形牌畜禽饲料	福建省华龙集团饲料有限公司
32	海旺+图形牌速冻肉制品	福建海壹食品饮料有限公司
33	隆裕+图形牌烤鳗	福清隆裕食品开发有限公司
34	东威+图形牌冻面包虾	福清市东威水产食品实业有限公司
35	图形牌冻熟虾	福清市谊华水产食品有限公司
36	百洋牌虾皮	福州百洋海味食品有限公司
37	百洋牌速冻鱼丸	福州百洋海味食品有限公司
38	大昌+图形牌鳗鲡系列配合饲料	福州大昌盛饲料有限公司
39	海民+图形牌海带	福建省连江远嘉冷冻食品有限公司
40	百联+图形牌瓜子	福建百联实业有限公司
41	光阳+图形牌松花皮蛋	福建光阳蛋业股份有限公司
42	光阳+图形牌咸鸭蛋	福建光阳蛋业股份有限公司
43	福寿全、一川食品+E.try+图形牌方便面	福建一川食品有限公司
44	台福、顶顶+图形牌八宝粥	福建省台福食品有限公司
45	民天牌调味品（酱油、鱼露、醋）	福州民天集团有限公司
46	龙旺+LONGWANG+图形牌冷冻饮品（雪糕、冰淇淋、冰棍）	福建龙旺食品饮料有限公司
47	台福、顶顶+图形牌果汁饮料	福建省台福食品有限公司
48	台福、顶顶+图形牌蛋白饮料	福建省台福食品有限公司
49	满堂香牌铁观音	福州满堂香生态农业有限公司
50	罗星塔+LUOXINGTA+图形牌棉本色针织专用纱	福建嘉达纺织股份有限公司

6-9 续表 2 （2010 年）

序号	商标及产品名称	企业名称
51	图形+FJHY、华越牌涤纶纱	福建省长乐市华源纺织有限公司
52	图形牌涤纶本色纱	福建省长乐市华亚纺织有限公司
53	图形牌普梳涤与棉混纺本色纱线	福建省长乐市华亚纺织有限公司
54	FJHY+图形、华越牌涤棉纱	福建省长乐市华源纺织有限公司
55	KNOKY+卡奴琦牌童装	福建省福马企业集团有限公司
56	福人+图形牌刨花板	福建福人木业有限公司
57	成龙万家利+图形牌木质门	福建成龙林产工业有限公司
58	Homestar、好事达牌木制家具	福州恒鑫轻工制品有限公司
59	闽兴、图形牌木制家具	闽侯闽兴编织品有限公司
60	鸿盛+图形牌组合式钢床	鸿盛家具（福建）有限公司
61	Daddybaby、爹地宝贝牌纸尿裤（片）	福州天使日用品有限公司
62	双福牌+图形牌工业纯碱系列产品	福州耀隆化工集团公司
63	凤美+图形牌工业涂料	福州金凤涂料有限公司
64	铜墙铁壁+TONGQIANGTIEBI+图形牌接缝腻子	福建山外山涂料科技开发有限公司
65	CHANGE+创益牌防水涂料	福建创益实业有限公司
66	金环+图形牌头孢曲松钠	福建省福抗药业股份有限公司
67	图形、锦创牌锦纶长丝	福建锦江科技有限公司
68	BaoLun+图形、宝纶+图形牌涤纶短纤维	福建省金纶高纤股份有限公司
69	景牌包装+图形牌普通用途双向拉伸聚丙烯薄膜（普通型）	福建时代包装材料有限公司
70	恒杰+图形牌塑料管材（管件）	福建恒杰塑业新材料有限公司
71	亚通+图形牌塑料管材（管件）	福建亚通新材料科技股份有限公司
72	振云+图形牌聚氯乙烯管材（管件）	福建振云塑业股份有限公司
73	振云+图形牌聚烯烃管材（管件）	福建振云塑业股份有限公司
74	Hui chuang long yuan+汇创隆远+图形牌碳素螺纹电缆保护管	福建和盛塑业有限公司
75	Botta 牌塑料管材（管件）	福建博大塑业新材料有限公司

6-9 续表 3　　　　　　　　（2010 年）

序号	商标及产品名称	企业名称
76	晟扬+SHENG YANG+图形牌 PE 给水管材（管件）	福建晟扬管道科技有限公司
77	Hui chuang long yuan+汇创隆远+图形牌M-PP 高压电力电缆保护管	福建和盛塑业有限公司
78	建福+图形、炼石+图形牌通用硅酸盐水泥	福建水泥股份有限公司
79	三和牌先张法预应力混凝土管桩	福建三和混凝土桩杆有限公司
80	FAS 牌粉煤灰（陶粒）小型空心砌块	福州锦龙新型建筑材料有限公司
81	新福兴+图形牌安全节能玻璃	福清市新福兴玻璃有限公司
82	艺根+图形牌彩饰玻璃	福州艺根玻璃有限公司
83	冠良+图形牌汽车用制动器衬片	福建冠良汽车配件工业有限公司
84	图形+富の源牌不锈钢冷轧钢带	福建富源不锈钢有限公司
85	昇兴+图形牌易拉罐	昇兴（福建）集团有限公司
86	富の源+图形牌装饰用不锈钢焊接管材	福建富源不锈钢有限公司
87	铁牛+图形牌普通碳素钢电线套管	长乐铁牛金属制品有限公司
88	祥鑫牌铝梯	福建省祥鑫铝业集团有限公司
89	KJ+科杰机械+KEJIE ENGINE 牌门桥式起重机	福建科杰起重机械有限公司
90	AOLAN+澳蓝牌蒸发式冷气机	福州澳蓝空调设备有限公司
91	海源机械牌蒸压砖自动液压机	福建海源自动化机械股份有限公司
92	JCC 牌汽车、摩托车用铝合金活塞	福州钜全汽车配件有限公司
93	恒乐牌电涡流缓速器	福建恒乐汽车部件有限公司
94	图形牌 700-1000TEU 支线型集装箱船	福建省马尾造船股份有限公司
95	图形牌 70 米海洋平台供应船	福建省马尾造船股份有限公司
96	天宇+图形牌电力变压器	福州天宇电气股份有限公司
97	TY+天一同益牌 KYN44 型交流金属封闭开关设备	福州天一同益电气有限公司
98	图形牌高低压成套开关设备	福建森达电气有限公司
99	瑞鑫+RUIXIN+图形牌电线电缆	瑞鑫集团（福州）实业有限公司

6-9 续表 4　　　　　　　　　　　　（2010 年）

序号	商标及产品名称	企业名称
100	斯狄瀛电器+aquapower 牌即（快）热式电热水器	福州斯狄瀛电热水器有限公司
101	Aurine、冠林牌 AH 系列楼宇对讲（可视）系统	福建省冠林科技有限公司
102	齐翔+图形牌蔬菜红蒜	厦门齐翔食品有限公司
103	绿心缘牌洋葱	厦门海鲜鸿食品有限公司
104	东南融通、图形牌本外币一体化支付清算平台	东南融通（中国）系统工程有限公司
105	易联众牌医保医院金融一卡通平台	易联众信息技术股份有限公司
106	海堤+图形牌乌龙茶（铁观音、水仙）	厦门茶叶进出口有限公司
107	翔鹭+图形牌精对苯二甲酸	翔鹭石化股份有限公司
108	linde、林德牌叉车	林德（中国）叉车有限公司
109	DSR、图形牌聚酯切片	腾龙特种树脂（厦门）有限公司
110	万里石+WANLISTONE+图形牌建筑石材	厦门万里石有限公司
111	厦工、图形牌挖掘机	厦门厦工机械股份有限公司
112	KELONG、科华牌不间断电源（UPS）	厦门科华恒盛股份有限公司
113	COWELL 牌跑步机	厦门钢宇工业有限公司
114	春保+图形牌精密钨钢制品	厦门春保精密钨钢制品有限公司
115	CB+图形牌硬质合金	春保材料科技（厦门）有限公司
116	HOMER 牌接触器	厦门宏美电子有限公司
117	惠尔康牌菊花茶饮料	厦门惠尔康食品有限公司
118	YUSIN+图形牌汽车制动器	厦门永裕机械工业有限公司
119	SHERWOOD 牌金属家俱	厦门西华家俱有限公司
120	雅迅网络+图形牌车载无线终端	厦门雅迅网络股份有限公司
121	开源+图形牌铲斗（装载机配件）	厦门开源冷作有限公司
122	清宏+图形牌不锈钢餐具系列产品（刀具、餐具、厨具、器皿）	厦门市清宏实业有限公司
123	姚明牌织带	厦门姚明织带饰品有限公司

6-9 续表 5　　　　　　　　　　（2010 年）

序号	商标及产品名称	企业名称
124	厦工、图形牌装载机	厦门厦工机械股份有限公司
125	TOPSTAR、通士达牌紧凑型荧光灯	厦门通士达照明有限公司
126	翔鹭+图形牌聚酯纤维	厦门翔鹭化纤股份有限公司
127	银鹭牌八宝粥	厦门银鹭食品集团有限公司
128	金鹭+图形牌钨系列产品（仲钨酸铵、氧化钨）	厦门钨业股份有限公司
129	stelcom+图形牌固定无线电话机	厦门敏讯信息技术股份有限公司
130	鹭岛牌+图形牌薄膜电容器	厦门法拉电子股份有限公司
131	石狮+图形牌卷烟	厦门烟草工业有限责任公司
132	三圈牌电池	厦门三圈电池有限公司
133	图形牌饲料添加剂（维生素 A 粉、D3 粉、AD3 粉）	厦门金达威集团股份有限公司
134	金鹭+图形牌钨系列产品（钨粉、碳化钨粉）	厦门金鹭特种合金有限公司
135	三角梅+图形牌印染织物	厦门华纶印染有限公司
136	INTEC+图形牌医用体外诊断试剂	英科新创（厦门）科技有限公司
137	古龙+GULONG+图形牌肉类罐头	厦门古龙罐头食品有限公司
138	银祥+图形牌畜禽饲料	厦门银祥饲料有限公司
139	星鲨、图形牌维生素系列制剂	厦门星鲨药业集团有限公司
140	宝鹭、银鹭牌食用调和油	厦门中鹭植物油有限公司
141	萤火虫、FIREFLY 牌紧凑型高效电子节能灯	厦门市东林电子有限公司
142	哈隆+HELLO+图形牌遥控器	厦门哈隆电子有限公司
143	中绿+图形牌甜玉米	中绿食品集团有限公司
144	如意情+图形牌腌制果蔬	厦门如意集团有限公司
145	振威、genway 牌楼宇安防对讲系统	厦门 ABB 振威电器设备有限公司
146	厦装+ook 牌装载机系列产品	厦门市装载机有限公司
147	图形牌辊式冷轧成型设备	厦门正黎明冶金机械有限公司

6-9 续表 6 （2010 年）

序号	商标及产品名称	企业名称
148	梅春+图形牌空气卫生香	厦门舫昌实业有限公司
149	Suntar 牌水净化设备	三达膜科技（厦门）有限公司
150	爱得利 IVORY 牌奶瓶（嘴）	厦门帝尔特企业有限公司
151	鹭岛、图形牌过磷酸钙	厦门厦化实业有限公司
152	弘信电子+图形牌挠性印制电路板	厦门弘信电子科技有限公司
153	鼎炉+图形牌新癀片	厦门中药厂有限公司
154	PRIMA、厦华牌彩色电视机	厦门华侨电子股份有限公司
155	倩果+QG+图形牌芭乐	长泰县锦信青果专业合作社
156	民光+MINGUANG+图形牌琯溪蜜柚	福建省国农农业发展有限公司
157	锦溪+图形牌琯溪蜜柚	福建锦溪集团有限公司
158	诏安红星青梅+图形牌青梅	诏安县红星乡青梅技术研究会
159	图形牌速冻鱼	漳州鲜品冷冻食品有限公司
160	紫山+ZISHAN+图形、Q51 牌速冻菜	福建紫山集团股份有限公司
161	嘉昌+JIACHANG+图形牌冻梭子蟹	龙海市嘉昌水产有限公司
162	F+图形牌速冻荔枝	福建省福龙冷冻食品有限公司
163	孚美+FUMEI+图形牌速冻果蔬	漳州市孚美实业有限公司
164	彩龙+图形牌冻杂色蛤	漳州泉丰食品开发有限公司
165	彩龙+图形牌冻南美白对虾	漳州泉丰食品开发有限公司
166	图形牌冻煮杂色蛤肉	漳浦县丰盛食品有限公司
167	新润+XR-uniland 牌速冻荔枝	福建省新润食品有限公司
168	绿岛华昌+HUACHANG+图形牌冷冻螃蟹	东山县华昌食品有限公司
169	陵海之星+LINGHAIZHIXING+图形牌速冻吧浪鱼	福建东山县海之星水产食品有限公司
170	海魁+图形牌冻虾	福建省东山县海魁水产集团有限公司
171	海魁+图形牌冻罗非鱼片	福建省东山县海魁水产集团有限公司

6-9 续表 7　　　　　　　　　　（2010 年）

序号	商标及产品名称	企业名称
172	燕锋+YANFENG+图形牌冻虾	漳州市燕锋水产食品有限公司
173	JALAND+图形牌保鲜蔬菜（萝卜、包菜、花菜）	漳州市景南农业开发有限公司
174	海新+HAIXIN+图形牌配合饲料	漳州市海新饲料有限公司
175	鸿一牌豆粕	鸿一粮油资源股份有限公司
176	盈豐+图形牌寿司姜（酸姜）	福建盈丰食品集团有限公司
177	丹夫牌华夫饼	丹夫食品（漳州）有限公司
178	图形牌冻烤鳗	福建省诏安东欣食品有限公司
179	泰山、图形牌仙草蜜	泰山企业（漳州）食品有限公司
180	紫山+ZISHAN+图形、Q51 牌果蔬罐头	福建紫山集团股份有限公司
181	金之榕+图形牌果蔬罐头	福建金之榕食品工业有限公司
182	LB+图形牌蘑菇罐头	福建绿宝食品集团有限公司
183	宝石+图形牌果蔬罐头	福建平和宝峰罐头食品有限公司
184	天保龙食品+图形牌蘑菇罐头	漳州天保龙食品有限公司
185	天崠 TIAN DONG+图形牌白芽奇兰茶	福建天用茶业有限公司
186	天醇 TIANCHUN+图形牌白芽奇兰茶	平和县天醇茶业有限公司
187	名峰山+MINGFENGSHAN+图形牌白芽奇兰茶	福建向荣大芹山茶业发展有限公司
188	天福+TIANFU 牌铁观音茶	漳州天福茶业有限公司
189	金峰新佳美牌钢管家具	新佳美（漳州）日用品有限公司
190	SL+图形牌钢管家具	漳州永生利家具有限公司
191	欣龙+XINLONG 牌箱纸板	福建省欣龙包装制品有限公司
192	龙江+图形牌工业涂料	福建省腾龙工业公司
193	wanan+图形牌热固性粉末涂料	漳州市万安实业有限公司
194	小浣熊牌儿童护肤品	福建省梦娇兰日用化学品有限公司
195	片仔癀牌片仔癀	漳州片仔癀药业股份有限公司

6-9 续表 8　　　　　　　　　　　　（2010 年）

序号	商标及产品名称	企业名称
196	集友+JIYOU+图形、福泰+FUTAI+图形牌塑料管材管件	漳州市龙海集友塑料有限公司
197	今冠+图形牌塑料包装袋	金冠（龙海）塑料包装有限公司
198	中达+图形牌普通硅酸盐水泥	福建省漳州中达集团有限公司
199	Bolina Italiana 牌卫生洁具	漳州万佳陶瓷工业有限公司
200	利南+图形牌工业硅	福建利南硅业集团有限公司
201	建福+Jian Fu+图形牌铝合金建筑型材	福建省漳州安泰铝材有限公司
202	DLCO+图形牌五金建材配件（玻璃五金、门窗五金、浴室绞链）	漳州达林五金有限公司
203	图形牌多功能园艺果树剪	漳州仂元工业有限公司
204	力佳+图形牌柴油机	福建力佳股份有限公司
205	LS、浪升+图形牌关节轴承	福建龙溪轴承（集团）股份有限公司
206	新麒王牌电动卷门机	漳州市长泰新麒麟机械有限公司
207	图形牌高频电阻焊铜线	漳州市荣昌企业发展有限公司
208	国绿+GUOLU+图形牌太阳能道路照明灯	漳州国绿太阳能科技有限公司
209	ERLING 牌有线数字电视机顶盒	福建二菱电子有限公司
210	万利达、malata 牌笔记本电脑	万利达集团有限公司
211	KELONG 牌不间断电源（UPS）	漳州科华技术有限责任公司
212	万利达、malata 牌激光视盘机	万利达集团有限公司
213	万利达、malata 牌液晶电视	万利达集团有限公司
214	万利达、malata 牌卫星导航器	万利达集团有限公司
215	吉邦 JIBANG 牌石英钟	福建吉邦电子有限公司
216	MOVEBEST+图形牌石英钟表	漳州市恒丽电子有限公司
217	图形牌钢结构	福建省漳州鑫盛钢结构工程有限公司
218	惠香飘牌食用调和油	福建省惠香粮油食品有限公司
219	伍氏特香包+WTXB+图形牌面包	福建泉州市伍氏特香包有限公司

6-9 续表 9 （2010 年）

序号	商标及产品名称	企业名称
220	金冠+图形牌糖果	金冠（中国）食品有限公司
221	福马牌巧克力棒	福建福马食品集团有限公司
222	金惟他牌麦片	金维他（福建）食品有限公司
223	宏发、味の天才牌方便面	宏发集团（中国）有限公司
224	天线宝宝牌果冻	泉州市天线宝宝食品有限公司
225	顺德堂牌永春老醋	福建永春顺德堂食品有限公司
226	安记牌复合调味粉	福建省泉州市安记食品有限公司
227	安记牌复合调味酱汁	福建省泉州市安记食品有限公司
228	和浴+he yup+图形牌陶瓷片密封水嘴	泉州和浴洁具有限公司
229	水力+图形牌室内消火栓	福建水力消防成套设备有限公司
230	WSM 牌装载机	福建省威盛机械发展有限公司
231	图形牌螺栓	福建泉州市金正机械有限公司
232	LJ+图形牌高强度螺栓	福建省晋江市励精汽配有限公司
233	QUANYONG+图形牌工程机械配件四轮一带产品	永春县泉永机械配件有限公司
234	图形牌电力变压器（油浸式、干式）	中骏电气（泉州）有限公司
235	XinYang+欣阳+图形牌电线电缆	福建章乐电缆有限公司
236	闽华+MINHUA+图形牌铅酸蓄电池	福建省安溪闽华电池有限公司
237	图形牌移动通信直放站	福建泰克通信有限公司
238	火炬+图形牌陶瓷电容器	福建火炬电子科技股份有限公司
239	DA SHU+图形牌旅游帐篷	福建省南安市新厅皮塑有限公司
240	金润+图形、迪香+DIXIANG+图形牌大米	福建泉州市金穗米业有限公司
241	八哥、bage 牌旅游鞋	福建省晋江八哥鞋业有限公司
242	龙珠牌白酒	福建泉州市龙珠酿酒有限公司
243	惠泉牌啤酒	福建省燕京惠泉啤酒股份有限公司

6-9 续表 10　　　　(2010 年)

序号	商标及产品名称	企业名称
244	春生堂牌秘制酒	福建泉州市春生堂酒厂有限公司
245	和其正牌凉茶	福建达利食品集团有限公司
246	一农牌铁观音	福建省安溪县一农茶叶有限公司
247	溯茗源+SUMINGYUAN 牌铁观音	福建省安溪县溯源茶厂
248	华虹牌铁观音	华虹（安溪）茶业有限公司
249	日隆+rilong+图形牌棉纺纱线	福建宏远集团有限公司
250	日隆+rilong+图形牌针织面料	福建宏远集团有限公司
251	HT+图形牌竹炭纤维功能性面料	石狮市宏太纺织发展有限公司
252	Hoperise+图形牌茄克	泉州红瑞兴纺织有限公司
253	太阳海+SUNSEA+图形牌运动服	太阳海（福建）制衣有限公司
254	爱格乐牌西服	福建泉州爱格乐制衣有限公司
255	SEPTWOLVES+狼标图形牌茄克衫	福建七匹狼实业股份有限公司
256	SEPTWOLVES+狼标图形牌 T 恤衫	福建七匹狼实业股份有限公司
257	LILANZ+利郎牌西服	利郎（中国）有限公司
258	图形牌茄克	福建柒牌集团有限公司
259	道亨+Daoheng+图形牌棉服装	晋江思梦发织造制衣有限公司
260	雄豹狼+xiongbaolang+图形牌休闲服	石狮市雄豹狼服装发展有限公司
261	威兰西+weles 牌女装系列	威兰西（中国）服饰有限公司
262	飞亚世、Feiyashi+图形牌休闲运动服	飞亚世（中国）有限公司
263	赛琪+图形牌运动服	石狮市赛琪体育用品有限公司
264	CHAO YUE+图形牌运动休闲鞋	超越服饰（中国）有限公司
265	匹克牌旅游鞋	泉州匹克鞋业有限公司
266	卡丁+KADING 牌旅游鞋	卡丁（福建）儿童用品有限公司
267	图形牌运动鞋	泉州盛达轻工有限公司

6-9 续表 11　　　　　　　　　　（2010 年）

序号	商标及产品名称	企业名称
268	名郎+MINGLANG+图形、图形牌休闲鞋	名郎（福建）鞋业有限公司
269	露友+LUYOU+图形牌旅游鞋	露友（中国）有限公司
270	力道+LIDAO 牌旅游鞋	福建省晋江市陈埭龙德鞋服有限公司
271	图形牌旅游鞋	福建飞越鞋服有限公司
272	足贸+zumao 牌旅游鞋	福建省南安市永盛鞋服有限公司
273	宙光+ZHOU GUANG 牌运动休闲鞋	福建省南安市宙光鞋业有限公司
274	圖圖牌童鞋系列	福建欧美龙体育用品有限公司
275	宇速+YUSU 牌旅游鞋	福建省南安市三鑫鞋业有限公司
276	帮登+bangdeng 牌童鞋	福建省南安市帮登鞋业有限公司
277	图形牌旅游鞋	福建欧美龙体育用品有限公司
278	劲王+jingwang+图形牌休闲皮鞋	石狮市劲昌鞋服有限公司
279	金迈王+jimaire、JIMAIRE 牌休闲皮鞋	福建金迈王鞋服制品有限公司
280	跃茂+图形牌涤纶包袋	泉州跃茂皮塑有限公司
281	图形牌木质门	嘉华建材（福建）有限公司
282	恒发+HENGFA 牌金属家具	泉州恒发工艺品有限公司
283	DeLANDIS+图形牌沙发	泉州恒昂工贸有限公司
284	优兰发+you lan fa+图形、优岛+YOU DAO 牌干法静电复印纸	福建省晋江优兰发纸业有限公司
285	好吉利牌纸巾纸	福建恒利纸业有限公司
286	雀氏+CHIAUS 牌婴儿纸尿裤（片）	雀氏（福建）实业发展有限公司
287	爽儿宝+SHuang Er Bao 牌婴儿纸尿裤	泉州恒利妇幼用品有限公司
288	艾派+AP+ASIANPIONEER+图形牌印刷本	艾派集团（中国）有限公司
289	威尔夫+Weierfu+图形羽毛球拍	石狮市非凡运动器材有限公司
290	兴宇+XINGYU 牌聚氨酯树脂	福建兴宇树脂有限公司
291	大日+图形牌 PVC 管材管件	泉州大日塑胶有限公司

序号	商标及产品名称	企业名称
292	三盛+SAN SHENG+图形牌 EVA 发泡材料	泉州三盛橡塑发泡鞋材有限公司
293	图形牌鞋底	福建隆盛轻工有限公司
294	坚石牌 PHC 管桩	惠安坚石水泥制品有限公司
295	七彩+图形牌陶瓷墙地砖	福建七彩陶瓷有限公司
296	图形牌陶瓷砖	福建省晋江市内坑社仔顺兴陶瓷建材厂
297	蓝飞+LAFE、蓝飞瓷砖+图形牌干压陶瓷砖	福建省安泰建材实业有限公司
298	腾达+TENGDA 牌干压陶瓷砖	晋江腾达陶瓷有限公司
299	信源+XIN YUAN+图形牌干压陶瓷砖	晋江远东陶瓷有限公司
300	港龙城牌建筑石材	港龙（泉州）石材有限公司
301	东星+DONG XING+图形牌石材	福建泉州南星大理石有限公司
302	图形牌天然大理石建筑板材	福建南安市样样全石材有限公司
303	新鹏飞+XINPENGFEI+图形牌大理石板材	福建省新鹏飞实业发展有限公司
304	宏发+Hong Fa+图形牌装饰石材	福建宏发集团有限公司
305	伟盛牌德化白瓷（日用陶瓷）	福建省泉州伟盛集团有限公司
306	先达+XIANDA+图形牌德化白瓷（日用陶瓷）	福建省德化县先达瓷厂
307	图形牌工艺陶瓷	福建省佳美集团公司
308	龙鹏+Longpeng+图形牌工艺陶瓷	福建省泉州龙鹏集团有限公司
309	闽发+MF+图形牌铝合金建筑型材	福建省闽发铝业股份有限公司
310	图形牌石材磨具	泉州金山石材工具科技有限公司
311	众志牌金刚石圆锯片	泉州众志金刚石工具有限公司
312	TETAO+图形牌陶瓷片密封水嘴	申鹭达集团有限公司
313	春洪+图形牌陶瓷片密封水嘴	福建省南安市春城水暖器材厂
314	翔鹰卫浴+xoyoo+图形牌陶瓷片密封水嘴	泉州市海鹰实业有限责任公司
315	辉煌水暖、HHSN 牌便器冲洗阀	辉煌水暖集团有限公司

6-9 续表 13 （2010 年）

序号	商标及产品名称	企业名称
316	辉煌水暖、HHSN 牌陶瓷片密封水嘴	辉煌水暖集团有限公司
317	申旺牌陶瓷片密封水嘴	福建申旺集成卫浴有限公司
318	富贵鸟+fuguiniao+图形牌皮鞋	福建石狮市福林鞋业有限公司
319	凤山+图形牌铁观音	福建省安溪茶厂有限公司
320	山中牌如意沙发十一件套	福建山中古典工艺家具有限公司
321	赓財牌圆角柜	莆田市大家之家古典家具有限公司
322	云敦+图形、云敦至尊牌衬衫	福建云敦服饰有限公司
323	云敦+图形、云敦至尊牌西裤	福建云敦服饰有限公司
324	金威世家+JIN WEI SHI JIA 牌西服套装	金威服装（福建）有限公司
325	辉特+HUITE 牌旅游运动鞋	莆田市辉特体育用品有限公司
326	图形牌 PVC 双壁波纹管	莆田市恒通通信器材有限公司
327	DY 牌内燃机活塞环	福建东亚机械有限公司
328	健辉+JIANHUI 牌植物蛋白饮料	福建省康辉食品有限公司
329	大家发+图形牌无铅松花皮蛋	福建仙游中源食品有限公司
330	牧童+图形牌皮蛋	福建大老古食品有限公司
331	牧童+图形牌咸蛋	福建大老古食品有限公司
332	华邦*御尊牌吉祥沙发十件套	福建省华邦经典家俬有限公司
333	皇辉+HUANG HUI 牌莲藕宝座三件套家具	福建省福辉世家古典艺术设计有限公司
334	协恩+XIE EN+图形牌官帽椅	福建省仙游县福瑞来古典工艺有限公司
335	林国华+LINGUOHUA 牌皇宫椅	仙游县华之华家私有限公司
336	文华阁+图形牌交椅	仙游县文华金阁古典家具有限公司
337	王大福+图形牌如意宝座	仙游县大福工贸有限公司
338	海凌仙艺+图形牌苏式玫瑰椅	福建仙游海凌古典家俬装饰有限公司
339	金日兴+图形牌畜禽配合饲料	莆田市金日兴生物科技开发有限公司

6-9 续表 14　　　　　　　　（2010年）

序号	商标及产品名称	企业名称
340	圣邦+图形牌休闲裤	莆田圣邦服饰有限公司
341	哈够+图形牌系列纸制品	福建鸿圣纸业有限公司
342	wanban 牌 LED 灯具系列（LED 路灯、超捷能 LED 球泡灯）	福建中科万邦光电股份有限公司
343	青林源+图形牌水果干制品（莆田桂圆）	莆田市华南副食品有限公司
344	百祥 BESSTRONG+图形牌汽车座垫	福建百祥车饰有限公司
345	才子+图形牌衬衫	才子服饰股份有限公司
346	X·GUAN+图形牌运动鞋（足球鞋、棒球鞋）	莆田市祥冠鞋业有限公司
347	优利可 YOULIKE 牌种猪	福建省莆田市优利可农牧发展有限公司
348	方家铺子+图形牌桂圆干	方家铺子（莆田）绿色食品有限公司
349	三源+图形牌铝合金建筑型材	福建省三源金属制品有限公司
350	莆江牌摩托车制动器总成（含制动蹄块）	莆田市精密铸锻有限公司
351	雪津+图形牌啤酒	英博雪津啤酒有限公司
352	柔爱、雪薇牌卫生巾	福建莆田佳通纸制品有限公司
353	新威、SUNWAY 牌电子计算器	福建省新威电子工业有限公司
354	莆荣+图形牌制动蹄块总成	莆田市荣兴机械有限公司
355	JINPU 牌数控铣床	福建省金浦机械工业有限公司
356	佳爽+图形牌纸尿裤	福建省莆田市荔城纸业有限公司
357	闽中牌枇杷汁饮料	福建省闽中有机食品有限公司
358	鸿达+图形牌种猪	福建莆田鸿达牧业有限公司
359	KNUP、凯诺步牌旅游鞋	莆田艾力艾鞋服有限公司
360	保兰德 Powerland 牌背提包	福建保兰德箱包皮具有限公司
361	SunRoLL 牌运动鞋	福建省莆田三路鞋业有限公司
362	天赐良源牌野菜汁饮料	福建省闽中有机食品有限公司
363	渔太太牌速冻水产制品	莆田市汇丰食品工业有限公司

6-9 续表 15　　　　　　　　（2010 年）

序号	商标及产品名称	企业名称
364	华港+HUAGANG+图形牌畜禽配合饲料	福建省华港农牧集团有限公司
365	卡西尼牌硫化鞋	莆田市柏松体育用品有限公司
366	雪峰+图形牌银饰品	莆田市秀屿区雪峰机械链首饰有限公司
367	三棵树+SANKESHU、洪洋+图形牌胶粘剂	三棵树涂料股份有限公司
368	天尊+图形牌铸造用生铁	福建闽光冶炼有限公司
369	三菲牌铝箔	三明市三菲铝业有限公司
370	航翔牌细木工板	福建三明家园木业有限公司
371	图形牌碳素结构钢和低合金结构钢热轧厚钢板	福建三钢闽光股份有限公司
372	金璐源牌细木工板	三明市金璐源新材有限公司
373	闽丰牌预应力混凝土电杆	三明闽丰通信有限公司
374	斑竹牌尿素	福建三钢（集团）三明化工有限责任公司
375	白菜牌、福農牌草甘膦系列产品	福建三农集团股份有限公司
376	图形牌钢筋混凝土用热轧光圆钢筋	福建三钢闽光股份有限公司
377	图形牌钢筋混凝土用热轧带肋钢筋	福建三钢闽光股份有限公司
378	闽光牌冷镦和冷挤压用钢	福建三钢闽光股份有限公司
379	NEWSTYLE 牌聚氨酯合成革	福建新泰革业有限公司
380	英汉凯丰牌 PU 革基布	福建英汉凯丰纺织染整有限公司
381	宝华林牌高强高模维纶纤维	永安市宝华林实业发展有限公司
382	图形牌涤棉混纺纱	福建省永安京朋纺织实业有限公司
383	永林蓝豹+图形牌中密度纤维板	福建省永安林业（集团）股份有限公司
384	岩花+图形牌工业炸药	福建海峡科化股份有限公司
385	一支花+图形牌尿素	智胜化工股份有限公司
386	双轮+图形牌聚乙烯醇	福建纺织化纤集团有限公司
387	明通+图形牌混凝土模板用胶合板	永安市吉通板业有限公司

6-9 续表 16 （2010 年）

序号	商标及产品名称	企业名称
388	飞捷牌圆锥滚子轴承	福建省永安轴承有限责任公司
389	川溪+图形牌脐橙	永安市洪田川溪果业有限公司
390	宝华林牌维纶纤维	永安市宝华林实业发展有限公司
391	祟圣岩+图形牌铁观音	大田县高峰茶业有限公司
392	高峰+图形牌生姜	福建省大田县福井农业开发有限公司
393	开心一百牌卫生纸	福建省大田县华闽纸业有限公司
394	岩城+图形牌普通硅酸盐水泥	福建省大田县岩城水泥有限责任公司
395	仙峰+图形牌大田肉兔	大田县兔业开发技术服务中心
396	宏苑+图形牌铁观音	福建省沙县宏苑茶业有限公司
397	沈丰+图形牌细木工板	福建和鑫木业有限公司
398	MAIDAN+图形牌 L-苯丙氨酸	福建省麦丹生物集团有限公司
399	环科+HUANKE+图形牌再生橡胶	福建环科集团三明市高科橡胶有限公司
400	琉璘+图形牌过磷酸钙	福建省三联化工股份有限公司
401	明福+图形牌混凝土模板用胶合板	福建省沙县明福木业有限公司
402	老潘头+图形牌腐乳	老潘头（福建）食品有限公司
403	昂福+图形牌再生橡胶	福建环科化工橡胶集团有限公司
404	青山+图形牌纸袋纸	福建省青山纸业股份有限公司
405	青山+图形牌牛皮卡纸	福建省青山纸业股份有限公司
406	大帽山+图形牌 PU 革基布	福建省尤溪洋益纺织服装有限公司
407	尤溪绿笋+图形牌尤溪绿竹笋	尤溪县永恒绿竹专业合作社
408	TENGRONGDA+图形牌绒毛浆	福建腾荣达制浆有限公司
409	天顺祥+tsx wood 牌木制滑梯板	福建天顺祥木业有限责任公司
410	益春牌金针菇	泰宁县益村绿色农产品发展有限公司
411	绿田+图形牌速冻鲜莲	福建闽江源绿田实业投资发展有限公司

6-9 续表 17 （2010 年）

序号	商标及产品名称	企业名称
412	文鑫+图形牌建莲莲子	福建文鑫莲业食品有限公司
413	铙山+图形牌 17g/m² 拷贝纸	福建铙山纸业集团有限公司
414	铙山+图形牌半透明纸	福建铙山纸业集团有限公司
415	翠源馨+图形牌清水笋	福建省建宁县翠源食品有限公司
416	客家源+图形牌红薯粉丝	福建省三明市客家源食品有限公司
417	凰宝+图形牌细木工板	宁化县三和木业有限责任公司
418	穗利+图形牌大米	宁化县佳穗米业有限公司
419	青流牌清流黄羊	清流县富农黄羊养殖专业合作社
420	百事达+图形、beststarch+图形牌食用变性淀粉	三明百事达淀粉有限公司
421	依欣源+图形牌猪肉	三明市食品集团楼源畜牧有限责任公司
422	神农白雪+Shen nong bai xue+图形牌真姬菇	福建省顺昌神农珍稀菇业有限公司
423	和意+Heyi+图形牌杏鲍菇	福建和意农业发展有限公司
424	和宝+图形牌无公害商品猪	福建大禾农牧发展有限公司
425	一春牌种猪	福建一春农业发展有限公司
426	老知青、老知青+laozhiqing+图形牌山茶油	老知青（福建）油脂有限公司
427	龙凌+图形牌山茶油	福建龙凌植物油开发有限公司
428	武夷香栗+图形牌锥栗	建瓯市天添食品有限公司
429	锥仁+ZHUI REN+图形牌建瓯锥栗	福建省建瓯市青然食品有限公司
430	旭禾+XUHE+图形牌大米	福建省浦城县旭禾米业有限公司
431	长富乳业+CHANGFU DAIRY+图形牌纯牛奶	福建长富乳品有限公司
432	亚达+图形牌水煮笋	福建亚达集团有限公司
433	明良+MING LIANG+图形牌竹笋罐头	福建明良集团有限公司
434	武夷+WU YI+图形牌鸡精调味料	福建省建阳武夷味精有限公司
435	盾顶+图形牌食用螺旋藻	福建省神六保健食品有限公司

6-9 续表 18　　　　　　　　　　　　（2010 年）

序号	商标及产品名称	企业名称
436	黄华山+图形、福茅+fumao+图形牌白酒	福建省建瓯黄华山酿酒有限公司
437	京泰+JING TAI 牌茉莉花茶	福建省京泰茶业有限公司
438	老苑北+Lao yuan bei+图形牌水仙	福建省建瓯市苑北茶叶有限公司
439	炭焙水仙+图形牌水仙	福建省建瓯市龙山茶叶有限公司
440	际浩+JI HAO 牌（政和工夫）红茶	福建省政和县茗香轩茶厂
441	武夷星+wuyistar+图形、武夷+wuyi+图形牌武夷岩茶	武夷星茶业有限公司
442	元正+图形牌正山小种红茶	福建武夷山国家级自然保护区正山茶业有限公司
443	南纺+图形、闽牌+图形牌革基布	福建南纺股份有限公司
444	我能牌洗洁巾	邵武德林多家居用品制造有限公司
445	闽竹牌竹胶板	福建昌隆竹业有限公司
446	丽人+LR+图形牌中密度纤维板	浦城丽平人造板有限责任公司
447	森竹+SZ+图形牌指接拼板	福建省顺昌县升升木业有限公司
448	叶之林+图形牌竹制胶合模板	邵武市叶之林木竹有限公司
449	瓯竹+图形牌竹地板	福建篁城科技竹业有限公司
450	星光+XINGGUANG+图形牌新闻纸	福建省南纸股份有限公司
451	富宝牌+图形牌尿素	福建省顺昌富宝实业有限公司
452	常溪+图形牌硝酸铵	福建邵化化工有限公司
453	施豪+SHIHAO+图形牌饲用金霉素	浦城正大生化有限公司
454	XSC+图形牌车用活性碳	福建省邵武市鑫森碳业有限公司
455	鸿发+图形牌塑料管材管件	福建浦城鸿发工程塑料有限公司
456	冠通+GUAN TONG 牌加气混凝土砌块	福建省邵武市远通新建材有限公司
457	昌光華+图形牌汽车安全玻璃	福建光华玻璃有限公司
458	闽铝牌铝合金建筑型材	福建省南平铝业有限公司
459	金瓯+图形牌齿轮	福建省建瓯精工齿轮（机械）有限公司

6-9 续表 19 （2010 年）

序号	商标及产品名称	企业名称
460	ND+图形牌水轮发电机组	福建南电股份有限公司
461	福阳+FUYANG+图形牌电线	福建南平华阳电线电缆有限公司
462	太阳+图形牌电线电缆	福建南平太阳电缆股份有限公司
463	南孚、NANFU 牌一次碱性锌锰电池	福建南平南孚电池有限公司
464	亚亨+YA HENG+图形牌 12（6V）电动助力车用密封蓄电池	福建亚亨动力科技集团有限公司
465	圣元+图形牌太阳能热水器	福建圣元电子科技有限公司
466	南亚+图形牌镇流器	福建源光亚明电器有限公司
467	武夷+图形、台轮+图形牌载重汽车斜交轮胎	福建省邵武市正兴武夷轮胎有限公司
468	招宝+ZHAO BAO+图形牌野猪	福建招宝生态农庄有限公司
469	圣龙+图形牌咸酥花生	龙岩市圣发花生厂
470	盼盼牌法式面包	福建省长汀盼盼食品有限公司
471	好日子+图形牌绞股蓝茶	福建好日子食品有限公司
472	鑫成功+图形牌乌龙茶	福建省成功茶业发展有限公司
473	宏峰+图形牌绿茶	武平县宏峰茶叶有限责任公司
474	七匹狼牌系列卷烟	龙岩烟草工业有限责任公司
475	鸿程牌普梳涤与棉混纺本色纱	福建鸿程纺织有限公司
476	民信+图形牌涤棉本色纱	福建省金泰纺织有限公司
477	卡鑫隆+KAXINLONG 牌休闲服	福建省卡鑫隆服饰制造有限公司
478	美丽家园+图形牌防腐木	福建省漳平木村林产有限公司
479	优爽+youshuang+图形牌卫生巾	龙岩市铭丰纸业有限公司
480	优儿爽牌纸尿裤	龙岩市铭丰纸业有限公司
481	美家+图形牌健身器	美家龙（龙岩）健身器材有限公司
482	百花+图形牌工业涂料	福建百花化学股份有限公司

6-9 续表 20　　（2010 年）

序号	商标及产品名称	企业名称
483	闽星 MX+图形牌大容量注射液	福建天泉药业股份有限公司
484	採善堂+图形牌万应茶	永定采善堂制药有限公司
485	紫金+图形牌通用硅酸盐水泥	福建龙岩合丰水泥有限公司
486	天宇+图形牌通用硅酸盐水泥	福建省龙岩天宇水泥有限公司
487	红狮+HONGSHI+图形牌通用硅酸盐水泥	漳平红狮水泥有限公司
488	闽福+MIN FU+图形牌普通硅酸盐水泥	福建省永定闽福建材有限公司
489	连发+图形牌铝合金建筑型材	福建省龙岩市连发铝业有限公司
490	德森威龙+DEIVSON WAYLONG 牌铝塑板	福建威龙铝塑制造有限公司
491	强锐+图形牌硬质合金刀具	龙岩市华锐硬质合金工具有限公司
492	图形液压油缸	龙岩市山力工程液压有限公司
493	HP+图形牌液压缸	福建省龙岩液压有限公司
494	图形牌除尘器	福建东源环保有限公司
495	闽兴+图形牌半挂车	福建省闽兴专用汽车有限公司
496	畅丰+图形牌车桥	福建畅丰车桥制造有限公司
497	亿驰+ICHI+图形牌、华纵+HUAZONG+图形牌电动助力自行车	福建省舒驰电动车业有限公司
498	图形牌二极管	福建省龙翔半导体制造有限公司
499	CH+CHAMPION 牌树脂（ABS）喷泉工艺品	千百汇（漳平）工艺有限公司
500	雨燕+SWIFT 牌晴雨伞	雨燕（福建）伞业有限公司
501	练家香+图形牌食用菌（灵芝）	福建省武平县练家香土特产有限公司
502	夏+图形牌大黄鱼（活鱼）	宁德市夏威食品有限公司
503	中洋+图形牌冻生鱼片	福建省霞浦东吾洋绿色食品有限公司
504	夏+图形牌冰鲜大黄鱼	宁德市夏威食品有限公司
505	威尔斯+weiers+图形牌冷冻大黄鱼	福建三都澳食品有限公司

6-9 续表 21 （2010年）

序号	商标及产品名称	企业名称
506	宇辉+图形牌冷冻大黄鱼	福建宇辉食品实业有限公司
507	乖怪脆+图形牌蔬果糕	福建省好口福食品有限公司
508	贝吃乐+图形牌饼干	福建贝吃乐食品有限公司
509	华江+图形牌饼干	福建华粤食品有限公司
510	仙洋洋牌茶浓缩汁系列	福建仙洋洋食品科技有限公司
511	夫妻峰+图形牌白琳功夫茶	福建省天丰源茶产业有限公司
512	新坦洋+图形牌坦洋工夫红茶	福建新坦洋茶业股份有限公司
513	茗红牌坦洋工夫红茶	福建坦洋工夫集团股份有限公司
514	彭山翠芽+图形牌绿茶	柘荣县东艺茶叶加工厂
515	御茶园牌红茶	福建省天禧御茶园茶业有限公司
516	图形牌纸巾纸	安诺纸业（福建）有限公司
517	鼎好+图形牌合成革	福建鼎盛超纤皮塑有限公司
518	聚鑫+图形牌钢化玻璃	宁德市聚鑫玻璃有限公司
519	YINJIA+图形牌微型电泵 JET 系列	福建银嘉机电有限公司
520	TEMCO+图形牌清水离心泵（≤6.4MPa，≤105℃，＞1.5kW）	福建天工电机有限公司
521	东鼎+图形牌家用瓶装液化石油气调压器	福建省东鼎燃具集团公司
522	YANAN 牌 SLG 系列三相无刷同步发电机	福建福安闽东亚南电机有限公司
523	WONDER+图形、万德牌中小型电动机	福建万达电机有限公司
524	KAIJIELI+凯捷利牌中小型电动机	福建闽东德丰电机有限公司
525	ABLE 牌中小型电动机	福安市闽东安波电器有限公司
526	惠恒+HUIHENG+图形牌中小型电动机	福建惠丰电机有限公司
527	ABLE、AEC 牌中小型异步电动机	安波电机（宁德）有限公司
528	MDJ+图形牌 BG-305 系列割草机	闽东五一机电有限公司

6-10 第十三届福建省优秀企业家名单

姓名 （排名不分先后）	企业名称	职务
丁水波	特步（中国）有限公司	总裁
王亦雄	福鼎市一雄光学仪器有限公司	董事长、总经理
王炎平	福建国航远洋运输（集团）股份有限公司	董事长、总裁
王诗榕	泉州市信和涂料有限公司	董事长、总经理
包新域	福建华泰汽车零部件工业有限公司	董事长、总经理
刘卫国	中国移动通信集团福建有限公司厦门分公司	总经理
吕庆星	闽东宏宇冶金备件有限公司	总经理
吕培榕	石狮市大帝集团有限公司	董事长
孙铁群	福建省电力有限公司漳州电业局	局长
汤道英	福建省漳平市正盛化工有限公司	董事长
许沂炎	福建龙麟集团有限公司	董事长
许景南	福建匹克集团有限公司	董事长
许超群	福建南电股份有限公司	董事长、总经理
吴汝维	福建省三明钢铁厂小蕉轧钢厂	厂长
吴良方	福建陶金峰新材料有限公司	总经理
吴毅禧	漳州科能电器有限公司	总裁
张桂丰	福建龙马环卫装备股份有限公司	董事长、总经理
张维林	福建省莆田市万鑫金属制品有限公司	董事长、总经理
杨春林	中国工商银行股份有限公司福建省分行	行长
杨豫芬（女）	福建金山医药实业集团有限公司	执行总裁
苏建堆	福建省泉州龙鹏集团有限公司	董事长、总经理
连　锋	福建省立丰印染股份有限公司	董事长
陈　轼	中国建设银行福建省分行	行长
陈万铭	中国建设银行股份有限公司厦门市分行	行长
陈开通	泉州市中闽百汇购物有限公司	总经理
陈文彪	福建省莆田市双驰体育用品有限公司	董事长
陈志江	福建纳川管材科技股份有限公司	董事长、总经理

6-10 续表

姓名 （排名不分先后）	企业名称	职务
陈建元	厦门三峡国际贸易有限公司	董事长
陈建顺	福建富顺电子有限公司	董事长
陈治波	中铁十七局集团第六工程有限公司	董事长
陈铁铭	厦门大洲房地产集团有限公司	董事长、总经理
陈鉴明	福安远东华美电机有限公司	董事长
周　娟（女）	福建省建瓯市特艺竹木有限公司	董事长
周少雄	福建七匹狼实业股份有限公司	董事长
林义良	福建新华发行（集团）有限责任公司福州分公司	总经理
林成端	福建发展集团有限公司	董事长
林建平	莆田武夷房地产开发有限公司	董事长、总经理
林柯荣	中国建设银行股份有限公司南平分行	行长
林智勇	中国人民财产保险股份有限公司福建省分公司	总经理
林腾蛟	福建阳光集团有限公司	董事局主席
郑　洪	福建省长乐市金源纺织有限公司	总经理
郑金泉	厦门海澳集团有限公司	董事长
施　震	建发房地产集团有限公司	总经理
施忠旗	福建省融旗建设工程有限公司	总经理
柯天从	艾派集团（中国）有限公司	执行总裁
洪炳文	泉州市凯鹰电源电器有限公司	董事长、总经理
洪肇明	劲霸男装股份有限公司	董事局主席
徐燕和	福州海王福药制药有限公司	总经理
郭玉滨	中国电信股份有限公司漳州分公司	总经理
郭顺元	福建保兰德箱包皮具有限公司	董事长
黄承鸿	福建省永安万年水泥有限公司	董事长总经理
蔡天守	福建天守文兴纺织发展有限公司	总裁、董事长
滕秀兰（女）	漳州市城区农村信用合作联社	理事长
潘伟明	福建福晟集团有限公司	总裁

资料来源：福建省企业与企业家联合会。

6-11　福建省第二届突出贡献企业家名单

姓名 （排名不分先后）	企业名称	职务
丁志忠	安踏（中国）有限公司	总　裁
丁曦明	福建南平南孚电池有限公司	总经理
王　晶（女）	福建新大陆科技集团有限公司	总　裁
王国珍（女）	泉州海天轻纺有限公司	总经理
王倜傥	厦门国际航空港集团有限公司	董事长
冯忠铭	漳州片仔癀药业股份有限公司	董事长
刘用辉	福建省盛辉物流集团有限公司	董事长、总裁
刘同高	厦门钨业股份有限公司	董事长
刘路远	福建网龙计算机网络信息技术有限公司	总　裁
许世辉	福建达利食品集团有限公司	董事长
励　民	福州瑞芯微电子有限公司	总经理
吴小敏（女）	厦门建发集团有限公司	总经理
吴健敏（女）	厦门京闽中心酒店	总经理
张　伟	国家开发银行福建省分行	行　长
张轩松	福建永辉集团有限公司	董事长
李卫东	福建省电力有限公司	总经理
陆　东	福建炼油化工有限公司	董事长
陈志华	英博雪津啤酒有限公司	副董事长
陈秀雄	厦门正新橡胶工业有限公司	董事长、总经理
陈炳杰	厦门太古飞机工程有限公司	董事长
陈景河	紫金矿业集团股份有限公司	董事长、总裁、党委书记
周永伟	福建七匹狼集团有限公司	董事局主席
林福椿	福建冠福现代家用股份有限公司	董事长
欧阳元和	福建省三钢（集团）有限责任公司	董事长
郑宝佑	福建金纶石化纤维实业有限公司	董事长、总经理
宣建生	福建捷联电子有限公司	董事长
郦　荣	中国移动通信集团福建有限公司	董事长、总经理
翁若同	福建省投资开发集团有限责任公司	董事长
郭　浩	福州超大现代农业发展有限公司	董事局主席、总裁
黄　炜	福建龙净环保股份有限公司	总经理
黄华堂	福建泰格动力机械集团有限公司	董事长
黄金龙	莆田市东南香米业发展有限公司	总经理
黄奕豪	福建星网锐捷通讯股份有限公司	董事长
傅光明	福建圣农发展股份有限公司	董事长
廉小强	福建省汽车工业集团公司	董事长
赖鞍山	龙岩烟草工业有限责任公司	总经理

附录

七

关于加强工业产品质量信誉建设的指导意见

工信部联科[2010]112号

为全面提高我国工业产品质量信誉，维护消费者合法权益，增强我国工业产品竞争力，保证我国工业经济健康发展，特制定本指导意见。

一、我国工业产品质量信誉现状分析

改革开放以来，伴随着我国工业跨越式发展，工业产品质量水平显著提高。一批市场信誉度高、品牌竞争力强的优质产品提高了市场占有率，较好地满足了广大人民群众日益增长的物质文化需求，并为我国工业产品迈向全球市场奠定了基础。特别是在应对国际金融危机的过程中，广大工业企业积极提高质量，拉动内需，稳定出口，为我国经济率先实现企稳回升做出了贡献。

同时，我们必须看到，一些工业企业质量责任意识不强、质量信誉水平不高，部分工业产品标准水平偏低和实物质量不稳等问题依然存在，在国内和国际贸易涉及产品质量信誉的问题时有发生。

这些问题产生的原因，一是一些企业的质量责任主体意识淡薄，企业质量工作内生动力不足；二是工业产品品牌培育迟缓；三是质量信誉的行业自律和社会监督作用薄弱；四是工业产品标准发展滞后，与国际标准、国外先进标准存在一定差距；五是市场监管和出口商品质量水平有待加强；六是对工业产品质量工作的规划和协调不足，难于形成合力，突破性解决影响质量的重要问题。

加强工业产品质量信誉建设，解决好当前存在的问题，对我们巩固应对国际金融危机的成果，进一步扩大内需，拉动消费，稳定出口，保持工业经济又好又快发展，具有重要的意义。

二、质量信誉建设的指导思想和主要任务

以科学发展观为指导，按照质量工作要“重在落实、重在持之以恒、重在严格管理”的要求，通过提高工业产品质量信誉，为我国工业调结构、上水平，转变发展方式、提高发展质量和效益奠定坚实基础。

增进沟通配合，加强协调，形成合力，共同开展工作；综合发挥质量法规、规划统筹、政策引导、标准建设、技术改造、执法监督和行业自律等手段的作用，把我国工业产品质量信誉水平提升到一个新的高度。

以加强标准化工作为突破口，为我国工业产品提供具有竞争力的标准支撑，拉动内需、稳定出口；以稳定提高产品质量为基础，保护和提高“中国制造”的国际质量形象；以规范企业自我声明为手段，推动质量信誉建设，促进形成与经济大国地位相称的质量责任意识。

针对当前我国产品质量信誉上存在的突出问题，各有关单位要从以下六个方面，明确任务、采取措施。

（一）提高思想认识，加强组织领导

各有关单位要从满足人民需求、增强我国产品竞争力和树立国际质量信誉形象的高度，提高对我国工业产品质量信誉建设工作重要性的认识，做到领导到位、职责落实、目标明确、措施得力，抓出成效。

（二）进一步落实企业质量主体责任

要引导企业树立正确的质量责任观、增强企业履行质量责任的能力，让企业把质量主体责任意识融入到企业文化里，落实在经营活动中。要规范企业的自我声明，鼓励企业做出质量承诺，并通过加强监管工作，监督企业兑现承诺。

（三）积极推动质量诚信体系建设

质量诚信体系既要促进企业提高质量诚信水平，又要发挥对产品质量和信誉的社会监督作用。要通过加快质量诚信体系的建设，保护诚实守信的企业，制约和惩戒失信企业和行为。

（四）加快自主品牌培育

品牌要以质量信誉为基础，质量信誉要通过品牌价值获得市场回报。要发挥技术改造、财政金融、品牌激励等方面政策的作用，推进企业实施商标战略，努力打造知名商标，推动培育自主品牌，为质量信誉建设营造良好的市场环境。

（五）提高工业产品质量，维护消费者合法权益

要督促和指导企业通过工业产品质量信誉建设，在开发品种、提升质量、培育品牌和改善服务等方面实现进步，负责任地向消费者提供质量合格的产品。

（六）大力加强标准化工作

通过加快我国工业标准的制、修订，开展对标和达标；鼓励参与国际标准的制、修订，增强我国在国际标准制定中的话语权；开展消除贸易技术壁垒的研究等工作，全面提升我国产品标准的总体水平。

三、近期重点工作

各有关单位要在全面落实好 2010 年各项质量工作的基础上，把加强质量信誉建设作为今年和今后一个时期的重要任务，努力做好以下七个方面的工作。

（一）开展宣传和培训，增强企业质量责任意识

当前要把提高产品质量信誉作为质量宣传的重点。“质量月”活动中举办“首届中国工业产品质量信誉论坛”等系列活动；工信部门、质检部门要会同行业协会、质量协会，大力推广先进质量管理方法、指导企业完善质量管理体系，增强企业履行质量责任的能力；海关、工商和质检部门，要加强对重点产品，特别是出口产品的海关查验、质量市场监测、质量监督抽查和检验监管，对逃避质量责任、损害质量信誉的企业和产品坚决依法查处；商务部门要对部分重点产品研究加强出口资质管理和出口企业市场准入标准，进一步规范出口经营主体。

（二）推动企业自主承诺质量责任，激发企业内生动力

要规范企业自我声明的管理，既要引导企业通过自我声明承诺质量责任，又要对企业自我声明内容与实物质量的一致性加强监督和管理。有关部门会同行业协会，对重点工业产品的产品说明书、附加标识和标志等自我声明内容形成规范，规定必须明示的产品特性指标及适用标准，并向社会发布有关信息；加强涉及强制性标准特性的产品抽查和检测工作，对主观故意标称虚假特性的企业和产品坚决依法查处；商务部门要组织加强对销售场所的管理，禁止违反企业自我声明规范的产品上架销售和进行卖场宣传。

（三）加强工业产品标准的对标和达标工作

要重点对比我国工业标准与国际标准、国外先进标准的主要差异，并进行标准的专利和知识产权审查。要推动重点行业、重点产品提高采标率水平，稳定提升产品质量。

工信部门会同行业协会开展行业标准和地方标准的对标工作，并组织开展重点行业、重点产品的达标备案工作，做好企业标准的对标工作。

国家标准化管理部门要对采标情况进行汇总分析，加快我国工业领域标准的制修订速度，加大采用国际标准和国外先进标准的力度，提高我国标准整体水平。

（四）提高产品供应链质量保证水平

工信部门会同行业协会组织开展专项技术攻关活动，解决影响供应链质量水平的瓶颈问题；要从产业聚集区入手，加强企业间的沟通交流，实现

上下游产品标准对接，保证标准要求的协调性和一致性；指导企业提高对采购产品质量检测能力，并对重要供应商开展第二方审核；在技术改造和技术创新工作中，加大对采用新材料、新产品、新技术和新工艺的支持力度。海关和质检部门要加强对进口原材料和零部件的通关监管和检验监管，防止不合格产品非法入境；要加强进出口商品法定检验技术能力建设，进一步提高执法水平。

（五）开展工业产品自主品牌建设

各有关部门、行业协会要深入贯彻实施《国家知识产权战略纲要》，大力推进商标战略的实施，组织开展工业产品品牌宣传活动，提高优秀品牌的市场影响力。发展改革和工信部门要利用产业政策、扶持新产品政策、技术改造和自主创新等手段，推动提高工业产品自主知识产权含量；商务部门及有关商协会，要协助有关企业加强自主品牌产品和优质产品的推广营销，提高自主品牌产品的市场价值；质检部门要利用标准、认证、检测等手段，促进自主品牌提高质量水平，加大打击制造假冒品牌的力度，加强我国在产品标准、认证、检测手段等领域的国际互认，改善我国出口产品的国际市场环境；工信部门会同行业协会以服装、家纺和家电行业为切入点，落实相关的指导意见，推进自主品牌建设。

（六）加快质量诚信建设，培育质量信誉

质检部门会同有关部门，要在落实国务院办公厅《关于加强社会信用体系建设的若干意见》的基础上，加快质量诚信体系建设，推动提高产品质量信誉的有关工作。要积极构建质量诚信体系，推动质量信用信息平台建设；要依据企业信用等级划分通则，开展质量诚信企业等级划分试点示范工作，促进提高企业质量诚信水平；要建立质量信用“黑名单”制度，发挥激励、预警、惩戒和淘汰的作用。工信部门要制定重点行业质量诚信体系标准，推动完善行业质量诚信体系；要在政策、资金、项目等方面，加大对质量诚信良好的企业的扶持力度，为诚信企业营造更有利的发展环境；工信、质检部门会同行业协会、质量协会，要组织开展对重点工业产品的市场评价和消费者（用户）评价工作，促进企业改进产品质量，提高质量诚信水平；要落实十部委联合发布的《食品工业企业诚信体系建设工作指导意见》，抓好试点，以食品行业为突破口，推进社会质量诚信体系建设。

（七）加强应对工业产品质量失信事件的能力

引导和监督企业加强管理，避免发生质量失信事件。一旦发生，对产品质量事件不隐瞒事实，不逃避责任，以诚信为基础，积极负责地解决问题、消除影响。工信部门会同有关部门、行业协会，要根据行业特点，对重点产品，特别是那些涉及人身健康和安全的产品进行严格管理，提出措施，降低出现质量危害的风险；各省、各地区工信部门要会同有关部门和行业协会，依据各自责任，制定重点产品突发质量事件预案，对可能产生社会危害的质量问题进行分析，提出对策，并与有关部门建立应对突发质量事件的协调机制；要建立通报制度，对引发社会性影响的突发质量失信事件按系统即时上报，并提出建议。

各有关单位要积极按照本指导意见的要求，各司其职，积极开展质量信誉建设工作。工信部门会同有关部门，要对本地区的产品质量信誉情况进行调研和分析。在此基础上，提出加强质量信誉建设的工作方案，并加强实施过程中的检查指导，狠抓落实，务求实效。

关于印发《地方特色产业中小企业发展资金管理暂行办法》的通知

财企[2010]103号

各省、自治区、直辖市、计划单列市财政厅（局），新疆生产建设兵团财务局：

为规范和加强地方特色产业中小企业发展资金管理，提高资金使用效率，财政部研究制定了《地方特色产业中小企业发展资金管理暂行办法》。现印发给你们，请遵照执行。

附件：地方特色产业中小企业发展资金管理暂行办法

财政部

二〇一〇年六月十日

地方特色产业中小企业发展资金管理暂行办法

第一章　总则

第一条　为规范和加强地方特色产业中小企业发展资金管理，提高资金使用效率，根据《中华人民共和国预算法》等法律、法规的有关规定，制定本办法。

第二条　地方特色产业中小企业发展资金（以下简称特色产业资金）是根据《国务院关于进一步促进中小企业发展的若干意见》（国发［2009］36号），由中央财政预算安排，专门用于支持地方特色产业集群和特色产业聚集区内中小企业技术进步、节能减排、协作配套，促进产业结构调整和优化的资金。

第三条　本办法所称地方特色产业是指以地域和资源优势条件为基础，围绕特色产品的生产、销售、服务等而形成的市场化、规模化、集约化和链条化的生产经营群体。

第四条　中小企业的划分标准，按照国家现行有关规定执行。

第五条　特色产业资金的管理应当遵循公开透明、定向使用、科学管理、加强监督的原则，确保资金使用规范、安全和高效。

第二章　支持内容及方式

第六条　特色产业资金主要用于以下几个方面：

（一）促进中小企业技术创新和成果转化。重点支持地方特色产业集群和特色产业聚集区内中小企业开展的符合国家产业技术政策、创新水平较高、市场竞争力较强、预期经济和社会效益较好、知识产权清晰的技术创新和科技成果转化项目。

（二）鼓励中小企业节能减排。重点支持地方特色产业集群和特色产业聚集区内中小企业生产或应用节能减排产品的技术改造项目，集群和聚集区内废水、废气、废渣等废弃物综合治理利用项目的建设、改扩建和技术改造等。

（三）加强中小企业与骨干企业专业化协作。重点支持地方特色产业集群和特色产业聚集区内有较强协作配套关系的中小龙头骨干企业重点产品技术改造和改扩建项目，中小企业为建立和加强与龙头骨干企业协作配套关系、提高专业化生产水平而进行的技术改造和改扩建项目。

（四）支持中小企业产业升级和延伸。重点支持地方特色产业集群和特色产业聚集区内中小企业产业升级改造，新能源、新材料、节能环保、生物医药、信息网络及高端制造等战略性新兴产业中小企业项目建设和技术改造，集群和聚集区内主导性产业中小企业向附加值高的产业前端和后端延伸而进行的技术改造项目。

（五）改善中小企业服务环境。重点支持为地方特色产业集群和特色产业聚集区内中小企业提供研究开发、设计、知识产权保护、工程技术管理、商务信息交流等公共服务项目。

同一年度，每个项目单位只能选择以上一项内容申请支持。

第七条 特色产业资金的支持方式采用无偿资助、贷款贴息方式。同一年度，每个项目只能申请一种支持方式。

第八条 特色产业资金无偿资助的额度，每个项目一般不超过300万元。

特色产业资金贷款贴息的额度，根据项目贷款额及人民银行公布的同期贷款基准利率确定。每个项目的贴息期限一般不超过2年，年贴息率不超过同期贷款基准利率，贴息额度一般不超过300万元。

第三章 项目资金的申请

第九条 申请特色产业资金的企业或单位须同时具备下列条件：

（一）位于地方特色产业集群或特色产业聚集区内；

（二）具有独立的法人资格；

（三）财务管理制度健全；

（四）会计信息准确完整，纳税信用和银行信用良好；

（五）申报项目符合本办法规定的支持内容。

第十条 特色产业资金的申报材料一般应包括：

（一）资金申请文件；

（二）项目可行性报告；

（三）生产经营情况或业务开展情况；

（四）经注册会计师审计的会计报表；

（五）承担项目单位法人执照副本及章程（复印件）；

（六）其他需提供的资料。

第四章 项目审核及资金拨付

第十一条 各省、自治区、直辖市、计划单列市及新疆生产建设兵团财政部门（以下简称省级财政部门）负责组织本地区特色产业资金的项目申报、评审工作，并建立项目库。

项目评审费用在特色产业资金中列支，按照不超过下达各地特色产业资金额度的0.5%从严控制。

第十二条 省级财政部门根据本地区国民经济发展总体规划和特色产业发展规划等，研究提出下年度特色产业资金需求、扶持重点、扶持计划和组织实施方案，连同本年度特色产业资金预算执行情况，在每年12月底前上报财政部。

第十三条 财政部按照因素法，根据当年预算和各地有关经济发展指标等分配特色产业资金。

第十四条 省级财政部门根据财政部下达的预算指标和项目申报评审情况，公示结束后，提出本地区特色产业资金年度使用计划，并于当年4月底前上报财政部备案。具体包括：计划支持单位和项目名称、支持内容、归属产业、地区、产业集群（或聚集区）名称、计划支持方式及金额等。

第十五条 省级财政部门将本地区特色产业资金年度使用计划报财政部备案后，按照预算管理的有关规定，及时将特色产业资金拨付给项目单位。

第五章 监督管理

第十六条 财政部根据省级财政部门上报备案的本地区特色产业资金年度使用计划，对支持内容、支持方式及金额等进行审查。如发现问题，及时通知有关省级财政部门予以调整。

第十七条 财政部对特色产业资金管理和使用情况进行不定期抽查。地方财政部门应当加强对本地特色产业资金管理和使用情况的监督检查。

第十八条 省级财政部门应建立特色产业资金使用跟踪问效和绩效评估机制，并将特色产业资金实施效果、存在问题及政策建议等，于每年3月底前上报财政部。

第十九条 特色产业资金必须专款专用，对违反规定使用、骗取资金的行为，一经查实，财政部将收回已安排的特色产业资金，并按照《财政违法行为处罚处分条例》（国务院令第427号）的相关规定进行处理。

第六章　附则

第二十条　省级财政部门根据本办法的有关要求，研究制定符合本地区实际的具体操作办法，并在本办法下发后2个月内报财政部备案。

第二十一条　本办法自印发之日起施行。

第二十二条　本办法由财政部负责解释。

工业和信息化部关于推进纺织产业转移的指导意见

工信部发[2010]258号

为贯彻落实《纺织工业调整和振兴规划》，优化区域布局，促进纺织工业结构调整和产业升级，增强纺织工业国际竞争力和可持续发展能力，现就推进纺织产业转移提出如下意见：

一、纺织产业转移对促进结构调整具有重要意义

纺织工业是我国国民经济的传统支柱产业和重要的民生产业，也是国际竞争优势明显的产业。多年来实现了快速发展，但长期积累的结构性矛盾和问题也日渐凸显。特别是受国际金融危机的影响，占我国纺织产业规模85%的东部沿海地区要素制约加剧，成本上涨较快，竞争优势减弱，而中西部地区比较优势尚未得到充分发挥。推进纺织产业转移，对推动纺织结构调整，优化产业布局，促进纺织行业持续发展显得尤为紧迫。

推进纺织产业转移，有利于发挥东部沿海地区人才、技术、市场和信息等优势，突破土地资源匮乏、环境压力加大和人力成本上升等制约因素，提高技术创新、品牌建设和供应链管理能力，加速产业升级的步伐；有利于发挥中西部和东北地区土地、劳动力、原料、能源等比较优势，通过承接纺织和服装制造业转移，发展经济并扩大就业；有利于充分利用我国地缘广阔、区域经济互补性强的综合优势，进一步增强纺织工业的国际竞争力。

二、纺织产业转移的指导思想和基本原则

（一）指导思想

全面贯彻落实党的十七大精神，以科学发展观为指导，坚持走新型工业化道路，按照“政府引导、市场运作、优势互补、互利共赢”的方针，推进纺织产业转移，发挥区域比较优势，提高资源整合和利用能力，优化产业区域布局，提高产业竞争力，实现新一轮纺织产业发展。

（二）基本原则

1. **坚持政府引导与市场运作相结合。**发挥市场配置资源的功能，突出企业主体作用，政府因势利导，创造条件，调动各方面积极性，形成企业主动、政府引导、行业协调推进产业转移和产业承接的机制，推动纺织产业转移的有序实施。

2. **坚持产业转移与产业升级相结合。**产业转移要与培育优势企业、优势产业相结合，与淘汰落后、兼并重组相结合，支持企业在转移中提升，在承接中发展，增强自主创新能力，培育自主品牌，促进产业升级。

3. **坚持优势互补与互利共赢相结合。**统筹兼顾东中西部特色优势，因地制宜，扬长避短，形成地区之间优势互补、互利共赢、协同发展的产业分工协作关系和错位竞争、互相依存的产业布局。

4. **坚持节能环保与持续发展相结合。**产业转移要充分考虑环境要求，严格执行行业准入条件，注重节能环保，避免污染转移。禁止列入淘汰目录的生产、工艺、设备和产品的转移，防止低水平产能

的无序扩张，增强后发地区可持续发展能力，实现区域经济与生态环境的协调发展。

三、纺织产业转移和区域发展重点

（一）东部地区加速产业升级步伐

东部地区发挥市场、人才、资金、信息等优势，以“优化结构、强化创新、增强服务、培育品牌”为原则，引导纺织产业向高端领域转移，加速产业升级步伐。

1. 推进中心城市都市产业建设。东部中心城市重点发展纺织服装的研发设计、品牌营销、市场推广等生产性服务业和纺织总部基地，培育建设全球或区域性纺织服装时尚创意中心、营销中心、贸易中心、品牌中心和购物（消费）中心，以贸易、商业流通带动周边地区和全行业的生产制造。

2. 促进产业集群转型升级。用高新技术改造传统产业，提升现有纺织产业集群水平，培育特色区域品牌；进一步加强产业集群区公共服务平台建设，增强服务功能，提高服务水平；重视发挥东部纺织服装专业市场作用，满足国内外客户一站式采购的服务需求。

3. 发展纺织服装高端制造业。进一步细化产业分工，发展高技术、高附加值、时尚化、差异化终端产品制造业；发展资金密集型、技术密集型、科技含量高的化纤、产业用纺织品、纺织机械制造业。

4. 因地制宜推进纺织产业转移。通过兼并重组或新增投资等方式将纺纱、缫丝、织造、制品等部分制造环节转移到具有一定产业基础的中西部和东北地区；支持有订单的纺织企业通过采购和经营合作等方式，加强与中西部和东北地区纺织企业合作；鼓励优势纺织企业以技术和管理方式加强与中西部和东北地区纺织企业的对接。

（二）中部地区完善纺织产业制造体系

中部地区发挥区位、人才、资源等优势，以“发挥优势、积极承接、加强配套、完善体系”为原则，抓住中部崛起战略机遇，重点发展棉纺织、麻纺织、针织、服装、家纺、产业用纺织品等加工制造，逐步建立和完善纺织产业制造体系。

1. 利用产业基础优势发展特色产业。河南、湖北、安徽等棉产区可利用资源优势重点承接东部棉纺织产业转移；湖南、湖北、江西等地应加快麻纺织生产基地建设；江西、河南可依托粘胶纤维产业的基础，重点推进功能化、差别化粘胶纤维开发生产。

2. 发挥比较优势发展终端产品制造业。利用紧邻东部沿海的区位优势和劳动力充裕优势发展服装、家纺等终端产品制造业，提升车用、医用等产业用纺织品制造水平，加快完善产业配套体系，壮大纺织服装生产规模。

3. 充分发挥中心城市的辐射作用带动自主品牌建设。中部地区中心城市要以发展生产型服务业为重点，优化商贸流通环境，加快专业市场建设，积极培育纺织服装自主品牌。

（三）西部地区重点发展特色产业

西部地区发挥资源、能源、劳动力等优势，以“立足资源、发展边贸、突出重点、强化特色”为原则，抓住西部开发战略机遇，发展棉纺织、丝绸、服装及其他特色产业。

1. 加快资源优势向产业优势转化。新疆应利用棉花资源优势，进一步加快优质棉纱、棉布和棉纺织品生产基地建设；内蒙古、新疆、宁夏、青海、甘肃和西藏可利用羊绒羊毛资源优势发展特色毛制品；四川、广西、云南等地发展蚕桑生产，扩大茧丝绸加工，提高产品附加值；四川、重庆、陕西等省市可适度发展棉纺织、服装业。

2. 发展民族艺术和民间工艺特色产业。利用西部地区少数民族多、文化多元、旅游资源丰富等优势，大力发展民族服装服饰、藏区藏毯、贵州蜡染、江南蓝印花布等特色产业。

3. 适度建设纺织服装加工区。新疆、西藏、云南、广西等省区应利用区位优势，结合边境地区贸易需求，建设纺织服装加工区。

（四）东北地区加快发展优势产业

东北地区利用特色原料资源、产业基础和资源枯竭型城市转型的机遇，以“发挥优势，立足提升，整合资源，拓展贸易”为原则，响应东北老工业基地振兴战略，加快发展化纤、亚麻、服装等优势产业。

1. **加快发展优势产业。**黑龙江省应利用亚麻资源和加工优势，进一步提升麻纺织加工水平；辽宁、吉林应利用化工产业优势，提升腈纶、粘胶、碳纤维和产业用纺织品加工能力和水平。

2. **适度发展纺织、服装业。**资源枯竭型城市发展接续产业，可以园区建设为主，发展纺织（针织）、服装等劳动密集型产业。大连、沈阳、哈尔滨等中心城市，要整合优势资源，发展服装设计、品牌营销等服务业。

四、完善纺织产业转移条件

（一）做好发展规划，促进有序转移

各地区应立足长远发展，结合纺织产业现状，做好本地区纺织发展规划。东部地区立足纺织产业升级，积极引导产业转移。中西部和东北地区充分发挥自身优势，创造条件，促进并承接纺织产业有序转入。

（二）加强合作共建，实现共同发展

东部地区应加强与中西部和东北地区的合作，按照优势互补、产业配套以及利益共享原则，探索在中西部或东北地区共建产业园区和特色产业基地，利用双方优势促进纺织产业集聚发展。

（三）培育承接载体，完善产业配套

承接地区要选择部分产业基础好、物流成本低、配套能力强的产业基地或工业园区进行重点培育，加强基地或园区的基础设施建设，完善公共服务体系，培育优势主导产业，吸引同类及关联度高的项目向基地或园区集中，提高专业配套服务的能力和效率，促进产业集群的形成与发展。

（四）稳定政策体系，营造公平环境

建立稳定、透明的政策体系，特别是承接地区应营造良好的投资环境，在招商引资、工商注册、金融服务、员工培训等方面建立健全配套服务机制，为实现纺织产业持续发展提供保障。

（五）制定承接门槛，注重节能环保

承接地区要充分考虑本地区的资源秉赋和环境承载能力，坚持集约发展，注重提升产业技术水平。要将承接产业转移与结构调整、节能减排紧密结合，制定承接门槛，将资源节约、生态环保和循环经济的理念贯穿于承接产业转移的整个过程。

五、政策保障措施

（一）发挥现有政策的引导作用

充分用好中部崛起、西部大开发、振兴东北老工业基地有关政策，完善基础设施、物流环境建设，降低运营成本，营造有利于产业转移的政策环境。现有中央预算内专项资金对符合行业规划和产业政策要求的产业转移项目要给予支持，特别支持东部与中西部、东北地区企业兼并重组的项目，促进资源优化配置。

（二）加强对产业转移项目的金融服务

积极鼓励和引导银行业金融机构为符合条件的纺织产业转移项目提供必要的金融支持，按照法律法规规定进一步拓宽贷款抵押担保物范围，不断改善和完善金融服务。

（三）各地区可制定相关的支持政策

各产业转移地区、承接地区根据国家政策和本地区实际，在符合世界贸易组织规则前提下，可制定鼓励产业转移或产业承接的地方政策，并保持政策的连续性、稳定性。

（四）加强协调，促进区域互动

加强部门间、地区间的协调，发挥行业协会、商会等中介组织作用，建立省际间产业转移信息发布平台，促进产业转移和承接双方的对接。选择具备一定基础的产业园区作为产业承接的示范园区，总结产业转移的成功经验，加强宣传引导，推进纺织产业有序转移。

中华人民共和国工业和信息化部关于印发《轮胎产业政策》的公告

工产业政策[2010]第2号

为贯彻落实《石化产业调整和振兴规划》，规范轮胎行业发展，防止低水平重复建设，加强环境保护，提高资源综合利用效率，促进轮胎行业技术进步和结构升级，依据国家有关法律、法规和轮胎产业发展形势，我部制定了《轮胎产业政策》，现予以公告，请有关单位遵照执行。

有关部门在对轮胎行业生产建设和科技开发等项目开展投资管理、土地供应、环境评估、节能评估、安全许可、信贷融资、电力供给等方面工作时请以本产业政策为依据。

附件：轮胎产业政策

二〇一〇年九月十五日

轮胎产业政策

为贯彻落实科学发展观，促进轮胎产业转方式、调结构，提高综合竞争力，指导轮胎产业健康、可持续发展，依据国家有关法律法规，制定本政策。

第一章 政策目标

第一条 根据经济社会发展需要，按照石化行业发展的总体规划和目标，通过兼并重组、优化布局、控制总量、淘汰落后、技术改造、节能减排等措施，积极推进轮胎产业结构调整，实现由大变强。

第二条 坚持市场为主导，鼓励具有比较优势的骨干企业，通过强强联合、品牌共享、产销一体等方式，兼并重组困难企业和落后企业，促进资源向优势企业集中，促进企业向集团化发展，提高产业集中度，优化组织结构；引导生产企业集聚发展，优化布局结构；加快淘汰落后生产能力，推动产品结构调整和优化升级。

第三条 鼓励轮胎生产企业提高自主研发能力，加大研发投入，开展技术创新，实施品牌战略，提高产品技术水平，提高企业核心竞争力。

第四条 规范各类经济主体在轮胎生产、流通、消费等方面的行为，创造公平、统一的市场环境，建立轮胎召回制度，提高行业服务水平。

第五条 发展循环经济，提高节能降耗、减排治污和资源综合利用水平；建立完善废旧轮胎回收利用管理制度，促进新轮胎生产、旧轮胎翻新和废轮胎再生利用协调发展。

第二章 产品调整

第六条 鼓励发展安全、节能、环保的高性能子午线轮胎，巨型工程子午线轮胎，宽断面、扁平化的乘用子午线轮胎以及无内胎载重子午线轮胎。2015年，乘用车胎子午化率达到100%，轻型载重车胎子午化率达85%，载重车胎子午化率达到90%；注重工程子午线轮胎、航空子午线轮胎和低速车辆子午线轮胎的开发。

第七条 鼓励汽车企业装配新型轮胎产品，提高国产大型客车和载重车装配轮胎的子午化率，2015年基本实现装配轮胎子午化和无内胎化。

第八条 严格限制斜交轮胎发展，除航空轮胎外，不再新增斜交轮胎产能。淘汰年产50万条及其以下的斜交轮胎和以天然棉帘子布为骨架的轮胎生产线。限制发展有内胎载重子午线轮胎。

第三章 技术政策

第九条 坚持引进技术和自主创新相结合，跟踪并开发轮胎前沿技术，鼓励通过原始创新、集成创新和引进消化吸收再创新，不断开发具有自主知识产权的先进适用技术，推动自主创新技术的产业化。

第十条 引导和鼓励轮胎生产企业加强技术中心建设，利用技术集成和新技术工程化应用开发，提升自主创新能力和新产品开发能力，鼓励开展“产学研用”联合开发和委托开发。按照税收法律法规的规定，企业用于开发新技术、新产品、新工艺发生的费用，可享受相关税收优惠政策。

第十一条 引导和鼓励轮胎生产企业实施人才战略，与相关科研院所、高等院校联合培养和委托培养急需的技术人才；建立博士后流动站，引进高水平人才，聚集智力资源。

第十二条 根据我国轮胎和轮胎翻新产业技术发展状况和国际轮胎标准发展趋势，及时制修订我国轮胎和轮胎翻新相关标准和技术规范。引导和鼓励建设服务于全行业的轮胎性能检测中心、评价试验场和工程技术中心。

第十三条 引导轮胎企业联合上下游企业，特别是汽车生产企业，共同研发轮胎新品种。

第十四条 大力推进节能减排和资源综合利用。引导和鼓励轮胎生产企业推进信息化与工业化融合，开展以增加品种、提升质量、节能降耗、减排治污和安全生产为重点的技术改造。

开发可回收再利用的、环保型助剂等原材料，废轮胎回收利用技术；完善推广低温炼胶和充氮硫化工艺；强化密炼粉尘、炼胶和硫化烟气的治理，推进清洁生产技术；简化并逐步取消轮胎外包装。

第十五条 鼓励轮胎企业推进条码技术、射频识别等信息化技术在轮胎产品及其生产过程中的应用，建设覆盖企业生产经营管理各环节的信息化集成系统，创新轮胎产品的信息化管理和服务模式。

第四章 配套条件建设

第十六条 鼓励轮胎企业参与天然橡胶种植和加工，优化天然橡胶的初加工，提高工艺技术、产品质量和物流服务水平；引导企业“走出去”建立境外天然橡胶种植和加工基地。

健全完善天然橡胶储备机制，加强天然橡胶期货市场建设，保持国内天然橡胶市场的平稳运行。

第十七条 加快开发异戊橡胶、卤化丁基橡胶等品种，增加顺丁橡胶和丁苯橡胶等合成橡胶品种牌号，逐步提高合成橡胶使用比例和研制生产能力。

第十八条 积极鼓励新型结构钢丝帘线和高模量、低收缩涤纶帘子布、高强力尼龙帘子布等轮胎骨架材料的开发和使用，加快芳纶纤维的产业化与应用开发。

第十九条 鼓励发展环保型橡胶助剂和专用炭黑、白炭黑等原料。

第二十条 鼓励大型和新型密炼机组、胎面复合挤出机组、钢丝压延机、钢丝帘布裁断机、子午线轮胎成型机械和轮胎半成品、产品无损检测及在线检测设备等子午线轮胎专用关键设备的研发，提高生产装备及监测控制水平。

第五章 行业准入

第二十一条 新建、改扩建轮胎生产及轮胎翻新企业，必须符合国家轮胎产业发展规划和省、自治区、直辖市工业总体发展规划；必须符合国家和省级政府制定的环境保护规划或污染防治规划。

第二十二条 在依法设立的风景名胜区、自然保护区、饮用水源保护区内及居民聚集区周边，不得新建轮胎生产企业、旧轮胎翻新企业和废轮胎再生利用企业。已在上述区域内投产运营的轮胎生产、旧轮胎翻新和废轮胎再生利用企业，要根据该区域规划要求，通过搬迁、转产等方式逐步退出。

第二十三条 新建、改扩建载重汽车子午线轮胎项目，一次形成生产能力应达到年产 120 万条以上；新建、改扩建轻型载重汽车子午线轮胎和轿车子午线轮胎项目，一次形成生产能力应达到年产 600 万条以上。新建、改扩建载重、轻型载重、轿车子午线轮胎混合型项目，单品种生产能力也必须达到上述要求。

新建、改扩建工程机械轮胎（巨型工程机械轮胎除外）项目，一次形成生产能力应达到年产 3 万条以上。

第二十四条 新建、改扩建轮胎项目，应选用节能、环保型工艺设备，炼胶采用大容量密闭式炼胶机，轮胎硫化选用充氮工艺。

第二十五条 新建、改扩建轮胎项目，综合能源消耗应低于 950 千克标准煤/吨三胶（注：三胶是指天然胶、合成胶和再生胶）。

第二十六条 新建、改扩建轮胎项目，环境保护措施应达到《橡胶工厂环境保护设计规范》GB50469 的要求，企业生产用水循环使用率应达到90%以上。

第二十七条 现有轮胎生产企业应在 2012 年底前达到第二十四条、第二十五条和第二十六条的要求。

第二十八条 旧轮胎翻新企业应当具备执行产品“三包”、保证产品质量所必需的试验和检测以及废轮胎综合利用和实现固体废弃物资源化的能力。

废轮胎综合利用企业应当具备实现固体废弃物资源化的能力。

鼓励旧轮胎翻新企业和废轮胎综合利用企业依据《国家鼓励的资源综合利用认定管理办法》开展资源综合利用认定。

第二十九条 轮胎企业必须通过质量管理体系、环境管理体系认证和职业健康安全管理体系认证。

第三十条 符合第二十三条、第二十四条、第二十五条、第二十六条、第二十七条规定的轮胎生产企业，其达到技术规范并实行“三包”服务的产品，方能进入市场。

按规定必须开展强制性认证的轮胎产品，只有通过强制性认证后才能进行销售。

三轮汽车和低速货车轮胎（包括农用轮胎）执行相应的技术规范，专用于三轮汽车和低速货车的轮胎必须有明显区别于其它轮胎的标志。

第三十一条 从事轮胎检测、认证的机构，要严格按照国家有关规定开展工作，并对检测、认证结果负责。检测机构和认证机构不得对同一产品进行重复检测和收费，因工作失误，致使消费者、生产者利益受到损害的，要依据有关法律和规定承担相应责任。对不能按国家有关规定通过考核的机构要及时撤销其资格。

第三十二条 从事军用轮胎科研生产，应根据国家有关规定纳入武器装备科研生产许可管理。

第三十三条 摩托车胎、力车胎行业准入条件，旧轮胎翻新和废轮胎再生利用行业准入条件将另行适时制定。

第六章 投资管理

第三十四条 根据《国务院关于投资体制改革的决定》和《外商投资项目核准暂行管理办法》等文件规定，内资轮胎建设项目实行备案制，外资轮胎项目实行核准制。

第三十五条 为积极应对轮胎发展环境的变化，除搬迁和现有企业技术改造（含兼并重组）外，在产业调整和振兴规划期（2009-2011 年）内，不再新建、扩建轮胎项目。

第三十六条 内资企业投资新建、改扩建轮胎项目（包括在异地兼并重组建设和由异地非独立法人分公司建设），由省级人民政府确认的有关部门备案。

鼓励有实力的内资优势企业到境外设立轮胎分厂，内资企业投资境外轮胎生产项目按国家有关规定办理。

第三十七条 外商投资新建、改扩建轮胎项目，总投资 3 亿美元以下的项目由省级人民政府确认的有关部门核准；总投资 3 亿美元及以上的项目由省级人民政府确认的有关部门报国家主管部门核准。

第七章 进出口管理

第三十八条 充分发挥税率对产业发展的调控作用，科学制定轮胎产品、轮胎生产原料的关税税目和税率，统筹轮胎行业与相关产业的发展。

第三十九条 在国家有关部门的指导下，建立健全轮胎行业产业损害预警体系，维护我国轮胎产业安全。

第四十条 出口轮胎必须从符合本政策行业准入条件的企业采购，产品必须符合我国标准；进口国有更高标准要求的，还需同时符合进口国的标准。

第四十一条　进口轮胎必须符合我国相关国家标准和管理规定。

第八章　品牌与服务

第四十二条　轮胎生产企业必须使用合法商标，严禁生产割标轮胎、改标轮胎和假冒伪劣轮胎。

第四十三条　引导和鼓励轮胎企业制定品牌培育规划，实施品牌经营战略。发展自有商标产品，维护自主品牌形象，提高品牌知名度和美誉度，不断提升品牌价值。

第四十四条　鼓励轮胎生产企业和品牌营销商建立长期稳定的合作关系，促进品牌产品销售和服务体系建设。

第四十五条　鼓励轮胎生产企业与汽车生产企业、轮胎营销商建立战略协作关系，创新服务理念，转变轮胎经营方式。

允许外国投资者依照中国法律、行政法规设立从事轮胎销售和售后服务企业。

第四十六条　严禁营销走私轮胎、不合格轮胎、割标轮胎、改标轮胎以及无强制性产品认证标识的载货轮胎和乘用轮胎；严禁经销无三包轮胎。

第四十七条　引导轮胎生产企业与营销企业、大型运输集团、废旧轮胎综合利用企业合作，建立以旧翻新、以旧换新等轮胎营销模式。

第四十八条　建立轮胎（包括翻新轮胎）召回制度。召回制度先从 M1 类车辆用轮胎（驾驶员座位在内，座位数不超过 9 座的载客车辆）开始实施，逐步在全部轮胎产品中施行。

第四十九条　严禁向试图违法生产和改装的超载车辆提供胎产品。

第五十条　倡导轮胎消费者使用品牌产品，自觉规范使用行为；为了维护交通安全，杜绝使用已达到磨耗极限的轮胎。

第九章　废旧轮胎回收与利用

第五十一条　建立健全废旧轮胎回收利用管理制度，规范废旧轮胎回收利用市场体系建设。

第五十二条　引导和鼓励轮胎生产企业发展循环经济，开发旧轮胎翻新、废轮胎再利用技术，参与废旧轮胎回收利用体系建设。

科学合理地提高载重车胎、工程轮胎和航空轮胎的翻新率和翻新次数，延长轮胎全寿期行驶里程；新设计制造的轮胎产品应当具备可翻新性，新轮胎设计制造应逐步提高可翻新性和翻新次数；翻新轮胎应当视同新轮胎按规定执行强制性认证制度，翻新轮胎进入市场前，需要开展强制性认证的产品，必须先通过认证。

第五十三条　从事旧轮胎翻新和废轮胎再利用的企业必须采用满足环境保护要求、符合节能减排要求的清洁生产技术和工艺装备，杜绝二次污染。严禁利用废轮胎土法炼油，依法取缔已建设的用废轮胎土法炼油装置。

第五十四条　从事废旧轮胎回收利用的企业，废旧轮胎的来源应立足国内。为防止境外污染向我国转移，旧轮胎进口应严格按照国家有关法律法规执行，防止变相违规进口废轮胎。

第十章　其它

第五十五条　积极发挥行业协会等中介组织在政府与企业间的桥梁和纽带作用，加强行业自律，规范行业经营，维护行业秩序，监测行业运行，强化行业服务，开展行业交流，促进行业健康发展。

推动行业协会与国外同业协会、产业界建立对话磋商和信息交流机制，加强沟通，建立互信，增进合作，化解贸易摩擦。

第五十六条　本产业政策中涉及的标准和技术规范若进行了修订，则按照修订后的执行。

第五十七条　本产业政策自发布之日起实施，由工业和信息化部负责解释，并根据行业发展情况适时修订。

国务院关于促进稀土行业持续健康发展的若干意见

国发[2011]12号

各省、自治区、直辖市人民政府，国务院各部委、各直属机构：

稀土是不可再生的重要战略资源，在新能源、新材料、节能环保、航空航天、电子信息等领域的应用日益广泛。有效保护和合理利用稀土资源，对于保护环境，加快培育发展战略性新兴产业，改造提升传统产业，促进稀土行业持续健康发展，具有十分重要的意义。经过多年发展，我国稀土开采、冶炼分离和应用技术研发取得较大进步，产业规模不断扩大。但稀土行业发展中仍存在非法开采屡禁不止，冶炼分离产能扩张过快，生态环境破坏和资源浪费严重，高端应用研发滞后，出口秩序较为混乱等问题，严重影响行业健康发展。要进一步提高对有效保护和合理利用稀土资源重要性的认识，采取有效措施，切实加强稀土行业管理，加快转变稀土行业发展方式，促进稀土行业持续健康发展。现提出以下意见：

一、明确指导思想、基本原则和发展目标

（一）指导思想

以邓小平理论和"三个代表"重要思想为指导，深入贯彻落实科学发展观，加快转变稀土行业发展方式，促进稀土产业结构调整，严格控制开采和冶炼分离能力，大力发展稀土新材料及应用产业，进一步巩固和发挥稀土战略性基础产业的重要作用，确保稀土行业持续健康发展。

（二）基本原则

坚持保护环境和节约资源，对稀土资源实施更为严格的保护性开采政策和生态环境保护标准，尽快完善稀土管理法律法规，依法打击各类违法违规行为；坚持控制总量和优化存量，加快实施大企业大集团战略，积极推进技术创新，提升开采、冶炼和应用技术水平，淘汰落后产能，进一步提高稀土行业集中度；坚持统筹国内国际两个市场、两种资源，积极开展国际合作；坚持与地方经济社会发展相协调，正确处理局部与整体、当前与长远的关系。

（三）发展目标

用1-2年时间，建立起规范有序的稀土资源开发、冶炼分离和市场流通秩序，资源无序开采、生态环境恶化、生产盲目扩张和出口走私猖獗的状况得到有效遏制；基本形成以大型企业为主导的稀土行业格局，南方离子型稀土行业排名前三位的企业集团产业集中度达到80%以上；新产品开发和新技术推广应用步伐加快，稀土新材料对下游产业的支撑和保障作用得到明显发挥；初步建立统一、规范、高效的稀土行业管理体系，有关政策和法律法规进一步完善。再用3年左右时间，进一步完善体制机制，形成合理开发、有序生产、高效利用、技术先进、集约发展的稀土行业持续健康发展格局。

二、建立健全行业监管体系，加强和改善行业管理

（四）严格稀土行业准入管理

对稀土资源实施更为严格的保护性开采政策和生态环境保护标准，严把行业和环境准入关。加快制定和完善稀土开采及生产标准，明确稀土矿山和冶炼分离企业的产品质量、工艺装备、生产规模、能源消耗、资源综合利用、环境保护、清洁生产、安全生产和社会责任等方面的准入要求。实施严格的环境准入制度，严格执行《稀土工业污染物排放标准》，制定稀土行业环境风险评估制度。

（五）完善稀土指令性生产计划管理

实施严格的稀土指令性生产计划编制、下达和监管制度。加强稀土开采、冶炼分离、出口等计划

间的相互衔接。对稀土冶炼分离企业实行生产许可。建立稀土开采、冶炼分离和产品流通台账和专用发票管理制度。采用信息技术实现稀土开采、冶炼分离、出口企业联网，实行在线监控。

（六）提高稀土出口企业资质门槛

稀土出口企业必须符合行业规划、产业政策、行业准入、环保标准等要求。进一步提高稀土出口企业资质标准。加强对出口企业的监督管理，强化行业自律，对存在从非法渠道采购产品出口及其他严重扰乱出口经营秩序等违法行为的企业，依法追究相应法律责任。

（七）加强稀土出口管理

按照限制“两高一资”产品出口的有关政策，在严格控制稀土开采和生产总量的同时，严格控制稀土金属、氧化物、盐类和稀土铁合金等初级产品出口，有关开采、生产、消费及出口的限制措施应同步实施。统筹考虑国内资源和生产、消费以及国际市场情况，合理确定年度稀土出口配额总量。完善出口配额分配方式，严惩倒卖稀土出口配额行为。细化稀土产品税号和海关商品编码，并将稀土产品列入法定检验目录。严格海关监管，规范企业申报管理，完善海关检测方法和手段，加强对海关一线查验、检测设备投入，建立稀土开采、生产与出口企业间票据联动制度。加强对稀土行业准入后企业生产经营的监督管理，防止变相出口稀土产品。

（八）健全税收、价格等调控措施

大幅提高稀土资源税征收标准，抑制资源开采暴利。改革稀土产品价格形成机制，加大政策调控力度，逐步实现稀土价值和价格的统一。落实矿山生态环境治理和生态恢复保证金制度，严格企业生态环境保护与恢复的经济责任。

（九）认真执行有关法律法规和制度

严格执行矿产资源法、海关法等有关法律法规的规定，依法加强对稀土的勘查开采、冶炼加工、产品流通、推广应用、战略储备、进出口等环节的管理。抓紧研究制定或修改完善稀土等稀有金属管理的有关法律法规。

三、依法开展稀土专项整治，切实维护良好的行业秩序

（十）坚决打击非法开采和超控制指标开采

国土资源部要进一步巩固稀土矿产开发秩序专项整治成果，加大稀土勘查开采监管力度，严格稀土开采总量控制指标管理，加强对重点稀土产区的联合监管。坚决取缔非法开采，严格禁止超控制指标开采，对重大非法开采案件要挂牌督办，依法追究企业和相关人员责任。重新审核已颁发的勘查许可证和开采许可证，向社会公布合法采矿企业名单。加快建立规范稀土开采秩序和监管的长效机制。

（十一）坚决打击违法生产和超计划生产

工业和信息化部要会同有关部门立即开展稀土生产专项整治行动，向社会公布合法生产企业名单，加强对国家稀土指令性生产计划执行情况的监督检查。对无计划、超计划生产企业要责令停止国家指令性计划管理产品的生产，追查矿产品来源，对违法收购和销售的企业依法予以处罚，取消生产许可和销售资质，并由工商行政管理部门限期办理变更登记、注销登记或者依法吊销营业执照。

（十二）坚决打击破坏生态和污染环境行为

环境保护部要立即对稀土开采及冶炼分离企业开展环境保护专项整治行动，严格执行国家和地方污染物排放标准。对未经环评审批的建设项目，一律停止建设和生产；对没有污染防治设施及污染防治设施运行不正常、超标排放或超过重点污染物排放总量控制指标的企业，依法责令立即停产，限期治理，逾期未完成治理任务的，依法注（吊）销相关证照。

（十三）坚决打击稀土非法出口和走私行为

海关总署要会同商务部等有关部门立即开展稀土出口秩序专项整治行动，加大审单、查验力度，依法严惩伪报、瞒报品名，以及分批次、多口岸以

“货样广告品”、“快件”等方式非法出口和走私稀土行为。

四、加快稀土行业整合，调整优化产业结构

（十四）深入推进稀土资源开发整合

国土资源部要会同有关部门，按照全国矿产资源开发整合工作的整体部署，挂牌督办所有稀土开发整合矿区，深入推进稀土资源开发整合。严格稀土矿业权管理，原则上继续暂停受理新的稀土勘查、开采登记申请，禁止现有开采矿山扩大产能。

（十五）严格控制稀土冶炼分离总量

“十二五”期间，除国家批准的兼并重组、优化布局项目外，停止核准新建稀土冶炼分离项目，禁止现有稀土冶炼分离项目扩大生产规模。坚决制止违规项目建设，对越权审批、违规建设的，要严肃追究相关单位和负责人责任。

（十六）积极推进稀土行业兼并重组

支持大企业以资本为纽带，通过联合、兼并、重组等方式，大力推进资源整合，大幅度减少稀土开采和冶炼分离企业数量，提高产业集中度。推进稀土行业兼并重组要坚持统筹规划、政策引导、市场化运作，兼顾中央、地方和企业利益，妥善处理好不同区域和上下游产业的关系。工业和信息化部要会同有关部门尽快制定推进稀土行业兼并重组的实施方案。

（十七）加快推进企业技术改造

鼓励企业利用原地浸矿、无氨氮冶炼分离、联动萃取分离等先进技术进行技术改造。加快淘汰池浸开采、氨皂化分离等落后生产工艺和生产线。发展循环经济，加强尾矿资源和稀土产品的回收再利用，提高稀土资源采收率和综合利用水平，降低能耗物耗，减少环境污染。支持企业将技术改造与兼并重组、淘汰落后产能相结合，加快推进技术进步。

五、加强稀土资源储备，大力发展稀土应用产业

（十八）建立稀土战略储备体系

按照国家储备与企业（商业）储备、实物储备和资源（地）储备相结合的方式，建立稀土战略储备。统筹规划南方离子型稀土和北方轻稀土资源的开采，划定一批国家规划矿区作为战略资源储备地。对列入国家储备的资源地，由当地政府负责监管和保护，未经国家批准不得开采。中央财政对实施资源、产品储备的地区和企业给予补贴。

（十九）加快稀土关键应用技术研发和产业化

按照发展战略性新兴产业总体要求，引导和组织稀土生产应用企业、研发机构和高等院校，大力开发深加工和综合利用技术，推动具有自主知识产权的科技成果产业化，为发展战略性新兴产业提供支撑。

六、加强组织领导，营造良好的发展环境

（二十）建立完善协调机制

要进一步发挥稀有金属部际协调机制的作用，统筹研究国家稀土发展战略、规划、计划和政策等重大问题。在工业和信息化部设立稀土办公室，统筹做好稀土行业管理工作；负责协调制定稀土开采、生产、储备、进出口计划等，纳入国家国民经济和社会发展年度计划，牵头做好年度计划实施、行业准入和稀土新材料开发推广等工作。

（二十一）明确责任和分工

国务院有关部门按职能分工，做好相应管理工作，承担相应的责任，并严格实行问责制。坚决改变重计划、轻落实，重审批、轻监管的现状。工业和信息化部负总责，并负责稀土行业管理，制定指令性生产计划，维护稀土生产秩序，指导组建稀土行业协会。工业和信息化部、商务部、新闻办牵头做好我稀土政策的对外宣传和释疑工作。发展改革委牵头做好稀土投资规模和出口总量控制工作。发展改革委、财政部、国土资源部共同牵头研究建立稀土战略储备。财政部牵头研究制定财税支持政策。国土资源部负责稀土资源勘查开采和总量控制管理、矿业秩序整顿和资源地储备。环境保护部负责环保专项整治，严格环境准入，加强污染防治。

商务部负责出口配额管理，妥善协调与各国贸易关系。海关总署负责严格出口监管和打击走私。质检总局负责严格出口检验监管和打击逃漏检行为。监察部负责对地方政府和有关部门落实稀土政策情况进行监督检查，对工作不力，影响稀土行业持续健康发展的，要严肃追究责任。有关地方政府对本地区稀土行业的管理负总责，要层层落实责任制，督促稀土企业依法经营，严格按照国家计划组织生产经营，严格履行社会责任，切实保护资源和环境。

（二十二）正确引导舆论

加强稀土行业管理是保护生态环境和资源、促进稀土行业持续健康发展的需要，是转变稀土行业发展方式、发展战略性新兴产业的需要，是提高稀土行业整体效益、维护人民群众长远利益的需要。要正确引导舆论，积极宣传加强稀土行业管理的重要意义和积极作用，争取国内外的理解和支持。

国务院各有关部门和有关地方政府要进一步统一思想，增强大局意识、责任意识，加强组织领导和协调配合，抓好督促检查，落实责任制，确保各项政策措施落到实处，切实加强稀土资源的有效保护和合理利用，促进稀土行业持续健康发展。

国务院

二〇一一年五月十日

关于进一步促进科技型中小企业创新发展的若干意见

国科发政[2011]178号

为深入贯彻党的十七届五中全会精神，落实《国民经济和社会发展第十二个五年规划纲要》和《国务院关于进一步促进中小企业发展的若干意见》（国发[2009]36号），进一步支持科技型中小企业增强创新能力，促进创新发展，发挥其在推进经济结构战略性调整、加快转变经济发展方式和建设创新型国家中的重要作用。现提出以下意见：

一、充分认识促进科技型中小企业创新发展的重要意义

科技型中小企业是一支主要从事高新技术产品研发、生产和服务的企业群体，是我国技术创新的主要载体和经济增长的重要推动力量，在促进科技成果转化和产业化、以创新带动就业、建设创新型国家中发挥着重要作用。长期以来，党中央国务院十分重视科技型中小企业发展，各部门、各地方采取多种措施支持科技型中小企业发展。国民经济各个行业的科技型中小企业，为促进先进适用技术应用、高新技术产业化和战略性新兴产业发展，推动科技与经济紧密结合做出了积极贡献。但是，我国科技型中小企业的创新发展仍然面临着融资渠道不畅，创新人才缺乏，支撑创新的公共服务不足，政策环境有待完善以及自身管理水平不高等问题。因此，需要进一步集中各方力量，汇聚创新资源，优化创新环境，激发创新活力，拓展发展空间，培育壮大科技型中小企业群体，带动广大中小企业走创新发展道路，为经济结构的战略性调整提供重要支撑。

二、支持科技型中小企业加强产学研合作，应用高新技术及先进适用技术

（一）推动科技型中小企业开展产学研合作

支持高等学校、科研院所与科技型中小企业共建研发机构、联合开发项目、共同培养人才。在产

业技术创新战略联盟构建中根据产业链需要，大力吸纳科技型中小企业参与。继续开展科技人员服务企业行动。通过科技特派员、创业导师等方式组织科技人员帮助科技型中小企业解决技术难题。

（二）推进科技中介机构服务科技型中小企业

继续实施生产力促进中心服务产业集群、服务基层科技专项行动。加快建设技术转移示范机构、科技企业孵化器、创新驿站和技术产权交易市场。继续推进技术转移等专业化联盟建设。支持高等学校、科研院所建立专门的成果转化机构。推进各类技术转移机构专业化、社会化和网络化发展，鼓励科技中介机构开展面向科技型中小企业的服务。

（三）支持科技型中小企业应用高新技术和先进适用技术

鼓励高等学校、科研院所以及各类财政性资金支持形成的科技成果向科技型中小企业转移。结合创新人才推进计划，鼓励拥有科技成果的科技人员自主创业，领办创办科技型中小企业。围绕节能减排、低碳发展等重大任务，通过固定资产加速折旧等方式，鼓励科技型中小企业吸纳和应用高新技术和先进适用技术，实现技术升级。在十城万盏、十城千辆、金太阳等试点示范工程中充分发挥科技型中小企业的作用，鼓励科技型中小企业利用高新技术和先进适用技术生产节能减排和绿色产品。

三、引导科技型中小企业集群发展

（四）发挥科技园区和基地的集聚作用，促进科技型中小企业集群发展

以高新区、农业科技园及大学科技园、高新技术产业化基地、火炬计划特色产业基地、火炬计划软件产业基地等为载体促进科技型中小企业集群发展。在国家高新区开展创新型产业集群建设试点工作，通过火炬计划、科技型中小企业技术创新基金和农业科技成果转化资金等项目实施，吸引科技型中小企业按专业特色、产业链关系向国家高新区集聚。培育集群品牌，形成龙头企业。充分发挥科技企业孵化器的培育功能，引导科技企业孵化器专业化、网络化建设。

（五）围绕培育发展战略性新兴产业，引导科技型中小企业集群发展

根据国家战略性新兴产业发展规划布局，引导各级政府的专项资金向科技型中小企业集群倾斜。构建支撑战略性新兴产业的技术创新服务平台，为科技型中小企业集群发展提供服务。鼓励科技型中小企业结合区域优势、产业基础等条件形成支撑与服务战略性新兴产业发展的企业集群。

四、加强对科技型中小企业技术创新的公共服务

（六）加强技术创新服务平台建设

通过政策引导和试点带动，整合资源，以用为本，推进技术创新服务平台为科技型中小企业服务。开展面向科技型中小企业的专题服务行动，为科技型中小企业技术创新提供设计、信息、研发、试验、检测、新技术推广、技术培训等服务。

（七）鼓励高等学校、科研院所、大型企业开放科技资源

引导高等学校、科研院所的科研基础设施和设备、自然科技资源、科学数据、科技文献等科技资源进一步向科技型中小企业开放。支持社会公益类科研院所为企业提供检测、标准等服务。引导和支持各类基础条件平台为科技型中小企业提供服务。推动国家重点实验室、国家工程（技术）研究中心、大型科学仪器中心、分析测试中心等进一步向科技型中小企业开放。鼓励有条件的大型企业向科技型中小企业开放研究实验条件。

（八）加强知识产权与标准服务

强化对科技型中小企业知识产权的专题培训，提高科技型中小企业的知识产权意识和管理能力，帮助科技型中小企业完善知识产权管理制度，培养专业人才。在知识产权信息查询与分析、专利申请、

知识产权保护及纠纷处理等方面为科技型中小企业提供专业化咨询服务。吸纳科技型中小企业参与有关技术标准的制订工作，鼓励科技型中小企业根据产业发展需要联合制订技术标准。

（九）充分发挥各类社会化专业机构的作用

促进从事管理咨询、注册咨询、会计事务、审计事务、法律援助、人才培训、国际技术转移等专业服务的社会化机构为科技型中小企业提供服务。支持建立汇集各类专业机构的信息服务平台，为科技型中小企业的各类服务需求提供网络支撑。鼓励专业化机构通过培训、示范等多种方式在科技型中小企业中推广应用创新方法。探索通过政府购买服务等方式，促进各类专业机构为科技型中小企业提供优质服务。

（十）支持科技型中小企业国际化发展

充分发挥驻外使领馆科技处组、各类国际科技合作基地的信息与中介服务作用，在项目推荐、人才引进、信息收集等方面为科技型中小企业开展多种形式服务。鼓励支持有条件的科技型中小企业到境外拓展业务，开发市场，开展国际合作与交流。

五、拓展科技型中小企业的融资渠道

（十一）深入开展促进科技和金融结合试点

会同有关金融监管部门和金融机构共同组织开展促进科技和金融结合试点工作。通过创新投入方式和金融产品，改进服务模式，搭建科技金融服务平台，加强科技资源与金融资源的有效对接。依托国家自主创新示范区、国家高新区、创新型试点城市和部分省市开展的国家技术创新工程试点，开展促进科技和金融结合试点工作，为科技型中小企业创造良好的投融资环境。

（十二）引导银行业金融机构积极支持科技型中小企业技术创新

对纳入国家及省、自治区、直辖市的各类科技计划的科技型中小企业技术创新项目，按照国家产业政策导向和信贷原则，鼓励商业银行积极提供信贷支持。积极探索支持科技创新的政策性融资方式。利用知识产权和股权质押贷款、科技小额贷款公司和银行科技支行等方式扶持科技型中小企业创新发展。推进科技专家参与科技型中小企业贷款项目评审。组织开展对科技型中小企业的信用评价，加快科技型中小企业信用体系建设。

（十三）建立和完善科技型中小企业融资担保体系

鼓励各级政府科技管理部门、国家高新区设立多层次、专业化的科技担保公司和再担保机构，逐步建立和完善科技型中小企业融资担保体系。通过风险补偿和奖励等政策，积极引导和鼓励各类担保机构为科技型中小企业技术创新项目或自主知识产权产业化项目贷款提供担保服务。进一步深化科技保险试点，鼓励保险机构开发为科技型中小企业服务的保险产品。

（十四）加快科技型中小企业股权投资体系建设

鼓励地方科技管理部门、国家高新区大力发展创业风险投资，为种子期科技型中小企业提供资金支持。进一步加强科技型中小企业创业投资引导基金的实施力度，引导社会资金进入创业投资领域，引导创业投资机构投资于初创期科技型中小企业，对投资于初创期科技型中小企业的创业投资机构给予税收优惠。倡导私募股权基金和各类社会投资机构对科技型中小企业的投资，有效扩大科技型中小企业股权投资的资金供给量。

（十五）利用多层次资本市场支持科技型中小企业发展

充分发挥中小板市场、创业板市场、股权代办系统等对科技型中小企业的培育和促进作用。扩大股权代办转让系统试点范围，支持具备条件的国家高新区内非上市股份公司进入代办系统，支持符合条件的科技型中小企业在创业板及其它板块上市融资。大力推动科技型中小企业的改制上市进程。探索利用债券工具和信托工具为科技型中小企业融资的有效形式和途径。

六、引导科技型中小企业加大技术创新投入

（十六）鼓励科技型中小企业加大研发投入

加强已有政策落实力度，鼓励科技型中小企业加大研发投入，开展研发活动。对于研发投入占企业总收入的比例达到5%以上的科技型中小企业，探索多种形式的鼓励、补贴机制。

（十七）进一步发挥科技型中小企业技术创新基金的引导作用

力争逐年稳定增加中央财政预算支持科技型中小企业技术创新的专项资金规模。创新支持方式，扩大资助范围，加大对战略性新兴产业科技型中小企业的支持力度。鼓励地方加大科技型中小企业技术创新基金规模，带动社会资金支持科技型中小企业创新发展。

（十八）充分利用科技计划资源支持科技型中小企业技术创新

加大国家火炬计划、重点新产品计划、星火计划、科技富民强县专项行动计划对科技型中小企业技术创新活动的支持力度。研究建立国家科技成果转化引导基金。扩大科技型中小企业参与国家863计划、科技支撑计划项目的比例。

七、完善科技型中小企业创新发展的政策环境

（十九）完善促进科技型中小企业发展的政策法规

进一步梳理和评估已经出台的政策法规，针对突出问题补充完善相关政策措施。各地方结合本地情况，制订促进科技型中小企业发展的配套政策。依托国家自主创新示范区、创新型试点城市和部分省市开展的国家技术创新工程试点工作，开展促进科技型中小企业创新发展相关政策的先行先试。

（二十）实施有利于科技型中小企业吸引人才的政策

结合创新人才推进计划、海外高层次人才引进计划、青年英才开发计划和国家高技能人才振兴计划等各项国家人才重大工程的实施，支持科技型中小企业吸引和凝聚创新创业人才。针对科技型中小企业的人才需求，提供信息咨询、专业培训等服务。鼓励科技型中小企业与高等学校、职业院校建立定向、订单式的人才培养机制。探索对符合条件的科技型中小企业聘用人才给予适当补助支持。

（二十一）加大政策落实力度

加强企业研究开发费用税前加计扣除、技术转让以及高新技术企业、软件企业和技术先进型服务企业等税收优惠政策在科技型中小企业群体中落实情况的跟踪检查，及时分析问题、采取措施，保证各项政策的有效落实。继续实施国家大学科技园和科技企业孵化器税收减免政策，为科技型中小企业发展创造良好环境。

促进科技型中小企业创新发展既是一项事关创新型国家建设和全面建设小康社会全局的长期战略任务，也是当前推进经济结构战略性调整和加快转变经济发展方式的迫切需求。各地方科技管理部门要加强与有关部门的沟通协调，结合各地情况，采取有效措施，制定相应落实办法，切实抓好本意见的落实。

科学技术部

二〇一一年五月十二日

福建省人民政府关于进一步加快农业产业化龙头企业发展的若干意见

闽政[2010]20号

各市、县（区）人民政府，平潭综合实验区管委会，省人民政府各部门、各直属机构，各大企业，各高等院校：

农业产业化龙头企业是以农产品生产、加工或流通为主业，通过各种利益联结机制与农户相联系，带动农户进入市场，使农产品生产、加工、销售有机结合、相互促进，并具有一定规模的农业企业。为贯彻落实《国务院关于支持福建省加快建设海峡西岸经济区的若干意见》（国发[2009]24号）、《中共福建省委 福建省人民政府关于加大统筹城乡发展力度夯实农业农村发展基础的实施意见》（闽委发[2010]1号）和省委八届九次全会精神，培育壮大农业产业化龙头企业，促进农业发展方式转变，推动我省发展现代农业，特提出如下意见：

一、指导思想与目标任务

（一）指导思想

深入贯彻落实科学发展观，积极转变农业发展方式，以市场为导向，以科技为支撑，以创新为动力，以发展优势特色农产品基地为基础，以农产品质量安全为重点，以完善利益联结机制为核心，着力增强农业产业化龙头企业的带动力和辐射力，不断提升我省现代农业发展水平，促进农业增效、农民增收。

（二）目标任务

到“十二五”末，全省优势特色农产品的区域化、规模化、标准化生产水平进一步提升；农业产业化龙头企业进一步做大做强，力争形成10个年产值超50亿元的龙头企业；农产品市场竞争力明显提高，培育树立一批高产、优质、高效、生态、安全的名牌农产品，争创一批国家级驰名商标和著名商标；农业产业化龙头企业带动能力明显增强，全省有60%以上的农户参与各类农业产业化经营组织，形成多样化的利益联结机制。

二、切实加大扶持力度

（三）加大财政资金投入

各级财政要增加农业产业化专项资金，通过贴息、补助、奖励等形式，支持龙头企业扩大生产规模、推进技术改造升级、建设原料生产基地、建立研发机构等。整合现代农业发展、农业综合开发、农业产业化发展等资金集中扶持省级以上重点龙头企业。中小企业发展、企业技术改造等各类专项资金，重点向符合条件的农业产业化龙头企业倾斜。龙头企业取得的具有专项用途的财政性资金，凡符合国家税收有关规定的，在计算应纳税所得额时从收入总额中减除。

（四）强化信贷支持

加强政银企合作，完善银企项目对接机制，各级农办每年都要组织筛选一批龙头企业建设性项目统一向有关银行业机构推荐，各银行业机构将推荐的项目优先纳入贷款营销范围，优先予以调查评估、优先予以信贷支持，并给予适当的利率优惠，各级财政对龙头企业建设性项目贷款给予一定额度的贴息扶持。各银行业机构要简化办贷流程，提高办贷审批效率，合理确定利率，积极满足农业产业化龙头企业合理的资金需求；对基本面比较好、信用记录较好、有竞争力、有市场、有订单但暂时出现经营或财务困难的企业，尽力给予信贷支持，或实施贷款重组；对暂时集中还贷困难的龙头企业，可适当展期，在展期内逐步归还。

（五）健全抵押担保体系

扩大农业产业化龙头企业有效担保物范围，依法开展大型农用生产设备、参保渔船、林权、海域使用权、采矿权等抵押贷款和应收账款、仓单、可转让股权、专利权、注册商标专用权等权利质押贷款。鼓励和支持农业产业化龙头企业牵头组建担保机构或设立互助担保基金，对由其提供担保的贷款，银行业机构应简化办贷审批程序，并给予适当的利率优惠。鼓励各类担保机构进入农村市场，积极开展涉农担保业务，对为农产品加工类及非加工类农业产业化龙头企业融资业务列入福建省中小企业信用担保机构风险补偿专项资金支持范围，鼓励中小企业担保机构为农业产业化龙头企业提供融资担保。

（六）鼓励上市融资

优先将符合条件的农业企业纳入上市后备企业资源库，对条件成熟的优先列为年度企业上市重点推进和培育目标。证券监管部门要认真做好农业产业化龙头企业上市融资的指导和服务工作，在企业改制规范、政策培训、辅导验收等方面提供优质服务；对已经列入上市后备企业的，帮助推荐改制上市和规范运作不可缺少的保荐机构、财务顾问、审计、资产评估和法律等方面的专业机构和专业人才。在企业上市过程中，需办理的募集资金投资项目的核准或备案、用地审批、环境评价、工商登记，以及需要税务、工商、劳动、质监、海关等部门出具无违法证明等手续的，要简化审批程序、特事特办、限时办结；对企业改制中遇到的因历史原因造成的产权不清晰、用地手续不全、企业账物不符、财务报表不实、劳动用工不规范等共性问题，各级政府在不违反国家法律法规的前提下，要结合本地实际积极研究灵活解决办法，并有针对性实施“一企一议”，有条件的地方要帮助阶段性支付应补交费用有困难的企业。从 2010 年起，对上一年进入辅导期的拟上市农业产业化龙头企业省级财政一次性给予 50 万元奖励。鼓励支持已上市农业产业化龙头企业通过增发、配股和发行公司债等形式实现再融资。

（七）支持民间资本投资农业

各级政府要采取有效措施，吸引民间资本以独资、合资、合作等多种形式参与投资开发和经营农业产业化项目。支持民间资本组建的各种形式的专业合作经营组织和公司制企业申报国家级、省级重点龙头企业。对社会资本参与开发荒山、荒沟、荒丘、荒滩“四荒”地从事农业产业化经营的要给予支持。

三、提升科技创新水平

（八）推进科企合作

充分发挥中国·海峡项目成果交易会的平台作用，支持龙头企业建设项目与先进适用技术成果的对接，与高等院校、科研院所开展技术联合攻关，以企业为主体，促进产学研用紧密结合。鼓励科研单位和科技人员通过技术承包、入股、转让等形式参与农业产业化经营。创新科技人员服务龙头企业的激励机制，持续开展“百名专家进企业”和“百项成果接产业”活动，加速科技成果转化。

（九）增强企业自主研发能力

引导龙头企业加大技术创新投入力度，推动企业成为技术创新的主体。对新创办的科技型农业产业化龙头企业，自其在工商部门首次注册登记之日起两年内免收管理类、登记类和证照类等有关行政事业性收费。支持有条件的龙头企业组建研发中心和博士后流动工作站，或与大学、科研机构联合建立研发机构、科研工作站。被认定为国家企业技术中心的企业给予一定奖励。

（十）支持龙头企业技术创新

各类涉农科技计划项目向符合条件的农业产业化龙头企业倾斜。在企业技改贴息资金的安排上，积极支持省级以上重点龙头企业的技术改造项目。对龙头企业申报国家扶持的高新技术产业化推进项目、农产品深加工项目和技改贴息项目，有关部门应优先推荐上报。龙头企业从事国家鼓励类产业项目、引进国内不能生产的先进加工生产设备，要按规定落实减免税政策。龙头企业为开发新技术、新产品、新工艺所发生的研究开发费用，据实税前扣除并按照有关规定享受加计扣除优惠政策。

四、推动优势产业发展

（十一）壮大优势特色产业

发挥农业产业化龙头企业的带动作用，大力培育发展畜禽、林竹、水产、蔬菜、水果、食用菌、茶叶、花卉、烤烟、中药材等十大优势特色农产品。用好现代农业发展专项资金，扶持建设一批具有我省特色的优势农产品集中区和产业强县。推进农产品加工园区建设，引导农产品加工企业向优势产区集中、向加工园区集聚，培育形成农产品加工产业集群。

（十二）支持龙头企业基地建设

加快建设专业化、规模化、优质化、标准化的农产品生产基地，支持龙头企业、农民专业合作社、科技特派员、专业大户、农民经纪人等参与标准化生产基地建设。引导沿海地区的龙头企业到欠发达地区建立农产品生产基地，积极引进先进技术、工艺、设备和管理改造提升传统农业。完善农村土地使用权流转机制，促进土地向龙头企业、农民专业合作社和经营能手集中，发展适度规模经营。各级各部门在涉农项目资金安排上对符合条件的龙头企业建设或联结的基地给予积极支持，政策性农业保险向龙头企业生产基地倾斜。

（十三）推进闽台农业合作

积极支持农业产业化龙头企业开展闽台农业科研、人才、经营管理等方面的交流与合作，对龙头企业引进、试验、示范和推广台湾农业“五新”，台湾特色农产品生产经营，农业高新技术研发，农产品精深加工等项目，享受国家和我省相应的扶持政策。鼓励台湾农民和台湾农业企业到我省投资，创办农业企业，从事农业产业化经营，参与各级农业产业化龙头企业评选，享受相关的扶持政策。

（十四）完善利益联接机制

大力推广订单农业，引导龙头企业设立风险资金，采取保护价收购、利润返还等多种形式，与农户建立更加紧密、合理的利益联结机制。支持龙头企业与专业合作社等在自愿互利基础上，建立多种形式的经营联合体。积极探索风险保障机制，提高农户抵御自然和市场风险的能力。

五、增强市场开拓能力

（十五）支持争创国家级品牌

协助有条件的农业产业化龙头企业制定名牌创建方案，争创中国驰名商标、中国名牌农产品、中国名牌产品等国家级品牌。从 2010 年起，对上一年被国家有关部门认定为中国驰名商标、中国名牌农产品和中国名牌产品的龙头企业，省财政一次性给予 30 万元奖励。积极支持各地注册集体商标、证明商标及申报地理标志产品，支持符合条件的农业产业化龙头企业申报地理标志产品专用标志使用权，创建区域品牌，推进区域品牌和企业品牌的互促互动。加大对品牌的服务和监管力度，切实加强对商标、质量标志、产品标识、农产品品牌标志等的管理，依法保护品牌和知识产权。

（十六）强化农产品质量安全

分类指导企业推行 ISO、GAP、HACCP、MPS 等认证和水产品对欧盟出口注册、低酸罐头对美国 FDA 注册以及 FSC 森林认证，指导企业利用支持国外商标注册和认证的各项现行政策，争取政策资金扶持。做好无公害农产品、绿色食品和有机产品的认证工作，对龙头企业申报各种认证，有关职能部门要采取专人重点辅导，全程服务。加强农产品质量安全监管，完善供应链全过程质量安全控制体系、动植物防疫体系和产品生产追溯体系，支持省级农业产业化重点龙头企业创办质量检验检测机构。

（十七）支持企业参与行业标准制定

支持龙头企业参与与本领域有关的国际标准化活动，跟踪相关标准的制定修订动向，培养标准化人才，参与标准化良好行为的创建工作。加快农业标准制定修订工作，支持省级以上重点龙头企业承担和参与国际标准、国家标准和行业标准的制定修订。

（十八）组织企业参展营销

充分利用“9·8”投洽会、“6·18”项目成果交易会、农博会、林博会、茶博会和渔博会等展会平台，支持农业产业化经营组织参加展示展销和投资贸易洽谈，对省级以上重点龙头企业和品牌农业金奖企业给予优先安排展位。引导龙头企业积极申请国家级和省级支持境内外参展、开拓国际市场等相关政策的扶持资金。大力发展连锁经营、物流配送、直供直销、电子商务等现代流通方式，鼓励大中型龙头企业在全国大中城市建立展销、批发和配送中心，发展连锁经营。支持大型连锁超市和龙头企业、农民专业合作社开展农超对接，建立农产品直接采购基地，促进产销衔接。

（十九）扩大农产品出口

加快出口食品农产品质量安全示范区建设。积极引导出口型龙头企业巩固和深度开发传统市场，加快开发潜力市场。检验检疫、质监、农业、海洋与渔业、外经贸等相关职能部门要形成促进农产品出口的协调机制，共同解决国外市场准入问题。省级龙头企业提出报关申请，海关要优先办理农产品接单、审核、查验等通关业务，对报关单填写规范，单证合法、齐全、有效，审核无误且无须查验的，申报后 24 小时内放行。扩大农产品出口信用保险范围，鼓励出口型龙头企业投保出口信用保险。银行业机构要配合出口信用保险公司开展短期出口信用保险项下保单融资业务。对参保的龙头企业的保费和对企业开展出口信用保险保单融资业务给予相应支持，出口信用保险保费补助比例为 40%，出口信用保险保单融资年贴息率为 3%。加快出口退税进度，对申报单证齐全、电子比对信息通过的企业，在 20 个工作日内完成退税，力求提前。

六、营造宽松发展环境

（二十）加强用地用电扶持

农业产业化龙头企业建立农产品原料基地所需农用地，在土地承包方自愿的前提下，可依法通过土地承包经营权入股、租赁等方式流转获得。所在地政府在维护承包农户权益的前提下，主动帮助做好土地承包经营权流转的相关服务。各级在安排农业基础设施建设、土地整理开发等项目时，优先考虑省级以上重点龙头企业的生产基地。社会资本投资农产品现代流通产业的物流、配送、连锁经营的，各级政府和有关部门应给予优先规划和用地等优惠政策扶持。保障农业产业化经营组织正常生产用电，严格执行国家有关优惠电价政策。

（二十一）加强服务指导

各级政府和有关部门要组织农业产业化龙头企业与银行业机构、证监、质监、检验检疫、海关、科研单位等开展多种形式的对接活动。农业产业化主管部门认真做好项目筛选和推荐，主动协调各有关部门，开展信息沟通，跟踪服务，及时解决龙头企业发展中的困难和问题；农业科研部门要深入开展科技人员联系龙头企业活动，共建技术创新中心、农业科研示范基地，帮助龙头企业解决生产技术难题。

各级各有关部门要根据本意见，抓紧研究制定具体配套办法，切实落实好各项政策措施，帮助农业产业化龙头企业解决经营发展中的困难和问题，促进龙头企业做大做强。

二〇一〇年九月二十九日

关于印发福建省食品工业企业诚信体系建设工作方案的通知

闽经贸消费[2011]404 号

省食品工业企业诚信体系建设工作部门联席会议各成员单位，各设区市经贸委（经委、经发局）、平潭综合实验区经发局，省级有关行业协会：

为贯彻落实工业和信息化部《食品工业企业诚信体系建设工作实施方案》（工信部消费[2010]549号）、《2011 年食品安全重点工作实施方案》（工信部消费[2011]130 号）、《2011 年食品工业企业诚信体系建设工作实施方案》（工信部消费[2011]138 号）和省政府办公厅《关于 2011 年度全省治理“餐桌污染”建设“食品放心工程”工作方案的通知》（闽政办[2011]88 号）有关工作要求，加快推进福建省食品工业企业诚信体系建设和罐头试点行业工业企业诚信体系建设工作，我委会同省发改委、监察厅、财政厅、科技厅、人力资源和社会保障厅、农业厅、海洋与渔业厅、卫生厅、工商局、质监局、食品药品监督管理局、福建出入境检验检疫局、人民银行福州中心支行、食品工业协会和罐头工业协会等 16 家单位建立了省食品工业企业诚信体系建设工作部门联席会议制度，研究制定了《福建省食品工业企业诚信体系建设工作方案》，现印发你们，请认真组织实施。

福建省经济贸易委员会

二〇一一年六月二十日

福建省食品工业企业诚信体系建设工作方案

为贯彻实施工业和信息化部《食品工业企业诚信体系建设工作实施方案》(工信部消费[2010]549 号)、《2011 年食品安全重点工作实施方案》（工信部消费[2011]130 号）、《2011 年食品工业企业诚信体系建设工作实施方案》（工信部消费[2011]138 号）和省政府办公厅《关于 2011 年度全省治理“餐桌污染”建设“食品放心工程”工作方案的通知》（闽政办[2011]88 号）有关工作的要求，加快推进福建省食品工业企业诚信体系建设和罐头试点行业工业企业诚信体系建设，促进全省食品行业健康发展，特制定本工作方案。

一、指导思想

全面贯彻落实科学发展观和国务院有关部门的工作部署，依托我省良好的食品产业基础，以省委、省政府提出的创建食品安全省为契机，有计划、有步骤地开展我省食品工业企业诚信体系建设工作。以加强质量诚信为核心，以守法遵章为准绳、社会道德为基础、企业自律为重点，以保障产品质量安全和促进行业健康发展为目标，通过“政府指导、推动，行业协会加强自律，企业履行主体责任，社会各界参与并监督”，逐步建立起企业责任为基础、社会监督为约束、诚信效果可评价、诚信奖惩制度能落实的食品工业企业诚信体系，促进福建省食品工业又好又快发展，为食品安全提供保证。

二、目的和原则

（一）工作目的

通过开展食品工业企业诚信体系建设，着力探索以企业诚信制度、企业诚信信息系统、企业诚信自律活动等为主要内容的食品工业企业诚信体系建设框架。培养和增强企业诚信意识和诚信管理水平，规范企业依法生产，诚信经营，自觉抵制制售假劣产品行为，充分发挥守信激励和失信惩戒作用，逐步建立企业诚信建设的长效机制，提高全省食品工业发展水平。

（二）工作原则

坚持政府推动、部门联动、社会监督的原则；统筹协调、分工合作、分步实施的原则；宣传教育与制度规范并重、褒奖守信与惩戒失信并举、行业自律与行政监管相结合的原则；坚持诚信建设与行业发展紧密联系的原则。

三、工作范围

我省境内所有食品工业企业，选择罐头行业为试点行业，并选定 10 家罐头和所有婴幼儿配方乳粉生产企业为首批试点企业，漳州市为罐头加工企业诚信体系建设首批试点城市。

四、工作目标

2011 年启动全省食品工业企业食品诚信体系建设，选择 10 家罐头和所有婴幼儿配方乳粉生产企业为试点企业并通过食品诚信体系认证，20%的罐头企业和 100%婴幼儿配方乳粉生产企业达到食品诚信体系的标准。“十二五”期间在全省食品行业全面开展食品诚信体系建设，建立起比较完善的食品工业企业诚信管理体系、企业诚信信息征集和披露体系、企业诚信评价体系和政府部门协同推动、行业协会组织实施、食品企业积极参与、诚信责任有效落实的食品工业企业诚信体系运行机制。

通过加快推进食品工业企业诚信体系建设，全省食品工业企业质量信誉水平和责任意识明显提高，企业普遍建立诚信的职业道德规范和依法经营的管理规章制度，违约、违规、违法等行为得到有效遏制；食品行业协会在统一、规范的诚信标准下，基本建立起符合自身特点的行业诚信自律机制；全省食品工业质量管理水平和产品质量稳步提高。

五、主要任务

（一）建立诚信体系建设协调工作机制

一是建立部门联席会议制度。由省经贸委牵头，省发改委、监察厅、财政厅、科技厅、人力资源和社会保障厅、农业厅、海洋与渔业厅、卫生厅、工商局、质监局、食品药品监督管理局、福建出入境检验检疫局、人民银行福州中心支行、省食品工业协会和罐头工业协会等单位组成，确定任务分工，共同推动食品工业企业诚信体系建设。二是成立食品工业企业诚信体系建设工作办公室（简称食品诚信办）。承担制定工作实施计划、组织专家指导地方和食品工业企业开展诚信管理体系试点建设、审核并管理企业诚信信息、建立并维护福建省食品工业企业诚信信息平台、组织开展标准培训和企业诚信评价等工作。食品诚信办由省经贸委有关处室人员组成，办公地点设在省经贸委消费品工业处。三是建立省、市、行业协会间的联系机制。明确各设区市、行业协会的职责分工及负责人，落实地方政府负总责，行业协会加强自律的责任。四是建立食品工业企业诚信体系建设督察及信息报送制度。定期检查食品工业企业诚信体系建设执行情况，对地方工作进行指导和督促检查。建立简报和半年、年度诚信报告制度。

（二）建立企业诚信管理体系

一是开展《食品工业企业诚信管理体系（CMS）建立及实施通用要求》和《食品工业企业诚信评价准则》等相关标准的宣贯，与有关部门和行业协会结合实际，指导和督促试点企业建立诚信管理体系。二是建立企业诚信组织管理制度。成立诚信领导组织和工作机构，加强生产经营各环节的诚信管理，有效防范企业诚信风险。三是建立健全企业生产经营档案管理，完善食品安全可追溯体系。四是建立企业诚信自查自纠机制。对照企业诚信体系建设的有关标准，定期开展自查自纠活动，不断完善各项诚信管理制度。

（三）建立企业诚信评价机制

一是组织企业开展自查自评活动。指导企业依据评价准则等开展对标达标自我评价。二是开展试点企业诚信评价。由经贸部门组织行业协会或第三方服务机构，选择诚信体系建设基础较好的试点行业试点企业开展试评价，并逐步向全省食品工业企业全面推开。三是建立诚信企业评价结果宣传发布制度。诚信评级结果进行公示，接受社会各界监督，引导和促进食品工业企业关注自身诚信等级，提升企业诚信意识。在维护国家经济安全，保守国家机密、商业秘密和个人隐私的前提下，宣传诚信优秀企业，倡导诚信经营。四是规范诚信服务机构管理，健全诚信服务机构的服务监督、考核制度，推动诚信服务机构发展。

（四）建设企业诚信征信平台和披露体系

一是利用福建企业信用网，建立全省统一的食品工业企业诚信信息管理平台和查询披露系统。本着“主管部门负责、相关部门参与、诚信信息共享”的原则，做到诚信信息覆盖面广、信息量大，实现部门间诚信信息资源共建共享，及时向社会公布企业诚信体系建设信息。二是严格执行管理制度，依法采集及披露企业诚信信息。

（五）加强行业自律机制建设

行业协会加强自律机制建设，制定和完善行规行约，在行业内开展诚信宣言、公约、自查或互查等自律活动；要积极协助引导企业开展诚信自律活动，建立健全相关诚信管理制度；要促进行业信用评价结果在部门间、上下游行业间的有效应用；要加强对会员企业信用风险知识的培训，协助会员建立信用风险防范机制。企业要配备专职或兼职食品安全和诚信管理人员，开展守合同、重信用、依法生产、诚信经商活动，提高企业和员工的诚信意识和诚信水平，形成有效的企业自律机制。同时，要充分发挥社会监督作用，建立企业失信举报制度。

（六）建立诚信奖惩机制

对诚信企业颁发荣誉证书和牌匾，对企业法定代表人给予表彰。联合相关部门制定优惠政策，在政府采购、招投标管理、公共服务、项目核准、技术改造、融资授信、证照年检、名牌申报、社会宣传等方面参考使用企业诚信信息及评价结果，对诚信企业给予重点支持和优先安排。同时，以法律法规为依据，通过失信曝光、分类监管和市场退出机制等手段加大对失信食品工业企业的警示惩戒力度，促进行业健康发展。

（七）加强诚信宣传教育培训

一是加强媒体宣传。广泛利用电视、广播、报刊、政府公共信息网络以及发放宣传资料等多种形式，开展食品工业企业诚信宣传活动，营造人人讲诚信、人人重诚信、守信为荣、失信为耻的社会氛围。二是加强诚信试点工作的宣传。跟踪宣传试点地区、企业的好做法和取得的成效。三是加强培训教育。各职能部门要精心组织食品安全法律知识、相关食品行业诚信标准、食品安全事故案例、诚信典型案例剖析的培训教育工作，通过举办理论研讨、知识培训、法制讲座、技术咨询等各类以企业诚信为主题的活动，把诚信教育和诚信实践、诚信教育、法制教育有机结合起来，增强宣传教育的社会影响和实际效果。行业协会要积极普及食品工业企业诚信建设的知识，引导企业做诚实守信的模范，积极开展食品安全和诚信管理知识培训，开展食品专业知识和技能培训，提高员工素质和专业知识水平。

六、实施步骤

从 2011 年 1 月开始至 2015 年 12 月。大体分六步走：

（一）调研阶段（2011 年 1 月-2011 年 3 月）

深入企业开展诚信体系建设工作情况的调研，重点调研了解试点行业罐头工业企业生产经营过程中存在的各种问题，对企业建立以质量为核心的诚信体系征求意见，为确定总体思路、目标任务、工作重点奠定基础。

（二）启动阶段（2011年4月-2011年6月）

细化工作方案，成立专门领导机构，协调相关部门，明确工作职责，建立领导机制，起草各种文件，组织召开座谈会，召开工作动员大会，启动诚信体系建设工作。

（三）试点推进阶段（2011年7月-2012年1月）

做好罐头加工行业诚信体系建设试点区域试点企业的教育培训工作，开展罐头加工企业诚信体系建设宣传活动。制定具体工作方案，根据企业规模、区域布局选择10家罐头加工企业和所有婴幼儿配方乳粉生产企业作为试点企业，制订推广企业诚信体系建设统一规范文本、罐头加工企业征信平台和评价机制，推进试点有序开展各项工作。

（四）全面实施阶段（2012年2月-2012年5月）

在罐头加工行业全面推开，建设完善征信平台和评价机制。对试点企业和试点城市进行检查指导，总结诚信体系建设试点经验，查找问题与不足，修订完善相关规章制度。

（五）总结经验阶段（2012年6月）

对我省罐头加工企业和漳州市罐头加工企业诚信体系建设工作进行总结，归纳出诚信体系建设模式，形成总结报告并上报国家工信部。

（六）全面推进阶段（2012年7月-2015年12月）

在全省食品工业企业中全面推进食品工业企业诚信体系建设。

七、保障措施

（一）统一思想认识，加强组织领导

各级各部门要高度重视食品工业企业诚信体系建设工作，充分认识在罐头加工行业开展企业诚信体系建设试点工作，对于我省建设食品工业强省，创建食品安全省意义重大。食品工业企业诚信体系建设是一项庞大复杂的工作，要在统一的组织下和各部门参与下，有步骤、有计划地开展此项工作。建立由政府领导下，相关部门负责人为成员的食品工业企业诚信体系联席会议制度，负责协调解决诚信体系建设工作中的重大问题。

（二）积极履行职责，狠抓措施落实

经贸部门负责提出诚信体系建设工作方案，分解细化目标任务，明确部门职责，确保组织到位、保障到位、责任到位。联席会议各成员单位要履行职责，积极行动，采取措施，做好工作。搭建信息共享平台，各部门掌握的企业相关信息定期互相通报。

（三）加强协调配合，做好试点工作

食品工业企业诚信体系建设是一项系统工程，各级政府及有关部门要通力合作，密切配合，将食品工业企业诚信体系建设纳入责任考核目标，实行严格的责任制。各级食品工业企业诚信体系联席会议及办公室要做好统筹、组织、协调、督导工作，定期通报各地各部门工作进展情况，切实把工作任务分解落实到位，做到有人抓、有人管、有人落实，确保食品工业企业诚信体系建设的各项工作按计划、高标准完成。

福建省人民政府关于加强职业培训促进就业的实施意见

闽政[2011]46号

各市、县（区）人民政府，平潭综合实验区管委会，省人民政府各部门、各直属机构，各大企业，各高等院校：

为贯彻落实国务院《关于加强职业培训促进就业的意见》（国发[2010]36号）精神，提高我省劳动者整体职业技能水平，促进和稳定就业，加快技能人才培养，进一步推进海峡西岸经济区建设，现就我省加强职业培训促进就业提出以下实施意见：

一、充分认识加强职业培训的重要性、紧迫性

（一）明确职业培训工作的指导思想和目标任务

职业培训是提高劳动者技能水平和就业创业能力的主要途径。大力加强职业培训工作，是促进就业和稳定就业的根本措施，是加快技能人才队伍建设，建设人力资源强省的重要任务，是促进产业结构调整，提高企业自主创新能力和核心竞争力的必然要求。改革开放以来，我省职业培训工作取得了显著成效，职业培训体系初步建立，培训规模不断扩大，劳动者职业素质和就业能力不断提高，为促进就业、稳定就业和服务经济发展发挥了重要作用。但职业培训工作仍不适应我省产业结构调整和劳动者素质提高的需要，职业培训制度和机制需进一步健全，职业培训工作力度需进一步加大，针对性和有效性需进一步增强。各级政府要高度重视职业培训工作，加大力度推动全面提高劳动者职业技能水平，加快技能人才队伍建设。

我省职业培训工作的指导思想是：深入贯彻落实科学发展观，以服务就业和经济发展为宗旨，坚持“城乡统筹、就业导向、技能为本、终身培训”的原则，围绕产业结构调整和海峡西岸经济区建设，完善以职业院校、企业和各类职业培训机构为载体的职业培训体系，建立覆盖对象广泛、培训形式多样、管理运作规范、保障措施健全的职业培训工作新机制，推动健全面向全体劳动者的职业培训制度。

主要任务是：适应扩大就业规模、提高就业质量和增强企业竞争力的需要，完善制度，创新机制，加大投入，努力实现“培训一人、就业一人”和“就业一人、培训一人”的目标。“十二五”期间，力争使新进入人力资源市场的劳动者都有机会接受相应的职业培训，掌握一项初级以上职业技能，使企业技能岗位的职工得到至少一次技能提升培训，提升一个技能等级，使每个有培训愿望的创业者都参加一次创业培训，提高创业成功率，使高技能人才培训满足产业结构优化升级和企业发展需求。

二、加快建立健全各类职业培训制度

（二）稳固开展农业富余劳动力转移就业培训

各地要充分利用基层就业服务平台，掌握当地农业富余劳动力的实际情况，扎实做好农业富余劳动力转移的基础性工作，根据产业发展需求和当地农村的实际，把按项目运作培训作为组织本地区农业富余劳动力转移就业培训的主要模式，开展多种形式的转移就业技能培训。县级就业服务机构会同有关部门和社会培训力量，按照订单培训、定向培训的要求，提出培训项目计划方案并推动组织实施，促进就地就近转移就业，提高转移就业培训的组织化程度。

（三）鼓励开展城乡新成长劳动力劳动预备制培训

各级教育、人力资源社会保障部门要依托有条件的职业院校，积极动员，鼓励城乡未继续升学的应届初高中毕业生等新成长劳动力参加1-2个学期的劳动预备制培训。劳动预备制培训要坚持理论和实际操作相结合，突出实际操作训练，以提升城乡

新成长劳动力技能水平和就业能力。

（四）认真组织退役士兵免费职业技能培训

各级民政、人力资源社会保障、财政等部门要密切协作，组织动员当年退役士兵参加职业技能培训。退役士兵职业技能培训主要由重点技工院校和具备条件的职业培训机构承担，承训学校要坚持以就业为导向，以强化初、中级技能培训为主要培训内容，坚持校企合作、定向培训、订单培训，使每个参训退役士兵都能掌握一门职业技能，尽快实现就业。

（五）全面推动企业建立健全职工培训制度

企业要依法提取职工教育经费，并按照国发[2010]36 号文件的要求，将其中的 60%以上用于一线职工的教育和培训，组织开展多种形式的职工技能提升培训，开展岗位练兵和职业技能竞赛活动，全面提高员工素质。各级人力资源社会保障部门要加大推行职业培训经费直补企业政策的力度，推动企业更好地组织职工培训，推行国家职业资格证书制度，贯通企业技能劳动者从初级工、中级工、高级工到技师、高级技师的成长通道。

（六）积极推进创业培训

积极鼓励和支持有创业要求和培训愿望的城乡劳动者参加创业培训。各地各有关部门结合当地产业尤其是民营经济发展需要，根据不同培训对象的特点，组织多种形式的创业培训，努力打造创业培训品牌。要开展创业意识教育、创业项目指导和企业经营管理培训，强化创业培训与小额担保贷款、税费减免等扶持政策及创业咨询、创业孵化等服务手段的衔接，健全政策扶持、创业培训、创业服务相结合的工作体系，提高创业成功率。

（七）巩固就业困难群体职业培训制度

各级各有关部门要重视和加强下岗失业人员、残疾人等就业困难群体的职业技能培训，根据就业困难群体的实际情况和需求制定培训计划，安排和落实好专项经费，认真组织开展职业技能培训工作，帮助就业困难人员尽快实现就业。

（八）积极探索职业培训新机制

各地在推动落实现行的职业培训制度的同时，要积极探索创新职业培训制度。在落实好职业培训经费直补企业的同时，探索对获得职业资格证书的高技能人才实行培训经费直补个人制度；在落实好劳动预备制免费培训的同时，探索建立企业紧缺技工免费订单培训制度；在全面推进高技能人才工作的同时，探索推动企业建立“技能大师工作室”，更好地发挥高技能人才领军人物在解决生产一线技术难题、开展名师带徒等方面的重要作用。通过不断推动职业技能培训的制度和机制创新，促进培养更多的技能型人才。

三、切实提高职业培训质量

（九）以就业为导向，以技能为根本，提高培训的针对性、有效性

深化以就业为导向的培训模式改革。各类职业院校、职业培训机构都要坚持以就业为导向，以技能为根本的办学方向，确立以培养生产一线技能人才为主的办学定位，改革教学培训大纲、教材、课程和培训模式，突出技能操作训练，强化职业道德等职业素质培养，全面推行校企合作、订单培训、定向培训、定岗培训的培训模式，努力提高职业教育培训的针对性、有效性。要充分发挥技工院校学制教育和技能培训双重功能，承担更多的短期培训任务。

加强职业技能考核评价和竞赛选拔。坚持以职业能力为导向，以工作业绩为重点，改革技能人才评价办法。大力推行国家职业资格证书制度，发挥职业技能鉴定在职业培训中的引导作用。在职业院校中大力推行学历证书与职业资格证书并重的“双证书”制度，提升职业院校毕业生技能水平和就业能力。各级职业技能鉴定机构要加强职业技能鉴定质量管理，为劳动者提供及时、方便、快捷的职业技能鉴定服务。要充分发挥技能竞赛在技能人才培养中的积极作用，鼓励行业、企业、职业院校和社会团体广泛开展多层次、多种形式的职业技能竞赛，为发现和选拔高技能人才创造条件。

（十）强化职业培训基础能力建设

各级政府要统筹规划，增加投入，做大做强一批职业院校和技能培训基地。“十二五”期间，各设区市都要重点建设一所以上技师学院或高级技工学校，建设一批职业技能实训基地。福州、厦门等中心城市，要提升改造一批以高级技能培训为主的职业技能实训基地；其他设区市要提升改造一批以中、高级技能培训为主的职业技能实训基地；经济较发达的县（市），要提升改造一批以初、中级技能培训为主的职业技能实训基地，面向社会提供示范性技能训练和鉴定服务。力争在“十二五”末建成若干个面向全国、规模较大、特色鲜明的职业技能培训基地，树立海西地位和品牌。

加强职业培训师资队伍建设，实行专兼职教师制度，建立和完善职业培训教师在职培训和到企业实践制度、职称评审制度和表彰制度，加快培养既能讲授专业知识又能传授操作技能的教师队伍。根据职业培训规律和特点，加强职业培训特别是高技能人才培训的课程体系、培训计划大纲以及培训教材的开发。

根据国家有关法律法规规定，明确各级民办职业培训机构的师资、设备、场地等基本条件，鼓励和引导社会力量面向企业和社会需求开展职业培训。各地各相关部门要加强指导和依法监管，提高民办培训机构办学质量，推动民办职业培训健康发展。

（十一）切实加强就业和培训服务工作

各级人力资源社会保障部门要结合本地区产业结构调整和发展状况、企业用工情况，综合分析劳动力资源供求和培训需求信息，适时向社会发布。各地要加强覆盖城乡的公共就业服务体系建设，加强职业培训信息化管理服务，为各类劳动者提供完善的职业培训政策信息咨询、职业指导和职业介绍等服务，引导各类劳动者按照市场需求，选择适合自身需要的职业培训。要充分发挥行业主管部门和行业组织在职业培训工作中的作用，做好本行业技能人才需求预测，推动本行业企业完善职工培训制度，落实职业培训政策措施。

（十二）积极推进闽台职业培训交流合作

各地要充分发挥闽台“五缘”优势，通过积极开展学术交流、职业技能竞赛、校际合作、项目合作等多种形式，全方位推动闽台职业培训交流合作，更好地引进台湾职业培训优质资源，提升职业培训水平和能力，加快我省技能人才培养，促进产业结构调整和升级。

四、加大职业培训资金支持力度

（十三）加大职业培训经费投入

要根据国家有关规定和我省实际，不断推动完善各类职业培训补贴政策。各级财政要加大投入，调整就业专项资金支出结构，保证职业培训各项补助政策资金的落实。要根据开展职业培训工作的需要，安排相应的工作经费，保障职业培训组织等相应工作的开展。各级要安排经费，对职业培训教材开发、师资培训、职业技能竞赛、评选表彰等基础工作给予支持。由失业保险基金支付的各项补贴按相关规定执行。

（十四）加强职业培训资金监管

各地人力资源社会保障部门要会同财政部门加强对职业培训补贴资金的管理，健全规章制度，明确资金用途、申领拨付程序和监管措施。采取切实措施和科学的管理手段，对参训人员实行实名制管理。审计部门依法加强对职业培训补贴资金的审计，防止骗取、挪用、以权谋私等问题的发生，确保资金安全，审计结果依法向社会公告。监察部门对重大违纪违规问题的责任人进行责任追究，涉及违法的移交司法机关处理。

五、加强组织领导

（十五）完善工作机制

各级人民政府、各有关部门要进一步提高对职业培训工作重要性的认识，从全局和战略的高度切实加强职业培训工作。要建立在政府统一领导下，人力资源社会保障部门统筹协调，发展改革、教育、经贸、科技、财政、住房城乡建设、农业等部门各司其职、密切配合，工会、共青团、妇联等人民团体广泛参与的工作机制，共同推动职业培训工作健康协调可持续发展。

（十六）加大宣传表彰力度

建立和完善福建省优秀高技能人才表彰制度，各级也要建立优秀高技能人才评选表彰制度，并对在职业培训工作中作出突出贡献的机构和个人给予表彰。充分运用新闻媒体，广泛开展主题宣传活动，大力宣传各级党委、政府关于加强职业培训工作的方针政策，宣传技能成才和成功创业的典型事迹，宣传优秀职业院校和职业培训机构在职业培训方面的特色做法和显著成效。营造尊重劳动、崇尚技能、鼓励创造的良好社会氛围。

二○一一年六月九日

关于印发《福建省小企业贷款风险补偿暂行管理办法》的通知

闽经贸中小[2010]853号

各设区市经贸委（经委、经发局）、财政局，人民银行省内各市中心支行，各银监分局，各有关金融机构：

为贯彻落实《国务院关于进一步促进中小企业发展的若干意见》（国发[2009]36号）和《福建省人民政府关于营造优良环境提供优质服务支持民营企业加快发展的若干意见》（闽政[2010]19号）精神，充分发挥地方财政资金的导向作用和放大效应，鼓励和引导银行业金融机构加大对小企业的信贷支持力度，切实缓解我省小企业融资难，促进我省经济又好又快发展，省财政设立了小企业贷款风险补偿资金。为加强资金管理，提高资金使用效益，经省人民政府同意，现将《福建省小企业贷款风险补偿暂行管理办法》印发给你们，请遵照执行。

福建省经济贸易委员会

福建省财政厅

中国人民银行福州中心支行

中国银行业监督管理委员会福建监管局

二○一○年十二月二十七日

福建省小企业贷款风险补偿暂行管理办法

第一章 总 则

第一条 为贯彻落实《国务院关于进一步促进中小企业发展的若干意见》（国发[2009]36号）和《福建省人民政府关于营造优良环境提供优质服务支持民营企业加快发展的若干意见》(闽政[2010]19号）精神，充分发挥地方财政资金的导向作用和放大效应，鼓励和引导银行业金融机构加大对小企业的信贷支持力度，切实缓解我省小企业融资难，促进我省经济又好又快发展，特制定本办法。

第二条 本办法中的小企业贷款风险补偿资金（以下简称“风险补偿资金”），特指省政府专项用于鼓励和促进银行业金融机构加大对小企业信贷投放的财政扶持资金。

第三条 本办法所称的小企业，是指在本省境内（不含厦门）工商管理部门注册登记，并在本省境内税务部门依法纳税，上年销售收入在2000万元（含2000万元）以下，在同一金融机构贷款余额500万元（含500万元）以下的各种所有制企业。

第四条 风险补偿资金的核定、使用，应当符合国家宏观经济政策、产业政策以及我省经济发展战略，坚持公开、公平、公正的原则，接受社会监督，确保小企业贷款风险补偿资金的高效、安全、规范。对国家和省里明令禁止的产业贷款不予补偿。

第二章　组织与职责分工

第五条 成立福建省小企业贷款风险补偿工作协调小组（下称“省协调小组”），由省经贸委牵头，省财政厅、人行福州中心支行、福建银监局为协调小组成员单位。省协调小组办公室设在省经贸委。省协调小组的主要职责是研究决定有关小企业贷款风险补偿工作的相关事宜，对小企业贷款风险补偿中出现的问题进行协调，对风险补偿资金的使用效果进行绩效评价。

各设区市也应成立相应的小企业贷款风险补偿协调小组（下称“市协调小组”）。

第六条 省经贸委负责受理小企业贷款风险补偿资金的申请，牵头组织相关部门对申报材料进行审核等。

第七条 省财政厅负责风险补偿资金的预算和决算管理，审定下达拨付风险补偿资金，负责对风险补偿资金的落实和使用情况进行监督、检查。

第八条 人民银行福州中心支行、福建银监局负责引导银行业金融机构改善小企业金融服务，增加小企业信贷投放。

第九条 各市、县（区）经贸、财政、人民银行、银监部门按上述职责进行分工协作。

第三章　资金来源与使用

第十条 风险补偿资金由省级财政预算安排。各地财政部门有条件的可根据当地实际情况，安排部分配套资金，推动银行业金融机构向本地小企业提供信贷支持。

第十一条 风险补偿资金的补偿标准，以上一年度金融机构对小企业贷款季均余额为基数，按本年度小企业贷款季均余额比上年净增加额的0.5%予以风险补偿。根据需要，省协调小组可对补偿标准进行调整。

第十二条 风险补偿资金支持的对象是在本省境内（不含厦门）依法设立一年以上的各类政策性银行、国有商业银行、中资股份制商业银行、城市商业银行和农村商业银行、农村合作银行、农村信用社、村镇银行。

第十三条 银行业金融机构申报小企业贷款风险补偿资金应提交的材料：

（一）福建省小企业贷款风险补偿资金申请表（格式略）；

（二）每一季度小企业贷款明细表（格式略）；

（三）省协调小组要求的其他材料。

第十四条 各县（市、区）金融机构（含县级法人机构）对本机构在上年度发放的小企业贷款情况进行统计核实，于每年2月底前向同级经贸部门提出风险补偿资金申请（申请材料一式四份，附电子文件）。县（市、区）经贸部门、财政局会同同级人民银行、银监部门对各金融机构新增小企业贷款实绩进行初审，报设区市经贸部门。

第十五条 各银行业金融机构省级、市级分行本部（含兴业银行、福建海峡银行、泉州银行和农村商业银行等法人银行业机构总行营业部）（以下简称“各银行业机构本部”）直接办理的小企业贷款，可由各银行业机构本部于每年2月底前直接向省、市协调小组办公室提出申请（申请材料一式四份，附电子文件）。

第十六条 市协调小组办公室应对辖内县（市、区）小企业贷款风险补偿情况进行审核汇总，于每年3月底前联合行文报省协调小组办公室。

第十七条 省经贸委、省财政厅联合人民银行福州中心支行、福建银监局对市协调小组和各银行业机构本部上报的小企业贷款风险补偿资金申报材料进行审核确认，作为风险补偿资金的拨付依据。同时，应将审核确认结果通知各相关银行业金融机构。

第十八条 根据审核确认的结果，省财政厅将审定后的风险补偿资金下拨到市、县财政部门，市、县财政部门应及时（5 个工作日内）将资金拨付到相关的银行业金融机构。

第十九条 各银行业机构本部向省协调小组申请的风险补偿资金，由省财政厅直接拨付。

第二十条 风险补偿资金应主要用于补偿银行业金融机构的风险准备金。各银行业金融机构可根据自身情况，提取 10%以内的资金用于对发放小企业贷款相关从业人员的奖励。其中，季均小企业贷款与全部贷款的占比增幅在各设区市排名前 5 位的（县级）银行业金融机构提取用作奖励资金的比例可适当提高，最高不超过 20%。

第四章 管理与监督

第二十一条 省内各银行业金融机构及各市、县有关部门须按规定如实报送有关材料，不得弄虚作假，骗取、套取风险补偿资金。严禁任何部门和单位截留和挪用。违反规定的，依照《财政违法行为处罚处分条例》等规定进行处理、处罚外，对违反规定的银行业金融机构还将收回已拨付的风险补偿资金并取消其申报资格。

第二十二条 各设区市协调小组应于每年度终了后 2 个月内将上年度风险补偿资金的使用情况，以书面报告形式上报省协调小组，报告内容应包括资金的使用情况、资金的使用效果以及对获得补偿资金的银行业金融机构的整体评价等。

第二十三条 风险补偿资金的使用和管理，应接受同级审计部门的审计。

第二十四条 省财政厅会同省经贸委、人民银行福州中心支行、福建银监局定期对风险补偿资金的申报和使用情况进行监督检查和绩效评价，或聘请会计师事务所进行核查，掌握资金的使用和管理情况。对工作开展好、管理规范的市、县财政部门、经贸部门、人民银行、银监部门，以及小企业贷款增幅名列全省前茅的银行业金融机构，将视情况给予通报表扬。

第二十五条 对每年风险补偿奖励资金的拨付、使用情况，省有关部门将通过网络或新闻媒体予以公示，接受社会监督。

第五章 附则

第二十六条 全省当年实际拨付的小企业贷款风险补偿资金，以当年省财政的小企业贷款风险补偿资金预算为限。

第二十七条 已由中央或省级财政资金给予专项风险补偿或专项奖励的贷款，不再享受省级小企业风险补偿政策。

第二十八条 本暂行管理办法自发布之日起实行。

第二十九条 本暂行管理办法由省经贸委会同省财政厅、人行福州中心支行、福建银监局负责解释。